홍성엽 유고집

맑은영혼
홍성엽

학민사

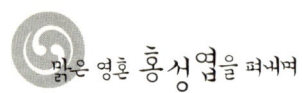

맑은 영혼 홍성엽을 떠나보내며

이 책은 2005년 10월 5일 52세의 한창 나이에 우리 곁을 떠난 홍성엽을 아까워하고, 그리하여 홍성엽을 잊지 않으려는, 홍성엽을 잊을 수 없는 많은 선후배들의 뜻이 모아져 발간하게 되었습니다.

이 책의 내용 중 고인이 스스로 소중하게 생각했던 '동학' 부분은 이미 『경전으로 본 세계의 종교』라는 책에 실려 발표가 된 것이지만, 나머지 일기 부분은 고인이 살아 있었다면 당연히 공개되지 않았을 내용입니다.

그럼에도 일기까지 포함하여 고인의 유고를 이렇게 책으로 엮은 사연은, 일기를 읽어본 몇몇 사람들이 그 속에서 고인의 기품과 향기를 절절히 느낄 수 있었고, 그리하여 일기를 그대로 활자화하여 '맑은 영혼 홍성엽'을 기리자는 의견이 모아졌기 때문입니다.

고인의 삶은 1974년 연세대 시절 민청학련사건으로 투옥된 후 1979년 명동YWCA위장결혼식사건에서 '가짜 신랑역'을 스스로 맡는 등 민주화운동의 한가운데 서 있었던 시기, 1990년 전후 천도교의 가르침과 수련에 입문하여 정진했던 시기, 1997년 발병하여 작고하기까지 7년여의 기나긴 백혈병 투병생활 시기로 나눌 수 있습니다.

그러나 고인이 민주화운동에 열중했던 70, 80년대의 소중한 자료가 될 일기가 남아 있을 법도 한데, 그 부분이 거의 없음이 아쉬울 따름입니다. 또한 죽음에 임박하여 고인이 남기고 싶은 말들을 담은 일기가 별로 없어 허전하기도 합니다. 짐작컨대 투병의 고통으로 숨쉬는 것조차 어려운 지경에서 글 한 줄 쓸 엄두도 내지 못했을 거라는 생각이 듭니다.

유고를 모두 포괄하여 보면, 고인이 살아남은 자들에게 하고 싶었던 얘기는 '人乃天' 세 자가 아닌가 싶습니다. 고인은 자신만의 진술한 내면적 기록인 일기에, 줄곧 사람이 곧 하늘임을 잊지 말자고 여러 번 거듭하여 썼기 때문입니다.

이 책의 발간을 위해 수고하고, 뜻을 합치고, 정성을 모아주신 많은 분들이 있습니다. 특히 고인이 몸담아 활동했던 연세대 한국문제연구회, 민청학련운동계승사업회, 민청련동지회 동지들, 그리고 뜻있는 연세대 동문들의 도움에 힘입은 바 컸음을 밝히며, 지면으로나마 진심으로 감사의 인사를 드립니다.

2006년 10월
홍성엽을 가슴에 묻은 사람들을 대표하여
친구 김시형 씀

차례

■ 맑은 영혼 홍성엽을 펴내며 … 2

제 1 편 일기

1977년 일기 … 8
1978년 일기 … 79
1986년 일기 … 164
1987년 일기 … 167
1988년 일기 … 169
1989년 일기 … 178
1990년 일기 … 197
1991년 일기 … 220
1992년 일기 … 228
1993년 일기 … 233
1994년 일기 … 235
1996년 일기 … 237
1997년 일기 … 240
1998년 일기 … 259
1999년 일기 … 284
2000년 일기 … 297
2001년 일기 … 298
2003년 일기 … 307
2004년 일기 … 316
2005년 일기 … 374

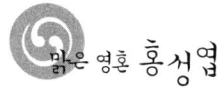

제 2 편 동학

제1장 동학 개요 … 382

제2장 궁극적 실재 … 405

제3장 세계·조화(造化)·개벽 … 421

제4장 인간과 종교적 체험 … 437

제5장 수 행 … 471

제6장 의 례 … 520

제7장 개인윤리와 이상적 삶 … 529

제8장 사회윤리와 이상적 사회 … 545

제9장 창시자 … 564

제10장 공 동 체 … 593

■ 연보 … 518

제 1 편
일기

1977년

1월 16일

Miss 金

1943. 함경도 生.

1945. 서울 거주. 혜화國校, 한성여중, 창덕여고 卒.

梨大 기악과 Piano 전공. '67 卒(낙제 2회)

가난한 父母 밑에서 부모에 대한 공포감, 혐오증을 지닌 채 성장. 父는 佛敎人으로서 두 명의 여자식의 기독교화를 폭력·몰이해로 저지했던 처지로서 폐병과 화병으로 死. Miss 김의 언니는 中3 때 문선명 교주에 대한 열렬한 신앙으로 해서 父에게 학교에서 돌아와 잠자는 사이 구둣발로 밟힌 경험이 있다. 이때의 Miss 金은 中1. 이 사건으로 해서 어떤 충격을 받은 듯. (이 사건뿐만이 아니라 그 전부터도 父로부터 구타행위는 계속된 것으로 보임)

언니는 이화中·高를 卒業한 후 高大 의대를 수학, 현재 渡美中.

이대에 다니던 시절, 신촌 연대 앞은 한 번도 와본 적이 없고 졸업 후에나 왔다 함(2회).

문 "재학시절에 친구와의 교제범위는 어느 정도였습니까?"

답 "오십 명.(80명 중 다는 못 사귀고 50명만 사귀었다. 그래도 많이 사귄 편이지 않는가?) 남자친구는 없었다."

문 "재학생 때에 서클 활동은 어땠습니까?"

답 "대학교회 계통 산하의 5개 클럽과, 새문안교회 계통 5개, 모두 10개 클럽에서 활동했다."

그중 UBF라는 사이비 단체에 가입한 적이 있었는데(새문안교회의 소개로 알게 됐다 함), 구성인원은 자기까지 10명. 자기 이외에는 모두 서울大生으로서 男學生 5명, 女학생 5명으로 짜여 있었다. 특히 이 모임이 그녀에게는 인생에 있어 결정적인 타격을 주었던 듯. 여기의 구성원들은 철저한 성경 신봉자들로서 5쌍이 異性을 초월한, 믿음으로서 결혼하게끔 계획되었다 함. 후에 이들은 合同결혼식을 치름.(勿論 그녀만은 제외됨)

그녀는 이 서클활동 내용 내지는 그들의 사상에 대해 항상 비판적이었다 함. 특히 그녀의 기준에서 볼 때, 이들 구성원의 理性에 대한 견해와 같이—그녀 스스로 말하는 인간적 본연의 마음을 속이는—초월적 믿음에 대한 반감이 있었던 듯함. 그 구성원 중의 한 남자를 남몰래 애정을 품어 오다가 합동결혼식이 있기 전날 밤 자기의 마음을 고백했음. 趙.

그리고 결혼식날 그녀가 피아노 반주를 했으며, 그 남자의 입장시는 웨딩마치 반주를 계속할 수 없었다. 그래서 다른 사람(서울 음대)이 뒤이음. 그 후 이들 단체에 의해 정신병원에 입원됨. 그녀는 이 단체에 의해 강제적으로 정신병원에 들어가게 됐다 한다.

이 단체에 가입 이전부터 약간의 정신적 질환이 있었던 것인지, 정신병원에 들어간 후에 병을 얻은 것인지?

현재 상태의 그녀는 기억력, 추리력, 상대방을 이해시키려고 하는 점 등을 보면 정상상태인 듯하나 가끔 동문서답 등으로 미루어 볼때 회복이 안 된 듯. 자신의 현재의 생활에 대한 걱정, 초조의 감정, 생활의 의지, 자신에 당면한 문제 처리 등으로 볼 때 오히려 보는 사람이 무능력을 느낄 정도임.

수유리 우이초등학교 앞(마을금고 2층)에 세들어 살고 있으며(전세금 40만원), 환금할 수 있는 재산이란 20만원의 피아노 1대. 그것마저 팔아 현재는 어린이 한 명을 피아노 교습시키는 보수로 1만원과, 피아노 판 돈을 까먹고 생활하고 있다. 앞으로 몇 개월이나 버틸지? 재산관리와 앞으로의 생활대책이 막연.

정신병동에 있는 사이 미국에 있는 언니로부터 얼마간의 치료비와 생활비가 보내졌다 하나 요사이는 전혀 연락이 안 됨. 어머니는 75년도에 死. 임종시 손에 一萬원을 꼭 쥐고 있었으며, 딸의 장래를 걱정하고 갔다. 母도 역시 무식했던 탓으로 아버지의 행실을 많이 딸에게 行하였다. 이런 환경 속에서도 어머니가 미치지 않은 것이 이해 안 감.

그런데 그런 생활 속에서도 전 달에 金玉吉 총장님께 일만원을 드린 것을 볼 때, 어떤 마음에서 그런 행위가 나왔을까?(나중에 도로 돌려받기는 함) 그녀의 소원은 김옥길 총장과 같은 인간상이 되고 싶은 것. 창덕여고 3학년 때 김옥길씨가 학교에서 부흥회를 개최했을 때 마음에 새겨졌다. 이대에 들어온 이후로도 계속 존경해오던 중, 76년 가을 김동길 선생을 이대교회에서 보고(당시 첫번 보았을 때—김선생님이 채플로 들어가던 때—외모에서 이상한 느낌을 받음. 장발과 콧수염으로 해서 그녀 말로는 '미친' 사람으로 보였었다)—김동길 선생이 찬송가 지휘하는 행동—맨처음 사모했던 趙를 연상, 김선생에 대한 호감이 시작되었다. 그 이후로 점점 관심이 쏠려 지금은 '존경의 대상 이상'으로 느끼고 있음.

현재는 하루 두 끼(점심과 저녁)로 살아가며, 앞으로는 아마도 한 끼로 지내야 되겠다고. 그녀 자신 말로는 '눈이 높다.' 웬만한 남자는 결혼 대상으로 생각하질 않아 왔으나 요사이는 당장의 생활형편 때문에 많이 변했다 함. 헤어질 때 찻값 거스름돈 800원을 주었을 때 사양 않고 받는 것을 보면, 김옥길 선생께 일만원을 주던 것과 대조해볼 때 이해불능.

1월 18일

GNP의 고도성장을 추구하며 살아갈 이 시대. 목표한 바대로 경제적 富를 지닐 수 있을 때 문제는 해결될 것인가? 잘살게 된 後에는, 정신적 빈곤에 의한 문제는 경제적 富에 의한 능력으로 메울 수 있는가? 이 시대의 상황을 후세 歷史家들은 어떻게 단정짓겠는가?

'그들은 GNP의 고도성장을 위해서 한 세대를 땀을 흘리며 일했다.'

잘살게 된 다음, 그 다음은 어떻게 할 것인가? 자가용이 있고 난 다음, 호화주택을 가진 다음에는 뭐 하겠는가? 그때에는 더 잘 살기 위해 애쓸 테지.

경제적 성장도 자신들이 가진 정신적 능력 이상으로는 실현될 수 없는 것이 아닐까? 설사 능력 이상의 물질적 富를 소유한다 하더라도 아마 그 富를 유지하기 어렵지 않을까? 그것은 현실사회에서도 똑똑히 보고 있지 않은가?

대다수의 저임금으로 허덕이고 있는 노동자들의 희생 위에서 온갖 영예와 부귀를 차지한 그들. 그들은 돈을 어떻게 써야 할지 고민하고 있을 것이다. 빈곤으로 해서 시달리고 있는 사람들만큼이나 그들도 아마 돈의 사용처를 몰라서 고민하고 두려워하고 있지 않을까?

이러한 현격한 불균형의 경제적 성장이 가져오는 가공스런 문제의 돌발에 예비해서 어떤 일들을 서둘러해야 할 것인가? 밑바탕부터의 문제해결이 있어야만—현실 사회체제의 근본적 변화가 있어야만—더 이상의 불행으로 예측되는 일들이 문제로서 대두되지 않을 것이다.

현실을 살아가는 사람들은 人間回復이라는 말을 많이 듣는다. 사회구조의 변화를 달성하기 위해선 정치·사회제도적 관점에서의 해결보다는 그 제도를 완전히 실현시킬 수 있는 근본적 차원에서의 해결이 先行되어야겠다. 정상적인 인간관계(?), 인간회복의 실현이 그 근본이 될 것이다. 그 바탕 위에서 정치·사회적 구조의 변화를 실현시킨다면, 근시적 정책으로 인한 불만, 낭비, 불균형 등이 많이 감소할 수 있을 것이다.

그러면 사회구조 변혁의 주도세력은 어떤 이들에게 맡겨야 바람직할 것이며, 그 구체적 方案은 어떠한 것부터 착수해야 하는가? 현실의 사회체제를 변화시킬 수 있는 힘을 가진 이들은 어디서 찾을 수 있을 것인가.

지혜와 용기를 갖춘 知性. 그것의 所有者는 전문적 기능적 지식인만으로는 不足하다. 기능인으로서의 지식인은 그가 속한 사회의 나아갈 방향 제시의 역할보다는 현 구조의 유지 내에서의 능률적 활동에 적합하다.

社會의 장래를 구상하고 이끌며 책임질 수 있는 자들은 기본적으로 宗敎的·哲學的 良識을 갖추고 있어야 하리라. 그들은 민족과 인류에게 선조로부터 물려받은 智慧를 전달할 것이다. 그들은 단순히 현재를 살아나가기 위한 지식이나 생활기교만을 창안해내지 않을 것이다. 慈悲, 인내, 관용, 革新, 克己와 같은 자기초월의 요소들을 몸에 지니고서 남과 자기의 생활을 주도해 나가고자 할 것이다.

그들은 모든 인간들의 삶을 자신의 가슴 속에 포함할 수 있도록 끈기 있는 노력을 계속할 것이므로 크고 넓은 人間으로서 성장할 것이다. 그러한 人格者的 바탕 위에 지혜로운 전문지식인으로서의 —知性人으로서— 知性을 갖춘 이가 있다면, 그에게 지도자적 위치를 부여해도 마땅하지 않겠는가? 이러한 용기와 지혜를 갖춘 知性人들이 사회 각 부문의 지도적 위치를 확보함으로써만 —적극적인 현실참여를 실천함으로써— 부조리와 모순을 내포한 사회구조의 변화를 기대할 수 있을 것이다. 그들이 절실히 必要한 현재이며, 어떻게 사회의 지도자다운 이들이 스스로 적극적인 행동을 함으로써 민족의 앞날은 답답하지 않을 것이다.

美 27일 6시 6분(한국 18. 0. 6) 개리 마크길모어, 감옥 속에서의 두 번의 自殺 기도 끝에 그의 소원대로 Utah 州立 교도소 사형장에서 5명의 총살대(4명의 총격수)에 의해 형 집행. 시체는 그의 원대로 研究와 移植用으로 사용하기 위해 솔트레이크시티 병원으로. 죽을 권리의 實現!

1월 19일 (수)

~올시다/ ~거든/ ~것이야/ ?…그래서! 그러므로/ 그런데…

마음과 환경이 둘이 아님을 깨달을 수 있도록.

色·受·想·行·識〈五蘊 pañca(다섯)-skandha(덮인다, 뭉친다)〉: 인연으로 화합한 모임.

오온이 다 빈 것이어서 이 몸에는 '나'라 할 것이 없다.

모든 이들이 관용을 베풀 수 있다면, 그리고 마음에 어긋나도록 꾸미하는 일이 없다면 그것만으로도 이 세상은 얼마나 自由롭고 희망 속에서 살 수 있겠는가.

모든 이들의 마음이 넓어질 수 있다면, 마음이 트인다면, 어리석음과 집착. 인간관계의 어색한 단절을 사라질 텐데. 남에게 사랑받기보다는 사랑해주어야, 남에게 이해받기보다는 이해해야.

남이 나에게 겸손한 자세로 관심을 보여주었을 때, 내가 좋은 감정을 가졌다면, 남도 나와 마찬가지임을 안다면 상대방에게 나 자신의 오만함을 지우고 자비로운 마음가짐을 가져야 하지 않겠는가.

모든 이들에게 관심을 가질 수 있는 여유를 기르소서. 은혜를 잊어버리고 원망으로서 갚는 일이 없도록.

18日 이집트 카이로, 알렉산드리아를 중심으로 발생한 학생과 노동자의 데모대가 生必品 가격 인상에 항의 시작.

19日 대대적인 反政府 폭동으로 확대. 석유 20%, 담배 10%, 수입 가정용품에 대한 200~250%의 수입세 인상 및 稅金 引上조치—충격적인 대폭 인상—에 반발. 政府의 一方的 인상조치(의회와 협의를 거치지 않은)가 반정부 폭동으로 확대된 듯. 이들 데모대에 정부는 경찰로 하여금 발포하도록 명령. 정부 측은 데모대 폭동을 共産主義者들의 행위로 단정, 강압적 조치.

印度 아메드 대통령, 19日, 3月 총선거 실시를 요청한 인디라 간디 수상의 건의 수락, 526席의 下院 해산. 인도의 야당이여, 연합전선을 펴거라.

1월 20일

나의 문용이로부터 편지 오다. 방학이면 항상 나의 안부를 묻던 그에게 나는 한 번의 편지도 해주지 못했다. 다행히 그의 주소를 알 수 있게 되어 그동안 무심했던 점을 얘기할 수 있었다. 순수하고 건실하게 살아가려는 그에게 격려와 위안과 도움을 줄 수 있는 인간이 되도록 해야겠다.

장혜레나, 1月 11日(陰 11. 22) 天國으로 가다. 뇌종양으로 1년 半의 투병 끝에 자신의 죽을 운명을 감지 못한 채.

욕이 욕이 되는 근거는 바로 쌍스러워야 하며 잡스러운 데 있다. 욕지거리를 점잖지 못하다고 나무라는 것은 우물에 가서 숭늉을 달라는 꼴이나, 냄새 안나는 똥을 누라는 것과 같다. 욕은 점잖지 못할 상황이 벌어졌기에 피치 못해 하는 것.

'제발 좀 돌아가셔서 다리 좀 길게 뻗어주십시오'보다는 '염병할, 콱 뒈져서 뻗어라'가 되어야 욕답다. 욕을 풍류적으로 하면 들어서 좋을 것까지야 없지만 재미는 있다.

말뚝이 : '벌새 뒤집혀 날아가는 소리'
　　　　'나이대로 좇아간 벼락 맞아 죽어라'

美 7대 대통령 Andrew Jackson의 서민적 취임식. Inauguration. 1829년 2월. 그의 Jackson Democracy (서민적 민주주의).

"歷史의 행복은 虛勢를 부리는 정부에 의해서가 아니라, 特權을 인정치 않으며, 평범한 정부에 의해서 증진된다."

Carter의 취임식도 잭슨의 맥박이 이어진 듯, 그에게 제3世紀에 접어든 美國 民主主義의 미래를 기대한다.

77년 들어서 소련을 비롯한 東歐의 反體制 운동이 확대되어가고 있다. 서방세계에 구원을 호소하는 그들에게 적극적인 지원이 있었으면 한다. 폴란드, 체코, 동독. 그들의 종주국인 소련에서 자유와 인권을 요구하는 저항운동이 꾸준히 계속되고 있다. 이 기회에 많은 자유와 인권보장을 위한 높은 고지를 점령해야만 일시적인 저항운동이 아닌, 꾸준한 계속적 활동으로 번져나갈 수 있으리라.

인권과 정치적 도덕성을 실현 강조한 J. E. Carter의 美행정부 장악과, 6월 15일에 있을 ─ 유고의 베오그라드에서 ─ 헬싱키협정의 재평가 회의의 겨냥이라는 좋은 기회를 타고 오름세에 있는 그들에게 적극적 介入이 불가능한 현실이다. 반체제운동이 쉽게 수그러지지 않도록……

서방세계로부터 현 유럽의 지역적 판도를 인정받는 대신 人權, 思想, 양심, 宗敎, 信條 등 기본권과 자유를 존중하고, 거주·이동의 자유를 신장할 것을 약속한 동구권 세계는, 반체제 운동으로 인해 어떤 음모·계획을 꾸미고 있을 것인가?

그들로서는 현 체제저항운동이 강력히 파급되는 것을 저지함으로써 현재의 상황이 서구의 방향으로 진전됨을 원만하지 못한 수단으로라도 막을 수밖에 없는 처지이다. 그렇다고 원상복귀로의 탄압으로서만 일관한다면 서방세계로부터의 헬싱키협정 위반 추궁과 압력은 자신들의 불리한 위치를 더욱 고정시키게 될 것이다. 이런 점을 고려할 때 어느 선까지의 양보를 하는 대가로 서방세계로부터 어떤 實利를 얻어내기 위해 계략을 구상할지도 모르는 일이다. 그것은 아마 서방국가의 발을 쥐고 있을 수 있는 實利일 수 있을 것이다.

1월 22일 (토) (美 20. 12) Carter 대통령 취임식

仁慈와 겸손과 公義의 바탕 위에서 세계의 자유와 평화 정착을 위해 그의 능력이 전부 발휘됐으면. 빈곤과 기아와 정치적 억압을 제거하기 위한 그의 최선의 노력은 실효를 거둘 수 있을지.

印度 정부, 政治犯 전원 석방. 言論검열도 폐지함으로써 19개월간에 걸친 비상사태 해제. 4개 비공산 野黨 단일전선을 형성, 잔타 人民黨 결성, 國民會議派와 대결.

여의도 아파트에 재필형 찾다. 아파트 숲을 이룬 그곳에는 영업허가 없는 학원이 많다. 부유층 지대라서 장사도 잘되는 모양. 그곳 학원장에게 소개받다. 어릴 때부터, 자기 자녀들의 교육은 부모의 꾸준한 인내 위의 사랑으로써 해야 한다. 자녀들에게 남을 사랑할 줄 아는 것을 배워주도록.

밤늦게 몸을 씻고 잠자리에 들기 前 거울 앞에 섰다. 거울 속에 그리움이 어린다. 다정스럽던 사람들. 보고 싶은 얼굴… 나도 모르게 그들이 그리워진다. 인간의 삶이란 꼭집어 말할 수 없는 것이라는 생각이 나를 번민케 한다. 모든 인간의 삶을 완전히 포함할 수 있는 나의 마음이라면 이런 번민이 없을 것을… 인생을 꿰뚫지 못한 나는 초조하고 두렵다. 그러나 동시에 삶의 풍부함을 느끼는 것 같아 삶에 대한 뻐근한 희열도 가지게 된다.

모든 것이 생겨나선 변화 속으로 달음질쳐가는데, 그 흐름 속에서 나의 삶도 역시 불안정과 물거품 같은 虛無로 어쩔 수가 없다. 그 운명의 흐름 속에서 어쩌려야 어쩔 수 없이 뛰어넘지 못하는 나의 무력함을 다시 한번 확인하곤… 나의 머리와 눈앞을 검토해보자, 뛰어넘자. 다른 세계의 인간이 되자. 어리석음을 벗어나자. 그리고 구제하자, 세상을. 그러나 운명의 시달림을 초월한 상태가 된다 해도 역시 허무는… 나는 도대체 어떤 '나'가 되어야 하는가? 일반적인 인정을 받는 상태의 나로서 만족하면 되는 것인가.

왜 나는 홀로만은 존재할 수가 없는가? 아! 별 수 없이 인간 속에서, 인간이 만들어놓은 틀 속에서 나를 유지할 수밖에 없는가? 아, 자유, 자유, 자유, 自由.

벗어나자. 뛰어넘자. 이 몸이 허풍선처럼 어지럽게 떠오를지라도. 이 인간세상, 허비와 속박과 집착, 사기, 번민으로부터 벗어나자. 문제를 해결하는 가장 좋은 方法은 아예 문제를 나로부터 없애는 것이다. 그러나. 나는 지금 어찌고 있는가? 스스로 운명을 만들어 가면서, 또 만들어 가면서 그 속에서 헤어나지 못하고 있지 않은가.

眞理, 正統性, 不變, 絶對, 完全, 不滅. 이들은 내가 듣기 거북해 하고 쑥스러워지는 단어들.

1월 23일 (일)

오늘의 설교는 김병순(의료원 원목) 목사의 〈상실〉. 하나님에 대한 믿음이 약해지고 상실되어가는 근원을 밝히며, 동시에 그 해결을 말한 것으로, 내겐 믿음 상실의 원인 자체보다도 오히려 그것으로부터 유추된 생각들이 나를 위안(?)—무엇으로부터라도 배우려고 하는 내 마음에 대한 뇌물—하는 것 같다.

혼자 있을 때는 반성과 마음다짐으로 해서 여유가 있으나, 여러 사람이 모이면 어찌된 일인지 그 오만할 정도의 여유가 숨어버린다. 상대방에 대해 인격적 존중이 있어서 이런 현상이 생기는 것일까? 그렇다고 해서 상대방을 깔아뭉갤 수도 없고…. 나는 남들과 일반적인 가치기준이 다른 것 같다. 그럼으로 해서 상대방이 내 말을 어떻게 이해하고 있을까? 나를, 실제의 내 마음 속의 말이 제대로 전달 안 돼서 오해하지나 않을까? 나의 건방진 어투를 어떻게 받아들이고 있을까? 하는 것들에 대해서 항상 나 자신에게 모자람과 수치감을 느끼게 된다.

단 두 달 안 본 사이 병수형이나 진호형이 많이 달라진 것 같다. 그렇게 갑자기 겸허와 관대를 지닐 수 있을까? 선배들의 여유가 내게 채찍질하는 것 같다.

우연히도 다락방에서 탈춤의 기본동작을 배웠다. 화장무….

보기엔 쉽게 출 수 있을 것 같은데, 쉽게 익혀지지 않는다. 신바람나는 동작이다. 그런데 며칠 전 AFKN TV에서 한 영화 〈The day the fish came out〉에서의 춤이 떠올랐다. 그때 그것이 잊혀지지 않는다. 그렇게 젊고 유혹적이고 흥분시킬 수가 없다. 다시 한번 듣고 싶은 춤곡이나… 아쉽다.

독수리의 그 아가씨. 나보다 나이가 많을까, 적을까? 적었으면 좋겠다. 오빠처럼 감싸주고 보살펴줬으면 좋을 것 같다. 예쁜 여인을 보면 마음이 끌리는 것. 이런 마음의 상태로 一生을 살아가야 하는가. 내마음에 불쾌한 것, 맞지 않는 것들을 사랑한다는 것은 위선일까?

옛 聖賢들은, 그들도 역시 이 세상 사물을 믿고 사랑스러운 것, 좋고 나쁜 것을 구분해서 보았을까? 우선 이 세상의 생명체가 평등함을 깨달아야 하겠다. 머리와 눈알을 갖자.

1월 24일 (월)

인간은 그가 처한 환경에 의해 성품이나 행위방식 등이 결정된다는 명제를 타당한 것으로 본다면, 같은 어려운 생활조건 속에서도 다른 人間이 형성되는 것은 어떻게 설명될 수 있을까?

가난한, 무지한 부모 밑에서 생활해온 많은 사람들 가운데 어떤 이는 자조와 자포자기的 人間으로 되고, 또 어떤 이는 오히려 많은 사람들의 존경을 받을 만한 人格人으로서 성장하는 예가 있다. 이들의 차이도, 역시 같은 어려운 환경 속에서도 후자의 경우는 전자보다 더 좋은 기회가 주어졌기 때문이다라는 물질적 해석으로 만족할 수는 없다.

같은 조건을 기반으로 해서도 이렇게 달라지는 이유는 무엇이던가? 조상으로부터 물려받은 유전인자의 差異 때문일까? 그럼으로써 같은 사물을 보고서도 다르게 느끼는 결과로서 해석될 수 있는가? 왜 관심의 방향이 다르게 되는가?

결국, 현재 상태의 그들로서 판단할 수 없게 되니 그 前의 그들의 위치를 알아야 한다. 이렇게 거슬러 올라가면 이 세상에 태어날 때의 그들을 비교해야 한다. 그렇다면 어릴 때의 교육이 성장의 한계와 방향을 결정하게 되는가?

어린 시절

이 세상의 변화의 근거는 父母들 손에 있는 것이다. 사회의 구조와 체제의 변화만으론 인간을 변화시킬 수 없으며, 따라서 근본적인 사회변화를 기대할 수 없다. 사회체제의 변화를 단행함과 동시에 인간 자체의 변화가 있어야만 근본적으로 人間社會의 새로운 형성이 가능할 것이다.

이 사회가 좀 더 풍부한 인간미와 지혜, 고결한 人格으로 채워지기를 바란다면, 어린이들부터 새로운 교육을 시켜야 하겠다. 어린이의 새로운 교육의 성과가 감소되지 않도록 그들에게 영향을 주는 成年층의 과감한 재교육도 단행해야 할 것이다. 그리고 동시에 사회구조도 변혁을 가져와야 한다. 그러면 이것을 실행하는 主體는?

그렇다면 소수의 엘리트—종교와 철학으로서 다듬어진 성품의 소유자들, 다시 말하면 聖賢에 가까운 이들—로서 구상, 진행되어야 하는 수밖에 없는…… 善意의 독재를 택해야 하는가? 대다수의 민중을 이끌기 위해선 민중의 힘을 억누를 수 있는 더 큰 힘을 가져야 한다. 그 경제력과 군사력을 소유하기 위해선, 더구나 국민의 同意를 바탕으로 한 힘을 보유한다는 것은…… 현실 타협으로서 현재의 실권자들을 회유한다는 것은 내 발목을 쥐어주고 있는 스스로의 구속상태를 불가피하게 하는 것이며, 아무리 좋은 동기와 의도라 할지라도 국민을 기만·우롱으로서 다스리는 것은 결국 들통이 나게 될 것이고. 그러나 진정으로 私心없는 善意인 것이 밝혀지면 용서해 주지 않을까?

이런 것을 보면 나 자신은 民主主義를 신봉하는 이는 아닌 것이구나. 힘으로써 다스리되 惡用하지 않는 聖賢政治를 바라고 있다. 현실에서 멀리 떨어진 생각을 갖고 있는 한 나는 몰락하고 말지도 모른다. 民主的 제도에 의해서 얻어진 결론보다 더 현명한 결론을, 지혜를 가질 수 있는 내가 되겠다. 民主主義도 초월한 나. 현재의 인류를 지배하고 있는 民主主義 이념보다 더 나은 이념체계는 무엇일까? 500년 후에는 이 지상을 지배하는 이념은 무엇일까?

寬容, 겸양, 慈悲, 忍辱, 智慧, 超克, 끈기, 孤獨, 圓融.

이들은 내가 좋아하는 갖고 싶은 단어들.

어머니가 요즈음 와서 신경질이시다. 그럴 만도 하지. 나이가 드실수록 집안 일들이 몸에 어렵고 힘들게 된 데다, 가정의 장래가 뜻대로 안 되니…… 남의 집 잘사는 이야기를 내 앞에서 자주 하는 것을 보면, 이 집의 경제적 정체가 마음을 상하게 하는 것 같다. 몸이 건강하신 것도 아니고… 신경질적으로 변하시게도 됐다. 마루와 엄마 방에선 날씨가 풀리는 통에 천정에서 얼었던 것이 물로 변해 떨어져 내린다. 밑에 받쳐놓은 대야들을 보니 집의 궁색함을 눈으로 보는 듯하다. 이 집의 희망은 나 하나에 달렸는가…

1월 25일 (화)

允基 녀석이 나에게 안 들리는 것을 보니 연합고사 合格者 명단에서 제외된 것 같다. 자기 실력껏 떨어졌으니…… 이 세상에서 자기 노력의 대가 이상을 기대하는 사람들이 제일 밉다. 그래도 사람이란 그런 게 아니란다.

禪家龜鑑

一. 一圓相 : 未開口錯 道不屬知不知

깨쳐서 부처가 된다고 하나 깨친 바가 있다면 부처가 될 수 없다.

"석가여래도 몰랐고 모든 조사들이 그 법을 전하거나 받지 못한다."

四. "억지로 여러 이름을 붙여 부처라 중생이라 하였으나, 이름에 얽매어 알음알이 낼 것이 아니다. 다 그대로 옳은 것이다. 한 생각이라도 일으키게 되면 곧 어기어 버린다."

五. "세존이 세 곳에서 마음을 전한 것이 禪旨가 되고, 일생 말씀하신 것이 교문이 되었다…"

多子塔前分半座. 靈山會上擧拈花 沙羅雙樹下槨示雙趺

十一. 離卽離非 是卽拜卽

十四. 참선의 세 가지 요건 : 信根·憤志·疑情

十五. 이치 길이 끊어지고 뜻길이 없어져 아무 맛도 없어지고 마음이 답답할 때가 바로…

十九. 도가 높을수록 마가 억세어 간다.

二十. 무심한 것이 佛道이고, 분별하는 것이 마의 길이다.

應無所住而生具心…… 無心, 함이 없이 하는 것…無爲

二六. 以思無思之妙　返思靈 之無窮 思盡還源 性相常住 事理不二 眞佛如如.

三十. "중생의 마음을 버릴 것 없이 다만 제 성품을 더럽히지 말라. 바른 법을 찾는 것이 곧 바르지 못한 것이니라."

버리는 것이나 찾는 것이 다 더럽히는 것이다.

三一. "번뇌를 끊는 것이 이승이요, 번뇌가 나지 않는 것이 큰 열반이니라."

번뇌가 본래 없는 이치를 깨치면 생각이 일어나도 일어나는 것이 아니어서… 큰 열반인 것이다.

三四. "환상인 줄 알면 곧 여읜 것이라 더 방편지을 것이 없고, 환생을 여의면 곧 깨친 것이라 또한 닦아갈 것도 없는 것이다."

三五.「사익경」모든 부처님이 세상에 나오심이 중생을 건지려 함이 아니라, 오직 생사와 열반의 두 가지 소견을 건지려 함이라.

三六. "보살이 중생을 건져서 열반에 들게 하였다 하더라도 실로 열반을 얻은 중생이 없느니라."

보살은 다만 생각 생각으로서 중생을 삼는다. 생각의 본체가 빈 이치를 알아내는 것이 곧 중생을 건지는 것이다.

三八. 三無漏學… 생각하지 않는 것은 戒律, 생각이 없는 것은 禪定, 어리석지 않은 것은 智慧.

四四. "현실경계를 당하여도 마음이 일지 않는 것을 나지 않는다고 하는 것이요, 나지 않은 것을 생각이 없다고 하는 것이며, 생각이 없는 것을 해탈이라 한다."

四五. "도를 닦아 열반을 얻는다면 이것은 참 이치가 아니다. 마음법이 본래 고요한 것을 알아야 그것이 참 열반인 것이다. 그러므로 '온갖 것이 본래부터 늘 그대로 열반이니라' 하신 것이다."

四八. "…참는 마음이 꼭두각시의 꿈 같다면, 욕보는 현실은 거북의 털 같으리라(幻夢龜先)."

도인으로서 '나와 남'의 구별이나 '能所'의 관념이 있어서는 안 된다.

四九. "본바탕 천진한 마음을 지키는 것이 첫째가는 정진이니라."

만약 정진할 생각을 일으키면 이것은 망상이요, 정진이 아니다.

五八. 成住壞空 生住異滅 生老病死의 원인은 마음 속에 생각이 쉼없이 일어나고 꺼지고 하기 때문이다.

七一. "범부는 현실경계에만 따라가고, 도인은 마음만을 붙잡으려 한다. 그러나 마음과 경계의 두 가지를 다 내버려야 이것이 참된 법이니라."

七二. 聲聞은 고요한 것만 지킴으로써 닦는 것을 삼는 까닭에 마음이 늘 움직이고, 마음이 움직이면 귀신이 오게 되는 것이다. 보살은 성품이 본래 빈 것을 깨달아서 그 마음이 저절로 고요하므로 자취가 없고, 자취가 없으면 외도와 마군이 보지 못하는 것이다.

七三. "다만 五蘊이 다 빈 것이어서 이 몸에는 '나'라 할 것이 없으며, 참 마음은 모양이 없어서 가는 것도 오는 것도 아니다. …지극히 맑고 고요하여 마음과 환경이 둘 아닌 것으로 보아야 한다. 다만 무심하게 되면 法界와 같이 될 것이다."

 * 省山省念 "세존께서 푸른 눈으로 가섭을 돌아보신 것을 어떻게 생각하느냐? 만약 말씀없이 말씀하신 것으로 생각하면 그것도 부처님을 매장하는 것이다."

 * 汾陽善昭 "코끼리 가는 곳에 여우 발자취 끊어진다(象王行處絶孤蹤)."

1월 27일 (목)

세상의 안정과 질서라는 것은 자기 편의와 위선적 힘 위에 세워진 것이다. 그렇다고 세상 속에서의 삶이 틀린 것은 아니다. 거대해지고 복잡해진 세상이란 밑바탕부터가 엉망진창인 것이다. 그것을 고칠 필요도 없고, 또 인간 자체가 그것을 갈아치울 능력을 상실하고 있다. 습관과 전통과 오류 위의 세밀한 과학과 합리와 논리, 그 얼마나 우습게 만드는가.

인생이란 말끔하고 순수하고 깨끗할 수는 없다. 태어나서 모순과 엉터리 속에 자기가 파묻힌 것을 깨닫게 되고, 인생은 그러려니 하고 그

속을 헤쳐나가기도 하고―이런 이를 고난과 역경을 딛고 일어난 사람들이라고들 하더라만―, 그가 처한 상황에 반역해보기도 하며, 이렇게 해서 수명을 다하는 사람들이란 체념과 욕망과 혼잡과 무기력, 집념들의 수렁에서 헤매다 가는 사람들인 것이다. 물론 어떤 이들은 이런 수렁 속을 뛰어나와 살아가는 사람도 있을 것이다.

헛된 꿈 속을 헤매이다 끝내는 인생이 아닌가? 아무것으로도 끝내 채워지지 않는 이 빈 몸. 情과 미련이라는 것이 무서운가 보다. 나는 덧없음도, 그리고 속됨도 어느 쪽 한 쪽도 택하지 못한 채이다. 이 둘을 함께 지닌 채 생을 살아갈 수밖에 없는 운명이라는 생각이 든다.

우주의 질서 속은 혼란, 혼잡으로 이루어져 있다. 아… 이것이 바로 眞理다. 누가 그런 소리 하느냐? 세상살이를 꼭 집어 말할 수 있는 것이라면 이렇게 혼란 속에서 방황하는 일은 없을 텐데. 결단, 방황, 이 둘을 반복하면서 살아가야 하는가…

인간에겐 과거를 그리워하는 버릇이 있나 보다. 그래서 始初를 생각하고 그때로 돌아가려고 하는 것 같다. 인간의 생동성이 그대로 노출되어진 시초를. 그러나 시간의 흐름 속에서 모든 것은 변화해 가고, 그 때문에 어느 때가 더 가치 있었던 때는 아니다. 단지 변화할 따름인 인간의 문명 자체가 귀중한 것이며 가치 있는 것이다.

앞으로 어떤 문명사회를 살아간다 하더라도 그것은 희망도, 절망도 다 아니다. 단지 변화할 따름.

1월 29일 (토)

안경을 닦으면서 전에 표이모이 쓰던 낡은 안경테가 생각난다. 교수의 안경치곤 너무했단다. 안경다리가 부러져 철사로 이은 데다가, 안경 가운데를 아교로 붙여 이은 것이었다. 결국 갈아 끼기는 했으나—주위 가족들의 극성 때문에—이것을 생각하면서 옛날보단 지금이, 지금보단 몇십 년 후에는 물질적 생활수준이 나아졌고, 나아지리라는 생각이 든다.

현재의 사람들은 과거의 생활수준과 문명의 혜택을 돌이켜보곤 그 당시를 유치하게 보거나 부끄러워할는지 모른다. 그렇다고 해서 현재의 인간이 과거 인간보다 더 훌륭하거나 고상하다고 할 수 있는가? 과거여! 열등감에 빠질 이유는 없느니라. 물질적 貧困이 부끄러운 일이 될 수는 없다. 가난하고 약한 者들에게 福이 있으라.

돈과 지위로서 행복과 우수함의 기준을 삼는 현대 人間들. 이들은 그래서 더 많은 돈을 좇기 위해서 일생을 계획하고, 거기에 정열을 바치고 있다. 그런 삶이 곧 이들 자신의 삶이 되었다. 이들은 더 많은 관계를 만들면서 살아야만 하게 되었다. 인간 본래의 정열만으론 살 수 없게 되었고, 인간 자체를 目的으로 살아가는 시대는 상상하기도 불가능한 시대인 것이다. 이들은 어쩔 수 없이 기계와의 관계를 끊을 수 없게 되었고, 또 더 나아가 돈과의 관계를 유지하지 않을 수 없게 되었다. 시대가 지날수록, 세계적인 변화의 운동이 있지 않는 限, 인간은 더욱 더 많은 관계—그 관계가 없으면 살아갈 수 없는—를 만들어놓은 굴레에서 꼼짝없이 묶이고 말게 되었다.

인간의 지혜가 그만큼 높고 넓게 발전해나간다면 문제가 되지 않겠지만, 오히려 지혜는 퇴보하는 것이 아닐는지. 여기서 인류문명의 발전이 단지 바람직하며 희망에 찬 것이라고 할 수 없는, 해결하기 어려운 문제들이 산적해가는 것이다. 정신적 文化 수준과 물질적 발전과의 불균형, 여기서 구역질을 가져오게 하는 것인가? 인간은 더욱 더 윤기가 없어져가고 닳아서 빡빡해져가고 있다. 어디서부터 손을 써야 할 것인가? 몰지각한 권력가들이 편하긴 편하겠구나. 대통령이 德이 있다간 정말 해먹기 힘들겠다. 감싸주는 듯한 미소, 피곤한 우수 담긴 미소, 부끄럼 없는 어색하지 않은 미소가 보고 싶다.

1월 30일 (일)

周南記憶法에 대해 강의를 들었다. 기억이란, 暗記나 외우는 것과는 다른 것이다. 오관을 통해 느끼는 作用이다. 기억은 느끼는 것. 느낌이 陽性반응을 뇌파로 나타냈을 때 기억에 남는 것이고, 陰性반응을 나타냈을 때 기억에 남지 않는 것이다. 양성반응은 자극이 큰 느낌을 말함. 따라서 사물에 대한 느낌이 기억에 남기 위해선 條件이 必要하다. 망각을 가장 잘하는 것이 기억을 가장 잘하는 것이다.

인간의 신경작용은 사물의 形, 內容, 音의 세 가지를 동시에 統合할 수 있는 능력이 있다. 學習이란 주어진 사물과 그 환경과의 상호 연관作用이다. 즉, 특정대상과 그것이 처한 位置의 인식작용을 말한다. 기억은 느낌의 속도에 따라 기억 속도도 비례하며, 자연적으로 일어난다. 回生作用은 기억의 再認識 과정이다. 공간상에 지적된 위치가 회생의 순서이다.

기억하는 방법에는 構造圖에 의한 方法과 가락의 연결성을 이용하는 방법 등등. 구조도에 의한 방법이란 셋씩 외우는 방법으로 '(1, 2, 3) (4, 5, 6) (7, 8, 9)……'를 이용하는 것이다.

事物을 볼 때에 肯定的으로 보는 경우에 힘이 생기는 것 같다. 부정적으로 보는 습관은 인간의 힘의 한계를 스스로 좁은 테두리에 묶어두기 쉬우나, 긍정적 관찰 습관은 인간능력의 무한성을 인정하게 되는 것 같다.

1월 31일 (월)

    기술의 급진적인 革新에 따라가지 못하는 人間의 自己革新 속도. 경제적 풍요의 집중현상. 계층간의 단절은 물론 횡적인 인간관계의 결여로 인한 不信感 팽배. 이런 것이 바로 내가 사는 현실사회이다.

    이러한 상황에서 '人間소외' 문제가 안 생길 리 없다. 인간소외 현상에서 벗어나려고 사람들은 향락을 인생의 목적인 양 추구하고, 物質만능—돈 만능—주의에 빠지고 만다. 이런 현상을 끊임없이 더욱 더 조장해가는 매스컴의 활약으로 인해 인간을 완전히 主體 없는 無氣力하게 탈바꿈시켜 놓고 있다.

    社會正義는 기성세대의 權威주의 의식과 굳어버린 머리로 인해 번영의 그늘 밑에서 이즈러진 채, 짜부러진 채 누가 일으켜주기만을 기대하고 있는 실정이다. 젊은이들은 기성관념에 휘말리고 있으며, 기성 가치가 강요되고 있다. 青年의 理想은 눈 앞에 보이는 이상이며, 체념과 타협에 쉽게 어우러진다. 그렇지 않으면 자기 껍데기 속에서 외부와 단절된 채 틀어박혀 있다. 어떤 이들에게 짜부러진 채, 인간의 기억 속에서 희미해진 人間性의 回復을 기대할 것인가?

    나에겐 行動性, 적극적인 행동성이 不足한 것 같다. 具體的 사물 처리의 生活보다는 추상적인 관념 속에서 살고 있는 때문이리라. 끊임없이 베풀어지는 同情과 사랑은 마음 속에 지니면서도 구체적 행동으로는 나타내지 못하는 무능력, 아니면 偽善 속에서 살고 있다. 無事安逸主義 속에서 실패를 두려워하고, 편한 것만을 좇는 現代의 小市民像의 典型이 되지 않을까.

이것을 벗어나려면 다른 도리가 없다. 오직 실천과 행동뿐인 것 같다. 自己革新을 계속해서 항상 머리를 유연하게 만들어야겠다. 내가 가장 무서워하는 것은 머리가 굳어진 상태인 것을 알기 때문이다. 끝없이 탈바꿈. 단박 깨침. 이것이 실현되어야 한다. 내 머리는 내가 알고 있는 단어와 개념 속에서 한정된 것인가? 답답하다. 공부를 해야겠다.

2월 1일 (화)

'머리'와 '머리털'을 혼돈되어 사용하고 있다 해서 우리말이 分化가 안 된 未開의 言語라고 事大 열등의식에 빠진 者들이 얘기하고 있다. '서리'와 '성에'도 구분 못하고 'frost'라고 쓰는 美·英系語는 分化가 잘되어 있구나 그런다. '머리 깎고 왔다' 해서 누가 사형장 가서 목 잘리고 온 것으로 이해하는가.

언어란 각기 그 나라의 특이한 생활형태 내지는 국민의 관심도, 또는 접촉하는 빈도에 따라서 分化되고 未分化되는 것이지, 어떤 언어가 특별히 未分化되었다고 할 수는 없지 않겠는가? 쉬운 예로, 英美人들은 우리말의 '모, 벼, 쌀, 쌀밥'을 모두 'rice'라고 하고 있는 것만 봐도 알 수 있다. 언제나 우리는 세계 문화를 이끌어가는 때가 올 것인가?

屈原楚辭

懷王으로부터 버림받고, 현실 상황에 대한 설움과 울분 속에서 그의 德을 펴보지 못한 채, 그가 사모했던 彭咸과 같은 식으로 汨羅에 몸을 던져 죽었다. 한 人材가 현실에서 패배했으나 悲劇을 통해 그의 신념이 승리함을 보여주었다. 끝내 眞實을 가진 사람은 살아남지 못하는가?

〈辭世詩 懷沙의 終聯〉

이제나 나 죽을 수밖에 없나니　　　　知死不可讓
바라는 바 이 몸에 애착하지 않나니　　願勿愛兮
군자에게 외치건대　　　　　　　　　　明告君子
내 뜻이 사람들의 본이 되어라　　　　吾將以爲類兮

매가 다른 것들과 어울리지 않음은
예로부터 정해진 일이어라.
어이하여 둥근 구멍에 네모가 맞으랴.
서로 가는 길 다른 것은
어이하여 억지 상종하랴.　　　　　　— 離騷 中

* 離 = 遭, 騷 = 憂 : 憂愁를 만남

2월 4일 (금)

이 사회의 지배층의 性格은 日帝 때의 親日派로부터 民主理念을 배우지 못한 軍人, 企業倫理와는 인연이 먼 협잡꾼 근성의 장사꾼들에 의해 형성되어 있다. 大統領 박정희는 법무부 연두순시차 법무장관 李善中을 방문한 자리에서 反國家的, 反民族的, 反社會的, 反維新的 保安사범들—그 자신의 말을 빌면 '一部 소수 국론분열 人士들'이란 말을 자주 한다—에 대해 가차없는 법 집행을 할 것을 간곡히 부탁하였다.

대통령 자신의 논리는, 現 유신체제는 대다수 국민의 절대적 염원에 의해 이룩된 것이다. 이 체제는 국민의 基本 生存權을 보호하기 위해서 필요불가결한 것이다. (기본 생존권이란, 북한으로부터의 남침 위협에 대항하기 위한 최선의 체제에 의해서만 보장받을 수밖에 없는, 民主主義나 自由보다 먼저 이뤄져야 할 근본 생존권을 말함)따라서 유신체제를 부정하는 행위는 남한 3,500만 국민의 생존권을 부정하는 행위이다.

이러한 억지 논리일지라도, 반복해서 매스컴을 通해 국민에게 注入시키는, 다시 말해 條件反射를 반복하는 경우, 대부분의 國民은 그 논리의 근거없음을 따지려고 하지 않는다. 그런 얘기를 반복해서 들을 때마다 그대로 머리 속에 정착되어 옳은 것이라고 인정하게 되는 것이다.

소수 국론을 분열시키는 人士들이 언제 국민의 기본생존권보다 自由를 내세웠던가? 현 유신체제가 아니면, 現 朴政權이 아니면 어찌하여 이 나라가 북한에 의해 멸망한다는 말인가? 내가 있으면 국가는 발전하고, 다른 이들이 하면 국가는 멸망한다는 근거는 어디 있는가? 소수의 반국가 인사들은 얘기하고 있지 않은가? 우리 민족도 생존권을 확보한 기반 위에서 自由를 더 많이 확보한 삶을 살아갈 수 있으며, 국민간의 異質感이 없는 公義가 실현되는 사회를 만들 수 있다고.

나보다 더 능력이 많은 사람이라면 그에게 양보해야 마땅하지 않은가? 그것을 시기하고 중상하는 人間을, 그런 인간을 小人이라 하는 것이다. 이 나라를 小人들이 똘똘 뭉쳐 지배하고 있는 한, 진보적이며 創造的 理想은 발붙일 여유가 없게 된다. 간신들끼리는 단결이 잘되는 것 같다. 그들 자신의 私利私慾이 합치되기 때문이 아닌가 싶다.

자신의 뜻이나 主觀보다는 利權에 의해 삶을 영위하는 人間들! 능력의 우월성 때문에 중상·시기를 받으며, 그것으로서 삶의 고통을 받는 이들에게, 또 체념과 懷疑 속에 떨어진 이들에게 힘이 생기라.

나를 핍박하는 者들을 원망하는 마음이 없도록 하옵시고, 복수심이 생기면 그것을 가엾은 마음이 감싸 누르도록 하게 하옵소서. 나를 핍박하는 者들이 지금보다 더 지혜롭고 더 有能한 사람이 되도록 하옵시고, 德으로서 생활함으로써 이 나라 역사에 이바지할 수 있는 사람들로서 이끌어주옵소서.

'위대한 것은 시기의 표적이 되며, 솟아오른 山頂은 홀로 바람을 맞는도다.' 이 시인의 말이 이 사회에서는 적용되지 않았으면. 모든 인간관계에 있어서의 부드럽지 못한 상태는 人間의 主觀과 가치기준의 差에서 생기는 것이다. 모든 이들이 같은 次元의 思考能力을 갖추든지, 아니면 아주 主觀을 없애면 인간관계는 부드러워질 것이다. 모든 것이 빈 것인 것을 안다면.

2월 5일 (토)

日帝 治下 말기, 그 암흑 속에서 비관과 체념 속에서 살아야만 했던 선배들이 몇 년 후면 해방이 된다는 믿음을 가질 수 있었다면? 어느 누가 그런 희망을 가질 수 있었던가? 그러나 아마 그런 희망이 있었다면, 그 많은 변절자들과 비관 속에서 살던 사람들이 속출하지 않았을 것이다. 이렇게 앞날의 희망을 가지지 못했던 이유로 해서 일생의 오점을 남긴 이들이여!

누구나 희망을 포기해서는 안 된다. 어떤 시련이 닥쳐오더라도 희망을 버리지 않고 현재 처해진 위치에서 최대한의 성실로써 자신의 뜻과 이상에 한 발자국씩 다가간다면 그에겐 아마 후회스런 인생은 찾아들지 않을 것이다. 보람된 일생을 보낸 이가 될 것이다.

2월 6일 (일)

性均兄과 종범兄 결혼식이 있었다. 로얄호텔에서의 성균형 결혼식을 참관한 후, 조선호텔에서 종범형 결혼식에 참가. 부디 아무런 고난 없이 보람 있게 살아주길 바란다. 자기 가족들 중에도 대학 졸업자가 많아 英文 번역엔 곤란을 느끼지 않을 텐데도 불구하고 왜 나에게 부탁했을까?

가족들에겐 자기가 가진 종교에 대해 이해하질 못하기 때문에 말이 통하질 않는단다. 내가 佛敎에 대한 관심이 있으니 말이 통할 것 같아 내게 부탁하는 것이라고? 글의 內容 그 자체는 방법적인 요소는 없으나, 그 글을 내게 준 사람이 범법자라면, 나에게 단계적인 접근방법을 씀으로써 얽혀지는 상황이 되는 것이 아닐까?

2월 13일 (일)

모든 것에 걸림없이 뛰어넘었으면 싶다. 정신적 빈곤이 이 사회를 뒤덮고 있다. 왜 이렇듯 사는데 여유가 없어지게 됐는가? 불행한 사람들을 위로해주고, 이 세상의 오만한 사람들을 부끄럽게 하고, 겸허를 가르쳐주고, 모든 이들이 마음을 편히 가지고 살도록 해야겠다. 이 땅을 天國으로 만들어 모든 나라의 모범국가로서, 인간 삶의 뜻을 만들어주겠다.

어떻게 해야만 모든 이들이 가엾은 상태에서 벗어나 自由롭게 살고, 마음의 풍요 속에서 싸움과 갈등없이 살 수 있을까?

교육제도의 혁명으로서 머리가 굳어버린 기성세대와 싸우는 것보다는 소년들부터 머리를 바꿔놓으면 한결 변화가 쉬울 것이다. 현재의 지식·정보 습득에 대부분을 차지하고 있는 학교시간을 개편 지식정

보학부, 종교·철학·예술학부, 신체·미용학부를 5세부터 시작하는 유년학교부터 15세까지의 소년학교까지 이수시키고, 이후 4년간의 초등학교 기간 동안 한 인간이 일생을 살아가는 데 필요한 모든 기술—의료행위, 육아교육, 가정관리, 기계류 취급 등—을 의무교육으로서 습득시킨다. 그래서 한 인간으로서 不足함이 없는 능력과 인격을 갖추게 한다. 그 이후의 전문교육기관도 자체 내에서 國防과 공부와 노동을 다 함으로써 독립된 개체로 있게 한다.

일요일 오후의 한가로움! 따뜻해진 기온과 한길 저 쪽에서 들려오는 차 소리, 그리고 가끔 골목길을 지나는 장사 아저씨의 음성을 맞으면서 마당 가운데 섰다. 동네 사람들은 일요일이라 집을 비웠는지, 아니면 낮잠을 자거나 조용히 자기 일을 하고 있는지 꽤 조용하기만 하다. 마당의 나뭇가지들도 기를 펴는 것 같다. 지나간 추위에 꽤나 혼났을 텐데 강아지도 하품을 하면서 나를 따라다닌다.

세상 일에 대한 어떤 욕망·집착도 없이, 일 없이 한가롭게 지내는 것도 좋은 것 같다. 어차피 사는 것은 마찬가지일 텐데.

2월 14일 (월)

虛無나 無常의 상태는 앞만 보고 전진하다가 벽에 부딪쳤을 때 잠시 뒤를 돌아보고 자기의 걸어 온 자취를 더듬어보고, 또 자신을 거울에 비춰봤을 때 느끼게 되는 상태이다.

이 虛無에 의해 지배당하는 단계를 뛰어넘어야 할 텐데, 어디를 붙잡고, 어디를 향해 넘어가야 하는가? 現實 안, 꿈, 理想, 지배, 自由自在. 나와 남이, 마음과 환경이 하나가 되는 상태는 느껴볼 수 있는 것 같으나, 그런 상태의 存在에 대해 肯定도 不定도 초월한 次元의 세계는 짐작할 수가 없다.

가치판단의 기준을 어디다 두어야 원만하게 어우러져 살 수 있겠는가? 내 몸은 꼭 끝없는 진흙 수렁밭에서 허우적거리는 것도 같고, 끈끈한 콜타르의 강 속에서 어떻게 벗어나려고 해보려고 해보려고 해도 안 되는 벌레 같기도 하고, 무섭고 외롭게 아무것도 없는 허공을 그냥 멍한 상태로 날아다니는 것도 같다. 이 몸을 짠 소금에 절이듯이 절여서는 콱 터뜨리고 싶다. 나에겐 은근한 박력과 끈기가 어울리는 것 같다.

2월 15일 (화)

공간 속에서 자유로움을 三次元 세계에서의 자유의 극치라 한다면, 여기에 시간에서마저도 자유로울 수 있다면 이것은 四次元의 자유라 할 것이다. 내가 마음대로 먼 과거로 돌아갈 수 있거나, 또는 아득히 먼 미래를 잡을 수 있다면, 현세의 3차원 세계에서도 과거와 미래에서 자유로울 수 있다면… 그날은 아마 올 수 있을 것이다. 내 과거를 알고, 미래를 앞질러 갈 수 있다는 것은 인간의 인식으로는 체험할 수 없는 세계일까? 5차원, 6차원, 7차원의 세계는 어떠한 곳일까? 0과 1은, 순간과 영원, 육체와 정신, 감각과 도덕은 다 하나로 이어지는 것일 게다. 수준의 차를 둘 수는 없을 것이다.

나는 유한한 능력을 가진 내가 아니다. 나는 無限과 通해 있다. 이 세상의 모든 것은 변화해가다 죽음을 맞이하게 마련이다. 그러니 죽어야만 하는 것을 안타까워하거나 아쉽도록 미련을 가질 필요는 없는 것이다. 一生을 살아가면서 모든 감정표현이나 집념, 노력도 결국은 아무런 의미가 없는 것이지. 미움도, 그리고 사랑도, 괴로움도, 즐거움,

슬픔과 기쁨도 다 떠난 生活을 할 수밖에 없지 않은가… 人間의 한계를 벗어나야 한다. 영원히 살아야겠다.

아, 생명 없는 무생물과 내가 상상하는 생명을 초월한 무한한 능력자와는 다른 차원의 것인가? 절대로 그렇지 않았으면. 3차원의 공간 內에서의 生物이기 때문에 이렇게 육체의 한계를 가지는 것이 아닌가. 全能한, 무한불사의 하나님을 찾는 것도 이해할 만하다.

어떠한 本能的인 육체행위로서도 知性은 버려지지 않는다.

2월 16일 (수)

認識의 한계를 넘어선, 인간으로서는 느낄 수 없는 세계. 차별 없는 하나. 처음도 끝도 없는 둥근 하나에 대한 믿음. 인간 능력을 초월한 存在란 인간이 지닌 本能과 느낌의 세계를 떠나면 도달할 수 있는 것, 되고자 하는 것, 하고자 하는 것조차 없어야 한다. 허무를 느낄 줄 아는 이 미미한 존재의 꿈틀거림은 도대체 누구의 장난이란 말인가? 답답=훤히 뚫림. 운명에의 복종이냐, 영원한 삶의 희망이냐.

2월 17일 (목)

깨달음이 없는 脫俗의 행위는 僞善. 여기서 煩惱가 생기게 마련. 일어나는 마음을 억지로 끊으려 하니 괴로움만 더할 뿐. '마음이 일어나자 곧 깨달으라.' 智慧의 힘. 超人間的 能力.

宗敎 자체가 物慾으로부터 해탈할 것을 요구한다면, 李洪連 행자가 말하는 佛敎만의 사회주의 體制에의 적합성은 獨善이라 할 수 있다. 그의 사회주의 체제의 세계통일주의는 젊어서 日本에 건너갔을 때 주워들은 얘기들을 현재까지 신념으로서 갖고 있는 듯하다. 온 인류의 통일

―불교적 극락정토―에 대한 신념으로 봐서 순진한 理想主義者같다. 그렇지 않다면 共産主義 실현을 은폐하기 위한 연막전술이다.

錯覺, 거대한 착각 뒤에는 많은 어리석음이 따르는가!

2월 18일 (금)

性昌이와 亨基가 내일 軍에 入隊한다. 아무쪼록 군생활 동안에 많은 경험을 함으로써 一生을 살아가는 데 도움이 될 수 있는 기회로 이용해주었으면 한다.

2월 21일 (월)

延大 卒業式에 참석했다. 흙먼지가 세차게 바람과 함께 날리는 속에서 많은 사람들이 혼들 났다. 문영, 판수, 화섭, 홍섭, 준희, 숙희 등이 학교문을 나서게 되었다. 오랜만의 무호兄과 만남이었다. 우유 일을 아직도 하고 있는데, 힘이 들어 보인다. 나의 선배들의 모습이 모두 초라해 보인다. 내일은 난기, 모레는 재경이가 졸업을 한다. K에게 편지해야겠다.

2월 25일 (금)

육체가 뜻대로 움직여주지 않음을 알 때 비로소 집착으로부터 체념하는 것 같다. 어리석음이란 얼마나 안타깝고 애틋한 일이던가! 그 결과를 뻔히 알면서도 그 결과가 눈 앞에 닥쳐오기까지는 그 끈질긴 미련 때문에 생활의 방향전환이 어려움이란.

또 한 학기를 맞이하면서 깨끗하게 마음을 정리해야겠다. 여유 있는 한 학기가 되도록 하자. 自己完成, 공부, 꿈, 영광. 어떻게 하면 현재의 이 俗됨에서 벗어날 수 있을까? 그 지름길은? 歲月 慈悲, 寬大, 끈기, 참음, 겸손, 智慧, 健康, 精進, 克己, 革新, 希望, 行動, 超越, 自由, 解放, 화목, 平和

2월 28일 (월)

올들어 처음으로 학교 도서관 책상에 자리잡았다. 등록기간이 아니라서 그런지 아는 애 하나 없었고, 다만 도서관 직원들과만 오랜만의 만남으로 반가운 인사를 나누었다. 그 지루하게도 계속되었던 추위가 며칠 전부터 갑자기 풀려 영상 10도 이상의 따뜻한 날씨를 보여주고 있었다. 사람들의 옷차림이 가벼워지더니 마음도 들뜬 듯한 인상을 받았다.

나는 왜 남들이 발랄해지고 生氣가 솟으면 더 외로움을 느끼는 것일까? 화려하고 번잡한 사람들의 흐름 속에서 나는 그들과 더욱 동떨어져 있음을 느낀다. 그러나 이 외로움이 나에겐 별로 큰 문제는 안 되는 것 같다. 단지 감상의 소치일 뿐, 남들과의 異質感으로 해서 스스로 자신을 확인해보고, 自己完成의 자극제가 되기 때문에 오히려 이런 고독을 두려워하기보다는 그것을 바라고 있는지도 모른다. 여태까지의 경험으로 보면, 그것이 내 성격의 많은 부분을 지배해왔고, 그럼으로써 나의 속성처럼 되었다.

오후 다섯시쯤 해서 미공보관 도서실을 찾았다. 새로운 집으로 이사한 후 오늘에야 개관했다. 새로 단장한 도서실은 카펫까지 설치한 아주 깨끗하고 현대적인 느낌이 드는 곳이었다. 앞으로의 상황이 어떻게 변화한다 할지라도 英語는 必要하리라.

내가 죽는다 해서 나를 위로하지 않아도 좋습니다. 이렇듯 나를 위해 온 당신에게 감사를 드립니다마는 나를 위로하기보다는 오히려 나의 가족, 친지, 나의 죽음에 마음을 상할 사람들에게 나 대신 깊이 위로를 해주십시오. 나는 평소에 늘 죽음에 대해서 매력적으로 느껴왔던 사람이오. 나는 죽으면서까지 말이 많소이다. 이 지상에 하루 빨리 平和와 해방의 세계가 오도록 힘써주십시오. 그럼 시작합시다!

3월 1일 (화)

外勢에 의해 국가의 독립을 쟁취해보려던 58년 전의 민중봉기는 결국 日本帝國主義者들에 의해 진압되고 말았다. 이런 결코 잊을 수 없는 日帝의 행위에 대해 米帝들은 뭐라고 했던가! 그들은 조선 민중의 자주적 봉기를 한낱 폭도들의 행위로 간주하고, 이를 무자비하게 진압한 日帝에 대해 자기들과 같은 立場으로서 변호해주지 않았던가! 이런 자들에게 한 국가의 독립을 맡기다니.

민중의 역량을 이용하지 못하고, 민중의 힘을 하나로 모을 수 있는 구심적인 조직을 갖지 못했던 대표 33人은 민중봉기를 산발적으로 분출하게 함으로써 예상밖의 처참한 희생을 민중으로 하여금 치르게 하였다. 한 나라의 독립은 스스로의 자주적 역량에 의해서 할 것이지, 외세에 의존해서는 될 수 없음을 교훈으로 삼아야겠다.

너그러움. 자비. 모든 것을 받아들일 수 있도록.

3월 3일 (목)

프레이저 의원을 위원장으로 한 국제관계소위원회의 한국에 대한 조사 시작. 文宣明 統一敎主와 한국 정부와의 관계, 한국 정보요원들에 의한 美 국회의원에 대한 뇌물공작 등에 대해 조사.

Carter 대통령의 도덕적 원칙에 입각한 인권문제에 대한 입장은 대외교정책 수행에 있어 찬양할 만한 것이며, 또한 정당하다. 개인의 자유를 바탕으로 한 서구식 민주주의를 그렇지 못한 국가에 수출하려는 노력은 역사적 흐름 속에서의 선구자적 행위이며, 그의 의도는 어떠한 명분으로도 욕되게 할 수는 없을 것이다. 그러나 걱정스러운 것은 더러운 수단에 의해 형성되어온 국제관계를 생각해볼 때, 그의 도덕적인 신념이 과연 흙탕물 속에서 꿋꿋하게 보존될 수 있을까 하는 점이다.

독재로서 정권을 유지하는 무지막지한 권력자들은 그들에게 저항하는 사람에게는 존중을 해주나, 그렇지 못하고 굽힐 줄만 아는 대다수의 민중에게는 노예로서 득의양양히게 취급해주는 법이다. 파쇼 독재집단에 의한 국민들의 전쟁 히스테리증은 어떻게 치유될 수 있는가? 帝國主義 앞잡이들에 의한 外勢의존정책과 民族分裂정책을 때려부수자.

3월 6일 (일)

백낙준 박사의 설교가 있었다. Paul의 겸허한 자세와 精進, 그리스도를 본받아, 그리고 예민한 죄의식, 三位一體와 같은 말들이 남는다.

독선 對 獨善.

관대라는 것은 하나의 독선보다도 더 큰 독선을 가질 때 생기는 것인가? 어쨌든 그는 한국 지성의 산 증인이었으며, 연세의 지도자였다.

과연 한태동 교수는 나오지 않았다. 그 사이 나도 많이 어른이 된 것 같다. 상대방의 기분을 맞춰줬으니 말이다. 그것도 젊은이 아닌 나보다 두 배나 되는 나이의 사람을. 그 사람의 말을 안 들은 것과 내가 공중예절이 없는 것과는 도대체 무슨 관계란 말인가? 논리에 맞지 않는 충고를 하려 하니 말이 막힐 수밖에. 그러나 그의 의도를 알아차린 나는 재빨리 사과를 하였다. 나에 대한 미움이 그런 충고의 형식으로 나타내진 것이다. 남에게 미워하는 마음이 들도록 행동한 나는⋯ 아마 그 사람뿐만 아니라 많은 사람들이 나를 미워할는지 모른다. 나의 행동에 커다란 결점이 있는가 본데, 찾아내서 빨리 고쳐야겠다. 무엇이란 말인가?

조금 후에 그를 찾아가서 다시 정중한 사과를 드렸다. 그의 흐뭇해 하는 꼴이란⋯ 마음에도 없는 용서를 빈 것은 어떤 마음으로 그랬을까? 내겐 음흉하고 또 교활하고 간교한 성품이 있는 게 분명하다. 그의 인격을 능가해보려고 마음에도 없는 행동을 하다니⋯ 나를 미워하는 자일지라도 그와 적대하지 말 것이며⋯ 그를 포함하는 노력을 할 것이다. 고달픈 精進. 외로움.

K를 만나 오랜만의 궁금했던 얘기들을 나누었다. 그녀를 만나면 내가 그에게 어른처럼 보이려고 했는데, 그렇게 되지 못했다. 4학년이 되는 K에게 많은 공부를 할 수 있도록 되도록 같이 있는 시간을 줄여야겠다. 혹시 오해나 하지 않을는지.

나에겐 여유가 필요하다. K와 얘기하는 도중에 내가 한없이 원망스러워졌다. 갑자기 자기 물건을 가져간 게 없느냐? 자기에게 다시 돌려줄 게 없느냐? 수학과 사무실에서 뭐 가져가지 않았느냐는 질문에 나는 나도 모르게 어색한 표정을 짓게 되었고, 속으로 태연한 마음을 가지려 했으나 웬일인지 당황했던 것 같다.

그런 질문을 받으면서 머리 속에는 작은 아버지가 떠올랐다. 삼촌이 예전 젊어서 동덕학교 교사로 계실 때, 하루는 교무실에서 같은 교사의 시계가 도난당한 적이 있었단다. 그것을 잃어버린 교사는 어떤 마음에선지 교무실 안에 있는 선생들의 얼굴을 차근히 쳐다보고 있었단다. 그때 그의 눈이 작은 아버지와 마주쳤을 때 삼촌은 저도 모르게 얼굴이 빨개졌고, 당황스러워졌다고 했다. 그런 행동으로서 삼촌은 도둑으로 오인받았고, 그런 분위기에서 도저히 있을 수가 없어 사표까지 냈단다. 결국 며칠 후, 사환 아이가 도둑임이 밝혀졌지만, 모든 선생들의 권유에도 불구하고 다시는 그 학교에 되돌아가지 않으셨다. 그의 결벽증 때문에, 예민한 감정 때문에 오해를 받게 되었던 것이다.

갑자기 이 얘기가 떠오르더니, K의 얼굴을 똑바로 쳐다볼 수가 없었다. 아무런 죄도 짓지 않았으면서 괜히 죄의 누명을 쓰고 오해를 받는 상태에 두려움을 느꼈던 것이다. 혹시 K의 물건이 없어졌는가? 또는 내가 수학과 사무실에 다녀간 이후 그 방의 물건이 없어져서 나를 의심하는가 하는 소심한 생각으로 당황이 앞섰다. 그러나 나중에 자기의 이수표를 가져가지 않았느냐는 얘기에 소심증이 풀리기는 했으나, 도대체 어떤 녀석이 가져갔기에 나를 이토록 나의 졸장부 기질이 나타나도록 만들어놓는가?

나의 성격에 나도 느끼지 못하는 모순이 많은 것 같다. 혹시 내가 아닌 타인들이 그런 질문을 당했을 때는 어떤 표정을 짓고 있었을까? 그들도 나와 같은 마음의 상태였을까? 아마 그렇지 않고 여유 있고 떳떳한 태도를 지녔을 것이다. 죄 없는 자로선 그것이 정상이지 않겠는가? 여지껏 알지 못했던 나의 모순된 성격을 발견하는 기회가 되었다. 超越

3월 9일 (목)

내가 어른이 되면 한없이 너그러워져야지. 내가 스승이 되면 지혜와 용기를 가져야지. 그리하여 딱한 처지의 제자들에게 격려해주고 희망을 심어줘야지. 미래에 대한 희망을. 그래서 그들을 강한 인간으로 키워나가야지. 나의 온힘을 다 바쳐 그들을 보살펴주고, 그들의 불행과 외로움을 승화시켜주어야지.

3월 13일 (일)

인간의 머리가 하느님을 명사로 만들 수도 있고 동사의 성격으로도 만들 수 있는 이상, 이왕이면 동사의 성격을 가진 하느님이 바람직하지 않은가? 하늘과 땅이 걸림 없이 어우러지게 해주는 하나님. 우주의 모든 일을 받아들이고 인정해줌으로써—善惡을 구분함이 없이—調和를 이루어나가게 한다. 모든 것을 받아들이고 인정해줄 수 있는 것, 그리고 내 멋대로 살아갈 수 있는 것, 이 둘이 어우러지는 생활을 해야겠다. 모든 이들에게 '님'이 되는 생활을 해야겠다.

不安, 초조한 마음을 없애자. 이 세상의 여러 종교를 하나로 통합하는 작업을 누가 하고 있을까? 마음 속에 삭이자. 그리고 超越하자.

3월 19일 (토)

健康, 여유, 겸허, 고상, 소박, 멋 /
解脫, 自由, 空, 圓融

3월 21일 (월)

인도 총선에서 Indira Gandhi 수상 패배!

평화적으로 독재정권을 갈아치운 인도 인민들이여! 당신들에게 영원한 발전 있으라! 평화적 政權교체라는 말은 현재의 이 나라의 처지에 있는 우리들에겐 부러움과 부끄러움을 동시에 가져다준다.

　부자집 쓰레기통에서 끼니를 구하러 다니는 할머니의 모습은 어쩌면 이토록 나를 격분케 만드는가! 할머니의 주름패인 그 살가죽은 차마 볼 수가 없다. 굴욕과 울분 속에서 살아온 이 민족의 모습을 비쳐보는 것 같다. 이 不平等과 苦痛스런 삶!

　다른 데 한눈팔 수가 없다. 가슴을 저미는 일들이 이 세상엔 얼마나 많은가! 남들은 인생을 즐기더라도 나만은 이 민족과 인류의 삶에 조금의 보탬이라도 되는 일을 해야 되지 않겠는가. 인간의 고통을 완전히 뿌리뽑자.

　이 몸은 어쩌면 이렇듯 헛된 욕망과 구차한 번뇌로 가득차 있는가! 현재의 이 상태를 있는 그대로 받아들일 수밖에 없는가… 애틋함, 그리움, 애착. 이것들이 내 마음을 약하게 만들고 있다. 超越의 敵.

3월 22일 (화)

　現代人間은 그들의 편리함에 의해 스스로의 自由를 잃고 있다. 생활의 便利함을 위해 그토록 추구해온 기계문명의 그늘에 의해 自由에 대한 自覺이 덮여 있다. 物質文明에 의해 상실된 人間性은 그 자체로 自由에의 추구의 정열이 식어 있다. 스스로 만들어놓은 기계적인 사회구조에 의해 옴짝달싹할 수 없이 人間의 主體性은 빼앗긴 채 현 사회체제를 벗어날 수 없게 되었다. 이런 상황에서 기존질서로부터 탈출해 보려는 시도는 필연적으로 외로움을 동반하게 되었다.

　物質에의 풍요함과 편리함이 더 많은 자유를 보장해줄 수 있는가? 풍요와 편리함을 유지하기 위해 완전한 자유는 있을 수가 없게 되고, 그렇다고 人間 자체 以外의 것은 다 버리면 自由와는 관계가 먼 다른 것에 관심이 가게 될 것이다. 마음과 환경이 하나가 되어 걸림이 없으면 그것이 바로 自由가 아닐까. 부유한 지역이 가난한 지역보다 더 많은 自由가 있는 것일까? 어느 곳에서나 自由는 인간의 가슴 속에서 떠나지 않고 있다. 自由의 여러 다른 狀態가 어디서나 추구되고 있는 것이다.

똑똑함만으로는 생활에 있어 부족한 태도를 보여준다. 똑똑함만이 겉으로 드러나 보이는 행위는 내 마음에 가엾은 감정을 불러일으킨다. 아는 것과 사는 것이 一致되어야 되지 않겠는가? 앎과 삶이 병행되는 행위는 자신의 誠實한 삶을 드러내 보여준다.

4월 4일 (월)

돈. 돈이 없어 삶에 제약을 받다니. 가난과 부유함을 초월한 삶을 살 수 있다면 얼마나 自由롭겠는가. 그것은 求道者的 生活인가? 어떠한 高貴한 영혼도 物質과 떨어져선 있을 수 없고, 모든 인간은 물질에 의해 제약을 받게 마련인가 보다. 그렇다면 물질과 精神이 서로 대립·갈등의 관계가 아닌, 서로 걸림이 없는 상태를 나의 생활로 만들어야 될 수밖에 없는가.

내가 바라는 바와 현실과의 대립을 어떻게 받아들여야 하는가? 바라고자 하는 바를 위해 한없이 싸우고 시달리는 생활을 해야 하는가. 현실 속에 살면서 그것과 싸우며 이겨내기도 하고, 실패하기도 하다가 이것이 인생이었던가 하고 결론을 내려야 하겠는가?

이상과 현실은 分離될 수가 없다. 이상을 포기한다면 현실을 체념한 것과 같다. 그 둘이 대립이 아닌 어우러지는 생활을 찾아야겠다.

인간과의 만남이 從的인 관계에서 맺어지건, 橫的으로 맺어지건간에 서로의 必要性 乃至는 主觀的 가치판단 內에서의 어떠한 형태의 연결성이 없다면 그 관계는 성립될 수가 없을 것 같다. 더구나 愛情을 나누는 사람끼리의 만남에 있어서는 서로의 必要性은 극히 중요하다. 어떠한 형태의 필요성이건 간에 그 强度가 서로 비슷해야만 만남의 얽힘이 지속될 수 있지, 서로가 서로에게 요구하는 바가 현격히 차이가 있다면 그 관계는 원만함을 유지할 수가 없게 된다.

K와의 교제에서 나는 내 마음을 안 보여주는 듯했으나, 실제로는 마음을 다 쏟은 것 같다. 그러나 그는 나에게 성실하게 잘 대해주었으나, 도대체 어떤 애인지 알 수 없게 여지껏 그의 마음을 드러내지 않은 것 같다.

나나 K나 언젠간 헤어져야 힐 것을 미리 알고 있으니, 그리고 서로가 뚜렷한 목적도 없이 어떤 결과를 기대함이 없으니, 그런 교제를 계속한다는 것은 서로에게 도움을 주지 못할 것 같다. 그럼에도 그에게 주고 싶은 情이나 호감은 어쩔 수가 없으니, 꼭 계산된 필요성만으로 사람의 만남을 규정지을 수는 없는가 보다. 앞으로의 그녀에 대한 태도는 어떻게 할 것인가?

나에 대한 미움이나 원망을 가지게 함으로써 그녀 스스로가 관계를 끊도록 만들까. 그러나 그것은 오히려 不自然스럽다. 현재의 둘의 위치를 냉정하게 認識시킴으로써 둘 사이에 애정이 개입되지 않는 관계로 환원시켜야 될 것 같다. 애초의 오빠와 동생, 선배와 후배의 관계를 가짐으로써 그녀 자신의 말대로 '안 되면 그만두지'를 실현시키는 것이 좋겠다.

그녀에 대한 나의 호감이 나만의 것인지 모른다. 나에 대한 감정은 조금도 없는 영악한 K가 이것을 알면 얼마나 재미있어 하겠는가. 정말 재미있다. 더 이상 情으로 맺어지기 전에 냉정하게 서로를 인식해야만 가슴 아파할 일이 없어지겠지. 둘 사이의 관계가 그녀에게 있어 큰 도움이 될 수 있는 계기가 될 수 있도록 오빠다운 오빠로서의 역할을 다 해야겠다. 관대함과 사랑을 베풀 줄 아는 德있는 오빠로서. 나를 必要로 하는 사람을 찾자.

4월 7일 (목)

우리나라 사람들은 자기를 내세우고 드러내 보이는 데 익숙하지 못한 것 같다. 그것을 美德으로 삼는 時代는 지났으나, 아직 그런 生活에 어색함을 느낀다. 그것은 스스로의 自由를 제약하는 결과를 가져오는 生活이다.

나는 너무 自由를 누리는 것 같다. 오히려 이것이 남들로부터 좋지 않은 인상을 주는 것도 같다. 내가 하고 싶은 대로 해도 무리가 없다면, 그것이야말로 남과의 調和를 유지하면서도 自由를 누리는 생활이 아니겠는가. 내가 하고 싶은 대로 하자. 그리고 남들이 하고자 하는 바를 모두 다 받아들이자. 解脫, 煩惱로부터의 超越. 오늘부터 이것은 내 것이다.

먹는 것, 입는 것의 욕심으로부터 벗어났다. 지금 상태가 아무리 不滿足스럽더라도 滿足스러운 마음의 상태로 바꾸자. 지금 이나마의 상태가 얼마나 고마운가! 이 마음이 俗됨에 의해 어지러워져서야 되겠는가? 情에서 오는 愛着도 끊어버리자. 부처는 남들이 부러워하는 富貴와 영예, 그리고 부인과 가족들마저도 훌훌 털어버리지 않았던가! 그 단호함은, 그러나 이 宇宙를 구제하고자 한 것이었다. 단지 냉정함만으로 끝난 것이 아니다.

6월 18일 (토)

　이 마음 속에 저주하는 마음, 미워하는 마음이 없어질 수 있도록…
가장 미워하고 보기 싫은 사람을 사랑할 수 있도록…

　순간적인 變身, 完全에의 到達, 이것은 現在의 나태나 어리석음으로
봐서 도저히 이루어질 것 같지 않다. 새로운 마음가짐의 반복, 이것은
계속적인 어리석음의 반복. 시간은 여지없이 흘러 여지껏 이뤄놓은 것
도, 그리고 준비해놓은 것도 없는 나를 초조와 불안 속에 밀어던졌다.

　K가 보고 싶다. 아니다. 이 세상에서 가장 처절하게 외로운 사람을
사랑하고 싶다.

6월 29일 (수)

　무감각하게 시간을 보낸 탓일까? 발전을 느낄 수가 없어 단조롭고
변화없는 生活을 하고 있는 것이 안타깝게만 느껴진다. 無氣力을 어떤
방법으로, 적극적인 生活로 대체시킬 수 있겠는가?

　포용, 溫和 / 속됨, 活發 / 답답!!

7월 1일 (금)

　이 세상은 너무 복잡한 것 같다. 모두들 다양한 삶을 연출하고, 모두
들 제각기 다른 생각과 세계를 지니고 있다. 이러한 수많은 독특한 삶
으로 이루어진 이 세상에 내던져진 나의 존재는 불안과 외로움으로 가
득차 있다. 그것은 나의 존재가 이 세상 전부와 통해 있지 못한 때문인
가? 이 세상의 모든 것을 알고, 그것을 내 안에 포함시킬 수 있었으면.
온갖 微物들이여! 내 앞에 무릎을 꿇어라. 그리고 내 가슴에 와 안겨라.

　더 나은 것, 좋은 것이 옳은 것이라 할 순 없다. 옳고 그른 것의 근

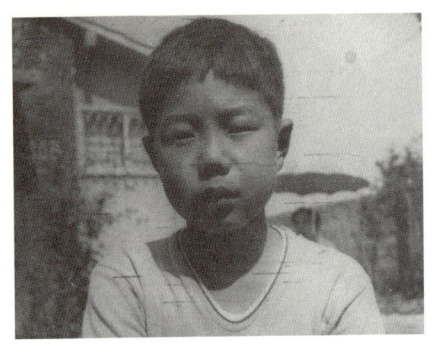
초등학교 시절의 홍성엽

거가 어디에 있는가? 도대체 옳다느니, 그르다느니 그 말 자체가 어떻게 해서 생겨났을까? 인간의 言語란, 외계 事物을 나 中心으로 파악하기 때문에 오는 결정체인 것이다. 자기 기준에서 사물을 해석함으로 해서 생겨난 것이다. 또 그래야만 사물 자체를 알았다고 판단하는 것이다. 그러나 나를 中心으로 하지 않는 理解란 있을 수 있을 것인가? 그것은 不可能한 것인지도 모른다.

여기에도 人間의 限界가 나타나는 것이다. 육체적인 활동범위의 한계, 思考力의 한계, 거기에 아 중심으로부터 오는 限界. 인간이란 얼마나 徵物인가? 얼마나 좁은 世界에서 살고 있는가?

어제도 밤늦게까지 K와 함께 있었는데, 하루도 지나지 않아 다시 보고 싶다. 방학 기간 동안은 만날 수 없으련만. 집에 내려가기 전에 다시 한 번 만나보았으면. 혹시 부산 가기 전에 교회에 나올지도 모르지. 교회에 나가보자. K에 대한 나의 태도도 문제로다. 그에게 아무런 부담이 느껴지지 않도록 애써야겠다.

적극적으로 나의 앞날의 돌파구를 만들어야 할 때인데도 나는 속수무책으로 기다리고 있고, 일이 잘 되리라고만 생각하고 있으니, 이렇게 무능력하고 나태한 나 스스로가…

인간의 모든 生活은 物質을 기반으로 이루어지는 것일까?

7월 2일 (토)

주위에서 돈 많은 사람들을 접해보면, 반사적으로 장래에 돈 없고 외로운 생활을 영위하는 나 자신을 상상하게 된다. 돈이 없더라도 자부심과 행복을 가질 수 있는 나 자신을 머리 속에 그려보면서, 가난하고 외로운 생활을 하나의 자랑스런 생활 모습으로 갖고 싶은 것이다.

외로운 사람들의 자랑스런 대표자가 되어, 돈 많음을 행복으로 여기는 俗物들의 자존심을 상하게 할 수 있도록 모범적인 인간으로 커야겠다. 高貴한 외로움, 그리고 나. 이들은 어쩐지 숙명적인 인연을 가진듯이 나의 머리 속에 연결되어 있다. 이것은 돈을 지상 최고의 가치로 여기는 자본주의 사회에 대한 抵抗이며, 또한 이 저항을 성공적으로 승리에로 이끌려는 처절한, 원대한 꿈이기도 하다.

가난하고 약한 사람, 외로운 사람들의 모범적인 대변자가 되리라. 배가 불러야만 사람이 클 수 있는가? 나는 이런 물질환경의 지배를 받지 않으련다. 환경을 초월하고, 지배할 수 있는 나 자신을 만들어야겠다.

7월 3일 (일)

내가 별로 좋은 인상을 가지고 있지 않던 사람이 나를 따를 때. 그를 포함할 수 있는 人格으로서 대함으로써 그에게 존경의 마음이 일도록 해야겠지.

K가 부산으로 가기 전, 교회에 들르지나 않을까 하고 혹시나 하는 마음으로 기대해 보았으나… 쓸쓸하고 빈 것 같은 마음이었다. 버스삯을 준비할 때 나도 모르게 회수권 2장이 손에 쥐어져 있는 것을 보고 쓸쓸히 웃어보았다.

歷史란 발전하는 것인가? 현대가 고대나 중세보다 더 나은 시대인가? 무엇을 기준으로 해서 가치를 비교할 수 있겠는가? 歷史란 단지 變化할 따름인 것이다. 어느 시대를 막론하고 完全이란 있을 수 없고, 언제나 모자람을 느끼는 것이다.

현대 가치의 기준은 기술과 과학이니만큼 物質 위주의 思考方式은 피할 수가 없게 된다. 여기에서 다른 쪽, 즉 정신적인 면―哲學的인 삶, 永遠의 추구, 完全에의 精進 등―을 갈구하게 된다. 다시 말해 모자란 면을 메우고자 하며, 현재의 不滿足한 상태에서부터 오는 자기가 갖지 못한, 자기에게 모자란 면에의 가치우위 설정이 있게 되는 것이다. 따라서 과거와 비교해서 현대를 평가함으로써 오는 과거에의 동경이라든가, 과거의 멸시 등은 감상성에서 나오는 결론이다.

完全에의 추구는 어느 시대를 막론하고 있어왔다. 끊임없는 긴장된 精進. 이것은 자기성취를 위한 不安과 不足 속에서 떠는 俗人의 마음. 나에게 있어 完全의 추구란 무엇을 위해서인가?

7월 7일 (목)

노여움과 同情의 交叉. 감정의 변화는 이토록 물거품일듯 순식간에 일어났다 꺼지고, 꺼졌다 일어나는 믿을 수 없는 것인가?

가엾음과 어리석음에 대한 노여움에 대한 발작, 그리고 가엾음에 대한 同情心의 끓음. 자유로운 행위를 내세운 어리석은 靑年과, 전통적 생활에 익은 老母와의 갈등. 자식에 대한 恨, 그리고 미워하는 자식에 대한 미련스런 애정을 동시에 느끼는 老母의 마음!

자기 運命은 자기 스스로가 만든다. 이 말이 通하는 人間은 현명한 人間이다. 어느 한쪽을 택해야 하는가? 그대로 둘 다 받아들여야 하는가? 가난과 외로움이 또 내게 달려든다. 어느 때 어디서나 내 머리 속에 엄습한다. 이것은 아마 나의 장래와 끊을 수 없는 인연이 될 것 같은 예시같은 것을 느낀다. 내 스스로가 만들어놓은 豫想!

自身, 自信, 自信

매월 첫 木曜日. 덕수궁 7. 매주 木. 청진동. 고영하 4층. 75)3268

오랜만에 선배 동지들을 만났다. 김영준, 최민화, 서창석, 김학민, 고영하, 이상우, 송재덕 모두가 반가운 얼굴들이었다. 모두가 현실에 대해 굽힘이 없이 꿋꿋이 성장하고 있었다.

야당 담당 무임소장관! 긴급조치 해제와 제적학생 복학에 대한 문제가 제기되는 이때, 제적학생들의 태도가 주목이 된다. 일부에서는 實利를 얻기 위해서라면 이쪽에서 먼저 복학진정서를 올려서라도 복학이 되도록 하며, 구속자들을 석방케 하는 것이 낫다는 견해와, 또 한편에서는 名分을 내세워 후세에 우리의 입장에 오명을 가져올 것이라는 점을 들어 반대하는 쪽도 있다.

지금 이 상태로 계속 세월을 보낸다면 우리들은 자연도태되고 말 것이다. 우리의 꿈, 이상을 젖혀두고, 당장 먹고사는 일에 열중해야 하는 위치로 전락해버리고 말아 패배자의 집단이 되고 말 것이다. 어떻게 해서든지 사회의 기반을 가질 수 있는 위치를 확보하기 위해서라면, 실질적인 이익을 위해서 수단 방법에 있어 경직화된 원칙만을 고집할 수는 없을 것이다.

나태함이 없이 精進하자. 그러나 당장의 어려움 때문에 현실에 굴복해야 하는가? 과거 선배들의 변절의 경우를 보더라도, 그때 그 본인들은 實利를 위해서 그들의 주대를 버렸다. 후세에 그들에 대한 평가는 무자비할 정도로 가혹했다. 이런 점이 바로 지식인의 가엾은 운명이다. 무지하고 약한 민중들의 행위는 덮어주면서도 지식인들의 실리를 위한 행위는 변절로서 인식하는 것이다. 그러나 이런 점은 지식인들이 감수해야 하는 운명이며, 또 그들의 사명으로 볼 때 그런 가혹한 평가쯤은 당연시되어도 좋을 것이다.

그렇다면 지금과 같은 경우에 처해서 어떻게 해야 현명한 행위를 할 수 있는가? 名分과 實利를 동시에 얻을 수 있는 方法이란? 자진해서 복학운동을 할 필요는 없다. 긴급조치와 관계없는 제3자를 통해서 건의하도록 하면 좋은 결과를 얻을 수 있으리라.

이 세상이 딱 둘로 나뉠 수 있었으면 오히려 더 좋겠다. 善과 惡, 正과 反, 黑과 白, 이렇게 확연히 구분될 수 있다면 좋으련만, 실제는 그렇지가 않은 것이다. 젊은 진보세력은 이 땅에서 언제나 빛을 보겠는가?

7월 9일 (토)

갑자기 쏟아진 집중호우로 해서 많은 死傷者와 水災民들이 발생했다. 별로 많이 온 것 같이 느껴지지 않는데도 예상외로 너무 많은 피해가 난 것 같다. 죽은 사람들만 해도 200여 명이 되고, 집에 물이 들어 각 학교로 피난 나온 수재민 수만 해도 6만여 명이나 된다니, 그 피해는 짐작이 안 갈 정도로 대단한 것 같다.

차도가 江으로 변해 車 대신 배로 다녀야 하는 광경. 한 점의 家具, 한 개의 연탄이라도 건지려고 안타까워하는 아낙네들의 침통한 모습, 흙더미에 묻힌 가족을 아무런 힘도 쓰지 못하고 바라만 보는 허망한 눈망울들, 학교 강당이나 교실 바닥에 가족끼리 모여앉아 추위와 굶주림에 떨면서 내일을 걱정하는 광경, 같이 따라나온 강아지가 다 젖은 채로 그 앞에 쭈그리고 앉아 있는 모습 등을 생각하면, 생활에 찌들려 온 庶民들에게 또 다시 숙명적인 고난이 찾아드는 것을 생각하면 애처로운 감정이 이 마음을 울린다. 그러면서도 나는 아무런 도움도 되지 못한다.

7월 10일 (일)

'흐트러짐이 없는 삶.' 원래 하나이던 것을 둘로 쪼개보는 二分化 내지는 兩極化된 사고 방식은 대립과 갈등을 자초하게 된다.

구름 한 점 없이 맑고 평온하던 하늘이, 양전기가 모여 있는 구름과 음전기가 모여 있던 구름이 서로 맞닥뜨릴 때, 그 구름의 규모가 크면 클수록 거기서 생기는 번개와 무서운 천둥소리는 더욱 그 기세를 더해 간다.

이런 양극화의 결과는 人間살이에 있어서도 마찬가지로 적용된다. 인간의 평화로운 삶 대신 충돌과 대립이 끊임없이 발생한다. 이렇게 되면 모두가 제 정신 못 차리고 혼돈 속에서 뭐가 뭔지 모르는 삶을 살고 만다.

善과 惡, 거룩함과 罪, 인간과 자연, 절대자와 罪人, 이렇듯 확연히 구분될 수 있는가? 악하다고 하던 일도 그 결과는 善이 될 수 있으며, 善한 행위의 결과가 惡이 될 수도 있는 경우가 얼마나 많은가? 이렇게 되면 정말 뭐가 뭔지 모르게도 되지 않겠는가.

세상에서 惡은 악대로 질서와 세력을 가지고 있으며, 惡한 일을 行하기 위해서 얼마나 많은 노력과 그리고 집념이 요구되고 있는가? 얼마나 많은 사전계획과 훈련이 必要한가 말이다. 善으로써 惡을 물리칠 수 있는 것은 아니다. 선과 악은 서로 分野가 다를 뿐이지, 서로 異質視될 수 있는 것이 아닌 것이다. 뒤집고 뒤집으면 도로 자기 자리에 돌아오게 되는 것이다. 각기 자기의 분야에서 임무를 다 하고 있는 것은 마찬가지다.

近代 이후 인류가 추구해온 自由와 平等, 博愛는 그러면 과연 이루어지겠는가? 산업혁명 이후의 서구인간은 物質的 환경을 풍족히함으로써 인간 이하의 삶으로부터 自由로워지고자 했던 그들은 자원을 개발하고 기계를 만들기에 희망을 가지고 정열을 바쳤다. 더 많은 자원을 가지기 위해 식민지 쟁탈에 앞서고, 그들이 많은 상품을 소비하기 위해 약소국을 식민지로 전락시켰다. 그 결과 현재 전 인류의 1/8에 해당하는 선진국을 형성하기에 이르렀다.

그렇다면 그들이 추구하는 平等한 사회를 위해서 자신들이 가진 富를 나머지 7/8의 인류에게 나누어주어 똑같이 되어야 하지 않겠는가? 그것은 實現될 수가 없다. 현재와 같은 체제와 文化제도로는 해결할 수가 없다.

그들은 善인 自由를 위해서 惡을 행했고, 善인 平等을 위해서 不平等인 惡을 제거하지 못한다. 또 그런 것은 될 수 있는 일이 아닌 것이다. 평등하자 해서 있는 놈 것을 빼앗아 없는 놈에게 준다고 해결이 될 것인가? 없는 자의 고통스런 삶도 가엾지만, 너무 배가 불러 일어나는 아픔도 가엾은 것이다. 배가 고파 아픈 것과 너무 먹어 체해서 배가 아픈 것과는 어떤 차이도 없다. 다 그 둘에게 관심을 똑같이 가져야 한다. 똑같이 위로를 주어야 한다.

善과 惡이 共存할 수 있는 세상. 그것을 흐트러짐이 없는 마음으로 받아들이기 위해서는 어떤 方法으로 可能한가?

닭, 개, 사자, 호랑이, 고양이 五獸不動이라는 말이 있다. 쥐와 고양이가 같이 있으면 고양이는 밥거리를 얻기 위해, 쥐는 살기 위해 필사적으로 악을 쓴다. 그야말로 대소동이다. 단 고양이와 개를 같이 놓아두면 서로 우위를 다투려고 토닥거린다. 개와 호랑이를 같이 놓아두면 물론 여기서도 필사적인 저항과 싸움으로 혼란이다. 호랑이와 코끼리가 같이 있으면 서로 날카로움과 힘셈을 겨루어 천지를 소란시킨다. 이렇게 따로 떼놓으면 커다란 소동과 싸움이 나지만, 이들을 모두 모아놓으면 가만히 있게 된다고 하는 말이 있다.

쥐는 고양이를, 고양이는 개를, 개는 호랑이를, 호랑이는 코끼리가, 코끼리는 자기 코 속으로 들어가면 큰일 날 쥐를 경계하기 때문이라는 것이다. 이렇게 여러 종자들이 모여 있어도 대립이 없이 평온한 상태, 이것을 바로 흐트러짐이 없는 마음에 비유할 수 있겠다.

인간과 절대자와 자연과의 調和! 인간이 誠實하게 절대자에게는 성실한 신앙으로써 대해주고, 인간 상호간에는 깍듯이 대접을 해주고, 自然과의 관계에 있어서도 서로 대립됨이 없이 유지됨으로써 서로의 자리를 지키면서 조화된 상태를 가질 수 있게 되는 것이다.

나의 최고의 價値, 그것을 달성하기 위한 노력도 역사의 흐름 속에 녹아들고 말 것을… 모든 것들은 순간적으로 變化해가고, 역사도 오로지 변화해갈 뿐. 無意味. 虛無.

나의 성실한 삶의 결과가 나에게 있어 성공적이었다(?) 하더라도 그 삶 자체로서만이 의미가 주어질 뿐, 거기서부터 나오는 의미는 없다. 그대로 삶. 그냥 살아야.

어느 시대도, 앞으로 있을 어느 시대에도 完全이란 개념은 용납되지 않는 것을 위로의 말로 삼아야겠다. 우주와 어우러진 상태로의 초월! 걸림 없이 무르녹은 세계로의 精進.

7월 11일

웬일인지 뭐가 빠진 듯한 느낌이 든다. 항상 모자란 듯한 감정에서 지낸다. 편지함에 자주 신경을 쓰게 되었다. 피곤함이 없이 살 수 있으면. 나만의 명상시간을 마음대로 가질 수 있다면. 빨리빨리 살아야겠다. 그래서 모든 것을 다 알 수 있게 되기를.

7월 13일

Hegel의 神論.

그에 있어 하나님의 存在란 하나의 활동성 내지 운동으로 이해되고 있다. 곧 인간의 의식이나 思考, 또는 歷史의 변증법적 운동이 그 자체로서 하나님으로서 이해되었다. 그래서 하나님을 인식하기 위해선 자기 자신을 인식하면 되고, 인간의 활동은 곧 하나님의 활동이며, 인간의 역사는 곧 하나님의 역사로 파악될 수 있다.

현실이 곧 하나님의 존재방식인 것이다. 이렇게 되면 인간이 곧 하나님이 되고 만다. 그리고 인간의 사고는 변증법적 운동에 의해 完全에 合一하게 되고, 역사의 운동법칙도 변증법적 운동으로서 파악하고 있다. 여기서 역사적 변증법적 운동이 곧 하나님의 존재임을 주장한 논리와 부합시켜보면, 하나님도 별 수 없이 변증법적 운동을 할 수밖에 없다. 이렇게 되면 하나님의 自由는 있을 수 없게 되고, 그의 은혜도 성립될 수가 없다. 이런 점이 전통적 기독교 논리에서 배척당할 수밖에 없다.

현실의 발전운동법칙이 곧 하나님이기 때문에, 현실은 곧 하나님과 인간과의 合一 내지는 화해를 의미한다. 이렇게 되면 예수 그리스도의 계시 사건은 그 唯一回性과 함께 그 意義를 잃고 만다. 그러면 그리스도는 必要없는 人物이 된다. 이렇듯 기독교 신앙을 철학적 역사관으로 만들어버린 점에 대해 전통적 기독교 신앙관의 입장에서는 그의 神觀을 거부할 수밖에 없다.

平等을 위해 있는 者의 것을 빼앗아 없는 者에게 준다고 평등이 이루어지겠는가. 이것은 어디까지나 物質的인 平等分配에 지나지 않는다. 원래 평등의 目的은 物質的 평등을 위한 것만은 아니다. 여기서부터 모든 인간이 큰 차별 없이 같은 수준에서 自由를 행사할 수 있기 위해서였다. 모든 分野에서 平等을 이루어야 진정한 平等이 될 수 있다. 그렇다면 물질의 公平한 분배에 그칠 것이 아니라, 지식의 공평한 분배도 이루어져야 한다.

그러나 과연 지식인들이 자기의 지식을 남에게 나누어주려고 하는가? 그들은 자기가 갖지 못한 富의 공평한 분배만을 주장했지, 자기가 가진 지식, 그리고 여기서 생긴 사회적 기득권을 포기하고 자기보다 못한 남과 똑같은 위치에 서려 할까? 그들에게 만약 富와 권력이 주어진다면, 平等이니 자유니 하는 외침은 쑥 들어가고 말 것이다.

애초에 평등한 관계란 성립될 수가 없는 것이며, 또한 完全한 自由도 있을 수 없다. 인간의 存在方式은 不自由하고, 不平等·差別의이게 마련이다. 그리고 이런 인간의 存在형태는 시간에 따라 그가 가진 가치관과 함께 變化해나갈 따름이다.

不自由와 自由, 不平等과 平等이 함께 공존해가는 것이 세상이다. 모든 인간이 自覺하여 지금보다 더 나아진 社會生活을 영위한다 하여도 不滿足한 상태는 그때도 여전할 것이다. 그러한 不完全하고 소규모의 理想을 實現하기 위해 일생을 바치느니 보다는 좀 더 크고 完全한 理想社會 실현을 위해 애쓰는 편이 낫지 않겠는가? 없는 자들의 편에서서 있는 자들을 공격하여 위치를 뒤바꿔놓음으로 해서 理想社會가 실현되겠는가?

불교적 立場에서 理想社會의 實現은 가능한가?

제도적 보장에 의한 自由, 平等 등은 어디까지나 物質의 기반 위에서만 成立될 수 있다. 물질환경이 궁핍해지면 최고의 가치로 여기고 추구했던 것들이, 그리고 이루었던 것들이 물거품이 되고 만다. 이것이 바로 西歐的 가치인 것이다.

마음의 自由, 걸림없는 自由, 물질환경에 지배를 받지 않는 自由, 이것이 곧 우리 모두가 바랄 수 있는 것이 아니겠는가?

十誡命

하나님-人 1. 나 외에 다른 神을 위하지 말라.

하나님-人 2. 너를 위하여 우상을 만들지 말지니, 위로 하늘에 있는 것이나 아래로 땅에 있는 것이나 땅 아래 물 속에 있는 것에 무슨 형상이든지 만들지 말고 절하며 섬기지 말라. 나 여호와 너의 하나님은 진노하는 신이니, 나를 미워하는 자에게는 아비의 죄를 자손 삼사대까지 이르게 하고, 나를 사랑하며 내 계명을 지키는 자에게는 은혜를 베풀어 수천대에 이르게 하리라.

하나님-人 3. 너의 하나님 여호와의 이름을 망녕되이 일컫지 말라. 여호와의 이름을 망녕되이 일컫는 자를 죄없다 아니 하리라.

하-人-自 4. 안식일을 기억하여 성일로 지키라. 엿새 동안에 네 모든 일을 힘써 하고 제칠일은 너의 하나님 여호와의 안식일이니, 너나, 네 자녀나, 네 노비나, 네 육축이나, 네 문 안에 유하는 객일지라도 일하지 말라. 엿새 동안에 여호와께서 하늘과, 땅과, 바다와, 그 가운데 만물을 만드시고 제칠일에 쉬셨으니, 그러므로 여호와께서 안식일을 복되고 거룩한 날로 삼으셨느니라.

　人-人 5. 네 부모를 공경하라. 그리하면 너의 하나님께서 네게 주신 땅에서 네가 오래 살리라.

　人-人 6. 살인하지 말라.

　人-人 7. 간음하지 말라.

　人-自 8. 도적질하지 말라.

　人-自 9. 네 이웃을 해하려고 거짓 증언하지 말라.

　人-自 10. 네 이웃이 가진 집이나, 네 이웃의 아내나, 네 이웃의 남종이나 여종이나, 소나 나귀나, 네 이웃에 있는 것을 무엇이든지 탐내지 말라.

주기도문

하　① 하늘에 계신 우리 아버지, 이름을 거룩하게 하옵시며,

하-人 ② 나라이 임하옵시며, 뜻이 하늘에서 이룬 것 같이 땅에서도 이루어지니이다.

人-自 ③ 오늘날 우리에게 일용할 양식을 주옵시고,

하-人 ④ 우리가 우리에게 죄지은 자를 사하여 준 것 같이 우리의 죄를 사하여 주옵시고,

하-人 ⑤ 우리를 시험에 들지 말게 하옵시고, 다만 악에서 구하옵소서.

하　⑥ 나라와 권세와 영광이 아버지께 영원히 있사옵나이다. 아멘.

현실은 변혁되어야만 된다고 믿으면서도, 그 변혁을 가로막고 있는 주체를 나쁘게 생각 않으려는 그 생각이 나를 더 갈등 속에 빠뜨린다. 쳐부수느냐, 사랑하느냐. 제도적인 完全으로서 社會는 바람직한 이상사회로 실현될 수는 없다. 개개인 모두가 인격적으로 完全해질 때 비로소 완전사회는 바라볼 수 있는 것이다. 그것의 기반은 宗敎와 哲學으로 될 수 있으리라.

1. 지난 두 주일간에 얘기된 것을 보면 어떻게 하면 좀 더 이상적인 삶이 이루어질 수 있는 社會, 좀 더 完全한 사회에 다가갈 수 있겠는가 하는 관점에서 얘기가 됐다. 이런 관점에서, 계속해서 오늘도 불교적 입장을 취했을 때 이룰 수 있는 좀 더 바람직한 사회의 성격은 어떤 것이 될까? 그것이 얘기된 다음에, 위에서 얘기한 그런 사회로 이상사회의 한 유형이 되지 않겠는가 하는 결론을 내고자 한다. 오늘 얘기하고자 하는 것은, 佛敎 수도인들의 신앙적 생활, 종교적 生活을 그대로 옮겨놓고자 하는 것이 아니고, 불교에서 말하는 가르침을 현실 안에 끌여들이고 적용시켜 보았을 때 이루어질 수 있는 사회색채를 말하고자 한다. 그래야만 좀 더 현실성을 띠지 않을까 생각한다. 우리가 불교를 따라가는 것보다는 불교를 우리 생활에 끌여들였을 때 좀 더 현실과 가까워질 수 있지 않겠는가? 그러면 그런 입장에서 불교적 思考를 받아들였을 때 과연 어떤 삶이 이루어지겠으며, 그것이 과연 타당한지를 비판받아 보겠다.

2. 그러면 불교적 삶이란 구체적으로 어떤 말로 표현될 수 있겠는가? 그것을 나는 '걸림 없는 삶' '어우러진 삶' '흐트러짐이 없는 삶' 등으로 말하고 싶다. '걸림 없는 삶' '어우러진 삶' '흐트러짐이 없는

삶'은 도대체 어떤 것이냐를 말하기 위해 現實의 삶을 얘기해보면 그것이 드러나리라 본다.

걸림이 없다는 것은 시간과 공간을 통해서 자유자재의 상태를 뜻하며, 내가 하고 싶은 대로 다해도 걸림이 없는 것을 말하며, 어우러졌다는 것은 나 너의 구별없이 모든 것이 함께 공존하면서도 대립됨이 없는 것을 말하고, 흐트러짐이 없다는 것은 이 세상의 모든 것이 조화와 정돈된 상태로 살아갈 수 있는 삶, 요새 말로 하면 自由와 平等이 서로 함께 이루어지는 삶을 말한다. 내가 하고 싶은 대로 다 하면서도 모든 것을 다 인정하고 받아들일 수 있는 조화와 정돈의 상태.

3. 현실 生活의 기반이 되고 있는 二分化된 사고, 양극화된 사고이다. 이것은 인간이 태어난 이래 현재까지 이르고 있으며, 東西洋을 막론하고 이분화된 사고가 인간의 행위양식을 이끌어왔다. 그 결과는 현실에서 볼 수 있는 바와 같이 대립과 갈등의 연속이었다. 그것은 원래 하나이던 것을 둘로 쪼개봄으로써 생기는 대립과 갈등인 것이다. 중앙관상대의 김동완 통보관이 일기해설할 때 소나기 오는 현상을 이렇게 설명하는 것을 보았다. 저기압과 고기압이 서로 접근하여 고기압에 있는 구름과 저기압에 있는 구름이 서로 맞닥뜨릴 때 바로 소나기가 퍼붓는다. 그리고 한 쪽 구름엔 양전기가 가득 모여 있고, 다른 쪽 구름엔 음전기가 가득 모여 있어 이것들이 부딪칠 땐 굉장한 소리와 함께 번개를 낸다. 그 구름의 규모가 크면 클수록, 전기의 양이 많으면 많을수록 그런 현상은 더욱 심해진다. 인간살이에 있어서도 마찬가지로 적용할 수 있다. 양극화의 결과는 평화로운 삶 대신 투쟁과 갈등과 대립적인 삶을 낳게 된다.

4. 善과 惡, 白과 黑, 거룩함과 罪. 이렇듯 세상이 확연히 구분될 수

있겠는가? 악하다고 여기던 일도 그 결과는 善이 될 수 있는 경우나, 善한 행위의 결과가 惡이 되는 경우도 허다하게 볼 수 있다. 살인을 함으로써 자유를 쟁취하는 경우. 도둑질을 해다가 효도를 하는 경우. 권력에 아부를 함으로써 가족을 먹여살리는 경우. 마약밀수 → 국민경제 도움. 외국 장사꾼에게 사기를 쳐다가 외화를 벌어들이는 경우. 전쟁을 도발해서 외국 국토를 빼앗아 자국의 국민복리를 증진시키는 경우. 도대체 이게 선이냐 악이냐.

한 국가의 독립을 위해 선언하다 수많은 동조 민중이 죽었다. 한 여인을 사랑하다 결국 그 여인의 가정에 파탄을 가져왔다. 대다수 민중을 위해서 일한답시고 소수 반대세력을 숙청해서 죽였다. 이런 경우는 어떤 쪽을 택할 것인가? 현실은 확연히 둘로 갈라질 수 있는 것이 아니다. 선악이 한꺼번에 한 가지 일에서 작용하는 것을 볼 때 혼돈될 수밖에 없고, 정말 뭐가 뭔지 모르는 게 현실이 되었다. 이것이 바로 二分化된 사고의 결과다. 따라서 그렇지 않으려면 이런 이분화된 사고를 없애야만 한다. 선악이라 구분짓지 말아야 한다.

5. 惡이라는 것도 생각해보면 과연 없어져야만 되는 것인가? 이 세상의 惡이라는 것들―도둑질, 살인, 간음…―에도 역시 아름다움과 희열이 있는 것이다. 그것을 행하기 위해서 얼마나 많은 사전계획과 훈련이 필요한가? 이렇듯 악도 선과 똑같이 힘을 가지고 있고, 그 나름대로의 질서와 영역을 유지하고 있는 것이다. 단지 선과 다른 것이 있다면, 善과 分野가 다를 뿐이다. 서로 異質的인 것이 아니다. 뒤집고 또 다시 뒤집으면 제자리에 돌아오는 것이지, 뒤집었다해서 惡이 없어지는 것은 아니다. 각기 자기가 맡은 분야에서 자신의 임무를 다하고 있는 것이다.

6. 그러면 善이라고 추구해온 自由와 平等, 博愛에 대해서 얘기해 보자. 이것들은 근대 이후 서구인들이 추구해온 최고의 가치였다. 그들의 自由란 원래 物質 빈곤으로부터의 자유를 말한다. 그런 자유 추구의 과정에서 산업혁명을 일으켰고, 기계를 발명하여 더 많은 상품을 만들어내고, 자연을 개발했다. 이것으로 만족하지 못한 그들은 외국의 자원을 가지기 위해 식민지를 빼앗고 상품시장화했다. 善인 自由를 획득하기 위해 외국을 식민지로 전락시키는 惡을 行했다. 우리도 마찬가지다. 제도적 보장에 의한 自由를 얻기 위해서는 나를 희생하는 것이 아니라 남을 희생시켜야만 한다.

平等도 마찬가지다. 인류가 이루어온 이런 문화체제 아래서는 평등이란 개념 자체가 성립될 수 없는 지경이다. 있는 자가 없는 자들에게 자기 것을 주지도 않을뿐더러, 없는 자 편에서 있는 자의 것을 빼앗았다고 해서 평등해지는 것은 아니다. 왜 있는 자는 惡이고, 없는 다수는 善인가? 없는 자의 고통스런 삶도 가엾지만, 있는 자에게도 고통이 있는 것이다. 배가 고파 아픈 것과 너무 먹어 체해서 아픈 것도 똑같이 아픈 것이다.

   * 五獸不動 : 쥐, 고양이, 호랑이, 사자, 코끼리
   이 세상의 모든 대립되는 것들이 공존할 수 있는 세상!

8월 30일

〈Rocky〉를 보다. 한 평범한 인간의 순박하고도 성실한 삶의 태도가 나를 흐뭇하고도 감격스럽게 한다. Rocky와 그의 道場 주인과의 대립 끝에 화해하는 장면은 가슴을 뭉클하게 하는 감격을 가져다 준 첫번 장면이다. 대립과 싸움 후의 和解란 얼마나 아름다운가!

두 번째로 나를 감격시킨 장면은, 챔피언과의 대결을 앞두고 금욕적인 훈련을 쌓으면서 고된 훈련을 적극적이고도 자발적으로 이겨나가, 자신의 의지—링 위에서 도중에 쓰러지지 않고 끝까지 버텨보겠다는—를 확인하면서 승리를 꿈꿔보는 그의 의지를 보았을 때다.

마지막 장면은, 챔피언과의 사력을 다한 혈투를 마지막 15회전까지 의지로 버텨나가는 데 성공한 것이었다. 경기를 승리로 이끌지는 못했으나, 그의 의지는 승리하였다. 경기를 끝까지 버텨낸 감격을 묻는 기자들의 질문에 자기의 애인인 애드리안을 부르는 그의 모습은 성실한 삶을 살아가는 선량한 시민의 典型이었다. 마지막 대사는 'I love you' 'I love you'

9월 22일 (목)

이번 9월의 생활은 精進, 不安, 방황, 결단 등의 뒤범벅된 생활이었다. 모든 이들이여! 나에게 의지하거라. 꿋꿋한 의지, 포용력과 慈悲心을 갖춘 人格으로 만들어보자. 나를. 理知와 感性, 現實性과 理想, 의지와 초월, 이렇듯이 한쪽에 치우치지 않고 양쪽을 다 내 것으로 만들고자 한다.

9월 29일 (목)

⟨One flew over cuckoo's nest⟩

정신병동 환자들의 모든 생활을 규제하고, 병원규칙으로부터 일탈하는 행위를 엄격하게 처벌하는 의사·간호원들은 정신이상자가 아닌 사람까지도 정신이상자로 만드는 것을 그들의 의무로 안다. 환자 자신들도 그들의 현재의 상황에서부터 벗어나길 두려워하고, 모든 일에서 과거의 습관이나 관념에서 새로워질 엄두도 내지 못한다. 환자들 中에 맥 머피는(Jack Nicholson 분) 이러한 병원 분위기에 싫증을 내고, 새로운 생활을 항상 생각하고, 변화를 바라며, 병원의 규칙에 반항하며 환자들에게 병원을 탈출할 것을 암시준다.

그러나 너무나도 관습적이고 일률적인 통제 밑에서 그 자신도 빠져나갈 수 없게 된다. 병원 내의 문제아가 된 머피는 결국 강제 뇌수술을 받고 완전한 무기력한 폐인이 되고 만다.

그는 과거의 전통적인 기성의 제도나 질서, 관습에 저항을 시도했으며, 새로운 세계를 찾아 숨막히는 이 현실의 질서로부터 자유로워지려고 하였다. 그러나 결국 그의 의지와 희망은 그 무겁고 경직된 제도 下에서 완전히 거부되어 제거된다.

그의 패배는 꼭 나의 패배와도 같은 소름끼치는 생각을 갖게 한다.

10월 6일 (목)

임무, 나의 할 일에 충실해야지. 난 말로만… 실천보다는. 앞일을 알 수 없으니, 어렵게 살기는 싫은 거다. 나의 찹쌀떡, 아니 빈대떡같은 친구 문용이! 학교 앞 식당에서 보던, 눈 내리던 쓸쓸 차분하던 거리!

지난 날들은 도대체 어떤 의미가 있는 것일까? 나의 앞날은 어떤 것이 될까? 생각할 수 있는 것은 모조리 다 생각해보고선, 그래도 가장 현명한 것은 생각 않는 것이라는 결론. 인생의 껍질을 다 벗겨보아도 결국 남는 것이라곤 아무것도 없다 이거지. 그야말로 인간 존재란 가엾다고밖에는. 나 자신도 가엾은 존재. 나를 가엾게 여기는 자, 누구냐! 난 그에게 머리 숙이리라.

물이 가득 찬 줄 알고 팔목에 힘 주고 주전자를 들었을 때, 빈 주전자가 갑자기 들릴 때, 나는 화난다! 現代의 男性은 여자가 필요할 뿐, 사랑할 수는 없는 것일까? 나는 그대가 내 곁을 멀리 떠난다해도 그대를 떠나보낼 수 있다. 그대는 항상 내 맘 속에 있기 때문에. 여자는 사랑에 겨워 부담스러워할 수도 있다. 난 그대가 떠난다해도 그대를 사랑하지 않을 수 없다. 왜냐하면, 난 그대를 사랑하고 있기 때문에.

10월 13일

나는 모든 것들의 머리가 되고, 모든 것이 의지하는 사람이 되리라. 이 온 세상을 나의 가슴 속에 포용하리라. 언제까지 새로움을 반복해서 求할 것인가? 언제라야 完全함에 도달할 수 있을 것인가? 또 다시, 자! 지금부터다! 通! 一! 쏟! 異! 그러나 그것은 허튼소리가 되지 않을까. 그렇지만 나는 바로 그것이다. 지금부터다!

단정내릴 수 없는 세상. 입을 벌리자마자 그릇된 소리. 내 가슴의 피는 도대체 일정한 方向이 없이 이곳저곳으로 흩어져 나가는 것 같다. 내 발은 왜 이렇게 가만히 있지 못하나? 나는 도대체 뭐가 되어야만 내가 될 수 있는가? 정신 못 차리고 살아볼까?

自由와 외로움. 빌어먹을! 왜 항상 뒷꽁지에 가서 뭐가 붙는지 모르겠어. 즐거움. 이것이 얼마나 좋은가? 왜 괴로움이 항상 따라다니지? 이룬다. 이걸로 끝나면 얼마나 좋으냐 말이야. 그 뒤에는 허무와 무의미. 정말 뭐 같으네. 아냐. 이걸 꺼꾸러뜨려 생각하면… 그거 괜찮을 것 같은데! 그래도 왠지 不安한걸. 不安한 감정이 드는 건, 확실히 몰라서 그런 거니까. 괜찮게 생각하는 게 좋을 것 같다.

죽음을 괴로움으로 생각해왔지만, 그건 사실 원래 내 생각은 아니었을 거야. 이 괴로운 세상이 반드시 끝날 수밖에 없다는 변치 못할 보증이 아니냐 말이야. 이 죽음이야말로 이 세상 어떤 것보다도 의심할 수 없는 확고한 것이란 말이야. 이것이 바로 희망! 희망을 정말 희망다운 것으로 만들기 위해서는 이렇게 변하지 않는 것을 희망으로 삼아야 할 것이 아니겠는가?

10월 28일 (금)

무엇을 위해서, 목표가 따로 떼어 있게 살지는 알겠다. 내가 하고자 하는, 하고 싶어 하는 생각의 대상과 나의 행동이 구분되어 있으면 다혈질적 행동이 나오게 되고, 不自由하며 영웅심이 작용하게 될 수도 있다. 그리고 조급한 성질을 갖게 된다.

나의 생각이 바로 行動이며, 나의 行動 그 자체는 바로 目的과 구분되어 있지 않은 것이다. 조급함이 없이, 흥분함이 없이, 굽힘이 없이 담담하게, 끈질기게, 남들이 도저히 어찌할 수 없게끔 생활이 되어나 갈 것이다.

남을 위해서 나를 봉사시키는 것이 아니라, 내 하나의 행동이 곧 남을 위하게 되는 것이다. 울타리를 벗어나고 싶다. 自由自在하고 싶다. 하는 대로 되고 싶다. 모든 이들의 인생이 내 가슴 속에 포함될 수 있도록. 그것은 바로 어느 것에도 걸림이 없는 상태이다. 그것은 모든 이 세상의 것들을 다 인정해주는 데서부터 이룰 수 있다.

나는 너가 될 수 있다. 그러나 너는 내가 될 수 없다.

겸허. 관용. 자비 / 희생. 희망. 끈기

11월 1일 (화)

이 마음은 왜, 언제부터 이렇게도 弱해졌는가? 나 홀로는 외로워서 아

아무것도 손에 잡히지 않는다. 누군가 내 곁에 있어줘야만 허전함이 메워질 것 같다. 누군가를 사랑해야만 할 것 같다. 사랑하지 않으면 나 자신을 지탱할 수가 없을 것 같다. 보고싶다는 마음은 나 자신을 여지없이 허물어뜨리고 만다. 보고 싶다는 마음은 사랑과 情을 받고 싶다는 마음일 게다. 사랑을 필요로 하는 것이 있는 한 자유로울 수 없으며, 내 자신을 다 표현할 수가 없을 것이다. 나에게 필요한 것은 오직 나 자신뿐이라 믿어보자. 그걸 위해선 내 자신이 바로 完全이며, 無限이며, 眞理 그 자체이어야 한다. 보고 싶은 마음이 남으로부터 사랑을 받고 싶은 마음에서가 아니라, 남을 사랑해주고 싶은 마음에서부터 생겨난다면…

反省과 후회와 아쉬움의 연속. 이것이야말로 언제나 나에게서 멀리 떠나갈 것인가? 現實로부터, 그리고 未來의 理想으로부터 도피함이 없이, 참고 또 참고 끈질기게 그러면서도 은근하게, 부드럽게 나를 實現시키기 위한 채찍질은 여지껏 허공만을 맴돌았던 것이 아닐까?

自我迷信과 환경의 어려움을 어떻게 극복해나갈 수 있을는지. 이 말은 安易한 삶으로 이끌리는 유혹의 말. 나는 최소한 아무리 못돼도 한 家庭을 이끌리는 건실하고 充實한 남편으로서, 아내로 하여금 幸福함을 느낄 수 있게 해주고, 子息들과는 존경받는, 자랑스런 아빠의 관계를 만들어 갈 수 있는 사내는 될 수 있을 것 같다, 이런 생각은 아예 꿈에도 않아야겠다.

나의 모든 것을 주기만 하되, 남는 것이라곤 하나도 없이 외로움 속에 있을지라도 그런 삶을 살고 싶다. 너무너무 공허할지라도 나의 삶은 인내와 끈기가 바탕이 되어야 한다. 유혹에 대한 인내, 인내를 성취하기 위한 끈기. 그러나 나는 순수와 진실과 多情함에는 약한 자로다.

나를 약하게 하는 자! 그대는…… 나에게 늘 모자람을 느끼게 하는 너! 시냇가의 꽃! 그대와 가까이 지낼 수 있다는 것만으로도, 아니 그대가 이 세상에 存在한다는 것만으로도 나는 너무나도 복에 겨운지.

11월 3일

오늘 이 시간 지금이 바로 나의 生日. 나의 과거는 어떤 것이었을까? 아름다워라! 아름다워라! 세상은 참으로 아름다워라!

11월 7일

모든 사람들로부터 버림을 받고 싶다. 나를 아는 사람들이 아무도 없었으면 좋겠다. 모든 인간관계를 끊고 적막한 고독 속에 빠져 이 생을 마치면 좋겠다.

죽음은 더할 수 없는 고독.

죽음은 고뇌로부터의 해방.

죽음은 모든 것의 마지막.

죽음은 모든 것의 출발.

죽음은 외로움의 극치.

죽음은 외로움과 괴로움의 絶滅.

죽음은 소외된 자의 안식처.

죽음은 슬퍼하는 자의 따뜻한 아랫목.

죽음은 적막한 암흑.

죽음은 혼돈과 무질서의 지옥.

죽음은 生의 超越, 寂滅의 삶.

죽음의 세계는 自由와 解脫의 세계.

그러나 죽음은 비장함.

죽음은 아름다움. 죽음은 안정.

죽음은 환희! 죽음은 나의 希望.

죽음은 나의 방패, 나의 마지막 안식처.

죽음은 나의 무기.

죽음은 삶을 보다 알차게 하는 것.

11월 10일 새벽

이 세상의 모든 것, 정말 온갖 모든 것. 바로 이 세상은 나의 것. 내가 하고자 하는 대로, 마음먹은 대로 다 된다. 超越!

오늘 밤 큰 형님이 歸國하신다. 수술의 결과가 좋았으면… 형님이 다시 오심으로 해서 집안에 활기가 펴질 것이다. 형 생각을 하니, 관용과 이해의 生活이 人生을 通達하는 데 어떤 도움이 될 수 있을까 하는 생각이 교차된다. 형님 가정에 生命力이 늘 가득차 있기를…

다음은 나의 생각. 이 몸은 도대체 뭐가 되려는가? 썩은 영혼과 병든 육체를 구제할 이는 누군가? 나의 장래는 지금의 정신상태에서 어떻게, 얼마만큼이나 변화할 것인가? 치사하고, 시들고, 비겁하고, 졸장부 같고, 추하게 되지나 않을까? 절대적으로 나는 나 스스로에게 패배할 수 없다. 승리한다고는 할 수 없을지 몰라도, 패배란 상상조차 할 수 없어야 한다.

K가 더욱 더 강해지기를, 순수하게. 나는 남이 이해할 수 없는 장난꾸러기인가? 몰인정한 풋내기인가?

저녁. 큰 형님, 무사히 김포에 오시다. 공부를 열심히. K를 마음껏 사랑해야지. 나의 귀여운 사랑. 나의 정력을 생산적으로 탈바꿈! 새롭고 완전한 나를 위해 껍질을 벗다.

11월 16일

죽음에 이르기까지 나의 일에 열중해야겠다.

자유롭게 선택한 일을 자유롭게 行하다 죽고 싶다. 죽음을 느끼게 되면 어떤 일을 대하든지 더욱 진지해지고 비장한 마음을 가지게 된다. 죽음이 있기 때문에 더욱 인생을 밀도 짙게 살 수 있다. 죽음을 느끼기 때문에 더욱 나의 도리를 다하려 애쓰게 된다.

모든 일의 결과가 죽음에 가까울 수 있도록 미친듯이 살아가고 싶다. 죽음 또 다시 나의 희망. 나의 할 바를 다 하고, 그리곤 아쉬움 없는 죽음에로. 사소한 감정의 변화를 참아내면서 죽음을 目標로 하여 이 몸을 몰아쳐보자. 나는 죽기를 위해 이 육체와 온 정신을 다 바친다.

가슴에 통증이 심해온다. 일시적인 증세이기를. 이 세상 온갖 것들을 모두 다 융화시킬 수 있도록 내 마음을 키우리라. 외로운 이들의 의지처가 되리라. 약한 이들에게 힘이 생기게 만드는 원천이 되리라.

나는 큰 이. 나는 오묘한 이. 나는 부드러우며 힘센 이.

나는 물(水)처럼 언제 어디서나 본성을 지키며, 그러면서도 自由 곧 그것. 나는 공기처럼 모든 것을 감싸며, 파고들며, 그러면서도 存在原因. 나는 불처럼 이 세상을 밝히며, 이 세상의 머리가 되도다.

11월 19일 (낮 첫눈이 다 녹을 무렵)

11. 18, 그리고 11. 28, 그리고 다음 12. 8? 8字가 나쁜가봐(?) 순수한 풋내기들의 거림낌 없는 행위로 해서 시내 꽃과 시냇물은 부끄러움을 모르게 되다.

아무런 할 일도 없이 지냈으면서도 몸과 마음이 피곤해졌다.

그 많은 시간을 시간 없이 지냈다니, 대체 이건 무슨 얘기인가? 차근

차근 서두르지 않고 끈기있게 나의 알맹이를 키워나가야겠다.

나는 애가 왜 이럴까? 너무 게으르고, 그리고 또 너무 약해. 그리고 요즘 같아선 너무 미안하단 말이야. 모두한테. 이런 느낌은 아마 내가 너무 잘 지내고 있다는 증거가 명백함에서 오는 것일 거야.

불안하게도 요즘 마음의 여유가 없어졌어. 나의 밑바닥이 드러나기 시작한 듯해. 요사이 공부를 안 한 탓인 듯해. 너무 소비만 했거든. 여유를 다시 찾기 위해 돌진! 총공격!

사실 말이지, 이 세상 모든 것이 다 내 것인데 여유를 찾으려고 할 게 있을까? 나는 언제부턴가 그래야겠다고 마음먹었지. 모든 사람이 다들 자기 것을 만들려고 애쓰면서 一生을 살아가는 동안 나만은 오히려 나에게 있는 것들을 되도록 버리면서 살아가기로 말이야. 남이 보면 가장 가난하게 되려고 애쓰는 것 같지만 말이야. 진짜는 내가 가장 부자라는 걸 그들이 알 수가 없지. 그럼! 없지. 나는 또 갈 데가 있다. 더 장난치고 싶은데, 또 일어나서 세수해야겠다.

11월 마지막

지시명령은 똑바른 線을 좋아한다. 그래서 情味를 파괴하고, 근심과 울분을 낳는다. 겨울명령은 더욱 긴장된 끈을 만든다. 그것은 약자들을 더욱 弱體로 만든다. 여기서 힘없는 저항과 비참한 상황이 생산된다. 이제는 必要없다. 높은 자는 단순한 것을 좋아한다. 낮은 자는 복잡한 심정을 가지고 있다.

나는 여지껏 한번 생각에 살아오지 않았나? 한번 생각에 느껴지는 감정이 혹시 뿌연 막을 거쳐나온 착각이 아니었던가? 혹시 그 착각이란 것이 진실인지 아닌지?

12월 1일 함박눈

기다리다, 기다리다 … 그러다 마음 아파하고, 슬퍼하고, 가슴이 굳어진다. 그에 대한 반발! 失望…

반발 → 관계의 終末 → 무서움 → 후회 → 그의 반발 → 울음 → 기다림 → 체념 → 둘의 가슴아픔 → 戀慕 → 나는 어리다 =어리석다 → 진절머리 나는 잡념 → 죽음

기다림에 지쳐선, 나답지 않은 一生. 남을 기다리도록 해선 도저히… 가장 손쉬운 것은 나를 기다리는 사람이 아에 없도록 하는 것이나, 이 세상에 태어날 수밖에 없었던, 끊지 못할 나의 과거로 해서 나는 홀로, 결코 홀로 있을 수 없을 것이다. 그러니 아에 없도록 할 수는 없는 것이니, 내가 가진 끈에서 희망이 피어나도록 죽도록 분발해야 한다. 남이 나를 기다리도록 해선 도저히…

자잔한 욕심과 집착을 허공에 날려보내고—불살라버리면 이것들은 불이 좋아 더욱 달려든다. 이것은 바로 내 가슴을 막히게 하는 原因—나의 것, 바로 나의 크디큰 욕심으로 모든 이가 스스로 '내'가 없는 삶을 살 수 있도록.

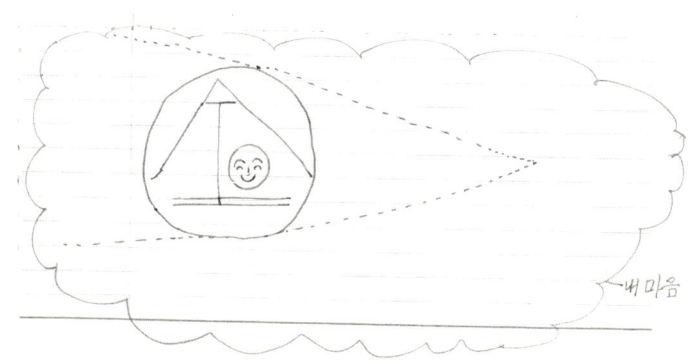

12월 22일 새벽 1시

학원강사에서부터 새로운 직업으로 옮길 작정이다. 새로운 분야에로 발을 들여놓는다는 것만으로도 나의 흥미를 돋군다. 새로 맡게 될 일들이 아무리 어렵고 귀찮은 일일지라도 능동적·적극적으로 요리해 보겠다. 나 자신을 시험해본다는 자세로.

여의도에서의 선생으로서의 생활은 안일한 생활로 일관되었다. 강사로서의 생활이 나의 첫 사회경험이기도 하였다. 처음 시작했을 때의 약삭빠르지 못한 순한 성질은 지금도 거의 달라지지 않은 것 같다. 보수문제로 인한 선생과 원장 사이의 묘한 감정의 교차. 선생과 학생간의 여러 가지—쑥스럽게 보이는 행위도 포함해서—묘한 관계, 이런 것들을 앎으로 해서 어른들의 이기적이며 이해타산적인 의식을 한 분야에서나마 알 수 있게 되었다.

이번엔 더욱 더 치열한 생존경쟁을 경험해볼 수 있을 것이다. 남들에겐 힘들고 어렵게 느껴지는 일도 나에게는 상황적응성이 높은 긍정적인 생활태도 때문인지, 다 나에게 도움이 되는 것이고, 잘 되어나가는 것으로 받아들이는 성격 때문인지 어째 이번에 새로 시작하는 일도 너무 쉽게 되어가는 것 같다.

아무리 곤란한 과정을 겪었을지라도 그것을 '결국은 다 나에게 좋은 이득을 가져다주었다'고 생각하는 습성은 앞으로 생활해가는 데 있어 마음의 病은 생기지 않게 해줄 것이다. 다음 해에는 여지껏 훈련되어 있지 않은 자신 속의 여러 자질들을 최대한으로 성숙시켜 보아야겠다. 그렇게 되면 어쩌면 지금까지의 나와는 많이 다른 나로 변할지도 모를 것이다.

12월 26일

크리스마스 오후 1시. K와의 헤어짐. 특별열차가 부산으로 향해 움직이고 있을 때의 그녀와, 난간에 기대어 손을 흔들어주던 모습은 내 마음을 약하게 했다. 그 다음 일어날 여러 감정들에 단호히 거부하면서 바쁘게 걸음을 뒤로했다. 집까지 오는 동안에 거리의 사람들을 보면서, K의 얼굴이 자꾸만 멀어져간다는 생각이 더욱 슬퍼지게 만든다.

그녀의 부드럽고, 순수하고, 깜찍하고, 관대하고, 인내심 강한 마음, 그리고 재치 있고, 센스 있고, 아량 있는 행동과, 귀엽고 복스럽고, 단정하고 품위 있고, 사랑스러운 천사 같은 모습, 그녀의 상냥하고, 정겹고, 침착하고, 맑은 목소리. 이 모든 것을 이제는 볼 수가 없다.

저 겨울 밤하늘에 박혀있는 별들과 달을 보면서, 얼어붙은 듯한 차디찬 검은 하늘과 K의 마음이 동시에 느껴진다. 차가운 밤공기 속에서 움츠리고, 고달파 떨고 있는 온 세상을 그녀의 부드럽고, 포근하고, 헤아릴 수 없는 넓은 마음이 따뜻하게 감쌀 수 있을 듯이 느껴진다. K와 헤어진 후, 피곤한 몸을 깊고 많은 잠으로 달래다. 그녀의 연약한 몸이 집에 도착할 때 쯤이면 얼마나 피곤할까! 빨리 집에 도착해서 피로를 빨리 회복하여 가족들과의 생활이 즐겁고 편안할 수 있도록! K를 생각하면 생각할수록 나 자신의 모자란 점이 드러날 뿐이고, 더욱 부끄럽기만 하고, 같이 지내던 때가 아쉬어지기만 하다. 이럴 줄 알았으면 잘 해줄 수 있었을 걸. 나에게 이런 깊은 아쉬움을 갖도록 너의 마음이 치밀하게 계산해놓은 것은 아닌지… 그녀에게 지난 겨울 이후 끊긴 편지를 다시 띄워야겠다. 지난 겨울 이후에도 계속 직접적으로 나의 마음을 전하긴 했으나, 헤어진 후에 하는 편지에 새로운 뜻이 있는 듯.

오랜만에 엄마와 성재와 함께 저녁을 먹으면서 잠자리에 들기까지 여러 가지 이야기를 하면서 보냈다. 정말 너무나 오랜만에 가족의 情을 느껴보는 것 같다. 가엾은 엄마와 동생에게 편안함과 기쁨이 언제나 같이 하도록 최선을 다해 열심히 살아야겠다.

"엄마하고 동생한테 잘해드리세요."

공식석상에서 K의 사진을 공개하고 K의 아름다움에 대해 자랑하다. 새로운 事實을 알게 되다. 연대 캘린더 4月.

새해에는 지금까지의 세상과는 모두 달라지는 해가 되었으면… 모든 이들이 착해지고, 활기차며, 성실해져서 온 누리가 즐거움과 행복의 열기로 그윽하게 가득찼으면…

이번 크리스마스 특사로 풀리게 된 죄수들이 교도소의 문을 나오던 아침에 그들의 어머니의 순박하고 진지한 모습은 나를 슬프게 한다. 삶에 시달린 얼굴에, 보기에도 딱한 그 얼굴에 자식에 대한 근심과 염려로 인한 주름이 더욱 깊게 파였다. 그러나 이제 그들의 얼굴에 근심의 표정이 있게 해선 안 된다. 세상의 모든 자식들이여! 부모님을 편하고 기쁘게 하라!

1978년 戊午

1월 1일 (일)

늦게나 잠이 든 탓인지 8시가 좀 넘어서야 피곤한 몸을 일으켰다. 새해 첫날부터 급히 서둘러야만 했다. 큰형 집에 집안 식구들이 함께 모여 서로에게 복을 비는 인사를 하며, 오랜만에 집안 가득히 밝은 웃음이 번졌다.

1월 1일이라고 해도 그것은 진닐의 연속일 뿐 시간의 단층을 의미하는 것은 아니나, 인간이 지혜로운 탓일까, 아니면 어리석은 탓일까, 똑같은 시간에다 뚜렷이 線을 그어놓았다. 그럼으로써 주기적으로 새로운 마음과 기분을 맞을 수 있도록 해놓은 것이다. 그런 뜻에 따라서 나에게도 새로운 내가 발견될 수 있도록 온 힘을 다해 빈틈없이 살아보리라. 올해에는 분명코 커다란 나를 완성시키리라.

오후가 되어 나홀로 집을 지키면서 재웅兄을 맞이하고, 또 삼촌을 맞이하였다. 내 주위의 사람들은 나를 보면 괜히 가엾은 마음이 드는가 보다. 남으로 하여금 나에 대한 同情을 가지게 한 데는 나의 책임이 클 것이다. 本人의 마음은 남들이 생각하는 것처럼 그렇게 失意의 빠져 있거나 위축되어 있지 않은데도 그렇게 느껴지게 하는 것은 아마 나의 표정이나 행동 때문에 그런 것일 게다. 그렇지 않다는 것을 느껴지도록 해야지!

이런 감정은 아마 나에 대한 것만은 아니지 않을까? 그것은 나도 남들이 가엾게 느껴지니까 말이다. 생활에 억눌리고 시달려 피로로 가득한 표정을 보면—하나 같은 모두가 다 그런 것 같다—나의 할일이 더욱 많아진 것 같고, 서둘러 분발해야겠다는 생각이 든다.

저녁이 돼서 돈암동 할머님을 뵙고, 작은 누나네 들러서, 매형 아버님댁에 들러서 조카들과 같이 있었다. 고만고만한 녀석들이 셋이 모이면 과연 재미있다. 오늘을 새로운 출발점으로 해서 열심히 치밀하게, 지혜롭게 살아가리라.

1월 2일(월)

오전 중에 선배 동지들과 만나 여러 교수님을 방문키로 하였다. 金東吉 선생님을 최전선을 구축해놓고 최초의 공격대상으로 삼았으나, 점령에 실패하다. 나보다도 먼저 돌진한 친구들이 많았던 모양이나, 그들도 역시 실패—그럴 수밖에 없었던 것이 점령 대상이 없었던 탓, 아마 미리 정보를 듣고 새벽부터 내뺀 듯—하고, 다른 지역으로 그들의 입대포, 입절구를 돌린 것 같다.

金東吉 선생 댁에서 나오면서 김찬국 선생님 댁으로 向하던 차, 김찬국 선생님과 그의 두 아들을 만나다. 조금 후에 영준兄을 만나게 되어 함께 김선생 댁으로 向. 거기엔 이미 김동길 선생 댁에서 점령에 실패한 선배, 친구들이 득세를 하고 앉았다. 하필 점심시간인지라 선생님이나 사모님은 무척이나 난감한 모양이시다. 억지춘향 격으로 끝까지 버텨서 먹어대는데, 그 패거리의 하나인 나로서도 매우 미안하다. 선량한 시민에게 너무 많은 부담과 착취가 된 것 같다. 김선생님께는 더욱 올해가 행운의 해가 되기를 빌어본다.

선생님과 사모님의 정다운 배웅을 뒤로하고 徐南同 목사 댁으로 向

하다. 감옥에서 나오신 지 며칠 안 돼서 그러신지 안색이며 표정이 아주 좋으시다. 밖의 세상에서 시달리다보면 그렇게 좋던 心身도 피로로 물들게 되겠지. 그 분의 말씀도 감옥 안이 밖보다는 좋게 느껴진다고 하셨다. 그런거 보면 얼마나 여유 있고 便하게 지내셨는가 알 만하다.

구속된 人士들이 풀려나게 돼서 기쁘긴 하나, 한편으로 왠지 씁쓸하다. 이번 연말에 석방된 분들이야 이번에 나오지 못했다 하더라도 언젠가는, 아니 금명간에 나올 수밖에 없었던 것인데, 정부 측과 협상을 벌인 이쪽 사람들이 잘못 판단하여 협상의 대상으로 이번에 석방된 人士들을 선택한 것이다. 학생들의 입장, 아니 전체 국민의 입장으로 보아선 아무래도 나올 수밖에 없었던 人士들보다는, 많은 사람들로부터 관심의 대상이 되고 있는 人士들보다는 모두에게서 잊혀가는 학생들을, 석방되기 힘든 학생들을 협상대상으로 했어야 했다.

이곳에서 나와 千寬宇 선생 댁을 찾다. 그렇게 좋아하시던 소주를 끊으시고—이제부터 禁煙하기로 여러 사람들에게 공표했단다—맹숭맹숭 감주로서 대신하였다. 술을, 더구나 소주는 즐겨하지 않는 나로서는 바랄 것이 없었으나, 다른 친구들은 눈알을 굴리며 선생님께 미소만을 던질 뿐이었다. 한마디 유쾌한 소리 못하고 또 발걸음을 옮겼다. 東亞日報가 민주주의의 기치를 높이 들고 民衆과 함께 호흡을 같이 하는 날이 오면 千선생님이나 宋建鎬 선생, 그리고 그외 쫓겨난 기자, 아나운서, 프로듀서 등등의 분들이 다시 東亞로 돌아가게 될 것이다.

오늘의 마지막 방문지. 여의도 대교아파트 3동 成來運 선생님 댁. 우리 일행이 도착하기 전 벌써 광서兄이 와 있었다. 술을 들면서 오늘 하루 종일 술냄새도 못 맡아본 처지를 당한 동지들은 아예 술을 선물로—결국은 자신들이 먹어치울 것이지만—가져갔다.

마루에 둘러앉아 술잔을 기울이며 한 곡씩 뽑아대는 그 분위기는 정말 오랜만이며, 더구나 마음맞는 동지들과의 酒席은 참으로 흐뭇하였다. 成선생님의 특기는 詩를 몽창 외우는 것이다. 남의 도저히 따를 수 없는 특기인 것 같다. 영준兄, 학민兄, 무호兄, 민화兄, 재덕이. 성우, 광서兄은 일찍 잠들다. 이 모두가 술을 사이에 두고 다들 의기가 합해진다. 조금 후에는 高銀 선생, 나병식兄, 그외 대여섯 兄들이 몰려와 지나치게 혼란하였다. 술이 너무 많이 들어간 탓. 술에 취한 상태가 아닌 때에는 그 분위기가 정답고 좋았는데, 취한 꼴들을 보면 나는 실망하게 된다.

시간은 밤 11시가 넘었다. 나와 영준형은 成선생님께 인사를 드리고 조용히 나왔다. 영준형은 약간은 취한 것 같다. 오랜만에 서울에 올라온 형인지라 매우 반가웠고, 평소 존경하던 형인지라 단둘이 거리에 나오니 친형을 대한듯 情이 간다. 오늘 헤어지면 또 몇 달은 못 볼 것이다. 또 다시 兄은 지방으로 내려가 힘든 작업을 해야 한다. 오늘은 꽉 찬 스케줄로 피곤하다.

1월 3일 (화)

一山에 성묘 가다. 어제 먹은 술이 좀 많았던지 아침에 구역질과 함께 몸 속에 있던 음식물을 밖으로 토해냈다. 위 아래로 뱉어내니 온몸의 힘이 쭉 빠지고 뼈마디마다 피곤한 듯하다. 그러나 육체가 괴로우면 반면 정신은 혼쾌해지는가! 더욱이 찬 아침 공기가 상쾌히 느껴진다. 찬 공기를 들여마셔 배를 채웠다. 분명히 내일이면 기침이 심할 것 같다. 산에 올라갈 때부터 힘들다 느꼈는데, 내려올 때는 뼈마디가 쑤시는 것 같다. 남들이 뼈마디가 쑤신다는 말을 할 때는 이해 못했는데, 오늘 비로소 무슨 얘기인지 알 만하다.

　一山에 올라갈 때와는 달리 서울로 向하는 기차에는 몸 움직이기가 불편할 만큼이나 사람들이 붐빈다. 여기서 더욱 몸은 파김치가 되고, 피로가 몰려든다. 그러나 이제부터 세배를 다녀야 할 형편이었다. 저녁 7시 경까지, 一山에서 서울에 도착한 12시부터 外家宅 세 곳에서 벼텼다. 모든 환자들에게 희망을! 저녁을 들고는 곧장 잠자리로 들어가다. 뜨거운, 그래 뜨거운 아랫목은 나의 고향.

1월 4일 (수)

　저녁 때쯤 해서 화곡동 작은어머니를 뵙고 인사를 드리다. 편찮으신 몸이 빨리 회복될 수 있기를! 화곡동에서부터 영동 외숙모님 댁까지의 그 먼 거리를 택시로 가다. 올부터 내가 갑부가 된 듯. 외롭게 지내시는 외숙모님을 뵈오니 그동안 자주 찾아오지 못한 것이 송구할 뿐. 나는 외로운 이들의 벗. 여기서 또 택시를 타고 큰 누나에게로. 큰 누나의 둘째딸이 이번 토요일에 결혼을 한단다. 이 집 자녀들도 물론 끼리끼리 가는 것이다. 부자는 부자에게로.

1월 5일 (목)

　올해 들어 처음으로 함박눈이 휘날린다. K가 생각난다. K에게서 소식이 올 만도 하다고 느끼면서 편지함에 신경을 쓴다. 오후가 되니, K에게서 카드와 글이 왔다. 카드도 반갑지만 그녀의 마음이 담긴 글이 나에겐 더욱 의미가 있다. 그런데 앤 왜 그런지 요점만 쓰니 나로선 그게 불만이다. 읽기에 지리할 만큼 긴 편지를 받았으면 좋은데 數學科라 뭔가 다른가 보다. 글귀로 보니 분명 바쁜 일이 있음에 틀림없다.

지금처럼 다정하게 고운 사랑 새기면서
한 세상 너와 함께 살고 싶은 내 마음
너와 나의 가슴 속에 작은 소망 심었다면
한 세상 행복하게 둘이 살아살아갈
: 이젠 우리 두 사람 영원히 맹세하며
마음 변하지 않길 바라는 두 마음이
이루어지도록 빌면서 정답게 가는 길

한 달 반쯤 집을 떠나 있게 된다고 했는데 혹시 日本으로 가는 것인지, 아니면 공부하기 위해 서울로 올는지… 1月과 2月에 시험이 있으니 서울로 올라오는 것이 틀림없을 것 같다.
K의 앞날에 모든 축복 내리기를.

1월 6일 (금)

스물네번째 맞는 생일이다. 지금까지 살아온 이십여 년의 세월을 아무런 힘도 없이 보낸듯 세월의 흐름이 덧없기만 하다. 데구르 구르다가 자신의 힘이 다하게 되면 죽음으로 들게 될 수밖에 없는, 도저히 어쩔 수 없는 인간의 삶을 나도 반복하지 않을 수밖에 없는가! 내 생의 중반기에 들어서게 되는 지금, 후회 없는 삶을 위해 좌표를 구체적으로 결정하고 실생활에 몸을 던져야 하겠다.

나는 自由人, 나는 獨立人. 나는 모든 일에 있어 끈기로서 임하며, 성실하게 대하며, 그리고 동시에 항상 비약과 초월을 생각한다. 나는 모든 사람들의 머리가 되며, 모든 사람들이 의지하는 바가 되리라.

1월 7일 (토)

재경 결혼하다. 내 조카 둘 중에서 네번째로 결혼하는 셈이다. 큰 매형이 술을 많이 드시니 말씀이 재미있다. 큰 매형의 그런 면은 처음 본다.

1월 8일 (일)

K가 서울에 왔다고 한다. 생각할수록 가슴이 울렁인다. 집에서 편히 있지 못하고 늘 외지에서 生活하는 것을 보면 측은한 마음도 난다. 서울에서의 생활이―짧은 기간이기는 하지만―고달프지 않도록 위로가 되어줘야겠다.

金東吉 先生님께 세배드리다. 선생님과의 대화가 순조롭게 끝나 기분이 흐뭇하다. 모든 사람들과 관계가 원만해질 수 있도록 노력해야 한다. 정진호兄 결혼. 신부는 신랑보다 선배란다. 영준兄 지방으로 다시 내려가다.

1. 급행열차에서 뛰어내렸는데 아무 상처도 없었다. 그 이유는? 서 있는 급행열차이기 때문에.

2. 새 10마리 중 9마리는 죽고 1마리는 날아갔다. 날으면서 한 말은? 九死一生이다.

3. 까치 2마리 중 암수를 구별하는 방법은? 알을 낳은 것은 암놈, 낳지 못하는 것은 수놈.

4. 夫田大三子口音이란? 조카 낙서

5. 木 밑에 子는 ⇒ 李 / 口와 口를 혀로 묶으면 ⇒ 呂 / 비오는 날 밑에서 우비를 쓰고 논 위에 서 있는 것은 ⇒ 논 임자

1월 14일 (토)

이 일기는 내 삶의 발자취이다. 많은 세월이 흐른 후에라도 여기에 적힌 내용을 보고서 부끄러움이 없도록 많은 채찍질이 될 수 있도록 되어야 한다. 만일 후일에 여기에 적힌 일기를 보고 '섣부른 생각을 했었구나'라든가, '어리석은 철부지 같았구나' 또는 자신의 위치에 대해 부끄러움을 느끼는 경우가 있다면 나의 一生은 파멸이며, 아무런 보람도 없었던 생애가 될 것이다. 분명히 훌륭함은 계속될 것이다. 이 몸이 죽는 날까지 나의 全部를 드러내어 키워나가야겠다. 나의 의지대로.

나를 여기에 있게 해준 고마운 분들에게 진심으로 감사를 드리며, 그들의 은혜를 절대 잊지 않으리라. 절대! 어머니. 어머니를 비롯한 나의 가족, 친지. 나에게 첫 취직(학원강사)을 알선해 준 재필兄. 背恩忘德. 이 얼마나 무섭고도 살벌한 말인가!

平等. 이 사회에 병적 요소로 심화되고 있는 혈연과 지연으로 맺어진 모든 사회 分野와 계층을 타파하고 새질서, 공평과 정의로 이루어진 새로운 질서를 세우자.

* 본적을 없애 여기서 빚어지는 地方色을 타파하라.

1월 15일 (일)

오늘 예배에는 꼭 K가 올 줄 알았다. 서울에 있는 게 分明하다면 오늘만큼은 시간을 낼 수 있으리라 생각했는데, 그 많은 사람 가운데에서 K는 눈에 띄지 않았다. 혹시 참석했는데 서로 찾지 못한 것인지… 그를 만나지 못한 나의 마음은 이렇게 허전할 수가 없다. 혹시나 해서 도서관까지 가보았으나 있지 않았다. 버림받고 홀로만 이 세상에 내버려진듯, 그 여유 있는 마음이 위축되고 괜히 슬퍼진다. 집으로 돌아오는 도중에도 여러 번 슬퍼지는 마음으로 해서 눈물을 흘렸다.

무슨 사고라도 생긴 것이 아닌가? 하숙집에서 연탄가스로 변을 당한 것은 아닐까? 아니면 다가오는 시험준비로 해서 눈코 뜰 새 없이 공부에 바쁜 것은 아닐는지… 만약 그렇다면 이해할 수 있으련만.

구름 낀, 더구나 매서움 찬바람이 부는 날은 사람들이 모두 외로워 보인다. 나만이 외로움을 느끼는 것은 아닐 거다. 이런 때에 憂愁에 잠긴 얼굴이 지나간다거나, 외로움으로 절어진 듯한 모습을 한 여인이 지나갈 때, 슬픈 표정의 女人이 지날 때에는 나의 동지가 생긴 듯 하여 나의 외로움과 슬픔이 위로를 받는다. 내 자신이 무엇을, 더구나 女人을 갈구하는 한 나의 가슴은 언제나 슬픔과 외로움으로 차여 있을 것이다. 예쁘고 깨끗한 女人을 보게 되면 나의 외로움의 발작은 더욱 심해진다.

Narcissus Narcissus. 나는… 사랑의 昇華! 맺어지지 못한 사랑에 슬퍼하지 않고, 가슴 아파하지 않고, 지금의 나의 단계에서 더 높은 차원의 단계로 비약할 수 있는 힘이 되도록 슬픔과 외로움을 긍정적으로 받아들이자.

온누리에 平和와 기쁨이 가득차리라. 온누리에서 억압과 전쟁, 슬픔이여 물러가리라. 나는 모든 사람의 정신적 지배자! 超能力者! 나의 뜻대로 모든 일은 成事되리라. 나는 모든 것의 우두머리이며, 모든 것을 다 포함할 수 있다.

K를 만날 수 있을 때까지 끊임없이 글을 쓰고 싶다. 이런 쯧쯧! 잘 시간도 아직 멀었는데, 몸 속의 정력을 배설하고…

세상의 모든 것들이여. 잠시도 쉬지 말고 인간의 멸망이 있기까지 계속되어라. 낭비며 소비적으로 보이는 모든 것까지. 그것들도 인간의 평화와 행복에 이바지할 수 있는 건지도 모른다.

K는 청개구리. 어린애한테는 말도 조심해야 한다.

⟨The flight of the Phoenix⟩

화물기가 비상 착륙한 곳. 물과 양식을 구할 수 없는 뜨거운 모래사막 십이 명의 인간은 구조대의 출현을 기대하며 하루하루를 보낸다. 그러나 그곳도 허사. 한정된 식량과 물로 그들은 극한상황에서 제각기 생명의 보존을 위해 발버둥친다. 그러나 침착하게, 영화에서는 극한상황에 처한 그들의 행동을 너무 美化시킨 듯. 도적 隊商들에게 위협을 무릅쓰고 다른 이들을 대표해서 식량을 구하러간 대위의 행동은 참으로 장교다웠다. 결국 같이간 동료 한 명과 함께 살해되고 말았지만. 구조대에 대한 희망을 포기하고, 멀리 떨어진 오아시스를 찾아가는 것도 실패한 그들에게 남은 희망이란 모형 비행기 설계사 Heinrich Dorfmann의 추락 비행기 재조작에 있다. 機長을 비롯한 대부분의 사람들은 不可能한 일이라며 단념하려 하지만, 副機長은 이렇게 말한다.

"가만히 앉아서 죽음을 기다리는 것보단 불가능하게 여겨질지라도 희망을 한가닥 걸면서 버티는 것이 더 낫다. 결국 죽을 수밖에 없더라도 희망을 갖고 있다. 그것이 실패로 끝나 죽는 것이 오히려 죽음을 앉아서 기다리는 것보단 힘들지 않다."

결국 그들의 협동은—反對와 贊成, 긍정과 부정이 한 인간의 내부 의식에서 作用하고 있었지만—성공으로 되었다. 결국 비행기 Propeller가 돌아가고 말았을 때 남은 일곱 명의 기쁨이란… 어찌 겉으로 나타낼 수 있겠는가. 希望과 信念이 결국 승리한 것이다.

좀 더 욕심 같아선, 영화에서 그들의 성공은 식량과 물이 완전히 다 떨어져 버린 보름여 후인 마지막날에 있었는데, 좀 더 오랜 기간을 경과—즉 모든 먹을 것이 다 떨어지고도 많은 날들 후—한 때의 그들의 행동을 묘사했으면 더욱 인간의 삶에 대해 깊이 다룰 수 있었지 않나 생각해 본다.

1월 18일 (수)

〈The Bird with the Crystal plumge〉 : 美女들에 대한 연속 살인사건, 그리고 그 女人들을 살해한 살해범 살해.

〈The Flight against the Slavery〉 : 인간 차별, 불평등, 인간 학대와 착취 등과 같은 惡을 저지른 白人들. 그 노예상인들을 도와 자신의 이익을 추구했던 黑人들, 그들은 자기와 같은 피부색을 가진 동료들을 잡아—짐승 사냥하듯 잡아—白人 商人들에게 넘겨 판다.

이들 모두가 지나간 세기에 존재했던 인간들이긴 하나, 그들의 행위를 다시 보게 되니 人間의 어리석음에 대해 분노와 비탄으로 대하게 된다. 결국 역사는 지혜로운 이들의 편에 섬을 확신해본다. 인간이 지닌 모든 不條理와 惡은 인간의 不完全性과 어리석음에서 기인되고, 또 묵인되며, 자라나는 것이다. 그래선 인간 자신이 그 대가를 받게 된다. 흑인 노예들에 대한 白人들—물론 모든 白人은 아니다—의 과거의 행위는 오늘날, 그리고 미래에도 계속해서 그 보상을 받아야 한다. 분명 노예제도는 인간이 저지른 가장 큰 범죄 중에 하나인 것이다. 현실을 돌이켜보고, 먼 훗날 우리의 자손들이 현재의 우리 세대를 가엾게 여기게 되지 않도록 현실 개조에 있어 현명한 판단과 단호한 결행이 있어야 한다.

人間의 歷史는 발전하는 것이 아니라 다만 변화하는 것일까? 에너지 不變의 法則? 惡의 형태가 바뀔 따름, 惡은 언제나 存在. 왜 이리도 인간 生活의 變化는 더딘가!

눈만 조금 와도 교통이 마비되다시피하는 서울 시내이었다. 더구나 아침 출근시간에 있어서는 어떠하랴! 약속시간에 늦을쏘냐. 그렇게도 잡기 힘든 택시—전부터 늘 다짐해온 것이 있었는데, 그 다짐을 오늘 아침에 또다시 허물고 말았다. 그것은 '치사하게 택시는 다시는 타지 않겠다. 정말 돈이 아깝다'는 것이었다—를 겨우 잡아타서는, 그것도 남자 손님만 나까지 넷이 합승했으니 얼마나 불편했겠는가! 그렇게 힘들여 잡아타서는 약속 장소인 苦林物産 사무실까지 급히 갔는데, 글쎄! 30분이 지나서 도착했는데도 거기엔 그 사람, 趙社長은 나와 있지 않았다. 단지 여사무원만이 사무실을 정돈하고 있었다. 오늘만큼 정말 약속이 지켜질 줄 알았는데…

눈이 더욱 심하게 내린다. 저쪽에 있는 빌딩들이 뿌옇게 보인다. 도시에 휘날리는 눈은 山이나 들에 내리는 눈과는 또 다른 것 같다. 낭만보다는 짜증을 가져오며 신바람보다는 위험을 생각나게 한다.

두 시간여를 기다리면서 사원들의 동태를 살펴보았다. 실은 조사장을 만나기 위해 두 시간 이상을 기다렸다기보다는, 기다리고 있다는 핑계로 그 사무원들의 행동과 일들을 눈여겨보았던 것이다. 사장의 말로는 사무원들의 불성실과 무능함을 불평하였는데, 두 시간여를 기다리며 사무실의 분위기를 보니, 이번에 거꾸로 사장이 불성실한 듯하게 느낌을 받았다. 사장이 그렇게나 나쁘게 얘기하던 전무도, 내가 보건대 매우 치밀하고 성실한 듯한 인상을 받았다. 아직은 뭐가 뭔지 모르겠다.

여기서 나와 성근兄을 만났다. KAL빌딩에서 근무하고 있는 兄은 오늘 4월이면 대리가 된단다. 兄과 함께 그 매운 돼지·오징어찌개 백반을 땀흘리며 먹었다. 그리곤 선경그룹의 傍系회사인 'SECA Casette Tape'로 알려진 水原 ××× Industrial Limited 사무실을 찾아가 뭔 친구와 만나 소개를 받았다. 실은 그 반대로 내가 소개를 당했다. 이 사람은 연대 사학과 出身으로 나의 선배라는데, 전혀 선후배간의 그런 의식(?)—뭐 그런 거 있지 않은가. 혈연이나 지연 등으로 끼리끼리 해먹겠다는 그런 감정의 교류 같은 거—은 이상하리만큼 없었다. 상대방도 그런듯 내 눈에 보였다. 오히려 나의 눈에는 좋은 인상으로 비치지 않았다. 너무 사회에 물들어 반질반질해보였다. 나의 同志 선배들과 비교하게 되니 더욱 좋은 호감을 가질 수 없었던 것 같다. 그 사람을 위해서, 아니 그 사람 밑에서 일을 할 수 있겠는가 하는 의문이 생겼다. 즉석에 내 마음은 결정되었다. '여기선 일을 잃겠다'고. 사실 보수만 많이 준다면 또 몰랐을 거다. 생각이 달랐을지도 모르지. 참 치사하다. 내 자신이. 더럽다. 구질구질하다.

  오늘 하루를 시내에서 보내면서, 자유롭게 그리고 깨끗하게 산다는 것이 얼마나 힘드는가를 알게 되었다. 이 사회에서 순수한 인정은 찾기가 매우 힘든 것 같구나 하는 것도 느껴보았다. 상대방이 내게 이익을 주어야 나도 그에게 베풀어주는 사회. 이 얼마나 끔찍스러운가! 괜히 서글퍼지고 피곤해진다.

  발길을 학교로 옮겨—오늘은 내일의 입학시험을 위한 예비소집일이라서 많은 응시자들로 학교가 번잡하였다—혹시 K가 있지 않을까 하여 도서관을 들렀다. 모든 사람에게 웃음을 선사하자. 몇 번이나 K를 만나러 학교에 들러보았지만 언제나 찾을 수 없었다. 내가 왜 이렇게 그녀를 보고 싶어 하는지 모르겠다. 모든 면에서 내가 그 사람을 인식할 때면 괜히 슬퍼진다. 나도 모르는 사이에 그녀에 대해, 이 사회 전체에 대해 열등의식을 가지게 된 것 같다. 이 감정을 떨어버리기 위해서라도 바삐 움직이며 무슨 일이라도 해야 할 텐데.

1월 19일

외로움과 슬픔과 허전함, 공허함 그리고 열등감. 뭐 이런 감정들이 동시에 몰려올 때면 아무렇게나 막 살고 싶은 유혹을 받는다. 한번 그렇게 살아볼까… 그렇지만 여지껏 한 번도 그런 생활을 못했다. 두려움 때문일까? 남들이 인식했던 나와는 또 다른 내가 되는 것이 무서워지기 때문일까? 남들에게 실망을 안겨줄 것이 무섭고, 또 지탄을 받을 것이 무서운 것이다. 남의 耳目이 마음에 걸리는 것이다. 아니 지금의 상태가 지겹도록 싫다 하여도 現在의 나 자신이 변화하고 난 후의 상황에 대해 예측할 수 없고, 또 그래서 不安해하는 것이다. 未知의 不安보다는 혐오스러운 安定쪽을 유지하고 있는 것이다. 이래선 안 된다. 무슨 일을 벌여야 한다.

공부를 계속하면서 시기를 기다려야 하는가? 무슨 일. 무슨 일은 도대체 무슨 일이어야 가장 좋은 것인가?

빈틈 없이, 쉴새 없이, 적극적으로, 능동적으로, 희망을 가지고 덤벼들어야 한다. 나는 무엇을 기다리는가? 人生은 鬪爭의 연속인가? 방황의 연속인가?

진정한 만족은 있을 수 없는 것일까? 나의 생활관은 무척이나 安易한 것 같다. 남이 나를 必要로 해서 불러주기를 바라고 있다니. 나 스스로가 하고 싶은 일을 찾아 덤벼야 한다. 나의 꿈을 向해 한 발씩 다가가야 되지 않겠는가. 한번에 꿈이 이루어지리라는 생각은 정말 그것이야말로 환상이다.

앞집에 사는 새까만 강아지의 종알거림. 이 추위에 따뜻한 집안으로 들어가지 못하고 끙끙거리는 눈물겨움. 그 강아지의 조그만 얼굴의 표정이 눈에 선하다. 그 귀여운 얼굴, 아니 측은한 얼굴과 그의 몸집은 그의 운명인가?

1월 21일

事實 그대로를 보면 말문을 열 수가 없다. 인간 내면의 솔직한 모습, 그것이 善하건 惡하건 간에 그 솔직한 면을 보게 되면 가슴 속에 말이 잠겨버린다. 나의 취미는 旅行인데, 요즈음은 하고 싶지 않아서 안 한다.

내일이면 K를 만나볼 수 있다. 거의 한 달 동안이나 볼 수 없었던 K 모습을 내일이면 다시 볼 수 있다. 나한테로 온다고 했으나 내가 가봐야겠다. 내일은 많이 추워질 텐데. 추운 버스에서 떨게 할 수는 없지.

1월 22 - 25일

지난 나흘간의 시간은 얼마나 즐거운 시간이었는가! 일요일 오후, 오랜만에 다시 볼 수 있었던 K의 모습에 나는 오히려 초라함을 느꼈다. 그의 표정을 보니 그동안 혼자만의 생활에서 삶의 기쁨과 의미를 느껴보면서 많은 여유가 생겨진 것 같았다. 더욱 예뻐진 얼굴 모습이었다. 나의 사람은 될 수 없더라도 언제까지나 가깝게 지낼 수 있었으면 그것만으로도 일생을 살아나가는 데 있어서 큰 기쁨의 원천이 될 것이다. 나의 존재가 그에게 기쁨과 위로의 상대가 될 수 있다면 나는 그것만으로도 최소한의 존재의 의미는 대신할 수 있을 것 같다. 또한 즐거움의 모든 것을 대신할 수 있을 것이다.

나흘 동안 같이 다니면서 즐겁기는 했지만, 그것만으로는 만족할 수 있는 우리의 처지가 못 된다. 서로에게 중요한 것은 지금보다 더 높은 차원으로의 向上과 발전이다. 이를 위해선 조용한 시간, 그리고 혼자만의 시간이 더욱 많이 必要하다. 할 수 있는 한 최대한의 공부를 해야 하고, 또한 젊음 속에서 한편을 차지하는 실수와 모든 낭비와 섣부름을 참고 또 참아나가야지.

오늘의 여기 '나'를 있도록 하기 위해 얼마나 많은 사람들이 힘들고 어려운 일들을 맡아 했던가! '나'를 공부시켜놓아 사회에서 혜택받는 위치에 올려놓기 위해서 수많은 어려운 일들을 남들이 해냈기에 나는 오늘 여기 있는 것이다. 이러한 무수한 희생과 땀 위에서 내가 성장할 수 있었다면 나만의 이익과 명예를 위해 일생을 살아갈 수가 있겠는가!

이 땅의 지성인들이여, 그대들이 진정한 지성인으로서 행세할 수 있기 위해선 억울함과 고난을 방관하지 말고, 그들에게 위안을 주고, 희망을 줄 수 있도록 그들의 편에 서서 그들을 대변해주고, 그들을 인도해 주어야만 한다. 나 혼자만의 권리와 이익을 수호하고 구하려 한다면, 그는 절대로 知性人으로서의 자격은 없는 것이다.

나는 아무래도 知性人의 길을 가야만 하겠다. 이 나라는 허울 좋은 民族의 영광의 그늘 아래서 이 나라의 실존 주체인 民衆은 뼈를 깎으며 죽어가고 있다.

1월 30일 (월)

傳統과 革新 사이의 갈등. 보수성과 진보성 사이의 갈등. 사람이란 어느 한쪽만을 가지고 있는 것이 아니기에, 그 둘 사이의 대립은 번민을 가져오며, 방황을 가져온다. 둘의 調化와 융화를 꾀하는 것이 현명한 태도인 줄은 알지만, 실제에 있어서는 결국 그 둘 중의 어느 하나를 택할 수밖엔 없다. 孝를 택하느냐, 自由를 택하느냐? 그러나 어느 쪽을 택한다 해도 그 어느 것도 완전하게 될 수 없는 것이 아닌가? 安全한 보수의 길보다는 不安한 自由의 길을 걸어야만 하겠다. 나의 정신이 이 길 아니면 살 수가 없기 때문이다.

위대한 人物들은 그들이 생활했던 환경과 조건의 우수함으로 말미암아 만들어지게 되나 보다. 그러나 그 우수한 환경이나 조건 자체가 위대한 人物을 배출할 수 없는 것이다. 적극적으로, 自律的으로 그 우수함을 이용할 수 있을 때에만 자기 成長을 최대한으로 꾀할 수 있는 것이다. 여기에서 비로소 위대한 人物이 배출될 수 있을 것이다. 악조건의 상황에 사는 이들일 경우에는 이 나쁜 조건을 역이용하면 같은 효과를 가져올 수 있다. 이용할 수 있는 것은 빼놓지 말고, 놓치지 말고 최대한으로 이용하라!

나의 뜻을 펴기 위해 조직을 만들며, 具體的으로(전공分野別로) 투쟁하자! 남의 단점이나 약점을 이용하는 것보단 상대방의 長點에 호소해서 상대방으로 하여금 부끄러움을 느끼며, 양심의 가책을 받도록 하는 것이 바람직하다. 새로운 세상의 건설을 위해 非暴力의 方法으로 끈기 있게!

이 나라는 先進工業國 사이의 GNP 경쟁에 휘말려 들고있다. 숫자놀음에 국민들은 一生을, 아니 그 자손만대까지 열등감 속에서 살게 될 것이다. 과연 높은 GNP 성장률이 국민의 행복의 증가율과 비례하는가? 자본주의도 공산주의도 우리가 지향해야 할 체제는 아닌 것이다. 이것 모두 인간을 인간답게 하지 못하는 제도이다. GNP 경쟁을 위한 경제전쟁은 남들에게 맡겨두라! 우리는 우리식대로 살아가면 되는 것이다. 왜 남들과 같은 모양이 되어야만 하는가. 가난해도 좋다. 국민소득이 낮아도 좋다. 깨끗한, 오염되지 않은 자연 속에서 서로의 마음을 믿고, 마음 편하게, 人情이 풍부한 가운데 自由와 平等을 누리며 살아가면 되지 않겠는가?

2월 3일

金哲 顧問, 安弼洙 위원장, 朴昌均 幹事長 =〉 統一社會黨
'統一社會民主靑年團' 組織 착수, 組織綱領, 創團 宣言文

Gulf
① 大韓石油公社
• 精油 3社 中 국내 시장점유율 53%
• 合作비율 50:50
• 合作투자(62年 첫 투자) 계약 : 투자액(3천만 $)의 50%를 회수한 후 운영 이양 협의(韓 75 : Gulf 25)
• 鎭海化學에 25%의 자본참여
• 韓측은 도입 原油의 정확한 원가마저 알 수 없는 실정
② 湖南精油
③ 京仁에너지
④ 韓·이 석유(합작계약 중)

2월 19일

어젯밤에는 너무 시간이 늦어 집에 오지 못하고 권오걸 미이 자취하고 있는 房에서 신세를 졌다. 광주에서 올라와 工場에 다니는 동생과

함께 기거하는 단칸방의 분위기는 글자 그대로 휑하다. 한 평이 좀 넘을까 하는 찬방에서 난로의 따뜻함도 없이 찬 바닥에 담요 한 장 깔고 셋이서 몸을 움츠리며 잠을 청했다.

이런 生活에 적응이 된 듯한 兄弟인 것 같다. 벽에는 여기저기 못이 걸려 있어, 그곳에는 잠바, 바지, 코트 등이 편한 대로 걸려 있고, 연탄난로에는 불이 커진 채 찬물이 담겨 있는 물주전자가 올려져 있어 더욱 찬 기운이 드는 듯하다. 단지 이곳에 사람이 사는 듯한 표시가 있는데, 한구석에 자리잡고 있는 간이옷장이 그것이다. 그리고 그 옆에는 책이 내 허리춤에 닿을 만큼이나 쌓여 있다. 그 옷장과 책들이 방 한쪽 면을 꽉 채우고 있었다. 그 구석에 요사이 먹은 듯한 소주병이 빈 채로 너덧 개 가지런히 놓여 있다.

양철로 된 재떨이에 연상 담뱃재를 털며, 깊은 한숨을 쉬면서 이불 속에서 엎드려 있는 권형의 모습은 진지함, 처절함, 불안함과 같은 감정을 지닌 얼굴이었다. 가리봉동 시장에서 夜學을 가르친 지 석달이 되는 형은 나와 만난 지 불과 며칠이 지나지 않았으나, 같은 어려운 처지를 당한 공통점에서인지 부담감없이 서로의 마음을 건네주고 받으며 야학에 관한 이야기를 하면서 깊은 밤을 보냈다.

夜學을 가르쳐본 지 처음이 되는 나는 막연한 동정심을 가지고, 또 뚜렷한 목적의식을 갖지 못한 채 학생들을 대한 나로서는, 兄의 말씀에서 새로운 가르침을 받게 되었다. 여기서 야학을 대하는 자세가 어떻게 되어야겠는가 하는 점을 시사받은 바가 있었다.

그곳에 배우러 오는 학생들—대부분 공장에서 일하는 女男 직공들—은 어떤 다른 것보다도, 낮에 정상적으로 공부하는 학생들과 같은 수준의 학과 실력을 가지고 싶어한다. 열등감과 소외감 속에서 어려운 생활을 꾸려 나가는 그들의 그러한 욕구도 물론 무시할 수만은 없는 것이며, 그것을 인정한다면 그들의 욕구(검정고시에 합격하는 것)를 반영시키면서 다른 한면에선 그들의 정신적 교육을 실행해 나가는 作業을 병행해나가야만 하는 것이다. 그런 두 가지 면에서 다 효과를 얻어내기란, 더욱이 밤시간만을 이용한 짧은 시간 내에서라면 그 만족도는 극히 희박하다.

그러나 그렇다 해서 어느 한쪽에만 치우쳐야 할 만큼 더욱 더 중요한 쪽은 없는 것인지라, 양쪽을 함께 최대한의 효과를 얻어내기 위해서 머리를 짜내야만 한다. 사실 나에게 관심이 있는 것은, 그 학생들의 실력 向上도 그러하지만, 더욱 나의 관심이 되는 것은 그들에게 그들의 현 위치를 알게 하고, 그들의 권리를 알게 해주며, 그들의 政治의식을 고양시키는 데 있는 것이다. 여기서 걸리는 것은, 과연 그들을 행복으로 이끄는 길이 어떤 것인가 하는 점이다. 이것을 생각하게 되면 나의 哲學의 천박함이 드러나게 될 뿐이다.

잘만 이용하면 이곳 야학이 勞動문제를 파악하고, 또 노동운동을 전개해나가는 데도 아주 좋은 터전일 것이리라. 그것이 시간이 걸리는 작업일지라도 현실과 같은 상황에서 노동자 자신의 권익을 확보하고 확대시켜나갈 수 있는 방법으로는 노사간의 협의, 화해 등과 같은 차원에서는 전혀 不可能하다고 보여진다. 노동자의 권리를 찾는 유일한 길은 그들을 위해 있는 모든 법적 조치들이 억압받지 않은 體制로 환원되어야겠다. 이것을 위해 노동자층의 정치의식의 확대와 심화가 절실히 요구되고 있는 것이다. 그들이 가지는 모임, 모임마다 정치적 의식이 팽배하며, 그것이 活性化되고, 그 힘이 더 넓게 확산돼나가야 할 것이다.

K를 못 본 지 나흘이 된다. 아무 연락도 해주지 않은 채 있어 아마 불안해할 것 같다. 오늘은 교회에서 만날 수 있으리라 생각하고 교회에 나올 텐데, 나는 아무런 연락도 없이 나가지 못했다. 그러나 미안한 마음은 가지지 말자. 내일이 卒業日인데, 내일만은 꼭 가봐야겠다. 아침 일찍.

목이兄이나 珏兄이 다행스럽게도 내가 선교교육원에 다니게 된 것에 대해 큰 이해가 있으시다. 큰형에게도 찾아가서 나의 결정과 심정을 자세히 얘기하고 동의를 구해야겠다. 여태까지는 뚜렷한 目標도 없이 교양을 위한 공부를 했으나, 이제는 장래와를 연관시켜서 전문분야에 발을 들여놔야 하겠다. 욕심만 부리지 말고 하나하나 깊이 파야 하겠다. 모든 이들에게 도움을 줄 수 있는 내가 되어야 하겠다. 감사합니다.

2월 20일 (월) ~ 3월 2일 (목)

中國, 日, 英語, 勞動法
K! 기다림! 사랑! 외로움! 초월에의 의지…
능숙한 애정의 표현 …단절… 안타까움!
선교교육원에 入學하게 되다.

3월 3일 (금)

봄을 재촉하는 비가 내리던 오후 2시. K는 부산으로 내려갔다. 내일이 아버지 生辰인지라 더욱 안 내려갈 이유가 없다. 나의 K. 나의 K. 뭐라고 표현을 할 수 있겠는가! 이번의 헤어짐은 작년 겨울방학 때의 헤어짐과 달리 마음이 울적하거나 침울하지는 않았다. 막연하나마 다시 만날 수 있으리라는 희망 때문일까. 서로 몸은 떨어져 있다 하더라도 마음이 하나가 되어 있다면 그렇게 서운하지는 않지 않겠는가! 다시 만날 때까지 건강히 지내기를…

3월 4일 (토)

어떻게 행동해야만 현명한 일이 되겠는가! 나의 뜻대로? 아니면 남이 원하는 대로 맡겨둬? 학생들을 대하면 야학을 그만두고 싶다는 생각이—굴뚝 같은 생각이—고개를 숙인다. 그러나…

3월 5일 (일)

나는 인간관계에 있어 더 따라올 수 있는 사람이 없을 만큼 圓滿하다. 인간 공포증 환자의 아우성이다.

나는 完全無缺하다. 결점 투성이 청년의 외침이다.

나는 無限한 精力家이다. 허약한 육체의 발버둥이다.

나는 道通했다. 그것은 정말이다.

한강에 넘어가는, 큰 불알같이 넘실대는 붉은 해를 바라보면서 K를 생각해본다. 교회에서 K의 모습이 보이지 않으니 죽은 교회만 같다. 엄마와 시장가는 도중, 탁구장에서 나는 탁구대에 떨어지는 공소리를 들으면서 K의 얼굴이 생각난다. 오늘은 무엇을 하면서 무엇을 생각하면서 보내고 있는 것일까? 집안이 조용하다면, 아마 엄마 생각, 또 서울 생각도 나겠지. 어제 아빠 생신에는 아빠를 즐겁게 해드렸는지? 完全한 K. 무한한 정력의 K. 고귀한 인격의 그녀.

4월 2일 (일)

宣敎敎育院(基長)을 한 週日 다니면서 어쩔 수 없이 다니지 않기로 결정을 보았다. 집안의 반대에 부딪치면서 나 자신을 다시 돌아볼 좋은 계기를 얻었다. 결과적인 일이 되고 말았지만 아직까지는 기독교가 나의 생활, 그리고 철학의 밑바닥이 될 수 없을 것 같다는 생각 때문에, 그곳을 졸업하고 牧師로서 생활을 하게 된다면 그것은 나의 내부의식과 실생활과의 괴리를 가져올 것만 같다. 그 얼마나 거북스럽고 고통스러운 일인가? 결국, 집안 어머님이나 형님들의 말씀이 옳게 되고 말았다. 뚜렷한 목적의식이 없는 행위는 힘이 없이 방황하게 된다는 것을 가르쳐 준 좋은 예였다.

선교교육원 학생들이여! 이 사회를 혁신할 創造的 人間이 되어라! 이곳을 그만두면서 가리봉동의 夜學도 그만두었다. 學生들에게 아무런 낌새도 느끼지 못하게 해주

연세대 교정에서(맨 위)

곧 그만두었으니, 얼마나 기다리고 야속하게 생각하겠는가. 그러나 도저히 계속하고픈 열의가 나질 않는다. 교장선생님의 사업을—돈벌이를 위한 영리사업을—아무런 대가도 받지 못하고 이용만 당하는 듯한 느낌이 떠나지 않으니, 더 이상 봉사할 엄두가 안 난다. 學生으로부터 편지가 왔다. 꼭 답장을 해주어야만 하겠다.

학교에서의 강의와 도서실을 좇아다니느라 하루 종일을 피곤한 몸으로 지내게 된 지 벌써 삼 주일이나 됐다. 그러나 얼마나 많은 일과 공부와 감정의 변화를 느끼며 살아왔던가! 몸이 피곤하니 얼굴 표정도 늙은 표정이 된다.

K와의 두 주일간은 어쩌면 마지막이 될 지 모르는 사랑과 그리움, 그리고 애탐의 기간이었다. 사랑을 배우게 된 기간이었다. 그녀는 오늘 아침 비행기로 東京을 向해 떠났다. 언제 오게 될지 아무런 기약도 없이. K를 생각하면 아무런 글도 쓸 수가 없다. 부디 건강하게 지내면서 많은 것을 배워오도록 빌어본다.

요즈음의 표정이 너무 피곤하고 괴로운 생활을 드러내주는 것 같았는데, 4월이 되자 어김없이 형사가 달라붙었다. 올해는 예년보다 좀 빠르구나. 서로 다른 입장에 서서도 서로 미워하지 않고, 이해해 주고 사랑하는 生活을 하도록 해야겠다.

이번 4월도 지난 달과 같이 現實을 알려는 노력과 장래를 향한 意志, 人格의 完成을 실현시키기 위해 알차게 보내리라. 현명한 자로서. 四月의 첫주는 시작됐다! 超越의 달이 되길…

4월 3일

聖書란 도대체 무엇인가? 모든 기독교인에게 있어서는 감히 침해할 수 없는 神性을 가진 것이다. 그 글이야말로 절대자이신 하나님의 성령에 감화받은 자들이 쓴 하나님의 말씀인 것이다. 그러나 성서 곧 그것이 계시일까? 성서를 절대시하도록 만들어논 것은 바로 교회이지, 하나님이 아닌 것이다.

그 많은 성서들 중에서 하필 왜 지금 우리가 읽을 수 있는 성서만이 성서로서 인정을 받게 되었을까? 엄격하게 말하면, 인류가 믿고 있는 기독교는 하나님에의 믿음이 아니라 교회가 만들어놓은 성서를 근거로 해서 만들어진 하나님에의 믿음인 것이다. 성서가 성서로서의 권위를 갖게 된 것은 교회가 인정했기 때문이다 이거지.

이 세상의 正統이라는 게 얼마나 허무맹랑한 것인가? 하나님의 성령이 지금도 歷史하고 있다면, 지금 당장이라도 새로운 聖經이 만들어질 수 있는 것이며, 새로운 list들이 현재의 성경 속에 끼일 수 있는 것이다. 인간의 유한한 권위를 믿을 것이 아니라, 하나님의 영원한 진리를 믿을 것이다.

4월 4일

四月은 잔인한 달이라고 하던 Eliot의 말대로, 4월에는 많은 불행스런 일들이 많았다. 74년 4월 4일은 긴급조치 4호가 발표되던 날이었고, 미국의 Martin Luther King 牧師가 총에 맞아 쓰러진 날이었다.

사월은 모든 생명체로 하여금 생기를 불어넣어주는 달인 동시에 그 힘을 죽게도 하는 달인가 보다. 18년 전의 사월에는 이 나라의 靑年들이 경찰의 총에 맞아 피 흘리던 때였다. 학생들은 사월이 되면 수근대기 시작하고, 國立경찰들은 긴장하게 되는 때이다. 한 나라 한 민족이 서로 긴장하도록 하는 비정한 달이기도 하다.

오늘 저녁에는 聖公會 지하 강당에서 King 목사 서거 10週年을 기념하기 위한 강연회가 열렸다. 한창 忠孝思想을 부르짖는 이 때에, 자기 부모·조상들에 대한 제사는 소홀하는 국민들이 남의 나라 목사가 죽은 것을 추모하겠다는 모임을 가지려 하는 데 대해 政府 當局者로서는 기분이 상할 것이 분명하다. 그들의 비위를 거스르지 않겠다고 약속한 모임인지라, 장소를 얻기가 얼마나 어려운지 가히 짐작할 수 있을 것 같다.

이런 모임마저 자유로이 할 수 없는 이 나라에서 어떻게 밝은 희망을 가질 수 있겠으며, 어떻게 장래의 재목이 될 人材가 길러질 수 있겠는가! Gandhi나 King. Jr나 그들이 전 인류를 대상으로 살아간 인물된 것도 실은 그 뒤에서 英國의 良心이 많은 도움을 주었던 때문이며, 많은 白人들이 봐주고 도와주었기 때문인 것이다.

그런 것을 생각하면 도대체 이 나라 사람들은 너무나 가엾은 存在들인 것이다. 좀 커질 만하면 잘라버리고 하니 큰 인물이 나올 여지가 없는 나라인 것이다. 이 나라의 歷史는 小我的 집권층의 권력이 무자비하게 연속되었던 옹졸한 자들이 판치던 역사였다. 민중의 뜻이 한 번도 제대로 펴질 수 없었던 암흑의 과거였다.

어떠한 惡條件 下에서도 최대한으로 現實을 이용하여 큰 인물이 되고자 하는 지혜로운 인간이 많이 나와야 하겠다. 惡魔를 쳐 없애기 위해서는—당장 죽여 없애버릴 만한 힘이 없는 자로서 악마를 없애기 위한 方法으로선—악마로 하여금 비위를 상하게 하거나, 그를 화나게 해서는 아무런 효과도 얻지 못하리라.

"악마와의 약속이라도 절대로 지켜야 한다"는 함선생님의 말씀은 새로운 차원의 투쟁방법을 알려주고 있는 것이다.

"비폭력적인 투쟁만이 이 민중이 영원히 살아나가는 길이다."

동서고금을 通해 인류의 존경을 받는 분들이란 모두가 한결같이 삶을 사랑하고, 사람을 사랑하고, 平等의 원리를 깨달은 분들이다.

4월 5일

외로움은 곧 두려움과 소외감을 동반한다.

자기 주위의 좁은 경우만을 둘러보고는 전체를 알고 있는 것처럼 이 나라의 現實을 아는 것 같이 자신 있게 현실을 긍정적으로 받아들이는 어른들의 말을 들을 때 나는 아찔함을 맛본다. 피가 솟구침을 억지로 참는다. '좋아졌네, 좋아졌어'를 뇌까리는 사람들이 많음을 알게 될 때, 나의 앞날이 험난하다는 것을 눈으로 보는 듯하다.

외로울 땐 누구를 생각하나? 누구에게 의지하나? 이 마음을 어떻게 승화시키나? 진실로 애타게 하나님을 갈구하는 사람들에게 고개가 숙여진다. 나에게도 하나님이 必要하게 되는 것일까! 필요해서 하나님을 찾는 것이 아니라, 하나님은 나에게 다가온다.

하나님과 나는 하나올시다. 하나님! 하나님! 하나님 하나님…

4월 8일 (토)

집을 나서자 눈에 확 들어오는 모습이 있었다. 까만 털을 한, 좀 지저분한 듯하면서도 주인에게 관심을 받지 못해 보이는 듯한 개가 내가 문을 나서자 나를 피하듯 저리로 슬금슬금 도망가는 것이었다. 그 순간의 애틋한 동정심, 막연히 느껴지는 가엾은 감정이 이 가슴에 쌓여지는 듯했다.

그 검은 개에 대한 감정을 추스를 새도 없이 몇 걸음도 못 가서 이 마음을 뜨겁게, 또 떨리게 하는 장면이 눈에 들어왔다. 옆집의 쓰레기통 위에 바구니를 올려놓고는 거기에 기대어 무표정한 모습으로, 아니면 무슨 깊은 시름과 절망 속에 빠져 있는 표정을 하고는, 아무데나 눈을 던져놓고는, 그곳에 고정시킨 얼굴을 한 작은 키의 젊은 넝마주이를 보았던 것이다. 아침부터, 그것도 화사한 아침에 벌써부터 지쳤단 말인가, 아니면 무슨 시름이 있길래 일해야 하는 것도 잊은 채 희망을 다 뺏겨버린 자태를 하고 있는 것일까?

그의 그러한 모습은 나의 뇌리에 곧 이 나라 동포들의 절망적이고도 좌절한 상태를 순간적으로 연상시켰다. 그의 얼굴 표정을 마음에 새겨지도록 보고 싶었으나, 순간적으로 눈에 비친 그의 모습이 이 마음에 가엾음과 충격을 가져다 준 순간, 오히려 부끄러움과 동시에 분노, 그리고 슬픔, 사명감 등과 같은 복합적인 마음의 상태로 해서 그를 의식적으로 쳐다볼 수가 없었다. 골목을 빠져나가면서 그의 뒷모습을 힐끗 보았으나, 그것은 바쁘게 걸어가는 발걸음을 무겁게 하는 연민의 정을 더해줄 뿐이었다.

그의 善良한 모습, 그것은 곧 이 民衆의 착하고 순한 성질을 말해주는 듯하였다. 이 世上 모든 사람, 특히 권력과 富力을 쥐고 있는 지배 계층에 있는 이들에게서 철면피와 같은 이기주의성과 횡포한 오만성과 잔인성 등이 없어진다면 얼마나 아름다운 세상으로 變하게 될 것인가? 나는 힘없어 빼앗기기만 하고, 병들고, 못생기고, 억압받고, 멸시받는 씨올 바로 그것이다. 그들과 하나됨을 머리 속에서만이 아닌 실생활에서 경험해야겠다. 더 나아가 모든 개념이나 현상마저도…

물질의 성장과 경제적 풍요를 오직 절대적인 神으로 모셔놓은 현대인의 가치관은 이미 방향을 바꿔놓을 수 없을만큼 온 세상을 잠식해버린 것 같다. 이런 상황 속에서 正義와 自由와 인간다운 삶을 인생의 고귀한 가치로 받들며 살아가고자 하는 소수의 무리들은 이제 체념과 失意에 빠져있는 것이 아닌지. 완전히 희망을 잃고 좌절하여, 커다란 不義의 세력 앞에서 냉소적인 체념과 현실에의 굴복으로 완전히 무릎 꿇으려고 하는 것은 아닌지.

누구에게 이 歷史의 방향을 바로 잡게 해야 하는가? 그것은 오로지 民衆 자신뿐이다. 하나님의 뜻은 곧 이 민중으로 하여금 實現되기 때문이다. 어떤 포악하고 강력한 권력자일지라도 이 민중을 없애버릴 수는 없다. 그들은 이 민중을 기반으로 해서 자라기 때문이다. 그러나 현실은 이 민중이 눈이 멀어 있지 않은가! 더구나 이 민중은 그런 상태에 대해 아무런 저항도 없이 복종함만을 美德으로 여기고 있지 않은가! 이런 상황을 권력자들은 그들과 밀접히 유착되어 있는 이른바 制度言論을 이용하여 더욱 공고히 민중으로 하여금 그런 상태가 어쩔 수밖에 없는 필요불가결한 사태라고 인식시키며, 또 그런 사태를 生存을 위한 절대적인 상황으로 고착시키고 있지 않은가!

사이비 언론인들은 오늘의 언론계를 휘어잡고는 권력과 밀착되어 민중을 기만하여 우롱하고, 민중으로 하여금 현 체제의 노예됨을 자랑으로 여기게 하는 반민중적, 反民主的, 反民族的인 작태를 연출하고 있다. 이제는 참언론의 말과 글은 찾아볼 수가 없게 되었고, 오로지 민중의 마음과 정신이 썩어가도록 함을 그 本分으로 삼는 새로운 惡德言論이 이 땅에 뿌리박고 있다. 이 악덕언론은 화려한 말과 글로 풍성히 장식되어 민중을 大腦가 없어진 人間, 비판정신이 말살된 본능적인 인간, 물질의 노예로서 교육시켜가는 惡德商品이 되고 만 것이다. 그리하여 오늘날 어디에나 만연되어 있는, 인간의 육체에 직접적 영향을 주는 자연환경 公害에 더하여 인간의 정신마저도 살해하는 言論公害가 새로이 뿌리를 내린 것이다.

민중의 고통과 신음과 억울함 위에서만 生存할 수 있는 저 간악한 권력자들의 구역질나는 僞善과 오만하고도 뻔뻔스러운 자태를 보라! 오늘의 언론은 바로 그런 자들이 소유한 언론인 것이다. 민중에게는 그러한 언론에 대해 거부할 수 있는 理性이 가사상태에 있으며, 또 이 민중은 그 허위 언론을 듣고 보고할 것을 강요당하고 있는 것이다. '신문 없는 정부보다는 정부 없는 신문을 택하겠다'는 저 바다 건너의 조상의 외침은 지금 이 땅에서는 강제매장된 지 오래다. 이런 상황에서의 '자유 없는 신문보다는 신문 없는 自由를 택하겠다'는 해직기자 선배들의 외침은 곧 바로 장사지내질 수밖에 없는 것이란 말인가!

작년 가을, 延世大 데모(10. 24) 때 학생 한 명이 죽었다는 소문은 웬만한 사람들은 모르는 사람이 없을 정도로 전국적으로 퍼져나갔다. 이 소문을 듣고 이 말을 전했다 하여 유언비어방지죄로 구속되었던 서울大生 신희백군이 그가 수감되었던 영등포구치소에서 정신착란을 일으켜 國立精神病院으로 입원하고 말았다.

작년 가을의 데모사건으로 서울구치소에 수감되어 있던 학생들을 중심으로 구속된 노동자들과 함께 옥중에서도 그들의 권리를 주장하기 위한 3.1節을 기해 새벽에 소요사태가 있었다. 이 件으로 해서 이들이 추가기소되었다. 그들의 외침은 '노동3권 보장하라', '구속된 민주인사 석방하라', '긴급조치 해제하라'는 것이었다. 이 추가기손된 사건은 지난 부활절 새벽예배(3. 26. 5시 30분, 여의도광장) 중 女工들이 그들의 주장을 기도하는 中에 선언했다 하여 예배방해죄로 구속된 일과 함께 이 사회의 法 운용이 어느 정도인지 가히 짐작하게 해주는 사건이었다.

4월 9일 (일)

3년 전 오늘 새벽. 서대문구치소 안의 死刑場에서는 권력자들의 殺人행위가 저질러졌다. 권력의 本質이 무엇인지를 소름끼치도록 알게 해주는 事件이었다. 善良한 進步主義者들을 共産主義者들로 둔갑시킨, 소위 인민혁명당으로 조작하여 국민들 눈앞에서 우스꽝스럽고도, 한편 저주받을 추악한 음모를 연출해냈던 것이다. 그 당시의 학생 청년들의 민주화운동은 공산당의 조종을 받는 국가전복 및 반란음모죄로 다스려졌던 것을 기억한다. 살인자들이여! 영원한 고통의 세계로 떨어질지어다! 대법원 판사 나으리들로부터 死刑宣告를 받은 그 이튿날 새벽, 再審의 권리도 박탈당한 채 억울함을 하늘에 알릴 사이도 없이 새벽의 이슬로 사라져갔다. 잊지 않을지어다! 惡을 심판할 그날이 올 때까지 결코 잊지 않으리라!

이 세상은 인간 자신의 마음 상태에 따라 다르게 보인다. 똑같은 現象일지라도 그것을 관찰하는 이의 입장과 처지에 따라 다르게 보일 뿐만 아니라, 사람 자체의 예지 변화(?)에 따라 순간순간 다르게 인식되는 것이다.

모든 것을 超越하고 싶다. 그러나 실은 초월의 의미와 그 상태를 알 수가 없다. 그 초월하고 싶다는 말은 아마 나에게 인식되는 '이 세계 속의 나'의 능력과 위치로부터 비약하고 싶다는 말일 게다. 이 세상의 구원을 꿈꾸는 모든 것의 의지처가 되고자 하는, 그 신나는 염원을 이루고자 하는 이 生命의 의지가 이렇듯 초월을 갈구하는 것 같다. 나에게 있어 초월이라는 말은 나의 存在가 환경 자체로부터 유리되어, 아무런 걸림이 없는 自由로운 삶의 방식으로서의 초월이 아니라, 온 생명들과의 사이에 끊을 수 없는 끈으로 연결되어서, 그것들과 둘이 아닌 하나임의 존재로써 가슴에 메어지도록 사랑하고, 위로와 격려로서 빛을 안겨줄 수 있는 상태로의 초월을 의미하는 것이다. 그러므로 나는 모든 것을 용서하며 받아주고, 그들의 의지하는 바, 즉 그들의 머리가 되고 싶은 것이다.

과대망상 증세가 있는 이 몸은 스스로 모순과 갈등으로 슬퍼하고 있는 것이다. 내가 악마라고 규정지은 무리와 그들이 만들어놓은 모든 체제와 질서, 그리고 그들의 추종자와 기생충 같은 인간들, 또 그들의 文化 이런 것에 대한 증오심이 가슴 깊숙이 들어앉아 있는 것이다. 이런 맹추 같은 생각도 들 때가 있다. 가령, 이렇게도 증오의 대상이 되는 그 지배자들, 악바리인 그 지배자들이 탐내하고, 그들에게 반드시 필요하게끔, 그들에게 더 이상의 보물이 없다고 느껴질 만큼의 人材(?)가 되고 나서, 그들이 나를 요구해올 때, 간절히 군침을 삼키면서 손을 내밀어올 때 엷은 미소를 띠고 정중하게 거부함으로써 그들에게 무언가를 느끼도록 해줄 때의 쾌감을 연상하기도 한다. 그렇지만 '그러나'다. 그것이 목적이 아니기 때문이다. 그들을 골려주기 위해 나의 存在가 살아가는 것은 아니니까 말이다.

유신체제여! 빨리 무르익어라! 그래야만 희망이 있는 것이다. 만물은 생겨나서 자라고 무르익은 시기를 지나선 결국 없어지게 되는 것이 아닌가! 民衆 가운데 있다는 나라는 인간은 결국 나 자신을 善이라 규정짓고, 내 기준에 어긋나는 것을 惡으로 몰아치는 독단에 빠져있는 것은 아닌가? 나 자신마저의 초월이 진정한 초월로서 보편적 진리를 말할 수 있는 경지가 되는 것을 알게 되었다.

4월 18일

모든 착한 이들에게 감사. 나의 마음이 가장 두근거리며 뛸 때는 온 세상이 착한 이들로 가득찼다는 것을 느낄 때. 어느 사람의 人格의 크기는 무엇을 기준으로 측정하게 되는가! 그것은 자신의 道德的 가치와 진리에 대한 신념에 있어 전혀 다른 입장이나 方向만을 가는 사람들의 태도를 얼마큼이나 받아들일 수 있느냐, 그의 입장을 얼마큼이나 이해하고 인정할 수 있느냐에 따라 그의 人品의 정도를 판단할 수 있는 것일 게다.

이 사회의 不義와 부패한 권력에 저항하다 그날에 결국은 부러져버린 젊음들이여! 18년 전의 그날이 바로 내일이로소이다. 그대들에게 무슨 말을 보낼 수 있으리까? 그대들의 숭고한 희생과 용기를 찬양하오리까? 그대들에게 同情心을 보내오리까? 고이 잠드소서! 편히 쉬소서!

그대들을 생각하면서 이 민중의 가슴마다 새로운 생명과 신념이 태동되어야만 이 민족의 앞날에 希望이 있소이다. 이 고통스럽고 답답한 시대를 살아가노라면, 체념과 좌절에 빠지기 쉽고 희망을 잃게 되옵니다. 이 고난의 시대를 극복하는 길은 오로지 이 민중의 가슴마다 새로운 희망과 용기와 신념이 하나의 生命體로서 움터나와야만 비로소 이 시대에 종언을 내릴 날이 가까워지는 것입니다.

그 생명체의 싹이 움터나오는 계기는 바로 그대들의 죽음을 생각함에서 나오게 되는 것입니다. 간절히 비옵나니, 이 민중의 가슴마다 희망과 신념이라는 생명이 움틀 수 있는 날이 바로 내일이 될 수 있도록…

우리는 그대들의 희생(부러짐)을 찬양하오나, 우리는 부러지지 않으렵니다. 그런 悲劇이 다시 없도록 끈질기게 악착같이 싸우렵니다. 어쩌면 부러지지는 않을지 몰라도 끊어질지도 모릅니다만, 이 민중에게는 지난날이나 지금이나 고통과 시련의 세월이었습니다. 앞날에 있어서까지 고난의 시대가 되어야겠습니까? 지금의 고난과 어려움이 더하면 더할수록 오히려 이들 가슴에 찬란한 희망이 활짝 피어날 수 있도록, 하나님!

4월 25일

형사와의 동행이 한 달 더 계속된다. 쥐약을 먹고 힘없이 죽어가는 쥐의 모습은 한없이 가엾기만 하다. 집안 구석구석을 헤매면서 징그럽게 다닐 때는 그렇게도 무섭고 흉하게만 보이더니, 아! 죽음이란 저렇게도 가엾은 것인가! 슬픔의 극치인가! 나는 왜 이렇게 살아 있는가? 무슨 보람있는 삶을 산다고 生命에 애착을 갖는가? 이 세파에서 이긴 자가 되기 위해 우매한 경쟁으로 일생을 보내야 하는가? 聖人이 되어 볼까. 自由人! 超越者! 죽음을 向하여, 自由롭게!

육체가 피로할수록 정신적으로 짜증을 느낄수록 안락한 밤이 더욱 소중해진다. 물질적 풍요에 대한 유혹도 느끼면서. 그러나 그런 면에선 이미 초월해 있는 몸이 아닌가. K가 보고 싶다. 선배 동료들의 다정한 모습들이 그리워진다. 거의 두 주일간이나 집안 수리공사 때문에 꼼짝 못하고 집에 묶이게 되었다. 2, 3일간이면 끝마무리가 될 터이고, 그리고는 곧 정상적으로 공부에 몰두해야만 한다.

어떻게 살아가야 하나? 나는 어떻게 살아야 하나?

소나기야! 퍼부어라. 人生의 패배자로 자처하는 사람들을 위해 퍼부어다오.

5월 4일

지금까지의 낡은 껍질을 벗고 한 차원 높은 단계의 삶을 살아야지. 내 인식의 울타리를 한 테두리 더 뛰어넘는 것뿐만이 아니라, 마음 속에 새기고 새겨오던 의식을 행동화하는 것이다. 사소한 일이라 여겨지는 하찮은 일일지라도 그런 일에서부터 나 자신을 구현시키고, 그러함으로써 나의 궁극적인 목적(!)을 실현시킬 산 힘을 키우는 것이다. 깨달음만 있으면 인간의 完成이 이루어지는 것은 아닌 것 같다. 깨닫고 난 뒤에도 과거의 관습으로부터 뛰쳐나올 수 있어야만 비로소 그 깨달음이 참된 깨달음이 될 수가 있는 것일 게다.

수십 년 이 몸 속에 익혀져 온 행위양식으로부터 벗어난다는 것이 '마음대로' 되지 않는 것같다. 나는 온전히 깨달은 사람! 한순간 순간마다를 眞理를 바라보면서, 생각하면서, 실현하면서 살아가야 한다. 무게 있게, 그러면서도 부드럽고 온유하게, 그러면서도 열정적으로, 그러면서도 끈기 있게, 나태하지 않고 죽을 때까지, 자유롭게, 지혜롭게, 초월한 자로서 모든 인간이 다 진리의 인간이 될 때까지 精進하리라.

외로움이 익어, 풀려야 풀 수 없는 그 외로운 눈빛에는 슬픔마저 감돈다. 그의 사회적 지위는 자랑스럽게 뽐내면서, 남을 위압할 만한 훌륭한 신분이지만, 그의 자태는 담담함을 느끼게 해주는 겸허한 자태이다. 末年에 이르러 지나온 세월로부터 인생을 깊이 생각하는 듯 보이는 그의 모습. 나는 大人의 외로운 모습을 보고 싶다. 그러나 나를 흡족히 해주는 얼굴을 찾아볼 수가 없다. 어디 있을 텐데…

내일은 어린이 날. 나는 '씩씩하고 정직한 사람'이 될 거예요. 그대 저에게 오시지 않으렵니까? 나는 이렇듯 뜬눈으로 지새며 그대 오기만을 기다리고 있답니다. 그대가 늘 저와 함께 있어주시길 바라지만은 않는답니다. 다만 그대의 모습을 단 한 번 볼 수만 있다면 그것만으로도 저는 희망을 가질 수 있답니다. 모든 생명을 찬미할 수 있답니다.

그대는 제가 태어나기 전에는 분명히 여기에 오셨답니다. 다시 한 번 와 주시지 않으렵니까? 여기에 와 계신데도 제가 보지 못하는 것이라고요? 정말 그렇다면 저의 눈을 씻어주세요. 저의 생명은 그대를 만나보아야만 비로소 가치가 있는 거랍니다. 그대를 보지 못한다면 저는 이 생에서 아무 일도 하지 못할 듯합니다. 자! 준비가 되었답니다. 제 안으로 들어와주세요.

5월 5일

그동안 사람들과 접촉하지 못한 탓인지 보고 싶은 얼굴들이 자꾸만 그리워진다. 이렇게 외로움을 느낄 때면 언제나 同質感을 맛볼 수 있는 곳이 생각난다. 그곳은 금요기도회다. 그곳은 이 사회에서 소외된 약한(?), 그러나 가장 용기 있는 사람들이 모이는 곳이기 때문이다. 그러나 오늘 큰 이변이 생긴 것이다.

나는 늘 그 속에 있다고 느꼈던 그 민중들이—오늘은 동일방직 女工들이 대부분의 좌석을 채웠는데—나와는 아무래도 같아질 수 없는 사람들인 것처럼, 안타깝게도 그들과 내가 융화되질 못했던 것이다. 그간의 나의 노력은—나의 人品의 정도를 결정지어주는 노력—, 즉 그간의 수양의 결과는 僞善的인 것이 되고 만 것이 아닌가? 나는 결국 천박한 哲學을 바탕으로 世界를 보아오고, 또 규정지어 왔던 것인가? 나는 결국 나 個人 이상은 될 수가 없는가?

5월 10일

• 최창용(延大 法大 3年, 보성 후배) 페퍼포그車 바퀴 앞에 누웠던 애.

• 8日 밤 함석헌 先生님 사모님께서 별세. 함선생님은 光州에 가 계신 탓으로 임종을 지켜보지 못하시다. 문상객들을 맞는 선생의 모습이 초췌하다. 그런 느낌을 받는 것은 이번이 처음이다.

• 8日 서울大에 이어 9日 오전 梨大에서도 데모가 있다.

• 이번 주간은 延大 축제주간이다. 기대했던 강연, 토론회 등 여러 프로그램들이 너무 빈약한 느낌이다. 졸속한 진행으로 학생들에게 실망을 안겨주었다. 나머지 프로그램은 충실한 내용을 가졌으면.

K가 보고 싶다! 뭐 하며 지낼까?

5월 15일

K에 대한 열등감에서인지 커다란 오해를 하고 있었나 보다. 마음 속의 것을 말하지 않았다면 큰일이 났을 것이다. 오랫동안 만나지 못한 터이라, 나에게 대하는 태도에 대해, 내가 너무 소심해진 탓일까, 불안감을 가진 것 같다. 그렇지 않은 걸 알았으니… 이젠 정말 여유 있는 내가 되어야 될 것 같다. 모든 것을 다 받아들이고, 걸림이 없는 생활을 해야지. 내일 만나면… 생각만 해도 즐겁다.

5월 19일

사랑을 확인한다는 것은 希望을 잉태하는 것. 우리는 암만 멀리 떨어져 있어도, 암만 세월이 가더라도 사랑의 끈은 여전하다. 사랑은 영원한 아름다움. 사랑은 온갖 것을 다 희생시킬 수 있는 것. 사랑은 그리움의 모태며 극치.

統代選擧 78.9%의 투표율. 中進國으로선 투표율이 너무 높아! 더 생각할 것도 없다.

"罪人을 해방시키러 왔느니라!"

죄인은 정말 죄인이기 때문에 죄인인 것이 아니다. 죄인이라 불리는 것이다. 지배자의 도덕률과 사고유형과 행위양식, 그리고 그들의 利權을 보장하기 위해 만들어놓은 모든 분야의 體制와 질서, 구조에 거스르는 행위 때문에 죄인의 이름이 붙은 것이다. 내가 罪지은 것이 아니라, 罪人으로 된 것이다. 이런 거짓죄와 나를 罪人으로 판정지은 法은 그것 자체가 이미 民衆의 法이 아니다. 민중 위에 군림하고 있는 힘센 자와 가진 자의 권리를 보장, 유지시켜주는 법이다. 그들의 문화를 발전시켜나가는 데 기초가 되는 법이다. 이런 사회에서 罪人의 이름받음은 투쟁과 혁명의 불꽃이 됨을 이른다. 새 역사의 창조자임을 이르는 말이다. 이 세상에서 어떤 우상도 파괴하고, 관습에 저항하며, 노예가 아님을 깨달은 者들이다. 언제나 그의 마음과 몸이 민중과 함께 있는 자들이 바로 죄인이다. 罪는 그것 자체가 생명이며, 영광인 것이다.

6월 10일

世宗文化會館에서 있은 서울시립교향악단의 연주회에 뜻하지 않게 가게 되었다. 한동일 피아노 연주의 라흐마니노프 곡이나, 파이프오르간을 위한 딜망의 협주곡 모두 나의 마음을 위안시켜주진 못한다.

"카이사르의 것은 카이사르에게, 하나님의 것은 하나님에게로"라는 성경 구절이 문득 떠오른다. 나에게 반발감을 일으키는 저 건물도 언젠가는 민중의 건물이 될 것이다. 억눌리고 찌프러진 저 민중의 얼굴에 생기가 돌고, 웃음이 활짝 피는 것을 볼 때 그것이 바로 나의 위안이 되줄 수 있다.

금요기도회에 참석한 인원은 300여 명, 그리고 여기 문화회관의 관객은 3,000여 명! '얼빠진 인간'이라 말하는 나는 너무 독선적인가? 허황한 인간인가?

6월 11일

미우학사 울타리의 잔디에 앉아 허정아와 재미나게 놀다. 자기 마음이 즐거울 때는 나를 뿌실려고 한다. 부수지만 말아줘. 문에서 헤어질 땐 웬일인지 아쉬웠다. 더 같이 있었으면 했는데, 머리가 삐걱거린다기에 할 수 없이 헤어졌다. 지금에서 생각하니 '혹시 꾀 쓰는거 아닌지…' 하여튼 아쉽기는 하지만 새로운 친구를 가지게 되어 즐겁다. 인생을 보는 눈이 진실되고, 자기발전을 위해 성실하게 노력하는 태도를 알게 되었다. 나와의 생각이나 가치관 등이 같은 데가, 아니 거의 차이가 없는 것을 느끼곤 더욱 호감이 가고, 情을 주고 싶다. 그의 독특한 個性은 더욱 매력적인 것 같다.

한선생님은 하나님하고만 친하지 우리 젊은 사람들하곤 친하려고 하지 않는다. 깜찍스럽고, 괴팍스럽고, 솔직하고, 귀엽고, 진지하고, 개성이 뚜렷한 점 등은 모두 남성의 마음을 빠지게 만드는 매력이다.

6월 13일

여지껏 나는 나의 좋은 면, 또는 남에게 드러내어 괜찮은 면까지만을 보여주면서 살아온 것 같다. 남에게 있는 그대로를 드러내어서 마음을 상하게, 불쾌하게, 또는 실망하게 할 수 있는 점이라고 생각이 든 것들은 되도록 보이지 않으려고 하면서 살아왔다. 이렇게 남을 의식한 생활태도의 결과는 결국 나 스스로를 不滿스럽게 했고, 스스로를 얽매이게 만드는 결과가 되었다. 나에겐 오히려 남에게 드러내지 못했던 나의 모든 의식, 감정, 성품 등이 겉으로 드러난 것보다 더욱 많은 것이 아니었던가 하는 의구심이 생겨난다. 意識과 行動이 유리된 行爲를 해온 스스로를 너무나도 잘 아는 나 자신은 不自由를 속성으로 하면서 살아온 것이다.

폐쇄적이고 소극적이며 나태한 의식구조를 압살시키고, 개방적이며 적극적 진취적인 의식구조를 키워나가려는 내부의식의 투쟁과 갈등에서 自由의식이 결국 나의 머리의 속성이 될 것이다. 그것이 眞實한 것이라면 모두를 다 드러내고 싶다. 남이 그것을 받아들이지 못한다 하더라도, 그래서 외로움을 느끼게 될지라도 다 드러내고 싶다. 만약 어느 한 사람이 나를 받아들여준다면, 나의 모든 것을 다 맡기고 바쳐서 그를 사랑하고 싶다. 사랑하고 싶다! 사랑만으로 一生을 보낼 수 있다. 난 眞實을 사랑한다. 나의 진실함 자체를 받아들일 수 있는 그대! 그대를 만나지 못한다면 난 미치고 말 것 같소.

6월 14일

폭력으로 이 맺힌 원한과 분노를 풀고 싶다. 정부란 도대체가 악질적인 악마다. 폭력을 속성으로 하는 정부는 폭력으로 멸망되어야만 한다.

풀어라! 맺힌 것 하나도 없이 다 풀어버려라! 인간의 사랑, 미움, 폭력, 절망, 애착, 不安, 고독 이 모든 것은 스스로 자기를 확인하려는 자유의 몸부림이며, 거기서 삶의 의미를 추구하고 있는 것이다. 현재의 상황에서 과거의 관습으로부터 벗어나려는 욕구에서 인간의 모든 행위는 발생하는 것이다. 그러나 과연 인간에게 自由의지가 있는 것일까? 있다면, 이렇듯 인간 사회, 그리고 인간의 행위가 不合理하고 모순으로 생겨 있을 수가 있는가?

나는 어디로 갈 것인가? 어떻게 나의 삶이 진행될지는 나의 의지에 의해 되는 것이 아니지 않는가? 나는 시초에 정자 한 마리가 움직여, 그것이 성장하여 지금의 내가 된 것이 아닌가. 정자에게 자유의지가 있었을까?

나는, 아니 인간이란 본래가 자유에 의해 살아가는 존재가 아닌 것 같다. 인간이 인식·상상할 수 없는 어떤 거대한 힘에 의해 살아가지는 존재가 아닐는지… 이 엄청난 의문을 푼다는 것은 어리석은 인간이기 때문에… 가슴의 피가 力動하는지 가슴이 벅차다. 인간은 스스로가 自由롭게 살아간다고 느끼는 저능의 생물인 것 같다.

6월 16일

이쪽은 이대로를 인정할 수 없고, 그렇다고 저쪽이 오는 것도 그대로 받아들일 수 없는… "내가 듣고 본 바를 나는 말하지 않을 수가 없다"는 베드로의 용기는 곧 거리의 외침으로 전환되었다. 하나님의 말씀은 교회에서 들려오는 것이 아니라, 민중의 거리에서 들리는 것이다.

인간 사회의 역사는 그 사회의 지배자나 혜택을 누리는 지식인들에 의해 엮이는 것보다는, 밑바닥에서 고통과 어려움을 모두 감내하면서 살아가고 있는 작은 씨올들의 각성에 의해 흐름을 계속하는 것이다. 지금 이 사회의 노동자·농민들의 분노와 정의의 외침이야말로 어느 지식인들의 오만한 항거보다도 가치있는 것이며, 그것이야말로 이 나라의 역사를 창조할 수 있는 원동력이 되는 것이다. 무식하고 힘없는 듯 보이는 연약한 씨올도 감옥에 갈 권리가 있다. 감옥은 지식인들의 독점물이 아니다.

내가 감옥에서 생활하던 시간이 오히려 자랑스러웠고, 자유로웠고, 용기를 가질 수 있었던 시간이었던 것과 같이, 지금 감옥에서 생활하는 저 노동자들의 심정이야말로 자랑스럼과 용기로 가득차 있을 것이다. 저들은 불쌍한 사람들이 아니다. 그들이야말로 행복을, 자유를 몸소 느끼며 살아가는 굳건한 인간들인 것이다.

이제까지의 나는 不自由와 모순투성이의 존재였다. 내 스스로가 어떤 사람인지, 나의 한계가 어디까지인지조차 모르는 생활을 해왔던 것이다. 내 자신의, 이 나라의 이익을 위해선 正義롭지 못한 不法과 거짓을 저질러야만 한다면, 내 자신과 이 나라의 존재 바탕에 진실이 없는 것이다. 진실과 정의의 사회를 이루기 위해선 이 사회에 당장 큰 害가 되더라도 이미 저질러진 거짓들을 겉으로 드러내어 스스로의 非理를 폭로시키고, 스스로를 비판하여야만 할 것이다. 그런 용기 없이는 이 흙탕물 속의 현실을 유지·발전시켜나가는 모든 정책은 결국 한 국민으로 하여금 거짓을 바탕으로 살아가게 만드는 흉측한 굴레로 전락하게 될 것이다.

〈열다섯 개의 줄이 달린 돈〉(?)이라는 오페라가 영화로, 연극으로, 그외 대중매체 수단으로 중공당국 스스로에 의해 전국적으로 보급되고 있다 한다. 이것은 中共 지도자들의 人民들의 건실한 市民의식, 즉

民主시민으로서의 권리의식, 不正에 대한 저항의식, 권력의 강압과 횡포에 대한 저항의식 등을 고취시키기 위한 위대한 사업의 일환으로서 보여지는 것이다.

한 젊은이가 부조리한 권력에 의해 罪人이 되어 재판을 받게 된다. 그는 권력자의 비위를 거스렸던 것이다. 독재국가에서라면 재판의 과정을 밟았어라도 그의 운명은 뻔한 것이다. 그러나 그를 취조한 검사는 취조과정에서 그 젊은 청년의 罪에 대해 의혹을 품는다. 그는 국가권력의 시종이기는 하지만, 진실을 파헤치려는 용기와 良心을 가진 지식인이다. 그의 조사에 의하면, 그 청년은 억울하게 벌을 받고 있다는 것이다. 이렇게 돼서 진실은 밝혀지고, 한 시민의 권리는 공정한 법 적용과 양심에 의해 보장받고, 나중엔 그의 사랑하는 애인과 결혼하며 온 가족이 화목하게 지내게 된다는 줄거리라고 한다. (코헨 교수)

이러한 내용이라면, 공산국가인 中共에서는 도저히 용납될 수 없는 것으로 잘못 알고 있는 것이 이 나라의 상식이리라. 이런 현상은 완전히 통제된 思想으로 무장한 경직화된 사회에서는 그리 놀랄 일이 아니다. 자유민주주의 국가라는 나라에서 生存하고 있는 나로서도 저 건너 中共 人民들의 장래가 부러워지기만 한다. 中共 지도자들에게는 원대한 꿈이 있기에 그 꿈을 실현하기 위해서 人民들을 사랑으로 다스리는 것이다. 그들의 꿈을 달성하기 위해선—온 인류를 행방시키는 본거지로서의 中國, 正義로운 國家, 그것을 실현하기 위한 능력으로서의 현대적 경제체제 위의 막강한 경제력을 실현하기 위해선—억압으로는 안 되며, 人民에게 권리와 自由를 주어야 한다는 것을 깨달은 것이다.

이 나라는 무슨 꼴인가! 경제건설을 위해서 국민의 자유와 권리를 억압해야만 되는 나라라고 한다. 이런 논리는 도대체 무엇을 위해서 경제건설을 하는지를 의심스럽게 하고 있다. 원대한 꿈을 가지고 있어서 경제건설에 온 힘을 기울이는 것처럼 보이는 것도 아니고, 단지 정권유지를 위한 방편으로서 할 수 없이 하기 싫은 경제발전에 매달려 있는 것이 아닌가?

6월 25일

몇 달을 계속하던 가뭄이 오늘은 너무 많은 비로 잊혀진 듯하다. 가물어서 걱정과 시름이 태산같던 농민과 서민들이 이젠 너무 많은 호우로 또 다시 근심으로 지내게 되었다. 망했다!

정아와 저녁시간을 같이 즐겼다. 비가 쏟아지는 거리를 버스로 누비며 각자가 신나했다. 그는 도중에 詩를 쓰기도 했다. 나는 온몸이 축축해 있었고, 그는 완전무장도 헛되이, 장화 속으로는 산에서 내려 밀리는 빗물이 사정도 안 봐주고 넘쳐들었다. 그는 나에게 속에 쌓인 것을 다 발산하여 즐거워했고, 나는 自由로운 시간이어서 즐거워했다.

6월 28일

기대를 걸면서 보았던 〈God father II〉가 끝났을 때, 후련한 기분은 커녕 내 마음은 찝찝하기만 했다. 그 내용은 前篇과 같은 잔인한 살인과 배신 등을 다룬 사건의 연속이었다. 전편에서는 그렇게도 잔인한 살인 장면들이 오히려 흥미(?)로움을 느끼게 해주었던 것을 기억하면, 그때에 내가 감독에게 말려들었다는 것을 생각하면 괜히 속상해진다.

자기 가족, 그리고 이해관계를 같이하는 자들의 집단만을 위해서라면 어떤 惡도 서슴치 않는 폭력조직들끼리의 싸움을 보면서 관객들은 주인공의 편이 되고 만다. 관객들은 자기도 모르는 사이에 살인마 주인공을 두둔하고 말게 된다. 몇 시간의 화면이 관객의 정신을 마비시킨 결과인 것이다.

전편보다도 그 내용에 있어서나, 화면의 화려함, 또는 연기자들의 연기, 스토리의 전개 등 모든 면에서 뒤지고 있는 것 같다. 단순한 사건 전개를 다양한 화면으로 이끌기 위해 과거(주인공의 아버지인 초대 대부 얘기)와 현재를 교차시키면서 화면이 구성되기 때문에 오히려 관객들로 하여금 피로하게 만든다. 이렇게 복잡한 것이 아마도 현대에 있어서의 인간의 생활이며, 또 그것을 반영한 모든 분야의(문학, 예술, 학문, 제도, 사상 등등) 특징이기도 한 것이리라. 현대는 調和를 추구하는 세상은 아니니까.

장사아치들의 상품 販賣戰略 十則이다. ① 버리게 할 것, ② 선물하게 할 것, ③ 매점토록 할 것, ④ 끼워 사게 만들 것, ⑤ 동기를 만들어줄 것, ⑥ 낭비하게 만들 것, ⑦ 한곳밖에는 못쓰게 單能化할 것, ⑧ 豫備를 갖게 할 것, ⑨ 구식화하게 할 것, ⑩ 둘 이上 필요하게 할 것. 장사아치들의 판매전략을 거꾸로 실천합시다!

야! 승리다! 자기네들이 하루종일 밖에 서서 감시하기가 지겨우니까 고참들 3명은 졸병 2명의 수고 덕택으로 편해보려는 속셈에서 내가 學院에 가는 것을 허락하였다.

청와 재벌의 총수인 박정희와 그 일당이 엮어온 지난 6년간의 유신 독재가 그 검은 뿌리를 드러내고야 만 것이다. 그 부패의 양태는 이미 극에 달해 낭떠러지로 떨어질 참이다. 지난 해에는 외국 의회에 뇌물을 뿌림으로서 그 흉한 마각을 드러내더니, 이번은 국내판 뇌물작전이 터지고야 말았다. 그의 독재권좌를 지키기 위한 광적인 노력은 결코 이 인민의 힘을 억누를 수 없으리라.

現代재벌의 총수 鄭周永이를 그의 앞잡이로 삼아, 올해 대통령 선거에서도 자신의 지위를 더욱 굳건히 하기 위해 그의 꼬붕들에게 더욱 더 아부를 잘해줄 것을 요구하면서 아파트를 집어준 것이다. 작년부터의 뇌물작전의 대상으로 밝혀진 것만도 650여 명에 이르니, 그의 권좌 기간에 뿌린 아파트만 해도 상당하리라는 것은 의심의 여지가 없다. 현재의 고급아파트 중 정말 몇 퍼센트나 실수요자의 소유일까?

7월 29일

지난 한 달간은 너무나 바빠서(?)—반은 공부와 관련되어서, 반은 놀기와 관련되어서 바빴다—고요한 밤시간을 가질 여유가 없었다. 무슨 일을 저지르고서야 안정이 되려는가? 노느라고 정신과 시간이 없는 사람은 도대체 어떤 사람일까?

현대아파트 不正 분양의 전모가 드러나는가 싶더니, 이제 공화당 국회의원 成樂鉉이 女高生과의 추문으로 해서 사표를 냈다. 여론이나 점잖은 권력가 나으리들께선, 그의 행위를 용서받지 못할 지저분하고 不道德한 행위로 몰아치는 데 여간 힘을 내지 않는다. 자신은 그런 행위와는 전혀 인연이 없는 것처럼… 그러나 그의 여고생과의 性交사건은 그 자신의 倫理의식에만 책임지울 수 없는 것 같다. 이번 사건은 단순히 개인윤리의 차원에서 왈가왈부할 성질의 문제가 아닌 것이다. 그의 실수는 오로지 그 대상이 法的으로 인정된 成年이 아닌 未成年이라는 것이다.

공화당 원내 부총무라는 권력의 자리에 있으면서도 그의 생각은 국민에 대한 봉사, 또는 국민의 행복, 이런 따위와는 관계없는 단순한 자신의 안일과 쾌락으로만 가득 차 있었던 것이다. 왜냐? 현실에 대한 뚜렷한 역사의식이 없었기 때문이다. 그런 권력의 위치에 있으면서도 긴장감(국민의 모범으로서의 긴장감)이라든가, 민중과 함께 살겠다는 정열을 가지지 못한 것은 그 자신의 문제만은 아니지 않을까?

이 나라를 지배하여 이끌어가는 주위의 동료들을 볼 때, 그는 원대한 꿈이나 성실한 생활태도, 국민과의 일체감을 도저히 마음 속에 간직할 수 없었을 것이다. 물질적 쾌락에만 몰두해 있는 부패하고 흉칙한 주위의 지배자라는 인간들을 매일 대하면서 어떻게 그 사람만이 깨끗한, 오점없는 人間이 될 수 있겠는가!

앞날에 있어서의 뚜렷한 希望을 가질 수 없었기에, 그는 현실의 안락과 퇴폐에 몸을 던지게 된 것이나. 안일과 퇴폐와 부정을 그 존재 기반으로 하고 있는 지배층의 분위기를 그들 스스로 뒤집을 수는 없는 것이다!

8월 11일

8월 5일과 6일, 7일 오전까지 K와 함께 지냈다. 대하섬에서의 선배들과의 생활은 K에 있어 많은 얘깃거리를 만들어내게 했다. 자기에게 호감을 가진 선배들이 많아 더욱 흐뭇했을 거다. 많은 선배들을 소개해줄 수 있어서 나에게는 더욱 좋았다.

민화형과 문영이형이 저어주는 나룻배에 나란히 앉아 저 건너 섬까지 다다르면서 저녁이 깊어져 가는 강을 감상하던 것, 그리고 은하수와 북두칠성이 보이는 맑은 밤하늘을 쳐다보면서 걷던 그 오솔길, 저 강 건너 낚시꾼들의 정다운 모습을 바라보면서 냇가 낀 갈대밭 강변을 걷던 것 등이 모두 다정한 추억이 될 것 같다.

새벽엔 형들이 어항 속의 깻묵이나 된장을 미끼로 해서 고기잡는 것도 보았다. 처음 보는 장면들이라 신기하기만 했다. 밤중 깊은 때 K와 사소한 신경전으로 다투기는 했으나—항상 있는 서로의 고집의 충돌이지만—민화형 부부를 옆에 두고, 학민형과 그 애인 양해경씨 사이에서 손을 잡고 누웠을 때는 이미 서로의 마음은 다정해졌다. 다음날 일어났을 때 양해경씨가 화를 낸 이유는…? 섬에서 나올 때도 웬일인지 심통이 나서 K와 한마디도 안 하고 정류장까지 나왔다. 언제나 반복되는 심통! K가 얼마나 힘들까, 답답해할까! 언제나 나는 그녀의 人品에 고개가 숙여진다. 진정 존경의 마음이 솟아오른다.

신촌장에서의 하룻밤도 편안히 보냈다. 그녀와 여러 밤을 같이 지냈으나 한 번도 경험이 없었다면 누구라도 믿지 않을 것이다. 내 욕망을 다 채울 수는 없어도 그녀와의 동침은 언제나 행복하고 편안한 것이었다. K의 입장을 생각하면 도저히 나의 욕심을 채울 생각은 나지 않는다. 이런 때문에 나의 가슴 밑바닥에도 뭔지 모르는 不滿이 가라앉아 있는 것인지도 모른다. 나의 자제력을 완전히 믿기 때문에 K 자신도 마음이 편한지 모른다. 하여튼 우리는 특이한 관계이다. 남이 이해할 수 없는 이상한 사이.

8월 10일 오후 5시 새마을호로 부산으로 갔다. 언제 오리라는 기약도 없이 떠나기 3일 전부터, 특히 떠나는 날은 시간가는 것이 초조하기만 했다. 그래도 우리의 행동은 평소와 다름없이 즐겁기만 했다. 그날 저녁 학생들을 가르치면서, 또 여의도 아파트 사이를 지나면서, 버스 안에서 허전함과 쓸쓸함, 공허한 마음을 어쩔 수가 없었다. 이젠 또 새로운 생활을 시작해야 한다. 저녁 바람이 스산하다. 가을이 오려는가!

빈틈없이, 성실하게, 의욕적으로, 사랑하면서, 자유롭게, 여유를 가지고 또 다시 나의 생활을 꾸려야 한다. 이제부터 새로운 시작이다. K 의 생활에 행운이 언제나 같이하기를. 너는 잘 되어야 한다.

8월 12일

現政權과의 투쟁은 단지 지배자들의 권좌를 유지시켜주는 유신체제에 대한 싸움이 아니라, 그것은 곧 日帝와의 싸움이며, 日帝의 잔재를 쓸어버리기 위한 싸움인 것이다. 민중을 탄압하는 독재를 쳐부수기 위한 싸움인 것이다.

이 민족이 그토록 해방을 원했던 것은, 이 민족이 외국인에 의해 지배를 받고 있다는 모욕감에서가 아니라, 日本人의 지배 下에서는 도저히 이 나라에 자유롭고 평등한 社會, 평화롭고 正義로운 사회를 구현할 수 없었기에 日帝를 배척하려 했던 것이다. 외국의 독재자 대신 우리의 독재자를 세우기 위해 피를 흘리며 투쟁한 것은 아닌 것이다. 日帝가 물러간 후 이 땅에는 동족을 탄압하는 같은 핏줄의 지도자들이 日帝의 후광을 업고 득세를 하고 있다.

식민지 통치 당시 이 민족을 팔아먹고, 애국지사들을 손수 죽이고, 이 민중을 충직한 황국신민이 되도록 앞장서서 활개치던 자들이 해방이 된 이후에도 이 나라의 지배자가 되어 지금까지 군림해오고 있다. 거국일치, 상하일심을 지껄이며 일제 식민통치의 이념인 國體 明徵과 教學振作을 앞장서서 받들어 모시고, 天皇을 위해 죽음을 맹세하던 자들이 오늘, 이 땅에서 식민지 시대의 체제와 그 통치방식을 그대로 적용하면서 민중을 우롱·기만하고 있지 않은가!

어리석은 민족이여! 생존에 위협을 느껴야만 비로소 저항하려는가? 이 나라의 주인은 지배자가 아니라 바로 민중들 자신이다. 주인된 자로서 부정과 이기적 음모만을 일삼는 지배자들에게 저항하는 권리를 포기한다면 그것은 곧 주인됨을 스스로 포기하는 것이다. 두려움과 망서림을 떨쳐버리고 분기하거라! 그대들은 이 나라에 정의와 사랑이 실현되는 사회, 자유와 평등이 실현되는 사회, 인류평화에 주된 역할을 할 사회를 건설할 권리가 있으며, 또한 의무가 있는 것이다.

他人에 대한 무관심과 不信을 없애기 위한 체제는? 言論人, 교육자, 법조인 등 지식인의 비겁을 기록. 재산을 외국으로 반출하는 반동자본가, 특권층의 명단 조사.

8월 13일

한국의 교육제도는 반민중적 제도이다. 단지 대다수의 노동자·농민을 착취하는 지주·매판자본가·반동관료들의 손아귀에서 자신의 착취를 위해서 마음대로 이용되고 있다. 농민의 1/3이 제대로 교육받지 못해 글을 깨치지 못하고 있다는 농수산부의 발표를 보더라도 현 교육체제가 누구를 위해 존립하고 있는지를 여지없이 드러내 주고 있다.

돈 많은 자들과 특권층 자녀를 위해선 초등학교·중학교·고등학교·대학교·대학원의 정규과정을 밟음으로써 정상적 지식을 수용하게 하며, 대다수의 노동자·농민층 자녀들에겐 초등학교·기술학교·전문기술학교의 과정을 거치는 비정상적 기술교육만으로 비판의식을 압살시키는 교육을 시키는 이중 교육구조를 운영해 나가고 있다.

모 교수의 조사에 의하면, 대학교까지의 교육비는 대략 950만 원 가량이 필요하다고 한다. 특권층이 아니면 도저히 정상적인 교육과정을 이수할 수 없다는 이 말은, 다시 말해 특권층의 민중에 대한 억압과 착취를 위해 교육제도가 운영되고 있다는 말이다.

한 나라의 교육은 어느 누구나 똑같은 조건에서 받게끔 되어야 한다. 어느 계층이든지 文學·기술의 양 방면의 교육을 받음으로써 온 민중이 인텔리化되어야 비로소 사회의 건전한 발전과 조화를 이룰 수 있는 것이다. 우리 대학생은 이 사회의 특권층으로서 민중의 희생 위에서 많은 혜택을 받고 있는 계층이다. 만일 이러한 현실에 안주하기를 바란다면 이는 지식인으로서의 사명감을 팽개쳐버린 이기주의자, 비겁자임을 스스로 드러낼 뿐이다. 우리는 이제 반민중적 지배자들에게 분연히 저항하여 무찌르자!

건국 30年의 治積은 건국 당시의 조세보다 11만 배가 넘는 3조 원 이상의 징수, 물가는 1만 배가 넘는 곤두박질하는 물가정책·권력형 치부 밀수·키신지는 4명의 계집을 거느렸다는데 우리 각하는 정인숙, 윤정희를 비롯 17명의 계집을 거친 업적 등.

범죄적 한일협정과 매국적 친일정책으로 이 나라의 경제를 일본놈에게 내맡긴 식민지 정책으로 배불리는 매국집단의 성장. 이 나라 경제의 중요 부문과 수출입의 50% 이상을 틀어쥐고 있는 일본 군국주의자들의 해외팽창정책에 예속되어 이 나라의 경제권을 송두리째 내맡겨버린 지금, 自主-自效이란 한낱 국민을 현혹시키는 말일 뿐, 현실은 事大와 賣國이 지배적인 자리를 차지하고 있다.

우리가 살 수 있는 길은 오로지 이 나라에 민주화의 발전을 촉진시키기 위한 혁명에 있다. 그것은 이 땅에서 美帝國主義들을 몰아내고, 美帝의 앞잡이들인 지주·매판자본가·반동관료배와 그 파쇼 독재체제를 쳐부수는 데 있다. 이런 반민족세력과 그 체제를 몰아내고 불살라버리는 일로부터 우리의 혁명은 시작된다. 그것은 곧 시작이며, 또한 혁명 중요 목적이기도 하다. 그러므로써 자주적이며 평화적인 사회의 민주화 발전을 기대할 수 있을 것이다.

이 나라의 중요 정책과 군사정책은 주한미국대사관, 미 공보원, 미국개발처, CIA 한국지부, 주한 미사령부 등에 의해 좌지우지되고 있다. 이러한 우리의 자주성을 해치는 요소들을 몰아내고, 민족주체사상으로서 민주적 사회 발전을 이루는 것이 바로 우리가 이루어야 할 혁명인 것이다.

1. 파쇼의 폭압이 뒤덮힌 이 땅에 또 다시 왜놈들 기어들었다. 제 나라 제 땅처럼 활개치는 왜놈들 보고만 앉아있으랴. 아 아 원한에 사무친 분노에 불질러 재침의 마수를 꺾어버리자. 불살라버리자.

2. 게다짝 소리 울리는 곳에 동포의 피땀이 흐르고 있다. 대동아공영권의 옛꿈을 꾸는 왜놈들은 우리의 기막힌 원수. 아 아 원한에 사무친 분노에 불질러 재침의 마수를 꺾어버리자. 불살라버리자.

3. 노예살이 36년 되풀이하랴. 복수의 불길이 가슴에 인다. 이 땅은 영원히 우리의 것. 민족의 존엄을 지켜 싸우자. 아 아 원한에 사무친 분노에 불질러 재침의 마수를 꺾어버리자. 불살라버리자.

극악한 국제적 포주 박정희와 그 일당은 이제 매춘관광을 국가정책의 하나로 밀고 가고 있다. 일본의 독점자본을 끌어들여 한진재벌과 짜고 제주도엔 국제관광호텔을 지어 일본 남성 호색광들을 끌어들이고 있다. 여기엔 여권도 필요없이 입국할 수 있게 될 것이란다. 외국 호색광 망나니들을 위해 이 나라의 여인들을 팔아 자기 배를 불리는 매국노의 음모가 민족을 송두리째 외국놈들에게 팔아먹고 있다.

매년 100만 명 이상의 매춘관광을 위한, 일본 관광객들을 위해서 그들의 휴가철인 4~5월과 9~10월은 1급 이상 호텔은 국내 일반인의 호텔 사용을 금하고, 특급 일급 호텔은 야간통행금지가 없는 특권지대가 되고 있다. 호색광들을 위해 이 나라엔 호텔에 객실 무상출입할 수 있는 여인들이 8,000명이나 되고 있다. 81년에 200만 명의 관광객 유치를 위해서 더욱 더 증가가 필요한 실정이란다. 온통 이 강토를 매춘의 소굴로 개발(?)시키고 있는 매족집단의 멸망이야말로 이 강산과 이 백성이 치욕으로 벗어날 수 있는 길이다.

▲ 하반기 서정쇄신 추진지침
- 내용 : 각급관서에 ① 공금횡령 유용 ② 위탁업무, 정부투자기관 감사 ③ 조세부과, 징수 등 ④ 문서관리업무
  지도층 단속, 건전한 사회기풍 조성/호화 사치 퇴폐사조 단속
- 동기 : 부정부패를 눈가리고, 국민의 반정부 기운을 봉쇄하려는 미봉책.
  '착취와 압박이 있는 곳에선 인민의 혁명투쟁이 있는 법' '악제자의 폭압이 강해질수록 그에 저항하는 인민들의 조직은 더욱 강해지는 것.'
  1. 지난날에 일본놈의 총칼
     허울 좋은 빈소리로 서민대중 속이면서
  2. 미국놈을 상전이라 굽실굽실 떠받들며
     또 다시 일본놈을 이 땅에 끌어들이는 놈
  3. 오늘은 미국놈 졸개 자주통일 방해하고
     나라 팔아 민족 팔아 제 배속을 채워가는 깡패 중에 역적 중에 만고역적

민중의 원수를 치자!

8월 31일

이 나라의 민중은 역사발전의 實體가 되지 못하고 있다. 미국의 극동전략으로 우리 민족은 허리가 잘려야만 되었다. 거기에 남북이 모두 폭압적인 독재의 횡포 밑에서 모든 것을 빼앗기며, 원한 속에서 예속의 생활을 하고 있다. 우리는 우리의 힘으로 우리의 일을 계획하며 살아가고 싶다. 선진공업제국과 같이 타민족을 지배함으로써 풍요로운 삶을 살고자 하는 욕심이 있는 것도 아니다. 단지 지배와 예속의 관계가 없어진 평화롭고 자유로운 사회에서 살고자 하는 것이다.

우리는 우리의 몸을 싼 값에 팔아가며 오욕의 생활로 연명하고 싶지는 않은 것이다. 우리는 누구를 위해서 피땀을 흘리며 살아가고 있는가? 이제 우리는 자주적이며 평화로운 사회를 실현하기 위해서 과거의 굴레를 과감히 내팽개쳐야만 한다. 우리의 우방을 의심해봐야 하며, 우리 자신의 능력을 믿어야 한다. 민중이 이 나라의 역사 주체가 되어야만 한다. 노예적 생활을 더 이상 계속할 수는 없다. 분연히 일어나 노예의 쇠사슬을 끊어버리자. 그리고 남북의 민중이 하나가 되자. 전 세계의 민중과 하나가 되어야 한다. 여기에 우리는 비로소 해방을, 자유를 맞이하는 것이다.

K를 만나 태종대, 에덴공원을 바쁘게 둘러보았다. 몰라라! 지난 날들이 안타깝도록 그리워지는 것은 이 몸이 늙어가는 징표인가! 뭐라 단정내릴 수 없는 人生. 그것은 나에게 여러 가지의 복합적인 감정을 불러일으킨다. 悲哀, 처절함, 헛됨, 경건함, 뿌듯함… 모든 애착을 떨쳐

버리고 살려는 나에겐 그 어떤 것도 나를 지배할 수는 없다. 그러나 나는 왜 이렇게 不安해하는가?

양키에게 죽음을 주자

1. 피에 주린 양키에 총알 맞아 / 오늘도 우리 형제 숨을 거뒀다 / 쓰러진 형제의 원한 되새겨 / 사기친 양키에게 죽음을 주자

2. 침략전쟁 도발에 날뛰는 미제 / 우리의 강토를 짓밟고 있다 / 겨레의 자유와 해방을 위해 / 침략자 양키에게 죽음을 주자

3. 노예살이 치욕을 참을 수 없다 / 이 땅의 아들들은 떨쳐나섰다 / 미제와 매국노 쓸어버리고 / 조국의 평화통일 이룩하리라

9월 4일

한반도의 재침 야욕을 실현시켜 보려는 日軍國主義者와 이 땅의 파쇼정권 사이의 공모·결탁이 이른바 '韓日定期각료회의'라는 反民族的 행위로서 이루어지려 하고 있다. 일본의 침략성과 독재정권의 매국이 서로 공모·결탁하여 이 땅을 완전히 일본놈의 손아귀에 쥐어주려 하고 있다.

침략과 매국이 서로 결탁하여 이 나라의 경제를 완전히 일본의 하청기지화, 상품판매지, 원료의 공급지, 무기의 판매지로서 팔아넘겨 이 민족이 또 다시 일군국주의자의 손아귀에 거머쥐게 되었다. 매국적이며 사대적 무리를 이 땅에서 완전히 몰아내어 민족의 주체적 발전과 평화로운 사회를 이끌어가자!

검붉은 막대기를 거머쥐고
현재를 잊는다

온 힘은 점으로 되고

미래도 잊는다

이 순간을 영원으로 하고 싶다

여태껏 무엇을 했느냐

물어도

지금부터 무엇을 할 거냐

물어도

오로지 쑥스런 침묵뿐

이제는 가야만 되지 않는가

어디로든지

밤 하늘이 무섭도록

나를 흡수한다

아무에게도 알려지지 않은 별 속으로

매장되고 싶다.

뜻대로 성장하지도 못하고 이대로 찌드러져 버리고 마는 것이 아닌가? 현실적인 상황이 타개되기는커녕 오히려 더욱 자리를 굳혀가게 되면 나의 에너지는 어디에로 분출시켜야만 할까? 나의 병을 치료하기 위해선 현실의 개선이 아니라 혁명만이 가능하다. 그렇지 않고는 한층한층 쌓아가는 가슴 밑바닥의 앙금이 결국 나를 질식시키고야 말 것이다.

독도 근해에서 日 어부들이 아무런 제한없이 조업할 수 있게 되었다고 日本 외무성과 言論들은 떠들어대며 '韓日定期각료회담'의 일방적 승리에 만족해하고 있는데, 어찌하여 이 나라의 책임자라는 작자들은 한마디 말도 못하고 국민의 눈과 귀를 막으려 하는가! 이 나라의 경제권을 송두리째 왜국놈들에게 떠맡기더니 이제는 영토까지 내어주려는 매국노 역적배들의 亡國的 행위는 어떤 결과를 가져오겠는가! 저항권을 포기해버린 민중의 행위는 곧 不義와 억압을 방조하며 부채질하는 지경에까지 이르렀다.—내가 하리라.

9월 11일

지난 달 29일과 30일 이틀 동안의 부산 체류 이후, 그저께 토요일 아침 7:30 발 기차를 타고 부산으로 향했다. 2박3일간의 부산에서의 生活은 일상생활에서의 관심과 감정으로부터 단절시켰다. 나에겐 너무나 사치스러운 휴식이 아니었던가. 송도 해변가의 국제호텔에서의 이틀밤은 편안하긴 했으나 너무 적막하였다. 송도 해변의 파도소리와 횟집 풍경들, 용두산 공원에서 내려다 본 시가지며, 바닷가의 여러 배들, 여러 다방(고인돌, 왕비…)은 훗날의 추억이 되어 애틋한(?) 마음을 더욱 감정에 휩싸이게 할 것 같다.

네 시간 오십 분의 기차 안에서의 시간이 끝나자마자 바로 여의도에서 애들과 수업을 가졌다. 옆에 가족이 있으면 심할 정도로 굳어지는 K의 통화중의 목소리를 들으면서 슬퍼진다. K를 이해해야지. 자유의 생활을 익히는 계기가 되었다.

한국 민중 투쟁가
1. 가난에 젖어있는 한국 민중아 앉아서 한탄 말고 일어나 싸워 / 진정한 민주정권 일으켜 세워 행복한 세상 창조해가자

2. 외세에 짓눌린 한국 민중아 한 마음 한 뜻으로 굳게 뭉치어 / 침략의 무리들을 쓸어버리고 독립만세 높이 울리자

3. 금수강산 한국 민중아 자주평화통일 높이 받들고 / 이북의 형제들과 힘을 합치어 분단 조국을 하나로 잇자

9월 14일

어제(13日)는 학민兄, 신범兄, 재덕이와 함께 오랜만에 술을 마셨다. 과음하면 머리가 아파진다는 사실도 잊은 채—너무 술을 마신지 오래되어 그런지—다섯 시간을 마셨다. 그 덕분에 오늘 아침 정오까지 정신을 못 차리고 잠에 빠졌었다. 에잇! 어리석게도 나의 주량을 지나쳐 마시다니… 술의 유혹에 졌던 하룻밤.

오후 2시에 열리기로 되어 있던 이영희, 백낙청 교수의 항소심은 무기한 연기되었다. 판·검사들의 대량 인사이동으로 인해 재판부의 변동이 있음인 것 같다. 방청객들과 피고를 완전히 경시한 판검사의 태도는 법조계의 부패와 타락의 일면인 것 같다. 연기가 되었으면 직접 나와 자세한 경위를 방청객과 피고에게 전해야 함에도 피고·방청객들을 20분 이상이나 기다리게 하고는 낯짝도 보이지 않은 채 무기한 연기시켜버렸다.

마음의 연약함이 유혹의 타래를 만들어내는가? 안일한 감상주의와 연약한 생활태도는 혁명적 인간 형성의 철저한 장애물이다.

三大革命(思想·기술·文化革命)

158개 대학 100만의 Elite로 민족간부 문제 해결. 860만명(전인구의 50% 이상)의 어린이, 학생이 무상교육으로 사회주의·공산주의 사상

으로 무장 → 온 사회의 인텔리化, 온 인민의 중학교 수준의 지식 정도, 한 가지 이상의 기술 습득

• 미제는 '두 개 조선 조작정책'을 영구화 —남선의 강점. 일본 반동— 식민지 옛 지위 회복, 남선 괴뢰도당도 남북한 교차승인—장기집권

• 조선의 통일을 반대하는 자는 침략자들과 나라를 팔아먹는 매국노들. 조선민족의 이익, 세계의 평화와 안정을 위해서 반드시 하나로 통일되어야 함

• 분열을 위한 대화가 아닌 통일을 위한 대화만이 필요. 남조선은 반공·승공정책으로 남북한 경제협력을 하려는 것은 이치에 맞지 않는 것. 조국통일을 위한 투쟁은 자주권을 위한 투쟁, 애국투쟁. 그것은 침략 : 피침략, 애국 : 매국의 투쟁

• 남조선을 민주화, 유신철폐, 반공법, 국가보위법 등 파쇼악법 폐지, 자유로운 정당활동 보장, 민주인사의 반파쇼민주화 투쟁이 조국의 자주적, 평화적 통일의 기반. 제국주의자, 지배주의자들 세계의 통제·지배를 위해 블럭 불가담 나라, 제3세계 신흥독립국 사이에 분쟁·이간·불화를 조장 어부지리를 노리고 있다. 세계의 피압박 민족은 제국주의, 온갖 지배주의를 타격해야. 지배주의는 타민족을 지배·통제하려는 모든 것. 지배주의는 세계 역사의 반혁명적 조류. 진보성의 표징은 바로 자주성을 견지하느냐에 달려 있다.

영광스러운 조선민주주의 인민공화국 창건 서른돌 만세!

위대하신 김일성 동지 보고(창건 서른돌 경축 중앙경축대회)

 1,000달러를 향해 다가선 일인당 국민소득의 증가는 그 수치가 말해주는 대로 국민의 생활발전과 비례해야만 한다. 그러나 그 숫자는 한낱 놀음에 불과하다. 남한의 작년 100대 기업이 차지한 총 GNP는 국

민 전체 GNP의 48%로 알려졌다. 다시 말해 전국민의 0.3%에 해당하는 인구가 이 나라 富의 반을 움켜잡고 있다는 것이다. 그 나머지 반을 가지고 98.7%의 국민이 나누어 가지고 살아온 한 해였다. 올해는, 해가 가면 갈수록 이 모순은 더욱 심화될 것이다.

국민소득 1千 달러는 한낱 정부당국의 선전자료로서의 효과만 나타낼 뿐, 실제로 대다수 민중의 소득은 400달러나 될는지? 나날이 번창하는 대기업의 성장, 이것이 곧 이 나라의 경제성장을 뜻한다. 바로 이것이 경제성장의 허구성이다. 정부에서 선전하는 경제성장율이 높아지면 높아질수록 국민경제는 그만큼 피폐해지고 잇다. 국민 대중의 생활고를 해결하기 위해서는, 매판자본가들이 움켜잡고 있는 경제활동의 열쇠를 민중이 넘겨줘어야 한다. 그렇지 못한 상태에서 수정경제가 되어갈 때 역사 발전의 주체인 민중은 지배자들에게 농락만 당할 뿐이며, 차차 길들여져 갈 뿐이다.

75년의 과세미달자가 55.8%에서부터 76년에는 59.2%로 늘어났으며, 해가 갈수록 빈민의 수는 더욱 늘어날 것이다. 0.3% 특권족속들을 위해 99.7%의 민중이 희생해야 되는 경제가 고도성장의 이름으로 회칠된 채 무너져가는 것을 이대로 두고 볼 수만은 없다.

9월 17일 秋夕

추석이 일요일과 겹친 탓인지, 성묘객들이 다른 해보다 특히 많은 것 같다. 덕택에 9시 차를 놓치고 10시 기차로 一山에 가까스로(?) 도착했다.

전인구의 1/4이 몰려 사는 서울의 모습은 환멸과 짜증스러움을 느끼게 한다. 서민들의 표정은 어쩌면 그렇게 한결같이 못나 보일까? 그러나 그들이야말로 내 생명을 타오르게 하는 사랑의 대상이 아닐까. 민중의 얼굴에 주름이 가고 못나 가는 것도 그 원한풀이를 해야 할 한 놈 때문이다. 밝고, 깨끗하고, 정다운 얼굴들이 이 반도를 채우는 날을 기대하자.

산지기 집도 새마을운동의 효과로 기와집으로 변했고, 변소도 볏짚 지붕 대신 슬레이트 지붕과 블럭으로 바뀌었다. 이렇게 文化的(?) 생활을 하게 된 밑바탕에는 갚을 길이 막연한 빚더미가 놓여 있단다.

분묘를 가꾸기 위한 데 돈과 노력을 쏟아넣는 계획에 어떻게 해야 한다. 나도 늙으면 내가 누울 자리에 애착을 갖게 될 것인가?

추석날 새벽, 산지기집 이웃의 22세 된 처녀가 죽었다 한다. 내성적이며 다소곳했던 처녀가 갑자기 주검으로 바뀌었다. 왜 추석닐 아침에 죽어야만 했을까? 얼굴도 이름도 모르는 그녀의 죽음은 나의 마음을 무겁게 하고 있다. 一山역으로 나오는 도중 두 마리 개의 접합의지를 보았을 때, 내 生活의 무딤을 느꼈다.

9월 19일 (화)

한여름 동안 생명의 위협 없이 편히 자라, 징그러울 만큼이나 살찌고 선명한 녹색과 갈색, 노란색 등등을 온몸으로 발산해오면서 자기 집을 넓혀가던 거미들이었다. 정원의 나무, 풀 사이에서 살아오던 여러 곤충들이 그들의 먹이가 되고, 드디어 정원이 비좁았던지 집 가까이까지 그들의 공중집을 짓고 살았다. 정원 빈 공간에 매놓은 빨래줄까지 그들의 근거지로 이용하려 했다.

이제는 더 이상 보고만 있을 수가 없다. 내버려둘 수가 없다. 나는 왼손에 막대를 잡고, 오른손에 F-Killer 분무기를 들고 소탕에 나섰다.

한번 살충제가 공중에 지어진 거미집을 향해 뿌려질 때마다 자기 몸뚱이의 3~4배가 긴 다리를 가진 놈들은 다리를 모으고 땅으로 흘러내렸다. 어떤 놈들은 안 떨어지려고 악을 쓰는 놈들도 있었다. 그런 거미들은 왼손에 쥐어진 막대로부터 강한 타격을 받고 '딱' 소리를 내며 저만큼 나가 떨어졌다. 징그럽게 큰 거미들 약 스무마리는 없어졌다. 정오의 죽음이었다.

그리고 난 후 나는 더운 물에 목욕을 하고, 새 면도날로 얼굴의 털을 빈틈없이 깎아내렸다. 몸은 편한 반면, 불안이 온몸을 덮쳐온다. 확정되지 않은 미래에 대해 자신감이 없어지는 징조이다. 생활이 불성실한 탓이다. 아예 돼지라도 됐으면 육체적 쾌락으로 일생을 보낼 수도 있으련만… 그러나 이 몸은 나 혼자의 것이 아니지 않은가 온 인류의 것이기 때문에 이렇게 초조해지는 것이다. 모든 애착, 근심을 떨쳐버리고 완전히 자유로운 삶을 살고싶다. 거기엔 생존의 위협이 따를지라도.

왜 이렇게 가슴이 울렁일까. 소심해지는 것 같다. 동생이 여는 현관문 소리가 나를 위협하는 것 같다. 어머니의 불만 소리가 나를 더욱 왜소하게 만든다. 내 할 일을 다 못하기 때문이다. 나의 利己性 때문이다.

K에게 전화를 건 후, 이번에도 전번과 마찬가지로 不滿스러웠다. 내가 주책없이 그녀에게 호의를 보이는 것같다. 앞으로 열흘이면 완전히 이별을 하게 되건만… 시월이 오면 정력적인 생활을 해보자.

마루 저쪽에선 시계침 소리가 들려오고, 동생은 옆방에서 조용히 책을 읽고 있는 한가한 이때, 내 방 한구석에선 습기찬 탓인지 새까맣게 곰팡이가 앉았어도 나를 편안히 해주는 이 집 분위기로 해서 행복하기까지 하다. 이번 가을엔 살 좀 쪄보고 싶다!

백운산과 도봉산 위에 드높게 펼쳐진 하늘은 새파란 물감을 들인듯 깨끗함, 냉정함, 여기에 슬픔까지 느끼게 해준다. 하얀 솜을 뭉쳐놓고, 펼쳐놓은 듯한 구름은 새파란 하늘의 단조로움에 장식을 하기 위함인 가! 그러나 이렇게 안온한 자연과 거리와 집의 풍경들이 나를 소외시켜 놓는 것 같다. 나는 뛰쳐나가고 싶다. 혼자서 떨어져 살고 싶다.

1974. 9. 19 울산 현대조선소 노동자 폭동(7,500명 : 1,200명 기동대)
'배고파 못살겠다' '출혈적 노동조건 개선하라' '정보 폭압정치 끝장내라' 등 14개조 요구, 공장내 기물·차량 파괴, 외국인 기숙사 파괴
간교한 정부와 기업주의 빈말 약속을 믿고 투쟁을 그침. 결과는 900여 명의 노동자들이 끌려가 온갖 고문과 탄압을 받으며 구속됨. 그들의 요구조건은 한 가지도 관철되지 못한 채 농락만 당함.
끈질긴 투쟁과 사회 각계층 민주인사와 연대투쟁을 벌여야 함을 교훈으로 얻음. 정부의 말을 절대로 믿지 말 것을 경험으로 터득함. 또한 정부와는 어떠한 협상도 하지 말 것.

9월 21일

이 시점에서 학생들이 외쳐대야 할 요구는 무엇이며 쟁취해야 할 목표는 무엇인가? 지난 13·14일에 있었던 서울大·고려大 데모에서의 구호는 '유신독재 물러가라' '민주인사 석방하라' '노동 3권 보장하라' '학원사찰 중지하라' '독도문제 해명하라' 등의 것이었다. 이러한 여러 요구들이 실현되지 못하는 근본적인 원인을 간파하지 못하고 겉으로 느껴지는 쟁점들을 그들의 투쟁구호로 내세웠다.
진정 학생들이 지식인 계층의 일부로서 민중을 향해 동조를 구해야 할 것은 다름아닌 민족 전체의 대단결과 재통합을 위한 통일문제에 그

들의 요구를 집중시켜야 할 것이다. 현실의 分斷 때문에 지금 외쳐지는 상황이 발생하는 것이다. 이 땅에 파쇼독재가 엄연히 합법의 탈을 쓰고 존재하는 것도, 민중을 기만하여 횡포한 권력으로 착취할 수 있는 것도, 나라를 온통 외국놈들에게 내맡기는 것도 모두가 우리 민족이 둘로 나뉜 때문이다. 이 나라가 둘로 갈라져 있는 限 反民族的이며 反民衆的이고 反民主的인 정권은 계속 이어져 나갈 것이다.

이 민족의 원한과 분노는 이 分斷된 상황으로부터 생겨난 것이며, 이 민족의 고통은 어떻게 해서든지 분단을 해소함으로써 풀어져야 할 것이다. 그럴진대 분단된 상황을 통일로 이끌기 위한 민족의 피맺힌 염원을 가로막고 방해하는 것이라면, 그것은 감연히 꺾어버려야 할 것이다. 그것이 우리의 우방이라면, 그 우방은 우리 민족의 敵이 되어야 할 것이다. 美帝國主義者들, 日本 反動들, 그리고 소련 지배주의자를 비롯한 모든 분단된 상황을 고정시키기 위한 강대국의 마수를 짓부셔야 할 것이다.

이렇게 볼 때, 투쟁의 대상은 현재 문제 삼고 있는 그것이 중요할지라도, 현재의 투쟁의 근본적인 원흉에게로 돌려져야 할 것이다. 즉 反外勢 民族運動으로서 확대되어야 하며, 反파쇼 民主化運動으로 투쟁의 초점이 맞춰져야 할 것이다. 이러한 단계에까지 학생운동이 발전하지 못하는 것은 그들 자신의 계급성 때문일까? 그들의 투쟁은 자신의 지위를 무너뜨리지 않는 범위 내에서만 가능한 것일까?

4.19의 영광만으로 학생운동이 성공적이 되리라고는 현정권 下에서는 불가능하다. 노동자·농민층과 연결되어 민중운동으로서 확산되어야만 그 투쟁의 결실이 보장될 것이다. 반파쇼 투쟁대열에 나선 동지들은 자신이 속해 있는 지위와 계급, 생활터전을 최대한으로 투쟁의

보루로 이용해야 할 것이다. 더욱 바라고 싶다면 자신의 지위와 명성으로 해서 얻어진 혜택과 터전을 박차고, 민중과 이해를 같이 하는 상태로 생활을 창조해나갔으면 하는 것이다. 이러할 때 더욱 혁명적 투쟁은 순수해질 것이며, 더욱 심화될 수 있을 것이다. 현재의 생활터전을 부숴버릴진대 어찌 결혼을 생각할 수 있겠는가?

9월 22일 (금)

'고난받은 근로자를 위한 기도회'는 다른 어떤 금요기도회 때보다도 청중이 많이 모인다. 오늘 저녁도 예외는 아니었고, 다른 날보다 더욱 열기가 더했다. 생존권을 박탈당한 가장 어려운 처지에 있는 그들의 표정은 조금도 실의와 낙담을 읽을 수 없고, 오히려 담대함, 꿋꿋함, 그리고 의지력은 어떤 계층보다도 더욱 힘차보였다. 그들의 자랑스러운 모습은 모든 양심적 지식인을 부끄럽게 하며, 힘을 북돋우어주고 있다. 아무런 권력도 없어 보이는 그들이 어쩌면 저렇게 담대하게 투쟁해갈 수 있는가! 허약한 지식인들에게 단연 모범이 되며, 그들 사회야말로 이 사회가 추구해야 할 새 사회인 것이다. 그들은 자신의 문제만을 논하거나, 자신의 권리만을 외쳐대지 않으며, 민족 전체의 살 길을 모색하며, 그것을 위해 몸을 불태우며, 감옥으로 겁 없이 걸어 들어가고 있다.

문동환 목사의 강연이 끝나고, 그들 자신들이(동일방직 노동자들) 맹렬히 연습해왔던 연극을 보았다. 동일방직노동조합 투쟁사의 중요한 부분을 간추려 劇化시킨 것이었다. 마지막, 똥물을 뒤집어쓰고, 인간으로선 도저히 당하리라 상상할 수도 없는 굴욕과 모멸감을 다시 재연하는 장면에선 모든 연기자들과 청중들이 엉엉엉 소리쳐 울어댔다. 그 누구도 진정시킬 수 없는 순간이었다.

　기도회 순서가 끝나고 여 근로자들이 먼저 퇴장하다가 2명이 연행되어 갔다. 이 일을 수습하기 위해 근로자와 청중들이 강당 바닥에 주저앉아 석방하라는 농성이 시작되었다. 잘못 판단한 것이었다. 농성이나 데모로는 저 간악한 파쇼독재 정권의 하수인인 경찰의 횡포를 막을 수는 없는 것이었다. 폭력만이 그들의 유지수단이 된 末期的 현실을 너무 감상적으로 판단했던 것이다. 또한 농성밖에는 어쩔 수 없는 우리들이었다. 저들의 악랄한, 무지한 폭력 앞에서 아무 저항도 못하고 당할 수밖에 없는 우리들이 아닌가?

　200여 명이 노래부르며 농성하던 강당에 형사들이 ― 충성과 아부로 출세해 보려는 ― 사람들에게 달려들었다. 함석헌 선생은 이리저리 어

문익환 목사 댁에서

쩔 줄을 모르시고 폭력 앞에서 속구무책으로 시간가기만을 기다렸고, 문익환 목사를 비롯한 여러 어른들도 역시 폭력 앞에선 담대할 수 없었고, 당황할 수밖에 없었다. 젊은 청년 중 한 사람이 "여기서 깨집시다!" 하며 울분과 분노를 토해냈지만, 어쩔 수 없이 끌려나갔다. 부녀자와 노인들을 분간하지 않고 닥치는 대로 주먹으로 휘둘러댔다.

2층 계단에서 조화순 목사가 십여 명의 형사에게 몰매를 맞으며 계단으로 떨어져내리는 것을 보고, 백기완 선생이 달려들어 같이 싸웠으나 되려 봉변만 당하고 조 목사와 함께 연행될 뻔한 것을 대여섯 명의 우리 측 사람들이 끌어당겨 겨우 빠져나와, 기동대가 꽉 들어찬 회관 앞마당으로 다른 모든 사람과 마찬가지로 공손히 걸어나갈 수밖에 없었다. 문익환 목사 부인도 구타를 당하며 연행되어 갔고, 재덕이도 한 발 늦게 나온 것으로 해서 연행되어 갔다. 모두 즉결심판에 넘겨질 것 같다. 그 외에도 수십 명이 끌려가거나 갖은 수모를 당했을 것이다.

밖으로 강제로 해산된 우리들은 앞마당에 섰던 기동대에게 머리를 나꿔채이고, 그 큰 주먹으로 군화발로 구타를 당하며, 여자들은 엉덩이를 구둣발로 실컷 채이기도 했다. 몸 내부에 무슨 이상이라도 생기지 않았는지…

우리는 이렇게 폭력 앞에서 아무런 힘도 쓸 수 없단 말인가? 그렇지는 않을 것이다. 몇 배 몇십 배로 되돌려줄 것이다. 하루밤 자고나면 이 울분과 분노와 슬픔이 잊어질까 두렵다.

9월 26일

학교 앞 성산대로 공사로 인해 철둑 밑의 집들이 다 헐려나가 기다란 폐허를 이루는 길가에 조그만 집 한 채만이 그대로 식료품상을 경영하면서 남아 있었다. 그 사나이는 버스 정류장으로 걸음을 옮기던 中, 그집 앞에 십너덧 명의 사람들이 모여 있는 광경을 보고 자기도 모르는 새 걸음을 옮기게 되었다. 그 집주인 아주머니와 그 사나이들의 툥이 실랑이를 하며, 아주머니는 "인간이 하는 일인데, 좀 봐주세요. 사람이 살고 난 다음에 무슨 일을 해야 할 거 아네요" 하면서 그 사나이에게 애원을 하는 것이었다.

그 무더기의 사람들은 구청에서 나온 돌격대원들인 것을 알게 되었다. 새마을 모자를 쓰고, 한 줄로 옆으로 서서 그 집의 상품들을 나르기 시작했다. 아주머니 혼자 힘으론 저지할 수 없는 상황이었다. 아들인 듯싶은 다섯 살 정도의 아이가 옆에 꼭 붙어서 자기 엄마 치마를 잡고 무서운 듯이 서 있었다. 계속 사정을 봐달라며 대장에게 호소하며, 더 높은 사람에게 다시 진정을 해달라고 하며 발버둥치고 있었다. 그래도 역시 대답은 절대 안 된다는 것이었다.

"철거 안 하겠다는 게 아네요. 이삼 일만 여유를 주세요."

이렇게 십여 분간 실랑이를 벌리던 끝에 결국은 아주머니가 식칼을 꺼내어 자기의 웃옷을 걷고 배에다 갖다 대었다.

"내가 죽은 다음에 집을 철거해라. 이삼 일만 봐달라는데…"

아이는 울기 시작하며, "엄마, 엄마" 하며 엄마를 쫓아다녔다. 잠시 물건 꺼내는 일이 중단되었다. 그 아줌마가 칼을 뺏긴 후에 다시 물건들은 밖으로 내놓아졌다.

일꾼 중 한 사람의 손등이 칼로 찢겨졌다. 담배를 진열해두는 유리 진열대가 뜯겨나가고, 햇빛을 가리는 천막이 뜯겨나갔다. 그리고 동시에 안에 있던 음료수를 비롯한 과일, 그리고 큰 냉장고가 들려나왔다. 아줌마는 뛰쳐나와 그 사나이들을 태우고 온 차로 길건너 뛰어갔다.

갑자기 길을 건너는 바람에 버스·택시 운전사들은 당황했다. 차 안에 설치된 무전기에다 "이삼 일만 봐주세요. 헐지 않겠다는 게 아니잖아요." 저쪽 편에선 아무런 대꾸도 없다.

다시 뛰어와 부엌으로 뛰어들었고, 사나이들 중 한 명이 뒤따라 들어가 말렸다. 사나이들도 역시 같은 서민들이었지만, 먹고 살기 위해 하는 일들이었다. 이런 일을 하는 것에 스스로도 긍지를 가질 수 없었다. 멋쩍고 무표정한 그들이었다. 대장만이 악질이 될 수밖에 없었다. 그렇지 않으면 일을 할 수가 없으니까 말이다. 신발도 벗겨진 채, 가게 땅바닥에 주저앉아 혼을 잃고 있었다. 속에 응어리진 원한과 분노가 겉으로 발산되지 못하고, 참으려고 하면서도 자기 사정을 얘기하는 표정은 무엇으로도 묘사할 수가 없었다.

결국은 기절하게 된 아주머니였고, 아이는 사나이에게 들려 가게 밖에 놓였다. 대장이란 者가 무전기에 대고 아주머니가 기절했는데 어떻게 했으면 좋겠느냐는 얘기를 하자, 저쪽 편 대답은 "죽더라도 부숴!" 죽어버리더라도 어떻게 해서든지 철거하라는 명령을 대원들에게 알려주면서 빨리 일을 할 것을 종용했다. 아주머니의 얼굴에 물바가지에 가득찬 물이 뿌려져, 다시 정신이 들은 아주머니는 이젠 어쩔 수 없는 듯 체념을 하면서도 저항을 하지 않으면 안 되는 감정의 격류 속에서 혼이 나간 듯싶었다. 사나이들은 그 아주머니에 대해서 비난을 했다.

"보상금도 다 주고, 경고도 몇 번씩이나 했는데, 그리고 다른 집은 다 철거했는데 이 집만이 버티고 있으니 아주머니가 나쁘다구."

행정적으로 아무런 하자가 없는 일인 것 같았으나, 그 행정 사무도 따지고 보면 너무 일방적인 조치가 아닌가. 시가의 1/10밖에 안되는 보상금을 주고 나가라 하면 그것으로 책임을 다 졌다는 말인가. 아무리 행정上 아무 결점이 없는 철거작업이라 하지만, 이것은 분명 관리들의 행정만능적 횡포에서 나온 것이다. 아무런 준비도 없이 방어할 틈도 주지 않고, 갑자기 들이닥쳐 살고 있는 집을 부수면 도대체 어떻게 하란 말인가? 권력자의 입장에서는 좀 귀찮더라도 시민의 입장에 서서 일을 처리해야 할 것이었다. 한번 경고보다는 여러 번 철거명령을 띠우고, 그래도 지연되면 직접 만나 사업내용을 얘기하고 도움을 청하면서 빨리 자진철거할 것을 부탁하는 등 최대한으로 시민의 입장을 이해했어야 할 것이었다.

이런 광경을 지켜보던 가방 든 사나이와 대학생들 몇 명은 유심히 이 광경을 보고 있었다. 그 사나이는 안경 낀 대학생의 눈시울이 붉어지는 것을 보았다. 속으로 '착한 놈이로군' 하며 뇌까리고 있었다. 그 자신도 이런 상황에서 아무 일도 할 수 없이 지켜보고 있는 것이었다. 경찰은 모여든 구경꾼들에게 가라고 하였고, 사람들은 그 말에 따라 흩어졌으나 그 가방 든 사나이만은 그대로 지켜보고 있었다. "가세요. 가" 하며 갈 것을 요구하는 경찰에게 그는 "난 구경할 권리가 있습니다"라고 대꾸하고 버텼다.

여기에 "일하는 데 방해가 돼서 그럽니다"라는 궁색한 요구를 또 하자 "일하는 데 방해가 된다면 오히려 나보단 당신이 집 가까이 있으니 방해가 되지 않소." 이렇게 마무리가 되어 핏대가 난 경관에게 들으라는 듯, 행정적인 일에 대해 불평을 하자 경관이 "당신 선동하는 거야" 하며 신분증을 요구하며 나서자, 고급경관이 끼어들어 저지시켰다. 집은 결국 헐리기 시작했고, 구경꾼들은 하나 둘씩 흩어졌고, 사나이도 이젠 다 구경했다는듯 자기 갈 길로 갔다. 가슴엔 革命의 꿈을 부풀리면서.

9월 27일 (수)

나에 대한 혹평과 비난해줄 사람이 그립다. 어떤 일을 해도 만족하지 못하는 때문에 아무 일도 제대로 못하고 있다. 나의 하는 일에 대해 세계사적 의의를 정리해야겠다.

"나는 세상을 이겼으면 좋겠다."

가자. 터지자.
이 몸 폭탄이 되어 온 천지를 깨우자.
어리석음, 비겁 그리고 안일로 가득찬 공간을 뚫고
나가자. 깨뜨리자.
진짜 사람들이 주인이 된 사회를 건설하러 온몸을
내던지자. 불사르자.
이 민중의 삶은 곧 나의 삶과 하나이도록 뼈를
태워버리자. 아! 이 기쁨!

10월 20일

해방이 된 지 30여 년이 흘렀어도 식민지 통치 下의 제조건들은 껍데기만 바뀐 채 여지껏 변화할 줄 모른다. 일본 군국주의자들에게 수탈과 모욕을 당하는 대신, 이제는 미제국주의자들의 정치적 희생물이 되어 나라를 반동강내고 말았다. 그 대가는 우리 민족에겐 너무나도 뼈아픈 상처로 남아 한민족의 장래마저 암흑으로 만들어버리려 한다. 일제가 패망하여 이 나라, 온 겨레가 해방의 기쁨을 소리쳐 외쳐대는 순간, 이 겨레는 무지막지한 소련군과 피에 주린 미군에 의해 악몽과도 같은 민족분단을 당해야만 했다. 여기에 더하여 남과 북의 정권은 민족분단을 수용하는 정권이 되어야만 되었으며, 남에서는 그것마저도 친일파 민족반역자 매국노들이 정권을 담당하게 되었다.

우리에겐 진정으로 해방이란 없었다. 오로지 강대국들의 세력놀음의 희생물이 되어온 것뿐, 민족주체성은 한결같이 말살되어 왔다. 해방이 되어서도 일제 하에서 항일투쟁을 하던 수많은 애국투사, 민족주의자들은 오히려 탄압을 받았고, 자주적 평화통일을 논하는 사람들은 암살과 테러, 공갈, 협박 등 갖가지 위협을 받아야만 했다. 민족분열주의자, 친일파들만이 활개를 치고 다녔다.

그 작태가 여태껏 이어져 오늘의 정권 담당자들은 안보와 경제성장, 민족 주체성이라는 그럴듯한 명분을 내세워 민중을 억압하고, 민족 내부의 깊은 갈등과 대립을 조장하며, 국가의 위신을 실추시키면서도 영구집권이라는 기치 아래 단결하여 민중 위에 군림하고 있으면서, 민족의 자주적 통일 노력을 비웃으며 두 개의 한국 조작책동에 심혈을 기울이고 있다.

10월 21일

고도성장의 허구를 벗긴다. 치적을 선전하기 위한 기만.

경제고도성장은 대외예속, 의존의 심화(원자재 80~100%, 자금 80%, 기술 70% 의존)와 같다. 경제예속의 성장. 외국 독점자본의 치부성장. 우리 노동자의 살인적 기아임금을 토대로 외국 독점자본가들만 살찐다. 또한 국제 채무 노예상태로 전락(149억 2천 4백만 $의 빚, 국민 일인당 20만원 — 작년 말 현재)

불평등한 이 세상 끝장을 내자. 고도성장의 덕을 보는 소수특권층 6%만이 90%의 소득을 차지, 과세미달자 75.9% — 근로자의 대부분이

면세점 이하의 기아생활.

KDI : 전체 농가 70% 영세농가 10년 전보다 2.1% 소득 저하. 76년 45만 9천명이 이농.

근대화, 지속적 경제성장의 구호 아래 매판 자본가들에게 금융, 세제上의 특혜 지원. 소수재벌의 금고와 청와대 사설금고만 더욱 불어나고, 근로대중은 피골이 상접. 현대재벌의 1년간 배당이익 중 100억이 청와대로.

부산지방 신발 수출 90%가 日 미쓰비시에 의해—73년 8%, 74년 16.5%, 75년 38.9%, 76년 44%, 77년 상반기 97.8% 과실송금.

Gulf 2,821만 $ 과실송금. CalTex 2,378만 $. 日本 기업의 이윤은 本國의 10배

▲ 추곡수매 현황

작년보다 15.4% 증가한 70kg 3만원 책정—생산비 미달(30% 인상이면 생산비 빠짐)

비료(지난 해보다 43%), 농약(4배 인상), 인건비(50%), 병충해로 인한 추가부담, 농기구(30~70%) 등 영농자재. 노풍, 밀양 등 신품종 피해.

백주에 날강도 짓을 자행. 공짜로 빼앗겠다는 말을 차마 할 수 없고 '수매'라는 그럴듯한 말을 함.

▲ 서방세계의 석유위기

2차대전 후 동력자원 구성에 있어 석유 비중 1950年代 30%, 60年代 50%, 1974년 60~75%. 20년간 16.7배 석유수요, 소비량 증가.

미 석유 매장량은 10년 내 고갈. 자본주의 국가 1972년 110억 $(서방세계), 45억 $(미국), 1974년 500억 $(서방세계) 450억 $(미국)

향후 자본주의 국가의 존립은 석유 수급을 여하히 확보할 수 있느냐

에 달려 있다.
- 8月 중 : 기계, 고무, 자동차, 철강 순으로 중소기업의 파산, 조업단축
- 60년대 : 한강의 기적-동빙고동 도둑촌
- 70년대 : 소비가 미덕-걸식이 미덕
- 80년대 : 고도 산업사회-자주, 자립, 자유의 기반 기축

〈민중항쟁가〉

짓눌린 강산은
혁명의 역군을 부른다
민족의 권리와 자유를
투쟁의 불길로 찾으리
: 민족의 권리와 자유를
파쇼의 무리를 부수고
파쇼의 무리를 부수고
나가자 짓밟힌 민중아
부수자 압제의 무리를

우리의 짓밟힌 강토에
민중의 세상을 세우자
우리의 짓밟힌 강토에
민중의 세상을 세우자

〈조국의 자주통일 이룩해가자〉

1. 형제의 푸른 정기 한손 안고
   고요히 솟아오른 우리의 조국
   왜놈 무찔러 용맹을 떨친
   애국의 선열들이 지켜온 강토
   아 - 아 유구한 역사 반만년
   찬란히 꽃피우자 빛내어가자

2. 백두산 힘찬 줄기 이 땅에 뻗어
　　애국의 기상이 넘치는 나라
　　정의의 나라
　　겨레의
　　아 - 아 혁명의 전통 이어
　　조국자주통일 이룩해가자

10월 23일

　10月 21日부터 일주일간 '쌍룡작전 78-2'라는 전쟁연습을 서부 휴전선 근방에서 감행. 지난 3月, 美軍과의 대규모 합동 전쟁연습 이후 2번째의 대규모 군사연습

　• 미쯔비시, 미쯔이, 마루베니 등 서울지하철 건설 일본연합상사 → 청와재벌에 1971년 320만 $의 수수료 상납. 190만 $ 선거비용(김성곤의 체이스맨하탄 구좌에 入金), 130만 $ 대외 뇌물작전

　• 농협에서 수매라는 名目으로 농민의 알곡을 거저 가로채려는 구체적 사례 : 장성군의 경우 3만원으로 수매되는 1등품이 전체 수확량의 3%, 2등품이 27%, 3등품이 35%, 그외는 등외품이라는 판정을 내려 날강도짓을 감행하자, 농민들 이에 항의 수매를 거부. 무안군의 경우는 90%가 等外品으로 판정내림.

10월 29일

　嶺東지방에선 벌써 차량통행을 할 수 없을 만큼 많은 눈이 왔단다. 설악산으로 놀이를 간 이들은 설악산 봉우리를 하얗게 뒤덮은 눈과 그 아래 붉게 펼쳐진 단풍을 한눈에 바라보며 가을 경치와 겨울 경치를

동시에 만끽하면서 감탄을 연발한단다. 자연을 즐기는 자들이 부럽다?

서울을 비롯한 전국이 모두 예년보다 3~4도 내려간 쌀쌀한 날씨를 보여주고 있다. 文科大 앞의 벤치에 앉아 무엇을 생각했는지? K와 만날 수 없는 이 시간이 얼마나 이 마음을 얼어붙게 하는가? 그의 모습을 떠올릴 때마다 내 가슴은 언제나 슬픔으로 번진다. 그녀에 대한 약한 생각, 그리고 집안 일을 어렵게 꾸려가시는 어머니를 생각할 때마다 투쟁의식이 약해지는 것을 느낀다.

모든 애착을 훌훌 털어버리고 나의 本分을 다해야 한다. 나에겐 오직 투쟁뿐. 나의 생애가 뜻한대로 이루어지지 않는다 할지라도 나 스스로에 대해서도 부끄럽지 않도록 대담하게 살아가야 한다. 모든 외로움을, 모든 어려움과 고통을 삭여가면서 조심조심 나의 발자국을 만들어가야 한다.

민중의 요구를 정확히 자각적으로 인식하고 있는 동지들을 혁명전위로 삼고, 노동자 농민 등 민중을 기반으로, 폭력혁명을 통해서라도 새 사회를 건설해야 한다.

역적 박정희와 운명을 같이 하게 될 놈들. 매판독점자본가, 부패관료, 권력의 철저한 시녀인 유신 국회의원, 사법부놈들. 이 체제에 아부하면서 빌붙어 먹는 중간계층과 지식인 계층들. 농민·노동자를 수탈해 온 농협관리, 어용노조 간부들. 민중의 정신을 허약하게 하는 제도언론 종사자놈들.

11월 3일 (금)

K가 日本으로 향한 지 벌써 1주일. 아무런 기약도 없이 우린 헤어졌

다. 10월 28일(土)에 떠났다는 것도 영화를 통해서 알게 되었던 나. 무슨 말을 쓸 수 있겠는가? 단지 헤어짐만이라도 섭섭하지 않았더라면.

시청앞 지하철 역에서의 쑥스런, 어색한 헤어짐이 마지막이 될 줄이야. 그러나 이제 와서 아쉬워해도 소용없는 일, 모든 일들을 먼 옛날 이야기의 기억 속으로 흘려보내고 다 잊도록 하자. K가 공부에 열중하고, 많은 것을 배워오는 동안 나는 성실한 생활을 영위해 나가면 우리에게 더 필요한 것은 없다.

民靑協의 운영위원으로 있는 동안, 나의 모든 열정을 생산적으로 사용하리라. 현실에 대한 판단력과 자신의 능력을 키워나가며, 앞으로의 투쟁의 밑바탕을 닦는 기간으로 活用하리라. 단지 소모품으로서의 내가 아니라, 더욱 큰 人材로서의 바탕을 닦도록 하자. 그리고 우리 내부의 여러 가지 다른 의견과 견해를 종합하고 中和하는 역할을 맡도록 하며, 선배와 후배와의 관계를 더욱 긴밀하게 해주는 역할도 명심해야겠다.

11월 4 - 5일

임마누엘수도원에서 저녁에 民靑協 총회(제2차)를 가졌다. 참가 인원은 대략 35명 정도. 신임 운영위원이 결정되고 회칙 개정이 있었다. 그 큰 흐름은 회장과 운영위원단의 권한이 집중적으로 강화되는 내용으로 바뀌었다.

김윤, 장숙자(장영달 妹), 배경순이 여성회원으로 참가했고, 김윤 母와 김봉우 母께서 참석했고, 격려사를 해주기로 했던 천관우, 고은 두 분은 건강상 이유로 불참. 기독교 학생들이 반수를 차지했다. 한방에서 20여 명이 모두 들어누울 수가 없어 거의가 새우잠을 지새웠다.

오전에 10명이 남아 시내로 나오면서 권운상 상처를 치료받기 위해 청남의원에 들렀다. 10바늘 꿰맨 대가로 3만원의 바가지를 쓰고 쩔쩔 맸다. 결국 내가 마지막까지 남게 되어 애를 쓰다가 순간을 포착, 날라버렸다. 내가 도망했으니, 치료비를 한푼도 못 받게 된 병원 도둑놈들은 매우 난감했을 것이다. 내가 날라버린지도 모르고 계동형이 병원으로 들어가 결국 꼼짝 못하고 한푼도 깎지 못한 채 다 물어주고 나왔다.

저녁 7시에 삼선교 나폴레옹 제과점에서 성우, 계동, 문화兄과 함께 만나 얘기했다. 한빛교회에서 문국주, 황인성, 박우섭 동지 구속을 규탄하는 농성을 시작하기로 계획하고 동원체제를 짜 보았다.

11월 6일

이해동 목사의 한빛교회를 농성장소로 이용하는 제안을 거부하는 연락으로 농성계획을 보류.

11월 7일 (화.)

오전 10시 30분부터 성우형과 회원들을 한 사람씩 찾아다니며 일일이 점검을 시작하다. 회원들의 民靑協에 대한 연대감을 점검하다보면 실망감을 어쩔 수가 없다. 저녁 7시 명동 文化館에서 자유실천문인협의 문학강좌 마지막회인 백낙청氏의 '민족문학과 제3세계의 문학'을 들었다. 준비한 것을 많이 삭제한 듯한 내용은 관중들을 실망시켰다.

'고도성장' '한강변의 기적' — 한국경제와 민중생활의 파탄상을 가리우기 위한 것.

예속화, 기형화, 군사화 ↔ 자립적, 주체적, 평화적

① 한국경제의 예속성, 기형성—대외의존의 악순환 계속
　미·일의 신식민지 경제정책의 수용
　꿩먹고 알먹기 식의 미국, 등치고 간빼먹기 식의 일본
② 수출입국의 허황한 내막

11월 16일

1. 南北의 軍事的 대치상태 해소 → 긴장상태 완화
2. 상호 多方面的 合作과 交流實現 → 民族的 유대와 단합
3. 남과 북의 각계각층 민중과 각 정당, 사회단체 대표로 이루어지는 大民族會議 소집
4. 단일 국회에 의한 단일 남북연방제 실시
5. '고려연방공화국'이라는 單一國號를 사용하여 대외정책에 임.
　지도자로서 부끄러움이 없도록 자신을 키워나가야겠다는 자극들이 사람들을 만나면서 끊임없이 가슴에 새겨본다.

11월 21일

　子正을 넘어선 차가운 하늘 저쪽으로 하현으로 기울어진 달이 외로운 별들과 함께 뚜렷이 눈에 들어온다. 가까이 살짝 드리워진 구름도 선명하다. 왜 요즈음은 그 도둑고양이가 나타나지 않을까. 늙어 보살필 사람도 없는 것 같은데. 그 사이에 혹시 병이 나서 죽은 것은 아닐까. 다정한 것들이 하나 둘씩 내 곁을 떠나가고 있다. 가을도 어느덧 다 가버리고 말았다. 모든 것이 떠나가고 있다.

11월 27일

그저께 저녁, 학민형 결혼식이 끝나고 동지들을 위한 술자리가 한창 무르익을 즈음, 성우兄이 계동兄과 문화형에게 잇달아 주먹질을 해댔다. 곤란한 사람들이다!

회장은 회장대로, 총무는 총무대로 따로따로 놀고 있는 인상을 받게 되는 나로서, 나의 능력과 정신 모든 것을 바치려는 태도가 어리석게만 느껴진다. 그러나 조금만 더 기다려보자. 나의 행동은 어떤 특정한 개인을 위해 하는 것은 아니다. 일단은 민청협 회원 전체를 위한 것이라는 점을 잊지 말고 참아나가자.

별도 구름도 거리의 불빛도 모두 얼릴 것 같은 찬바람이 영하의 공기를 헤집어 놓는다. 눈발이 가끔씩 흩날리는 깊은 밤에는 보고 싶은 얼굴들이 더욱 그리워진다. 굽힘 없이 큰 뜻을 이루기 위해 끈질기게 나아가는 것이다. 좌절에 실망하지 않고…

11월 30일

민청협 일 맡은 것을 개인적으로 피해와 손해라고 생각한다면 그것은 개인주의적 사고에서 나온 발상일 것이다. 나의 희생은 곧 전체의 이익이고, 그것이 곧 나의 이익이라는 사회의식에 익숙해져야겠다. 나의 개인적 사정을 다 돌보고, 남는 시간과 정력으로 민청협 일을 하겠다면 민청협은 끝이다. 그런대로 운영위원 대다수가 그렇게 생활하고 있다. 나도. 민청협은 커다란 체질개선이 있어야겠다.

운영위원 中에 가장 어린 나이지만, 선배 동지들의 단점과 약점을 없앤 내가 되어야 하며, 그렇게 함으로써 선배 동지들보다 모범인으로서 행동해야겠다. 그럼으로써 남들로 하여금 스스로 부끄러움을 느끼도록, 그것도 간절하게 느끼도록 모범적 인간이 되어야겠다.

남의 不正에 너무 민감해지는 것은 내가 너무 소심한 탓일까? 어쨌든 남에게 정직하고, 순수한 사람에게는 충직한 친구가 되고, 그렇지 못한 사람들에게는 두려운 존재가 되어야 한다.

이 세상에 외롭지 않은 사람은 없다지만, 나는 언제나 외로운 존재가 된다. 그러나 그 외로움을 없애려고 俗物의 행동을 할 수는 없다. 죽을 때까지 외롭게… 무한한 사랑을 가슴에 지니며… 그런 상태가 외로움이 아니라는 경지에 도달해야 한다. 잘 먹고 잘 살아라! 연약한, 가엾은 인간들이여!

12월 5일

일제시대의 망령인 교육칙어를 그대로 옮겨놓은 국민교육헌장 선포 10주년이 되는 날! 민중의 자유로운 정신을 짓밟아버리고, 온 민중을 식민지적 노예상태로 얽어매 놓으려는 악마들의 음모가 성취되어 왔던 지난 10년간! 그러나 우리 민중은 자유를 갈구한다. 어떠한 형태의 억압도 단호히 거부한다. 위대한 민중은 유신적 사고방식을 강력하게 배격하고 있다. 파쇼적 억압을 비호하는 어떠한 강력한 세력일지라도 우리의 주체적 자유정신을 부패시킬 수는 없다. 민중은 위대하다. 역사적 성업인 자주적 평화통일을 기어코 이루고야 말 참사람들이다.

12월 21일

저녁 6시부터 동대문 천주교 성당에서 약 500여 명이 참석한 가운데 김지하의 詩를 낭독, 노래하면서, 손과 발을 얼려주는 추운 공기를 잊었다. 그의 민중의 입장에 선 혁명적 의지와 개인의 고난이 승화되어

전 민족의 고통과 일치된 체험이 그 자신의 詩에 표현되었다.

각 단체 대표—반체적 민주인사들—와 문학인들이 시 한편 한편을 열기를 토해가며 읽었다. 고은씨의 「김지하에게 보내는 편지」는 지하를 사랑하는 사람들의 가슴 속의 말들을 대신한 듯, 민주투쟁에의 헌신을 부추기는 듯 강렬한 인상을 주었다. 백기완 선생의 사회 솜씨가 이 자리를 더욱 무게 있고 진지하게 만들어주었다.

12월 27일

9대 대통령으로 박정희가 취임하는 날. 새벽부터 겨울비가 내린다. 경사스러운 날이라는 오늘, 나는 예외없이 不自由한 몸이 된다. 나에게는 국가적 행사가 있는 날이면 귀찮은 사람들이 찾아온다. 나에게는 경축일이 우울한 날이고, 민중의 아우성 소리가 들리는 날이 기쁜 날이다.

오전 10시, 성공회 입구를 향해 가다가 형사들에게 저지당했다. 대부분의 어른들은 연금당하거나 형사와 동행 신세가 되었다. 나의 담당은 영문도 모르고 따라다닌다.

저녁 7시, 명동성당 문화관에서 東亞투위 주최 송년회가 있었다. 모두 함께 모이면 반가운 표정들이다. 7명의 동지들을 감옥에 보낸 채, 또 한 해를 맞이하면서 투쟁의 대열을 정비해가는 선배들의 자유언론에의 의지가 믿음직스럽다.

▲ 民靑協 日誌 槪要

1978년 11월

　4日(土) 세검정 임마누엘 수도원에서 저녁 8시부터 제2차 총회를 연다. 참석자는 35명 정도. 신임 운영위원을 결정 – 조성우, 양관수, 이우회, 박석두, 이종구, 홍성엽. 다음날 아침식사를 하고 폐회

　7日(火)부터 회원동정 살핌 : 조성우, 홍성엽

　17日(金) 조성우 회장, 오후 4시에 배종철(중정 학생담당 계장)과 만남. 민청협의 방향에 대해 타진.

　18日(土) 송무호, 김지자 결혼. 세종호텔 4시

　오후 8시에 이대 앞 다방에서 1차 운영위원 회합. 구체적 사업계획 논의 – 번역실 설립 기금 모금과 회지 발간. 월정회비 수납과 수감자를 위한 도서 구입방법 논의.

　22日(水) 제2차 운영위원 회합. 파리다방 – 회지 내용과 발행에 관한 임무 부여.

　24日(金) EYC 사무실에서 조성우, 양관수, 이우회, 홍성엽 회합. 저녁에 배포할 회지 작성에 착수. 오전 11시 30분. 오후 6시 15분 회지 완전 발행.

　금요기도회에서 조성우 회장 인사말. 운영위원 중 양관수, 이종구, 박계동 불참 전원 인사 포기.

　25日(土) 김학민, 양해경 결혼. 명동성당 4시.

　저녁에 고은 선생 댁에서 신임 운영위원 다듬질 예정이었으나 취소. 조성우와 박계동, 정문화의 대립. 나머지 양관수, 이우회, 박석두, 홍성엽 4명이 함흥집에서 모임. 회장에 대한 문책을 결의

　30日(木) 제3차 운영회합. 안국동 스텔라제과. 조, 양, 박, 이종,

이우, 홍 6명 참석 : 12月 大집회를 앞두고 침체된 분위기에서의 민청협이 담당해야 할 역할. 전 운동선상에서 민청협의 위치 확보를 위한—타 민주운동세력과 대등한 입장에서의 역할 확보—돌던짐으로서, 내일 금요기도회에서 사면에 대한(문국주 件도 포함) 우리의 입장을 밝히는 성명서 발표 문제로 二分. 결국 성명서는 1주 후로 미루기로 결정 : 내일로 강행하자는 쪽은 조와 홍. 양·이·이는 각자의 개인사정으로 연기를 주장. 박은 시일은 내일이 좋으나, 주위 여건과 우리의 준비 부족으로 연기하자고 제안. 내일 오후 7시 덕수제과 모임 결정.

12月 1日(金) 제4차 운위, 오후 7시 덕수제과에서 모임. 박계동 불참 : 다음 주 金 타단체 대표 10人(민청협 포함)의 이름으로 선거에 대한 우리 쪽의 입장을 밝힘에 있어 민청협 위원 4人도 이에 가담해야 됨을 회장에게서 보고받고 4人을 정함 : 조성우, 양관수, 박계동, 이우회로 결정. 9시 쯤 이우회 전당포로 장소를 옮겨 다음 주를 대비한 대책 협의

12月 6日(水) 저녁 8시 조성우 집에서 결혼축하 기념 술모임. 내일 있을 선거거부 성명 발표에 대비한 논의

10日(日) p.m 7. 덕수. 제6차 운위

21日에 있을 '김지하 문학의 밤'을 위해 민청협이 주체적 도움 역할에 관한 논의와 제2차 회보 내용, 번역실 장소 문제. 기금모금을 위한 탈춤 공연. 연말 연하장 보내기, 판검사에게 엿 보내기 등을 논의.

21日(木) 오후 6시 동대문 천주교 성당 김지하 문학의 밤, 조성우, 양관수 시낭독 참가

30日(土) 오후 4:30 백마강 忘年會. 백기완, 고은 선생과 東亞투위의 이부영兄 등 3人 참가.

1979. 1. 13(土) '새 번역실'(74-8417) 개원식을 오후 5시에. 김철, 안필수, 고은 선생 등 참석. 회원 40여 명 참석 환담. 이날 집주인 측에서 방을 비워달라는 요구를 해옴. 경찰의 압력으로 여주인도 어쩔 수 없는 듯.

1. 19(金) '새 번역실'을 광화문에서 낙원동으로 이전(70만원 보증금, 월 8만원)

1. 30(火) 기독교 회관 6시. '재소자 인권실태 공청회' 150여 명. 한승헌씨, 김명자(김명수 妹), 이우회 등이 연사. 양관수 사회로 2시간여 진행.

1986년

11월 3일

우리의 혁명은 기존의 산업을 파괴한 위에 성취시킬 수 없다. 혁명의 결과는 곧 대중을 풍요롭게 살게 해 줄 수 있어야. 지금까지 이루어 놓은 산업을 그대로 유지하면서 주인만 바뀌도록 해야. 생산수단의 公有化, 社會化의 모형을 밖의 사회주의 국가에서 찾을 것이 아니라 우

민통련 시절 사무처 동료들과 함께
(김부겸, 이명식, 이해찬, 성유보, 김형민, 김도연 등의 모습이 보인다)

리 내부의 사례에서 찾을 수 있다면 그 모델이 바로 우리에게 맞을 수 있는 것.

연구대상기업 : 기아, 유한

기존 대기업 중 소유권을 사회화시킬 수 있는 기업 물색 : 대우, 동아건설

쌍용, 한국화약은 부적합

기층노동자에게 침투 → 의식화하는 과정보다는 중간층을 장악, 기업을 사회화시키는 전술 시도 필요.

九統道家 학생부 조직 준비 / 교육프로그램 마련(매주 1회)

우익이 좌익의 생리와 전략을 몰랐을 때는 좌익의 혁명전술이 성공할 수 있었으나, 현재는 좌익의 내면을 우익 측이 빤히 보고 있다. 이런 시기에는 옛날의 구태의연한 전술, 전략으로는 성공할 수 없다. 좌익의 성격을 띠면 힘 가진 저들에게 당할 뿐. 우익이 되어 우익을 말아 먹자!

세상은 진실과 거짓으로 어울려 흐르는 것. 그것을 활용해 세상을 풍요롭게 변화시키는 자가 세상의 주인. 거짓도 필요하면 숨기고 품어줘야 할 때가 있고, 진실도 때와 마당에 따라—혹은 영원히—밝히지 않을 수도 있는 것.

나를 신경성으로 괴롭히는 대상에 대해 복수해야 한다. 우리를 용공, 빨갱이로 거세하려는 저들의 계급적 이해에 집착한 횡포. 통일보다는 反共이 國是여야 한다는 몰상식의 무지한 집단의 폭력. 문제는 더 나를 떨게 만드는 일은 저들 집단의 광증 같은 힘의 사용이 아니라, 쓸어버려야 할 대상이 저들 뿐만이 아니라는 데 있다.

언론, 경제, 교육, 종교, 문화 모든 부문에서 저들과 튼튼히 같은 생

명줄을 쥐고 있는 지배세력들이 엄청나다는 데 있다. 지식인, 가진 자들의 이기주의, 안일주의, 협심증세. 내 안에까지 깊이 들어와 있는 이 病症. 이것들을 불지르고 쓸어버리는 것이 내 마음의 복수심을 해소할 수 있을 뿐. 이 더러운 꼴을 빨리 끝장내기 위해선 흥분하지 말자. 흥분하면 실패한다. 패배로 가는 길이다. 부드러움을 내세운 냉혈한이 되어야 한다. 맑고, 힘차고, 강인하고, 확신있는 모습을 만들어 새로운 무리를 탄생시키자. 모두를 굴복시키는 확신에 찬 무리를 창조하자.

12월 20일

사회 변화를 효과적으로 수행하기 위해선 우리의 힘을 최소한 소모하면서 창조적으로 발휘하는 것. 변화의 대상세력과 적대적 관계에 놓이게 되면 우리의 힘을 소모하는 데 그칠 뿐.

ex. 루터의 개혁정신이 기독교회와 대립함으로써 다른 차원의 기독교가 되지 못한 점. 그러나 당시의 문학, 그림 등의 분야에선 같은 세계관, 사회관을 가졌으면서도 기존의 바탕과 대립함이 없이 기존의 것을 대체시켜 놓음.

혁명의 길은 대립으로 인한 소모없이 근본부터 기존의 체제를 먹어들어가 바꾸어놓은 일이 완전한 것.

1987년

6월 21일

민족자주와 민주, 통일을 위해 살아간 인물. 분신자살 등으로 恨스럽게 죽어간 인물. 고문 등으로 공권력에 의해 억울하게 죽거나, 수형생활하다 죽어간 인물을 '민족묘지'에 안장하는 件.

10월 18일

앞으로의 운동에 있어서는 아마추어적 자세를 벗어버려야 할 것이다. 자신의 행위 결과에 대해서 책임지지 못하는 현재의 부도덕한 운동 자세는 전문적 운동가의 자세로 바뀌어야 할 것이다. 대중보다 선진적인 의식을 가졌다고 해서, 그들보다 탄압을 받는 위치에 있다 해서 운동인자인 것 자체만으로 자신 행위에 대한 책임 없는 자세를 가지는 생활을 걷어내야 할 것이다.

이제는 전문적 활동가가 주도해나가야 할 시기가 왔다.

지금 필요한 일들 중의 하나는 현재의 운동력이 미처 해내지 못하는 일들을 성취할 수 있도록 여건을 만들어주며, 미래의 운동단계를 예측하고 그에 대비하는 일이다. 보다 현실을 객관적으로 볼 수 있는 사람들을 키우는 일이 중요하리라.

10월 22일

현실의 모순 현상에 대해 저항하고 부정하는 것으로는 개혁이 안 된다. 진정한 개혁운동이 이루어지기 위해선 그 원동력이 있어야. 그 원동력은 현실에 대해 철저한 객관적 시각을 가진 자들로부터 나와야 한다. 그래야만이 어느 계급에 편향되지 않는 완전한 혁명을 이룰 수 있다.

1988년

5월 30일

우리 민족은 모든 것을 사랑한다. 예술과 학문만이 아니라 폭력과 혁명도, 어리석음, 파괴도 모두 사랑한다. 이 민족의 생명력은 민족자주로, 민주로, 통일을 향해 뻗어가고 있다. 自主·民主·統一을 위한 몸부림은 우리의 계율이다.

우리를 편협한 소승으로 떨어뜨리는 계율이 아니라, 이 민족 생명의 근원으로부터 진실하게 자신을 꽃피우기 위한 본원적 힘의 행사·작용인 것이다. 우리는 통치자의 어리석음과 이기주의, 폭력으로부터 그 생명력에 커다란 상처를 입어가면서도 다 감싸안으며 진화의 상태로 오르고 있다. 결국 전체가 해방되기 위해서 모든 대립물을 큰 가슴으로 녹여내고 있다.

6월 14일

나는 뿌리뽑아버리고 싶은, 진절머리나는 이 사회로부터 자양분을 얻어가면서 생존해가고, 내 일을 이루게 되는 것도 결국 이 똥개같은 사회의 덕분이 되리라. 인간이란 거기서 거기인가. 우상화된 神을 만들고 거기에 전 생애를 거는 놈이나, 민주·자유·평등이라는 언어의 우상에 엎어져 전 인격과 생명을 내맡기는 놈이나.

8월 12일

'통일'은 남북의 고정된 체제와 질서를 변화시켜 일치와 화해를 이루는 일이 아닌가. 그것은 자본주의적 이념과 사회주의적 이념 가운데 하나를 선택하는 과정이 결코 아니다. 무엇을 선택할 것인가? 민족공동의 이익을 위해, 양측은 하나의 正體를 향해 자신을 희생하고 헌신하는 길을 선택해야 한다. 통일은 우리 민족에 충성하는 삶들의 당면 목표이다. 우리의 충성 대상은 어느 특정 이념이나 체제가 아니라, 전체 민족이며, 제3세계 민중이고, 선량한 전 인류가 될 것이다.

통일의 길이 반외세 자주화, 반독재 민주화를 통한 민중해방의 길이라면 당연히 민중 주체의 통일운동이 확보되어야 할 것 아닐까. 통일은 갈라졌던 민족을 하나로 하는 것이며, 갈등과 분열로 상처입은 민중을 통일시키는 내용을 가진다. 하나됨의 갈구는 인간에 대한 사랑의 힘으로부터 비롯된 것이며, 해방된 풍요로운 삶의 열망이다. 따라서 우리 민족의 통일은 우리 민족만의 이익에 봉사하는 것이 아니라, 제3세계 인민의 해방된 삶에 봉사하는 것이며, 전 인류의 구원으로 확대되는 가슴 벅찬 과정이다. 구도자가 주체와 대상의 하나됨의 깨달음을 통해 해방되듯이 우리 민족은 세계와의 통일·해방으로 전진할 것이다.

1894년 甲午東學농민전쟁 이후의 '한'민족 해방투쟁은 결국 100여년에 걸친 대장정의 깃발을 통일고지에 굳게 세움으로써 제1단계 혁명을 완수하게 될 것이다. 아, 설레이는 혁명의지여! 민족자주화와 민주화혁명 완수는 2단계 세계 민중의 해방을 위한 非제국주의, 非패권주의적 세계혁명의 불길로 타오를 것이다.

통일국가의 사회체제 모형에 대해 민중 차원의 합의가 이루어지기까지는 사회주의 질서와 자본주의 질서의 절묘한 균형과 조화를 이루어낼 수 있는 사회민주주의 체제를 채택할 수도 있을 것이다. 이것은 양측의 양보를 필요로 하는 것이지만, 또한 양측의 체제를 기본적으로 인정하는 표방이다.

'전부 아니면 전무'의 일방적 승리는 통일이 아니다. 그것은 한쪽을 도살하고 축제를 벌이는 고깃덩어리들의 난도질일 뿐이다. 한국전쟁 이후, 남북관계에서 얻은 교훈이라면 '전부 아니면 전무'의 결과는 어느 쪽도 이득될 것이 없다는 것 아니었던가.

8월 13일

우리 민족에게 Renaissance가 필요한가? 유럽 민족이 르네상스를 통해 새로운 세계관으로 무장하고, 근대국가의 기초를 닦아 세계를 지배했듯이, 우리 민족에게 잠재한 엄청난 에너지를 세계로 비추이고, 민족이 다시 태어나기 위한 방편으로서 한민족의 르네상스가 필요한 때가 다가올 것이다.

그것은 우리 민족 통합의 절대적 계기로서의 문화혁명이 될 것이다. 이 문화혁명은 파괴성을 띤 것이 아니라, 새로운 정신과 가치관으로 무장하는 창조적 혁명이 될 것이다. 고대 역사에 대한 올바른 인식과 '한' 사상이 문화혁명의 근원적 에너지가 될 것이다. 이러한 문화혁명의 과정으로부터 우리 민족의 삶이 육체 위주에서 영·혼·육 일치의 삶으로 승화되는 전기를 맞게 될 것이다.

▲ 교육혁명
• 우리글을 모르는 자는 이 땅에 살 자격이 없게 할 것 : 완전히 글을 깨칠 때까지 사회가 책임지고 글을 가르칠 것.

- 외국어 한 과목씩은 반드시 배우게 할 것.
- 퇴폐와 낭비로 보내는 시간과 정력을 생각하고 창조하는 文化로 전환시킬 것.

8월 16일

진보세력은 보수 반동세력들로부터 무엇을 배워야 할 것인가? 반동세력의 재빠른 자기변신, 상황변화에 대한 신속한 적응. 자기 이익과 행복을 추구하는 반동들의 변화속도를 진보세력은 좇아가지 못하고 언제나 '원님 지난 뒤의 나팔부는 격'이 돼왔다. 진보세력이 아무리 민중의 지지를 받고 다수를 이룰지라도, 역사의 주도권을 쥐기 위하여 진보세력이 정치권력을 장악하지 못하면 언제나 반동세력에게 농락당하게 된다. 아무리 좋은 명분과 올바른 이성과 양심을 가진다 하더라도.

이제는 분명히 판을 바꾸어야 할 때가 아닌가. 독재와 사대주의와 반동이 거머쥔 역사의 채찍을 빼앗아 다시는, 영원히 우주의 종말이 올 때까지 자주와 진보의 승리의 깃발이 내려지지 않도록 판을 뒤집어 놓아야 할 때가 아닌가.

반동의 종자가 없어질 때까지. 지상에서 또는 神界에서 저 반동세력을 지지하는 모든 조건과 힘을 거세하는 우주의 혁명! 이루리라. 이 더러운 역사를 주관하는 악신이 엄연히 있다면 내가 죽어서 그를 끌어내리리라. 지상에서 신계에서 완전히 질서를 뒤바꾸어버리리. 이 조국의 혁명완수로서 곧 온 지상과 신계의 완전한 판갈이의 처절한, 웅장한 우주창조의 시작을 알리는 표징으로 삼으리라. 새로운 신을 만들리라. 새로운 인간을 서게 하리라.

우주의 근원에 우뚝선 내가 번뇌에 시달리는 그깟 신들을 두려워하리. 번뇌에 끄달리는 자들 모두 번뇌의 불길 속에서 끝장나도록 하리.
나에 대한 심판은 내 스스로 한다! 法・然 속으로. 우주의 모든 생명체가 완전한 평화 속에 이룰 때까지 분노하는, 그러나 냉정한, 그 무엇으로도 잡을 수 없는 革命의 전사가 되리 / 인간세계의 평정 / 神界의 평정 / 우주의 解寃 / 적멸과 밝음 속의 생명현상.

8월 18일

언어는 文化의 대중화를 위한 기호(Symbol, sign)일 뿐, 하나의 상품 아닌가! 이분화된 언어 덕분에 사물의 본 모습은 찢어져 나타난다. 生死와 열반의 나뉨도 無生無滅의 참모습의 幻일 뿐. 망상의 분별로부터 깨달음의 초(超)분별로의 進入! 온 우주의 모습은 망상의 다른 모습. 그렇다면 망상을 없애면 본래 하나인 세계가 나타날 것. 우주 생성의 始原상태에선 망상이 없었듯, 망상 이전의 세계인 파동이 생기기 전을 움켜잡아라. 본래의 나의 마음자리가 나타나리라. 이 세계는 인간이 인식할 수 있는 우주 내에서의 마음만이 아닌, 인식 밖의 모든 우주에서의 마음자리가 되리라.

고요함의 극치상태와 동요의 극상태는 同一한 것. 현재의 우주는 동요의 상승기이다. 인간이 고요함의 상태를 얻기 어려운가? 그러나 動과 靜은 상태의 변화일 뿐, 本性은 같은 것이다.

8월 19일

김용갑 총무처 장관이라는 자의 "모든 것을 희생해서라도 자유민주주의 체제를 수호할 것"이라는 발언에 대해 노태우, 국무총리 모두가 함구무언. 그가 말하는 자유민주주의는 실제에 있어 현재에까지 이어지고 있는 부패 군사독재 통치로 완전히 복귀하고 싶은 反動체제인 것.

국민 대다수의 힘에 근거해 마련된 헌법에 따르는 통치질서만이 자유민주주의인 것을 모르는 무식의 발로든가, 국민협박용 강변이겠다! 드디어 내 대에서 그 자들의 숨통을 끝내주는구나. 억압과 살상은 바람직하지 않지만, 그들의 독소가 사회를 더 이상 마비시키지 않도록 눌러놓는 일을 할 수밖에. 그들의 운명은 스스로가 만든 대로 될 것.

8월 20일

폭력과 비폭력은 양상의 차이일 뿐—氣의 변화상태일 뿐—본질은 같은 하나인 것. 평화상태란 무엇인가? 폭력이 제거된 상태인가? 평화란 폭력과 비폭력이 완전히 대칭을 이루는 조화상태이다.

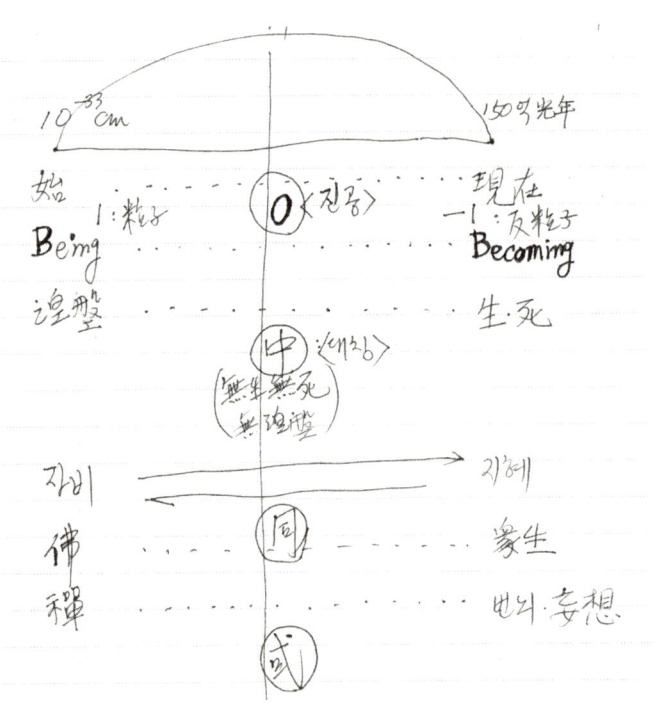

8월 22일

'힘'은 분열상태를 극복한 '하나됨'에서 강화된다.

자기애 → 혈연애 → 지역애 → 도당적 집단애 → 계급·계층애 → 민족애 → 인류애로의 하나됨의 의식 상승만이 살아남게 할 수 있을 것이다. 현재의 우리 민족의식의 위치는? 신석기 시대의 부족 중심의 지역애 또는 도당적 집단애의 次元에 집착하고 있지 않은가. 어디에 소속되어 있지 않으면 不安해하는 병신 같은 놈들. 그 지긋지긋한 자아애의 집착을 절단내라.

* 우리 시대의 疾病 : '현재의 나'를 실재한다고 집착하는 그릇된 믿음으로부터

1. 지속적인 평화란 찾아보기 어려우며, 서로의 체제와 기득권을 유지하기 위해 각국은 무기경쟁과 전쟁·긴장상태의 사나운 상황을 지속시켜 나간다.

2. 허위의 언어를 내세워 현실의 실상을 은폐하며, 따라서 의미있는 미래의 지향 不在로 혼란에 시달리고 있다.

3. 자기중심적인 그릇된 관념, 도덕, 사상에 오염되어 있어 소유, 지배, 증오, 공격, 분열된 마음으로 꽉 차 있다.

4. 분단의 현실은 극복할 수 없다는 사대주의적, 패배적인 그릇된 견해와 이 상태라도 자유롭게 사는 것이 더 낫다는 계급이기적인 거짓 믿음으로 통일의지와 자주의식을 백안시하는 분단고착주의가 지배하고 있다.

10월 7일

나는 세상 사람들을 혼란에 빠뜨리며, 세상을 무너뜨리러 왔다.

10월 22일

꿈 속에 있을 땐 꿈인 줄 모르지만, 깨고 나서 꿈이런가.
삶 속에 있을 땐 삶이 진짜려니, 죽고 난 순간 삶이 꿈이로고.
죽음 또한 꿈의 연속이니, 우주는 꿈 속의 환영인가.
그래도 쫓기고 고통스런 꿈보단 화려하고 신나는 꿈이 좋을시고.
이왕 꿈 속에 사느니 가장 좋은 꿈 꾸고 살리라.
가장 높은 꿈 속의 자리여도 꿈은 매한가지.
거기 매이면 속아서 넘어지고, 곳곳 때때 걸려 엎어지니
모든 꿈을 꿈이라고 사무치게 알지이라.
아는 그 자리에 머물러 좋은 꿈을 만들지고.

11월 21일

평화. 평화는 비폭력상태가 아니다. 그것은 폭력과 비폭력의 완전한 균형상태이다. 꼭 필요한 때에 쓰이는 폭력이라면 그것은 평화의 경지이다. 그 상황에서 반드시 요구되는 행위, 그것은 평화의 창조이다.

12월 17일

▲ 생활규범

1. 모든 존재를 경건하게 맞이한다 : 仁
1. 모든 일에서 늘 전체의 입장을 우선한다 : 道
1. 모든 상황에서 적응하되, 일의 매듭을 분명히 짓는다 : 禮

1. 늘 정직·솔직한 마음을 가지며, 남의 견해·입장을 이해한다.
1. 언제나 존재의 근원에 머무르며, 소유·지배욕을 넘어서 간다.
1. 모든 일에 적극적 자세로 다가서며, 창조적 상황을 만들어간다.
1. 모든 이의 모든 필요와 이익에 봉사한다.

1989년

2월 21일
오늘에야 '참음'의 '첫길'에 들어섰다. 짐승들, 어둠의 인간 속에서 어울리려면, 그것도 즐겁게 살려면 자비심을 부려야 한다. 우월감 없는 자비심은 편안함을 준다.

4월 1일
性의 감각적 쾌락은 꿈. 단지 육체의 접촉만 있는 것. 좋다는 느낌은 환영일 뿐. 삶의 과정은 끝없는 유혹과 소모의 길. 이 경계를 끊임없이 넘어서는 精進修行으로 한울사람 되어지고.

4월 9일
統一에의 길은 中庸이다. 중용은 양측의 한가운데가 아니라, 양측을 다 감싸안으면서도 참된 것을 지향해가는 모순의 길이다.

5월 22일
곽숙희. 미국으로 출발!

4월 29일 ~ 5월 7일
天道敎 修道. 우이동 봉황각(홍의태 선생 지도)
첫날 시작부터 降靈 체험. 일주일 내내 지속.

6월 1 ~ 7일

華岳山 수도원 생활. 月山 先生 지도.

6월 5일 아침 5시 기도 중 범종 소리가 10~15분 정도 들리는 환청 경험. 이날 8시 30분~10시 30분 기도 중 어머니의 병환과 수많은 애국 인사들의 고통을 생각하며 눈물.

저녁 6시 30분~7시 30분 현송中 새벽 때와 마찬가지로 범종 소리를 간간히 들음. 떠나갈 때의 욕심은 靈符를 받아보겠다고 했으나, 결국은 받지 못했다. 보다 더 근원적인 마음 바꾸기 공부에 열중해서 욕심, 감정, 아집으로부터 자유로운 나를 만들 수 있는 중요한 계기가 되었다.

修道 일과표

午前	4:00	기상
	5:00 ~ 6:30	기도식, 수련
	6:30 ~ 8:30	식사, 휴식
	8:30 ~10:30	수련
	~11:00	휴식
	11:00 ~12:00	기도식, 경전 공부
午後	12:00 ~ 2:00	식사, 휴식
	12:00 ~ 4:00	수련
	~ 4:30	휴식
	4:30 ~ 5:30	수련
	5:30 ~ 7:30	식사, 휴식
	7:30 ~ 8:30	수련
	8:30 ~ 9:00	휴식

9:00 ~   기도식
9:30   취침

6월 11일

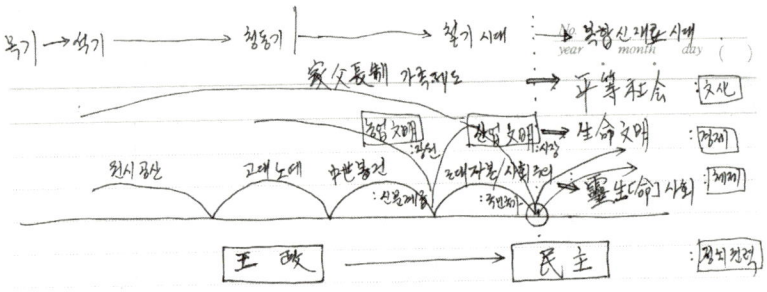

中道 : 本來의식(性心)과 현재의식의 均衡상태

6월 14일

오늘 밤엔 宇宙 자체에 대해 절망하다.

6월 15일

人間에 대한 절망감에 다시 빠지다.

6월 17일

인간의 생각으로부터 나온 모든 언어 소리들에 구역질난다. 요사스러운 雜說들은 이제 그만 끝내다오. 스스로 善하다고 착각하는 그 마음에서 나오는 요설은 마귀의 희롱인가.

9월 18일 (월)

한울님이 한울님 위를 걸어간다. 기차 한울님을 기다린다. 수많은 인간 한울님을 만난다. 공기 한울님을 마신다. 밥 한울님을 먹는다. 정신 한울님을 생각한다. 방 한울님에서 잠잔다. 한울님이 한울님을 더럽힌다. 한울님을 억압하고, 존재를 방해하면 아름답지 못하다. 모든 한울님은 스스로 자신을 발현할 수 있도록 되어야 한다. 그럴 때 아름답다. 우리를 몰고가는 이 文明으로부터 해방되어 새로운 삶의 모형을 창조하는 근본은 한울님을 바로 보는 것으로부터 비롯한다.

혁명은 우습다. 자잘한 일에 매달릴 때가 아니다. 우주를 새로 열자. 우주와 하나가 될 때 '開闢'이 아닌가. '學'으로 해결될 일이 아니다. 모형을 새로이 정해놓고 거기에 생활을 맞추어 나가서 될 일이 아니다. 이 순간 내가 바뀌는 일로부터 시작하자.

9월 22일

화산폭발이나 지진으로 인한 뜨거운 용암 분출은 지구가 번민하는 현상이다. 마치 인간이 생각 작용하듯. 지구는 자신의 기운을 자기 몸통 내부에서 순환시키다가 때때로 불순물을 밖으로 내보낸다. 그래서 오래 산다. 그러나 요즘은 인간이라는 무좀균같은 끈질긴 놈들의 횡포로 지구가 피부병을 앓고 있다.

두뇌는 경험의 쓰레기 저장창고이다. 현실은 두뇌로 알 수 없다. 몸 전체로 느낄 뿐이다. 그래서 기억할 수 없는 것이 현실이다. 현실이 지나면 기억의 찌꺼기로 남는 것. 이 몸의 주인은 지구보다 먼저 있었고, 우주의 공간·시간을 만들었다. 더욱이 이 주인이 태어난 그 처음은 없었다. 사라짐 그 종말도 없다. 그대로 있을 뿐이다. 이 몸을 위하는 것이 우주를 위하는 것이다. 몸의 활동 찌꺼기인 생각은 처음과 끝이 있다.

이 야만적인 미개사회에 살면서 平安을 느끼고 있다니! '우리 모두가 한울님'이라는 깨달음은 완고한 고정관념의 껍질 속에서 고히 보호받고 있는 것인가.

지구 중심은 뜨거운 금속물질이 회전하는 중심축으로서의 빈 공간이 있을 것이다. 오랜 시간이 지나면 지구의 맨 가운데에서 물이 생길 것이다. 그 이후로 지구 내부의 구조가 바뀌면서 지상은 더운 땅으로 변해 늙어갈 것이다. 달의 중심부는 지구의 그곳보다 더욱 뜨겁고, 해의 중심부는 지구의 그곳과 달리 엄청난 냉각물질(土)로 이루어져 있을 것이다.

9월 23일

이 사회를 밑둥으로부터 완전히 부숴버릴 수 있는 가장 효과적인 방법은?

① 자본주의 질서를 유지함으로써 착취당하는 모든 노동자는 생산력 증대를 거부하고, 기본적 의식주만을 해결할 수 있는 범위 내에서 가능한 한 일을 하지 않는다. 안정된 직장을 거부함으로써 기업활동을 붕괴시킨다. 맑은 공기, 깨끗한 물과 함께 살 수 있는 새로운 공동체 질서를 만들어 가는 거다.

② 모든 여성들은 남성 중심 가족의 틀 속에서의 삶을 버리고, 현재의 가족제도를 해체시키는 데 앞장선다. 노동자는 자본가에게, 여성은 남성에게 의지하지 않아도 살 수 있다. 현재의 노예적 삶에서 주인으로서의 새로운 삶으로의 전환은 고정관념으로부터의 해방, 물질적 탐

욕으로부터의 해방이라는 삶의 方向을 굳게 지켜나갈 때 가능하다. 노동과 가정으로부터 해방되어 주인으로 살아가라. 주인된 노동, 주인된 가정의 삶을 만들어가자.

9월 28일

세상 사람들은 욕망, 생각, 의지, 감각을 최대로 키우고 만족시키면서 행복감에 잠기는 것 같다. 그들은 점점 더 부자가 되고 똑똑해진다. 더욱 더 많은 것을 소유해나간다. 그들은 가진 것을 지키기 위해 더욱 더 피곤하게 노동한다. 노동하지 않은 자들은 보다 더 효과적으로 안전하게 착취하기 위해 고심한다. 그들의 몸은 병들어 가고, 결국 자신이 편안함을 추구해 온 노력이 결실을 맺어 편안한 저 세상으로 자기 명보다 빨리 도달한다. 그러나 욕망을 줄이고 생각을 다스리는 사람은 남들보다 뒤떨어지고, 무언가 잃어버리고 사는 것 같다. 그러나 그는 삶의 주인으로 당당하게 살아간다. 삶의 근원을 지키고 있기 때문이다.

10월 19일

하고자 하는 의지도, 하고 싶은 욕망도 없는 한가로운 시간들의 지속. 이런 생활이 과연 내가 능력이 있는 데서 연유하는 것인가? 이러다 철저한 무능력자로 전락하는 건 아닐까? 이 문명이 싫어서 멀어지려는 걸까? 이 문명을 헤쳐나갈 능력이 없어 자꾸 떨어져 나가는 것일까?

능력 있는 자는 쌓아두지 않는다. 재물과 지식이 창고와 머리에 언제나 채워져 있어야 安心하는 자들은 열등한 무능력자들이다. 능력자는 필요할 때는 언제든지 행할 수 있기에 그렇다. 가질수록 번거롭다. 언제나 누구든지 사랑으로 만나는 기쁨뿐이다.

10월 23일 (월)

곽숙희 다시 미국행. 마지막 만나는 날까지 내색은 안 했지만 마음이 시원치 않다. 내가 모르는 일이 그녀에게 있는 것 같다.

10월 25일

모든 생명체는 그 성장의 시초가 있다. 그 근원만 움켜쥐면 완전히 해체, 분해시킬 수 있다. 그 깊숙이 숨겨진 근원에서부터 메스를 유연하게 움직이면 껍질까지 완벽하게 해부할 수 있다. 이 우주와 인간의 삶을 해체시키려면, 그 근원부터 포착하라. 쭉정이 인간들에게 포위되고, 숨겨진 알짜 인간들을 살리기 위해 쭉정이는 필요없단 말인가? 쭉정이는 쭉정이대로 살 권리가 있다. 다만 스스로가 스스로를 죽음으로 몰고 갈 뿐이다.

10월 26일

한울님은 세계의 변화와 함께 변화한다. 세계의 변화, 그 자체가 바로 한울님의 변화다. 한울님은 항상 완전하다. 순간적인 완전은 그 스스로 不完全化하므로 또 다른 완전을 지향한다. 항상 완전하다는 것은 순간적 완전의 지속성, 즉 변화하는 세계의 恒常性을 의미한다. 세계를 창조함과 동시에 세계 안에서 작용하는 기운이므로 세계와 인간의 변화는 곧 한울님의 本心이므로, 인간은 누구든지 자기 스스로가 자신의 몸을, 그리고 우주를 창조한 것을 깨달아야 한다. 이렇게 세계가, 인간이 분리되고, 개별화 현상을 가지는 것은 본래 하나였던 기운이 보다 더 사랑하고, 만나고 싶은 마음을 가졌기 때문이다. 갈라져야 만나고 사랑할 수 있기 때문이다.

한울님이 기운으로 작용하기 이전은 우주의 생성원소 그 자체이다. 그 근원소리는 몸체 형태를 가지기에 마음 작용이 생긴 것이다. 마치 인간의 마음이 존재하는 까닭에 생기는 것처럼.

10월 27일

나는 이런 女子가 좋더라.

눈자위가 푸른 빛이 돌 만큼 맑고, 눈동자가 또렷한 여자. 앉거나 걸을 때나 언제나 몸의 중심이 잡힌 여자. 말할 땐 자신을 자제하여 정돈된 말을 하는 여자. 알면서도 알지 못하는 듯 겸손한 여자. 모르면 모른다고 표현하는 정직한 여자. 만나는 것마다 언제든지 새로움을 찾을 줄 알고 즐기는 여자. 뜻밖의 상황에 처해도 두려움없이, 담대하고 너그럽게 수용하는 여자. 자신의 불쾌하고 싫은 감정을 참을 줄 아는 인내심 있는 여자. 감정과 욕심에 휩쓸리지 않고, 항상 밝은 표정을 유지하는 속깊은 여자. 모든 남자가 다 가져보고 싶은 멋있는 여자. 언제나 손해볼 줄 아는 여자. 남의 험담 늘어놓지 않는 입 지키는 여자. 낮과 밤의 행위 차이에 능통한 예술적인 여자. 바라만 보아도 마음이 상쾌해지는 시원한 여자. 보석, 장신구 등 몸에 아무것도 걸치고 다니지 않아도 육체적 아름다움에 자신있는 여자. 남자에게 의지하지 않고, 사랑만으로도 만족하는 순수한 여자.

나는 이런 女子가 좋다.

나는 이런 女子가 싫다.

자신감이 없어 수시로 '척'하는 여자. 고정관념을 못 벗어나는, 안경 쓴 여자. 모든 남자가 자기를 좋아하는 줄 알고 착각하고 콧대높이는 여자. 삶의 본질에서 멀어져 온갖 허영으로 젊음을 다 보내는 여자. 자신의 관념세계에 되지도 않은 우월감을 갖고 있는, 덜 떨어진 여자. 게을러서 몸 관리에 형편없는 여자. 욕정과 욕망을 자제 못해 거리에서도 눈을 부라리는 여자. 자기 몸에 어울리는 옷도 구별 못하는 센스 없는 여자. 혼자 있으면 불안해지는 의타형의 여자. 새로운 상품에 대해 가지지 못하거나, 자세히 알지 못하면 속상하는 여자. 언제나 고정되고 편안한 상태에 익숙한 여자. 文明에 지배당하는 노예형의 여자. 우울한 표정으로 늘 자기 마음을 들볶는 여자. 자세에서 중심이 흐트러져 볼품없이 앉거나 걷는, 중심 잃은 여자. 남자 하나 요리할 줄 모르는 매력 없는 여자.

나는 이런 女子가 싫더라.

10월 28일

老子, 그 사나이는 늙도록 몸이 건강했었지. 감각을 즐겁도록 자극하는 文明의 利器들. 그것들이 주는 편안함과 짜릿한 느낌이 얼마나 좋은지. 그는 몰랐네. 그의 몸은 안락한 타락보다는 불편한 건강을 추구했지. 접촉에서 오는 감각을 막아버리고 접촉의 근원인 생명력을 키웠지. 그래서 그의 배와 뼈는 힘 있었지.

그는 내가 살고 있는 이 세상과 비교도 할 수 없는 깨끗한 나라에서 섭생에 유의하고, 한결같은 몸 체조로 精氣를 지극히 위했었네. 그의 몸은 얼마나 좋았는지 눈으로 볼 수 없고, 귀로 들을 수 없는 자연 그대로를 몸 자체로 느꼈지. 그의 몸 전체의 느낌은 얼마나 정확한 지 야만인 그대로였지. 맹수같은 그의 몸과 체력은 인공적으로 강하게 키운 것과는 다르다네. 자연 그 자체를 되도록 훼손시키지 않은 결과였지. 그래서 그는 모든 사람, 사물과 만날 때마다 사랑했지. 어느 누구와도 경쟁하지 않고 다투지 않았지. 그러나 자기 의사와는 관계없이 배웠다는 작자들 틈에서 간혹 괴로웠지.

그의 몸은 언제나 새로움을 반겼네. 그의 몸이 순간순간 새로워졌기 때문이지. 따라서 그의 머리도 고정관념을 거부했지. 그는 생각보다 기억력이 형편없었다네. 머리 속에 쌓아두는 일은 선천적으로 싫어했다네. 쌓아둘 필요가 없었거든. 그가 알려고만 하면 자연이 모두 알려주니까. 그는 자연의 비밀을 보고 느낄 줄 아는 건강한 사나이였다네.

그는 남의 글과 말을 많이 머리 속에 축적하지 못해서 당시 글쟁이, 말쟁이들이 우습게 여겼었지. "배워야 산다"고 역설하던 글쟁이들을 향해서, 그리고 배우려고 작심한 민중들을 향해서 그는 반격했지. "배우면 죽는다"고. 그의 질타는 孔子, 孟子 제자들은 물론 君主 나부랭이들까지 흥분시켰네.

다행히 그는 건강했기 때문에 그들의 조소와 냉대에 태연할 수 있었지. 그 사나이는 철이 나서부터 삶의 근원을 매우 귀하게 여겼기 때문에 평소 자신의 몸을 자연의 德性에 따라 훈련시켰지. 그래서 같이 흥분하지 않고 태연할 수 있었던 게야.

그 사나이는 늙음이라는 時間의 어려운 시험을 탈없이 겪어나왔지. 젊어선 건강해도 늙으면 추해지는데… 그는 늙어가면서도 건강을 지켜낸 멋있는 노인네였다네. 그 당시 여인네들이 그를 바라보며 얼마나 침을 삼켰는지 짐작간다네. 내가 여자라면, 남편 몰래 다 바쳤을 거야.

그 사나이. 성긴 갈포 걸치고, 아무런 장신구커녕 지팡이도 없었지만, 그 가슴속 깊은 곳엔 보석처럼 빛나는 광명이 있었네. 그보다 많이 배운 자들은 말수레 타고, 비단 옷 걸치고 높은 사람들 만나고 다니며 행세했지만, 얼굴빛은 시커멓더랬지. 삶의 근원은 모른 채 얄다란 지혜와 '하면 된다'는 의지만으로 밀고 나갔더랬지.

워낙 혼란한 세상이라 처음엔 좀 먹히는 것 같더니, 人心이 그들로부터 멀어지니 애탈 수밖에. 그들은 높은 사람만 사람같이 여긴 데다가 큰 일만 좋아하고, 사치를 즐겨하니 언제나 만족할 줄 몰랐지. 그뿐인가. 일이 성공하면 얼마나 으스대고 뽐내는지… 꼭 자기가 성취시킨 것처럼. 그러니 자기들끼리도 자신의 功이라고 서로 자랑하고 다니다 쌈박질하고, 일이 되게 만든 민중들을 형편없이 깔보았으니 民心이 끓는 솥뚜껑 속 같았지.

그 사나이. 그런 세상에 태어난 자신을 한탄하고 탄식했어도 남들에게 '척'하지 않았지. 남들보다 뛰어났으면서도, 속으로 감춘 채 평범한 모습으로 사람들과 함께 어울렸지. 자기 시대에 간혹 절망하면서도 가슴의 밝은 빛을 잃지 않았지. 그는 건강했기에 꾸준했었지. 그는 죽는 날까지 순수를 지켰지.

그는 평소에 간단한 生活哲學을 꾸준히 실천했었지. 그기 살던 당시 세상은 어찌나 혼란하고 불안한 때였던지 군주들은 더 많은 땅을 뺏으려고 전쟁에나 골몰하고, 꾀있는 자들은 더 정교한 器物과 흉칙한 武器 만드는 데 재미 쏟고, 훈장들은 '남보다 앞선 사람이 되어야 살아남는다'고 설교하고, 가진 자들은 귀하고 값진 물건들을 모으느라 여념없어 갖지 못한 사람들은 욕심으로 마음이 산란했지.

소박하고 고요한 생활을 즐기던 그에게는 지옥같은 세상이었지. 그가 살던 동구마을 가까이에는 사시사철 깨끗하고 풍부한 물이 넘실대는 그림 같은 江이 흐르고 있었네. 그는 가슴이 답답할 때면 언제나 그 강물이 시원히 내려다보이는 바위 동굴에 올라와 마음을 달래곤 했지. 젊은 시절, 다른 나라에도 여행하며 人心을 살피던 시절도 있었지만, 그 어디도 이 아름다운 마을만한 데가 없었지. 얼마 안되는 마을 사람들이었지만 그들은 가난해도 마음 씀씀이가 관대했고, 궂은 일이 생기면 스스로 맡아 처리하건만, 얼굴엔 온후한 기색이 가득찼지. 그 마을 사람들은 서로가 자신이 村長이 되겠다거나 마을 대표가 되려고 하지 않았지. 아무도 앞에 나서려고 하지 않았지만 마을 일에 안되는 일이 없었지. 마을 사람들은 모두가 뒷산 넘어 마을에서 들려오는 닭 울음소리, 개 짖는 소리를 들으면서 어린 시절을 보냈다네.

그 마을 사람들은 더 큰 부자가 되고 싶어 큰 도읍으로 이사가는 법이 없었네. 그의 마을은 그렇게 아름다웠지만, 마을 사람들은 자신의 마을을 부자마을로 만들려고 인공적인 관광 휴양마을로 변모시키려는 생각조차 하지 않았지. 일평생 이사 한번 안 가고 자연과 어울리며 소박하고 검소한 생애를 보냈다네.

그런 마을에서 태어나 어린 시절을 보낸 그 사나이, 참 행복했다네. 그는 밖의 세상을 경험하고, 경쟁과 다툼, 폭력과 巧邪로 강대해진 세상 文明에 처음엔 겁이 나서 피했었지. 한동안 자기 마을에서만 마누라와 자식들과 함께 오붓이 살았었네. 자식들이 걱정되어—과연 그의 자식들도 건강하고 똘똘했다네—밥상머리에 앉을 땐 늘 자식들에게 기도처럼 가르친 처세훈이 있었지.

① 慈 ② 儉 ③ 不敢爲天下先

세상 사람들의 不德한 소행을 보면서, 자식에게 관대함과 검약, 그리고 겸허한 자세를 누누이 깨우치게 해서 人心을 얻는 기본을 가르쳤다네. 이 세가지가 그의 '三寶'로 전해온다네. 사실 그의 가르침은 부드럽고 유약함을 강조하지만, 그 결과는 언제나 세상을 이기고 우두머리가 되는 방법을 말한다네. 무서운 맹수의 철학이지. 그래서 능력 없는 대부분의 사람들은 알면서도 실천하지 못한다네. 공공연히 능력 없는 자가 그 사나이 말대로 따라 살았다간 굶어죽기 십상이지. 어떤 자는 가랑이가 찢어지거나 발목이 삔 자도 있었다네.

그 사나이. 시간이 있을 때면 자식들과 강으로 나갔다네. 그리곤 강물을 함께 명상하며 물의 德性을 깨우쳤네. 그의 삶의 철학은 물에서 배운거라네. 물은 스스로 낮은 곳으로 향하네. 위쪽으로 오르기 위해 다투는 법이 없다네. 더러운 곳이라도 피해가는 법이 없네. 사람들은 더럽고 지저분한 것을 멀리하지만…

그러면서도 모든 생명체에게 혜택을 주어 이로움이 된다네. 계곡과 개천으로부터 가리지 않고 모든 것을 다 받아들이네. 더러운 똥물도 감싸안고, 악취나는 공해물질도 껴안는다네. 지구상의 해로운 물질을 바닷속 깊은 곳으로 저장하고, 맑고 가볍고 깨끗한 生水는 산 꼭대기까지 올려보내 藥水로 베푼다네. 이러한 물의 성품을 보고 너그러움과 공평함, 겸허, 不爭의 가치를 깨우쳤다네.

柔弱한 물의 궁극적인 승리에 그는 감격하며 자랐다네. 그는 야만스럽고 맹수같은 몸의 건강을 지녔지만, 그의 용모나 말씨는 딴판이네. 부드러움과 고요함을 머금은 눈빛. 여리고 소박한 표정. 진실이 담긴 말씨. 그의 말은 논리정연하여 듣는 사람이 氣가 죽게 만드는 당시의 웅변가들의 그것과 비교하면 너무나 말수가 없었지만, 아무리 많은 관념으로 무장한 사람들이라도 그의 어수룩한 한마디에 크게 흔들렸다네.

그는 강하고 단단한 남성의 이미지완 거리가 멀었지. 연약하고 부드러운 질긴 여성 에너지가 풍부한 사나이였다네. 그래서 그랬는지, 타고난 道人의 품성을 지녔던 탓인지 관념이라는 딱딱한 껍질보다는 생명 자체의 부드러운 속알로써 살아갔지.

당시의 많은 현명한 智者들보다는 모자란듯 뒤떨어진듯 보였지만, 어느 누구보다도 德을 베푸는 일에 그를 따를 자 없었지. 아무 것도 가진 것이 없는 그였지만, 크건 작건, 많던 적던 가리지 않고 주면서 살았다네. 그와 관념세계가 다른 자들이라도, 나중엔 그의 크나큰 덕행에 모든 원한을 풀었다네.

그의 덕행이란 별것이 아니었네. 그 사나이, 자신을 스스로 꽤나 아끼면서도 스스로 귀하게 내세우지 않았지. 일을 할 때는 티내지 않고, 하고 나서는 흔적 없이 뒤로 물러나니 허물될 게 없었지. 이루어 놓고는 사람들에게 자랑하고 싶고, 소유로 하고 싶은 게 인지상정인데, 그의 그런 행위는 하늘의 아름다운 덕행과 비교될 만했네. 삶의 근원을 깨닫지 못하고, 仁義禮智를 갖고자 하는 이들에겐 실천하기 어려운 덕행이었네. 인위적으로 聖人의 마음을 부리려고 하는 俗物들은 大道를 잃고 있네.

그가 살던 중국 땅은 온통 전쟁과 착취로 혼란의 도가니였지. 백성들은 비참할 만큼 굶주리며 죽어가고, 세도가들은 형언할 수 없이 사치스런 생활로 지새우고, 국가는 새로운 兵器로 국고를 탕진하고, 도적떼는 이념 없이 약탈하고, 지식인들은 그들의 학문을 파느라고 안 다니는 데 없었지.

이런 세상에 살다보면 얼마나 억장 터지는 순간들이 많을까. 그의 마음도 늘 푸른하늘 같을 순 없었지. 미운 마음이 들 때는 창칼 들고 싶은 분노로 휘몰아치기도 했지만, 그의 無爲自然의 道가 손톱끝만큼도 먹히지 않는 폭력과 短見의 지혜가 판치는 절망적인 시대였지만, 그렇지만 그러할수록 平和의 미래세계에 대한 전망을 간직했었지. 그의 미래사회에 대한 통찰력은 그 당대에는 빛을 못 보았으나 오히려 2

천년이 지난 오늘에 와서 절실한 요구가 되었다네.

그는 언어의 폭력성과 추상관념의 폐해에 대해 경고하면서 '작은 것이 아름답다. 약한 것이 진실이다' 깨우치던 그의 가르침은 이 시대에 사는 우리들에게 미래에의 비전을 던져준다네.

그 사나이 反主知主義者이며, 無政府主義者의 원흉이었지. 과연 그의 말대로, 전쟁과 무기의 발달로 나라들은 안정되기는커녕 더욱 더 비인간적 조건만 커져갔고, 통찰력 없는 짧은 智者들의 정책대안은 급변하는 상황을 전혀 따르지 못해 무가치한 휴지쪽이 되어버렸지. 지금이나 그때나 통찰력 없는 지식인은 시간이 가면 아무 쓸모없는, 죽쑨 놈팽이 꼴이 되지 않겠나.

일이 꼬이고 안 되어 갈수록 사람들은 더욱 더 꾀를 내어 상황을 풀어보려고 애쓸 때, 그 사나이 "그대로 두어라" 읊조릴 뿐, 그가 바라던 세상은 인간과 자연이 우주 생명의 순환구조 속에서 작위함이 없이, 삶의 다양성이 그대로 보장되는, 스스로 그러하게 살아가는 세상이었지. 그러한 세계는 영원히 평화롭게 지속하는 道의 세계임을 알려주었지만, 사람들은 無爲의 功보다는 作爲의 위력에 도취했었네.

그의 시대 절망적이었어도, 그래도 초월·해탈에 머물지 않고 시대의 더러운 모습에 애정을 가졌지. 세상을 편견없이 公平히 사랑했기에 언제나 손해보는 일뿐이었다네. 그렇게 손해보는 삶을 피해가지 않는 그야말로 얼마나 멋쟁이인가. 세상이 다 타락하고 썩어가도 그는 순수함을 지켜냈지. 세상 사람들은 지혜와 기술과 무기가 있어야 살 수 있다고 믿었기에 그러한 것을 버리고 사는 그 사나이, 세상에선 쓸모없는 인간이었지. 아무짝에도 쓸모없는 인간 신세에다, 늘 손해만 보니 얼마나 가련한 신세인지. 정작 그러했기에 그는 오래도록 살아남을 수 있지.

그는 해보다는 달을 더 닮았네. 해보다 더 가까이 인간에게 존재하며, 해보다 더 큰 영향을 인간에게 끼치면서도 눈을 끌지 않는 달과 같이 소박하고, 겸허하며, 유약한 태도를 지녔기에 사람들이 주목하지 않았네.

그는 자신의 처지를 한탄하거나 서러워 한 적이 없었네. 가장 밝은 빛이면서도, 가장 강력한 힘이면서도, 가장 끈질긴 생명이면서도, 가장 큰 사랑이면서도 드러내지 않는 그는 단지 세상의 모습을 탄식했다네.

그러나 그의 마음은 늘 한결같았지. 귀한 사람이나 천한 사람이나 똑같이 공평했고, 좋은 일이나 궂은 일이나 차별하지 않았지. 귀하거나 좋은 것을 더 따르지도 않았지만 천하거나 못난 것을 특별히 더 사랑하지도 않은 초탈의 경지를 지녔지.

그는 건강했기에 일의 시초에나 종국에나 언제나 한결같이 신중한 마음으로 일관했지. 그는 作爲하는 일이 없었기에 일에서 실패하는 법이 없었지. 그는 방안에 앉아서 밖의 세상 돌아가는 일들을 다 알 수 있었기에 평소엔 게을렀다네. 마치 맹수가 그러하듯이.

겉으론 아무 일도 안 하는 것 같았지만, 그러나 모든 일을 이룬다네. 그는 일의 本性을 알기에 일이 커지거나 어려워지기 전에 일의 단초에서 미리 쉽게 다스려나갔지. 언제나 일이 쉬울 때 처리하니 일하는 것 같지 않았지. 그리하여 언제나 큰일도 성취했다네. 얼마나 대단한가. 일을 일대로 되어가게 하면서도 자신은 애쓰지 않아, 몸의 정기를 도모하니 생명이 오랠 수밖에. 그의 장생론의 요체는 이러하다네.

"만족할 줄 알면 욕됨이 없고, 그칠 줄 알면 위태롭지 않다." (知足不辱 知止不殆)

여기에 그는 "잘 죽고 싶으면 모질고 사납게 살지 말라"고 충고했지. 이 말에 당시의 강포한 군주들과 착취하는 관리들이 뜨끔했지.

그와 함께 있으면 언제나 편안해지네. 어느 누구보다도 스스로 빛나고 크면서도 남들에게 열등감을 주지 않는 和同의 체득자라네. 개인관계에서도 이럴진대 大國이 小國의 아래에 있을 수 있는 큰 아량이 있다면 세계의 평화는 마땅히 이루어질밖에. 싸우지 않고도 이길 수 있고, 다 내어주면서도 결국 다 이룰 수 있는 것은 하늘의 德대로 하는 길임에.

그 사나이, 물처럼 유약하면서도 결국 강한 것을 이기는 그 사나이. 나라의 군주에게 바랐었지. 나라의 욕되는 일과 수치와 더러움을 모두 받아들일 수 있으면 진정한 군주다울 거라고. 백성의 배를 편히 해주고, 주거를 안정되게 하는 조건만 마련해주면 이웃나라를 흠모하는 일 없을 거고, 늙어죽도록 자기 땅을 떠나지 않는 소박한 생활을 누릴 텐데. 그러면 자연을 파괴하면서 얻는 사치한 文明의 혜택에 물들지 않고 아름답게 살아갈 텐데.

그는 원했지. 소박하고 자연스런 나라에 살기를.

11월 11일

인간과 세계는 본래 이미 구원되어 있는 것. 개벽의 대상은 세계가 아니라, 인간 자신의 눈이 아닌가. 내 마음의 본성을 지키면 그것이 곧 不生不死의 영원한 한울님 나라가 아닌가.

11월 17일

나는 결국 아무 일도 할 줄 모르는 방면의 大家가 될 것인가? 이젠 언어의 세계에 싫증났다. 글마저 완전히 버리고도 이렇게 버틸 수 있을 것인가. 과연 그럴 수 있을까? 비로소 원초적 욕망―먹고 싶은 것, 여자에의 갈구―의 무서움을 알 수 있을 것같다. 본능을 이겨내면 어떤 세계가 다가올까. 난 여전히 俗物이다. 본능도 또 하나의 착각인 걸.

11월 28일

이 거대한 우주질서로부터 벗어나고 싶다.
道에의 反逆! 또 다른 우주에서 살고 싶다.

12월 8일

세상의 道가 무너졌음을 어찌 아는가? 세상 사람들의 마음씀을 보고 안다. 平和의 세상에 살기 위해 할 수 있는 일이 무엇인가? 세상 사람들의 마음을 평화롭게 할 수 있는 일의 시초는 깨달음이다.

12월 15일

가장 어리석게 공부에 매달린 자는 세상을 뒤쫓아다니면서 산다. 지혜롭게 공부한 자는 세상을 이용하고 앞서서 산다. 그러나 세상을 벗어나지 못한다. 제대로 공부한 자는 세상과 함께 있되, 세상 밖의 즐거움을 산다. 공부의 목표는 세상을 벗어나 살 수 있는 능력을 키우는 것이다.

먹고 살기 위한 術을 익히는 것이 아니라, 삶의 테두리를 더욱 넓혀가는 進化하는 인간이 되기 위해 공부하는 것이다. 세상를 배반하기 위해 공부하는 것이다. 인간과 다른 인간이 되기 위해서. 그래서 공부를 제대로 한 사람은 '미친놈'이 되게 마련이다.

12월 16일

인간의 음식을 먹고, 인간의 옷을 걸치고, 거기다 인간의 언어를 쓰면서, 인간의 허울을 쓰면서도 인간과 다르게 살아가려는 광기. 인간이 하기 어려운 일만 찾아 하고, 하기 싫어하는 것을 즐기는 치기. 인간이 모르거나, 약한 점을 찾아 더욱 귀하게 여기는 독선.

감각을 만족시키고, 몸을 편히 하려고 노동의 대가를 온통 쏟아붓는 인간의 어리석음은 스스로 타락하는 줄 모른다. 결국 팔과 다리가 없는 생명으로의 타락! 인간과 다른 인간은 인간 속에 함께 살아가지만 타락하는 인간과 달리 점점 몸이 건강해지며 예민해진다. 그의 氣는 감각과 욕심으로 소모되지 않고 우주의 영혼으로 진화한다.

세상에 빠져 사는 자는 문명이 제공하는 감각적 쾌락을 극대화시키기 위해 일생을 물질과 허욕을 쌓으며 살아간다. 삶의 껍데기를 소중히 여기는 자이다. 가난에 열등감을 느끼는 자와 부귀로 만족해 하는 자도 여기에 속한다. 세상문명에 세뇌당한, 물질과 虛名을 숭상하는 자로서 가장 하치의 부류이다. 그러나 인류의 文明은 이들이 떠받쳐간다.

중간치의 부류는 지혜롭다는 자들이다. 이 자들은 文明의 잘못된 방향을 비판하고 하치들과 싸워가지만 ─ 그래서 '선지자' 소리를 듣지만 ─ 세상에 얽매여 있다. 헛된 것을 알면서도 헛된 것을 버리지 못한다.

가장 능력 있는 '미친놈'은 세상 속에 살지만, 세상을 완전히 벗어난다. 인간 능력의 한계를 더욱 넓혀가며 우주적 생명을 즐긴다. 그는 남에게 기대하거나 요구하지 않는다. 그 자신이 그렇게 되어갈 뿐이다. 그는 하치나 중간치들 모두를 섬기는 인간의 진정한 '어른'이다.

1990년

1월 14일

진실한 나는 우주적 영혼이다. 나는 더 행복해지고 즐거울 수 있다는 대착각으로 우주를 만들고, 인간을 만들었다. 육체와 정신의 쾌락과 자유감은 나의 착각을 잊게 만드는 마약 같은 것. 더욱 자유롭고 즐기기 위해 육신을 만들었는데, 불행의 굴레만 더욱 두껍게 쌓아가면서 인간과 역사를 한탄하고 있다.

이제 이 정도로 불행해지기 위해 애써 온 역정만으로도 내 착각으로 만들어낸 육신의 삶을 끝낼 때가 되었다. 본래의 자유로운 나 자신의 삶이 얼마나 행복한지 충분히 깨달을 때다. 나의 진실함은 영원하다. 단순하고 무한하다.

2월 1일 (木)

• 26(金, 陰 12. 30日) : 어머니께서 어지러움을 느끼기 시작하시다. 거실에서 하루를 보내셨지만, 기력이 약해진 상태로 보내시다. 오경렬 선배 부부가 오후 4시경 방문, 함께 다과를 들며 편안한 시간을 가지시다. 정상적으로 식사를 마치고 평상시와 같이 주무셨지만 어지러움 증세가 있어 우황청심원을 복용하시고 주무시다.

• 27(土) : 설날 아침. 몸의 기력이 약해지셔서 이날은 거실로 못 나가시고 안방에서만 앉거나 누우셔서 하루를 보내시다. 어지러움 증세

가 계속되어 '청심원'을 복용하셨으나 회복되지는 않았다. 아침, 점심 식사를 거르셨다. 평상시엔 얼마나 잘 드셨던가! 걱정이 되어 저녁식사를 적게라도 하시게 하였다. 따뜻한 국물과 밥을 몇 수저 드셨다. 이 날 밤 주무실 때까지만 해도 전혀 돌아가시리라곤 조금도 예상할 수 없었다. 이 정도의 증세는 간혹 있어 왔고, 쉽게 회복되었었기 때문이었다.

• 28(日) : 지난 밤 사이엔 평상시처럼 소변도 혼자서 보시고 했단다. 새벽 무렵엔 같이 자던 성재의 도움으로 소변을 보셨단다. 새벽부턴 기력이 완연히 떨어지기 시작했던 것 같다. 이날 오전 9시 반 경, 대변이 마렵다는 의사표시를 고개를 끄덕이며 성재에게 알리셨다. 이 때부턴 말씀을 못 하셨다. 밤 사이에 숨결이 가빠지신 것 같다. 화장실 변기에 앉히고, 어머님을 지탱하시도록 앞에서 도왔다. 완연히 기력이 떨어지셨다. 방 안에 누우신 상태로 의식불명 상태가 시작되었다. 숨결이 편안치 않고 입으로 숨을 쉬셨다. 식사는 물론, 그렇게 많이 드시던 물도 한 모금도 안드신다. 느낌이 안 좋았다.

형, 누님들께 연락드렸다. 오후 세 시쯤 숙·옥 누님이 온 이후 목兄 부부가 오셨다. 계속 의식불명 상태로 잠만 주무신다. 내 스스로 어머니를 병원에 모시지 않기로 마음먹었다. 억지로 얼마간 더 병원에서 목숨을 연장시키는 일에 동의하지 않았다. 성재를 설득시키고, 가족들도 내 생각과 동일했다. 그래도 이런 상태가 며칠(3, 4일)은 유지되리라 여겼다. 똑바로 누운 상태에선 숨결이 더욱 가빠지시고 해서 30분 정도마다 번갈아 눕혀 드리면서 성재와 같이 지켜보았다. 성재의 표정은 걱정과 불안으로 완연하다. 깊은 밤이 될수록 호흡량이 점차 적어지고, 숨소리도 약해지시면서 어머니의 생명의 불꽃은 아주 서서히 고르게 꺼져갔다. 마지막으로 의식이 돌아올 수 있는 짧은 순간이 있기를 기대했다.

그러나 기대일 뿐, 점차 숨이 약해지고 숨시간이 길어지더니 29日 (음 1月 3日) 새벽 02:45경 숨을 멈추셨다. 1,2분 전만 하더라도 오른손 맥박은 고르게 뛰었는데, 숨이 멈추신 후 곧바로 맥을 만져보니 뛰지 않았다. 어머님의 육신은 이 세상을 떠나셨다. 아주 평화롭게 고요한 표정만 남기시고 영원한 잠에 드셨다.

"어머니, 사랑해요. 어머니, 사랑해요. 어머니, 사랑해요."

그 분에 대한 감정은 귀여움과 애틋함을 동시에 느끼게 해주는 것이었다. 그 분의 표정, 손 동작, 몸의 움직임은 언제나 내 뇌리 속에 잊혀질 것 같지 않다. 너무 친숙하고 선명한 그 분의 모습!

그 분의 영혼은 내 영혼과, 가족들의 영혼과, 그 분의 가까운 분들의 영혼과 하나로 융화되어 영원히 살아갈 것이다. 난 그 분을 너무 많이 닮았다. 다시는 어머니와 함께 한 밥상에서 밥을 먹을 수가 없다. 그 분은 수십년 만에 내린다는 폭설의 아름다운 雪景 속에서 불태워지시고 묻히셨다. 3일장을 마치고, 그 분이 돌아가셨던 안방의 그 자리에서 어머님의 기운과 함께 잠을 잤다. 썰렁한 방 기운이 따뜻한 기운으로 채워지는 것 같다.

2월 7일

어머니께서 환원하신 뒤로, 집안에 어머님의 따뜻한 기운이 빠진듯 하다. 우리 후손들의 몸과 영혼 속에 함께 살아가심을 믿는 마음이 이 허전한 공간을 든든히 채울 수 있을 것인가? 어머니, 이 몸 다할 때까지 하루도 잊지 않고 어머님과 함께 살아가겠습니다. 영원히 저희와 함께 살아가소서.

 그러나 삶과 죽음의 경계가 없음을 아는 '통찰'과 죽은 분의 영혼이 산자와 늘 함께 살아가고 있다는 '느낌'의 충만함은 어머니의 죽음이 곧 슬픈 사건으로 나에게 무겁게 다가오지 않는다. 믿어지지 않을만큼 담담하고 깨끗한 심정이다. 어머니 없는 또 다른 새로운 삶을 시작해야 하는 한 굽이의 인생을 약간은 설레임으로 맞이하고 있다. 이 한가로운 마음. 무엇부터 할 것인가? 수도원에서 새 전기를 시작해보자.

3월 20일

 화악산 수도원에서 21日 기도와 수련을 무사히 마쳤다. 마침 月山 선생님께서도 21日 기도를 위해 이곳에 오셨기에 얼마나 다행인지 모른다. 그간의 의문점에 대한 해답을 얻게 되었고, 선생님의 수련담으로 앞으로의 수련생활에 올바른 지침을 얻게 되었다. 앞으로 어떤 일을 하고 살더라도, 삶의 내용과 方向性에 있어선 이젠 흔들림없이 굳건하게 살아갈 수 있는 믿음을 갖게 된 시간이었다. 세상 속에 살면서 세상의 가치에 집착하거나 물들지 않고 한울님의 진리대로 삶을 만들어 가리라. 올해부터 宗學大學院 과정이 생긴다니, 1년 정도 그 과정에 같이 하고 싶다.

7월 31일

종학대학원 1학기 과정이 끝났다.

오전	5:00	기상	오후	12:00	점심, 휴식
	5:30	기도식/수도		1:30	교육(~ 4:30)
	7:00	아침밥/휴식 및 청소		4:30	자습

9:00	오전 자습	6:00	저녁밥
10:00	교육	7:00	저녁수도
		9:00	기도식/취침

그간 6주간의 교육이 한가로운면서도 긴장된 과정이었나 보다. 8월 한달간의 放學이 몹시 편안하게 느껴진다. 일주일간 학교 과외를 피해 우리와 함께 도서관에서 공부하던 '여름'이가(진영) 나를 무척 따른다. 학과 공부에 시달려 있는 모습이 안쓰럽다. 바라는 대학에 꼭 합격했으면…

9월 3일

유난히 무더웠던 8月 한 달을 보내고 2학기 교육이 시작되었다. 지난 학기(6.18 ~)의 내용에 이어 「용담유사」「海月神師法說」「義菴聖師法說(無體法經 이후)」「敎理·敎史」「世界宗敎史」등의 과목을 배우게 된다. 약 7주간의 과정이 잡혀있다. 얼마전 H와의 우연한 만남이 이번 학기를 생기 있게 만들 것 같다.

10월 26일

2학기 이론 교육이 모두 끝났다. 이번 학기는 학생들 사이의 미묘한 감정대립으로 和氣 넘치는 기간은 아니었다. 「海月神師法說」中 〈天地理氣〉 내용의 眞僞 여부를 놓고 학생들 간의 二分된 의견대립으로, 상호간의 입장을 확인, 고집하는 상태가 계속되어 교육과정의 마지막 부분에서 무거운 분위기가 지속되었다. 이젠 모든 교육내용을 정리하고, 49日수도를 위해 준비해야 할 시간이다.

10월 29일

지난 주까지 이번 학기 종학대학원 강의를 끝내고, 오늘은 49일수련을 위해 이곳 용담수도원에 도착. 고속버스 안에서의 지루한 시간이 여기 구미산 자락에 널려있는 어스름 속에 묻혀버렸다. 내일 새벽 기도식부터 오는 12월 17일 오전까지는 오직 한울님만 위하고, 한울님만 생각하는 수련이 시작된다. 오직 '정성'만이 판가름할 것이다.

日課時間表

새벽 4:30   기상

      5:00   기도식 및 수련

      7:00   아침 식사

      8:00   오전 수련 1 / 10:00 휴식(30분)

      10:30   오전 수련 2 / 11:00 낮 기도식

      12:00   점심 식사

      1:30   오후 수련 1 / 3:30 휴식(30분)

      4:00   오후 수련 2

      6:00   저녁식사

      7:00   저녁 수련

      9:00   저녁 기도식, 취침

10월 30일

大神師 : 집념의 수도

神師 : 不忘의 수도

聖師 : 독공의 수도

守心精氣와 誠敬信에 능하고 待天主에 能하기 위해 오로지 앞만 보

고 速步速進! 오롯이 주문을 생각할라치면 환한 빛으로 떠올라 어떤 잡념도 붙지 못한다.

　進進不退, 念念不忘, 惺惺不昧, 勤勤不息!

　밖의 한울님과 내 안의 한울님이 교류하면서 하나의 기운으로 환하게 자리하여 이 몸은 한울사람, 한울님으로서 생각하고, 말하고, 행동하여 待天主를 체득하리라.

　話頭가 의심을 主로 해나간다면 呪文 공부는 한울님을 잊지 않는 것을 主로 한다. 본래의 내가 한울님이라는 것을 모를 때는 내가 누구인지 의심해 들어가는 공부를 위주해야지만, 내가 곧 한울님이라는 것을 알게 된 때에는 의심에서부터 확고한 믿음을 잊지 않고 독실하게 나 자신 한울님임을 체득하는 공부여야 한다.

11월 3일

　한울님은 언제나 나에게 간섭하신다. 우주만물에 일반 간섭은 중단이 없으시다. 내가 생각하고 바라는 대로 그대로 들어주신다. 가고 싶으면 가게 되고, 앉고 싶으면 앉게 되고, 바른 생각을 하면 바른 마음이 되고, 잡념이 생기면 미망심에 빠진다.

　바른 마음으로 바르게 구하라. 특별간섭을 체험하고 싶다.

　한울님을 항상 잊지 않고 느끼면서 하루하루를 지낸다.

11월 5일

　며칠을 쓸데없이 마음 속에서 是非하면서 보냈다. 남들의 행위 등이 마음에 걸려 혼자서 마음 속 시비로 주송시간을 여러 시간 허비했다. 마음 속에서 다 털어버리고 잘잘못을 신경쓰지 말자. 오로지 간절한 한울님 생각으로 모든 시간을 채우자.

11월 6일

모든 세상은 온통 성령뿐인 걸, 한바탕 웃음으로 마음의 티끌을 날려보내자. 한울님으로서 생각하고, 말하고, 행동하자. 철저한 한울사람이 되어보자. 현송時 강령의 방법을 마음으로 기운을 받아들여 흡수하는 방식으로 바꿨다. 묵송시에도 단전에 기운을 마음으로 모으는 방식으로 강령을 계속했다. 더욱 원숙한 강령 현상인 듯하다.

11월 7일

지금까지 너무 편안함을 추구하면서 修道에 임했다. 스승님들은 어떤 모습으로 살다가 가셨는가? 내가 사는 비로 이 시간, 가난과 전쟁, 질병, 寃鬼의 울부짖음으로 가득 찬 고통스런 세상이 엄연하지 않은가. 나는 이 고통의 현실을 더욱 밝고 평화로운 세계로 만드는 일에 동참하기 위해 수도하고 있지 않은가? 나 자신의 추상적이며 관념적인 道를 구하는 노력은 지금껏 어쩌면 현실을 회피하거나 방관하려는 잘못된 자세에 있었음에 분명하다.

이 세계를 보라. 나은 세상으로 만들기 위해 이 현실을 굳건히 발 디디고 서서 修道에 임해야겠다. 현실로부터 도피하여 편안함을 구하려는 자세가 바로 교회와 세상과 한울님, 스승님 은덕에 대한 毒이다. 한동안 울고 난 후 온몸에 감전현상이 심해지더니 몸이 굳어지는 것 같아 내심 두려움이 있었다. 한울님 왜 이렇습니까?

11월 8일

道는 내가 저 앞에 있는 대상으로서 구해야 할 객관적 사실이 아니다. 현재의 습관과 아집으로 물들어 있는 지금의 내 관념세계와 행위 세계를 벗어버리면 그 순간 바로 道가 드러난다.

머리 속의 쓰레기를 말끔히 청소하는 일이야말로 道人이 되는 첩경이다. 태어나 지금까지 외부에 의해 교육받고 세뇌된 대로 살아가는, 그래서 지금까지 내가 기억하고 배운 것을 진리라 믿고 있는 관념의 추악한 고집스러움으로부터 해방되는 일부터 시작하자. 한울님은 그 과정에서 서서히 나에게 드러날 것이다.

내가 갓 태어난 어린아이의 마음 상태로 돌아갈 때, 한울님은 나의 간절한 부름에 응답하실 것이다. 현재까지 내가 성장하는 과정에서 주입된 모든 지식의 세계로부터 말끔히 자유로워져서 본래의 환한 靈을 회복하여 그 자리에서부터 나의 새로운 관념, 행위 습관을 만들어 갈 때 비로소 나는 새로이 태어나 새 사람이 될 것이다. 현재의 나를 버리자마자 새 사람이 된다. 한울님은 無善無惡한 자리이다. 본래의 내 자리인 한울님으로 회복하여 한울님 기운과 마음을 自由로이 쓰자!

11월 9일

내 몸은 우주 생명의 밝은 기운덩어리 자체이다. 주문 생각을 이어가노라면 내가 지극한 聖人이 되어가고, 밖의 한울 기운과 빈틈없이 氣化되어 氣化之神이 되며, 항상 한울님을 모심을 느끼며, 그리하여 天人合一이 되며, 한시도 잊지 않음을 계속하며, 萬事의 이치를 환히 알게 된다. 내 몸이 커져서 우주공간에 꽉 차는 듯하다. 어린애가 되고 싶다. 모두를 사랑할 수 있는 느낌의 지속상태가 흔쾌한 마음을 채운다.

11월 10일

나와 한시도 떨어지지 않고 더불어 계시는 한울님에 대한 고마움에 눈물겹다. 내가 한울님을 모심을 알게 해주신 스승님들께 감사느낀다. 동생 성재에게 늘 한울님이 특별 감응하시어 항상 건강하게 하옵시고, 빨리 한울님의 인격을 갖춘 능력있는 남편감을 보내주시어 한 평생 행복하게 살도록 하옵소서.

추위가 찾아와 다들 추위 법석이다. 홍의태 선생님은 며칠 전 오시는 날로부터 새벽부터 온기 한 점 없는 '용담정'에서 독공하시고 계시다. 이 추위에도 육신관념을 이겨내시는 선생님의 정신력에 우리들은 부끄러워 해야 한다. 한태원 선생님의 엄격한 지도에 깊은 감사 느낀다. 49일간의 수련이 끝나면 그 자체로도 많은 성장을 이룰 것이 틀림없다.

11월 11일

어제 하루는 밖의 경험에 대한 雜念으로 수련에 소홀했다. 오후 내내 잡념에 시달리니 몸의 기운이 허탈상태가 되는 듯하다. 한울님이 떠나가신 증거 아닌가. 한울님을 주인으로 잊지 않고 섬기겠다는 각오와 다짐을 하니 다시 몸이 환해진다. 수련 시작 이래 일주일 이후부터 식사량을 반 그릇으로 계속 줄여나갔다. 몸이 가볍고, 혼침에 빠지지 않아서 도움이 된다.

"나는 육체적 존재이다. 고로 나는 생각한다"

이 몸으로 우주의 근원을 주인으로 삼고 사느냐, 아니면 우주의 기생충 같은 존재로 사느냐 하는 선택은 오로지 나의 생각 方向에 달렸다. 方向을 올바르게 틀어나가기만 한다면, 그 다음은 변치 않고 앞으로 전진해야 한다.

11월 12일

우주의 근본성품은 그 實體가 있는가 하는 근본적인 회의에 빠져 극심한 허무감에 들었다. 오로지 그 作用세계만을 인정할 수 있을 뿐이다. 영원히 불변한 실체·본질은 존재하지 않는다. 마치 내 육신과 그 작용의 삶이 존재할 뿐 나의 본체 자체가 없듯이, 극심한 허무감은 오히려 生에 대한 극렬한 긍정욕구를 낳는다.

우주현상은 오직 生動하는 기운작용일 뿐. 이 육체작용이 참된 현상세계이며, 생각은 그 껍질로서 육신을 보호하거나 망치는 기능을 발휘한다. 氣運의 結晶인 육신의 껍데기인 생각세계가 呪文 21字의 통로를 통해서 본래 자신의 육신을 만든 무한능력을 가진 우주기운과 하나된다.

呪文은 내가 본래의 나를 찾는 통로이며, 내가 되는 길이다. 呪文 생각은 내가 본래의 나인 우주 전체에 대해 끊임없이 關心 가지는 행위이다. 오늘부터 묵송詩 주송을 생각으로가 아닌 혈액의 기운파장[靈]으로 시작했다. 훨씬 힘이 더 들고 깊은 상태에 들었다.

11월 14일

오전 수련 중 처음으로 2시간 20분 동안 묵송으로 보냈다. 다리의 통증은 몇 번씩이나 자세를 바꾸고 싶은 유혹을 보냈다. 그러나 육신적 유혹을 그때마다 꽉 눌러버리고 한 자세로 버텨보았다.

나는 얼마나 위대하고 멋진 스승님들을 알게 되었는가? 민중의 고통을 짊어지고, 세상을 근본적으로 뒤바꾸어 놓는 미래의 역사를 흔들림 없이 다져 나가시던, 그리하여 잔악한 지배계급에 의해 처참한 최후를 당하시던 세 분 스승님의 삶의 역정은 나로 하여금 나태한 삶의 자세를 여지없이 꾸짖고 계신다.

사회주의와 자본주의의 西洋的 세계지배질서를 근원적으로 타파하고, 온 인류의 평화공존질서를 건설하는 빛나는 승리를 천도교인은 이루어야 할 책무가 있다.

11월 15일

오전 수련 4시간 20분, 오후 수련 8시간을 쉼없이 계속 밀고 나갔다. 한선생님께서 "우리 같이 頂上에 오릅시다"하는 부탁에 모두들 일생 처음 경험하는 혹독한 수련을 치렀다. 과연 수련의 극치! 총 14시간 20분! 나에게 이렇듯 아집과 감정, 욕망의 뿌리가 깊을 줄 알지 못했었다. 이번 수련과정에서 나 자신의 참모습들을 확인하게 되어 무척 다행스럽다.

修道는 현실의 '삶'을 자유롭고, 즐겁게, 그리고 풍요롭게 하기 위한 노력이며, 삶에서 보다 나은 能力과 힘을 얻기 위한 과정이지 자체가 目的이 아니다. 修道者의 삶의 자세와 입장에서 현실에 적극적으로 참여하느냐, 또는 방관하느냐의 차이는 삶의 옳고 그름의 문제가 아니라 능력의 있고 없음의 문제라 할 수 있다. 따라서 같은 수도인의 입장이라도 그의 현실에 적응하는 능력의 차이에 따라 현실을 바라보는 관점과 입장의 차이가 생긴다.

11월 17일

어찌된 일인지 죽은 자들의 영혼을 떠올리면 가슴이 뜨거워지면서 간절한 마음으로 한울님을 필요로 한다. 저 현실 속의 눌리고 가난한

群像을 떠올리면 웬일인지 복수심 같은 뜨거운 가슴이 되어 한울님께 만나달라고 애원조가 되어 呪頌이 미친듯이 빨라진다.

한울님 제발 저의 간청을 들어주시어 저를 만나주십시오.

내 자신의 완성을 위한다는 생각에서는 한울님에 대한 지극하고도 간절한 心告나 呪文이 되지 않는다.

11월 18일

"한울님! 저에게 후천개벽을 이룰 수 있는 방책과 지혜와 능력을 주십시오."

여기에 온 지 20여 일 지난 지금, 식사량을 줄인 터인지 몸의 군살이 많이 빠져나갔다. 전에 비해 야위어 보이지만 몸의 상태는 매우 좋다.

11월 19일

修道는 실천함에 그 意義와 目的이 있다. 과정에서 보여지는 神秘체험과 앎이 修道의 핵심이랄 수 없다. 내 자신의 고집스런 관념세계와 습관, 행위양식 전체를 근본적으로 뒤바꾸어놓는 고집스런 창조작업이 아닌가!

49일기도를 보내고 전과 다른 새 사람, 새 인격이 되지 못한다면 헛된 시간낭비일 뿐이다. 삶 전체가 性靈의 作用뿐임을 확연히 깨닫는 시기가 되기를. 그리하여 모든 이의 모든 것을 이해하며, 인정하고, 사랑할 수 있는 한울사람이 될 수 있기를. 항상 한울님을 主人으로 모시고 사는 性靈人이 되기를.

金 원장님께선 묵송시 고요하고도 깊은 상태에 머물라고 하셨다. 호흡조절도 생각지 않고 깊은 경지 속에서 주송하여 봤지만, 이 상태가

장기적으로 계속되면 건강에 좋지 않을 듯하여 호흡과 자세와 주송의 집중으로 통일하여 바꾸어 보았다.

한울님을 내가 감히 범접할 수 없는, 가까이 하기 어려운 敬遠의 대상으로 생각하는 한, 한울님이 나에게 다가오기는 매우 어려울 것이다. 항상 나와 친하고, 내 父母보다 더 가까운 存在로 늘 마음에 느껴야만 쉽게 항상 그와 대면할 수 있을 것 아닌가?

세상 속의 사람들이 서로 할퀴고, 잔악하게 살육하는 형상으로 뇌리에 선명하게 다가온다. 이 現實을 '너희에게 이르노니…' '나는 … 하노라'하는 가르침으로 변화시킬 수 있는가. '우리 모두가 한울님을 모신 존재입니다', 이 命題가 이 시대 인류의 가슴 속에서 받아들여질 때가 미래의 희망이 보장될 것이다.

한울님 至氣는 본래 無善無惡한 '자리'이다. 한울님의 '人格性'은 본래부터의 속성이 아니라, 인간이 우주에 出現한 이후 한울님에 대한 理性作用이 시작되면서부터 생겨진 속성이다. 현재 인류는 우주의 기원 이래 지금까지의 우주 進化과정 전체를 기록한 결과물이다. 인간의 사고의 내용에 따라 한울님의 속성도 변화한다. 한울님과 인간은 상호교류하며 변증법적 統一 관계 속에서 존재한다.

11월 20일

잡념이 일어나는 것을 괘념하지 말고 한울님 만남이 늦어지는 것을 두려워하자. 어제로 21日이 지나고, 오늘 새로이 하루를 시작한다. 오늘부터는 이치 생각은 중단하고 오로지 呪文만을 생각하여 밝은 영을 추구하기로 한다.

오후 수련은 용담정에서 4시간 계속했다. 묵송시 심장박동 소리를 느끼며 깊이 있게 했다. 심장 맥박은 어디서부터 시작하는가? 현재의 나를 있게 해준 존재에게 깊은 감사의 정을 느끼며, 가장 착한 사람, 가장 아름다운 사람이 되었으면 한다.

11월 21일

내 마음이 답답하고, 불편하고, 허전해지면 한울님이 떠나간 증거이다. 내 모습을 보려면 거울을 보듯이 내 마음의 거울을 보아야 내 마음을 볼 수 있다. 한울님이 나와 만나는 것도, 道通하는 것도 모두가 내가 하는 일이 아니라 한울님이 하시는 것이다.

언제 이 세상을 떠날지 알 수 없는 일 아닌가? 언제까지나 살 수 있으리라는 미련한 전제 속에서 살다보면 利己的이 되고, 항상 준비하고 예비하는 삶에 머문다. '지금'이 전체며 궁극이라는 자세로 살아야겠다. 큰, 높은 德을 베풀며 살 수 있기를…

天地가 인간에게 녹을 주는 것은, 마치 어머니가 아이에게 젖을 주는 것과 같다. 인간이 天地自然을 훼손하는 것은 아이가 어머니의 젖을 훔치는 것과 같다. 생각이란 생각을 다해 보아도 결국 생각을 않는 경지에 있느니만 못하다. 생각이 없는 경지에서 필요할 때 필요한 생각을 내고 쓰는 것이 최상의 삶이다.

현대는 後天세계의 進入하는 초기일 뿐, 여전히 대부분의 인류는 과거의 관념체계와 행위양식으로부터 벗어나지 못한 生活을 한다. 앞으로 수백 년, 수천 년 이후에야 待天主의 文化양식이 보편화, 세계화되면서 후세들의 교육도 근본적으로 변함으로써 인류의 文化질서가 비로소 후천세계적 질서로 자리잡을 것이다.

현재의 우리 天道敎人은 觀念上의 후천세계를 살고 있을 뿐이다.

그러나 이들 속에서 후천질서를 실천하는 선구적 수행인들이 나와야 한다.

11월 22일

후천개벽 文化의 혁명적 反질서규범이랄 수 있는 것은 무엇보다도 '向我設位'의 宣言이다. 얼마나 통쾌한 뒤집기인가! 스승님들의 역할은 미래 後天세계를 창조하는 새 文化의 方向 제시였다. 後學들은 그 方向을 구체화하기 위한 各 분야에서의 새로운 질서창조와 개혁의 선도적 수행과업에 창조적으로 나서야 할 것이다.

先天的 世界觀의 末期的·現在的 文明체계는 자본주의와 사회주의적 체제로 극명히 드러난 결과이다. 이 두 체제·질서는 先天의 불평등과 모순이 극대화되어 나타난 말기적 질서라 할 수 있다.

그렇다면 後天的 世界의 창조는 현 두 체제의 모순을 극복, 지양함으로써 시작된다. '向我設位'와 같은 前 시대를 근원적으로 해체, 타파할 수 있는 사회·경제적 개벽의 핵심적 과제는 무엇인가? 선천의 수천 년, 수만 년을 떠받쳐온, 시대를 달리하여도 그 체제적 근거가 유지되어온 全시대와 全사회를 유지해온 본질적 單位인 家族제도, 특히 一夫一妻의 가족제를 해체하는 과제야말로 후천세계질서를 구체적으로 창조, 실현하는 작업이 될 것이다.

多對多의 가족 단위의 새로운 창출과 실험은 후천개벽 질서의 근원적 혁명과제가 된다. 온 인류가 하나의 生命體라는 인식, 利己心으로부터의 해방, 혈연적 所有관계로부터의 自由가 후천세계의 새로운 理念의 기초가 되어야 한다.

나는 한울님의 환한 靈으로 다시 태어나야 한다. 名人이 되어야 한다. 그래야만 새로운 미래질서를 설득력있게 제시할 수 있고, 그 작업을 구체적으로 실천할 수 있다. 반드시 그래야만 한다. 이것은 개인적 慾求가 아니다. 후천개벽을 성취하는 방책을 실현하기 위한 한울님의 뜻을 실현하는 일이다.

11월 24일

修道의 內容은 무엇인가? 待天主의 '믿음'을 통해 養天主의 힘(실천)이 생겨나고, 覺天主의 '理致'를 통하여 眞理에 들어가는 것이다. 修道의 目的은 무엇인가? '自我完成'을 통해 몸과 마음을 다스리고, 뜻대로 만들어가며, 더 나아가 '社會的 實踐'을 이루는 것이다.

'나'는 우주의 始源에서부터의 모든 進化과정을 축적한 한울님이다. 우주의 시원지점인 한울님보다 더 능력있고 지혜있는 한울님이다. 이 '몸' 自體가 性靈의 표현이다. 나는 마음먹기에 따라 무한지혜, 무한능력을 발휘할 수 있는 한울님이다.

한울님의 本性은 끊임없는 創造와 발전의 生氣이다. 우주의 原始的 상태로부터 한 순간도 쉼없는 生動하는 氣運作用의 결과로 보다 進化되고, 복잡한 우주 生命體가 창조된다.

나는 바로 그 복잡하고 고도로 진화된 우주적 한울님이다. 내가 한울님임을 깨닫지 못했을 때에는 삶의 全과정에서 보다 편안하고 利己的이며 퇴화하는 삶을 좇아가지만, 한울님 자체임을 깨달은 순간부터는 어찌 준비하고, 쉬는, 정체된 생활을 지속할 수 있는가? 항상 쉬지 않는 창조와 발전의 생활이 연속되어야 하지 않는가. 노동을 통한 창조행위야말로 인간 한울님으로서의 본질이다.

편안하고픈 이 습관된 마음을 가차없이 부수어버려야 한다. 일이 없을 때에는 呪頌을 쉬지 말아야 한다. 呪文의 지속적 생각은 바로 내 몸과 마음을 밝고 건강하게 할 뿐만 아니라, 이 宇宙 공간에 힘차고 밝은 파장을 퍼뜨리는 행위이다.

현재의 나는 과거를 먹으며 살고, 과거를 숨쉬고, 과거에 의해 태어난 존재이다. 과거의 죽은 생명체가 흙이 되고, 그 흙은 다시 지상의 생명체의 영양분이 되어 나를 살려준다. 지난 죽은 생명들의 영혼작용은 공기 中에 존재하다 호흡을 통해 내 몸을 살린다.

바로 온 天地가 나의 과거이며 나의 父母 아닌가?

11월 25일

죽은 자들에 대한 제사행위를 '向我設位'로 혁신하였듯이, 산자들의 生日의례를 본인이 축하받는 현재까지의 의식에서부터 본인을 태어나게 해주신 父母와 天地, 한울님에 대한 깊은 감사의식으로 개혁하여야 한다.

呪文 공부는 내가 나를 위하는 공부[爲天主]이며,
　　　　　내가 본래의 나되는 공부[待天主]이며,
　　　　　내가 나를 성장, 진화, 완성시키는 공부[養天主]이며,
　　　　　내가 나를 완전히 아는 공부[覺天主]이다.

내가 나를 왜 알아야 하는가? 내가 나를 모르면 멍텅구리이기 때문이다. 내가 본래 우주의 主人인 한울님이며, 한울님되는 방법을 이렇듯 소상히 스승님들께서 가르쳐주셨으니, 이렇게 쉬운 道가 있는가. 天道가 확명되었으니, 내가 본래 무한지혜, 무한능력을 소유하며 마음먹은 대로 행하는 한울님인 것을 모르던 시대에 행했던 공부 방법—나를 의심해 들어가는 방법—은 이제 폐해야 하리라.

내가 한울님인 것을 알았으니, 철저히 믿고 실천하는 일만 남았다. 오직 내 자신이 한울님의 神靈한 기운을 쓰고, 한울님의 마음을 가지는 생활로서 후천개벽運을 당하여 사람을 널리 구하는[廣濟蒼生] 한울사람이 되는 것이 공부의 목적이다. 解脫에만 목적이 있지 아니하다.

우리는 '큰 스님'의 우상에 젖어 있다. 무엇이 '큰'가? 씀씀이가 커서 손이 큰 스님인가, 공부 안 하고 돌아다니길 좋아해서 발이 큰 스님인가, 아니면 잡념만이 잔뜩 든 머리통 큰 스님인가, 먹기만 해서 배만 커진 배 큰 스님인가? 쭈그리고 주저앉기를 즐겨해 엉덩이가 큰 스님인가? '큰 스님'의 정체가 무엇이뇨?

11월 26일

이제 21日밖에 안 남았다. 이제부터 21日기도를 시작하는 마음으로 다시 마음을 가다듬는다. 싹싹 지우자·몽땅 버리자·텅텅 비우자. 과거를 몽땅 지우자. 현재의 모두를 버리자. 미래 전체를 비우자. 집착이여, 욕망이여, 감정이여! 역겨운 냄새 풍기는 쓰레기들이여! 이제 제발 나를 떠나라. 오직 生하고 生하는 기운으로만 존재하자. 우주마음은 내 마음. 우주공간은 내 몸. 째째한 雜念일랑 그만 떠나자. 우주마음은 분별하지 않는다. 뭐든지 다 받아들이고 인정하지 않는가. 원하는 대로 해주지 않는가.

11월 28일

주문 공부의 핵심은 바로 내가 즉 한울님 자체임을 확인하는 과정의 지속상태이다. 생각의 입장에서 보면 생각이 없으면 내가 없으며, 몸의 입장에서 보면 몸이 존재하지 않으면 생각이 일어나지 않는다. 주문 생각도 한울님이 하는 것이고, 이 몸의 느낌도 한울님이 느낀다. 몸을 유지시켜주는 모든 기운작용도 한울님 작용일 뿐인데… 우주는 한울님 작용의 표현일 뿐. 한울님이 생각하고, 한울님이 말하고, 먹고, 잔다. 한울님과 한울임이 사랑한다.

현송은 삶과 관계된 공부이다. 건강한, 활기찬 몸과 적극적이며 밝은 마음과 관계된다. 廣濟蒼生의 힘과 능력을 얻는 공부이다.

묵송은 죽음과 관계된 공부이다. 삶의 애착을 벗어나는 공부이며, 죽음과 친해지는 공부이다. 不生不滅의 해탈을 얻는 공부이다.

11월 29일

道는 변화하는 현실 자체를 이름이다. 인간들은 현실을 해석하는 그럴듯한 관념체계를 만들어 놓고, 그 안에 살아있는 현실을 꿰어 맞추고 싶어하는 어리석은 오류에 빠져 있다. 道라고 이름하는 인간의 습성 또한 그와 같다. 현실을 규정하고 지배하는 거대한 원리를 추상화하고 싶어하는 욕망에 사로잡힌다. 道는 바로 現實 자체이다. 배고프면 먹고, 피곤하면 잠자는 것이 道 이외에 무엇이란 말인가. 道는 관념체계가 아니다.

오늘부터는 묵송 중에도 養氣 공부를 계속하기로 했다. 현 단계에서 깊은 경지에 들어 이치 헤아리는 공부는 적절하지 못하다는 판단에서이다. 우선 한울님 靈으로 회복되는 것이 공부의 순서요, 지름길이라는 판단이 옳다. 밝고 환한 靈으로 살아가고 싶다.

11월 30일

道는 살아 생동하는 현실 자체이므로 헌 길보다는 새로운 길이 더욱 값지다. 道를 규범화·고정화시키면 이미 죽은 道다.

 내 안에 살아 활동하시는 한울님을 이제야 비로소 '느낌'으로 체험하기 시작한다. 냉철한 理智力으로, 드넓은 慈悲心으로, 굽힘없는 의지력으로, 한없는 精力으로 나를 끊임없이 살리신다. 정확한 判斷力으로, 뜨거운 정열로, 굳은 인내력으로, 활기찬 生命力으로 나를 끊임없이 살리신다.

 한울님을 관념으로만 알아오는 단계에서, 느낌의 세계에서, 그리고 체득의 단계로, 깨달음의 단계로 나아가야 한다. 비로소 이제야 待天主의 진정한 意味를 느끼기 시작한다.

 내 몸 안에 모신 한울님을 맑고, 깨끗하고, 부드럽고, 그윽한 마음으로 잡념없이, 늘 깨어있는 상태에서 감사하는 마음으로, 지극한 모양심으로 찾아야 한다. 이제부터 남은 17일간, 오로지 한울님만을 찾겠다. 끝나는 날까지 메모도 중단한다.

12월 18일 (용담수도원 49일수련 소감)

 이번 49일 수련기간만큼이나 철저하게 나 자신의 참 모습을 관찰하고 확인할 수 있었던 기간은 지금까지 살아오면서 일찍이 없었다. 내 자신이 얼마나 고집스럽게 과거의 경험과 교육에 의한 세뇌에 의해 굳어진 추악한 관념세계와, 습관, 행위양식에 집착하고 있는 형편없는 인간인가를 철저히 알게 되었다.

 이번 기간을 통해 나의 아집과, 감정, 욕망의 뿌리가 이렇듯 집요하고 단단한 줄을 사무치도록 확인했다. 이러한 나의 참 모습에 무척 당황하고 혐오스러웠지만, 한편 다행스러운 것은 내 자신을 철저히 파악함으로써 나의 추악한 현재를 한울 인격으로 轉變시켜야 할 강렬한 내

적욕구가 솟아났다는 점이다.

함께 수련생활을 한 동덕들에 대한 초기과정에서의 실망과 냉소적 감정—이런 감정들도 실제는 매우 사소한 언동들로부터 발생한 것이지만—들이 수련이 마무리되는 이 시점에 와서 그들에 대한 이해와 동료애의 느낌으로 바뀌어가는 사실 등은 내 자신이 지난 과거로부터 새로워질 수 있다는 희망을 주고 있다.

이제 수도원을 떠나는 날부터 이 역겨운 냄새피우는 아집과 감정과 욕망의 쓰레기들을 깨끗이버리고 텅텅 비울 수 있는, 그야말로새로운 삶을 다시 시작하고 싶다. 과거를 말끔히 지우고, 공상적 未來도 텅텅 비우고 오로지 生生하게 살아 존재하는 현재 이 순간순간을 신령스런 한울기운과 하나되고, 한울마음이 되어 살아가고 싶다.

이번 기간을 통해 얻은 귀중한 소득이라면 새로운 사람이 되고자 하는 강렬한 의지가 굳혀졌다는 점과 함께, 지금까지는 관념 차원에서만 이해해오던 '待天主'의 의미를 비로소 '느끼기' 시작했다는 점이다. 이제부터는 더욱 깊은 공부가 되어 체득하는 단계로 전진해야 하리라.

삶 전체가 오로지 성령 한울님 작용뿐임을 확연히 깨닫지 못하고, 이전과는 다른 새로운 인격, 새 사람이 되지 못한다면 49일기도는 헛된 시간낭비일 뿐이다. 이번 49일 수련과정은 처음부터 육신관념과의 싸움이었는데, 나의 과거인 고집스런 관념세계와 습관, 행위양식 전체를 근본적으로 뒤바꾸어 놓는 고통스런 창조과정의 시점으로 삼고 싶다. 이 사실이 이번 수련이 나에게 주는 중대한 전환적 의미를 갖는다고 할 수 있다.

그러나 이번 기간이 전체적으로 '무거운' 시간만은 아니었다. 몇 가지의 체험도 수련의 묘미를 느끼게 해주었지만, 무엇보다도 다행인 것은 '앉아있는 것'의 재미와 呪誦의 재미를 비로소 느끼게 되었다는 점이 앞으로의 수련을 희망적이게 하여 준다.

  그러나 이러한 재미가 관념적이며 추상적인 求道의 노력에 빠지는 것을 스스로 경계하면서, 또한 이 고통스러운 현실세계를 더욱 밝고, 평화스런 세계로 만드는 일에 동참할 수 있는 修道 본연의 목적에 접근하기를 간절히 바라면서, 이번 수련을 엄격하고도 철저히 지도해주신 두 분 선생님께 깊은 감사의 정을 느낀다.

1991년

2월 11일 (華岳山수도원 49일수련 소감)

이번 49일수련은 나에게 있어 두 번째 체험이다. 이곳에 도착한 날은 종학대학원 1기생들과 함께 용담수도원에서 49일수련을 마친 지 일주일이 지난 날이었다.

용담에서의 49일은 내 일생에 있어 커다란 전환을 가져다준 중요한 시간이었다. 그것은 살아오면서 나 자신에 대해 스스로 냉정하게 관찰하고 진단내릴 필요가 없이 안일한 자세로 살아왔던 지난 삶들을 무척이나 당혹스러운 마음으로 뒤돌아보게 하는 기간이었으며, 지금까지의 생애가 마치 한 손에 한 웅큼 움켜쥐고 있었던 모래가 어느새 다섯 손가락 사이로 다 빠져나가는 듯한 허망감으로 비춰진, 내 자신에게 정직할 수 있었던 소중한 시간이었다.

과거의 삶은 보고, 듣고, 배우고, 경험한 일들을 통해서 '아! 바로 이것이면 일생을 흔들림없이 살아갈 수 있겠구나' 할 수 있는 미래에의 '확신'이 손에 쥐어지지 않는 초조함과 두려움을 안고 살아온 것이 최근까지의 나의 眞實한 모습이었다.

용담에서의 49일은 과거의 내 삶의 내용을 철저하게 뒤돌아 볼 수 있었고, 내 자신의 흉칙한 內面의 모습을 숨김없이 맞대면하면서 지금까지 살아오던 指向性—내가 삶의 주인이 되어 살아간 것이 아니라, 이미 만들어진 사회의 틀 속에서 지식과 이념, 물질과 감각의 노예로 살아지고 있었다는 표현이 정확한 듯한—을 크게 한번 뒤바꾸겠다는 결단과 새로운 소망을 가지게 된 귀중한 기간이었다.

그러기에 쉽사리 다짐한 결단은 아니었다. 오랜 시간 맺어온 모든 인간관계와 활동을 완전히 새로이 만들어 가고자 하는, 어쩌면 勝算을 보장할 수 없는 두려움 안은 도박(?)이나 다름없지만, 그 길이 나 자신을 더욱 자유롭고 건강한 삶으로 이끌어 갈 것이라는 믿음 하나 때문에 지난 과거를 다 무너뜨리고 삶의 主人이 되어 새로운 나의 '길'을 만들어가면서 살기로 작정한 큰 전환의 시간이었다.

이번 화악산 修練은 그 연장선 위에서 새로운 내 '길'을 흔들림없이 나아가기 위해서 한울님의 지혜와 능력과 용기를 충전시키고자 함이 목적이었다.

나는 단편적인 과학적 사고에 세뇌되어 있던 유물론자였다. 唯物論者 一般이 그렇듯이 현실에 대한 좌절과 절망감이 크면 클수록 나 또한 현실에 대한 不平과 차가운 냉소, 신에 대한 혐오와 모독감—아마도 내 마음 속 깊은 곳에서 善한 세계를 만들어줄, 전능한 神의 존재를 희구한 것을 보면 나는 철저한 유물론자는 못 되었다. 내 머리 속엔 神의 관념이 남아 있었으니까—으로 온 마음을 가득 채웠었다.

뒤늦게야 깨달은 것이지만 나는 스스로가 한울님을 모신 거룩한 생명임을 미처 깨닫지 못한 '가장 큰 罪'를 짓고 살아왔던 형편없는 물질인간이었다. 물질인간이 결국 도달하는 삶의 내용은 감각과 욕망의 充足感을 극대화시키는 삶의 추구로 귀결되며, 그런 삶은 마침내 그로부터 행복 실현의 보장이 주어지지 않는 결과, 人生 자체에 대한 불안감과 두려움으로 이어지며, 현대인들의 심성에서 보듯 삭막한 정서와 난폭한 인격으로 一生을 마감할 수밖에 없다.

용담에서의 49일은 이 가장 큰 罪로부터 해방될 수 있었을뿐더러, 나에게 잠재한 무한한 영적 능력을 실현할 수 있다는 自信感을 가질 수 있는 가슴 벅찬 기간이었다.

이곳에서의 49일 일정이 끝나가는 오늘, 수련의 결과를 당초의 다짐과 목표에 견주어보면 한마디로 수련의 失敗作임을 인정치 않을 수 없다. 애초의 생각은 용담의 수련을 발판삼아 나의 靈能을 최대한 실현할 수 있는 見氣공부에 집중하려 했다. 뜻하지 못한《東經大全》강의 준비에 마음이 빼앗겨 주문 공부에 소홀함으로써 목표는 이루지 못했지만, 그러나 한 가지 중요한 자각을 절실히 갖게 되었다. 저 치열한 삶들로 뒤엉킨 現實로부터 떠난 지금, 이곳 산속 생활에서 지킬 수 있는 마음의 여유와 투명함이 결코 수련이 끝난 후 下山하여 부딪치게 될 구체적 현실 속에서도 그대로 보호받을 수 있는 보장이 없다는 것과, 하산 후 현실 속에서의 온갖 관계와 접촉 속에서도 의연하게 본래의 내 마음을 잃지 않고 지킬 수 있을 뿐만 아니라, 불만스러움으로 가득찬 주변 현실을 바꿔나갈 수 있는 '힘'을 키우는 수련생활은 이곳 산속에서만이 아니라 진정 매일매일의 日常的 삶 속에서 이루어져야 한다는 자각을 절실하게 갖게 된 사실이 이번 수련의 가장 중요한 '얻음'으로 꼽고 싶다.

연이은 49일수련 과정에서 나는 그야말로 너무도 큰 소망을 갖게 되었다. 수련과정에서 '특별한 능력'을 얻음보다 어쩌면 더욱 큰 기쁨을 얻었는지 모른다. 오랜 내 자신과의 싸움과 省察을 통해 내가 근본적으로 어떤 사람으로 변해야 할지, 또한 남은 생애에 어떤 삶을 꾸려나가야 하는지에 대해 큰 전환의 결의를 시도할 수 있게 된 점은 내 일생 아마도 다시 시도하기 어려운, 중요한 의미를 갖는 성과라 할 수 있다.

나는 온全히 새 사람이 되고 싶다. 죽는 순간까지 매순간마다 기도하는 생활, 한울님을 모신 긍지를 갖는 생활, 한울님으로부터 믿음을 되받을 수 있는, 이 세상에서 가장 진실한 사람이 되기를 간절히 바란다. 이 세상 모든 이가 한울님을 등지고 멀어진다 해도, 나 홀로라도 한울님 마음을 지킬 수 있는 가장 착한 사람이 되기를 원한다. 단계적·점진적으로 한울님께 다가가는 새 사람이 아니라, 일순간의 전환으로 지금 이 순간부터 완전히 새로운 마음으로 가득찬 새로운 사람이 되고 싶다.

이제부터는 지금까지 그래왔던 것처럼 현실에 대해 불평 불만을 가질 시간이 없다. 지금까지의 생활방식과 인간관계를 전면적·총체적으로 다시 구성해야 하며, 그러기 위해선 지금까지의 사고방식, 행동양식, 생활상의 모든 나쁜 인과관계를 일거에 멈추고 전환시켜야 한다. 내가 태어날 때 빈손으로 온 것처럼, 이제부터 맨손만으로 처음부터 다시 인생을 시작함으로써 새로운 운명, 새로운 세계로 향해 줄달음쳐야 할 일만 남았다.

내 안에서부터 근원적인 변화를 이룰 수 있느냐, 아니면 단지 외형적인 변모에 불과하냐에 따라 앞으로 전개될 운명의 성패가 결정됨을 잘 알고 있다. 내가 가진 현재적 조건들과 적당하게 타협해서 이룰 수 있는 새로운 삶이 아닌 점을 잘 알고 있기에 더욱 절박한 심정이다.

이번 49일 화악산 수련에서의 느낌과 체험은 '지금까지의 나'를 근본적으로, 전면적으로 뜯어고치기 위한 '힘'과 시간을 얻는 개벽의 원동력이 되고 있음을 느낀다.

수많은 세월 동안, 수많은 사람들이 새로운 사람이 되기 위해, 새 세상 만들기 위해 애써왔지만, 그 결과는 혼돈과 무책임한 현실만을 낳아왔다. 이제 나는 天道敎의 공부방법과 그 방향 속에서 지금까지와는 다른 공부방법과 길을 밟아서 새 사람되기로 작정했고, 새 세계 보려고 작정했다. 새 사람되는 방법과 길을 天道敎에서 찾은 이상, 이제 남은 일은 스승님께 가르침 받은 대로 새 사람으로서 앞으로 나아가는 일만 남았다.

결과의 성패는 전적으로 나 자신에게 달렸다. 내 운명의 主人으로서 사는 길은 누가 나를 대신해줄 수 없으며, 사회구조의 혁명 같은 外的 변화가 그것을 보장해줄 수 없다. 내 안에서부터, 본원의 자리에서부터 다시 시작하는 거다.

사람은 본래 한울이 한울된 것이기 때문에, 내가 육신관념의 주인, 운명의 주인으로 사느냐, 아니면 육신관념과 물질의 노예상태로 사느냐 하는 것은 기본적으로 나의 의지와 권한에 달렸다. 이 세계를 지상천국으로 만드느냐, 지옥세계로 만드느냐 하는 것은 천도교인의 권한 행사 여부에 달렸다.

앞으로 남은 생애! 그것이 한울 인격에 의해 승화되고, 꾸며지고, 채워질 수 있다면 49일 당초의 목표가 실패했다 하더라도, 아니 실패한 것이 얼마나 큰 다행인가!

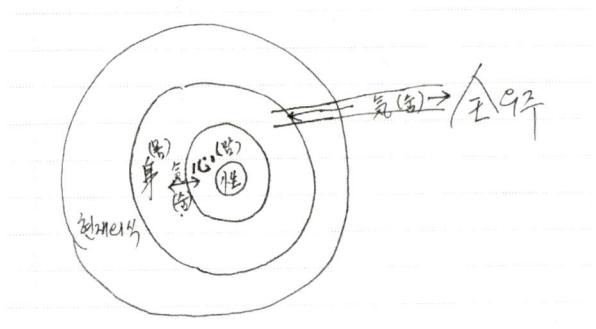

5월 26일

놀음꾼 유무열
타인의 비극으로
더 이상 위로받지 못한다.
하여
오늘도 자기 비극을 만들기
위하여
그 속에서 자기 피를 출혈하며
놀음으로 하루를 넘긴다.
가진 것을 다 버리며
그 가난함 속에서
오히려
자유롭게
죽음과 대면하며
나머지 생을 덤같이 붙이고 즐기어
죽음을 연습한다.
그리곤 취한듯이 몽롱하게
타인의 생마저 얼싸안는다.

(1991. 5. 26. 0:30)

유무열이 홍성엽에게

바람이 몹시 분다.

이 황량한 날
그대가 날 초대했다면
그것은
내 광란의 유일한 증인으로
내 삶을 증명할 마음이니
그대
내 지옥의 이야기에서
부디
내 삶을 건져내
모두에게
노래로 전달하라.
이 유언이
그대의 우정 속에 깃들길
바라겠노라.

(1991. 5. 26. 0:30)

6월 3일

이번 달 1일부터 천도교 종학대학원 자료실에서 일하기로 결정했다. 1일 오전 도첩을 받았다.

6월 15일 (토)

종학대학원 수료식이 있었다. 한 달 전 환원한 방명주 동덕과 현재 미국에 체류중인 정운근 동덕이 불참하여 15명이 수료식에 참석했다. 왜 이런 축하모임에 참석하는 게 쑥스러운지 모르겠다.

천도교 종학대학원 제1회 수료식 기념 포덕132년 6월 15일

뒷줄 맨 왼쪽이 홍성엽

8월 13일 (화)

어제 화악산 하기수련회를 마쳤다. 뜻밖에 수련지도를 맡게 되었지만, 좋은 경험이 되었다. 좋은 평을 많이 듣게 되어 조금 미안한 마음이 줄었다. 月山 선생님의 진지하고도 열정적인 강의에 힘입어 모두들 지치지 않고 일주일을 내몰고 나아갔다. 오는 겨울 49일 수련대회를 준비해야겠다.

12월 25일

3차 천도교 청년·대학생 수련지도를 위해 화악산에 도착하다.

1992년

4월 10일
나의 전부에게

子正이 훨씬 넘은 늦은 밤
너에게 보낸다.
우주 안의 모든 이들이 두렵지 않은 이 시간
너에게 미소짓는다.

과거의 분열
미래의 암울
현재의 단절을 잊은 밤
너를 기억한다.

너는 나의 희망, 나의 꿈, 나의 전부
나답지 못한 시간 더 많을지라도
나의 虛를 채워줄
네가 있기에
나는 그 자체만으로 '포기'를 포기한다.

모든 느낌과 인식이 幻일지라도
모든
언제나의 느낌과 인식이 幻이 아니길.

네가 天國
이미 純極樂
온전한 너

나 어느 때라도
영원한 너를 보내지 않으리
　　　　　(利川 청년원 회의실 촛불 앞에서)

6월 30일

지난 25일자로 사표를 제출했다. 사무·행정직으로부터 손을 놓고 이론과 수련 공부에 시간을 보내고자 한다.

8월 20일

지난 7월 19일 서울을 떠난 후 약 한달 동안 유럽(서부와 남부)의 16~17개 도시를 관광했다. 각 도시들을 거치면서 적은 짧은 글들을 가방과 함께 Nice에서 黑人들에게 도둑맞았다.

　近代 이후 좋지 않은 자연환경 속에서도 세계사를 주도하는 창조력을 발휘할 수 있었던 유럽인들의 현재의 모습에선 미래세계를 위탁할 만한 신뢰성이 가지 않는다. 우선 生命의 活氣 자체가 떨어져 있다. 그런 데다 현재의 삶을 탈출할 수 있는 새로운 창조적 대안이 이들에겐

보이지 않는다. 그들 조상이 남겨놓은 과거를 향유하는 유럽인들의 겉모습은 안정되고 한가로와 보이지만, 그들의 눈빛은 미래에의 不安感과 유색인종에 대한 두려움·경멸이 역력하다.

東洋人의 自尊心은 대체로 日本人이 지켜주는 것 같다. 돈 많고, 깨끗하고, 예절바른 日本人만은 유럽인도 무시하지 않는다. 그들은 돈없는 유럽인보다는 돈많은 유색인 '日本人'을 더 좋아한다. 그들은 성가신 자기 자식보다는 말 잘 듣는 강아지·고양이를 더 좋아한다.

그들 文明을 떠받치고 있는 철저한 개인주의적 삶의 구조! 他人의 삶에 무관심한 그들에게서 인류의 미래를 맡기기란 위험천만한 일이다. 그들 지배계급의 구상은 유럽 통합을 통해 강력한 하나의 정부를 성취해 세계사를 주도함으로써 계속 지배적 질서를 유지하겠다는 그림을 그리고 있지만, 그러한 구상 속에는 전인류적 차원의 共存을 위한 창조적 도덕성이 不在하다. 전세계가 함께 共存, 승화, 진보하는 역할을 해주지 못한다면 유럽의 재기는 한낱 패권주의의 재시도일뿐, 새로운 역사의 장을 여는 창조적 대안이 될 수는 없다.

경제력, 기술, 활기 모든 면에서 장차 동아시아가 유럽을 압도할 수 있으리라는 자신감을 갖게 되었다. 아시아의 지배층에서 갖고

유럽 여행 중에

있지 못한 창조력을 아시아 민중 속에서 찾아내어 그 힘을 결집시킬 수 있는 운동이 성공한다면, 현대가 맞고 있는 파국적 세계로부터 탈출할 수 있는 약속을 보장받을 것이다.

멋진 세계는 새로운 정신적 활기를 불러 일으킬 수 있는 새로운 도덕, 새로운 가르침으로부터 보장받을 것이다. 앞으로 다가오는 세계의 주도권은 각 文明圈에 사는 민중들의 '각성과 창조력의 경쟁'으로부터 결정될 것이다.

9월 4일

모든 '소속됨'에서 오는 굴레에서 벗어나고 싶다. 天道敎會에 '소속한' 나의 지난 날의 결정은 피동적인 '소속됨'의 행위가 아니고자 했다. 그렇지만 이제는 내가 교회 내에서 맺은 '관계'가 전혀 창조적인 행위로 연결되지 못한다. 또 한번 다시 툭툭 털어버리고 홀로 가기로 한다.

내 자신이 창조적 힘을 발휘할 수 있을 때까지는 이렇게 '소속됨'로부터 끊임없이 벗어날 수밖에 없지 않은가! 현재의 나의 無能함에 약간의 不安感을 느끼지만, 그렇더라도 安全함을 찾기 위해 소속될 수는 없다.

가정을 만들어 가정에 소속될 것인가? 현재의 심경으론 결국 世俗的 삶의 굴레 속에서 平生 못 벗어나게 될까 두렵다. 그러나 가정에의 소속이 나를 한층 성숙시켜줄 수 있는 면도 분명 있을 것이다. 문제는 가정을 이룬 다음, 결국 가정을 박차고 나올 거라면… 그때 차마 착한 사람으로선 견딜 수 없는, 주위에 고통을 안겨주더라도 현재를 위해 가정을 가질 것인가! 절대 그런 일은 없을 거라는 당위적 희망만으로 가정을 가질 것인가?

지금까지의 떠돌이 삶의 소모성을 창조적 행위와 삶으로 전환시킬 수 있는 때를 기다리며 현재의 나를 위안하며 살아가야 하는가!

지금까지의 生을 돌아보면 나는 언제나 홀로인 채로, 안착함 없이 이리저리 날아다니는 나비처럼 가볍게 살아왔다. 인간의 삶을 근본적으로 바꾸어 놓을 수 있는 큰 창조적 힘의 대열에 함께하고 싶다.

9월 26일

밤 거리에 빈틈없이 자리잡은 건물들이 오늘의 우리 마음을 드러내 준다. 굳고, 딱딱하고, 아집의 몰골을 한 우리의 마음을 대변한다. 악착 같은, 움켜쥔 표정의 文明! 무생물인 건물의 휘황찬란한 네온사인이 인간의 마음에 대고 흔들어댄다. 인연은 물결처럼 왔다가 물결처럼 떠나는 것. 오는 사람 거절 않듯이, 가는 사람 붙잡지 않거니, H가 떠날 때가 왔나보다.

11월 30일

아침, H는 상계동 아파트로 아주 떠났다. 서로 헤어짐을 키스로 축하했다. 나의 이 냉정함이란… 지난 1년여 간의 사랑의 끝이 슬픔이나 미련 그 무엇도 없다니…

1993년

3월 8일

성공을 꿈꾸는 사람들은 온 내적 에너지를 소모해 화려한 껍질을 만든다. 결국 내적 힘은 소진되고 외적 열기만 드러난다. 삶의 풍요로운 느낌을 가질 시간이 없다.

지혜로운 사람은 삶을 즐기며, 풍요함을 느끼며, 힘의 소모를 최소화한다. 그는 언어로서 자신을 표현하거나, 남에게 변명하지 않는다. 그는 최소의 언어를 사용하며 삶의 풍요를 느끼며 살아간다. 죽을 때도 말이 필요하랴! 부드럽고 유연한 생명의 어린 시절. 언어를 습득하고 훈련하느라 시간 소모하더니, 그 언어를 갈고 닦아서 먹고 사느라고 일생을 다 보내더니, 이제는 죽음을 눈 앞에 둔 처지에 유언을 남겨야만 속이 풀리는 인간의 어리석음.

3월 21일

사람들의 사는 모습, 세상의 변화들을 무심히 바라보는 데 시간을 길게 보낸다. 아름답고 흉측한 사건들이 교차되지만 그래 봐야 철없는 장난질이라 미소짓게 만든다. 하고픈 일도 의지도 없다. 세상이 요구하는 대로 맞추어 살아줄 뿐이다.

5월 25일

열심히 일한다고 하는 자식들은 형편없는 녀석들이다. 그 대가는 환경파괴일 뿐이다. 빈둥거리며 무료하게 시간을 보내는 녀석들은 저질들이다. 그들은 먹고 쌀 뿐이다. 이것도 저것도 아닌 놈들은 방황할 수밖에. 그들은 헤매다 시간 다 보낸다. 한울님은 이들에게 분명한 길을 제시해야 한다.

1994년

1월 7일

굳이 그럴 생각은 없었는데, 어제 내 生日은 굶고 지냈다. 문득 나의 생을 심각하게 생각한 탓일까. 나의 생명을 이렇게 있게 한 한울님과 부모님, 모든 생명들에게 철든 인간이 가지는 감사의 정과 보은의 뜻으로 하루를 홀로 즐겼다. 건달로서 일생을 보내는 것은 참을 수 있지만, 날나리로 보낼까봐 식은땀이 난다.

1월 15일

나에게 점잖은 道人 자질은 없는가보다. 도인축에 끼려면 그래도 약간은 보수적이고, 사람들에게 겉으로나마 안정적인 인상을 주어야 할 게다. 나는 왜 이렇게 파괴적인 일에, 그것도 근원적인 파괴에 관심을 가질까. 그래도 진보적인 운동가들과 합류하여 위안을 얻지만, 그런 수준의 진보성에 만족하지 못하는 걸 보면 끝내 '홀로가기'로 일생을 마무리할 것같다. 도대체 어떤 자가 수천 년 이래 가족제도를 해체하고, 새로운 가족공동체로부터 새로운 文明을 창조해야 한다고 덤벼들 것인가.

9월 15일 2:00

'깨달음' 그것은 또 하나의 굴레. 더 큰 제약. 보다 높은 차원의 새

세계로 비약하는 과정의 하나의 정거장.

'깨달음' 그것은 解脫?

'깨달음' 그것은 해탈이면서 동시에 굴레.

완전한 깨달음의 추구는 착각에서 비롯된다. 따라서 언제나 저 멀리 있는 경지로 이상화된다. 모두가 이미 완전한 깨달음 속에 살고 있지 않은가. 이미 모두가 깨달은 자들 아닌가. 스스로 구원되어 있는 자들 아닌가.

나에게 남은 마지막 재미, 여자와의 재미. 그것마저 재미없어지니… 애착 가는 게 하나 둘씩 없어지는데, 이거 내가 無我를 체득하는 건가. 무능력한 바보로 되어가는 건가. 해야 할 일이 없는 가운데서도 꼭 해야 할 일을 해야겠지.

9월 18일 1:20

나의 감각적 욕망을 부추기는 여자는 많을지라도, 내가 공경할 만한 여자는 이 나이 되도록 만나지 못했다. 육체적 애정에서부터 사랑의 극치인 공경심 사이의 여러 수준의 사랑의 느낌이 있건만, 그러기에 적당한 선에서 사랑의 대상을 찾아야 할진대, 원초적 감각에서부터 경건한 공경심을 다 갖춘 여자를 찾는다면 일생을 기다려도 나타나지 않을진대, 그렇다. 나타나지 않는다. 내 안에서 스스로 그러한 느낌을 충일하게 만들어가야 되지 않을까.

1996년

1월 24일

 도시 속의 인간. 도시는 곧 스트레스와 反생명으로 가득한 인간동물원이다. 빈민촌과 콘크리트 우리 벽 속에서 자기만의 공간을 확보하려 투쟁하는 진화된 동물이 바로 인간의 한 면이다.

 인간 대중은 본질적으로 자기 소속집단에의 소속감을 잃지 않으려 한다. 다른 집단에 대한 차별성을 갖고 싶어하는 우스꽝스런 존재. 구별을 짓고 싶어 자기들끼리 같은 옷, 같은 행동규범, 같은 습관을 가지며 떼지어 살고 싶어하는 외로움 느끼는 존재. 어떤 상황에서도 권위와 계급적 차이를 구별하고 싶어하는, 허위의식을 신앙하는 존재.

 인간이 이렇게 생겨먹은 것도 우스운 광경이요, 인간이 벌이는 위선과 부자연스러움, 투쟁과 자기 보호행위 모두가 웃음나게 만든다. 삶 전체가 근거없는 꿈이고, 그 꿈 속에서도 진지하고 무겁게 살아가는 해학이다. 삶을 정상적으로 살아간다면 하루종일 헛웃음 나지 않을 수 없다. 세상에 대해 인생은 본질적으로 무겁고 심각할 것이 없다. 그것은 스케치하듯 자유스러운 여행길이다. 웃지 않을 수 없는 여행길이다.

 우스꽝스런 연극 같은 人生을 인간들은 목숨 걸고 살아간다. 목숨걸고 자기 신앙을 지키고, 국가와 민족을 지키며, 자신의 자연스런 생명력을 억압하면서 계율과 신조에 매달린다. 세뇌당한 대로 윤리와 관습의 노예로 살면서 편안해 하고, 진정한 자기다움의 자유에 대해 두려움을 느끼는 인간의 행태, 인생을 바라보면서 어찌 웃음을 참을 수 있으랴.

1월 28일

나는 학자가 되는 게 두렵다. 더구나 훌륭한 학자라는 인정을 받는다는 것은 더욱 끔찍한 일이다. 학자들의 특기는 진실한 삶의 바다에 자신을 빠뜨리지 못하는 점이다. 그들은 세상과 떨어져서 객관적 태도를 가지기 위해 일생 노력한다. 삶의 본질에 자신을 던지지 못하고, 계속 탐구하고 질문한다.

"어떻게 이루어졌는가?"

"왜 이루어졌는가?"

"어떤 양상으로 변할 것인가?"

그렇지만 학자들이 기껏 알 수 있는 것이란 생명의 껍질을 알 수 있을 뿐. 그가 과학자이건 철학자이건 생명의 핵은 얻을 수 없다. 객관적 관찰에 의한 탐구에 의해선 그 한계 때문에, 그 삶의 方法 때문에 일생 삶의 국외자가 되거나, 철학자의 경우 마지막 결론에 도달할 수 없는 답을 위해 끊임없이 '왜'라는 의문을 갖는다. 영원히. 어디에도 도달하지 못한다. 학자들은 생명, 존재와 하나되지 못한다. 훌륭할수록 더욱 그렇다.

나는 일생을 대상을 탐구하기 위해 질문하면서 살지 않겠다. 나는 삶에 전적으로 투신하는 참여자다. 삶을 노래하고, 춤추며, 즐기며 만들어간다. 삶에 멀리 떨어져 있지 않고, 존재와 하나되고자 노력하는 '나'이고 싶다.

내가 장차 무엇이 될는지, 조금도 걱정하지 않고 태연히 자유로운 한 생명이 되고 싶다. 타인들에게 현명한 사람으로, 훌륭한 사람으로 인정받기 위해 늘 타인의 의견에 귀기울이고, 그들이 나에 대해 어떤 생각을 하는지 관심 기울이는 생활이란 얼마나 바보짓인가!

자유인은 자기의 삶에 정직하다. 타인의 삶으로부터 영향받을 필요가 없다. 나에게 무슨 일이 일어나도 아무렇지 않는 마음으로 삶을 노래하고 미소지으며 살고 싶다.

2월 29일

나는 민초이다. 그러나 민초이기 이전에 나는 한 인간이다. 그러나 나는 인간이기 이전에 한 生命이다. 그러기에 어떤 상황에서라도 기쁨과 至福感 속에 살아갈 것이다. 어찌 죽음을 걱정하고 두려워하겠는가. 이 생명의 은총! 우주적 생명의 다양한 모습 속에서 '나 나름'으로 살아가는 이 신비. '나'와 구별되는 이 엄청난 다양성을 있는 그대로 수용할 수 있는 이 무궁한 마음의 造化. 변화하는 생명들의 진실한 모습을 수용하는 연륜. 생명의 본질적 기쁨의 요소를 만끽하는 연륜.

1997년

4월 21일
오늘도 길을 간다
진리를 먹으면서
진리를 마시면서

어제도 그랬듯이
내일도 그렇게 길을 가겠지
영원히 가야할 길
나의 靈魂은 기쁘다

4월 30일
이 시대, 사회의 저류는 천박성이 어느 부문이든 관통하고 있다. 천박한 물질문명의 극대화가 이 시대의 징표이다. 신문을 봐도, 잡지를 봐도, TV, 광고판… 그 어떤 대중매체든 신중하고도 치열한 고뇌의 흔적이 없다.

이 문명에 소화되지 않으려는 인간들도 그런 환경으로부터 탈출할 수는 없다. 영원히 순환하는 인간계의 굴레에서 벗어나고픈 욕구와 이 文明의 성격과 틀을 바꾸어보려는 개벽을 위한 고뇌 사이에서 흔들리는 삶을 느낀다. 인간에 대한 사랑을 끊임없이 요구하는 神의 命은 너무나도 가혹하다. 그러나 이 육신을 갖고 있는 한, 사랑과 베풂의 덕은 나를 살리는 지독스런 苦行의 길이다. 인간으로서 어찌해 볼 수 없는 숨막히는 업보의 삶이다.

이렇게 탁해진 세상살이를 느낄 때는 청정한 Canada Rokies의 산하가 그리워진다. 죽임의 문명 속에 사는 인간들이, 스스로의 삶의 고단함과 어리석음을 깨닫게 해주는 神의 고향의 모습 그대로 간직한 곳이 아닌가. 삶은 상대적인가. 그래도 그런 천국 같은 환경에서 살아가는 그곳 인간들은 우리와 같이 'Life is hard'의 표어에 동감한다. 그래도 그들의 고된 인생은 지상의 다른 인생들에 비하면 과분한 엄살처럼 보인다.

인생은 왜 이렇게 피곤한가? 인간들은 스스로가 만든 허상을 실재로 알고 그것에 사로잡혀 살기 때문이다. 스스로 만들어놓은 허상은 자기 스스로를 채찍질하며 욕심을 갖게 하고, 질투와 대립을 만들고, 자신을 불화 속으로 몰아간다. 남이 자기를 어떻게 평가하고 말하는지에 신경을 곤두세우면서 스스로를 얽매게 하고, 굴레에 속박시키면서 영혼의 자유를 누리지 못한다. 영혼이 얽매이면 심정이 불편하고, 그런 상태가 구조화된 인생은 고단하고 괴롭다.

5월 4일

나의 이번 생애는 어쩌면 휴식하고 준비하는 생인지도 모르겠다. 그처럼 느껴진다. 다음 생에서 많은 생명에게 영혼의 성장과 진리의 삶을 이끌어줄 영적 존재로서 활동하기 위해 아마도 이번 생은 동양의 한구석에서 쉬고 있는지도 모르겠다.

사람들의 입에 오르내리지 않고 인류의 미래가 보다 정신적 가치를 추구하며, 도덕적 기준이 높아지고 자연과 친화하는 문명으로 자리잡도록 하기 위해 이 땅에서 깨어있는 영혼으로 많은 것을 공부하고, 가능한 한 나를 필요로 하는 생명들에게 나의 깨우침을 전해주면서 이번 생을 보내고 싶다.

진정한 겸허가 무엇인지—자기만족적 겸손이 아닌—배우면서, 진정한 사랑과 섬김을 배워가면서, 영원한 진리의 세계를 향해 한발 두발 나아가면서, 싸우지 않고… 언제나 깨어있는 정신으로 나의 자아를 완벽히 통제하면서 자유로운 영혼의 힘을 누리고 싶다.

나를 퇴보시키고, 해치고, 몰락시킬 수 있는 자는 어느 누구도 아니다. 오직 나 자신뿐이다. 실상을 잃지 말고, 소유와 탐욕, 집착으로부터 벗어난 자유로운 영혼으로 살아가는 생이 되고저. 지금 항상 깨어있는 마음이 죽음의 순간에도 이어지도록. 죽음의 순간에 평정한 마음 속에서 깨어있기를.

5월 5일

내가 東學을 통해서 수행의 길을 가고자 하는 것은 나의 영혼의 성숙을 위해서며, 이 공부를 통해 많은 사람들의 영혼이 함께 성장하고 정화될 수 있기를 바라기 때문이다.

다행히 천도교는 나를 속박하려 하지 않는다. 소박하고 작은 종교체이기에 정신적 허영과 요란한 치장이 요구되지 않는다. 정신적 허영에 빠진 수행자들은 스스로 잘 느끼지도 못하지만, 또한 남들도 충고해주지 못하는 아주 고약한 병에 걸려 있다. 스스로 맑은, 순수한 영혼을 유지하고 있다는 허영은 남에게도 성장을 위해 도움이 되지 않을뿐더러, 자신의 영혼이 점차 병들고 피폐되는 줄 모른다. 혼자 있을 때는 평온을 유지하지만 세상 사람들과 만나면 그 平安이 혼란과 동요 속으로 뒤집힌다. 그런 수행은 진정으로 위험하다. 많은 이들의 영혼과 함께 성장하고 정화되는 수행의 길이 진정 소득이 있다.

'事人如天' '事天地如事父母'라는 섬김의 실천은 수행자의 온전한 길이며 도의 완성이다. 어렵지만 이러한 섬김과 사랑, 낮춤과 희생의 실천이야말로 진정한 수행이다. 지금까지의 나의 길은 참으로 이기적인 삶이었다. 그러기에 맑은 것 같지만 자유롭지 못하다. 인류의 영혼과 함께 성장하는 수행자!

5월 6일

한울님은 생명을 만들고, 생명을 유지시키고 성장시킨다. 그는 그러면서도 자기의 공덕을 주장하거나 대가를 요구하지 않는다. 그는 음식으로, 공기로, 물로 나의 몸을 살리면서도, 결국 똥으로 오줌과 노폐물로 된다. 똥은 한울님이다.

나는 똥의 실상을 모르고, 똥이라고 무시하고 경멸하고 피한다. 스승도 똥과 같은 처지가 된다. 스승의 영혼은 우리를 돕고 살리면서도 자신의 지위 보장을 요구하지 않는다. 다만 제자들과 생명을 섬기고 스스로 먹히고 희생하다 갈 뿐이다. 한울님이나 스승들의 영혼은 똥이 되지 않으면 우리가 살 수 없다.

남에게 진정 도움이 되는 것은 내가 남들의 똥의 신세가 될 때이다. 나의 영혼을 먹은 자가 나로 말미암아 살아가게 된다. 나를 먹은 자는 스스로가 모든 생을 독립적·주체적으로 살아간다고 생각한다. 똥이 되는 생명의 영혼이야말로 도를 이루고, 덕을 세운 자의 영혼이다. 다시 똥은 새로운 생명력의 씨앗이 되어 만 생명을 기르고 양육하는 힘이 된다. 아무도 고마움을 눈치채지 못하게.

그 길이 스승될 자의 길이다 : '나를 먹으라. 그리고 번성하라.'

깨친 자들은 안다 : '하늘은 우리를 먹여 살리신다. 그러니 정성을 다해 하늘에 효도하고 공경해야 한다.'

11월 3일 0:00경

의정부 가톨릭 성모병원 응급실 行.

• 증세 : 지난 몇 개월(약 6개월) 정도 팽창되어왔던 脾臟에 통증이 심해져서 참을 수 없었음.

• 결과 : 혈액 분석 결과 만성골수성백혈병이라는 진단이 나옴.

• 경과 : 우선 진통제에 의해 통증을 가라앉힌 다음 入院함. (3:00p.m) 골수검사를 위해 골수채취. 악!

입원실에 들기 前, 몸 안에 적체된 백혈구를 걸러내기 위해 혈액 원심분리기로 몸 속 혈액을 투석함. 약 3시간 정도 누워서 8回에 걸쳐 반복 혈액투석.

• 당일 백혈구 수치 : 46만개(cf. 정상건강인의 경우 4천~8천개)

태어난 이래 처음으로 병실에 누워보다. 통증이 시작되었을 때, 어쩌면 세상 구경을 다시 못 할지라도 모른다는 심정이 들어 동생 性材에게 채권·채무에 관하여 위임장을 써 놓고 병원으로 향하다.

전혀 예상치 못했던 病名인데다, 나와는 무관할 것으로 여겼던 백혈병이라니… 한편 不安해졌지만, 현실을 받아들이기로 하고 나의 상태를 관조하는 자세를 유지하고자 하였다. 이제는 살아있음의 삶만이 아닌, 죽음을 포함한 삶으로 나의 삶을 넓혀야 할 시점이다.

통증을 느끼되, 아픔에 정신을 뺏기지 않기가 우선 필요하다. 아픈 감각에 사로잡히지 않는 나의 정신. 아픔을 지켜볼 수 있는, 깨어있는 惺惺한 나의 영혼. 그러나 만약 죽음이 예상외로 빨리 온다 해도 통증이 없는 상태로 죽음을 맞이할 수 있는 福이 있기를. 어쨌든 '죽음'은 이제 비로소 나의 삶의 부분이 되어 다가왔다.

나의 상식으로는 이 병은 完治가 불가능하지만, 입원한 이상 의료진의 치료방법에 맡겨보기로 한다. 우선 몸 속에 적체된 白血球(W.D.C)를 빼내기 위한 혈액 투석시술과 복용약을 통해 급한 대로 응급처치를 받았다. 성재가 이렇게 어려운 때, 나를 도와서 여러 일을 처리해주어 매우 고맙고, 또한 미안한 심정이다. 입원수속부터 의료보험증 발급신청 등을 대신해주다.

지난 밤 응급실에서 한잠도 못 잔 탓인지 입원실의 첫날밤은 깊은 잠에 들다. 그래도 아픔은 여전하다. 전전반측.

병실 8203호실(6인실). 입원할 때 6인침대 中 2명의 환자만이 입원해 있다. 저들은 걷지 못하지만, 그래도 나는 스스로 걷고 먹을 수 있다.

11월 4일 (화)

오전 中, 성숙, 성옥, 성목兄이 방문하시다. 오후엔 성각兄 방문하심.
- 백혈구 수치 : 28만개로 下降. 혈액투석의 결과일 것.
- 체중 : 67.5kg, 혈압 正常, 체온 正常.
- 식후 3回에 걸쳐 藥 복용.
- 세균감염을 우려하여 마스크 착용. 잇몸에서 피가 날 것을 우려. 칫솔질 대신 소독솜으로 입안 소독.
- 당분간 혈액투석 계속. A형 혈액 2pack을 수혈한 후 투석. 남의

피를 받는 것은 꿈에도 생각지 못했는데, 이젠 꿈에도 생각지 못한 일이 나에게 너무 당연하다는 듯 다가온다. 할 수 없는 일.

• 어제보다 통증이 가라앉다. 제발 점점 더 나아지기를! 예상보다 어쩌면 입원기간이 길어질 것 같다.

• 이게 무슨 일인가. 입원한 날부터 나의 정신세계는 투명해지고, 육체적 욕망, 물질적 욕구는 나의 세계에서 멀어져 간다. 일시적일까. 아예 이번 일을 계기로 육체적·물질적 욕구로부터 자유로워질 수 있는 내가 되기를! 나는 안다. 이 병의 근원이 욕망의 과도함에 있다는 것을. 내가 살려면 욕망을 끊어야 한다.

11월 5일 (수)

• 백혈구 수치 : 16만개로 낮아짐.

前日과 같이 수혈(1pk)한 후 혈액투석. 내일은 얼마나 내려갈지… 정상적 수치는 4천~8천개라는데, 아직은 더 기다려봐야겠다. 점차로 통증의 강도가 내려가고, 그러나 호흡은 불편하다. 크게 심호흡을 해봤으면 좋겠다.

11월 6일 (목)

수혈 후(2pk) 혈액투석.

전날보다 백혈구 수치가 내려가 13만개로 낮아졌다는 소식. 계속 내려가는 만큼 통증은 얕아지고 호흡도 점차 편해진다. 아직까지는 커졌던 비장이 줄어들기는 했지만, 손으로 넉넉하게 만져진다. 이 비장이 만져지지 않을 정도가 되도록 작아져야 한다.

11월 7일 (금)

98,000개 수준으로 하강. 정상 건강인에 접근하다. 당분간 약(Hydrea캡슐) 4정으로만 백혈구 수를 조정키로 하다. 혈액투석은 중단함. 천만다행. 앞으로 복용약만으로도 이 병이 다스려질 수 있다면 좋으련만. 골수이식수술만이 근본책이라고 하지만, 그 지경까지 선택하지 않겠다.

11월 8일 (토)

63,000개. 체중은 점차 줄어드는 경향이다. 현재 66.5kg. 혈압, 체온은 정상. 상태는 점차 호전되는데 체중은 왜 줄어드나. 주사액을 하루 종일 꽂고 있는 덕에 소변은 하루 13~15차례나 본다.

11월 9일 (일)

3만 6천개로 줄어들다.

11월 10일 (월)

17,000개 수준으로.

11월 11일 (화)

11,000개. 담당의사는 복용약과 함께 몸 안에서 T임파구를 생성시키기 위한 Interperon을 함께 처방하기로 하였지만, 내가 연기시키다. 인터페론이나 골수이식 수술은 사양하겠다. 현재 상태가 악화되어 죽음으로 이른다 해도 하늘의 뜻으로 받아들이겠다.

내 증상이 '성덕 바우만'의 백혈병과 똑같은 병이라나. 현재의 상태대로 호전된다면, 병원에서 보다는 집에서 요양하는 편이 여러 조건으로 봐서 좋겠다고 판단된다. 오는 금요일쯤(14일) 퇴원하겠다고 내 의사를 전했다.

11월 12일 (수)

드디어 6,600개로 낮아져 정상을 되찾다. 오늘부터는 hydrea 캡슐 2정으로 백혈구 수를 조정키로 하다.

cf. 복용약 분류

1. hydrea 500mg(Hydroxyurea BMS 303) 4정 or 2정
2. u4A welcone(흰알약) 3정
3. cyc 250(흰색) 1정 : 뒷면 'ID' 표시
4. 표시 없는 흰 알약 1정 : 비타민제재인 듯

이혜련씨와 박은경이 번갈아 방문하여 위로받다.

11월 13일 (목)

6,100개. 체중 65.5kg로 계속 감소. 백혈구와 체중이 동시에 감소하다니.

11월 14일 (금)

5,300개. 이렇게 감소하다 보면 4,000개 이하로 떨어지는 것은 아닌지. 걱정이 되어 복용약을 중단하면 어떻겠냐고 하였더니 다른 환자들의 임상결과 계속 복용하여야만 한다 하여 수용하기로.

드디어 오후 3시 넘어 퇴원하다. 홀수일에는 hydrea 1정, 짝수일에는 2정으로 조정키로 하다. 다음주 목요일(20일) 오전에 혈액검사와

함께 의사 면담하기로. 그동안 병실에서는 세 끼 먹고 누워서 쉬고 하였다가, 오늘은 오전부터 퇴원하는 시간까지 눕지를 못해서 그런지 집에 오니 피곤이 엄습한다. 저녁식사 끝내고 일찍 잠에 들다.

홍성엽이 병들었다. 죽어간다. 처음부터 다시 시작하자. 모든 것을 포기하고 원점에서 시작하자. 이 질병으로 한 사람 살아난 놈 없다지만, 모두 다 진다고 할 때 막판 뒤집기. 새로 시작하기.

11월 15일

오늘부터는 병원에서의 하루 일과처럼 집에서도 그대로 해보기로 한다. 적은 양을 3끼 시간지켜 먹고, 피곤하면 눕고. 백혈구 수치 변화를 알 수 없어 궁금하지만 복용약으로만 1주일을 지내보고, 담당의사 면담과 혈액검사를 실시하기로 하다. 이 상태대로 죽는 그 날까지 유지할 수 있다면 좋으련만. 예상치 않았던 이 사건은 나에게 '자연에의 순응'과 '順理'의 삶을 깨우치게 한다. 이번 일을 계기로 하루의 일상적 일과를 규칙적 식사로 다시 짜서 변화시켜 보겠다. 먹고 쉬고, 먹고 자고 하는 아주 사치스런 病이니, 이를 어쩌나. 오후엔 성재 부부와 막내 지원이, 그리고 윤형이가 찾아와 함께 저녁식사하며 보냈다.

11월 16일 (일)

괜한 느낌인가. 어제는 백혈구 수치가 올라간 듯한 느낌이 들면서 잠에 들었다. 아침이 되니 개운하다. 65.5kg. 식사 시간이 늦어지다. 아침 10:00에 식사. 집에 오니 신문, TV를 다시 보게 된다. 해롭다. 새벽 1:00까지 TV 시청. 잠잘 때 비장과 왼쪽 어깨가 거북하다.

삶 자체는 얼마나 아름다운가. 마음이 머물지 않으면 애착도 두려움도 恨도 없으니 그 자체가 축복 아닌가. 건강도 축복, 病도 축복, 삶 자체가 축복이다. 어떠한 상황도 받아들이고, 죽음도 받아들이고, 살게 되면 살고, 죽게 되면 죽으면 되는 것.

11월 17일 (월)

64.7kg. 웬일일까.

삶은 하나의 연극에 불과하다. 현재의 내 상황은 무대에서의 극중 역할처럼 한때의 연기일 뿐. 현재의 순간에 충실하며 적응하고 이해하는 시간으로 현재를 채우면 내 상황도 변할 것이다. 강물이 흘러가듯. 걱정과 근심은 사람을 지치게 한다. 현실을 그대로 받아들이고 편안한 마음으로 현재를 맞이하자. 이번 일은 나에게 生의 의미를 일깨워주는 사건이 될 것이다. 의미를 생각하자. 긍정적으로. 생각은 씨앗이다. 씨앗은 결국 꽃, 열매가 되고. 오로지 긍정적 생각만 만들어 내기로 하자. 열린 마음으로, 사랑의 마음으로 현재를 만들자. 언제나, 어느 상황에서나 편안하리라.

취침 전 체중 : 66.0kg

쇠약해진 작은 숙부·모께서 방문하시다. 연륜의 쌓임은 인식을 열리도록 하는 것일까. 있는 그대로 받아들이는 정신세계는 연륜이 필요하다.

11월 18일 (화)

아침 체중 : 64.6kg, 자기 前 체중 : 65.05kg
- 몸 안의 毒素를 배출하기 : 생야채즙, 신선한 과일, 육류 금지
- 모세혈관 순환돕기 : 손·발 운동, 단전호흡, 세포진동 운동, 육체

氣의 균형자세
- 溫熱요법
- 풍욕(알몸 숨쉬기)

이런 요법들의 공통점은 자연치유력을 높여 저항력을 향상시키는 생명력 증강 요법이다. 생명의 파괴·불균형 현상은 자연의 생명력을 회복시킴으로써만이 복구될 수 있다.

11월 19일 (수)

아침 : 64.6kg, 취침 전 : 66.0kg
- 사당동 민족생활관, 582 - 1857 대표 : 장두석
- 산정호수로 바람 쐬러가다.(12:00~7:00pm) 오는 동안 피곤해져서 차 안(박은경)에서 잠을 청하다.

11월 20일 (목)

64.6kg. 오전엔 일주일만에 혈액검사를 하고 담당의사(박종원)를 면담하는 날이다. 혈액검사 결과 백혈구 수치 9,000. 다행이다. 내일부터는 이틀에 한 알의 Hydrea만 복용하고, 3주 후에 재진받기로 하다.
- 만성기간 中 골수이식 수술의 성공률 60%
- 亞급성기간 中 : 40%
- 급성기간 中 : 30%

11월 21일 (금)

죽음은 바로 이 순간에 삶과 같이 있다. 죽음은 여기 있다. 죽음은 고통이 아니다. 죽음은 환희이다. 삶이 아름답듯이. 나의 죽음은 축제

이다. 이 사실을 나의 주변 사람들이 알아주었으면… 죽음은 나의 영혼이 새로운 우주공간으로 이사가는 일이다. 禪師들은 그들의 죽음을 육체의 옷을 벗듯이 받아들였다. 나에게도 죽음은 새로운 경험을 가능하게 하는 신나는 일이다.

현재의 나는 지난 세월, 균형과 조화를 깨뜨린 삶의 결과로 병을 얻었다. 현재의 병을 치유하는 길은 곧 일상 속에서 자연 생명력과의 균형과 조화를 이루는 건강한 삶을 살아가는 길 그것이다. 건강하게 일상을 살아가는 그 자체가 치유며 조화의 회복이다.

삶을 위해서 건강하려는 짓은 어리석은 일이다. 삶 자체가 건강이 되어야 한다. 그리고 죽음의 순간이 오면 황홀한 新婦를 맞이하듯이 죽음을 기뻐하면서 맞이하면 되는 것. 나의 죽음 순간 여러 사람들이 나의 곁에서 시끄럽게 지껄이지 않았으면 좋겠다. 그 어떤 위로의 말도, 나를 위한 예배도, 찬송도 없어야 한다. 그윽한 고요와 침묵 속에서, 성성하게 깨어있는 영혼으로 새로운 生을 맞이하고 싶다.

내가 죽은 다음에는 저들의 뜻대로 하건 말건… 그래도 너무 엄숙하거나, 슬퍼하거나, 더욱이 울음소리를 내지 않았으면 좋겠다. 살아남은 사람들이 기쁨의 축제를 벌일 수 있는 해탈의 場이 되었으면 좋겠다.

11월 23일 (일)

"나는 죽었다." 지금 이 순간 나는 다시 태어나 산다.

11월 25일 (화)

어제, 오늘의 피곤 때문인지 오늘밤엔 비장이 손에 잡힐 만큼 커졌다.

11월 26일 (수)

한강 '두물머리'(兩水頭)를 찾아갔다. 북한강과 남한강의 물이 만나, 넘실대는 江가의 출렁이는 물의 기운이 세차다. 400여 년 된 느티나무가 시간의 무상함을 지켜보고 있다. 그곳에서 '무드리'(水入) 마을을 거쳐 청평 신대교를 넘어 바람쐬며 오후를 보내다.

어제보다 오늘 저녁, 나의 비장이 심통이 났나… 더 커졌네.

11월 27일 (목)

비장이 가라앉지 않는다. Hydrea를 오전과 오후 1정씩 복용해 본다. 가라앉을 때까지 양을 늘려보기로 한다. 체중은 여전히 늘지 않는 채, 오히려 약간씩 줄어드는 경향이다. 현재 64kg.

11월 28일 (금)

오전에도 어제와 다름없이 비장이 커진 채 있어 오전에 약을 2알 먹다. 며칠 더 경과를 지켜보기로 하자. 동생이, 나의 元氣회복을 위해 한약을 지어주겠다고 한다. 신문광고 중에 건강과 관련된 광고에 눈길이 간다. 가능하다면 다음주 목요일에 '대구 如來한방원'을 방문하기로 마음먹고 있다.

  cf. 황토 온돌침대 : 김태현 원장
    녹즙기 : 박은경(Auto-Mill or OMEGA Juicer)

12월 1일 (월)

다음주 12일에 외래진료를 받기로 되어 있는데, 상태가 점점 악화되어 오늘 진료를 신청하고 입원하다. w.b.c 수치 : 15만 개 수준.

Hydrea 10알 복용. 혈액성분 수혈 8回 시술.

12월 2일 (화)

w.b.c 수치 : 12만 개 수준. 전일과 같이 혈액성분 수혈. Hydrea 10알 복용. 매일 w.b.c 수치가 9만(3일), 8만(4일), 6만개(5일) 수준으로 떨어지다.

12월 6일 (토)

Interferon 100mmIU 투여받다. Hydrea 4정으로 줄이다. 고열과 몸살로 잠을 설치다.

12월 7일 (일)

인터페론 200mmIU. Hydrea 4정

12월 8일 (월)

Interferon 300mmIU. Hydrea 복용금지. w.b.c 수치 : 2만 대.

12월 9일 (화)

Interferon 300mmIU. w.b.c : 13,000

12월 10일 (수)

Interferon 300mmIU. w.b.c : 3,800

12월 11일 (목)

Interferon 300mmIU. w.b.c : 2,300개

12월 12일 (금)

인터페론 투여 일시중지. 2일에 1回씩 주사키로 하다.

12월 13일 (토)

13일간의 입원을 마치고 퇴원하다. 다음주 19일(금)에 외래진료를 받기로 하다. 이틀에 한번씩(15일, 17일, 19일) 인터페론 300mmIU 주사하기로.

12월 14일 (일)

지긋지긋한 여자, 어리석은 여자, 나를 괴롭히는 여자, 자신이 그런 여자임을 모르는 여자. 상대를 학대하고 모멸감을 주는 남자, 철저히 이기적인 남자, 자신이 그런 사람임을 아는 남자. 그 둘의 만남은 서로를 죽여간다.

12월 15일 (월)

동네 근처에 있는 문승태 의원에 가서 인터페론을 주사받다. 이틀에 1회씩 지속적으로 주사맞기로 하다.

- 즐거운 시간 보내기
1. 산책, 음악감상, 영화보기
1. 여행
1. 꾸준한 운동 : 단전호흡, 도인체조

1. 즐거운 心像 그리기, 감사함과 웃음

12월 19일 (금)

예정대로 오전에 주치의에게 진료받다. w.b.c : 9,700개. 지속적으로 Interferon α를 처방주다. 또한 하루에 Hydrea 1정씩 복용하기로 하다.

12월 20일 (토)

이선영, 이혜련, 한영실, 김남수와 함께 인사동에서 만나다. 즐거운 대화와 시간을 갖다. 내가 쓸데없이 어설프게 백혈병에 대한 나의 견해들을 얘기했다. 오후에는 정신과학학회 서울지부 모임에 참석하다. 음악요법(Music Therapy)과 좀요법(Aroma Therapy)에 관한 강의와 토론으로 토요일 오후를 지냈다.

cf. 《건강과 음악치료》 + CD Book, 빛샘 出
CCI T. 782-9630
《약먹기 싫은 당신이여… 아로마 건강법》, 도솔
《향기요법》
오홍근 신경과의원 T. 593-7070

12월 21일 (일)

오늘은 Interferon을 주사맞는 날이지만, 일단 맞지 않기로 결심하고 집에서 휴식하면서 보내다. 이런 결심을 한 데는 《백혈병은 없다》(공동철 저)를 읽은 영향이 컸다. 당분간 내 병에 대한 확실한 지식과 판단이 설 때까지는 치료방법에 대해 좀 더 신중히 결정할 참이다. 그 과정에서 마음이 이리저리 흔들리겠지만… 결국은 모든 결정의 책임자는 나 자신이다.

모든 항암제 투여는 거부하기로 한다. Interferon α에 대한 보다 정확한 지식이 있었다면 처음부터 병원에서부터 거부했을텐데… 내일은 '새빛누리회'를 방문하기로 하다. 보다 더 정확하고 진실한 정보와 지식을 얻기 위해 많은 공부를 해야겠다.

12월 22일 (월)

백혈병 환자들의 지원단체인 '새빛누리회'를 방문하여 이철환 사무국장과 양경석 회원(33세)을 만나다. 양경석씨는 3년 전 골수이식수술을 받아 지금까지 견뎌오고 있다. 이식 편대 숙주 거부반응이 있었던 모양이다. 약 50세는 되어 보인다. 이국장도 그와 마찬가지로 급성골수성 백혈병 판정을 받고, 2년 6개월 전에 골수이식을 받은 지금 매우 건강한 상태로 살아가고 있다.

현대의학적 관점과 입장에서 백혈병을 치료받고, 또한 그 치료법을 권유하는 단체여서, 대체의학의 입장에서 백혈병을 접근하는 방법과 태도는 접할 수 없었다. 저녁에는 두 달만에 신문명아카데미 세미나에 참석하여, 그곳 가족들과 오랜만에 만나다.

12월 28일 (일)

지난 며칠 사이에 다시 비장이 커져가는 상태여서 Hydrea를 每日 8정으로 늘려 복용하다. 오후엔 다시 Intron A를 주사맞다. 9일 동안 주사를 멈추었다가 다시 맞으니, 몸살이 심할 것이다. 밤새 몸살 앓고 나면 머리카락이 몇 개가 셀지…

12월 29일 (월)

Hydrea 4정 복용. 내일은 오전에 정기진단을 받는다. 혈액검사 결과가 정상치이기를…

12월 30일 (화)

w.b.c : 1만 4,000. 주치의의 처방은 똑같다. 이틀에 1회 Interferon α-2b 주사. Hydrea 복용할 것. 김선호는 백혈구 수치가 계속 떨어져 멸균독실로 입원하다. 오후에 Intron A(Interferon α-2b) 주사 맞다. 그리고 영화 관람(내 남자친구의 결혼식)하다.

12월 31일 (수)

효실이 모친이 대장암이 악화되어 중앙병원에 입원했단다. 오후에 병문안 가다. 환자가 되어 보니, 환자의 처지에 더욱 동감하게 된다. 옆 침대에는 포항에서 올라온 20세 된 앳된 소녀 환자가 누워있다. 공교롭게도 급성 림프성 백혈병. 지난해 가을에 진단을 받고 이번에 8번째로 입원하고 있다고 한다. 그녀의 모친은 완치를 확신하고 있지만, 그녀는 치료과정에서 점차로 죽어가고 있다. 희망대로 다 이루길…

이번에도 물 흐르듯 세월은 흘러가서 오늘로서 마감한다. 내일 오전이면 또 새로운 한 해의 세월을 시작한다. 올해는 피곤했다. 이만 잠을 자자. 잠이 좋다. 그리고 죽음도…

1998년

1월 1일 (목)

예년처럼 성목兄 댁에서 가족들이 모여 새해 아침을 맞이하다. 모두들 나의 병을 알게 된 후 처음인데도 나의 병에 대해선 의식적으로 얘기가 없다. 해도 상관없을 텐데… 오후에 작은 숙부모, 홍씨 일가 전체 모임, 저녁엔 분당으로 이사 간 큰누님댁으로 가서 보내다. 매일 Hydrea 복용으로 스스로 w.b.c 수치를 조절하다.

현재 이 순간의 생명력을 즐기라. 미래도, 약속도, 신념도 그 어떤 이미지도 허구다. 죽음도 사실은 허구다. 사로잡히지 않는 즐김. 생각에 빠짐없이 생각 흐르기. 어떤 노력도 하지 않는 채 그 모든 것을 허락하기. 철저하게 깨어있음으로 삶을 바라보기. Ego의 無化. 中道의 실천. 이런 화두들이 올해의 삶을 채워가길…

1월 4일 (일)

5일 만에 인터페론을 주사맞다.

1월 5일 (월)

지난 밤 내내 몸살로 한잠도 못 자다.

1월 6일 (화)

양평 유명산 휴양림으로 가서 휴식하다. 통나무집에서 밤을 보낸다. Hydrea 4정.

1월 7일 (수)

Hydrea 3정

투병생활 중에

1월 8일 (목)

Hydrea 2정. 인터페론 주사맞기가 싫다. 연기할 수 있을 때까지 연기하기로 하자.

1월 9일 (금)

Hydrea 2정

1월 10일 (토)

Hydrea 2정

1월 11일 (일)

일주일 전에 Interferon α-2b 주사맞고는 계속 중지상태. 당분간 Hydrea로만 다스리기로 하다.

1월 13일 (화)

정기 외래검진 연기함.

1월 15 ~ 16일

훌륭한 운전기사를 데리고 오대산, 대관령 넘어 강릉, 설악산, 한계령, 춘천으로 바람 쐬고 오다. 폭설이 내린 지방답게 교통이 어려웠지만, 하얀 눈과 흰 산의 아름다움을 실컷 즐기다.

1월 18일

인터페론 주사 안 맞은 지 2주째. Hydrea의 부작용인 듯 피부가 건조해지고 가렵다. 뜨거운 물에 지지고 싶다. 언젠가는 이 Hydrea마저 중지했으면 한다.

1월 19일

Hydrea 3정 복용.

1월 20일 (화)

Hydrea 끊다. 며칠간 두고 보자. 마음의 이중성. 無心을 즐기는 마음과 동시에 밤에는 女色을 탐닉하는 마음.

1월 24일 (토)

비장이 손에 잡히다. 저녁에 Hydrea 3정 복용.

1월 25일 (일)

Hydrea 3정 복용.

1월 26일 (월)

Hydrea 2정 복용.

1월 27일 (화)

Hydrea 3정 + 2정. 하루 사이에도 비장의 크기가 줄어들고 늘어나고 한다. 지난 주 금요일부터 시작한 온욕 아니 熱浴 덕분에 피부 가려움증이 덜하고… 건식증기탕 안에서의 소금요법 덕분이다. 당분간 새벽 목욕을 지속하고자 한다. 시중 약국에서 Hydrea 구하기가 어렵다. 다음 주에는 병원에 가서 진단받고 Hydrea 처방을 받아야겠다.

어제 경미 모친께서 환원하셨단다. 그의 주검은 고향 속초로 向했다 한다. 전혀 예상치 않은 결과는 아니지만, 항암제의 不作用·역기능을 끝내 못 이겨내셨다. 너무 빨리 무너지셨다. 급성 골수성 백혈병으로 석 달 입원하시고는 항암제 치료의 악마성에 희생되셨다.

1월 28일 (수)

음력 1.1. 설날이다. 나의 몸은 大地의 기운을 많이 받고 태어났나보다. 性的 번민으로 전날부터 몸이 근질거린다. 언제나 나의 몸이 하늘을 닮을까. 서서히 머리가 무거워지고, 어지러워지기 시작한다. 나의 영혼이 살아서나 죽어서나 항상 빛을 향하기를 기원한다. 깊고 깊은 침묵 속의 빛을 느낀다. 고요한 침묵 속에 느껴지는 충만감!

2월 3일 (화)

혈액검사와 진료를 받다. w.b.c 65,000. Hydrea 정의 수를 매일 4정으로 늘려 보기로 하다. 비장이 서서히 커간다.

2월 9일 (월)

지난 주 3일 동안 바람물연구소에서의 종교인 대화모임 이후 비장이 더욱 커졌다. 중요한 것은 무엇인가. 삶과 죽음의 존재 문제는 이미 중요하지 않게 되었다. 진리의 흐름 속에서 언제나 깨어있는 영으로 있느냐가 나의 근본적 갈망이다.

2월 13일 (금)

w.b.c 144,000. Hydrea 양을 하루 8정으로 늘리기로 하다. 의사는 오늘, 내일 "한번 돌리자" 그런다. 그래서 오후에 한번 '돌렸다'. 10만 이하로 떨어지면 안 돌려도 좋은데. 떨어지길.

2월 17일 (화)

가끔 비장이 끄끔뜨끔하다. 그 기능이 떨어져 자기역할하기가 벅찬 탓일까. 네가 무너지면 이 몸은 큰일난다. 몸에 병이 생긴 덕에 나의 모습에 대해 진지하게 알아볼 수 있는 계기가 되고 있다.

건강하냐 병들었냐 하는 문제는 인생에서 중요하지 않다. 모든 것이 본래 나의 표현인 것을. 거부하지 않고 모든 상황을 받아들이는 마음으로. 가능한 한 모든 시간과 노력을 지고한 그 분을 향하는 마음으로. 어떤 미래가 나의 모습이 되건 상관하지 않는 마음으로.

모든 것은 지고하다. 만사는 그 분의 뜻이다. 나의 영혼이 늘 깨어 있다면, 건강과 병듦은 幻일 뿐. 삶과 죽음은 생명의 흐름 속에서 일어났다 꺼지는 나의 생명적 행위이다. 숨을 마시고 내쉬듯 삶과 죽음도 반복되는 행위일 뿐. 거대한 우주 생명의 바다에서 깨어있는 영혼으로 즐기는 生을 만들어가자. 그 분께서 나의 몸을 통해 즐기시도록.

2월 20일 (금)

w.b.c : 59,100. 다음 주 진료받을 때까지 1주일간 Hydrea를 하루 6정씩 복용키로 하다.

⟨Hematdogy⟩

w.b.c 59,100	HGB 12,200
Seg. neutro 65%	HCT 35,600L
Stab : neutro 8%	MCV 101,700H
Lymphocytes(임파구) 4%	MCH 34,700H
Monocytes 6%	MCHC 34,100
Eosmophils 4%	RDW 20,200RH
Basophils 10%	PLT 674H
Myelocytes 2%	MPV 8.0
Atypinl cell 1%	PCT 0.541H
RBC 3,500L	PDW 16,900

2월 21일 (토)

우주는 무한한 의식에너지 場이다. 모든 것은 靈氣이다. 이 에너지 場은 인간의 의식에 감응한다. 인간의 마음에 따라 어떻게라도 현상화된다.

一切唯心造. 인간이 물려 준 모든 진리체계는 결국 각 문화적·역사적 배경을 차이로 만들어진 집단 주관의 소산이다. 진리에 넘어가지 말 것. 그러나 진리를 구할 것. 내 마음의 불이 꺼질 때 나는 무한한 나 자신이 될 것이다.

그러나 마음의 작용이 그친 상태로 지속된다면 그것도 치우친 것이다. 無我와 自我의 작용이 완벽한 조화를 이룰 때 그것이 수행의 정도가 아닐까. 깨달음, 진리, 생명, 영혼, 모든 것은 변화한다. 모든 것은 인간의 마음의 소산이다.

이제부터는 모든 것을 수용하는 마음에 치우치지 말고, 좀 더 적극적으로 몸과 마음을 만들어가는 시간을 갖도록 하자. 온 세계를 새롭게 열어가는 일, 日常 속에서 道를 성취하는 일, 하늘과 감응하며 살아가는 일, 나의 건강과 행복 그 모두가 내 마음으로 만들어가는 것 아닌가.

2월 25일 (수)

나의 육신은 죽었다. 나는 없다. 오직 깨어있는 의식만이 있을 뿐. 무엇을 욕망하고 집착할 것인가. 본래 빈 마음뿐인 걸. 의식은 우주의 식으로 남고, 호흡은 우주의 기운과 하나되며, 순수한 自然의 상태로 우주 영혼이 되어 無念無心으로 남고 싶다. 자연스런 의식, 그것이 곧 깨어있는 영혼 아닐까.

3월 3일 (화)

W.B.C : 21,000 Eosmophils 1%

Seg. neutro 57% Basophils 16%

Stab : neutro 3%   Metamyeloeyte 1%

Lymphocytes 9%   Myelocytes 4%

Monocytes 6%   Immature 3%

3월 8일 (일)

法號를 '도은(道隱)'으로 받다. 모든 것은 한울님이다. 모든 것은 마음이다. 매사에 항상 '나'의 의식없이 正名善의 思言行을 지켜나갈 것. 결과에 대해 아무런 집착없이. 육체적 生老病死의 불안을 초월해서, 정서적 喜怒哀樂의 폭풍우를 초월하여 언제나 한울님을 지키고, 한울님 마음으로 惺惺寂寂. 나의 主人公이 늘 고요히 깨어있도록.

3월 13일 (금)

오늘 예정되어 있는 진료를 다음주 月요일로 옮기다.

3월 17일

Seg. neutro 46%   Basophils 8

Stab : neutro 34   Metamyeloeyte 2

Lymphocytes ·   Myelocytes 5

Monocytes ·   Immature 2

Eosmophils 3   W.B.C 87,000

Hydrea 6정씩 복용. 몸 상태 저조. 그래도 平安한 기분.
 나는 일생 살아오면서 조선 사람으로서의 긍지를 갖고 살았나? 남의 사상 · 음식 · 옷 · 집 · 文化 · 생활방식 등으로 일생을 남의 길을 흉내 내다 허송세월한 것은 아닌가? 그나마 우리의 조선 종교사상을 나름대로 배우고 익혀온 것이 위안이 되는구나.

3월 26일 (목)

W.B.C : 6,000   Monocytes 4%
Seg. neutro 43%   Eosmophils 2%
Stab : neutro   Basophils 36%
Lymphocytes 15%   *Hydrea 1정 or 2정

4월 10일

W.B.C : 98,800H   Metamyeloeyte 6%
Seg. neutro 23%   Myelocytes 19%
Stab : neutro 13%   Immature 26%
Lymphocytes 3%   RBC 3,550L
Monocytes 1%   PLT 579H
Eosmophils 2%   *Hydrea 1日 6정 Allop 2정
Basophils 7%

4월 17일

W.B.C : 67,100H   Remarks Metamyeloeyte 6%
Seg. neutro 56%   Myelocytes 4%
Stab : neutro 15%   Immature Cells 2%
Lymphocytes 3%   RBC 3,3902L
Monocytes 2%   PLT 549H
Eosmophils 3%   *Hydrea 1日 6정 복용 Allop 2정

Basophils 9%

5월 7일

W.B.C : 48,000RH
Seg. neutro 42%
Stab : neutro 9%
Lymphocytes 4%
Monocytes 4%
Eosmophils 4%

Basophils 18%
Metamyeloeyte 7%
Myelocytes 10%
Immature 2%
*Platelet Count 1,055,000/mm3
RBC 3,300L

5월 14일

W.B.C : 35,700H
RBC 3,320L(3,320,000)
PLT 877,000H
Seg. neutro 66%
Stab : neutro 9%
Lymphocytes 6%

Monocytes 1%
Eosmophils 2%
Basophils 11%
Metamyeloeyte 2%
Myelocytes 2%
Immature cell 1%

6월 11일

W.B.C : 13,400 o/mm3
RBC 3.14RL
PLT 812RH
Seg. neutro 63%
Stab : neutro 8

Monocytes 3
Eosmophils 1
Basophils 10
Metamyeloeyte 5%
Myelocytes 5

Lymphocytes 1   Immature 4

6월 16일

W.B.C : 29,200H   Lymphocytes 2
RBC 3.04L   Monocytes 1
PLT 696H   Eosmophils 2
Seg. neutro 75%   Basophils 13
Stab : neutro 6   Remarks : Metamyeloeyte 1%

6월 30일

W.B.C : 8,000   Monocytes 1
RBC 3.26L   Eosmophils 6
PLT 546H   Basophils 18
Seg. neutro 58%   Remarks Metamyeloeyte 3%
Stab : neutro 0   Myelocytes 2%
Lymphocytes 12

7월 24일

W.B.C : 79,100   PLT 979H
RBC 3.05L

8월 10일 HEMATOLOGY

W.B.C : 8,000   PLT 289

RBC 3,00L   cf. Immatures 2%

8월 13일 (목)

삼성병원(강남 일원동 소재) 박찬현 선생에게 나의 병진에 대해 확인하기 위해 진료를 청하다. 채혈하고… 결과를 기다려보자. 다음주에 나의 골수 slide와 X-Ray검사 결과, BCR-ABL(분자생물학) 소견과 Chromosome study 결과를 전달해주고 소견을 듣기로 하다. 결과가 다를 리 없겠지만, 새로운 처방약에 대한 새로운 정보가 있다면 성과라면 성과일 게다.

8월 20일 (목)

삼성병원에서 재진받다. 다음 번에 담당의의 소견이 나올 것이다. 그도 역시 현대의학의 지식범주를 벗어난 처방을 줄 수 없을 것이다.

8월 24일

W.B.C : 56,000   Myelocytes 3%
RBC 3,19L   Immatures 4%
PLT 1,300,000/mm3   *Hydrea 1日 10정 Allop 1日 6정씩
Remarks : Metamyeloeyte 1%   처방

H.O를 만난 이후 나의 삶은 뭔가가 달라지고 있다. 이게 뭘까? 그녀를 생각하면 마냥 기쁘고 재미있어지니.

병원에 다녀오다. W.B.C : 56,000 High, PLT : 1,300,000/mm3 High! PLT 수치가 백만이 되면 '한번 돌려야 되는데' 무사히 넘기고 약으로

일주일을 견뎌보기로 했다. 나의 생각을 알아주는 담당의사가 좋다.
삼성병원에 전해줄 성모병원측의 소견서를 입수하다.

 cf. 염색체 분석결과(Chromosome Study)

- 의뢰일 ; 1997. 11. 3
- 보고일 ; 1997. 11. 13
- Report ; Karyotype : 46, XY, t(9;22) (q34;q11.2) [18]/46,XY[2]
    Impressiom : ph Chromosome positive CML

 Comment : 분석가능하였던 20개의 분열세포 중 2개에서는 정상 남자 백혈병을 보이고, 18개에서는 philadelphia chromosome이 관찰되었습니다. 다른 구조적 혹은 수적 이상은 관찰되지 않았습니다.

 Report by : 임성은 M.T/ 정지영 M.D/ 백용균 ph.D/ 이은희 M.D(의료법인 녹십자 임상검사센터, 580-0366)

 cf. BCR-ABL 소견(분자생물학)

 bcr3-abl2 positive

8월 25일 (화)

삼성병원 박찬현 선생의 소견을 듣다. 예상했던 대로 혈액검사와 골수 slide 검사 등을 통해 종전의 판단대로 소견을 내다. 그의 얘기인즉, 생명의 연장이 소중한만큼 위험부담을 무릅쓰더라도 골수이식수술 준비할 것을 권유하는 내용이었다.

 그의 말로는 수술 성공 비율이 70% 이상될 것이라는 희망을 가질 수 있다는 것. 부작용을 안은 채 가능한 오래 살 길을 택할 것인가? 생명유지마저도 초연한 채 가게 되면 가는 길을 택할 것인가?

▲ 혈액에 관련된 병증들
- Malignamt neoplasm 악성종양(신생물)
- Anemia 빈혈
- Leukemia 백혈병
- Multiple myeloma

8월 28일

의식의 수준과 내용은 운명의 결과를 낳고, 우주의식으로 살아감에 '나'가 없고, 빛의 생명에너지 속에 사랑으로 살아가고, 진짜와 가짜의 분별이 이루어지는 전환기에 빛과 사랑으로 남고 싶어.

구태여 '나'라면, 그건 모든 생명. 이 세상 저들의 다양한 말들 또한 나의 말 아닌가. 나의 의식이 인류의 수호신이 되고, 만 생명의 보호신으로 남고 싶어. 자유로워야 할 마음엔 어쩐지 아쉬움이 남아있네. 사랑하는 것들에 대한 애정·애착 때문일까.

사랑의 의식으로만 살아가고 싶어. 내 몸은 없어.

9월 1일

W.B.C : 9300R   PLT 1,370,000 /mm3 H

RBC 2910L

혈소판을 정상으로 줄이기 위해 '한번 돌리다'

9월 22일 (화)

W.B.C : 41,600H   PLT 555H

RBC 3,01L

9월 26일 (토)

New York 전현철 선생이 처방한 약으로 오늘 밤부터 1日 3回 4정씩 복용하기로 하다.

10월 8일 HEMATOLOGY

W.B.C : 59,500RH

RBC 2,91L

HGB 10,6RL

PLT(Platelet Count) 1,645,000/mm3

1Nucleated Rbc/100WB

SCHEIN (USA)

Sterile Cytarabine, usp 100mg

one vial

백혈구 · 혈소판 증가로 투사하다.

10월 15일 (목)

내가 만약 3시간 後 죽는다면 무엇을 할 것인가? 이런 질문을 받았다. 송희식의 질문엔 함정이 있다. 죽음에 대비하는 태도를 알아봄과 동시에 죽음을 과연 넘어서서 살고 있는지를 떠보는 질문이다.

미래의 죽음에 대한 생각은 不安과 두려움을 낳는다. 그 어떤 죽음에 대한 대비도 완전한 平安을 가져오지 않는다. 지금 이 순간의 우리 대화와 귀기울여 듣는 현실에 살아있을 뿐이다. 과거도 미래도 내 머리 속엔 없다. 오직 이 순간순간에 머물 뿐이다. 죽을 것에 대한 생각이 없기에, 죽음의 순간이 오면 그 상황을 받아들이면 된다. 죽게 되면 죽고, 만약 약속된 시간 1초 전에 프로그램이 바뀌어 다시 살게 되면 살 뿐이다.
　이 순간에 그저 있게 되면, 그곳에는 나라는 것조차 없다. 그 존재는 없이 존재하는 것이다. 죽은 듯이 사는 것이다. 그 순간순간의 있음이 곧 나 자체이다. 순간을 음미하고 즐길 뿐. 죽음의 상황이 오면 음미하면서 맞을 뿐.

10월 20일 (화)

W.B.C : 4,600/mm3　　　　PLT : 599,000

가진 자들의 불법 호화묘지의 파쇄안. 납골당의 유도 및 새 묘지공원의 일체 불허.
　탈세 : 납세체납자(악질 고액체납자)의 일가 재산 몰수법
　공적자금 기업의 악질 경원권자들의 재산몰수 제도

11월 3일 HEMATOLOGY

W.B.C : 35,900H　　　　HGB 12,100

RBC 3,170L　　　　　　PLT 939,000H

혈압 : 123/70

11월 24일 HEMATOLOGY

W.B.C : 35,000RH Abnormal　　HGB 10,800RL

RBC 3,010L　　　　　　　　　PLT 1,505,000/mm3

12월 15일

W.B.C : 17,100   PLT 961H

RBC 326L

12월 18일 (금)

Fetal stemcell therapy를 받기 위해 Nassau로 향했다. 너무 많은 사랑과 관심을 받으며 떠난다. 성재 부부, 성원·지원 조카의 마중을 받으며 출국한다.

공간적 거리는 너에게서 멀리 떨어져가고 있지만, 멀리 멀어져 갈수록 내 마음은 너에게 더욱 가까이 가고 있어. Not Impossible Love! 'Possible Love'로 만들 거야. 건강한 몸으로, 긍정적 마음으로, 순수한 영혼으로 너와 하나되고 싶어. 그동안 나를 받아들이는데 힘들었지? 나는 이제야 네가 여러모로 힘들었다는 걸 알게 됐어. 비행기 상공 안에서 너의 마음들을 느껴보고 있어. 앞으로는 힘들지 않도록 해줄게. 내가 먼 거리를 떠나 너와 오랫동안 만날 수 없는 곳으로 가는 이유는 오직 너와의 영원한 사랑을 이루기 위해서일 뿐이야. 그러기 위해서 우선 건강해야 하니까. 이 소원이 그리 큰 욕심이 아니라면 이루어주시기를!

나의 이 특별한 사랑이 내일의 일상적 사랑이 되기를 기도하고 있어. 10시간 이상 날아서 L.A에 도착했어. 공항 직원의 안내를 받으며 Orlando로 가기 위해 기다리고 있어. 여러번의 시도 끝에 너에게 전화가 됐어. 네 목소리를 들으면 언제나 따뜻한 情을 깊게 느껴. 너는 내가 갖지 못한 걸 나에게 줘. 나는 그동안 無情物이었거든. Orlando行 KE1027편이 Delta 1978편으로 바뀌었어. 예정보다 1시간 10분 지연돼서 떠난다.

 Orlando로 향하는 상공에서 내려다보는 미국의 대지는 오랜 시간 황량한 사막의 그것이야. 그 거친 땅에서도 조그만 인간의 마을들은 연결되어 있어. 언제까지나 사막과 황폐한 산악일 것 같은 대지가 서서히 푸르름을 찾아가고 있어. 마치 내 마음과 영혼이 순수함과 풍요로움을 찾아가듯.

 너를 꿈꾸면서 달콤한 잠을 청했어. 식사를 거르고 주스나 물로 몸을 달래고 있어. 네가 옆에 앉아 있다면 이 여행이 얼마나 즐거울까. 올랜도에 내리면 너의 목소리를 다시 듣고 싶어. 올랜도에 내려서니 마찬가지로 직원이 다음 비행기 갈아타는 곳까지 안내해 주는군. 너도 다음 번에 미국 경유 타국으로 여행할 땐 No-Visa인 것처럼 굴면 어떨까. 공항 대기중 TV를 바라보니, 미국의 Baghdad 공격과 Clinton 탄핵에 대한 뉴스로 온통 시간을 채우는군.

 떠나올 때 너의 감기가 그치질 않았는데, 지금은 어떤지 걱정된다. 네가 아프면 나도 아퍼. 30명이 타는 조그만 비행기(DL 5175편이 COMAIR 편으로 바뀌었어)로 갈아타고 Nassau로 떠나야 해. 이놈들 제멋대로 비행편을 바꾸네. 그래도 출발편이나 시간을 취소하지 않은 게 다행이야. 약 1시간 30분 정도 날아오니 Nassau의 조그만 공항에 내렸어.

 공항에서 정현경과 Evans가 마중나와 기다려주어, 숙소에 짐을 풀어놓고 잠시 근처 Cafe에서 함께 앞으로의 일정과 치료준비에 대한 얘기를 하고 내일을 위해 잠을 청해. 너에게 빨리 전화해서 나 무사히 도착했다고 알리고 싶어. 걱정할까 봐서.

 정현경의 표정이 어색하다. 눈빛이 편안하지 않는 게 느껴진다. 나

더러 어쩌란 말이냐. 몸이 너무 피곤하다. 비장이 많이 커지고 단단해졌다. 여기 와선 약을 안먹을 작정이었는데, 아무래도 안되겠다. 수술날 이전까지는 가능한 한 정상에 가까운 수치로 만들어놓고 싶다.

12월 19일 (토)

아침에 정현경 집에 가서 식사를 함께 했다. 김혜수씨는 마치 그와 자매 같다. 50줄의 그녀는 매우 여기 온 걸 기뻐한다. 오후엔 전선배를 마중하고, 그의 숙소에서 바다를 바라보며 시원한 바닷바람을 마시면서 피곤을 풀고 있다.

저녁시간엔 Paradise Island로 가서 Dr. Rader와 첫 대면을 하고, 여러 가지 의문사항들에 대해 이야기를 나누었다. 자료를 통해서 본 Fetal therapy에 대한 궁금증들이 믿음으로 바뀌었다. 그 남자의 눈빛, 더구나 안정된 눈빛에 정현경이 완전히 매료됐다. 이번 치료에 대해 半信半疑했었는데, 그의 확신에 찬 말에 나의 마음도 움직였다.

너에게 전화하는 시간이 기다려져. 오늘은 Dr. Rader와의 만남으로 내 마음의 의문이 고마움으로 바뀌었어. Fetal therapy가 의학계에서는 실험적이기는 하지만, 나에게 그 기회가 주어진 것에 대해 감사함을 느끼고 있어. 나의 지난 날의 헛된 삶도, 지금의 疾病도, 그리고 이런 치유의 과정도, 또 앞으로의 너와의 새로운 삶의 전개도 모두 神의 위력적인 예정인 것처럼 느껴져. 내가 어떻게 바뀌어야 할지를, 무엇을 할지를 이곳에서 많이 구상해야겠어.

12월 20일 (일)

이곳 사람들은 지금의 계절을 추운 겨울로 여기고 있어. 그렇지만 여기 겨울바다의 해변은 무덥거나 뜨거운 햇살이 비껴가고 난 다음이라, 나에게 매우 따뜻하고 좋아. 바닷물 속의 부드러운 느낌이 내 몸을 감싸안으면 꼭 너의 따뜻한 가슴이 전해져오지. 그리 뜨겁지 않은 오전 太陽의 열기는 신선한 공기와 함께 나에게 너무 필요해. 매일 바닷속에 들어가야겠어. 너의 자궁으로 느끼면서. 그래, 진짜로 바다는 자궁 같애.

12월 22일 (화)

오전에 Fetal stem cell therapy 받으러 병원으로 갔어. Nassau 시내의 아담한 병원(MEDIQUEST)에 도착하니, 오십대 중반쯤 되어보이는 Dr. Patrisha가 마중나와 주어 친절하게 궁금한 사항들에 대해 답변해 주었어. 지금까지 다녀간 환자들의 여러 가지 경우들에 대해. 그 치료 이후의 효과에 대해. 병 치료의 목적뿐 아니라 보다 젊어지기 위해 영화배우들도 다녀간 예들. 혈액형과 관계없이 몸 속에서 빠르게 세포분열함으로써 건강한 육체로 회복하는 원리에 대해. 치료 이후의 증상에 대해 : 매우 잠이 많이 오고, 식사량이 많아진다 하더군.

막상 침상에 누워 분홍빛 태아세포를 주입받는 시간은 30여 분밖에 걸리지 않아. 오늘부터는 Hydrea를 끊기로 했는데, 어떤 결과가 나올지 궁금해. 의사는 당장 끊는 것보다는 3개월 가량 함께 복용하면서 경과를 두고 보는 게 좋다고 권유하지만, 끊어보면서 경과를 지켜보기로 했어.

당분간은 먹고 쉬고 자는 게 일과가 될 것 같아. 재미있게 나가 다니는 것은 며칠 뒤로 미루기로 하고, 몸 안의 피곤함을 몰아내면서 쉬어야겠어. 주사맞은 결과인지, 왜 이리 피곤이 몰려드는지 모르겠어. 오늘 이후로 임신한 어머니처럼 몸을 아껴야겠어. 아기사랑 지극한 어머니처럼 마음을 바꾸고, 삶의 패턴도 바꾸어야겠어.

12월 24일 (목)

더운 나라의 크리스마스 분위기는 한국 같지 않아. 크리스마스데이보다는 내일 모레 새벽부터 있을 'Junkanoo Parade'에 관심들이 많아. 밤새고 그들의 축제를 즐겨볼 참이야.

여전히 몸은 병든 닭처럼 잠이 몰려들어. Dr. Rader와 매일 통화하면서 경과를 주고받는데, 그의 말이 어떻게 해서라도 치료에 성공하고 싶다는 열의를 보여주어 매우 고마움을 느끼고 있어. 어쩌면 경과를 지켜보면서 차도가 없으면, 다시 한번 'double dose'의 세포주사를 주입하고 싶다는군. 이러다 내 몸이 점점 젊어지면 어쩌지. 몸의 차도는 눈에 띄게 좋아지지 않지만, 安心은 돼. 회복에 대한 작은 믿음은 있어. 두고 봐야겠지.

아무쪼록 용평에 가서 푹 쉬면서 기분전환하길 바래. 내가 건강해지면 너와 함께 여행다닐 때가 오겠지. 나의 기분은 마치 나의 짝을 남에게 맡기고 즐겁기를 바라는 마음이야. 너를 보고싶은 그리운 감정은 말로 표현 못해. 너를 일생 바라보아야만 하는 나의 처지가 힘들게 느껴져.

12월 26일 (토)

어제 초저녁부터 잠을 청해서 미리 피곤을 풀어놓고, 12:00 자정에 일어나 나쏘 시내로 나가 이들 최대의 축제를 즐기고 왔어. 오전 9시가 되어서야 집으로 향했지.

올해가 이들의 25주년 독립기념의 해가 되어 더욱 규모가 큰 행사가 됐대. 그들 행렬에서 온 거리를 향해 뿜어대는 브라스밴드, 드럼, 이름 모를 전통악기(cow bell) 등의 반복이 내 영혼을 완전히 미치게 만든 경험은 이번이 처음이야. Shaman의 소리 그것이야.

아쉬운 광경은 이런 현란한 탈과 의상, 소리의 퍼레이드에도 불구하고 이곳 주민들은 오랜 기간의 피식민지 근성 때문인지 생각보다 덜 발광하는 태도야. 아무 것도 모르는 내가 오히려 더욱 미쳐 날뛰며 소리지르고 춤추면서 그 대열에 환호했지. 한국에 아마 이런 문화행사가 있다면 얼마나 좋을까 하는 부러움이 들어.

내가 앉아있던 좌석 비스듬히 건너편 은행 지붕 위에선 백인 청년들이 한 무더기 몰려서서 춤을 추는데, 네가 옆에 같이 있다면 밤새도록 너와 야한 춤을 추면서 밤을 지새는 광경을 꿈꾸었어. 이곳 원주민들의 고단한 표정이 가슴 아프게 해. 오후엔 Dr. Pat이 나에게 왕진와 주었어. 다음주 수요일 오전에 다시 한번 주사맞기로 얘기가 됐어.

사랑의 감정은 흐르는 거야. 그래서 환상에 몰입하는 감정이 만족되지 못하면 상처가 되는 것 같아. 사랑은 노력이며 일인 것 같아. 진실한 사랑은 아무리 아름다워도 저절로 이루어지지 않지. 너를 못본 지 벌써 열흘이 가까워. 별별 마음이 다 생겨나지만, 느긋한 마음으로 너를 그리워하고 있어.

12월 27일 (일)

몸은 더욱 무거워지고, 머리는 어지럽고… 더운 날씨에 피곤함이 더욱 쉽게 몰려와. 어제부터 다시 Hydrea를 하루 8정씩 먹고 있어. 새로 내 몸에 이식된 아기세포(?)들이 약 때문에 제대로 성장할 지 걱정되지만, 의사의 권유대로 몸의 현저한 양호함이 있을 때까지는 당분간 화학요법을 병행해야겠어.

너를 보면 나의 피곤함에도 낭만이 있을 텐데… 내가 하루빨리 건강한 몸으로 회복되어, 너의 옆에서 언제나 너를 지켜줄 수 있는 날이 오기를 고대할 뿐이다. 너를 생각하면서 할 수 있는 말은 언제나 '사랑해' 일 뿐이야.

12월 29일 (화)

여지껏 한번도 바닷물 속에서 수영해본 적이 없었지만, 오늘은 최초의 새로운 경험이었어. 내가 있는 Cable Beach와는 정반대의 남쪽 Coral Harbour로 가서 Kayak과 Snorkeling을 오후 내내 즐기면서 보냈어. 수영도 할 줄 모르는 주제에 용기를 내어 '남들도 다 뜨는데, 나만이 안 뜨겠냐' 싶어 물안경 쓰고 먼 바다까지 나가서 산호를 구경했어. 처음엔 내 배가 뒤집어지는 등 애를 먹었지만, 바닷물 속에서 헤엄쳐 다니는 걸 재미들였어.

내일 모레엔 다시 한번 뛰어들 작정이야. 스노클 장비를 내일 당장 내것으로 살 생각이야. 몸엔 계속 열이 나고, 어지럽고… 이 백혈구와 혈소판의 증가를 사이좋은 친구로 여기기에는 너무 나를 고단하게 해. 내일은 다시 fetal cell을 주사맞기로 한 날이야. 너의 목소리를 듣고 잠자리에 들어가니, 마음이 흐뭇해져. 오늘도 너를 안고 자는 꿈을 꾸면서 아침을 기다릴 거야.

12월 30일 (수)

오전엔 다시 Dr. Pat의 병원으로 가서 fetal cell을 주사맞았어. 예상과는 달리 적혈구 세포를 맞았어. Dr. Rader은 현재의 백혈구 수치가 높으니, 다음주에 백혈구 수치가 낮아진 상태에서 주사하는 게 좋겠다는 견해였지만, 나의 견해는 오히려 오늘 주사 맞고, 다음주에 치유경과를 확인하고 한국으로 떠나는 게 안심되겠다고 우겼지. 나의 생각을 받아들여서 오늘 맞게 된 거야.

오후엔 나쏘 시내를 걷고, Pompey Nuseum, Cafe Matisse에서 식사하는 등 다른 날보다 많이 움직여서 고단하리라 생각했는데, 의외로 몸 상태가 괜찮았어. 좀 더 두고봐야겠어.

너를 보고 싶어 미치겠다. 돌아가면 너를 내버려주지 않겠어. 내 옆에 두는 시간을 더 많이 가질 거야. 내일은 새벽에 이틀 일정으로 이웃 섬으로 떠나. 바하마 섬들 중 가장 큰 섬인데, 자연환경이 그런대로 잘 보존된 섬이라는군. 오직 너와 함께 있고 싶다는 생각뿐이야. 아침 저녁의 공기는 요 며칠 사이에 많이 차가워졌어.

12월 31일 (목)

올해의 마지막 날이군. 지난 날들의 사건·기억들을 들춰보니 꿈을 회상하듯 느껴져. 오늘 아침 일찍 Nassau 공항으로 나가 Andros 섬으로 떠나왔어. Nassau가 있는 섬(New Providence)의 서쪽에 있는 섬인데, Bahamas에선 가장 면적이 큰 섬이면서도 인구가 8,000여 명밖에 살지 않는 가난한 섬이지. 그래서 그런지 아직까지는 휴양지로서의 개발이 덜 되어 자연이 그런대로 잘 보존되어 있어.

이 섬엔 성공회 교회가 5개가 있는데, 신부는 오직 한 명. 그의 이름은 Don Hyne. 나보다 두 살 어린 흑인 신부. 오래 전에 부인과 헤어지고, 지금은 그를 도와 함께 살고 있는 또 다른 흑인 남자와 함께 살고 있어. 둘의 사이가 심상치 않아. 두 사람 모두 건강하질 않아. 큰 병이 진행되고 있는 것 같아. 어쨌든 그 둘의 마중을 받고 사제관 근처의 해변으로 나가 오후 내내 스노클링하고, 추우면 Hot Tub에 들어가 찜질하면서 보냈어.

오늘은 새해 첫날을 맞이하는 날. 밤 10시부터 새벽 1시까지 미사에 참석했어. 여기저기서 교인들이 참석했는데 약 60여 명. 새해엔 꼭 건강을 회복해선 너를 든든하게 지켜주면서 뜨거운 사랑을 영원히 나누고 싶어.

너를 못 본 지 너무 오래 지났어. 날이 가면 갈수록 더욱 너의 존재가 소중해져 와. 어떤 말로도 표현할 수 없어. 네가 그냥 좋을 뿐. 너 때문에라도 꼭 회복해야겠어. 낮에 바닷바람을 너무 오랫동안 쐬서 그런지 몸에 감기증세가 있고 열이 나네. 걱정되지만 잘 넘길 수 있으리라 생각해. 땀이 많이 나.

1999년

1월 1일 (금)

아침에 일어나서 너를 생각해. 나를 생각하는 시간보다 네가 먼저 떠올라. 새해엔 너의 바라는 모습으로 더욱더 다가갈 수 있는 한 해가 되길 빌어. 더욱 매력적으로. 더욱 건강하게. 더욱 향기있는 女人으로. 나의 마음은 네 생각으로 가득차 있어. 한 해를 시작하면서 너를 떠올리니 마음이 따뜻해져와.

오전엔 신부가 자기의 섬을 소개해준다면서 같이 드라이브에 나섰어. 돌보지 않은 자연, 가난한 섬 주민의 삶, 나른한 포구의 풍경, 미래가 지겨운 어린이들의 표정, 막막한 바다 수평선, 뜨거운 한낮의 햇살, 단조로운 포장도로 등등이 나의 몸을 기력 빠지게 해.

적당한 도전과 긴장감이 生氣에 도움이 된다는 걸 알게 하는 경험이었어. 그래도 너와 함께 다녔다면 얼마나 즐거웠을까. 넌 왜 내 곁에 없는 거야. 이젠 너를 보게 될 날도 며칠 남지 않았어. 지난 떨어져 있던 날들이 힘들었지만, 이젠 기대가 커. 보게 될 때까지 아무쪼록 운동 많이 하고 잘 쉬었으면 좋겠어. 사랑해. 사랑해. 사랑해. 지석이 문제는 어떻게 됐는지 궁금해.

어젯밤엔 열과 땀으로 지샜는데, 오늘은 다행스럽게도 정상이 되었어. 며칠 사이에 나 많이 까맣게 됐어. 서울 갔을 때 나 까맣게 됐다고 차별하지 않기. 이제 자야겠다. 내일 아침 일찍 Exuma라는 섬으로 떠

나. 입교식 잘 치르고… 나도 응원 많이 할게. 너의 신앙심에 대해.

1월 2일 (토)

이젠 여길 떠날 날도 며칠 남지 않았기도 하지만, 여기 있는 동안 動的인 바다 휴식을 즐기고 싶다는 생각이 들어. 오전에는 바다 하늘을 날으는 Para-sailing을 즐기고, 오후엔 바닷속을 탐험하는 스쿠버 다이빙을 즐겼어. 처음 경험인지라 약간의 스릴과 두려움이 있었지만 매우 즐거운 경험이었어.

그래도 몸의 상태는 약간의 피곤함이 있고, 그래서인지 틈만 나면 쉬고 싶어. 내일 모레엔 혈액검사가 있는데, 그 동안의 경과를 보면 특별한 차도가 없어서 검사결과에 큰 기대가 없어.

너의 요즘 상태는 어떤지. 전화 목소리를 들으면 여러모로 피곤한 상태인 것같아. 많이 쉬고 생각을 줄이고 놀아봐. 너에 대한 사랑이 충동적인 romance는 아닌게 분명해. 너의 모든 점을 이해할 수 있고, 네 입장에서 생각하려 하고, 너를 위하는 일이라면 모두 다 해보려고 하는 마음이 드는 걸 보면 나의 집착만은 아닌 것 같애. 로맨스는 서로의 매력이 다하면 오래 가지 못하지만, 진정한 사랑은 서로를 더욱 성숙하게 하지.

마지막까지 너를 통해 진정한 사랑을 배우고 싶어. 여러 가지 조건이 不利한 벽으로 작용해 이루어질 수 없는 사랑으로 보일지라도, 진정 사랑의 마음이라면 현실적인 벽을 넘어설 수 있을 거야. 요즘은 땅이 꺼지듯이 몸이 늘어져. 네 옆에 눕는 꿈을 꾸면서 잠을 청해.

1월 3일 (일)

바람이 북쪽에서 많이 불어와. 파도도 거세지고. 오늘은 방 안에서 잠이나 청할까 하지만, 오후가 되자 바람이 좀 잔잔해졌어. 그래서 이 섬의 동쪽 끝으로 돛단배를 타고 나가 유유히 시간을 보냈어. 바닷 속의 수많은 모양의 물고기와 산호초들을 구경하며, 인생도 이렇게 여러 가지 경험들을 음미하면서 마음 뺏기거나 상처받지 않고 즐겁게 살 수 있으면 좋겠지. 너와 함께 진정한 도인의 마음을 가지면서 일생을 누릴 수 있기를 바래. 그 과정에서 여러 가지 어려운 고비들이 있겠지만, 너와 함께라면 무슨 일이 있어도 잘 헤쳐나갈 수 있을 것 같아.

처음 며칠은 바다에 나갈 때 자외선 보호 크림을 바르고 나갔지만, 서서히 바르는 것을 게을리하니 피부상태가 많이 안좋아졌어. 날씨가 점점 안 좋아지고 추워져.

대부분의 사람들의 사랑은 현실적이 되지 못해서 부숴지기 마련이지. 현실에서 갖지 못한 꿈을 사랑을 통해 이루려 하기 때문에 환상을 좇다 깨어지고 상처받지. 그들의 사랑은 거의 다 뜨거운 열정을 가지는 로맨스로 끝나버리지. 사랑이 현실이 되기 위해선 현실의 모든 일이 그렇듯이, 사랑을 점점 더 키우고 성장시키기 위해선 농부가 씨 뿌리고 가꾸며 땀흘리며 노력해야 결실을 거두듯이, 사랑을 지키기 위해선 '진실한 노력'이 있어야만 되리라고 생각해. 달콤한 사랑은 오래 지속되지 않는 법.

1월 4일 (월)

이제 내일이면 너에게로 향해 날아가. 아침엔 혈액검사하고, 시내에서 쇼핑하고는 오후 내내 방에서 쉬고 있어. 날씨가 계속 안 좋아. 거센 파도와 강한 北風을 맞으며 해변에 나가 마지막 날의 바하마를 음미했어.

피검사 결과 백혈구나 혈소판이 정상에 가깝게 저하된 것뿐만 아니라, 혈액암세포라 불리는 세포들이 거의 다 없어져가고 있어. Dr. Forte가 자기일처럼 같이 기뻐해줘. 오늘의 수치는 정상인의 그것이지만, 너무 좋아할 일은 아니지. 내 안에서 일하면서 증식하고 있는 아기 세포들이 건강하게 살아줄 수 있는지 아닌지는 몇 개월을 더 지켜보아야 해.

너 때문에 여기에 왔고, 너 때문에 건강을 찾아야 해. 너에게 부담이 되는 존재로서 사랑하고 싶지는 않아. 건강하게 되면 뭐 할까? 나에게 다가오는 상황에 대해 이제부터는 소극적으로 끊거나 피하지 않고 담담히 맞아들이고, 모든 것을 있는 그대로 인정하면서 삶을 음미하려고 해. 그것이 좀 더 성숙한 自我로 나가는 것이 아닐까 생각해. 모든 것을 떠나보내기보다는 모든 것을 그대로 바라보고 인정하는 삶이 건강한 사람이 가져야 할 태도 같애.

오늘 저녁에 해변가에 나가 찬바람을 오래 쐬었더니 몸살 기운이 있는 건지, 아니면 나의 사랑스런 아기 때문인지 뒤척이게 되네. 언제나 네가 있다는 사실이 나에겐 큰 힘이 돼. 나는 너의 영혼에 감싸이고, 나의 영혼은 너의 존재 전체를 감싸면서 하나되는 순간순간으로 살아가고 싶어. 나는 네 안의 거룩한 신성을 느낄 수 있어. 너의 몸은 神性을 보존하고 있는 聖殿이야. 건강하게 잘 가꾸어야 해. 빨리 달려가서 너의 전체를 안아보고 느끼고 싶어.

2월 26일

W.B.C : 32.1RH   Seg. neutro 44%

RBC 2.61L			Stab : neutro 11%
HGB 10.1RL			Lymphocytes 3
HCT 30.8L			Monocytes 3
MCV 117.6H			Eosmophils 5
MCH 38.6RH			Basophils 24
MCHC 32.8R			Metamyeloeyte 1%
RDW 21.9H			Myelocytes 5%
PLT 1,414,000			Immature 4%

3월 15일(월)

지난 주 일요일(2. 28)에 1박2일로 지리산 농평마을에 다녀왔다. 최진규 선생과 구례의 매실농원, 진주의 長生 도라지 공장을 들렀다.

지난 2월 26일 혈액검사를 받은 이후, 매일 Hydrea 10정씩 복용하다가 지난 3월 7일엔 8정, 8일엔 4정, 9일엔 2정씩 복용하다가 10일(수) 이후엔 일체 끊었다. 비장 크기가 줄어든 상태 그대로 며칠 지속되고 있다. Hydrea 복용으로 腸內 점막이 파괴되어 몇 달째 설사기운이 계속되었다. 입 안의 점막도 마찬가지다. 맵거나 뜨거운 음식 먹기가 힘겹다.

그런데 13일엔 대변이 정상이 되었다. 점막이 소생되는 것 같다. 문제는 백혈구와 혈소판이 감소하는 증세가 지난 주부터 먹어온 장생 도라지액 · 神水(최진규 선생 처방) · 매실액 등의 효과인지, 또한 지난 연말에 투입된 태아세포의 활성화 때문인지, 아니면 정상 이하로 그것들이 저하되는 과정인지 알 수 없다.

이번 주엔 혈액검사를 해봐야겠다. 분명한 点은 맑은 공기와 쾌적한 몸 상태를 유지하면 수치가 긍정적이라는 점이다. 시내의 탁한 공기 속에서 몇 시간을 보내거나, 몸을 피곤하게 만들면 대뜸 비장이 부어오르는 것은 명약관화하다. 3月 4日부터 최진규 선생의 '神水' 복용. 3월 2일 이후 매실액과 도라지 파우치 복용.

4월 25일

나의 가짜 영혼은 '현실을 있는 것으로' 믿는 환상 속에서 살아간다. 우주의 현실은 나의 하나의 큰 영혼이 만든 환상이다.

神의 꿈, 신이 꿈꾸며 활동하는 것이 우주일진대, 그 속에 존재하는 생명들은 활동과 생존이 그 목적이 될 수밖에 없다. 활동의 완전정지와 생존의지의 완전포기만이 神의 창조성을 초월할 수 있다. 진정, 나는 이 '절대 無'의 영원한 적막과 고요가 지루해서 활동을 시작하고 우주를 창조하고 법칙을 만들지 않았는가.

이제 이 우주의 환상 속의 永生도 신물이 난다. 계속 이 우주의 삶을 지속할 수도, 또한 절대 무로의 귀환도 못한 채 서성거리고 있는데, 인간족들은 영혼의 진화니 의식의 성장이니를 꿈꾸고 있는 국면이다. 개체 영혼이 환상놀음이란 것을 깨달을 때만이 그 멍청이 행진을 멈출 터이다. 이제 이 우주의 오락을 언제까지나 영원히 계속할 것인다. 이것이 神의 굴레다.

환상의 세계를 돌아오자. 작은 개체 영혼의 삶을 지금 이 순간 충실히 사는 것이 나의 에너지를 긍정적으로 순환시키는 선택이 될 것이다. 내 육체의 집을 허물고 다른 집으로 이사할 때까지는 '가슴 뛰는 삶'을 살자. 환상의 삶은 가끔 즐겁고, 가끔 지루하다. 깨달은 삶은 정작 아무것도 아니다.

6월 4일 HEMATOLOGY

W.B.C : 14.5RH

RBC 2.61L

HGB 10.3RL

HCT 31.0L

MCV 118.8H

MCH 39.4RH

MCHC 33.1R

RDW 22.1H

PLT 1,318,000

Seg. neutro 42%

Stab : neutro 1

Lymphocytes 9

Monocytes 5

Eosmophils 5

Basophils 36

Immatures 2(blast form)

6월 24일

W.B.C : 10.700RH

RBC 2.57L

HGB 10.700RL

HCT 31.7L

MCV 123.3H

MCH 418RH

MCHC 33.9R

RDW 22.0H

PLT 1,150,000

처방약

C-HYR #2

Allop 60g #3

Seg. neutro 33%

Stab : neutro 5

Lymphocytes 14

Monocytes 4

Eosmophils 4

Basophils 25

Metamyeloeytes 4

Myelocytes 6

Immatures 5

Folic 300g #3(엽산)

AsA 10 7#1

7월 23일

W.B.C : 12,000RH   Seg. neutro 44%

RBC 2.530L   Stab : neutro 1%

HGB 10.200RL   Lymphocytes 16%

HCT 31.6L   Monocytes 12%

MCV 124.8H   Eosmophils 2%

MCH 40.5RH   Basophils 20%

MCHC 32.4R   Myelocyte 2%

RDW 19.8H   Axysical cells 3%

PLT 1,524,000

8월 12일 HEMATOLOGY

W.B.C : 34,700RH   Seg. neutro 23%

RBC 2.760L   Stab : neutro 5

HGB 11.200RL   Lymphocytes 14

HCT 33.9L   Monocytes 14

MCV 122.4H   Eosmophils 2

MCH 40.5RH   Basophils 37

MCHC 33.1R   Metamyeloeyte 2%

RDW 19.8H   Myelocyte 1%

PLT 1,212,000   Atypical cell 2%

9월 2일 (목)

W.B.C : 14,000RH   MCH 39.5RH

RBC 2.780L MCHC 31.1R
HGB 11.000RL RDW 19.6H
HCT 35.3L PLT 1,290,000
MCV 126.8H

병원에 들르니, 박종원 담당의는 여의도 성모병원으로 옮기셨다. 강남 성모병원에서 오신 조준구(?) 선생의 진찰을 받았다. 자신의 판단으로는 지금 나의 상태가 '가속기'中이란다. 생명시한은 약 6개월 예상. 올 것은 오고 갈 것은 가는 法. 그 정도의 시간이면 죽음을 대비할 시간은 여유있는 편. 죽음의 시간을 늦추거나 삶을 연명하기 위해 의학적 수단에 의지하지 않겠다.

모든, 다가오는 것을 받아들이겠다. 모든 것을, 내 자신을 용서할 수 있기를. 나에게 남은 욕망, 감정, 판단, 의지, 잡념… 모두를 無化시킬 수 있기를. 내 안에 모셔져 있는 神에게만 집중할 수 있기를. 어떤 번뇌도 없이, 아무렇지 않은 마음으로 나의 죽음을 체험할 수 있기를. 죽음에 관한 번뇌에 사로잡히지 않고, 죽음 자체를 깊은 휴식으로 맞을 수 있기를.

이제 남은 시간, 진정 無我의 출렁이는 에너지 바다이고 싶다. 순수한 生命의 바다에 合一되고저. 평화의 죽음이 되소서. 현생의 삶은 내 영혼이라는 배우가 연기했던 흔적. 죽음의 순간도 연기하듯 맞이하고 싶다. 내가 태어났을 때 여러 사람들이 알았지만, 죽는 순간은 아무도 모르게 맞고 싶다. 장례식이 없는 죽음이 되기를.

이 세상에 태어나 삶을 여행하면서 육체적 쾌락에 대해선 통달하듯 공부한 것 같다. 긴장감있었던 쾌락이었지. 내가 왔던 본래의 平和로운 휴식의 세계로 귀환하고 싶다.

9월 18일 入院 첫째 날

W.B.C : 14,300RH HCT 33.8L

RBC 2.68L PLT 1,254,000

HGB 10.4RL

어젯밤에도 잠시 의식을 잃고 화장실 바닥에 쓰러졌었지. 한 5분쯤 그랬나. 오늘 밤에도 샤워한 이후 방에 들어와서 의식을 잃고, 이번에는 엎어졌다. 그것마저도 똥을 싸고서. 不安한 상태에서 참고 그대로 잠을 청하기보다는 병원 응급실로 향했다.

매일 ARA-C(항암제)를 3일간 투여, 이틀간 혈액성분 투석. 21일(火) 오전에 PLT를 99만 상태로 떨어뜨려놓고 퇴원하다. H.O의 정성과 보살핌 덕분에 다시 소생했다.

10월 13일

성모병원 주사실에서 C-MTZV(Mithoxanthrone 성분) 20mg 투약받다. 10시간 정도를 병원에서 있었다. 색깔부터 시퍼런게 어째 저 놈이 내 몸에 들어가 휘저을 생각을 하니 마음 강하게 먹기로. 지난 번 퇴원 이후 Interferon α-2b (300mg)를 3일간 주사맞은 뒤 당분간 효과 없어 중지하고 있다. 지난 주말 H.O와 함께 정선 소금강에서 휴식했던 기분 좋은 상태가 그리워진다. 내 혈액은 시원하고 맑은 공기를 그리워한다.

10월 21일 (목)

오늘로 다시 의정부 성모병원에 入院한 지 5일째. 지난 주 土·日은 의식을 잃고 쓰러진 이래 이렇게 머리 두통이 심하긴 발병 이래 처음. 죽는게 더 나을 지경이었다. 집에서 성재 부부가 오길 기다렸다. 일요일 오전에 응급실로 갔다.

PLT 200만(17日), 18日 : 1417K, 19日 : 1041K, 20日 : 954K, 21日 : 834K

W.B.C 3,500(18日) 2,000(19日) 1,800(20日) 2,000(21日)

지난 주 투여한 C-MTZV 결과다. 이번엔 퇴원 생각을 접어두고 의사의 판단에 맡기기로 했다. 그의 판단으로는 이번 겨울 급성기로 접어들 예정. 막다른 생명의 길에서 그 동안 기피했던 골수이식수술에 대해서도 마음을 열었다. H.O의 설득이 유효했다.

병원 안에서 이식수술을 기다리긴 너무 지루하다. 나가서 가을의 대기와 하늘·산야를 마음껏 누리고 싶다. 하루하루 혈소판 감소로 인해 두통이 없어져서 얼마나 다행인가.

다음 주 初쯤 나의 골수검사를 다시 해보기로 했다. 성재는 내일, 강남 성모로 가서 혈액검사를 하기로 했다. 나의 혈액성분수치가 계속 저하되어, 유전자 감식이 정확할 것 같지 않아 친형제의 유전자 검사가 필요하단다. 지금으로선 백혈구 수치가 어느 선까지 떨어질 지를 지켜보고 있을 때다.

10월 28일 (목)

오늘 그동안 계속 백혈수 수치가 하강하다가, 700에서 3일 동안 유지한 이래 비로소 900으로 상승을 시작했다. 며칠 전에 맞은 백혈구 증진 촉진제 때문인지, 아니면 700이 최하점이었는지는 내일 두고봐야 겠다. Hgb이나 Platelet은 여전히 매일 하강 중이다.

W.B.C : 1,400(22日) → 1,000(23日) → 800(24日) → 700(25日) → 700(26日) → 700(27日) → 900(28日)

Hgb : 8.5 → 8.4 → 7.8 → 9.6 → 9.5 → 8.9 → 8.5

PLT : 728K → 551K → 346K → 209K → 103K → 48K → 37K

내 몸과 몸의 변화 모두가 神의 재미있는 장난으로 돌리고, 그 분을 믿고, 어떤 상태가 되든 감사하는 마음으로 마음 편안히 보내기로 했다.

얼마 전까지 해도 이 병에 대해 초연한 듯한 마음을 가지려고 했었지. 그러나 막상 더 이상 골수이식수술 이외에는 치료방법이 없다는 결론이 결국 이식수술에 대해 마음을 열어놓기로 했다. 삶을 연장하기 위해 이식수술 같은 것은 안 하겠다던 마음이 변한 것, 전적으로 H.O에 대한 사랑과 책임감 때문이다. 그녀는 지금 나에게 있어 삶의 전부이다.

11월 13일

지난 11월 1일 퇴원 이후 2주 가까이 되었다. 가속기에 접어든 이후 증세가 날이 갈수록 악화되어감을 느낀다. 올 겨울이 고비가 될 것이라는 조석구 주치의의 판단이 빗나가기를…

이 病이 나의 선생이다. 나의 몸과 마음을 대상 바라보듯 초연한 상태로 나를 길들여간다. 이 몸이 내 몸인지, 이 병이 내 병인지. 약을 먹고 밥을 먹고 있을 뿐이다. 이 몸뚱아리가 이렇게 힘드니, 죽음이 오히려 편하게 기대되면서도 "환자에게 있어 그 무엇보다도 살아야겠다는 의지가 최우선입니다" 하는 충고가 내게 영향을 주고 있다.

11월 20일

지난 16일에 다시 入院, 오늘 퇴원. H.O가 건네준 《超光力》을 병원에서 읽고 나서 곧바로 저자인 정광호 선생에게 찾아갔다. 기적적인 치유를 기대하는 내 마음을 보면 나도 별 수 없는 놈이다. 그러나 다른 어떤 方法보다도 내 마음을 끌고, 믿음이 가니 갈 뿐이다. 혈소판의 폭발적 증가가 내 육체를 너무 번거롭게 괴롭히고 있다. 무슨 단안이 나와야 할 텐데. 이렇게 입원, 퇴원을 언제까지 반복해야만 할 것인가.

12월 2일

다시, 지난 11월 29일 입원하다. 지난 번 입원시 약간의 감기 기운이 지금까지 계속된다. 육체의 末路 : 육체는 죽어가는데 정신은 죽어가는 실감이 안 난다. 육체가 죽어야 정신도 쉬겠지.

여의도 성모병원의 김동욱 선생에게로 진료를 바꾼 것은, 사실 내 병의 심각성을 알려주는 일이다. 그런데 오히려 마음이 편하다. 다음 달이라도 골수이식수술을 준비하라고 권유한다. 웬일인지 수술일지를 지연시키고만 싶다. 어린아이가 주사맞기 싫어하듯, 이제 막다른 길에 온 느낌이다.

내 인생에서 2000년도는 정말로 죽음이냐 소생이냐의 큰 전환기가 될 수밖에 없다. 먹고, 자고, 쉬고, 가끔 바람쐬러 산책이나 하고, 전화도 안 받고. 이게 내 일과의 전부이다. 비장함이 없다.

나는 이번 生에 와서 무엇을 체험하고 무엇을 배우고 가는가. 영혼의 성장을 위해 진지하지 못했던 지난 생애가 안타까울 뿐이다. 저 달은 자신의 과거를 어떻게 느끼고 있을까. 모든 생명들 앞에서 부끄러울 뿐인 내 영혼이나마 이 육체처럼 최악이 안 되기를.

2000년

1월 27일

세 번째로 골수검사를 위해 2001년 골수 채취를 했다. 지난 번엔 골수의 섬유화 진행으로 골수 채취에 실패했는데, 오늘도 지난 번과 같은 상황이 벌어질 뻔했다. 다행히 시간을 기다리면서 골수 채취에 성공했다. 결과가 나오는 대로 의료보험 적용이 가능한지가 결정되면 다음 달에 수술하기로 마음먹었다.

몸이 많이 피곤하다. 창백한 얼굴이 역력하다. 골수 부족상태에서 골수를 뺀 까닭이다. H.O의 정성에 대해 미안할 뿐이다. 그녀만 아니었으면 내 말년은 너무 비참했을 것이다. 나는 행복을 그녀에게서 배웠다.

2월 2일

올 겨울은 겨울답다. 제법 추위가 추위답다. 그래서 앞 도봉산 산책도 엄두가 안 난다. 차고 시원한 공기가 그립다.

2001년

8월 10일

절지동물은 바다에서, 물에서, 공중에서, 어디서든지 자신의 후손들을 퍼뜨렸단다. 5억 년간 지구를 지배해오고, 최초로 바다에서 육지로 진화해온 지구의 진정한 지배자들. 그들의 존재 때문에 그들이 만들어낸 생태계 덕분으로 인간류도 살아갈 수 있다.

과거의 지구사의 각 시기를 지배했던 특정 생명체 종족들이 결국 파멸, 멸종하는 현상은 생명사의 법칙이리라. 인류의 지구 생명체의 지배는 얼마나 오래 갈 수 있을까? 태어나 번성하고, 스스로의 내적 부조화에 의해 멸종하는 생명체의 보편적 원리는 個人의 삶의 역사에도 관철된다.

한창 왕성한 시기를 보내고 점차 쇠약해져서 마침내 질병으로 죽어가는 인간의 삶을 담담히 맞아들이는 모습이 가장 인간다운 모습 아닐까? 진실이 그러하니까. 자신에게 실패가 오는 일을 두려워하고, 질병과는 무관하다 생각하며, 결국 죽어야 할 자신의 운명을 거부하는 태도는 추해보인다. 몇 년 간을 백혈병과 그 후유증으로 육체적 고생을 겪어오면서 肉身에 대한 초연한 삶을 증험할 수 있는 좋은 시기가 바로 이즈음이다.

8월 12일

나 자신의 불행은 불행으로 여겨지지 않는 정신상태에 있으면서도, 타 중생들의 삶을 보고 있으면 왜 이리 측은한지 감당할 수 없다. 육체적 苦行(?)으로 인한 정신의 淨化가 나도 모르게 어느 정도 진행되는 걸까? 육체적 감각―苦와 쾌락―을 넘어설 수 있고, 또한 내 자신의 정신적 세계―分別의 가치관, 믿음, 세계관…―마저도 초탈할 수 있는 나이가 되기를 바라면서 나머지 삶을 살으리라.

지상에 존재하는 모든 것―物的 또는 非物的―중에 새로운 것은 하나도 없다는 견해는 탁월한 지혜의 소산이다. 인간이 이상으로 추구하는 삶의 가치들―自由, 平等, 平和, 共存, 사랑…―은 현실에서 이루지 못했기에, 인류의 理想的 가치로 소망하고 있다고 믿어왔다. 먼 미래에 이루어야 할 희망의 대상으로 믿어왔다. 과연 그럴까?

文字가 생긴 이후, 그 초기 聖子들이 그 상태를 표현하기 위해 '개념화' 했을 때에는 이미 그 이전의 文字가 있기 前의 우리 인류 선조들은 그 이상적 가치들을 일상적 생활 속에서 실현했었다는 표징이다. 그 옛날, 그 사회에서는 개념화 以前의 無分別의 삶이 더욱 자연스러웠을 것이다.

'自由'라는 언어가 없었기에 삶 자체가 自由로웠고, '공존'을 강조하는 언어가 있기 전에 이미 우리 선조들은―즉 우리의 과거 분신들―이미 더불어 사는 생활을 당연히 여기며 살고 있었다.

'사랑'이 왜 그토록 모든 종교 성인들로부터 강조되어 왔을까? '사랑'의 실현은 이루기 어렵기 때문에 이루어지지 못하는 것이 아니었다. 너와 나, 우리와 타종족, 인간과 타생명체들과 구별짓기 시작하는 생활이 제도화·체제화되면서, 과거에 당연히 그렇게 살았던 '사랑'의 삶이 실천하기 어려운—성자, 현인들에게나 가능한 것처럼 神話化된 —이상으로 되어 버렸다. 우리에게 있는 모든 이상은 이미 우리의 과거에 실현되었고, 이미 존재했던 것 아닐까?

우리의 고귀한 종교적·사상적 理想들은 우리의 과거 존재일 뿐이다. 깊고 깊은 마음의 샘 속에서 퍼내어 마시고 쓰면 된다. 인류의 현재 마음 속엔 과거의 모든 경험들이 축적되어 있으니 말이다. 언어와 문자의 分別하는 개념에 속지 않는다면 내 마음의 순수상태로 살아가면 될 뿐이다.

8월 27일

분별하지 않는 상태에서 생각하고 말하고 행위하면, 그것이 곧 인간 本然의 자연스런 思言行이라 할 것이다. 인간이 도달하고자 체험하고자 하는 모든 명상의 기법들은 결국 자신의 과거 본연의 모습을 찾기 위한 절박한 심정의 결과이다. 나의 본래 마음을 늘 깨어 있도록 하기 위한, 나만의 方便을 이미 있던 것들 중에서 사용해봤지만 절박한 심정으로 행사하지 못했었다. 나에게 절실하고, 나에게 맞고, 나를 일깨우고 북돋워줄 나만의 眞言을 찾았다!

아침에 잠을 깨고 빠뜨리지 않고 맨 먼저 하는 것이 결핵藥을 먹는 일이다. 벌써 두 달 반이 되었다. 지난 6月 11日부터 먹기 시작했으니, 올 여름은 폐결핵과의 싸움으로 무더위를 잊고 지내는 듯하다. 전혀 생각하지도 못하는 병을 하나 하나 얻으니, 다음엔 혹시 무슨 생각지도 않은 병이 다가올까 하는 생각까지 해본다.

9월 12일

어제 밤늦게 TV를 통해 상상하기 어려운 뉴스를 보았다. 뉴욕의 World Trade Center 빌딩과 워싱턴의 Pentagon이 민항기를 탈취한 테러범들에 의해 폭격당한 장면을 보게 되었다. 비인간화된 세계 자본주의 시장체제를 이끌어 가는 맨해튼 금융기업들의 꽃이며 상징인 건물과, 폭력으로 Pax Americana 질서를 독선적으로 이끌어가는 아메리카 군사력의 상징인 펜타곤을 겨냥해 자살폭격을 성공시켰다.

그 화면의 장면들을 보면서, 거실 소파에 파묻혀 있던 나는 허리를 바로 펴고 앉아 여러 번의 큰 박수를 울렸다. 대 일전 축구경기에서 우리 선수들이 승리의 골을 넣은 것도 아닌데. 팔레스타인 민족들과 아랍의 수많은 반아메리카 민중들은 나보다 더 환호했겠지만, 그보다 훨씬 많은 세계의 '평호애호 민중'들은 슬픔과 절망을 느끼며 테러의 잔인함에 대해 분노했겠지. 나는 평화애호 민중에 들지 못하는 축인가 보다.

因果應報. 오랜 세월, 제3세계의 반미 성향의 정권을 전복시키는 反자유, 反평화의 帝國으로서, 아랍 이슬람 문화권에 대해 일관되게 차별하고 불공평하게 외교정책을 밀어붙인 업보의 결과 아닐까? 부시정권이 미국민의 참을 수 없는 분노의 에너지를 응징과 보복으로써 풀어나가겠지만, 응징의 대상을 명확히 제한해서 아랍국가들과의 전쟁으로까지 확대되지 않도록 냉철하게 대처해 주길 바랄 뿐. 보복하는 과정에서 또 얼마나 많은 가엾은 아랍 민중들이 生命을 뺏기고 상하게 될 것인가? 미국의 지도자들이 세계인의 지지를 얻고자 하려면, 최소한의 인명피해와 단기적인 응징을 최선의 해결책으로 실천해야 할 것이다.

9월 14일

서방세계의 메이저 언론들을 통해 전달되는 미국 테러사건은 마치 선량한 천사국가가 악마들의 무자비한 폭력으로 희생된 듯한 전제 위에 보도되고 있다. 역사가 늘 그래왔듯이. 미국에 살고 있는 희생자들은 억울한 희생자들로서 고귀하게 여겨지지만, 지난 역사의 오랜 기간에 미국의 폭력으로 죽임당한 제3세계의 민중들의 죽음에 대한 서방 언론의 보도 태도는 지나가는 한낱 뉴스 거리에 불과했다. 그들은 악마의 나라에 살고 있는 무가치하고 저열한 인간들이기에.

9월 16일

만일 서울에서 워싱턴과 뉴욕에서와 같은 테러 공격이 있었다면 우리 민족의 反應은 어땠을까? 생각하지 않고 살아가는 한 민족의 반응을 상상해 보면, '이에는 면상 전체로, 눈에는 죽음으로' 되갚아야 한다고 온통 지도층이건 민중들이건 솥뚜껑 끓듯 할 게 분명하겠다. 강대국이건 약소국이건 차별없이 이런 심리 정신상태가 인류의 진화단계를 나타내 준다.

세계평화의 유지를 자신의 사명으로 삼고 있는 미국 대통령 Bush는 위엄과 단호함을 갖춘 표정으로, 미국의 최고도의 무력을 동원해서 이번 테러범과 조직적 근원, 테러의 온상이 되어주는 정부의 정권까지 뿌리뽑겠다고 공언하고 있다. 그의 의지로 봐서 이번에 최소한도 '오사마 빈라덴' 조직과 아프가니스탄의 Taliban 정권이 뿌리뽑힐 것같다. 돌이킬 수 없는 전쟁상태로 내달리겠지. 폭력으로 폭력을 다스리는 전쟁행위를 통해서 세계의 폭력이 뿌리뽑히고 平和를 유지할 수 있다는 믿음이 지금 전세계인들의 정신을 마비시키고 있다.

9월 26일

여름 한철 무성하게 뻗치며 자기의 생명력을 남김없이 쏟았던 길가의 풀 나무들. 아파트 집을 걸어 올라 오면서 시간의 무상함을 본다. 자기 삶을 맘껏 살고는 누런 빛의 잎이 되어 자기 생을 마칠 것이다. 참 보기 좋다.

이 몸뚱이는 몇 년째 병들어 산다. 나이로 보면 죽음의 계절을 앞둔 가을 시간을 살고 있으니, 백혈병이 아니더라도 그리 유감될 일은 없으리라. 병약한 상태로 여생을 보내는 것이 어쩌면 그리 서러운 일도 아닐 텐데, 내 마음은 병들기 前의 건강한 몸으로 회복되기를 기대하는 미련을 갖고 있다.

길가에서 열심히 자기 一生을 보내고 있는 저 풀들에게 부끄러운 감상을 갖지 않을 수 없는 나의 지난 생애가 너무 허망하다. 이 나이가 되도록 나 자신의 삶을 살아보지 못했으니 말이다. 내 말을 해본 적이 없다. 내 생각을 해본 적이 없다. 훌륭한 이들이 어떤 생각하고, 어떤 말하고 살았는지 살펴보다가 시간 다보냈다. 우하하하!

기껏해서 드는 생각이란게, 모든 이 — 성인, 대학자 — 들이 자기 '눈'(인식의 틀)으로 보는 세계를 달리 얘기하고 있다는 걸 알게 되니, 그들의 추종자가 되지 말고 나의 세계를 만들어 내 삶을 의미있게 살아야겠다는 뒤늦은 추스름 뿐이다.

文字化된 大家들의 정신세계는 인간들을 정신적인 노예로 만들어 왔다. 세계는 각자의 '눈'으로 제작된다. 세계 종교의 敎祖들은 자기 나름의 세계를 창조해 살아간 '왕눈'을 가진 자들이다. 자신들이 마치 '세계 자체'를 보고, 알고, 깨달은 것처럼 얘기했으니, 무지랭이 인간들은 자기 눈을 뜰 생각도 아예 하지 못하고, 그들의 神話에 빠져, 눈

먼 장님으로 열심히, 목숨을 다해 신앙하며 살아왔다. 그 聖人들이란 녀석들이 사기꾼인지, 인간 중생들의 '얼'이 썩은 건지 헛웃음이 난다. 나도 지금껏, 말이 그럴듯해서 교육이지 그들의 말과 생각을 익히느라고 나쁜 두뇌를 혹사해왔다.

나의 순수한 인식만에 기초해 새로운 나만의 세계를 만들어 살길 하나. 그게 불가능하다면, 훌륭하다고 평가받는 과거의 여러 가지 '안경'들을 상황에 따라 바꿔 쓰면서 세상을 희롱하면서 사는 길 하나. 나의 언어로 주체적으로 생각하고, 내 영혼의 말을 하며 사는 운명은 내 유전자 DNA에는 미리 프로그램되어 있지 않은, 나에겐 너무 힘겨운 사치일까?

나는 지금 病들어 있고, 전 인류도 질병 상태에 있다. 겉으로는 '近代性' 질병, 속깊은 곳에는 '세계 인식의 無知'병.

모든 훌륭하다는 자들이 한 일이, 그가 살던 시대의 인간들이 앓고 있는 병을 치유하기 위한 처방을 제시한 일이다. 모든 인간, 생명체들이 서로를 살리면서 하나된 몸으로 살아가는 건강상태를 회복할 수 있는 약 처방을 조심스럽게, 또는 자신있게 내밀며 살다가 간 자들이 그들이다. 그들은 사물을 왜곡시켜 보게 하는, 개념으로 짜여진 인식의 안경을 모두 던져버리고 세계와 만나는 경험을 한 자들일 게다. 창생들을 보며 한동안은 아무 일도 할 수 없었을 터. 慈悲心의 發動, 그 아름다운 마음씀이 인류의 정신을 깨달음으로, 또는 맹목적 신앙심으로 이끌었다.

현대 문명의 문제들을 핵심으로부터 풀어 줄 새로운 눈은 문제 해결의 열쇠 역할뿐만 아니라, 인간정신의 進化와 성숙을 이끌어줄 수 있어야 한다. 그것이 문제 해결에 결정적 공헌을 한 사상일지라도, 인류의 정신을 또 다른 盲目 속으로 몰아 넣는다면, 무질서의 혼돈기를 헤쳐나가는 새로운 창조적 그것이라기보다 또 다른 無知의 文明을 창조하는 거름이 되리라.

9월 30일

오랜 시간을 거쳐—약 6년쯤 되나보다—《경전으로 본 세계경전》이 며칠 전 출판되었다. 한국인들에게 세계적 종교로 알려져 있는 불교, 기독교, 유교, 도교, 힌두교, 이슬람교와 더불어 우리 민족의 自生 사상 종교인 '東學'이 편집에 끼이게 되어 매우 다행으로, 그 보다는 매우 고맙게 여기고 있던 터였다. 원고는 약 3년도 더 전쯤 해서 완성되었던 터라, 책으로 깔끔하게 정리된 東學篇을 새삼스럽게 펼쳐 보았다. 그동안 출판을 위해 애쓰신 흔적들이 文字들 위에, 페이지마다 역력하다. 전통문화연구회의 이계황 선생님을 위시한 일원들을 한 사람 한 사람 손을 잡고 고마운 情을 보내고 싶다. 몇 년 전의 '눈'으로 본 동학경전이 주제별로 소개된 지금, 보다 더 새로운 눈으로 해석한 동학경전을 준비해야 하겠지.

일자 미상

현재의 地球 생태계에 살아남은 생명체들은 지난 수십억 년에 걸친 피나는 生存투쟁에서 살아남은 種의 자손들. 자연환경의 변화에 꾀 많게 적응하고 살아남기 위해 끊임없이 두뇌쓰고, 더 우수한 유전자를 자손에게 물려주기 위해 짝짓기 행위를 쉼없이 반복하고…

오늘의 人類는 경쟁에서의 승리자로서 一切 생명체의 먹이망에서 맨 위쪽에서 살고 있다. 그러나 별로 행복한 삶이 아닌 것 아닌가? 승리자로서의 充足感을 느낄 수가 없다. 나의 느낌은 오히려 逆說的이다. 아! 너무 고단하다. 너무 오랜 세월 속에서, 생존경쟁의 팽팽한 긴장감 속에서 살아남기 위해 앞으로만 전진해온 것 아닌가. 우주가 깨칠 때까지 쉬고 싶다.

2003년

4월 11일

조혈모세포 이식 후 3년이 가까워 오는데도 이 사람의 숙주반응은 그칠 줄 모른다. 1년 6개월 가까운 폐기능 약화로 인한 호흡곤란이 일상의 정상활동을 막고 있다. 2001년 10월 이래의 골수검사 결과가 한편 安心되지만, 숨이 가쁜 증세는 가벼운 운동마저 불가능하게 만들고 있다.

EBS의 기획 다큐멘터리 〈CITES〉(멸종동식물보호국제협약)를 보고, 한동안 이 사람이 인간으로 살아가는 一生이 罪惡과 탐욕으로 포위된 느낌으로 혐오스러웠다. 補身과 애호, 취미를 위해 귀중한 生命을 살상하고, 먹고, 불법으로 밀반입하는 인간의 탐욕을 여실히 확인하면서, 이 몸의 이기적 일생은 罪惡의 과정이고, 온 생명의 苦를 연출하는 공범자의 흉한 모습 아닐까?

우리 인류라는 흉포한 種 때문에 고통받은 세계의 모든 생명들이여, 저희를 용서하소서. 우리의 머리 위에 심판의 철퇴를 내리셔도, 아니 그렇게 해주셔야만 희망의 미래가 기대될 心情으로 삽니다.

4월 13일

이라크는 어떤 전문가들의 예상을 빗나가 힘없이 무너지고 있다. 미제국군의 침략에 대해 전 세계의 반전을 지지하던 세계 민심들은 암묵

적으로나마 미·영 침략군의 막강한 군사력에 저항하는 이라크군을 응원했을 것이다.

Gulf전 이후 10여년에 걸쳐 미군 수산업체에 의해 개발되어 온 최첨단의 대량살육무기의 폭격 속에서 지난 달 20일 이후의 이라크의 주요 도시와 군사시설은 그야말로 아비규환의 생지옥 자체로 변하고 말았다. 3주 만에 바그다드는 침략군에 점령되었다.

미국 행정부의 강경파들의 전략구도와 진행에 맞춰, 전 아랍국가들은 한 나라씩 거대한 폭력 앞에 공포심으로 무릎 꿇게 될 전망이다. 이번 전쟁 명칭은 제국주의자들의 탐욕과 오만함을 그대로 잘 표현한 '충격과 공포'라 한다. 괜한 겁주기에 끝나지 않는, 전 이라크 국민과 생명들은 물론 전 세계의 TV 시청 인민들을 공포심에 주눅들게 만든 전쟁이다.

이번 전쟁으로 힘의 구도는 분명해졌다. 다시 확인되었다. 미국이 결심하면 전 세계 국가가 UN의 이름으로 반대해도 뜻을 이룰 수 있다는 명백한 사실을 세계는 깨우쳤다. 세계정치사적 전환의 시기에 들어섰다. 눈 앞에 펼쳐지는 불안한 흉조가 스쳐간다. 아랍 국가와 민중들의 친미와 반미세력들의 격렬한 투쟁의 혼돈. 오직 자국의 군사력밖에는 믿을 수 있는게 없다는 엄혹한 국제현실에서, 각국은 다투어 군사력 강화경쟁에 매진하는 보수주의로의 회귀. 이슬람권의 대미항쟁 테러. 미국의 보수파의 강경노선의 정당화. 내년 11월 미대선에서의 Bush 재선. 미 군산복합기업들의 활황. 이스라엘의 팔레스타인 압살정책과 아랍민들의 자살폭탄 항쟁과 절규. 세계경제의 장기적 침체와 미국 절대 권위에의 도전적 국제정치의 생성.

세계의 정치질서는 다시 짜여져야 하는 대국면을 맞이하고 있다. 인류사는 밝은 깨우침을 주고 있다. 절대적 폭력의 세계지배질서는 결국 멸망하고 말았다는 사실을 가르치고 있다. 세계 민심이 거부했기에. 이제는 초강대국의 군사력과 세계 민심과의 투쟁이 시작되고 있다.

정의의 신령이시여, 미국의 절대 군사력이 단기적으로는 세계를 제압할지라도, 폭력으로는 세계평화와 제국주의의 탐욕이 결코 이루어지지 않는다는 역사의 교훈을 세계 인민들에게 드높이 밝혀주소서.

7월 10일

지난 세기, 우리 인류는 엔진 자동차를 만들었네.
브레이크 밟을 필요없는 돌진의 내달음.
그 쾌감은 이성을 마비시키고, 육체의 욕망을 부추키네.
파편 조각난 위대한 개인들.
마음 속엔 자유와 탐욕의 열정으로 뒤엉킨 채.
지난 백년 질주했지. 나같은 평범인들엔 혼란투성이 세월.
평화가 먼저였나? 이익이 먼저였나?
사랑이 필요했나? 경쟁과 반목이 필요했나?
양심과 관용보다는 탐욕의 깃발에 환호하지 않았는가.
지난 백년, 우리 평범인은 고단한 세월을 남의 탓으로 돌렸지.
못된 권력자, 비겁한 지식층, 눈먼 재력가들을 비난하면서 혁명으로 해결되길 바랬지.
스스로 나서지도 못하면서.
고단한 인생은 뒤집어진 세상이 해결해주진 못하지.
평범한 각자가 내면을 혁명시켜야 되지 않겠나.
평화롭고 따뜻한 이해로 넘쳐나는 사회는 나 자신의 내면이 평화와 사랑으로 가득차 흔들리지 않게 될 때 비로소 희망이 있네.
　소인들로 멸시받던 우리 각자가 평화의 천사로 바뀌어야 세상은 혁명되네.
　이제 더 이상 영웅을 밖에서 찾지 마세.
　우리 스스로 각자가 영웅 아닌가.
　희망은 있네. 영웅적 소시민들의 탄생을 이번 세기에 기원하세.
　이제 질주하던 세월의 브레이크를 밟을 때 아닌가?
　미혹과 탐욕의 세월에서 그만 내려보세.
　가야 할 목적지와 방향을 다시금 다짐하며 자신을 들여다 보세.
　이제는 지혜롭게 선택해야 할 시간.
　평범 소인들 스스로 영웅되고 거룩해지는 혁명의 세월을 꿈꾸세.
　다시는 지배자들이 농락하지 못하는 세월을.
　지난 과거의 상처와 고통들을 서로서로 보듬어주면서.
　이제부터는 평화의 세상이네.
　내가 바뀌고 세상이 바뀌었네.

일자. 미상

　이 사람의 삶의 이면을 응시하고 있노라면, 삶의 긍정적 욕망과 더불어 깊은 허무의 그림자를 만난다. 이 몸은 힘 있고 강한 자들과는 인연이 없다. 그들이 만들어 놓은 이 체제와 질서를 거부하고 부숴버릴 힘도 없다. 이 질서 속에서 으레 이렇게 사는 것이 당연한 듯이, 의문은커녕 적응과 순응하느라 온 생명력을 쏟고 사는 대중들을 일깨워줄 지혜로운 열정도 없다.
　어떤 길을 가는 것이 진정 이 나라와 민족에 忠誠하는 길인가. 생태계를 죽이고, 제3세계의 가난한 인민들의 富를 가로채면서 배불려가는 지금의 이 체제를 위해 살다 갈 수는 없다. 교활한 南과 北의 지배자들이 만들어가는, 이 뒤틀린 歷史의 바퀴를 돌려야 하는 이 허무한 삶을 살다가 죽을 수는 없다. 이 몸의 肺는 이미 고장난 지 오래. 가쁜 숨을 가라앉히며 죽을 자리를 밝게 찾아 나서야 하는 지금, 진땀으로 등짝이 젖어온다.

이 시대에 태어나 내 운명을 거스를 힘도 남아 있지 않다. 그러나 이 不義한 시대의 거대한 압박과 굴레에 대한 분노는 안으로 깊이 암석화되어 간다. 남은 생애에 내가 해야 할 일은 무엇인가. 孔씨는 내 나이에 知天命하지 않았던가. 내가 머물러 있는 종교적 세계는 저 깊은 내면의 분노와 허망함을 희석시켜주는 마취제다. 스스로 살기 위해 이 길을 선택했으니, 바른 자리에서 죽기 위해선 天命을 받아내야 한다.

분노와 미움을 불러 일으키는 내면의 적, 현실의 적들이 쳐놓은 그물에 걸리지 않은 채, 그 적들을 가로질러 그들의 손길이 닿지 않는 죽을 자리를 마련해야 한다. 세상에 대한 미련과 연민을 칼날처럼 끊어 버리기는 不可能하다. 나의 죽을 자리가 나의 中心이 되어야 하리. 죽음이 나의 自由의 영역이 되어야 하리. 모든 존재하는 것들은 생성과 소멸의 운명 속에 있는 법.

강자들은 이 文明을 만들고 키워가며 강화시킨다. 약자들은 그 안에서 생존하기 위한 적응과정에서, 무의식적으로 이 문명에 홀리고 집착하며 노예화된다. 마침내 소멸될 文明을 떠받치기 위해 헌신한다. 오늘날의 '自由'는 소멸과 죽음을 위한 그것이다. 강자도 약자도 모두 자신들의 창조작업에 눈멀어 있다. 자신들이 만든 세상에 목숨걸고 매달리고 머물러 있다. 목숨 걸 일은 이미 만들어진 세상의 어둠에서 자유로워지는 삶이다. 이 무한 허공 속에 새로운 환(幻)을 만들어 내고 부수는 자유.

7월 30일

인간 의식은 진정 전진하고 있는가.

상고의 인류 선조들은 통제 불가능한 자연계의 위력 앞에서 두려운 감정을 벗어나지 못할 때가 있었다. 생존과 종족 번식을 위해 항시적으로 '생산과 풍요'에 대한 욕망과 필요를 채우기 위한 삶이 최고의 선이었을 것이다. 그들의 기원이 안정적으로 실현되어가면서, 육체와 물질에 대한 가치보다는 정신과 심리적 욕구 충족을 향한 의식의 개발이 보다 중시되는 시대도 경험해보면서, 의식과 정신의 진화를 거치면서 과거 인류의 삶의 질과는 다른 차원의 문명을 약속해 준다고 믿어왔다. 과연 그런가.

오늘 인류문명의 가장 발달된 단계에 살고 있다는 우리 인종들은 어떤가. 스스로 자연계의 질서를 이해한다고 믿으며, 자연을 통제·관리할 수 있다는 우리들의 현대문명은 과연 육체와 물질에 대한 욕망을 극복하고, 보다 승화되고 성숙된 정신적 건강을 누리며 진화하고 있는가. '생산과 풍요'에의 집착은 그 옛날보다 더욱 타락한 인성으로 진전되는 몰골이 우리의 진면목 아닌가.

일자 미상

인간은 하나님의 모상을 갖고 태어났다고 하는 거룩한 神學 교리를 만들어 냈던 西洋 白人들은, 나의 눈으로 보면 그들이 뿌리깊게 가지고 있는 人種差別의식을 당면하고 보면 白人들은 거룩한 神의 창조물이 아니라 역겨운 '쓰레기들'이라는 情感을 불러 일으킨다.

나의 이러한 편견적 감정은 Texas, Tulia 市에서 발생한 마약범 검거 사건 재판을 보면서 정당하다는 믿음이 든다. 5,000명밖에 안 되는 미국 최하위 소득의 소읍(小邑)에서 46명의 흑인들을 마약 판매범으로 검거, 수십 년씩의 징역형을 선고한 백인 재판부의 폭거를 직접 알고 나면, '쓰레기들의 지독한 편견은 역사적으로 축적되어 온 유전자의 숙명 아닐까 하는 감상을 갖게 한다.

수십 명의 무고한 黑人들을 마약사범으로 검거한, 말끔하게 면도한 얼굴에다 훤칠한 용모와 차분한 외피를 쓰고 있는 'Coleman'이라는 마약 검거반 경찰의 天使같은 외모와, 그 배후에 내재한 Satan의 心性은 하느님의 절묘한 調和이며 걸작 아닌가?

8월 7일

'청정'함은 '때' 묻으니 더욱 빛나는 법.
때는 닦여지기 위해 존재하는 법.
순수함은 오염으로 그 가치가 더해지고
오염은 순수함으로 깨끗해지니,
깨끗함이 있으니 더러움이 있고, 더러움이 있으니 깨끗함이 있네.
마음은 창조자.
스스로 깨달은 의식이면서 無明을 짓네.
없으면서도 있음을 만드네.
가자 가자 어서 가자. 생각을 넘어.
오네 오네 빨리 오네. 향기로운 생각 담아.

8월 20일

이 사람에게 작은 소망이 있네. 이 땅의 남북 和解와 親交가 아무쪼록 방해받지 않길 바라네. 긴장과 대립의 정책으로 이득을 얻는 보수 정치꾼들이 하루 빨리 老人亭에 수용되길 바라네.

더 많이 가진 자, 더 힘 있는 강자들이 자신들의 힘과 부를 공정하게, 마땅한 기준으로 누리길 바라네. 脫稅와 不法行爲로 지배권을 유지하는 비열한 부자들이 하루 빨리 검찰청에 수용되길 바라네.

世界化와 自由化로 일방적으로 이득을 얻는 선진 强國의 탐욕이 공정한 세계질서를 위해 줄어들길 바라네. 자기들은 온갖 名目의 각종 보조금 제도를 갖고 있으면서, 가난한 나라 백성들에겐 자유무역의 칼을 휘두르는 탐욕스런 강대국들이 하루 빨리 종말의 날을 체험하길 바라네.

그런들 세상이 보다 나아지겠는가. 민중들의 정신이 병들어 가는데. 소망은 소망일 뿐. 이 사람의 소망은 미련이네. 미련한 소망! 미련한 소망은 끝내 허무에 도달하네. 허무한 소망! 그래도 소망은 현실이네. 공경심과 충성을 다해 새 역사의 씨앗을 뿌리는 일만이 이 사람의 허무한 소망이네.

일자 미상

神靈스런 現實. 世界의 聖스러움.
그 분이 이 깊은 밤, 天地를 적셔주려 비로 내려 오신다.
빗소리 틈으로 퍼져가는 풀벌레 소리.
그 분이 이 사람을 통해 하루를 살아 가신다.
오직 깨어있는 靈으로써 그 분의 靈에 의지하고 살 뿐,

세상은 지극히 경건할 뿐.
이렇게 살다가 이렇게 가리라.

일자 미상

TV에 나온 10代의 독일 소년 盲人의 한마디가 나의 머리를 번쩍 깨우친다. 曰 "남들은 나를 장애자라고, 非正常人으로 여기지만, 태어날 때부터 빛을 보지 못한 채 태어난 나 자신은 내가 正常이다."

正常과 비정상의 차이는, 누가 정상, 비정상을 규정하는가? 老子의 말이 생각난다. "세상 사람들이 모두 아름답다고 하는 것을 아름다운 것으로 받아들이면 그것은 추한 것이다."(2장)

사회 구성원들에게 가치의 기준을 획일화하여 선택을 강요하고 교육하고 학습시킬 때, 그 사회는 다양한 다른 가치들을 악으로 몰아세운다. 스스로 正常人으로 생각하면서 사는 사람처럼, 장애인들도 스스로 정상인이다. 다른 이들과 단지 능력과 외모, 기능 등에서 차이가 있을 뿐이다. 10살 짜리 소년으로부터 共存과 관용의 덕이 자연스런 인간의 아름다운 덕임을 깨우치는 저녁시간. 신선한 시간이다.

2004년

1월 6일

한 도시 서민의 목소리. "이 나라는 망하고 있다."

정부 관료들과 권력자들은 2만 불 시대를 向할 수 있다는 슬로건으로 국민들의 두뇌를 이미 세뇌시켜 놓은 때 아닌가. 이 나라가 亡하고 있다는 저 庶民의 진단이 한낱 개인적 감정의 소치인가. 이 사람은 너무도 부끄럽다. 이처럼 無能한 이 몸은 단지 이 나라 現實을 바라만 볼 뿐이다.

대한민국의 공기는 썩은 냄새나는 온갖 부류의 인간 군상들로 인해 그 오염도가 위험지수를 넘어섰다. 어디 정치인, 공직자들뿐이랴. 기업가, 언론인, 더 암담한 것은 일반 서민대중의 정신이 만성 부도덕 상태에 빠져 있는 현실이다. 이 나라는 망하고 있다고 선고한 저 凡夫의 눈은 이 땅의 깊은 질병상태를 꿰뚫어보고 있는 것이 아닌가.

무능한 이 몸은 이 시대의 현실에 적응 못하고 피해 달아나려고만 한다. 정치인들은 '물갈이'하면 좀 희망이 생길 것이라고? 그런 노력도 해야겠지. 이 땅의 민중들이 가슴 속에 무엇을 지니고 살아야 하는지. 나라는 망해 가는데. 근원적인 치유처방이 지식사회에서 마련되지 못할 것이라는 것이 보다 암담한 절망감을 깊게 해준다. 신이여, 응급처방일지라도 끊겨지지 않도록 은총 내리소서.

세상의 空氣는 역겨운 냄새로 더럽혀지고, 인간들이 피워대는 시끄러운 소음들로 가득하다. 세상의 동서남북에 가득찬 고통의 느낌으로 이 사람의 얼굴은 세상과 닮아가고 있다. 자연을 느낄 땐 표정이 퍼지지만, 文明 속의 나는 自然의 표정을 지을 수 없다. 세상은 아름답지만 고통으로 가득차 있다. 웃어도 쓴 웃음. 기뻐도 슬픈 기쁨. 희망없는 기대감. 나의 속과 겉은 양극이 동시에 함께 한다. 순수한 기쁨으로 웃고 싶다. 이 미련한 인간. 언제나 텅 빈 마음이 될꼬.

1월 16일

영하의 스산한 바람으로 등짝이 시려지는 밤. 서울 대학가 앞의 주점 안에서 청년들의 대화는 어둡다.

"앞으로 뭘 해먹고 살지?"

사회는 자네들을 위해서 존재하고 있지 않음을 여실히 깨달아야 한다. 기존의 안락한 관념을 날려 버리라. 자네들은 너무 나약해져 있다. 그것이 누구의 책임이건, 자네들은 이제부터라도 강해져야 하리라. 도태되기 前에. 사회로부터 버림받은 채, 사회에서 스스로 해방되지도 못하는 청년들.

이 나라는 서서히 自殺해가고 있는 중이다. 이 나라는 너무 늙어 버렸다. 이 나라는 再創造되어야 한다. 이 나라에서 가장 큰 수혜를 받으며, 가장 좋은 교육을 받은 층들의 삶의 目標가 자신들의 이익을 도모하는 초라한 人生인 바에야, 이 나라엔 이미 지도층, 지도세력이 없어진 지 오래다.

1월 20일

이 사람의 무능력을 50세가 되어 비로소 인정하기 시작했다. 민주주의 사회에 살면서 민주주의 정치제도를 믿지 않는 자로 산다는 것은 치명적인 부적응 이방자로 남아야 한다.

자본주의 체제에서 숨을 쉬고 목숨을 이어가지만, 이 구조 속에서 희망을 갖고 성공적인 인생을 살고픈 욕구가 없는 터에야. 이 또한 정신적 異邦人으로 살 수밖에. 이 세상을 위해 착한 자로서 할 수 있는 일은 최소의 소비자로 사는 일이다. 내가 할 수 있는 일이란게, 우선 소비를 최소로 줄이는 方向으로 살아 보는 일이다. 지금까지의 삶을 자본주의 성장과정 시대에 살아 가면서, 문명의 편리함, 안락함에 익숙해져 있는 터에 소비를 줄여나가는 생활을 시작하기도 나에게는 힘든 일일 터이지만, 수많은 罪를 짓고만 살아온 이 사람이 이웃을 위해 살 수 있는 방식으로, 가난을 향해 남은 생을 지내는 일은 최소한의 양심의 발로이다.

이 시대에 富者로 사는 것 자체가 범죄다. 아마도 全 인류 역사에서도 마찬가지로 그럴 수밖에 없는 일일 게다. '淸貧'의 의미는 적극적으로 이해되어야 하리라. 가난하게 살면서 도덕적 인간이 된다는 것은 인간 良心의 핵심이 아닐까.

'淸貧한 有能人'으로 살 수 있다면 더욱 좋은 일이다. 이 사람은 타고난 그릇이 無能人이니, 적극적인 利他의 사회참여는 돌아볼 바가 아니다. 소박한 인생으로, 自由人으로 餘生을 보낼 수 있기를…

한울님이시여, 이 사람의 소망이 탐욕이 아니라면 저에게 은총을 내리소서. '自由로운 寒士'로 남은 생을 살 수 있도록 허락해주시길. 지금보다 가난한 땅으로, 여기보다 良心이 살아 숨쉴 수 있는 땅으로, 민족정기가 보다 더 살아 있는 민중 속으로 갈 수 있는 은총을 주시길. 이 몸은 폐기능 악화로, 호흡 장애에 오래 시달리고 있습니다. 아무쪼록 우리 사회의 역겨운 썩은 냄새를 더 이상 맡지 않고 살아가도록 병든 이 육체를 보호하소서. 이 사람은 부도덕과 부패와 천한 정신, 利己心, 고통, 슬픔으로 완전 포위되어 있습니다. 虛虛로운 웃음이 내 정신의 호흡입니다. 깨어 있는 의식으로 이 고통 덩어리의 경험 현실을 이겨내게 도우소서.

2월 2일

人生은 사기다. 모든 현실은 사기다. 더욱 슬픈 것은 사기인 줄 모르고 엎어져 살아 가는 것이다. 세상 사람들은 배반과 반역은 나쁜 것이라 여긴다. 모두들 지조와 충절이 바람직하다고 여기며 산다. 역사 속에서 그러한 평가는 의심없이 받아들여져 왔다. 고려 말의 忠臣 정몽주, 同時代의 逆臣 정도전. 이러한 인식이 전통으로 인정된 역사관이었다.

그러나 고려 말의 상황은 어떠했는가. 오백 년의 수명을 바라보면서, 낡고 부패한 고려 왕조는 민중의 어깨를 짓누르는 쓸모없는 짐짝이요, 삶을 얽매는 사슬일 뿐이었다. 새로운 희망을 꿈꾸며 모반을 도모하는 일은 고려 왕조에 대한 반역자들이나 할 일이었다. 나라의 정통성을 지켜온 왕조를 목숨으로 지키는 일은 기득권자들이 마땅히 선택해야 할 일이었다. 썩고 낡은 구질서를 지키는 충절자가 될 것인가? 부패세력과 싸우며 신질서를 기획하며, 개혁과 혁명에 나서는 반역자가 될 것인가?

民心은 엄혹하리만큼 냉정했다. 과거에 미련 두지 않았다. 민심은 歷史의 진행방향을 결정했다. 썩은 질서에 한 점의 희망도 걸지 않고 흰 쌀밥(이밥) 먹을 수 있는 새 질서를 선택했다. 民草들은 배반의 역사로서 새로운 시대를 열어갔다. 그 모반과 반역의 최전선에 정도전이 앞장섰다. 그는 새 질서를 기획하고 기초를 놓았지만, 역사 속에서는 충절을 지키지 못한 신하로서 폄하되었다.

지금 이 땅 현실에서도 똑같은 상황이 벌어지고 있다. 이번 四月총선에서 국민들은 선택해야 한다. 부패세력인가, 反부패세력인가? 구질서의 기득권 세력인가, 새 정치를 열어갈 개혁세력인가? 현실 양상은 부패 기득권 세력이 의회의 多數黨을 장악하고 있다. 간교한 정상배들이 주도해 가는 정치판에 민심이 흔들리고 있다. 분열하고 있다. 두고 보자. 민심이 반역의 새 역사를 창조할 수 있는지를.

2월 15일

세계의 고통과 슬픔의 현실을 옮겨 본다. KBS 1TV 일요 스페셜 프로그램의 내용은 우리 인류의 참담한 죄악상을 폭로하고 있다.

전 세계 가난한 이들의 노래: 1달러의 삶
- 볼리비아/방글라데시/브라질 상파울로/멕시코/나이지리아/자카르타
- 세계인구 20%, 12억 명이 생계비 하루 1달러 이하의 삶 : 2003. 2 UN 개발계획 보고서(절대빈곤의 기준-하루 1달러)
- 전체 인구의 40%가 무주택자인 브라질. 640만 명이 1달러 미만의 인구인 브라질. 미국식 세계화 전략으로 브라질의 하루 1달러 극빈층은 13년 동안 900만 명이 늘었다.(브라질 룰라 대통령)
- 세계화는 앞으로 승자와 패자 사이의 격차를 더 크게 벌려놓을 것이다.(미 CIA 글로벌 트렌드 2015 보고서)

• NAFTA 체결 이후 130만 명의 멕시코 농민들이 일자리를 잃었다.(카네기 국제평화재단) 지금도 매년 2,3만 명이 목숨걸고 국경넘어 탈출한다.(멕시코 탈출)

• 하루 1달러 미만으로 살아가는 사람들은 지난 8년간 2억 명이 증가했다.(UN 개발계획 보고서)

• 2002년, 쉐브론 텍사코는 나이지리아에서 1,400억 달러의 석유를 채굴했다. 그러나 나이지리아의 1달러 미만의 인구는 처음 원유가 생산됐던 40년 전 27%에서 현재 66%로 급증했다.(크리스천 에이드)

• 60억 인구 중 약 10억 명이 빈민가에 살고 있다. 이 문제를 심각히 다루지 않으면 그 수는 2030년에 두배로 늘어날 것이다.(UN 헤비타트 보고서)

• 전 세계에서 7초마다 1명의 어린이가 기아로 목숨을 잃는다. 세계 인구의 0.1%가 전 세계 富의 40%를 소유하고, 세계인구의 절반은 하루 2달러 미만의 생계비로 살아간다. 경제大國 미국에서도 전체 가구 중 11%가 끼니를 걱정하는 절대빈곤층이다.

• 세계를 둘러싼 거대한 가난의 바다. 그것은 인류가 넘어야 할 마지막 장벽인지도 모른다.

• 1996년 세계식량 정상회의는 2015년까지 빈곤 인구를 절반으로 줄이겠다고 약속했다. 그러나 UN은 각 나라의 경제성장과 선진국의 지원이 저조하다면 그 목표를 달성하는 데 130년 이상 걸릴 것이라고 경고했다.

자본의 국경이 사라진 세계화라는 화려한 허구의 수식 뒤에 세계의 고통의 벽은 더욱 높고 두껍게 쌓여간다. 인류는 이 고난의 세계를 구원해줄 메시아를 간절히 갈구하고 있다. 절망적 현실을 바꿀 수 없는 무력한 상황이 개인, 양심적 집단, 시민운동세력, 혁명가들을 무기력하게 만든다.

어찌 보면 오사마 빈 라덴이 이 시대의 메시아일지도 모른다. 그는 분노에 머물지 않고 행동하는 자 아닌가. 이 시대의 時中的 행동은 자본주의 체제의 핵을 폭파시키는 폭력이 될 수도 있다. 세계화 질서의 핵을 폭파하라. 정당한 실천 아닌가. 이 세계가 소생할 수 있는 길은 自己否定일 뿐이다. 자기부정적 폭발은 재창조, 부활의 단초이다. 自省의 자기부정이 이루어지지 않으면 이 세계는 大戰의 형태로 폭발할 운명을 맞을 것이다.

세계화의 實相은 가난과 불평등, 부패의 세계화임이 명백해졌다. 新자유주의적 질서에 대한 대안이 안개 속에서 표류하고 있는 무기력한 혼돈의 시대에, 新사회주의적 세계질서를 구상하는 知性들의 체계화된 결집이 절박한 상황이다.

경제성장과 발전이 인간의 행복을 만족시킬 수 있다는 믿음은 분명히 미신임이 폭로되었다. 오랜 세월을 통한 경제 제일주의, 소비주의 교육으로 훈습된 탓에 세계는 그 미신의 덫을 벗어날 수 없다. 자본주의적 경제성장과 발전 모델의 세계에서 이익 보는 자들은 누구인가. 그 결과로 고통받는 자들은 누구인가. 세상은 점점 더 가난한 자들이 늘어나고, 점점 더 많은 질병이 만성화되고, 점점 더 불행감 느끼는 자들 늘어나는 비관적 상황이 깊어져만 간다.

인간만의 그늘일까. 자연계는 점점 더 오염과 훼손으로 병들어가고, 점점 더 파괴되고, 멸종되어 간다. 세계 기후도 점점 더 이상해져간다. 모든 세상 모습이 점점 더 슬픈 모습으로 죽어가고 있다.

地上세계의 주체는 이 세계를 고통스럽게 떠받치고 있는 억눌린 生

命들이어야 한다. 가난해져 가는 민중, 죽어가는 자연생태계가 바로 모든 文明의 근본이요, 주인이 되어야 한다. 그들이 학대받고 무시당하는 세계는 몰락, 붕괴되어야 한다. 그들이 존엄하게 섬겨지는 세계를 다시 세워야 한다. 건강하고 행복한 세계를 다시 세우기 위해서 그들을 살려야 한다. 그들을 살리는 질서만이 이 세상에 존재할 이유가 있다.

신자유주의, 신식민주의, 세계화는 더욱 더 인간과 자연의 생명력과 건강한 잠재력을 질식시켜가는 멍에요, 덫이다. 이 문명을 떠받치는 '소비주의 문화'에서 해방되고, '경제주의'의 가치관을 해체시키며, 세계화를 체계적으로 교육시키는 '미디어' 세계를 변화시키며, 상업주의에 봉사하는 '기술'을 生命界를 살리는 기술로 대체하는, 새로운 문명의 구상과 전략이 전 인류에 교육되어야 비로소 전 세계적 迷夢과 미신에서 깨어날 수 있다.

너무나도 얽힌 문제 상황이 모든 이들을 열등감과 무력감에 빠지게 하지만, 세계의 모든 부문의 문제들은 상호 단단히 연관, 의지되어 있는 그물구조를 밝히 알 수 있는 만큼, 벼리(綱)를 드러내어 현 문명의 재난으로부터 回生할 방책을 이 시대에 선포해야 한다.

그 지혜는 민중 속에서만이 찾을 수 있다. 민중의 고단한 영혼 속에 담겨있는 '다시 개벽'의 큰 그림이 현실화될 수 있도록 하늘의 거름으로 산다는 것은 너무나 값있는 일이 아닌가. 하늘은 이 세계의 짓눌린 生命들을 행복하게 되살리라고 명령한다. 행복한 生命界를 창조하는 방책도 가르치고 있다. 인체의 면역체계가 약화되고 문란해지면서 질병에 점령당하듯, 문명의 면역체계가 혼란에 빠지면서 세상은 재난의 비극 속에서 죽어가고 있다. 인류의 생활양식과 구조가 생명질서로부터 벗어난 지 이미 오래다. 건강한 생명현상을 만들어가는, 문명의 면역력이 떨어지니 문명 대붕괴, 생명계 대멸망은 예언자가 아니라도 불을 보듯한 일이다.

하늘의 메시지 : "생명계를 살려내라. 문명의 면역세포를 활성화시켜라. 문명의 암세포를 물리쳐라. 지금은 암세포에 정면 대항시기를 놓친 말기이다. 근본적인 질병치유법을 찾아내라. 生命의 文化 창조력이 근본적인 다시 개벽의 면역치료법이다."

과연 현재는 末期 상태인가. 그렇다면 말기 암 상태에선 항암 화학요법이 성공하기 어렵듯이, 세계의 절실한 고통상황에 대해 파괴적 폭력대응책으로는 이미 늦었단 말인가. 이 문명의 생존기간만 더욱 앞당길 뿐인가. 문명과 자연계를 공멸로부터 구원할 문명 면역요법의 정체는 무엇인가.

"죽어가는 이 문명에 生氣를 부어 넣을 의사진의 청사진과 치유책을 교육하고, 뛰어들라." 이 말씀이 하늘의 가르침이다. 한국 땅을 면역세포 주입기지로 정할 것. 면역세포의 實體는 反소비, 反상업주의, 反경제제일주의, 反차별, 반분열, 反획일의 共生과 연대, 정의와 평화의 生命文化이다. 암세포들과 투쟁하는 전사들은 각 지역공동체의 도덕적 시민들이다.

2월 17일

人生은 여행의 길이다. 나는 여행하는 우주의 나그네다. 나그네는 머물러 있지 않는다. 수많은 차원의 삶을 체험하기 위해 여행한다. 한 인생에서 육체적·감각적 차원에서의 삶을 경험하느라 대부분의 시간을 보내는 나그네는 드넓은 다른 차원의 삶을 누리지 못하리라.

나의 본질은 창조능력이다. 신이다. 깨달음이다. 우주의식이다. 이 인간으로서의 여행은 나의 선택이다. 내가 만든 삶이다. 인간을 택했다. 생이 나의 창조성의 과정이듯, 죽음도 나의 창조적 의식이 만든다. 이 삶을 여행하면서 超 차원의 의식을 체험하며 자유의 超의식계에서 쉬고 싶다. 지극히 편안한 휴식으로 이 生을 마감하고 싶다. 죽음을 깨어 있는 의식으로 만드는 나그네이고 싶다.

전체 우주와 분리된 ego의 삶을 끝내고, 투명하고 순수한 生命의 초원에서 쉬고 싶다. 전체와 분리된 自我의식이 고통과 불행을 창조하는 원천이다.

2월 20일

수행은 혁명이다. 수행은 나의 본질. 즉 신을 찾아 떠나는 자아혁명의 길이다. 자기혁명을 통해 행복의 충만감, 영원한 기쁨을 체험한다. 참된 행복과 만족은 일시적이지 않다. 일시적 행복 체험은 자아의식에 구속된 심리상태에서 이루어진다.

세계는 나와 분리되어 있지 않다. 그러기에 세상의 슬픔과 고통은 나의 그것이 될 수밖에 없다. 나의 수행의 길이 바르게 가고 있다면, 세상의 온갖 죄악과 무지와 질병, 고통으로부터 자유로울 수 없다. 세상의 상황과 무관하게 나만의 독립적 행복이 가능하다고 믿는 것은 내 마음이 만들어 내는 또 다른 허위의식이다.

세상의 행복이 없으면 나의 행복도 불가능하다. 세상의 문제 상황은 나를 불행하게 한다. 수행은 불행한 현실을 근원적으로 해소시키는 혁명이다. 그러기에 수행의 혁명성은 개인 차원에 제한될 수 없고, 사회적 공동체적 혁명 차원이 될 수밖에 없다. 진실로 영원히 행복하고자 하는 수행의 길을 가고자 한다면 세상의 행복을 위한 사회혁명가의 삶을 짊어져야 한다. 그 자세가 정직한 인생을 살고자 하는 나그네의 모습이다.

2월 21일

어린 철부지였을 땐 빨리 어른이 되어 신나는 人生을 꿈꾸듯, 인생 철부지 시절엔 인생에 달통한 道人의 세계를 소망한다. 인생을 이만큼 살다보니 헛웃음이 날 뿐이다.

모든 세상 일이 너무 당연한 일일 뿐이다. 生도 死도, 반복되는 生死도, 이 우주의 영원한 반복도 너무 지루하다. 영원히 지속되는 이 우주의 창조작업, 너무 지루하다. 하느님은 스스로 형벌을 짊어지면서 창조의 짐을 그치지 못한다. 幻影을 만들고, 허상을 영원히 창조하는, 끝도 없는 허무의 형벌을 벗을 수 없다.

영원히 끝나지 않는 끝. 하느님은 우주의 역사를 자폭으로 끝내려고 해도 또 새로운 우주사는 계속된다. 영원한 지루함은 끝나지 않는다. 창조자의 비극을 모르는 聖人 나부랭이들은 영원과 무한의 세계를 찬미하면서 거기에 그치지 않고 교육까지 시켜댄다.

깨달음의 절망성! 인간이 타고난 숙명은 이 허공의 무한한 바다에 삶의 흔적을 남겨야 하는—결국 허공 속에서 무로 돌아갈 흔적들—형벌을 안고 살아야 함이다. 實相을 안다는 것은 결국 스스로 고문당하고 있는 자신을 깨닫는 일이다.

스스로 자기 生의 끝을 내는 자는 행복하다.

세상 일에 대해 관찰자로 살 수 있는 자는 행복하다.

벌레들 틈에 살면서도 벌레들과 어울리지 않는 자는 행복하다.

숨쉬는 일에도 절망을 체득하는 자는 행복하다.
우주의 비극에 숨가빠하는 자는 행복하다.
이 사람은 아직 행복하지 않다.

2월 22일

이 사람은 거대한 태풍이 되는 꿈을 꾼다. 태풍이 될 수 없다면, 잔혹한 폭력으로 무장한 正義俠客이 되는 꿈을 꾼다. 그도 아니면 죽음을 관장하는 염라대왕이 되는 꿈을 꾼다. 아니면, 영원히 지속되는 이 허망한 우주꿈의 호흡을 질식시키는 우주 심판자가 되는 꿈을 꾼다. 희망적이든 절망적이든, 긍정적이든 부정적이든 꿈은 꿈를 가져오고, 꿈의 산물이기도 하다. 투철히 깨어 있어도, 미쳐버려도 꿈은 끝나지 않는다. 붓다는 꿈의 완전한 끝까지 성취했다고 말하고 있다. 그 끝에서 영원한 열반을 얻었다 하지만, 그 열반의 끝도 없는 허망함에 몸서리쳤을 터이다.

우주는 끝없는 허공 속에 허망함을 안고 있으면서도 교활한 지혜로서 자폭하지 않는다. 모든 은하계와 만물이 각각의 서로 다른 삶을 가지면서도 共滅하지 않고 共生할 기제를 창조함으로써, 본원적 허망성을 우주의 생명력으로 채운다. 만물을 하나되도록 살리는 창조적 지혜 덕에 우주는 生存하고 있다. 교활한 宇宙! 그러나 영원한 지루함에 지친 우주.

2월 23일

이 시대, 이 나라의 主敵은 누구인가? 북쪽 한반도의 공화국인가. 아니다. 바뀌어야 한다. 수구 부패세력, 자연생태 파괴세력, 약자 차별세력, 국가개혁 반대세력, 平和파괴세력 등이 바로 그들이다.

　DPRK를 줄기차게 주적으로 규정하는 세력은 오랜 세월 동안 反共을 기치로 자신들의 기득권을 끝까지 유지시키려는 부패 수구세력일 뿐이다. 북쪽이 민족 상잔의 전쟁수행 능력이 없는 이상, 이제 우리의 주적이 될 수 없다. 당장의 현실에서 국민의 생활과 정신을 피폐하게 하는 썩은 무리들이야말로 이 민족과 국가의 主敵으로 규정되어야 한다.

　오는 4월 총선에서 국민의 주적세력과 개혁세력의 대결구도가 조성되고 있다. 부패한 '한민당'(한나라당과 민주당)과 '열노당'(열린우리당과 민주노동당)의 싸움판으로 몰아가야 한다. 경상도와 전라도에 뿌리내리고 기득권을 누리려는 노쇠한 정당을 심판해야 미래의 희망은 가능할 것이다.

3월 12일

　오늘 오전 11시에서 12시 사이에 TV를 통해 드라마틱한 武林 활극을 보았다. 무대는 대한민국 國會의사당. 주인공과 배우들은 '한·민·자' 연합파와 '열린' 독자파와 국회경위대. 활극의 결과, '한·민·자'파와 박관용 국회의장 휘하의 경위대에 의한 '열린'파 완전격파. 그에 따른 노무현 대통령 탄핵 결정. 대통령 직무정지 결정. 3.12 정치활극!

　오늘의 이 사태를 본 국민들의 민심의 흐름은 국회의원들의 결정과는 정반대다. 多數의 의원들이 찬성한 대통령 탄핵가결 양상과 70% 이상의 多數 國民들의 탄핵가결 反對 민심은 불행한 결과다. 그러나 이번 국면을 계기로 경상도黨(한나라당)과 전라도黨(민주당)의 오랜 적대감이 눈녹듯 풀려 하나로 단결 화합하는 감격스런 모습을 보게 되어 매우 혼란스럽다. 이번의 경악스런 사태를 저지른 野 3당이라면 단순한 대통령 끌어내리기에 그치지 않는, 더욱 음흉한 책략을 모사하고 실행할 수 있는 능력을 가지고 있다. 이번 연합을 통해 권력을 뺏기 위한 改憲을 추진할 계획에 합의하고 있는지도 모른다.

국민들은 어찌하여 통쾌하게 승리한 3당 연합파를 손들어주지 않고, 처절하게 내동댕이쳐진 몰골의 소수 與黨파를 강력하게 지원하고 있는가. 국민은 弱者에 同情의인 착한 심성을 가졌길래 그런가. 아니다. 지금의 대한민국 국민들은 다수 연합당의 권력찬탈 음모를 如實히 꿰뚫어보고 있다. 그러기에 民心은 소수당파를 지원하고 있는 정치의식을 가지고 있다. 온갖 미사여구로 자신들의 心中을 회칠할 지라도 民心은 현혹되지 않을 만큼의 높은 政治意識을 지니고 있다.

政治人들은 늘상 입 끝에 '국민과 국가를 위해'를 달고 다니는 者들이다. '국가와 국민을 위해' 그들은 상상도 못할 不正한 정치자금을 꿀꺽한다. 이번 탄핵 쿠데타도 마찬가지로 '국가와 국민을 위해서' 일으킨 擧事라고 한다. 그러나 이 땅의 정치적 기치의 實相은 '국가와 국민의 고통과 불행을 위해서!'임이 分明하다.

다음 달의 17代 총선은 자연스럽게 '親노' 대 '反노' 구도로 정해졌다. 이떤 당파가 '국가와 국민의 이익과 행복을 위해서' 이 땅에 필요할 것인가. 국민은 회피하지 말고 선택해야만 할 사명과 의무가 있다.

3월 13일

어제의 대통령 탄핵을 가결시킨 3당 연합파는 동일한 목소리로 國會法에 규정된 절차에 따른 合法的 권리의 행사였음을 주장한다. 옳은 얘기다. 法의 존재 이유는 국민의 人權과 自由를 보장하고 민주주의를 보호할 수 있어야 한다. 만약 合法的 법 시행의 결과가 개인의 자유와 인권을 파괴하고, 민주주의를 위험에 빠뜨리며, 사회적 불평등과 분열을 심화시킨다면, 그 절차가 아무리 합법적이었다 할지라도 그것은 法의 기본정신과 철학에 위배되는 것으로서 마땅히 合法은 否定되어야 한다.

法의 진정한 권위는 인간과 사회의 善한 가치에 근거할 때에만 인정될 수 있는 것이다. 어제의 合法的 탄핵가결 행위는 그러기에 '合法的 쿠데타'로 규정될 수 있으며, 국민 다수는 저항해야 할 마땅한 근거가 되는 것이다.

대통령을 쫓아낸 3당연합은 그들의 쿠데타 실행 이후, 現 국무총리 중심의 국정운영에 적극적으로 협력하여 국가의 安定과 民生회복을 돕겠다고 나선다. 이 무슨 해괴한 소리인가. 지금의 총리, 장관 등 공직자는 누가 임명한 자들인가. 그들은 지난 해, 대통령 취임 이후 대통령이 임명하고 발탁된 자들로서, 지금까지 동거동락하면서 국정운영을 해오던 대통령 사람들 아닌가. 대통령은 싫지만, 대통령의 사람들은 아껴주고 적극 후원하겠다니 저들의 속셈은 무엇인가. 자기들이 대통령 자리를 차지해 앉겠다는 뜻인가.

비유하자면, 잘살고 있는 집 안의 남편을 강제로 식구들로부터 제거시키고, 외간 남자들이 이제부턴 자기들이 남편을 대신해 가정을 잘 이끌어 가겠다는 格이다. 마누라가 탐나기는 한 모양이다. TV 뉴스를 보니, 저 야당연합은 끝까지 자기들의 행위를 '救國的 결단'이라고 강변하고 있다.

4월 5, 11일

이 사람이 이 시대에 무엇을 할 수 있는가? 자신에게 정직할 수 있고, 이 사회에 적응할 수 있으며, 스스로 安心할 수 있는 일을 찾는 것도, 또 찾는다 해도 손쉽게 다가갈 수 없다. 황폐해진 山에 나무 심기.

이 땅의 歷史는 여전히 변해가고, 또 변해간다. 국민들의 정치사회의식이 변하고, 경제적 상황이 변하고, 여론이 변하고, 정치세력이 변화한다. 과거의 反共 냉전의식을 주도하던 보수세력이 낡은 세력, 부패세력으로 낙인찍히고, 新進세력·개혁세력이 民心을 얻어간다. 과거 반세기 동안 한 번도 제도권 정치세력으로서 인정받지 못했던 진보정치세력이 民勞黨의 기치 아래 의회에 入城하게 될 것이다. 이 나라가 온갖 歷史的 질곡 속에서도 그 고통을 이겨내며 民主化의 歷史를 축적해 가는 과정에서의 새로운 현상들이리라.

그럼에도 이 사람은 한 편으론 이 나라의 歷史 변화에 대해 安心하면서도, 다른 한편으로는 뜨거운 가슴으로 좋아할 수 없는, 처연한 心情을 숨길 수 없다. 이 사회와 세계를 이끌어가겠다는 모든 정치세력과 현실 지식계층은 모두가 그들의 정치노선의 차이에 관계없이 나라가 '富者의 나라' 되기를 목표로 하고, 그 목표에 한 순간의 의심도 없이 사로잡혀 있다.

개발과 성장을, 公正한 분배를, 사회정의, 기업혁신과 첨단기술개발, 교육혁신을 呪文처럼 念念不忘하며, 富者와 富國되기 위한 처방에 홀려 의심도 없이 世界史의 미친 흐름 속으로 빨려들고 있다. 이 사람의 처연한 心情은 현실 세상의 강력한 역사 흐름에 적극적으로 함께 탈 수 없는 者로서의 쓸쓸함일 게다.

지난 수천 년간의 王政체제에서 民主체제로의 축의 전환은 참으로 성스럽고, 또한 긍지 가질 일이다. 정치체제의 긍정적 변화에도 불구하고 극복하지 못하는 것은 자연생명 착취와 파괴 위에서의 경제성장 방식이다. 황폐한 국토 위에서의 富者되기 노력에 이 사람은 참여할 수 없다. 이 사람은 우선 가난해져야 도덕적 삶이 가능하다고 믿는 사람이니, 무조건 민주세력에게 박수칠 수 없는, 그래서 이방인으로 살아갈 수밖에 없는 운명이다.

인류는 깨닫게 될 것이다. 富를 추구하는 경쟁사회가 결코 인간을 행복하게 해주지 못한다는 것을. 자연의 살림살이 속에서만이 인간의 살림살이가 지속될 수 있고, 개인도 행복해질 수 있다는 깨달음을 얻게 될 것이다.

19세기, 이 땅의 선조들이 꿈꾸었던 '開闢'의 꿈은 무엇이었나? 弱者인 아랫 백성들을 살리고, 인간의 도덕심을 살리고, 약소국을 살리고, 모든 민중들을 정신적 억압과 체제의 굴레에서 살려내고, 利己心에서 살려내고, 육체적 정신적 질병 상태에서 구해내고, 더 나아가 自然界의 모든 生命들을 살려내는 文明을 건설하는 꿈 아니었는가.

이를 성취하는 역정은 고단하고 두려운 과정일 것이다. 그 길이 행복의 길이라면 멈출 수 없지 않은가. 이제 '民主의 길'은 거침없이 뚫어왔다. 더 나아가 온 생명계를 살리는 '살림의 길'을 모색하고 새 길을 만들어 갈 노력을 해야 할 시기이다. 이 사람이 할 수 있는 일이란 게 소박하고도 미약한 일이지만, 나무심기에 동참하는 일로 여생을 보내면서 행복한 인생을 가꾸는 것이다. 가능하면, 나무 뽑아서 사는 생활은 최소로 줄이는 길을 가야 하리라. 憎!

이 사람의 약점이자 단점은 이미 익숙해져 있는 관습과 양식에는 지속적으로 적응해내지 못한다는 점이다. 새로운 생활과 관념에 대한 호기심과 모험심이 나를 살게 만드는 원동력이다. 새로운 경험이 이 사람을 추진시키는 힘이다. 사람마다 체질이 다르듯, 이 사람의 氣質은 새로운 세계와 질서에 대한 추구와 모험을 필요로 하는 형(型)인 듯하다. 기질적으로 수구와 보수는 나와는 相剋의 입장이다. 수구와 보수의 삶은 새로운 세계에 대해 不安과 두려움을 나타낸다. 체험해 보지 못한 세계에 대해선 먼저 비판하고 부정하는 태도를 갖고 대한다. 그들은 새로운 창조와 모험을 믿지 않는다. 그래서 늘 시대변화의 뒤에서 따라올 뿐이다.

그러나 진보와 개혁적 기질의 인간들이 공통적으로 갖고 있는 심리상태는 수구 보수기질형들에 대해 경멸과 무시라는 내면상태를 극복하지 못한다는 점이다. 그들은 매우 공격적이며 모험적이다. 아무리 수행한다 해도 그러한 기질 바꾸기는 눈을 감은 후에나 기약해야 할 것이다. 수구보수 기질은 우주의 한 면인 질서 있고 안정적인 거시세계에 비견할 만하고, 개혁진보 기질은 예측 불가능하고 혼돈적인 초미시 세계의 모습에 비할 만하다.

만물의 진실한 모습(實相)은 정해져 있지 않고 끊임없이 변해간다. 머물지 않고 진행해 가는 無常, 無相의 현실이 있을 뿐. 그럼에도 인간들은 변함없는 가치, 의미, 생활양식, 이념, 체제질서가 있다는 迷惑에 스스로 빠져, 변화해가는 현실세계에 순응하지 못하고 속을 끓이면서 고통받는 삶을 스스로 창조해 간다. 無知는 苦痛을 만든다. 的實한 지적이다. 진실을 아는 지혜는 스스로를 自由롭게 만든다.

늙어서 병들면 죽음을 준비하면서 세상에서 물러나는 삶을 살 줄 알아야 한다. 그럼에도 세상으로부터 이해받으려, 인정 얻으려 할 때 찬

밥 신세의 늙다리가 되는 것이다. 물러나야 할 때, 세상과 거리를 두어야 할 나이에 염치 없이 간 크게 버티고자 하는 심리가 바로 내면의 수구적 내지는 보수적 心情이다. 개인이나 집단, 세대층에 있어서도 동일한 원리가 적용된다. 현재의 시대는 늙은 이념, 가치, 질서는 물러나야 할 때다. 새롭게 개혁하고 창조해 가려는 時運에 자리를 물려주고 물러나야 할 때다. 매달리고, 멈추고, 과거회귀적인 고집 피우는 자들은 내동댕이쳐질 것이다. 과거에 대한 미련을 가차없이 끊을 때 과거의 감옥으로부터 풀려나 자유로워질 것이다.

미련 끊기 卽 해탈, 미련 끊도록 도와주기 卽 成佛

4월 18일

거울 앞에 선 이 사람의 벗은 육체는 가관이다. 가슴팍은 바짝 말라 갈비뼈가 앙상하게 드러나 있고, 팔다리는 살과 근육이 없어져 몸통에 4개가 달려 있는 막대기 같고, 배와 엉덩이도 평평한 채 제 위치만 차지하고 있다. 벌써 3년째 50kg의 몸무게를 벗어나지 못한 채 低체력의 상태이다. 호흡장애와 眼球 건조 및 시력장애도 회복될 기미가 보이질 않는다.

실제의 상황을 알고 나면 꽤 심각하다. 늙어가는 나이에 병들고, 직업 없이 가난하고, 돌봐줄 가족 없으니 이런 사정에서 희망찬 미래에 미련 갖는 일은 너무도 어리석은 일 아닌가. 自由로운 정신으로 죽음을 흔쾌히 맞이할 준비하며, 自然과 친해지는 연습으로 남은 생을 보내야 하리. 자연과 소통하는 여생을 보낼 수 있다면 얼마나 축복받은 삶인가!

이 허약하고 빈천한 몸이지만 나름대로 균형은 잡히지 않았는가. 만약 이 신체에 뱃살만 가득 올랐다든가, 아니면 사지가 강건하다면 그 야말로 不均衡의 불구자 꼴일 것이다. 五臟六腑가 약하니, 그에 맞춰서 신체가 빈약한 것은 균형과 조화의 상태일 터이다.

사회의 구조도 마찬가지 아닌가. 소수의 富者들은 너무 많은 소유를 하고 있고, 대다수의 民草들은 소비할 여력이 없어 하루하루를 전전긍긍하면서 살아가는 실상이라면, 이 사회는 불균형, 不具의 기형적 사회다. 마치 사지와 복부 이하는 기아에 신음하는 육체를 가진 상태에서 가슴이 풍만한 꼴을 연상해보라. 분명히 불구자요, 질병상태이다. 가슴이 끊임없이 커진다고 육체 전체가 균형잡힌 몸이 저절로 되리라는 說을 주장한다면, 누가 그 說에 속아 넘어갈 것인가. 각 기관과 조직에 골고루 영양이 배분되고, 적당한 운동과 휴식을 통해서만 균형잡힌 건강한 신체를 회복할 수 있을 게다.

사회적 富의 공정하고 균형잡힌 分配가 이루어질 때 사회는 지속적인 건강한 成長이 가능해질 것이다. 성장과 분배는 相互 순환소통하는 과정을 통해 모두를 성취할 수 있다. 지난 수십 년간의 先成長論 주장은 작금의 現實을 통해 보듯 설득력을 잃고 있다. 17대 國會에서의 사회개혁은 균형잡힌 사회를 추구해야 하리라.

4월 21일

이 사람은 느끼고 싶다.
이 사람이 머물며 사는 이 집과 이 도시가 성전이기를.
이 사람이 가는 곳곳마다 성지를 순례하는 발걸음이기를.
이 사람이 하는 모든 일마다 한울님께 바치는 聖事이기를.

4월 25일

이 사람이 他人을 진심으로 감탄스런 심정으로 바라보는 경우는 매우 드물다. 나 스스로 누구의 fan이라고 긍정하는 경우는 한 번도 없었으니, 他人에 대한 호감을 갖기는 흔치 않는 일이다. 他人에 대한 가장 좋은 평가는 "그 사람은 내가 배울 점이 많은 사람이다"라는 인정이다. 그보다 아래의 부류에 대해서는 "그 사람은 사회적인 좋은 영향력을 가진 사람이다"라고 긍정적 평가를 하는 부류이다. 그보다 아랫 부류에 대해서는 "그 사람을 동정한다"라는 심정을 갖게 한다. 인간에 대해 전혀 너그러움이 없는 이 사람인지라, 세상인들이 스포츠인 또는 연예인, 예술가 등에 대해 스스로 팬 의식을 갖는 사정을 전혀 동감한 적이 없었다.

그런데 이게 무슨 노망인가. 한 젊은 여성 스포츠 선수에 대해 好感을 가졌을 뿐만 아니라, 그녀의 삶의 태도를 보면서 한편 부끄럽고, 한편은 부러운 심정을 가지게 되었으니, 이 老人네가 이제야 사람되기 시작할 모양인가 보다. 세계 프로당구(billiard) 선수, 別名 '검은 독거미'라는 Janett Lee가 바로 그녀이다. 중증 척추측만증으로 오랜 세월을 수술 부작용과 신체적 제약과 고통을 이겨내면서도 이 사람이 부러워하는 천진함, 집중력, 자연스러움, 끈기와 인내라는 덕목들을 일상 속에서 단련하고 체득한 모습을 보면서, 이 사람도 비로소 그녀의 팬이다라고 말할 수 있게 되었다.

자신의 일에 끈기 있게 집중하다 보면 매우 편협해지고 이웃에 대해, 특히 경쟁자에 대해 너그럽고 여유있는 마음 갖기란 매우 어려운 일이다. 30대 초반의 여인이 집중력과 여유심, 소탈함을 동시에 가지고 있는 모습을 보면서 서슴없이 그녀의 팬이 되었다. 최초의 팬이 된 것이다. 아무쪼록 척추의 고통을 이겨내고 늙도록 아름답게 성숙해가길 기원한다. 아무쪼록 이 사람의 영혼도 성숙되어 온 세상 사람들을 축복해줄 수 있는 마음을 가질 수 있게 되길, 이 사람을 위해 기원한다.

4월 28일

이 사람에게 점점 고약한 고질이 깊어진다. 도시와 文明에 대한 편협한 情은 더욱 더 깊어진다. 도시의 냄새가 끔찍하고, 문명의 냄새가 역겨우니 이 사태를 어떻게 치유할 것인가. 도시 속에 사는 인간들이 추해보이고, 文明에 물든 인간들이 이 사람과 다른 세상의 종류처럼 보이니, 이 질병을 고치려면 우선 그들과 거리를 두고 살든가, 안 된다면 누에고치처럼 도시 속에 강건한 똬리를 틀고 자폐증 환자처럼 살든가, 그것도 못한다면 목관 속에 들 수밖에.

어찌할 것인가. 푸른 생명들이 살아있는 자연에 가까이 가는 길만이 이 사람이 정상적으로 살 수 있는 힘을 키울 수 있으리라. 이 사람은 세상에의 적응력이 너무나 약해져 있다. 그렇다고 그 적응력을 키우고자 하는 의지나 바램도 없다. 자연선택에 의해 도태되기보다는 멸종의 인간 종으로 돌연변이의 길을 택할 수밖에.

도시와 文明의 상징어들 : 하룻밤 TV를 켜면 세상의 실상을 볼 수 있다. 가짜, 不良, 위조, 부당이득, 도덕불감증, 上納비리, 뇌물, 스트레스, 오염, 기득권, 주가조작, 탈세, 비자금, 不實공사, 人災, 不正, 不法, 사기, 삥땅, 갈취, 교통체증…

이 시대 인간들이 경험하는 日常은 온통 껍데기 언어에 매몰되고 중독되어 있다. 속임수, 사기, 껍데기가 이 시대와 文明의 본질이다. 온 인류는 춤춘다. 속임수 문명의 장단에 따라 춤춘다. 관념의 속임수, 언어의 속임수, 감각의 속임수, 이미지의 속임수, 속임수의 바다에 빠져 춤춘다. 인생은 사기다. 이 사람은 고민한다. 이 껍데기, 속임수의 세상에서 눈 막고 피할 것인가, 아니면 이 모든 것을 다 인정하고 수용할 것인가.

사회 '통합'을 얘기하는 자들은 자신이 누리고 가진 것을 양보하고 나눌 의지도 없으면서 언어의 사기극을 연출하고 있다. '개혁'을 주장하는 자들은 스스로를 개혁하고 부정할 생각도 없이 말잔치를 벌여서 민중을 눈멀게 한다. 모든 사기극을 끝내려면 전제에 투철해야 한다. 그것은 자기성찰, 반성이다. 그로부터 자기부정과 혁신을 감행하지 않는다면 자신들의 모든 행위는 사기극이다.

성형미인은 자신의 實相을 교묘히 바꾸어 남들의 눈을 속이고 스스로 미인이 됐다고 속는다. 이라크 침략 미군은 이라크 인민을 독재정권으로부터 해방시켜, 민주와 자유의 이라크를 건설하도록 돕기 위해 군사침공을 했다면서, 이라크 인민들의 人權과 경제성장 혜택을 보장하리라 선언했다. 그러한 그들 미군이 이라크 민간인을 학살하고, 이라크 포로들을 고문한다, 입으로는 인권의 보루로 자처하면서 몸으로는 인권을 파괴한다. 강대국의 사기극이다.

5월 5일

영원히 존재해가는 이 宇宙, 과연 쓸모 있는 우주인가? 과연 이 우주는 영원히 생성, 유지, 소멸의 과정을 반복해야 할 이유가 있는가? 우주 자체의 삶의 욕망과 無知는 무조건적이다. 이유도 근거도 없이 존재해 나갈 뿐이다. 우주의 본질은 明이 아니라 無明이며 生欲일 뿐이다.

그 포태에서 생성된 우리 인간들은 무조건 생을 찬미하고 감탄할 수밖에. 그리하여 인간은 원초적으로 自然상태를 동경하며 그리워한다. 우주사의 진화과정에서 태어나고 영원한 시간에 걸쳐 존재의 욕망이 훈습된 결과, 自然과 生을 肯定하는 태도는 인류에게 있어 本能的 절대태도이다. 그 절대태도의 幻相을 투철히 바로 보는 자만이 우주로부터 진정 自由로워질 수 있을 것이다.

인간으로서 태어난 자는 그 生存 자체를 도모해야 하리라. 이 점까지는 인정하자. 문제는 생존하기 방법의 선택이다. 지금의 세계는 오직 경쟁과 성장 이외의 방법은 없는 듯이 생존전략을 세운다. 이 사람은 그렇기에 이 세계가 미쳐 있다고 진단하는 것이다. 국가와 기업, 개인 모두가 경쟁에서 승리하지 않으면 살아남을 수 없다는 미신에 홀려 살고 있다. 적자생존의 기초가 경쟁우위에 있다면, 그리하여 경쟁전략에서 승리한 자만이 살아남을 수 있는 것이 우주의 생존의 진리라면, 삶은 축복이 아니라 저주이다. 또다시 고통이라는 결론에 이를 수밖에 없다.

인간의 本能的 욕망은 오직 생존, 成長, 延長, 번식의 방향으로 표출되는가? 아무리 고통스러운 人生일지라도 수명 연장이 至善인 시대. 아무리 삶의 환경과 질이 파괴되어도 물질생산과 소비가 성장해야 하는 시대. 아무리 비리, 부조리가 있더라도 경쟁력 강화가 唯一 방도인 시대. 언제나 이 방향성에 파탄과 파멸의 벼락이 떨어질 것인가.

예수 당시의 유태인들도 오늘 내가 느끼는 이 절망의 의식과 같은 것이었을까. 그 당시엔 그토록 세상의 終末을 꿈꾸고, 神의 정의로운 심판을 구했던 절망적 열망상태에 同情心을 갖는다. 그렇다 하더라도 이 부패한 시대에 대한 적개심은 먼 미래에 결국 또 다른 고통의 현실을 세계에 창조한다는 사실이 인간능력의 한계성을 절감하게 한다.

5월 14일

날은 淸明하고, 5월의 新綠이 눈부시다.

오전의 TV에선 노무현 대통령 탄핵 심판사건에 대한 헌법재판소의 '기각' 결정이 낭독되었다. 주문 내용을 들으니, 대통령에게는 남은 임기 동안 사소한 法 위반행위라도 절제할 것을 경고한 반면, 또한 의회 정치인들에게는 아무리 법적 하자가 없다 하더라도 권력남용을 경계하는 판결을 내렸다. 양쪽 모두의 잘못을 징치하는 결정이었다. 대통령은 두 달여만에 다시 복귀하게 되었지만, 앞으로는 보다 사려 깊고 신중한 자세로 國政을 책임져야 하리라. 지배층 내의 오기 싸움으로 시작된 권력투쟁으로 이 나라 국민들의 삶은 시들어 가고 있다.

이 나라 국민들은 점점 성숙해가고 있는가? 더욱 품격 있는 사회로 나아가는가? 보다 더 自由人들이 되어가고 있는가? 무엇이 사회의 성숙과 자유의 정도를 잴 수 있는 척도인가. 각 집단, 계층의 욕구와 삶이 이기성을 넘어서 公共性과 보편성에 보다 더 근거해 있을 때라면, 그리하여 자신의 욕구가 脫이기성으로, 公共性으로 無化되어 나가는 사회라면, 자유로운 인간들이 꾸려가는 성숙한 사회라 할 수 있지 않을까.

한 개인을 보더라도, 나이 들어가면서 아름답게 인생을 성숙한 모습으로 살아가는 자들의 공통점은 자기 존재와 삶을 보편적 가치에 합치시켜 가는 노력이 있다는 점이다. 公共의 이익과 행복을 위해 살아가면서도 자기와 다른 人生들을 관용하며 자기의 존재를 최소화시켜 가고 있는 것이다. 그럼으로써 그들은 자기가 쌓은 성(城)으로부터 자유로워져가고 있는 것이다.

이 사람도 그들처럼 성숙하게 잘 익은 老人으로 늙고 싶다. 아무쪼록 그간의 언어와 文字를 통한 지혜를 넓혀 민중들의 현실에서도 지혜를 찾아낼 수 있는 안목을 가질 수 있길 바란다. 언젠가는 나의 믿음이 바르다고 믿는 迷信으로부터 내가 聖스러운 것이라고 생각하는 온갖 偶像에 대한 믿음으로부터도 自由로워진 존재가 되리라.

아름다운 인생의 과정 : 균형을 이룬 건강성, 보편성으로의 성숙도, 無知에서의 自由, 통합적 안목으로의 지혜.

5월 19일

이 사람은 이 나라에 민주화 과정이 굳건히 뿌리내리는 세태를 보면서 행복하다. 똑같은 세태를 경험하면서, 냉전수구 내지는 보수주의자들은 不幸한 표정들이다. 그러나 그들은 믿는 것이 있어 든든하다. 세계자본주의 체제가 新자유주의자, 新보수주의자—이 사람은 그들 이념이 초기 자본주의 시절로 逆回歸하는 역사의 후퇴며 反動이라고 믿지만—들에 의해 굳건히 지배되어 가는 모습을 보면서 행복감을 느낀다.

이 사람은 똑같은 세태를 경험하면서 그들과는 정반대의 느낌을 가지고 산다. 이 사람은 이 땅에 사는 자들이 점차 민족주체의식을 깨달아 가는 세태를 보면서 행복하다. 반대로 지난 반세기를 미국에 나라의 운명을 의존해 살아오는 것에 익숙해져 있던 자들은 점점 더 불안해 하고 있다. 든든한 主人 밑에서 종노릇하면서 사는 것이 편했는데, 스스로가 종에서 주인으로 살아보겠다는 것은 불가능하다고 믿기 때문이다. 그렇다! 主人으로서 살아간다는 것이 얼마나 힘든 것인가.

그렇지만 이 나라가 정상적이고 건강한 나라로서 경영되려면 이 국민이 노예 근성과 버릇에서 벗어나야 한다. 미국을 상전으로 섬기면서 살아오던 노예층들은, 최근 전세계 미디어를 통해 보도되듯이, 이라크 국민들에 대한 미국의 반인권적 잔혹성과 폭력성의 本相이 폭로되면서 깊은 수심에 차있다. 자신의 상전이 전세계의 反美的 여론 앞에 추악한 모습으로 발가 벗겨지고 경멸당하는 세태를 당하면서 자신의 未來를 불안해하고 불행한 표정을 짓는다.

이 사람과 그들의 공통점이 있다. 모두 세계의 종말을 꿈꾸고 있다는 것이다. 얼마나 비참한 일인가. 이 사람은 현 세계체제의 종말을 꿈꾸고, 그들은 새로운 적들―현 세계체제를 거부하고 전복시켜 보려는 새로운 질서의 창조자들―과 새로운 질서가 창궐(?)해가는 현 세태의 종말을 꿈꾼다. 동상이몽의 엄연한 현실이다. 이 사람의 꿈이 이루어지는 세태를 볼 수 있다면, 얼마나 행복한 人生이랴.

5월 (일자 미상)

요즈음 이 사회에는 'well-being' 풍조가 만연한다. 자신의 삶을 투철히 성찰하지 않은 채 밖에서 만들어주는, 즉 자본계급이 만들어 낸 매혹적인 사기성 언어의 포장에 마취되어 '잘 살아보려는' 환상에 끌려다니는 세태이다.

참으로 잘 사는 길이나 방법은 무엇인가? 모든 인간들과 모든 생명체들은 잘 살고 싶어한다. 나도 잘살고 남도 잘살 수 있는 길은 어디 있을까? 고학력에 고수입 직업에, 값비싼 아파트에 물질적으로 실컷 누리는 자들은 뭐가 그리도 부족해서 진정한 well-being을 좇아다니는가.

자신의 풍요로움이 가난한 자들에게 의지해서 유지됨을 모르는 無知漢들의 화려함. 그 풍요와 화려함을 더욱 고상하게 누려보려고, 애쓰고 노력하는 저들의 처절한 집착! 고상한 삶을 살려고 끊임없이 수많은 방법론의 껍데기를 배우고 추구하면서 그들은 자신을 속이고, 또한 남들도 속인다. 그리하여 well-being의 삶을 꿈꾸는 자들은 결국 well-being의 수많은 방법론과 조건들을 얻어 자신의 삶의 액세서리로 만들고, 죽을 때까지 또 다른 액세서리들을 구하다가 죽는다.

온갖 방법론과 조건들은 그 정체가 마약일 뿐이다. 그것도 스스로 마약인 줄도 모르고 갖는 마약이다. 자신이 소중히 여기는 돈, 지위, 명예와 같은 온갖 껍데기로부터 자유로워지지 않는 한, 그는 껍데기의 노예로 살다 죽을 뿐이다. 노예의 삶은 편안함을 추구한다. 진정한 well-being은 두려움없이 주인으로 사는 것이다. 주인으로 살기를 배울 때, 스스로 well-being의 존재로 있게 될 것이다.

5월 31일

악마는 또 다른 악마를 만들어낸다. 악마의 정체는 스스로가 善者라고 한 점 의심없이 믿어 자신과는 다른 자, 자신에 대적하는 자를 악마라고 믿는 것에 있다. 악마는 끊임없이 새로운 敵을 만들고 악마를 창조한다. 이 사람은 그들의 無知에 소름끼치며 살아간다. 그 무지가 무지로 끝나지 않고 실천으로 강력하게 이어질 때 세계는 곧 그 스스로 천사세력이라고 믿는 자들이 만드는 지옥이다. 이 시대가, 이 세계가 바로 그곳이다.

조지 부시 일당은 至善한 天使세력이며, 아랍 이슬람 저항세력은 악마세력들의 구도로서 세계는 전쟁중이다. 强者인 악마는 자유와 정의, 민주를 수호하는 하느님의 使者가 된다. 그 자들에 의해 짓밟히고 학살당하는 弱者들은 당연히 제거되어야 할 악마로 낙인찍힌다. '적그리스도'는 진정 누구인가? 명백하지 않은가. 세계의 적그리스도들을 척결하겠다고 스스로 나서는 자들이 바로 그들 아닌가. 하나님의 최대의

敵은 하나님을 독실하게 신앙하는 자들에게서 배출된다.

6월 3일

  살아간다는 것은 고단한 과정이다. 힘을 들이지 않고는 삶을 이어갈 수 없으니 삶의 실상은 힘들이는 모습이다. 그러기에 영원한 우주의 생명은 한순간도 정지할 수 없는, 힘쓰는 운명을 가지고 있다. 그렇게 보면 영원한 삶은 휴식없는 활동이 있어야 가능한 저주받은 운명이다. 완전한 휴식이란 존재하지 않는 우주의 운명이다.

  영원과 무한의 굴레 속에서 빠져나올 수 없는 것이 인간의 삶이라면, 지혜로운 자의 삶은 어떠해야 하는가? 그 운명을 수용하면서, 한 순간순간을 성실히 살아야 하는가? 그리하여 쓸 수 있는 힘을 최대한 쓰면서 죽음을 맞이해야 하는가? 아니면 운명적 고단함의 정체를 알았으니, 가장 최소한의 힘을 들이면서 삶을 유지하는가? 그도 아니면, 영원한 생명의 존재를 파괴한 意識상태로 존재해야 하는가?

  그렇다 해도 그런 의식을 유지하기 위해서도 힘이 든다. 자신에게 허용된 에너지를 뭇 생명들의 이익을 위해서 쓰면서 살아가야 한다는 것이 賢者들의 공통된 가르침이다. 그럴 수밖에 없는가? 우주의 진실은 처절한 모습이다.

  이 사람은 자신의 罪를 참회하고, 인류의 죄를 참회하며 산다. 일체는 변한다. 깨달음의 느낌도 변한다. 눈 떴다 한들 그 해방의 경계도 역시 변한다. 그 자유의 경계에도 환희에서 무덤덤함, 또렷함에서 슬픔, 대자유에서 허망함으로 왕래한다. 우주적 진실에 눈 뜬 자들은 안다. 하느님의 처절한 운명을. 눈먼 자들이 신과 진리를 찾는다.

  일체는 그 어떤 정신의 차원을 달리해 살았더라도 결국 우주 一氣로 동화될 뿐. 우주 실상을 깨달은 자나 무지한 자나, 자연섭리에 더불어 일치해 산 자나 어긋나 살아온 자나, 믿음으로 의롭다고 인정받은 자나, 지옥에 떨어진 자나 모두가 하나로 同化된 기운 속으로 흡수될 뿐이다.

삶이란 자신이 원하는 것을 하다가 사라져야 할 몸부림이다. 불안과 공포를 벗어나고자 믿음을 선택하고 그 내용을 만든다. 경험하는 모든 상황을 자신의 믿음체계에 맞게 원하는 대로 해석해서 힘을 얻고, 더욱 더 강한 믿음을 쌓아간다. 그리고 거기서 스스로 구원을 얻었다고 다시 믿는다.

그럼에도 불구하고 그 구원의 끝은 죽음이다. 그 죽음의 순간의 공포마저도 믿음에 맞게 간교한 의식을 작용시켜 죽음의 순수함으로부터 도피하고 만다. 그리하여 삶이 전 과정에서처럼 죽음의 순간마저도 순수히 체험하지 못하고 죽고 만다. 인간은 생각의 노예다.

愚者들이나 賢者들이나 하나 같이 의문 속에 갇혀 살다 간다. 나는 누구인가? 인생의 의미와 이유는 무엇인가? 나의 원천은 무엇이며, 어디로 갈 것인가? 바보들이 한결같이 품는 의문들. 애써서 그 어떤 답을 얻든 그것들은 스스로 만든 답일 뿐이다. 눈을 뜨면 그 모든 의문들이 해소된다. 의문 자체가 무지가 창조한 질문들이다. 눈을 뜨면 그런 의문들을 창조하지 않는다.

6월 6일

이 사람의 지금은 살아서도 더 이상 하고 싶은 것이 없다. 지금 죽는다 해도 두려움이 없다. 生死로부터 자유로운 맛을 조금 맛본 것일까. 意識은 해체되어 마치 육신세포가 原子로 해체되듯 텅 비었다. 육신은 차고 굳어간다.

6월 7일

이제 모든 길들여져 왔던 것으로부터 탈출하겠다. 생명체의 진화와 존속의 본질은 길들여짐이다. 잘 길들여진 생명체가 오래도록 살아남아 선택된다. 길들여지는 과정에서 스스로 미련을 만든다. 자기 존재에 대한 미련과 집착. 영원히 존재하고픈 미련함! 미련과 집착을 완전히 해체한 상태의 존재를 두려워 하는 것이 생명체들의 속성이다. 의식, 情, 욕망, 의지 등에서 인간은 길들여져 오면서 자기 정체성을 확인한다.

우주의 永生的 숙명, 자연의 오랜 습관(원리나 법칙으로 인식되는 질서)에 거부할 수 없이 길들여져 온 인간의식의 해방의 궁극지는 어차피 우주라는 그릇을 못 벗어난다. 우주의 永生的 속박 속에서나마 현재까지 오랜 역사 속에서 유지되어온 의식으로부터 탈출해 텅 빈 생명으로 존재하겠다.

인류역사 속에 있어 왔던 모든 종교적 성인들의 체험과 가르침의 근거는 초감각 현실세계의 존재였다. 天, 神, 空, 天道, 天明 등이 그것이다. 언어와 사유로써 도달할 수 없는, 인식불가능 차원의 實在를 체험한 자들의 세계인식이 진리의 근거가 되어 왔다. 따라서 세계의 實相을 깨우쳐 주는 가르침은 감각 현실세계를 假相현실로서 규정짓고 있다. 이 사람의 눈도 현실세계가 흘러가는 가상의 흔적임을 본다. 동시에 현실을 가상현실로 인식하게끔 하는 바로 그 實相으로서의 차원도 또 하나의 우주 내의 가상세계임을 본다.

인류가, 그 체험 내용은 문화권에 따라 차이날지라도, 영원한 實在

라고 체험한 그 본질적 차원도 사실은 또 다른 가상의 흔적일 뿐이다. 감각현실이 사유의 허상이라면, 초감각 차원의 세계는 느낌의 허상이다. 인간이 느낌의 차원에서 소통하고 공존하는 세계다.

깨달음의 과정엔 완성이란 없다. 끝이 있다! 이렇게 믿고 싶은 희구가 있을 뿐. 무한 차원의 알 수 없고 체험 불가능한 신비가 여전히 숨겨져 있음을 인정할 수밖에 없다. 이 가르침이 인간을 영원한 안식과 생명으로 인도할 것이다는 속임수에 현혹되지 말지어다.

탁월한 종교적 天才들도 사실은 대다수의 平凡한 자들보다 상대적으로 더 성실히 노력하고, 더 큰 능력을 가졌던 자들일 뿐이다. 그들의 능력과 지혜와 도덕성이 곧 진리의 기준이 되진 않는다. 못 본 세계를 볼 뿐, 그들도 유한한 능력, 지혜의 소유자였다.

이성과 감성의 지혜를 넘어선, 순수 생명의 눈을 뜬 자들이 새로운 인류문명을 창조하게 될 것이다. 창조자 인간의 시대. 그 시대엔 새로운 신, 새로운 세계가 창조될 것이다. 신은 죽었다. 세계도 죽었다. 그들은 인간의 기억 속에 흔적으로 남아 있게 될 것이다. 이 사람의 눈은 너무 빨리 뜨고 말았다.

6월 8일

일체 존재의 實相도 또 하나의 흔적이요, 그림자다. 이 진실을 확연히 보는 자들은 창조자의 반열이다. 그는 신을 창조하고, 지혜를 창조하고, 세상을 창조하게 될 것이다. 단지 스스로 또 다른 차원의 그림자임을 잊지 말지어다.

인생이란, 그 어떤 자의 인생이건, 스스로 원하는 것을 향해 자신의 생명력을 소진시켜 나가는 허망한 불꽃놀이 같은 것. 희망은 그들의 허영심을 시들지 않게 하는 연료 같은 것. 현대문명 속의 인간 종들의 희망과 소망의 본질은 '돈'이다. 현대문명의 질병은 한마디로 '돈병'이다.

삶들의 빛깔 : 고달픈 인생, 지루한 인생, 속아사는 인생, 허영 들뜬 인생, 불안한 인생, 길들여지는 인생, 빛바랜 인생.

6월 13일

서울에서 세계경제포럼(WEF)이 열리고 있다. '세계화'를 보다 더 진전시키기 위한 세계 강자들의 모임이다. 이에 반해 '反세계화'를 주장하는 약자들의 외침이 시내에서 힘을 모았다. 세계화의 양상이 세계 다국적 자본 내지는 거대 금융자본가들의 이익을 극대화시키는 방향으로 진행되어, 세계 절대다수의 민중들의 삶이 피폐해지는 결과를 가져오는 현실이라면, '세계화'의 진정한 내용은 '세계민주화'의 방향으로 실현되어야 할 것이다. '민주화'가 결국 민중이 주인되는 세상을 만들어가는 과정이라면, '세계화' 역시 세계 민중이 주인되는 세상을 만드는 작업이 되어야 할 것이다. 강자에 의한, 강자들을 위한 세계화가 아닌, 대다수 약자를 위한, 약자에 의한 세계화를 위해 투쟁하는 것이 바람직한 방향일 것이다.

한 국가 단위의 민주화를 넘어서 전 세계의 민중들이 주인이 되어 창조해가는 '세계민주화'로의 물결을 만들어야 한다. 앞으로의 세계 판도는 '세계민주화세력' 대 '세계독점, 독재화세력'의 투쟁으로 전개될 것이다. 이 싸움의 진전 방향이 세계 문명을 결정짓게 될 것이다. 세계 신문명으로의 개벽을 위한, 새 정신의 기초는 무엇일까? 이 사람은 세계 민중의 사상적 토대로서 단연코 이 명제를 주장한다. '일체 존재와 민중은 존엄하다.'

6월 15일

이 사람은 본다. 이 땅의 대기를 지배하고 있는 기운을. 탐욕으로부터 나오는 지저분하고 더러운 기운이 이 사회를 뒤덮고 있다. 이 시대 이 땅의 자본주의는 탐욕의 끊임없는 열정을 에너지로 소진시키면서 무성하게 뿌리내렸다. 이 사회의 모든 질병 현상들은 탐욕의 기운이 만들어낸 병증이다. 탐욕의 불길이 점차 사그러지면 자본주의는 동시에 그만큼 무너지니, 이 체제 속에 살아남기 위해선 모든 구성원이 탐욕의 불길을 끊임없이 평생토록 지펴야 한다.

이 사람은 살고 싶다. 그러나 이 사회의 기운에 적응 못해 숨막히고 숨차서 죽을 지경이다. 자연의 기운 속에서 숨쉴 수 있는 곳이 우선 급하다. 우선 숨쉬기 위해서라도. 생계 방편은 그 다음 문제다.

6월 24일

현재의 이라크는 성전중이다. 서방·미 영 주축 십자군의 침략 점령에 저항하여 아랍 저항군은 항전중에 있다. 그 와중에 한국인 민간인 김선일씨가 아랍 무장단체에 의해 납치되어 참수되는 사건이 벌어졌다. 지난 달에도 미국인이 납치되어, 미국에 대한 적대감에 의해 참수되는 사건이 있었지만, 이번 일은 다름 아닌 한국인이 그 대상이 된 점 때문에 국내 여론이 들끓게 되었다.

이 사건이 확인되자마자, 파병을 주장하던 세력들은 한결같이 '무고한 민간인에 대한 야만적 테러리스트들의 잔혹한 테러'라고 책임을 모두 아랍 무장단체에 돌리고 있다. 한국군 파병의 성격은 전투가 아닌, 이라크의 복구재건과 인도적 지원 성격임을 강조하며, 파병의 정당성을 계속 주장하는 선전으로 일관하고 있다.

한국군의 정체는 과연 무엇인가? 이라크인의 눈으로 본 한국군은 미·영 침략군의 연합동맹군으로, 이라크의 敵軍일 뿐이다. 이라크 해방 무장세력은 이라크의 빼앗긴 주권을 되찾기 위해 외국 점령군에 대해 항전을 펼치고 있는 것이다. 미·영 동맹군을 돕는 모든 민간인은 反아랍 미국 부역자로서 퇴치의 대상이 될 수밖에 없다.

그들이 단순한 테러리스트로서 反人倫 범죄자들이라면, 미·영 주축 동맹군은 전쟁과 침략으로 나라의 정당한 주권을 빼앗고, 국토를 점령하며, 무고한 민간인들을 수만 명 살상하는 국가 테러리스트 집단일 뿐이다.

이라크 전쟁의 본질은 명백하다. 미·영 동맹국들의 국가적 이익과 탐욕을 채우기 위한 반인륜적 침략전쟁이다. '김선일'은 그들의 전쟁 와중에 허망한 죽음을 당했을 뿐이다. 죽고 싶지 않다는 절규는 마침내 끊어지고 생명은 날아갔다. 누구의 책임인가?

6월 26일

오늘 비로소 이사할 집을 정했다. 퇴촌 관음리의 연립빌라주택으로 결정했다. 월세 40만원이 조금 부담되지만, 내가 원하는 조건에 일치하는 집을 찾기란 매우 어려운 실정이다. 다음 달 중순부터는 새로운 터에 몸을 맡기게 될 터이다.

기회를 움켜쥘 수 있는 것은 운이다. 그러나 그 운을 잘 이어가는 것은 능력이다. 능력없는 자가 기회를 잡아 운이 터지고 나면 그 이후의 삶은 조롱거리가 될 뿐이다. 노무현 대통령의 현재가 꼭 그 지경이다. 2년 전만 해도 국민들의 지지를 받을 수 있던 그가, 대통령 업무를 시작한 이후 지금의 그는 국민들, 더구나 그를 지지하던 국민들로부터도 의

혹과 조롱의 대상되어 있으니, 운이란 믿을 게 못되는 물건인가 보다.

6월 29일

국민은 정치꾼들에게 또 속았다. 선거법 위반으로 체포영장이 발부된 한나라당 박창달에 대한 체포동의안이 국회에서 부결됐다. 한나라당 소속패들이야 그러려니 하지만, 개혁을 자기들의 독점물인 것처럼 국민들에게 지껄여 대던 열린당 놈들도 뭐가 그리 캥겼는지, 국민들을 속이는 행위를 첫 국회일부터 시작했다. 속 다르고 겉 다르게 산다는 게 어떤 건지를 보여주는 훌륭한 교사들이다.

김근태, 유시민, 이해찬, 박계동…—과거엔 이 사람의 동지였지만—그들도 국민들의 지지를 얻어 국회의원 배지를 달고 난 후 국민을 속이는 정치꾼으로 전락할 미래의 모습을 예상하는 것은 단순한 추측이 아닐 것이다. 국민은 언제나 순진하여, 영원히 강자들에게 속고 또 속으며 살 것이다.

믿음은 행복한 인생의 기초며 전부다. 믿을 만한 사람들과 함께 일생을 보내고, 믿을만한 세상 속에서 일생을 살아갈 수 있다면, '행복한 세상' 아닌가. 세상을 믿을 수 없다면, 무조건적 사랑은 불가능하다. 믿을 수 있는 상황이 있어야만 무조건적 사랑도 가능하다. 이 사람이 몸담고 있는 이 땅은 온갖 추잡함과 부도덕, 비열함이 만연하는 자본주의 문명이 지배하고 있다. 희망도 꿈도 가질 수 없는 미래를 믿을 수 없는 세상이다. 이렇다면 어찌 이 문명에 적응하려 애쓰고 順應하며 살아갈 수 있는가.

이 사람의 정신은 이 시대와 이 문명에 반역자로 살아가길 외친다. 이 시대에 대한 반역성이 곧 미래에의 희망을 염두에 둔 것은 아니다.

희망, 꿈은 일종의 마약일 뿐이다. 희망은 삶의 미련과 애착을 조장할 뿐, 결국은 허망한 인생임을 뼈저리게 느끼게 만든다.

이 현실세계에 대한 믿음을 아예 저버리고 독자적인 다른 세계를 만들어 사는 자는 행복하다. 자본주의 문명에 길들여져 사는 자는 날지 못하는 날개를 가진 닭과 같다. 그들은 편히 먹고 사는 데 길들여져, 문명의 지배자들에게 키워지다가 도살장으로 끌려가서 치킨으로 죽어 나오는 양계장의 닭들처럼 비참한 종말의 삶을 맞이할 숙명이다. 그들은 자본주의 문명이 자신의 운명을 행복하게 만들어줄 수 있을 거라고 철썩같이 믿다가 결국 배신당한 채 절규하고 만다. 잘못된 믿음의 결과다. 우하하!

자본주의 문명은 自然의 순수한 생명질서와는 너무도 멀어져 있다. 강자와 부자일수록 생명의 본연 모습과는 너무도 벗어나 있다. 反自然, 脫自然은 곧 악이다. 왜 그런가? 반자연적인 삶은 이웃에 무관심하며 私益에만 집중하게 되기 때문이다. 이웃과의 소통이 막히고 유대관계를 무시하기 때문이다.

6월 30일

아메리카합중국 대통령 George Bush는 자기가 만든 덫에 속박되어 형언할 수 없는 다중 압박감에 시달리고 있다. 자기 스스로를 속이고, 또한 자기 자신에게 속아온 결과다.

세계 패권의식을 토대로 한 세계평화전략은, 그 본질이 탐욕과 이상의 결합이라는 부조리한 신념의 표방이다. 세계의 민주화와 자유, 인권 보호라는 명분의 침략의 이면에는 反미국적, 反기독교적인 것은 야만이라는 우월의식과 영원한 세계지배의 탐욕이 도사리고 있다.

그의 정체는 기독교적 가치와 미국적 이념을 실현하고자 하는 이데올로기적 기독교인으로서 그의 추종자들(Neo-Con)을 조직하여, 미국의 국가권력을 이용하여 미국의 세계지배 프로그램을 실천해 가는 것을 神的 소명으로 믿고 있는 듯하다.

그는 그의 꿈을 달성하기 위해 국가적 폭력을 이용하는 급진주의 기독교도이다. 그가 사용한 폭력으로 후세인 이라크 대통령의 절대권력과 독재정권을 파괴한 성과를 얻음으로써, 전쟁의 정당성을 확보하였다는 자신감을 가진 지 일 년도 경과되지 않아, 그는 이라크 침략전쟁의 정당성을 부정당하는 여러 증거들과 상황들이 드러남으로써 위선의 가면이 벗겨지게 되었다.

'新자유주의'는 그와 그들 지지자, 소위 애국국민들, 자유시장 옹호주의자들을 그들의 관점에서 현실을 해석해서 세계를 지배하려는 이데올로기를 제공한다. 신자유주의는 그들 집단의 계급적 이해관계의 결과며 표현이다.

그들의 신념은 세계의 고통을 감소시키기는커녕 증대시키는 결과만 낳고 있다. 세계 현실의 참상을 보면, 그들의 신념이 얼마나 허위의식에 기초해 있는 지 드러난다. 세계는 그들 특정집단과 계급의 본질적 탐욕을 숨긴 허위의 슬로건─"야만적 테러리스트와의 전쟁에서 승리하여 세계평화와 안전을 지키자"─아래서 고통스럽게 신음하고 있다. 다행히 세계인들은 그들의 오만과 편견에 찬 폭력행사에 대해 분명한 거부를 당당히 표현하는 성숙도를 보여주고 있다.

부시는 낭만주의자다. 그는 분명 합리주의자는 아니다. 그는 자신의 신념과 이상을 위해 현실적 타협과 자제를 경멸한다. 그의 신념과 정치노선에 반대하면 惡이요, 동조하면 善行이라 주장한다. 그의 정치는 어쩔 수 없이 이데올로기적 정치로 질주할 수밖에 없다. 그의 신념과 정치노선이 변하지 않는다면, 미국인은 물론 세계인은 그들 집단의 부당한 폭력과 부정한 침략행위에 대해 '아니오'라고 말할 수 있는 반역자, 반항자가 되어야 한다.

혹자는 주장한다. '어떠한 명분의 폭력도 사악하다'고. 이 사람은 주장한다. '부당한 폭력행사에 저항하는 폭력은 그 자체로 선하다.' 이 사람은 부시의 관점에서 보면 잠재 테러리스트임이 명백할 것이다.

이제 눈이 떠있는 자들은 똑바로 볼 수 있어야 한다. 아랍세계의 전쟁이 한반도에서도 곧 재현될 수 있다는 사실을. 미국정책에 그대로 동조했다가는 한반도와 동아시아의 평화구축은 파경을 맞을 것이다. 현재의 미국 패권주의자들의 정책이 중단되도록 거부하는 한국인들의 단결된 힘만이 한반도와 동아시아, 그리고 미국 자체에 이익을 가져다 줄 것이다. 냉전체제 하에서의 이데올로기에 기초한 한 미동맹관계에 묶여 있다가, 한민족과 아시아 인민들의 진정한 이익이 날아가 버릴 것이다. 그것은 씻을 수 없는 죄악이 될 것이다.

신자유주의, 신보수주의, 미국 패권주의의 정당화는 결국 새로운 세계전쟁으로 귀결되고 말 것이다. 이것은 과학적 예언이다. 어떤 것이 진정한 국익이며 정의인지 선택해야 할 때다.

7월 1일

한국사회의 정체는 무엇인가? 흉칙한 이기적 패거리들로 통합된 사회이다. 각 소속집단에 기대어 철저하게 이기주의적 인간으로 성장한 한국인들이 이 사회의 토양이다. 그래서 이 사람은 한국인을 시민아닌 '百姓'이라고 조롱한다. 현재의 한국인들에겐 상호 대등한 연대의식이 깃들 틈이 없다. 門閥, 學閥, 財閥, 地閥, 族閥, 派閥들로 불평등하게 통합되어 있는 사회, 그래서 겉으로는 하나의 사회인데 그 내용은 갈기갈기 찢겨있는 사회.

이제 한국은 새로워져야 回生할 수 있다. 각집단의 불평등한 관계에 의해 묶여 있는 구조를 파괴하고, 자유로운 개인의 자율성을 바탕으로 한 사회적 연대가 건강하게 다시 조직될 때 한국은 다시 살아날 수 있다. 건강한 사회연대가 실현된 국가가 비로소 '共和國'이 될 수 있다. 이 나라에는 公共性, 公益性 의식이 바로 서있질 못하다. 이 땅의 전통은 혹자가 '공공의식' '사회보장' '사회민주주의'의 단어를 사용하면 곧바로 사회주의자로 규정하고는, 거기다 좌익분자의 색깔을 덧칠해왔다. 오로지 사익을 추구하는 집단과 세력들이 '자유'와 '反共', '시장질서'를 내세우며 자신들의 기득권을 확대시켜온 전통이 이 땅을 지배해왔다.

'대한민국은 민주공화국'인가? 그것은 단지 내용 없는 선언일 뿐이다. 이 나라는 사회의 公共的 이익과 공공연대의 사회적 가치의 실현과는 너무도 동떨어진 정치형태와 文化가 지배해 왔다. 共和主義 정신과 문화는 제대로 씨도 뿌려지지 않았다. 私益만을 탐하는 부류들의 야망과 탐욕과 범죄의 문화가 군건히 자리잡고 있을 뿐이다. 대한민국은 '私閥國'이다. 따라서 사회구성원의 삶의 목표는 私益의 극대화로 군건히 자리잡았다. 이런 국민의식과 문화적 · 사회적 風土 위에서, 이 나라를 진정한 공화국으로 만들어가는 과정은 至難할 수밖에 없다.

그러나 변화의 희망은 가능하다. 사회경제적 부문의 민주화 정도는 오히려 축소되어 가고 있지만, 정치부문의 민주화는 오히려 꺾이지 않고 확대되어가고 있는 과정이 그것이다. 이 나라의 共和國 건설을 가로막고 있는 집단과 제도, 법, 의식 등을 극복해야 할 투쟁대상으로 삼아, 모든 부문에서 기득권 집단의 기초를 파괴하는 여론투쟁을 줄기차게 벌여 나가는 연대의 힘을 성장시켜가는 것이 중요하다. 여론의 헤게모니를 장악하여 국민의 동의를 획득하는 전략으로 사회 연대의 힘을 강화시켜나가는 것이다. 이기적 사익집단 대 연대적 공익세력의 투쟁이 共和國 건설의 본질적 승패의 축이다.

현재의 한국의 정체는 곧 보수 기득권집단의 실상이다. 그것은 독점체제이다.(권력, 부, 지식, 지위의) 독점체제 이것이 한국 사회惡의 근원이다. 그들의 정치이념은 '국가주의'. 따라서 국가의 이익과 애국심을 내세워 그들 집단의 私益을 충족시킨다. 그들은 스스로 애국과 국익 옹호자로 나서며, 그들 중심으로 사회를 편 가르고 권력과 부, 지식의 독점을 강화해왔다. 그들 私益 추구에 저해되는 모든 행위나 제도는 反國益, 反國家, 反保安, 反체제의 혐의와 위협요소로 간주된다.

기득권 집단의 독점체제, 즉 私閥구조를 해체시키는 것이 개인의 자율과 사회연대에 토대를 둔 정의로운 共和의 나라를 만들어가는 핵심관건이다. 그러나 다행히 지난 반세기의 근대화 과정에서 이 나라는 경제발전과 민주화, 그리고 국민의 계몽화 속도가 빠르게 진행되면서, 이 나라의 부패와 악의 근원인 사벌그룹의 통치력이 심각히 위협받으며 축소되고 있다. 새로운 엘리트 집단들이 기존의 통치 시스템을 잠식해가고 있는 현상은 정의로운 공화국 건설을 위한 희망적인 상황이 되고 있다.

7월 8일
현재의 아메리카의 정체는 무엇인가?

미국 상원 정보위원회는 부시 행정부의 이라크 침공이 '잘못되고 과장된 정보'에 의해 저질러졌다는 결론의 보고서를 발표했다. 이러한 미국 내부의 평가가 아니더라도 이미 세계 민중은 알고 있는 진실이 있다. 부시는 세계평화를 위협하는 최강의 국제 테러리스트임을. 그를 정점으로 하는 세계의 지배집단들은 그들의 세계지배의 야심을 성취시키기 위해선, 그들 국민과 세계 민중의 뜻을 묵살하면서 민주주의를 배반하고, 유권자들의 반대 소리들을 잡스런 소음으로 여기는 집단인 것을.

세계의 민중들은 전혀 저들을 신뢰하지 않는데도 불구하고 그들 스스로는 세계의 악과 타락을 막을 수 있는 유일한 善한 대변자로서 자처한다. 이제 저들 집단이 세계를 향해 파는 상품들은 이미 하자가 들통나서 완전 리콜을 해야 함에도 아직도 저들은 자신의 마켓팅 전략에 대해 거둬들일 의사가 없는 것 같다.

그러니 저들의 상품인 '反테러, 인권수호, 세계평화유지, 민주주의 확대, 자유로운 신세계' 등에 대해 불매선언과 운동이 세계 곳곳에서 벌어지고 있는 것은, 저들의 브랜드 상품이 저질 가짜임을 통찰하고 있기 때문이다. 분명히 부시와 블레어는 민주주의보다는 복음주의를 더 열광적으로 신뢰하고 있는 것이 분명하다.

그들은 복음주의적 열망을 실현하기 위해 반테러를 명분으로 내세워 마음에 안 드는 나라들의 주권과 영토를 뜻대로 공격할 수 있는 전쟁 캠페인으로 대중의 의식을 세뇌시키고 있다. 저들의 대중지배전술은 너무도 뻔하다. 대중들로 하여금 대량살상무기에 대한 공포심을 불러 일으켜 선제공격/예방전쟁을 합리화하는 것이다. 대중의 불만스런 국내정치 쟁점들은 희석시키고, 국가안보를 핵심 이슈로 내세워 선거 승리를 차지하는 것이다.

이라크 전쟁도 사실은 미국의 중간선거용으로 이용된 것이 사실이다. 테러리즘의 공포로 떠는 대중들에겐, 부시 일당은 대중을 사지에서 구출하는 용감한 람보로서 인정받을 수 있기 때문이다.

그러나 서서히 미국 유권자들은 전쟁 범죄자들이 쳐놓은 환각상태에서 깨어나고 있다. 과연 부시 일당이 추구하는, 미제국의 세계지배전략의 일환으로 자행되는 전쟁정책이 미국과 세계의 안전과 번영에 진정 도움이 되는지를 지혜롭게 판단해야 할 오는 11월 선거는, 미국 유권자들이 어떤 선택을 할지에 따라 세계의 운명에 있어 명암이 갈리는 중대 시기라 할 수 있다. 부시 일당이 재집권한다면, 미국의 군사패권을 앞세운 일방적 세계지배전략의 야심은 더욱 가열차게 실현될 것이다. 그리하여 미국의 힘과 권위에 도전하고 저항하는 세력들은 모조리 파괴하는 행진 속에서, 세계는 극단적 보복의 악순환으로 파괴될 것이다.

미국인은 과연 무엇을 원하는가?

미국인은 단연코 자신의 지배층이 저지른 야만적 죄악행위에 대해 행동으로 중단시켜야 할 것이다. 그러나 장기적으로 보면 그 반대여도 좋다. 이 사람의 진정성에 충실하다면, 미국은 넘볼 수 없는 최강의 帝國으로서 세계인의 공포 대상이 되어야 한다. 미국이 자신의 권위와 지위를 과시하는 과정에서 제국의 힘을 치명적으로 소진시키도록, 세계의 다른 문명권은 미국을 유도해내야 한다. 미국의 승리에의 도취가 곧 비극적 파멸로 이끌어지도록, 특히 아시아 문명권은 느긋하게 인내하며 준비해야 한다.

현재의 미제국은 겉 모습은 최강국이지만 안 모습을 보면 더 이상제국을 지속적으로 유지해나갈 능력이 없는 상태이다. 미 연방정부 부채는 2005년 회계년도 기준으로 약 8조 1천억 달러에 이르러 지난 50년만에 최악의 상태이고, 2004년 회계년도 재정적자 규모는 약 4,780억 달러에 이르며, 신탁기금에서 빌려온 액수까지 포함할 경우 약 6,390억 달러에 이를 것으로 추정되는 최악의 상황인 것이 명백하다.

여기에 막대한 대외채무액은 한 해 6천억 달러를 상회하는 상태로 미제국의 영원한 지속에 발목을 잡고 있다. 매년 늘어나는 군사비용 지출상황 등을 밝히 본다면, 미제국의 지위와 영예는 오래지 않아 경제력의 소진으로 인해 스스로 포기할 수밖에 없게 될 것이 분명하다.

7월 17일

서방언론, 특히 미국언론에 독립언론이 있어 행정·입법·사법부 등의 국가권력을 감시, 견제하는 시스템이 있다는 얘기는 실상을 모르는 천진난만한 民間說話다. 이미 미국의 언론을 위시한 세계의 주류언론은 본연의 임무를 잊은 지 오래다.

언론은 장사다. 미국의 주류 언론의 운명은 미제국주의의 운명과 함께 간다. 미제국주의의 본질을 미언론은 감추고 덮어두는 직무유기를 범함으로써 미국의 대중들은 사실에 눈멀어 있다. 그런 어둠 속에서나마 Michel Moore나 영국 기자 John Pilger같은 양심적 언론인들이 고단하게 불을 밝히고 있다.

세계는 진실과 허위세력간의 전쟁터다. 현 세계는 패권적 권력-대자본의 동맹세력이 기획, 관리해 가고 있는 제국주의적 위계질서로 편성되어가고 있다. 그들의 체제와 질서에 도전하고 저항하는 세력은 곧 악으로 선전된다.

자신들의 제국주의 지배질서만이 세계의 안정과 평화, 자유, 민주주의의 가치를 보장해 줄 수 있다는 허구의 신조 믿음을 가진 패권주의자들. 그들은 세계인의 천사인가, 사기꾼인가? 그들은 자신들의 열망과 이상을 실현하기 위해 군사적 폭력사용을 정당화한다.

세계의 주류 언론, 지식인 그룹들은 미 제국의 이해관계 위에서 충직한 찬양자, 봉사자로서의 역할에 나서면서 미제국의 옹호자들이 되어가고 있다. 그러나 깨어있는 비판적 민중들은 그들의 주적(主敵)이 됨을 스스로 자처하는데 두려워하지 않는다. 허위와 거짓의 주장을 퍼뜨린 자들은 스스로를 善者라고 나선다. 그러니 진실과 양심으로 저항하는 세력은 당연히 惡이 될 수밖에 없다.

미제국의 질서가 약화, 해체되어 가면서 세계의 민중들은 '世界保安法'을 발휘해야 할 것이다. 세계의 안전, 평화를 위태롭게, 또는 깨뜨리는 反世界 활동을 처벌하고, 세계의 국가 주권과 인민들의 생명과 재산, 인권을 탈취, 살상, 파괴, 억압하는 反세계 세력을 국제법으로 처벌하는 '세계보안법'을 UN 권위 하에 제정하여, 일방적 군사폭력 사용을 처벌해야 할 것이다. 그에 의해 세계의 평화, 안전을 위태롭게 하는 세력의 활동을 찬양, 고무하는 세계의 주류 언론들도 마땅히 처벌받아야 할 것이다.

7월 21일

여기는 광주 퇴촌. 집 이름은 태양빌라. 엊그제 비로소 구리를 떠나 이곳으로 이사했다. 이사란게 매우 번거로운 것이지만 공기 맑고, 새소리 풀벌레 소리로 아침을 시작하는 맛을 즐길 수 있으니 더없는 안정감이 느껴진다. 心身의 안정감이 이 사람의 건강회복과 活力으로 이

어지면 좋겠다.

온 우주 생명체의 마음이 하나로 소통됨을 일상적으로 경험하는 자들은 세상의 고통으로 인해 너무 괴로워하며 분노한다. 모든 세상 현상들이 자신의 모습이기 때문이다.

인도의 수천 년 전통인 신분계급의 세습질서로 인해 21세기 광명세상에서도 기가 막힌 현실들이 되풀이되고 있다. 역겹고도 저주스런 카스트제도가 신의 제도로서 정당화되고 있다. 그로 인해 발생하는 인도 여성들에게 가해지는 결혼지참금 제도로 인한 수많은 殺傷과 학대 현실은 인도 밖의 인류의 마음에 크나큰 슬픔과 恨을 심어주고 있다.

인도의 전 계급에 걸친 민중들이 과거 전통의 惡習과 제도에서 스스로 해방되지 않는 한, 인도는 영구히 세계의 未開發國家로서 조롱받으며 존립해야 할 것이다. 或者는 미래에 인도가 中國과 함께 세계의 선진강국으로 부상할 것이라고 예측하는 말들을 하고 있으나, 한마디로 短見이다. 경제력이 커진다 한들 그 본질에서 야만국을 벗어날 수 없다. 인도의 無知한 지배층들이여, 우물안 세계에서 벗어나라.

7월 29일

인간정신은 끊임없이 자기성찰을 하지 않을 때 서서히 탁해지고 결국은 누더기 정신이 되고 만다. 아무리 사회적 명예를 받았던 자들도 스스로의 정신세계에 매몰되어 날카롭게 깨어있는 정신을 갖지 못하게 되는 순간부터 그의 정신에선 고약한 냄새가 피어난다.

일생을 貧者들과 함께 해왔다던 명성으로 유명한 김진홍 목사에 대한 신문기사를 접하고 나서, 이 사람은 측은지심과 함께 종교신앙의 폐해를 다시 한번 깨우치는 잠깐의 시간을 보냈다. 그는 하나님의 사랑과 평화를 이 세상에 외쳐야 하는 예언자적 본분을 잊어 버리고, 상식밖의 소신을 설교를 통해 토해내었다.

그는 자신의 두레교회 주보에 실린 설교에서 '이슬람권 선교에 대하여'라는 제목으로 이라크 파병은 한미동맹 강화 효과, 국가의 位相을 높이는 계기, 석유확보와 수출기지의 유리한 발판 마련, 또한 이슬람 지역에 대한 기독교 宣敎의 발판 마련이라는 一石四鳥의 이익을 들어 한국군의 이라크 파병을 적극 지지하는 설교를 했다. 앞의 세 가지 이유는 정상배들이 내세우는 이유와 똑같다. 도덕적 정의보다는 실리가 우선이라는 믿음을 단견에 빠진 정치인들이 가질 수 있는 것은 고래의 동일한 작태이다.

김진홍, 그는 누구인가? 눈앞의 이익보다는 하느님의 사랑으로 무장하여, 고통과 절망, 분노에 절규하는 이라크 민중들의 아픔에 동참해야 하는 자가 아닌가? 그런 자에 어떻게 도덕적 善, 사랑의 가르침을 내팽개치고 세속의 利益과 손익계산에 기준하여 이 나라의 장병들을 싸움터에 나가라고 독려한단 말인가?

그의 정신은 분명 망가져 있다. 아마도 이 사람이 판단하기에 그 설교의 핵심과 본질은 마지막 네 번째 주장에 담겨있다고 감지하고 있다. 그는 어쩔 수 없는 기독교의 우물에서 헤어나오지 못하는 정신의 소유자다. 그의 우물 안 개구리식의 정신세계에서 평생을 지내다보면 드넓은 大洋의 知性세계를 이해하지 못하는 것은 필연적이다. 오직 자신의 신앙과 종교로서 세계의 평화, 구원이 가능하다는 無知가 그를 오늘의 김진홍 목사로 드러나게 했다.

그는 이 사람의 反面教師로서 의미깊은 인물이다. 식은땀 난다. 기독교의 진정한 구원은 자신의 무지로부터의 자유로움에 있음을 그가 눈을 감기 前에 깨닫기를 측은지심으로 기원한다.

7월 31일

이 사람의 정신은 계속되는 상처로 한을 쌓아가고 있다. 썩은 냄새 나는 인간 종들은 암세포처럼 이 세계의 정신을 무한파괴하며 번식하고 있다. 이 사람의 대학 청년기에는 싸워야 할 대상이 명백했기에, 반독재 민주화운동에 집중해서 싸우면 언젠가는 그 성과가 나타났다. 지금은 어떤가? 싸워야 할 대상이 구체적인 집단, 세력이 아니기에 난망이다.

지금의 이 나라는 그야말로 부패공화국 그 자체다. 특정세력이 썩은 것이 아니라, 온 국민의 정신이 썩어가고 있으니 온 국민을 대상으로 싸워야 할 시대가 온 것이다. 이 사람의 정신을 평화롭지 못하다. 너무도 불행한 처지로 생존하고 있다. 너무 지쳐있다.

이 나라는 혁명적 상황에 빠져 있다. 그러나, 아무도 혁명적 사고를 하지 못한다. 가라앉아 가고 있는 배에 탄 채, 모두들 희망을 찾을 뿐 새로운 배로 갈아타야 한다고 이끄는 세력이나 예언자적 지식인들이 없다. 한국이 타고 있는 배는 미국 자본주의와 함께 침몰할 것이다. 한국의 미래가 어둡다. 지구의 미래도 어둡다.

9월 8일

이 사람의 마음은 진정 평안을 바라지 않는 것인가? 깨어 있는 정신에 비춰지는 세상 모습은 이 사람의 마음을 분노로 단금질하게 만든다. 나의 분노감이 정당하다는 자위가 平安을 대신한다.

나뿐일까? 온세상 사람들의 분노감, 무지, 탐욕의 광기 속에 살아간다. 어떤 이의 분노감이 正當한 것일까? 분노의 끝은 상호 殺害이다. '정당한 분노'는 어떤 상황에서 인정받을 수 있는가? 분노의 사회적 원천은 개인의 소유권에의 집착에서 비롯된다. 소유가 이미 많은 자와 없는 자 사이의 불공정한 구조가 갈등과 적대감을 만든다. 그렇다면 보다 公正한 소유구조를 만들기 위한 욕구에서 생겨나는 분노감은 정당하다 할 수 있다.

이 사람은 감정은 그래서 '平安 속의 분노감'이라 하겠다.

9월 15일

이 나라는 구체제와 질서가 해체되어가는 과정에서 두 진영으로 자기 본색을 드러내고 있다.

한 진영의 본색 : 親日 부역자들의 후예, 反共, 독재, 우파(右派), 분단체제의 수혜자, 부패세력, 가진 자들의 기득권 유지세력.

또 다른 진영의 색깔 : 친일 반민족부역자의 청산, 容共, 民主, 좌파, 통일운동세력, 분단체제의 피해자, 민중세력.

두 진영의 화해와 타협은 거의 불가능해보인다. 또한 두 진영을 통합할 민족 내부의 주체세력도 약하다. 이 나라의 미래가 험난하다. 머지않아 이 나라는 內憂外患 상황을 맞게 될 것이다.

이 세계는 숨이 차다. 가뿐 숨을 제어할 수 없는 속도의 시대다. 생산성을 높여 보다 많은 富의 소유와 축적을 위해 가속도 질주를 부추긴다. 세계의 지배세력과 피지배층 모두가 자본주의적 생활양식에 정신과 육체 전체를 마비시키고 있다. 극소수 대자본가 중심의 지배세력이 만든 자본주의적 부의 축적구조를 돌리기 위해, 세계 인민은 무지와 迷信, 우상숭배—자본주의 체제의 實相을 모르는 無知, 자본주의 외엔 자신을 먹여 살릴 다른 대안이 없을 것이라는 미신, 자본주의를 이끄는 세계 지배층의 가치는 인류 보편적 가치라는 우상숭배—의 덫에 걸려 질식당하고 있다. 그것도 공포감에 휩싸인 채, 분노와 원한의 감정에 포위된 채.

이 사람은 본다. 숨이 차서 달려가는 이 세계의 미래 모습을. 그것도 이 사람이 살아있는 동안에 일어날 세계의 파국을.

9월 18일

오늘도 스테로이드, 면역억제제를 포함한 약봉지를 아침 저녁 먹었다. 한 가지 더 추가해야 할 약이 생겼다. 구역질을 멈추게 하는 藥. 망가뜨려진 人格, 비루한 언행을 부끄러운 줄 모르고 당당히 언론의 화면에서 드러내는 정상배들의 행태가 구토를 일으킨다. 이 사람의 가슴은 그들에게마저 자비심을 일으킬 만한 사랑의 능력이 없다. 非合理, 不公正 세태에 대한 구토와 분노감이 숨가쁜 증세를 악화시키는 이 몸의 현실을 보면 이 사람의 무명이 그 원인이리라.

그러나 無知한 衆生에 대해 한탄하고 측은히 여긴 붓다의 심정은 한결같이 平安心만은 아니었으리라. 그들도 중생세계에 대해 구역질을 느꼈으리라. 그래도 그들은 노력하고 인내했으리라. 연민을 자비심으로 바꾸기 위해. 살아있는 깨어있는 맑은 정신이라면, 어찌 맑은 거울처럼 단지 바깥 세계를 비추이기만 하겠는가? 살아있다면 상호 교류함이 마땅할 터, 세상의 온갖 허물을 흔들림없이 바라만 보는 의식은 小乘의 정신이다. 살아있는 정신의 소유자라면 마땅히 세상의 고통을 섬세히 느끼고 교류하는 의식으로 존재할 것이다. 세상의 허물들에 물들지 않은 채로.

9월 24일

• 한국인의 정신상태 분포도를 점검한다.
  - 깨어있는 정신 :   5%-통증환자군
  - 취해있는 정신 : 15%-착각증환자군
  - 마비된 정신   : 30%-불감증환자군
  - 썩은 정신   : 50%-파탄자환자군

• 한국의 위치 : 인간계 이하-아수라國~아귀國으로 전락 中

한국이 당면한 절대절명의 과제는 전사회적 革新이다. 구질서의 개념과 관념, 형식, 기능, 기술을 벗어나지 못하면 미래는 없다. 정부는 정부대로, 지방자치제, 기업, 대학, 가정, 국민 개개인 모두가 혁신해야 한다.

정부는 한반도의 평화체제 구축이라는 신질서를 정착시키기 위해 지금까지의 미국 일변도 의존정책에서 벗어나 주변 강대국과의 등거리 외교·경제 정책으로 전환하여 다극 동맹체제를 성취시켜야 한다. 이것이 현재의 한국정부가 외교부문에서 혁신해야 할 과제이다. 구질서가 낳은 부패구조, 낡은 관행, 불합리한 법제도, 과거회귀식의 의식 등 모두가 혁파되어야만 이 나라가 再生 再活할 수 있다. 분단체제 유지를 통해서 기득권을 유지하려는 세력은 단언컨대 이 민족과 이 나라의 사탄세력이다.

사탄이란 무엇인가? 민족의 삶을 저해하고, 억압하며, 죽음과 타락의 길로 몰고가는 힘이다. 지금 이 시점에서 구질서는 자체로 惡이며 사탄이다. 사탄들은 주장한다. 과거의 죄악상을 밝혀내는 역사 바로세우기 작업은 국민통합을 저해하고 나라의 平和를 해할 뿐, 과거에 집착하지 말고 미래를 보자고. 신기한 것은 이런 주장은 공교롭게도 모든 지구상의 군사독재세력들이 민주화 세력에 의해 정권을 뺏긴 후 자신들의 죄악상이 심판받는 시점에서 동일하게 한다는 점이다. 서로가 짜고 한 말이 아닐 터인데, 그들의 주장은 자신들이 살아남기 위한 변명으로서 일치하고 있다.

　국민은 판단하고, 지혜롭게 선택해야 한다. 전 국민, 민족이 살아남기 위해 과거의 죄악상을 덮어둘 것인가, 밝히고 반성할 것인가? 구질서를 계속 유지할 것인가, 아니면 신질서를 위해 과거를 해체할 것인가? 지금까지의 의식, 제도, 구조를 고수할 것인가, 새롭게 혁신할 것인가? 국민통합은 양쪽 모두가 兩立할 수 없는 터라면, 진실의 기반 위에서 새로운 틀로 이뤄져야 한다. 이 사람은 이렇듯 分明한 선택의 기로에서 기득권 유지세력을 사탄이라 규정하는 것이다.

　과거 질서에 길들여진 지 너무 오래되었다. 이 민족과 국민들이 과거 관습에서 해방되어 자유로워지는 과정은 매우 힘든 경험을 동반할 것이다. 그러나 어렵고 힘들다고 해서 피하면 곧 死地에 떨어짐을 안다면 도피할 수도 없다. 구질서를 찬양하는 모든 세력들을 경계하라. 격파하라. 이 길이 이 민족이 감당해야 할 우선 행동이다.

　한국 공무원들의 세가지 본질적 특징 : ① 무능　② 부패　③ 무사안일

　生命을 죽이는 자들은 죽여도 좋다는 것이 이 사람의 혁명정신이다. 한국사회에서 생명을 죽이는 자들은 有力者들이 그 정점에 있다. 한국의 현재는 '개혁'이 필요한 때가 아니다. 이 사람은 인내하며 기다린다. 그 '혁명'의 때를. 누가 생명을 죽이는 자들인가? 이 민족의 평화와 화해를 깨는 자들. 자신의 이득을 위해 이 산하의 자연생명계를 파괴하는 자들. 私益을 위해 公共이익을 도둑질하는 자들. 이 민족의 건

강한 정신을 죽여가는 정신파괴자들. 민족의 육체건강을 해치는 不良物 생산자들. 이 나라의 땅을 외국군에 떼어주고 자신의 이익을 챙기는 민족반역자들. 약자층을 학대, 학살하며, 자신들의 이익을 정당화하는 강자들.

이 사람의 혁명의지는 분노감에 근거한다. 이 분노감은 또다른 독선의 결과 아닌가. 이러한 獨善에서 비롯한 憤怒는 이 사람의 우매함의 감정인 것을 너무도 확연히 알고 있기에, 분노감과 동시에 無益한 감정인 것을 받아들이지 않을 수 없다. 이 無能! 나의 독선의 거울에 비춰지는 세상의 고통과 절망을 그대로 끊임없이 지켜 보아야 하는 이 무능. 나 자신의 독선이 끔찍이 싫다.

세상에 대한 정의로운 분노의 감정은 인간에 대한 미련과 희망이 전제되어 있다. 인간에 대한 낙관적 기대와 소망이 현실세계를 부정적으로 보이게 한다. 끝없는 현실의 고통이 이 사람을 지치게 한다. 인간계는 육체를 가지고 있는 한, 아무리 進化하여도 그 본질은 欲界 속의 생명체일 뿐이다. 이 사람은 세상의 고통을 바라보는 데에 너무도 지쳐 있다. 이제 갈림길에 서서 분명한 선택을 할 시점이 되었다. 남은 餘生은, 이 欲界에 다시는 미련을 남기지 않을 시간으로 보내야 할 선택이다.

이 사람은 欲界를 벗어나고 싶다. 다시는 인간계에 돌아오고 싶지 않다. 인간은 아무리 오랜 시간 진화하여도 超人間이 될 수 없음을 깨달았기 때문이다. 인간은 인간일 뿐이다. 인간계는 시공간의 유한성에 갇혀있는 생물종일 뿐이다. 이 사람은 다른 차원의 우주에 존재하고 싶다. 영원히 고요하게 깨어있는 의식만으로 존재하고 싶다. 몸을 갖지 않은 의식만으로. 빛 에너지 상태로.

인간은 관계 맺을 짝을 필요로 한다. 음양계에 속해 있다. 인간種 유지를 위해서 짝은 있어야 한다. 이 믿음이 인간계를 지속시킨다. 인간들은 만물의 영장을 자처하며 스스로 自滅하는 길을 고속질주해왔다. 어리석음은 끝없는 시행착오를 거듭하며, 모든 생명계를 파괴하고 죽이는 文明을 성장시켜간다.

12월 1일

慈悲라! 자비라… 종교인들은 주문처럼 자비 사랑을 인간 완성의 필수요건으로 주장한다. 지적인 자들은 자비심이 부족하기 십상이니, 수행과 학습을 통해 자비를 키워야 한단다. 지혜와 자비, 智와 仁의 품성이야말로 나 자신과 온 중생들의 고통을 소멸시키고, 행복과 구원을 이루는 기본역량이란다. 수천 년간 전승되어온 이 세뇌교육이 과연 얼마나 이 세상의 고통을 줄이는데 기여했을까?

세계의 실재 모습은 지혜와 무지, 자비와 이기욕이 共存하고 있다. 善한 정신적·도덕적 가치는 추구되어야 할 이상(理想)일 뿐, 이상주의적 현실실현은 그야말로 미망세계일 뿐이다. 善와 惡, 是와 非, 明과 暗이 어떤 방식으로 존재해야 하는가를, 즉 대결 투쟁방식의 공존이냐, 아니면 균형, 화해의 공존방식을 택할 것인가가 역사상의 과제일 뿐이다. 지혜와 자비를 갖춘 上德者들은 그 모습 그대로 사회 안에서 살아가면 된다. 이 사람 50여 년 살아본 끝에 내린 판단이다.

善과 깨끗함, 平和, 正義, 無慾의 세상은 환상이다. 아무리 인간계가 진화한다 해도 그것은 미혹과 착각에 기인한 幻일 뿐이다. 惡과 더러움, 不安, 不正義, 탐욕, 이기심이 共存할 수밖에 없다. 그렇다면 궁극적 진리를 실현하기 위한 정진수행도 이 거대한 양면성을 구비한 세상에서 한쪽 편에 서있을 뿐이다. 따라서, 모든 존재자는 스스로 원하는 대로 존재할 뿐이다. 이 사람의 마음 속에 오래 잡고 있던 自然文明의 꿈도 단지 꿈일 뿐. 꿈을 체념하지 않으면 마음의 상처가 치유되지 못한다. 스스로의 선택과 판단, 감정, 욕망은 택일적이다. 스스로의 마음을 인정하되, 스스로 얽매이지 않아 고통받지 않도록 하는 것이 智者의 삶의 태도이리라.

원래의 화두로 돌아가자. 자비행은 상황변화에 따라 적절히 나타내면 될 뿐, 항상 자비심으로 세상을 대면해야 한다는 자의식에서 해방되어야 그것이 지혜인의 자비 아닐까? 不生不滅의 자비는 순수 이상이다. 그러나 과연 그렇게 치부해도 되는 것일까?

▲ 智者의 삶의 덕목
① 자신의 사회적·시대적 위치를 바르게 정할 것.
② 올바른 위치, 지위에 맞는 역할을 살아갈 것.
③ 자신의 처지와 다른 삶에 대해 나와 대립되어도 인정하고 관용하여 그들을 사회의 거름이 되도록 이용할 것. 그 거름을 이용하여 새로운 사회적 꽃과 열매가 피어나도록 할 것.(崇山스님과 김형효 선생의 가르침이다)

12월 26일

한 해가 사라져 간다. 시간은 생겨나고 사라지는 일은 없지만 또 한 해가 사라져 간다. 이 사람은 이렇게 사라지는 해를 오십여 번 겪고 있다. 肉身은 50여 회의 일년을 환생했지만, 껍질은 주름지고 고장나 있을 뿐 지나온 삶의 무게는 더욱 더 무거워져 가는가, 가벼워져 가고 있는가? 의식의 무게추는 어둠 쪽으로 기우는가, 밝은 쪽으로 기우는가?

관계의 저울은 얽히고 복잡한 바늘을 가리키는가, 풀리고 단순한 쪽을 가리키는가? 氣運의 흐름은 탁하고 불안한가, 깨끗하고 고요한가?

아무쪼록 죽음의 순간, 고요하고 밝은 의식으로 맞이할 수 있기를. 至氣今至 願爲大降!

12월 31일

오늘날의 한국사회의 갈등, 투쟁국면은 매우 희망적인 상황이다. 언론과 지식분자들의 관점은 이러한 갈등을 부정적이고 흉한 모습으로 매도하고 있지만, 그러한 관점은 지친 자들의 자포자기적 푸념일 뿐이다.

왜 그런가. 오늘날 지속되어지는 한국사회의 갈등과 분열현상은 낡고 진부한 구질서 세력과 새로운 가치를 실현하려는 신질서 세력 사이의 투쟁에서 필연적으로 생기는 것이다. 이러한 때에 우리 사회가 갈등없이 안정되고 통합된 모습을 보인다면, 그 의미는 구질서의 강력한 온존으로 인해 새로운 사회 변화를 희망할 수 없다는 것을 드러내는 것일 뿐이다. 지금의 투쟁적 상황전개는 우리 사회 구성원의 의식이 강력한 열정을 담아, 새로운 이상을 향한 변화를 욕망하고 있음의 반영으로서, 민족의 도덕적 생명력이 살아 꿈틀대며 비상하고자 하는 염원을 확인할 수 있는 매우 긍정적 현상이다.

과거의 냉전, 분단, 反共, 독재, 경제 위주의 세계를 벗어 버리고 평화, 화해, 통일, 연대, 민주, 생명 위주의 신세계를 열어 젖히려는 우리 민족의 열망에 축복 있기를. 우리 민족에게 지혜가 샘솟아, 민족 에너지의 소모가 가장 적은 상태로 갈등 국면이 전진적 해결방안을 찾을 수 있도록 힘을 모으기를.(에너지 소모가 최소화되는 해결방식이란, 구질서 세력을 인정, 존중하되 그들이 흥분되도록 도발하지 않으며,

민심의 신뢰를 잃어 스스로 해체, 소멸될 수 있도록 유도하는 길을 찾는 것이다. 현대사의 과정에서 우리 민족이 저지른 어리석음이란, 문제해결을 위한 과정이 반드시 극단적 대결, 투쟁 국면의 정점을 거쳐야만 했다는 점이다. 그런 결과 아무런 해결도 없거나, 있더라도 승리한 세력이 기진맥진해 버리는 후유증후군을 나타냈다는 점이다. 바로 1950년의 통일을 위한 한국전쟁 상황이 그랬고, 이후 수많은 크고 작은 대결상황 대처가 그랬다)

이 시점에서 신질서를 꿈꾸는 세력에게 절실한 덕목이란 무엇인가. 우리 민족의 역사 속에서 면면히 이어져 온 민족심성과 문화 가운데 다시 살려내야 할 덕목 중에서, 이 사람은 연대정신과 자기헌신의 도덕성을 우선의 미덕으로 꼽고자 한다.

쓸모가 다한 구질서는 지난 세월 우리 민족에게 필요한 가치들을 생산해 주고 자기 역할을 열심히 했다. 이제 그들은 자기 기능과 역할을 다해 스스로 스러질 운명을 맞이하고 있다. 그런 과거를 왜 흥분시키고 적대적 도발로 살아나게 하는가? 과거는 스스로 사라지게 하라. 쓸모없게 되면 내팽개쳐지는 게 우주의 이치다.

신세력은 지혜로워라. 신세력은 敵前에서 굳건히, 또한 부드럽게 연대감을 강화시켜라. 적전분열은 無智의 행동방식이다. 신세력은 우리 민족의 이상적 미래가 현실로 될 수 있도록 자기희생, 자기헌신의 모범을 살아가야 하리라. 功을 이루어 놓고 자기들이 그 결과물을 소유하려는 탐욕을 버려라. 열매를 소유하지 않을 때, 그대들은 天地의 공덕과 더불어 永生할 수 있을 것이다.

신세력도 장래에는 지금의 구세력처럼 民心에서 내팽겨쳐질 것이다. 그러나 그 마지막 순간의 상황은 다르게 연출되도록 스스로 경계해야 한다. 조롱받고 汚名을 얻은 채 사라지게 될 것인가, 아니면 역사 속에서 계승받고 싶은 인물로 기억되면서 사라질 것인가. 이들에게 지혜의 축복이 있기를. 현재의 분열, 갈등국면을 신질서의 平和세계 창조로 전환하는 새해 닭띠의 해가 되기를.

2005년

1월 10일

 무거운 욕망의 짐을 등에 메고 인생을 살아가는 자들은 지배층의 손쉬운 먹잇감이다. 간교한 자본주의 지배세력은 모든 인민들의 욕망을 이용해 자신들의 지배질서를 강화시킨다. 무한경쟁의 시장 이데올로기를 만들어, 경쟁에 낙오되면 파멸이라는 두려움을 갖도록 만들면서 인민들의 경쟁을 조장한다.

 그러나, 욕망이 최소화된 가벼운 영혼의 존재들은 경쾌하게 자유로운 삶을 누린다. 그들은 돈으로 교환되는 시장사슬에 묶여 끌려다니는 노예의 정신이길 거부한다. 그의 영혼은 소유의 욕망으로부터 해방되었기에, 그 어떤 권위체도, 지배적 힘도, 그 어떤 절대적 우상도 그를 소유하지 못한다. 사는 동안이나 죽음의 순간이나 두려움 없이, 미련 없이 超然하고 떳떳하다.

1월 13일

 노무현 대통령, 신년 기자회견하다.

 이 사람의 마음은 허허로워진다. 대통령은 下山을 준비하고 있다는 판단 때문이다. 지난 2년간, 국민들의 다수지지를 실망시키고 아무런 改革을 이루지 못한 터에 남은 3년 임기를 개혁을 포기한 채 경제성장 논리의 포로가 되어 경제우선주의로 보낼 결정을 내린 듯하다. 개혁의

지지부진을 수구 보수세력의 발목잡기 때문이라고 투정부리더니, 이제는 아예 그들과 야합하는 수순을 밟고 있다. 그의 무한책임감이 어깨를 짓누르는 시간 속에서 나약해지는 것은 이해할 수 있을 터이나, 인간의 그릇이 2년간의 권력 향유과정 속에서 初心이 변할 수준의 크기라면, 그를 다시 북돋우어 격려와 위안으로 돌려세운다는 것은 물건너간 일이라 할 것이다.

더욱 괘씸한 일은 대통령 주변의 인물들이라는 애들이 다들 조막만한 식견과 나약한 의지를 가진 참모진들로 채워져 있다는 현실이다. 대통령의 정신을 시퍼렇게 일으켜 세울 담대하고 통찰력 갖춘 大人이 없다는 권력층의 현실은 단순한 이 정권의 문제일 뿐 아니라, 이 나라의 知性과 도덕성의 수준을 투명하게 반영하고 있어 미래 한국의 전망을 우려하는 심정으로 바라보게 한다. 자신의 생각과 실천은 괴리가 있음을 부끄러움도 없이 교묘한 언사로서 면죄받으려는 교활함을 다시 확인하는 기자회견이었다.

"개혁은 마땅히 실현해야 할 當爲이지만 (이런 의지는 마음에 품고 있지만 실천하기는 어려운 조건이 가로막는 현실이니) 점진적인 방식으로 풀어나가는 것이 타당하다"는 언설은 아무런 흠이 없는 표현이지만, 얼마나 무책임한 권력자의 항복선언인가.

"개혁의 책임은 나에게 있는 것이 아니다. 그 실천은 정치인들의 몫이다. 정치인들이 지혜롭게 잘 풀어주길 바란다. 나는 경제회복과 성장에 전념하겠다."

이 무슨 궤변인가? 그렇다면 여당이 어떤 진로와 정책방향을 결정하더라도 대통령은 무한 수용하겠다는 말인가? 개혁은 되든 말든 정치권에서 하고, 여당은 대통령의 정책수행에 대해서는 전폭 지지해 다오' 하는 소망을 피력함으로써 스스로 개혁의 책임감으로부터 벗어나고 싶다는 미숙아의 심정을 숨기지 못했다.

어쩌겠소. 下山하시오. 그는 또 하나의 反面교사로서 국민들을 교화하고 있다. 나라의 運命은 지도자, 권력자, 지배자들이 결정하는 것이 아니라는 깨침을. 국민 한 사람 한 사람의 실천의지가 나라의 현실과 미래를 결정한다는 당연한 진실을 다시 깨우치고 있지 않은가.

1월 20일

무지는 탐욕을 낳고, 탐욕은 신화(神話)를 낳는다. 無知의 힘은 더 많은 소유와 행복을 추구한다. 그를 위해 마땅히 성장과 경쟁을 위한 행복신화가 필연적으로 요구된다. 무지는 幻想을 사실로 믿게 만든다. 迷信을 만들어 낸다. 먼 훗날의 역사가들은 오늘날의 인류사를 평가하면서, 20세기와 21세기의 인류문명을 수천년 전 이래의 신화의 시대의 연장으로 정리하게 될 것이다. 인간의 무지는 신화를 만들고, 만들어지는 신화는 인간의 삶을 만든다. 先天文明은 神話문명이다.

1월 25일

종교의 계율지키기 가르침과 국가의 법지키기 교육은 同質이다. 금기를 어기지 않는 인간되기를 훈육하는 동일한 의도를 가지고 있다. 금기는 신성한 기준이 되어, 인간이 정상적인 생활하기 위한 기본조건으로 부과된다. 거기에 반대하거나 저항하는 자들은 이교도, 이단자, 범법자로서 그 사회에서 단절되어 배제된 채 유배인이 된다.

종교적 수행의 결과는 그 어떤 방법과 길을 걸었던간에 종교가 요구하는 신성한 영역 안에 인간을 길들이고 순화하는 책략대로 나타나게 되어 있다. 치열하고, 혹독한 정진으로 다져진 인간의 모습은 결국 善하고 순종적이며 헌신하는 마음을 가진 편안하고 행복한 상태로 믿는 인간의 그것이다. 진리를 깨닫고 실현한 인간은 그런 모습으로서 정형화되어 있는 것이다.

과연 우주생명의 원천은, 그리고 인간성은 본래 善함과 도덕적인 것을 본질로 하고 있는가? 그런 믿음 위에 세운 세상 지배의 책략대로 실현된다면 과연 세상은 행복한 극락이 될까? 그런 모습의 인간 세상이 되었을 때, 그것이 과연 이상적 유토피아인가?

인간은 만족하지 못하는 종(種)이다. 새로운 목표와 만족을 위해 또 다른 새로운 세상의 창조개벽을 희망하게 될 것이다. 이것이 인간 종의 근본적인 질병이고, 한울님의 못말리는 생명욕이다. 새로운 세상의 희망은 새로운 신화를 생산해내고, 인간은 또 그 신화에 속아 더 착하고 순화된 인간을 지향하는 문화를 만들 것이다. 권력자나 富者보다 더욱 위험한 자들은 진리를 말하는 자들이다. 인류의 정신 속에서 마지막까지 부정하고 저항하지 못하는 영역은 '진리'의 옷을 입은 지식인들의 성채이다.

이 사람은 수행한다는 행위의 본질이 無知의 사기극임을 체험했기에 감히 他人을 교화, 제도하겠다는 자비로운 용기의 덕목을 실천할 수 없는 것이다.

'한울님은 사기극을 즐기신다. 한울님은 사기극의 죄업을 정화해 주시는 자비를 베푸실 것이다.'

한울님의 자기 淨化는 生命欲의 표현이다. 자비와 사랑은 내 자신이 살기 위한 본능의 감정이다.

2월 8일

2005년 올해는 미국의 광기가 전세계에 어두운 그늘을 깊게 할 것만 같다. 부시 대통령의 패권적 세계지배 야욕이 맹목적 제국 국민들의 찬사를 업고 無敵의 교만성을 발휘하게 되는 참상을 세계인들은 계속 겪어야만 할 것같다.

그들은 自由와 民主主義의 헛된 가치를 전세계에 강요하기 위해, 그들의 神을 등에 업고 그들의 약소국에 대한 억압과 적대국에 대한 폭력은 정당화될 터이다. '자유와 민주, 평화, 사랑'의 제국인 미국은 그들에게 적대적인 세력과 국가들을 '억압과 폭정, 테러, 증오'의 化身으로 규정하고 세계인에게 각인시키고 있다. 자신들의 침략과 지배의 폭정을 정당화하기 위한 심리적 불안해소 욕구의 반영이 이런 대립각의 구도로 표현되는 것이다.

마치 범죄자들이 자신의 범죄행위에 대한 불안감을 해소하기 위한 자기방어의 얄팍한 정당화와 동일한 것이다. 세계인들은 다 알고 있는데 부시와 그의 지지자들만 모르고 있다. 문제는 제국주의자들의 숨겨진 의도와 야욕을 환히 알고 있는 세력들의 힘이 약하다는 현실 상황이다.

他세계와 共存을 거부하는 帝國주의 세력이 세계를 억압해 오는 현실에서 세계인들은 어떻게 대응해야 할 것인가? 米帝國을 약화시키는 처방은 무엇일까? 미국에 대한 비협력, 反米세력과 국가의 연대의 확산. 보다 근원적인 방책은 그들이 내세우는 가치들—자유, 민주, 평화, 사랑—을 反米세력과 국가들이 진정으로 실현해내어 확보하는 것이다. 그리하여 米帝의 슬로건을 無力化시켜버리는 것이다.

진짜건 가짜건 道德主義 통치는 人民들을 분열시키고 지배와 억압을 당연시하게 된다. 도덕적 가치를 소유한 자와 그렇지 못한 자 사이의 차별은 不和와 분쟁을 남기게 되어 있다. 도덕적 가치로서 세계를 완전한 도덕세계, 天國으로 만들겠다는 의지는 이미 인류사에서 無知의 통치법임이 증명된 허구인데, 부시 일파는 아직도 기독교적 서구적 도덕 가치로서 세계를 변화시킬 수 있다는 열정을 포기하지 못하고 있다.

'가치'는 인류의 삶에 필요하지만, 共存을 파괴하는 '가치'는 인류의 삶을 고통스럽게 만드는 원인이 된다. 부시는 언제나 그 자신이 의지하는 하느님께서 이 세상의 하나됨을 위해 애쓰시는지를 깨달을 수 있을까?

'얼간 놈'들과 '깨인 놈'들의 차이는 무엇인가? 얼간 놈들은 인간이 만들어 놓은 모든 것―神, 文明, 法, 지식, 기술⋯―등을 主人으로 모시고 살면서 행복해 하는 놈들이다. 깨인 놈들만이 스스로 삶의 主人으로 살아간다.

이 사람은 죽는 날까지 알레르기 환자로 고통당하면서 살아야 하는 숙명의 인생을 피할 수 없다. 도시문명 알레르기, 오염환경 알레르기, 자본주의 알레르기, 온갖 정신중독증 알레르기 등으로 괴로워하며 살아간다. 완전치유법은 병들고 부패한 인간문명세계에서 격리되는 것인데, 그것은 육체의 죽음뿐이다.

인간이 발명한 사업 중에 가장 오래 유지·번성하는 사업이 바로 '종교사업'이다. 인간의 無知와 고통을 담보로, 인간 행복법의 秘訣을 미끼삼아 각 종교사업체마다 고유의 브랜드名―예를 들면 천국으로의 구원, 완전한 깨달음, 神仙의 길, 도덕의 天下, 地上天國 등―을 만들어 독과점사업을 지속할 수 있다.

자격증과 면허없이도 신규사업이 가능할 뿐 아니라, 인간의 無知가 영원히 존재하는 한 사업 需要는 무진하다. 다른 업종과 달리 끊임없는 내적 혁신노력은 불필요하다. 그것뿐인가. 稅金 한푼 안 내도 오히려 특수계층으로서의 권위를 인정받는다.

제 2 편 동학

제 1 장

동학의 개요

1. 동학 창도의 역사적 배경과 최제우의 구도(求道)과제

지상에 존재하는 모든 종교나 도는 인간과 사회구원을 위한 해답체계라 할 수 있다. 그 해답체계가 각 종교나 도마다 차이나는 것은 어떤 이유에서인가? 그것은 각 지역의 문화와 역사적 전통의 상대적 차이에 기초한 인간의 삶의 조건이 다르고, 또한 그들이 해결하고자 하는 구원에 관한 과제의식이 달랐기 때문이다.

동학이 창시되던 1860년 당대의 현실에 대한 수운(水雲) 최제우(崔濟愚)의 인식은 개인과 사회, 그리고 세계질서의 모든 차원에 걸친 총체적 위기와 혼돈 그것이었다.

당대의 역사적 상황을 보면, 첫째 조선왕조는 지배층의 부패와 타락, 신분제의 문란, 민중의 지속적 항쟁 등으로 인한 사회적 혼란과 무질서 상태에 빠져 해체와 몰락의 길을 재촉하고 있었고, 둘째 서양세력이 동아시아를 무력으로 침략함으로써 과거의 중국 중심의 동북아 국제질서가 붕괴하고, 그를 대체하려는 구미제국 중심의 근대적 문명이 조선으로 압도해오는 격변의 시기였으며, 셋째 당시 민중의 정신적 방황과 인성의 파탄, 그리고 윤리와 가치규범의 붕괴로부터 전통적 유교와 불교·선도는 정신적 지주나 새로운 사회이념의 역할을 할 수 없었기에 사상적 혼돈은 극에 달하였고, 넷째 그때의 조선사회는 갖가지 질병과 전염병이 유행하여 사회적 불안과 공포를 자아내는 등의 절망적 시대였다.

수운은 자신의 시대를 진단하면서 조선과 동양 그리고 인류문명의 총체적 위기상황으로 인식하였다. 그는 동양문명의 해체와 몰락, 그리고 서양문명의 침략주의적 폭력성을 보면서 선천문화와 질서의 종말을 예감했다. 따라서 부분적이며 지엽적인 개혁으로는 도저히 회생시킬 수 없는 총체적 모순의 한계에 다다른 시대라고 판단한다.

이러한 시대적 조건 속에서, 수운의 구도적 과제는 인간의 보편적 고(苦)나 원죄(原罪)로부터 인간을 구원하고자 하는 과제의식, 또는 정치질서의 변혁을 통해 사회를 구원하고자 하는 그것과는 달랐다.

인간의 육체적 질병과 정신적 방황으로부터 실존적 고통을 씻어주고, 나라를 바르게 되도록 하며[輔國安民], 인류의 반생명적 문명을 총체적 위기로부터 구할 수 있는[廣濟蒼生] 새로운 도는 무엇일까? 이러한 고뇌가 그를 구도의 길로 나서게 한 계기가 되었다.

구체적으로 수운은 전통지배이념인 주자학을 대체할 새로운 사상체계로서의 새로운 도학을 갈구했다. 그는 과거의 선천문화를 근원적으로 새롭게 '다시 개벽'하는 길을 찾았다. 그의 과제는 진부한 동양의 전통문명과 반생명적인 서양의 근대적 문명을 동시에 넘어서는 것이었다.

동·서 선천문명의 총체적 혼돈과 위기를 넘어서서 우주의 생명질서를 삶 속에서 회복하고[敬天順理] 새로운 차원의 보편적 도덕 문명으로 전환할 수 있는 '다시 개벽'의 길을 찾는 것이 그의 구도적 과제였다. 서양의 종교도, 또한 동양의 전통적 유·불·선도 그 대안이 될 수 없었던 당시의 사상적 절망감을 넘어서서 그는 기존의 낡은 사상과 세계관을 벗어버리고, 아직 아무도 밟지 않았던 새로운 길을 외롭게 개척하는 길을 택했다. 그는 아무도 성공시킨 바 없는 꿈을 현실로 실현하는, 새로운 문화의 원천을 창조하기 위해 고난의 구도를 시작한다.

본격적인 구도의 길 6년째 되던 1860년 음력 4월, 그의 나이 37세 때 결정적 종교체험을 통해 미래 5만년 인류문화의 씨앗인 무극대도를 한울님으로부터 받는다. 그의 신비체험은 한울님 마음과의 일치 경지에서 한울님과 문답 형식으로 여러 달 계속되었고, 체험된 사실들을 냉철히 반성·체득하면서 1년여에 걸쳐 동학의 신관, 세계관 그리고 수행방법 등을 체계화시켜 나갔다. 그리하여 득도한 다음 해(1861) 6월(이하 음력)부터 포교에 나섰다.

2. 교단의 발전과 전개

(1) 수운대신사(水雲大神師) : 포교와 조직화

수운은 그의 가르침을 펴기 위해 사람들을 찾아다니지 않았다. 사방에서 소문을 듣고 그의 거처인 경주 용담정(龍潭亭)으로 찾아오는 사람들이 줄을 이었기 때문이다.

그의 포덕은 당시의 시운이 총체적인 문화 혁신이 필요한 문명의 대전환기에 있음을 자각시키고, 고통스런 현실을 극복하고 새로운 역사를 이 땅에서 시작할 수 있다는 희망과 믿음을 주어, 절망과 불안에 빠진 사람들로 하여금 개벽의 확신과 공감대를 형성해나갔다.

그의 가르침은 사람이 곧 한울님으로서 인간의 가치를 절대적으로 격상시켜, 모든 사람을 차별함 없이 한울님처럼 섬기도록 가르침으로써 민중 사이에 널리 민심을 얻게 되었다.

포덕 초기, 수운 주위에 자연발생적으로 인맥 중심의 교인 조직이 형성되다가, 1862년 말에 동학의 단위조직인 '접(接)'이 제도화된다. 접의 특징은 인맥 중심의 초지역적 연원(淵源)조직이며, 또한 동학의 이념을 사회화시키는 공동체라는 데 있다. 유림 양반층 및 관으로부터 모함과 탄압을 받으면서도 동학을 올바르게 전하기 위해 경전을 쓰고, 제자들의 바른 수행을 지도해나가는 가운데, 관에 체포되어 처형당할 것을 대비하여 1863년 8월 제자 최시형(당시 나이 37세)에게 도통을 전수하여 무극대도의 미래를 맡긴다. 이후 체포되던 날(12월 10일)까지 제자들을 가르치는 데에 힘썼다.

동학의 당시 교세는 경상도 일대를 중심으로 충청북도, 전라도 남원 지역, 강원도 정선·영월 지역에 이르기까지 뻗쳐 있었다.

(2) 해월신사(海月神師) : 제도화와 사회화

1864년 3월, 수운은 41세의 나이로 세상을 어지럽게 한 사술(邪術)의 괴수라는 죄목을 쓰고 참형에 처해졌고, 동학의 운명을 껴안은 해월(海月)은 제2세 교조로서의 삶을 교단의 재건을 위해 도피와 은신으로 시작한다.

해월은 일생을 이 땅에 기어이 동학을 뿌리내리게끔 하는 데 바쳤다. 그는 도통 승계 후 순도할 때까지 약 35년간의 가시밭 역정을 헤쳐나가면서 동학의 제도화와 사회화의 기초를 닦는 데 성공하였다.

그는 인내천(人乃天)·사인여천(事人如天)의 교의로써 교도들을 정신적으로 지도해나가면서, 틈틈이 스승의 글을 목판본으로 간행하여 교단의 정신적 교화·교육의 기초를 닦았다. 또한 수행과 각종 의식(儀式)을 새롭게 제도화하여 교단에 정착시킴으로써 교단의 면모가 확립되었다. 지배권력의 가중되는 감시와 탄압 속에서도 접 조직의 정비와 활성화를 위한 기틀이 마련되어 갔다.

1880년대에 들어오면서 교세는 비약적으로 확장되었고, 이에 따라 합리적 교단조직 운영이 필요해지자 육임제(六任制)·편의장(便義長)제·대접주(大接主)제·도찰(都察)제 등을 마련하여 교단조직을 공고히 제도화시켰다.

해월이 무극대도의 도통을 승계받은 후 약 30여 년에 걸쳐 그가 구심점이 되어 전개한 새로운 인간, 새로운 세계를 위한 개벽운동의 과정을 거치면서 비약적으로 커진 동학의 조직 역량은 마침내 1894년, 개벽의 원대한 비전과는 다른 방향인 혁명적 형태로 폭발하고 만다. 해월의 지도의지와 다른 노선으로 내달았던 교단은 동학의 숨통을 끊으려는 일본군과 관군에 의해 처참히 진압당하지만, 해월은 살아남은 제자들을 이끌고 강원도 산간으로 피신하여 동학의 먼 장래를 준비한다.

1897년 12월 손병희(당시 37세)에게 도통을 물려주고 나서 그는 스승 수운과 같은 운명이 되어 국가를 위기에 빠뜨린 좌도난정(左道亂正)의 사범으로 체포되어, 1898년 72세 되던 해에 교수형에 처해져 일생을 마감한다.

(3) 의암성사(義菴聖師) : 근대적 교단으로의 전환과 사회적 실천

해월이 순도한 후, 교단 재건에 부심하던 의암은 남은 동학교도에 대한 탄압이 극심해지자 서구문물과 체제를 살펴볼 겸 교단의 근대적

재건을 도모하기 위해 일본으로 건너가 약 4년간 숨어지낸다.

그는 1905년 12월 1일, 동학을 천도교(天道敎)로 선포하여 동학 신앙의 자유를 선언하며 동시에 친일세력에 의한 교단의 정치적 악용을 배제한다. 천도교 대헌(大憲)의 반포, 정기 시일식(侍日式) 제정, 성미제(誠米制)와 대교구제를 실시하는 등 시대정신의 변화에 따른 근대적 교단으로의 변화를 이룬다.

근대적 교단운영과 조직 정비에 기초한 적극적인 포덕활동에 힘입어 빠른 시일 내에 교세를 회복시켰다. 안정된 교단체제를 바탕으로 의암은 동학의 사회화를 위한 사회변혁의 선구자로서, 또한 독립운동의 지도자로서의 책무를 떠맡게 된다.

전국에 800여 개의 강습소를 설치하여 신학문과 사상을 교육시켜 교인들의 정신개벽운동을 도모하고, 전국의 수많은 학교를 인수하거나 재정을 보조함으로써 교육의 힘에 의한 자주적 근대화 실현을 추진하였으며, 또한 출판문화 사업을 통해 대중의 정신적 계몽운동을 병행하는 등 민족자주, 민중주체의 독립운동 정신을 고양시키는 사회혁명가로서의 면모를 보여주었다.

1910년, 나라가 일제에 강점된 후에는 독립을 위한 보국안민의 기치를 걸고 교단을 이끌어갔다. 동학교단은 창시 이래로 정신개벽과 내적 영성 충만의 수행 공동체일 뿐만 아니라, 사회개벽을 위한 이념운동 공동체로서의 자기 역할에 충실했다.

그러한 정신은 바야흐로 1919년의 거국적 독립운동의 중추적 역할로 나타났다. 춘암(春菴) 박인호(朴寅浩)에게 대도의 미래를 맡기고, 의암은 타종교 종단과 연대하여 비폭력 독립운동을 주도한다.

(4) 춘암상사(春菴上師) : 민주적 중의제(衆議制)로의 전환

의암은 독립운동의 혐의를 받고 감옥에서 복역하던 중, 병을 얻어 1922년 5월 62세를 일기로 순도하였다.

대도주(大道主)인 춘암(春菴)은 의암과 함께 옥고를 치르고 나온 후, 원로 간부들이 대부분 체포당하여 공백상태에 빠진 교단의 새로운 진로를 열기 위해, 교단 체제운영을 중의제(衆議制)로 전환하는 결단을 내린다. 민주적 중앙집권체제를 교단에 도입하여 교단을 시대정신에 맞게 쇄신하려는 고뇌 끝에 스스로 대도주직을 사임하면서 교회의 화합을 도모한다.

3·1운동 이후, 교단이 일제의 혹독한 탄압과 감시로 침체하는 듯하는 가운데 청년교인들을 중심으로 민족 신문화운동의 전개를 비롯하여 농민·노동·청년 등의 각 부문별 전국 조직활동과 어린이운동, 여성운동 등의 선구적 활동이 전개되었다.

이런 청년활동은 특히 출판문화운동에서 눈부시게 이루어졌다. 1920년에 개벽사를 창립하여 잡지 『개벽』, 『신여성』, 『어린이』, 『학생』, 『조선 농민』 등 계층별 종합교양지를 발행하여 신문화운동에 지대한 영향을 남겼다.

한편으로 합법적 문화운동을 전개하면서, 다른 한편으론 비밀결사 조직을 동원하여 항일 저항운동을 병행시키는 시도가 일제 통치기간 내내 계속된다. 중요한 사건들을 들자면 1926년 6·10만세 운동, 1929년 신간회 사건, 1934년 오심당(吾心黨)운동, 1938년 무인(戊寅)멸왜기도운동 등이 있다.

일제 치하를 견뎌온 교단은 1945년 광복 후, 남북분단으로 인한 교단의 분단으로 비운을 겪게 된다. 특히 북한의 교단은 남북분단을 저지하기 위한 투쟁을 벌이다가 수만 명의 교인들이 투옥, 희생당하였다. 한국전쟁 이후 전란으로 피폐해진 교단은 남한 거주 교인들을 중심으로 재건되어 새로운 개벽 역량을 키우면서 오늘날에 이르고 있다.

3. 창시자의 생애

동학·천도교의 창시자인 수운 최제우(1824, 순조 24~1864, 고종 1)의 본관과 출생지는 경주이며, 본명은 제선(濟宣)이다. 자(字)는 성묵(性默), 호는 수운(水雲). 대신사(大神師)는 천도교에서의 존칭. 아버지인 근암공(近庵公) 최옥(1762~1840)의 나이 예순이 넘도록 자식이 없다가 재가녀(再嫁女) 한씨(韓氏) 부인(1795~1833)을 만나 수운이 탄생하니, 오색구름이 집을 두르며 상서로운 향기가 천지에 가득차고, 앞산 구미산(龜尾山)이 사흘을 크게 울었다 한다.

(1) 고난 속의 구도 열정

어릴 때부터 총명하여 일찍부터 경사(經史)를 아버지 밑에서 익혔으나, 몰락 양반인 아버지의 불우한 일생과 봉건체제 말기의 사회붕괴 양상 및 국제질서의 혼돈, 불안정 정국은 서자 출신인 그의 유년기에 커다란 영향을 미쳤다. 10세에 어머니를 여의고, 17세에 아버지마저 여의었다.

19세 때 울산 출신의 박씨와 혼인하였으며, 3년상을 마친 뒤에는 집안 형편이 더욱 곤궁해져 전국 각지로 다니며 갖가지 장사를 하며 근근이 가족 생계를 유지했다. 그러나 다른 한편으로는 수많은 경서를 통해 유·불·도를 비롯한 동양사상세계를 편력했고, 궁술·의술·복술(卜術) 등 잡술에도 뛰어났으며, 서당에서 글을 가르치면서 청년시절을 보냈다.

이 시절에 서양의 천주학에 대해서도 탐구하는 등, 세상의 혼란과 어둠으로부터 창생을 구원할 도를 구하기 위해 과거 성인들의 글과 명상 그리고 기도 등을 통한 정신적 구도의 노력과 동시에 세계의 현실 상황을 직시하면서 새로운 인간의 탄생과 새로운 세계를 창조할 실천적인 도를 찾아 진성을 다했다.

그러던 중 그의 나이 32세(1855, 을묘년) 되던 봄, 신비적 '을묘천서(乙卯天書)' 체험을 하고 나서부터는 한울님께 대도를 구하는 정성기도를 시작하여, 1856년 여름 천성산(千聖山)에서의 구도행으로, 그 이듬해(1857) 적멸굴(寂滅窟)에서의 49일 정성, 그리고 울산 집에서의 끊임없는 구도 노력이 이어졌으나 마음에 흡족한 소득이 없었다.

이에 좌절하지 않고 크게 분발하여 36세 되던 1859년 10월, 처자들을 거느리고 경주 구미산 밑 용담으로 다시 돌아왔다. 이곳은 과거 선대부터 살던 곳이요, 자신이 태어나 자라고 공부한 옛터로서 이곳에 들어온 날부터 자, 호, 이름을 다시 지으며 원하던 대도를 얻기까지는 산 밖에 나가지 않으리라 맹세하고 지극한 정성을 계속하였다.

(2) 득도의 종교체험과 탄압 속의 포교활동

한울님에 대한 정성이 그치지 않던 중 그의 나이 37세 되던 1860년 4월 5일, 이전의 종교체험과는 다른 결정적인 종교체험을 하게 된다. 갑자기 몸이 떨리고 정신이 아득해지면서 천지가 진동하는 듯한 소리가 공중에서 들려왔다. 한울님과의 문답이 시작되면서 그의 종교적 신념이 확립되었고, 한울님과 문답하는 강화(降話) 체험은 거의 1년 동안 지속되면서 한울님께 받은 무극대도를 체득, 포덕을 준비하기 위한 글을 짓고 수행의 절차와 방법 등을 정했다.

1861년 여름부터 포덕을 시작하였고, 짧은 시간 안에 놀라울 정도의 많은 민중들이 소문을 듣고 사방에서 용담정으로 찾아와 그의 가르침에 따르게 되었다. 동학이 경상도 일대에서 그 영향력을 확대해가자, 문중과 기존 유림 양반층과 관가로부터 혹세무민한다는 음해와 모함을 받으며 포덕은 어려운 고비를 맞게 된다.

그해 11월, 관의 지목과 탄압을 일시 피해 전라도 남원 땅으로 옮겨 간다. 남원 교룡산성 안에 있는 선국사의 암자인 은적암 피신 생활 중 동학사상을 체계적으로 이론화하면서 제자들의 올바른 수행을 위해 〈논학문〉, 〈수덕문〉, 〈교훈가〉, 〈도수사〉 외에 여러 글들을 지었다.

다음 해인 1862년 여름 다시 경주로 돌아와 포덕하던 중, 9월 사술(邪術)로 민중을 현혹시킨다는 죄목으로 관에 체포되기도 하는 등의 수난은 계속되었으나 교세는 크게 확장되어 그를 따르는 교도들은 경상도, 전라도에 머물지 않고 충청도와 강원도에까지 확대되어 갔다.

그런 가운데 그의 포덕활동이 순조롭지 않을 것임을 대비하여 1863년 7월, 제자 최시형을 북접주인(北接主人)으로 정하고 8월 14일에 도통을 전수하는 일련의 후계작업을 진행시킨다.

(3) 거룩한 순도

같은 시기에 조정에서는 이미 동학의 교세 확장에 두려움을 느끼고 좌도난정률(左道亂正律)로써 수운을 체포하는 계책을 세우고 있었으며, 마침내 그해 11월 선전관(宣傳官) 정운구를 위시한 체포조에 의해 제자 20여 명과 함께 경주 용담에서 새벽에 체포되어 1864년 3월 10일

대구(大邱) 관덕당(觀德堂) 뜰에서 41세의 나이로 참수형에 처해졌다.

평소 눈빛이 금불을 내뿜듯하며, 보통 키에 수려했던 수운은 41세라는 짧은 생애를 살았다. 그가 포덕활동을 할 수 있었던 기간은 득도한 이듬해인 1861년 6월부터 1863년 12월까지 약 2년 반 정도의 짧은 기간이었고, 그것마저도 탄압을 피해 은신했던 기간을 빼면 2년도 채 못되는 시기였지만, 제자들을 지도하고 가르치는 틈틈이 동학의 사상을 한문체와 한글 가사체로 적어두었다. 수운이 갑자기 처형당하자 남은 교도들은 후에 그 글들을 모아서《동경대전(東經大全)》《용담유사》로 편집하여 후세에 전하게 되었다.

4. 경전의 성립과 구성

동학·천도교 경전은 수운의 득도 이후부터 체포될 때까지의 약 2년 6개월 사이에 수운이 직접 쓴 한문체의《동경대전(東經大全)》과 한글로 된 가사집《용담유사(龍潭遺詞)》를 비롯하여, 해월 최시형의 설법 모음집인《해월신사법설(海月神師法說)》그리고 의암 손병희의 설법을 모은《의암성사법설(義菴聖師法說)》로 구성되어 있다.

수운은 득도 이후, 포덕활동을 하면서 보다 효율적이며 올바른 가르침을 전하기 위해 필요에 따라 낱편의 글들을 직접 써서 제자들에게 전했다. 그의 생전에는 그 글들이 흩어져 전해지다가, 그의 순도 후 16년이 지난 1880년(포덕 21년) 그의 후계자인 해월에 의해 강원도 인제에서 한 권의 목판본으로 비로소 편찬·간행되었는데, 그것이《동경대전》이다. 이때 간행된《동경대전》에는 한문체의 시문(詩文)들까지 수록되었다.

그 다음해인 1881년에는 수운의 한글 가사들을 한 권으로 모아 충북 단양에서 역시 목판본으로 《용담유사》를 간행하였다. 동학 창시자의 경전이 뒤늦게 간행된 것은 해월을 중심한 지도부가 당국의 혹독한 탄압과 감시를 피해다니느라, 교단의 안정이 이루어지지 못했기 때문이다.

현재 이 두 원본은 망실되어 전하지 않으며, 현재 전하는 것은 1883년(癸未年) 이후의 여러 판본이다. 《동경대전》의 구성을 살펴보면 다음과 같다.

〈포덕문(布德文)〉은 첫머리의 글로 동학을 새로운 도로써 펼치는 이유가 나타나 있고, 〈논학문(論學文)〉은 당시 수운의 포덕 활동이 서학(西學)으로 오해받는 상황에서 동학이 서학과 다르다는 점을 인식시키기 위해 동학의 교의(敎義)들을 간결하게 서술한 내용이 담겨져 있으며, 〈수덕문(修德文)〉은 동학이 유학을 부정하거나 배치되는 도가 아님을 설득하려는 심중이 있는 글로써 수행의 자세와 요체·목적 등을 가르치는 내용을 포함하며, 〈불연기연(不然其然)〉은 진리에 다다르는 인식방법을 알려줌으로써 한울님의 실재를 증명하고 있다.

이 밖에도 짧은 글들로서 〈좌잠(座箴)〉, 〈탄도유심급(嘆道儒心急)〉, 〈팔절(八節)〉, 〈필법(筆法)〉, 〈제서(題書)〉 등과 시로는 〈입춘시(立春詩)〉, 〈절구(絶句)〉, 〈우음(偶吟)〉, 〈영소(詠宵)〉 등이 실려 있다.

《용담유사》는 8편의 한글 가사집으로, 그 운율은 3·4조, 4·4조의 조선 후기 형식과 같다.

그 구성을 보면 먼저 〈교훈가〉는 "나는 도시 믿지 말고 한울님만 믿었어라. 네 몸에 모셨으니 사근취원 하단말가"라는 내용처럼, 동학의 시천주(侍天主) 신관념을 분명하게 가르치는 대목을 포함하며, 〈안심가〉에서는 서학으로 비방받는 것을 걱정하면서, 동학은 병든 세상을 다시 개벽하는 도임을 설득하고 있으며, 〈용담가〉는 신비체험을 통해 득도하는 광경을 자세히 묘사하는 내용을 담고 있고, 〈몽중노소문답가〉는 전래의 도참설과 풍수지리설·신선사상 등을 원용한 노래로서, 낡은 선천세상은 물러가고 동학에 의해 새 세상이 도래한다는 내용을 가르치며, 〈도수사〉는 교단의 지도급 인사에게 당부하는 형식으로 되어 있으며, 동학의 근본 가르침을 바르게 이어받아 솔선수범하여 후학들의 모범이 되어줄 것을 당부하고 있다. 〈권학가〉에서는 나라 안팎의 위기를 걱정하면서, 동학에 의해 보국안민과 새 역사 창조의 길이 있음을 호소하고 있으며, 〈도덕가〉에서는 과거의 전통적 신관을 극복하여, 바른 수행의 길을 걷도록 촉구하는 내용을 담고 있고, 〈흥비가〉는 교단 지도자들에게 부탁하는 내용으로, 대도의 지도에 신중할 것과 천명을 받은 대도에 참여한 이상 중도에서 포기하지 말 것을 당부하고 있다.

《해월신사법설》은 여러 편의 설법 내용들을 그의 사후에 편집한 것에 근거한 것이다. 이 단편 기록들은 해월의 설법을 제자들이 한문으로 정리 기록한 것과 해월 자신이 직접 쓴 순 한글체의 〈내수도문〉, 〈내칙〉과 한문체의 〈강서(降書)〉, 〈강시(降詩)〉등이다. 해월 생존시에 제자들이 기록한 원전들은 현재까지 발견되고 있지 않으며, 해월 순도 후에 여기저기 흩어져 있는 설법 기록을 제자들이 편집한 필사본에 근거하여 현재의 경전에 수록하고 있다.

순도 후 초기 편집과정에서 편집자의 의도와 시각에 맞게 원 사료에다 가필·삭제·수정·보완 등의 과정을 거쳐 여러 필사본이 후세에 전해진 것으로 추정하고 있다. 그 후 《천도교서(天道敎書)》, 《천도교회사초고(天道敎會史草稿)》, 《천도교창건사(天道敎創建史)》안의 수록 과정을 거치면서 오늘에 이르게 된다.

그의 법설의 특징 중 하나는 한울님의 세계 내재성을 강조하여, 온 세계 현상과 인간이 신령한 하나의 한울님 몸이라는 가르침이 일관된다는 점이다. 따라서 경천사상은 경인(敬人)·경물(敬物)의 윤리로 확대되어 '사람 섬기기를 한울님같이' 하듯 '천지만물을 섬김에도 살아 있는 부모에게 봉양하듯 하라'는 만생명섬김의 생활윤리가 강조된다.

그의 말년에는 기존의 수천 년 문화전통을 혁신·전환하는 상징적 의미를 갖는 설법을 하는데, 그것이 유명한 〈향아설위(向我設位)〉의 제사 설법이다. 그것은 수운의 시천주(侍天主) 사상을 제사라는 형식에 구체적으로 재해석, 시도한 의미를 갖는다.

《해월신사법설》은 모두 37편으로 구성되어 있으며, 그 중요한 편들을 소개하면 〈천지부모(天地父母)〉, 〈대인접물(待人接物)〉, 〈개벽운수(開闢運數)〉, 〈향아설위(向我設位)〉, 〈용시용활(用時用活)〉, 〈삼경(三敬)〉, 〈이천식천(以天食天)〉, 〈양천주(養天主)〉, 〈내수도문〉, 〈내칙〉 등이다.

《의암성사법설》은 의암이 도통 전수받은 후 직접 저술했거나, 그의 설법을 제자들로 하여금 기록하게 한 저술들을 편집한 것이다. 의암이 해월을 계승한 후, 의암은 천도교의 교의 해석을 유불선의 근원적 통합을 지향하는 방향으로 펼쳐나가는 한편, 동학의 인내천(人乃天) 사상을 교단의 종지(宗旨)로 확고히 뿌리내리는 철학적 작업을 병행한다.

그의 법설도 한문체와 한글로 된 단편들로 구성되어 있는데, 총 33편으로 이루어져 있다. 그의 법설은 동학의 철학적 체계화 작업과 더불어 동학의 독특한 수행관을 보여주는 글들을 다수 포함하고 있으며, 동학의 사회적 실천을 위한 교리적 기초를 제공한다.

대표적인 편을 소개하면 〈무체법경(無體法經)〉, 〈각세진경(覺世眞經)〉, 〈천도태원경(天道太元經)〉, 〈대종정의(大宗正義)〉, 〈삼전론(三戰論)〉, 〈이신환성설(以身換性說)〉, 〈성령출세설(性靈出世說)〉, 또한 한글로 된 〈권도문〉, 〈무하사〉 등이 있다.

동학의 경전은 창시자 수운의 저술인 《동경대전》과 《용담유사》를 지칭하나, 1961년 이후에는 도통 계승자인 해월과 의암의 법설을 추가 수록하여 오늘날의 《천도교경전》으로 완성되었다.

5. 교리의 성격과 개요

인류 차원의 반생명적 문화 위기와 혼돈으로부터 새로운 차원의 도덕적 문화질서로 다시 개벽할 수 있는 살림의 대도는 무엇인가? 어느 누구에게도 실현 가능할 것 같지 않아 보이는 길이기에 아무도 추구하지 못했던 고난의 구도 결과, 수운이 한울님에게서 얻는 무극대도(無極大道)의 가르침은 어떤 것인가?

무극대도의 원천은 한울님이다. 한울님은 전 우주 만물 안에 무궁히 살아 활동하는 신령(神靈)스런 우주생명이다. 인간과 우주만물은 한울님이 한울님된 거룩한 통일적 생명계로서, 상호 살림의 속성을 본성으로 하고 있다. 인간은 자연만물에, 자연 전체는 인간에 상호 의지하며 생명을 꽃피워가는 한 몸으로서의 거대한 생명현상이다. 그러기에 인간은 자기 안에 모셔져 있는 한울님의 본성, 즉 신령성을 자각·회복·실현함으로써 스스로 성화된 인격체로 승화될 뿐만 아니라, 민족과 인류, 그리고 전 생명계를 구하고 살리는 도덕적 힘을 갖게 된다.

수운이 가르친 시천주(侍天主) 사상은 모든 인류의 신령성 자각운동을 통해 궁극적으로 개인의 구원(지상의 한울사람)과 사회구원(지상의 한울나라)을 성취하고자 하는, 동학의 핵심이며 본질이다.

수운은 생명사상인 동학을 세상 사람들에게 교화함으로써, 지금까지의 인류단계와는 다른 차원의 영적인 인간(한울사람)이 이 지상에 출현할 수 있는 길을 열어놓았다.

동학은 선천의 파국적 위기를 넘어서서, 자연과 친화하는 공동체로, 공경을 바탕으로 한 사회적 연대와 일치의 삶으로, 또한 신령한 본성을 실현한 도덕적 인간으로 전환할 수 있다는 희망의 씨앗을 뿌리는 사명을 갖는다.

(1) 무궁한 우주 생명, 지기(至氣), 한울님

경전에서 묘사되는 한울님은 개념적 사유에 의해 도달한 한울님, 초감성적 종교체험의 의해 이해된 한울님, 초이성적 직관에 의해 깨달은 한울님 등의 속성이 동시적으로 나타난다. 그래서 인간에게는 모순의 한울님처럼 보인다. 교리에서는 그것을 '반대의 일치'라는 역설적 논법으로 이해시킨다. 그러나 한울님에 대해 무엇으로 묘사해도, 한울님은 인간의 인식에 의해 제약당하지 않는다.

한울님은 인간과 직접 교제하고 감응하는 인격신이면서 동시에 우주 생명의 이법이며, 초월적 원인자이면서 동시에 우주 만물에 내재하여 무궁히 활동하는 우주생명이며, 또한 우주 생명 에너지인 하나의 지기(至氣)이면서 동시에 스스로 다양한 만물로 현현하여 살아간다. 그리고 그 분은 인간 역사 속에서 인간을 통해 목적과 의지를 가지고 섭리하되, 무궁한 창조적 생성·진화과정 속에 있는 신이기도 하다.

한울님은 곧 세계이며, 세계는 곧 한울님이다. 또한 한울님은 세계 안에 계시며, 세계는 한울님 안에서 통일되어 있다. 한울님은 온 인류와 전 생명계가 하나의 우주 가족으로 평화롭게 살아가는 꿈을 이 지상에서 실현하도록 격려하고 또한 인간과 함께 애쓰시는 분이기도 하다. 모든 생명체 안에 모셔져 있는 한울님, 그리고 역사 속에서 인간을 통해 그 분의 목적을 이루려고 애쓰는, 그리하여 새로운 창조적 역사를 만들어가는 과정 중에 있는 한울님의 표상은 한국인의 심성 속에서 특별히 열매맺게 된 새로운 신관이라 할 수 있다.

(2) 살아있는 세계, 부모로서의 세계

한울님의 적극적 표현체로서의 세계는 살아있는 전일적 생명우주 체계로 진화해나간다. 만물은 상호 연관·의존·공생하면서 무궁히 진화해가는 살아있는 생명체이다. 동학의 세계관은 지기일원론(至氣一元論)에 의해 이해되는 영성의 세계관, 생명의 세계관이다. 생명으로서의 세계 이해는 자연 만물이 한울님의 신성을 지닌 존엄한 생명임을 깨닫게 하여, 개발과 이용·착취의 대상인 단순한 물질적 환경이나 피조물이라는 인식을 극복하게 해준다.

더구나 천지만물은 생명을 키우고 살려가는 위대한 양육자로서, 인간으로부터 공경받아야 할 부모격을 가진다. 인류의 역사와 문화의 총체로서의 문명세계도 무궁히 순환·성쇠·발전하면서 변화해가는 생명으로 인식한다. 동학의 역사의식은 지금까지의 인류 문화체계가 총체적으로 새롭게 개벽되어야 할 대전환의 시점이 시작되었다고 선언하며, 새로운 도덕문명세계의 창조 열망을 담고 있다.

(3) 한울님이 모셔져 있는 인간, 역사의 창조적 주체

인간은 한울님의 신성을 실현할 가능성이 있는, 한울님의 신령한 본성이 내재된 존엄한 존재다. 사람의 존엄성은 곧 한울님의 존엄성과 같다는 인내천(人乃天)의 인간관을 제시한다. 인간은 지상 만물의 영장으로서 한울님의 본성을 자각하고, 한울님의 뜻을 실현할 능력을 갖춘 주체이지만, 그러나 인간의 주체성은 우주 자연계의 질서와 조화를 이루어, 우주 가족의 일원으로서 협동·공생의 삶을 살아야 할 지위에 있다.

인간은 한울님의 종속적 피조물이 아니라, 한울님의 뜻에 일치하여 역사를 재편성하는 창조적 주체로서의 지위를 갖고 있다고 이해되고 있다. 여기에서 여성은 생활의 주인이며, 새로운 세계의 주역이 된다.

인생의 목적은 한울님을 지극히 공경하고 그 분의 뜻에 일치하는 삶을 현재의 일상 속에서 생활화하여 자신 안에서 진리를 꽃피우고, 자기 중심의 삶을 벗어나 모든 생명과 화합하는 성화된 영적 인격체를 지향해야 한다. 그러한 새로운 한울사람에 의해서만 사회의 성화·구원이 가능할 것임을 알려주고 있다.

인간의 영혼은 천지 만물의 정신과 하나된 현상으로서, 한울님 영기(靈氣)의 개체적 표현이다. 따라서 죽음은 끝이 아니라, 본래의 한울님 성령(性靈)으로 돌아가는 환원의 삶이다. 인간의 성령은 본질적으로 영원히 세계의 정신과 함께 활동하며 불멸한다고 가르친다.

(4) 한울님과의 일치를 위한 수행

수행은 자기 안에 한울님이 내재해 있다는 자각과 나와 세계는 거대한 하나의 거룩한 몸이라는 인식을 삶 안에서 자기화하는 자아 실현의 과정이다.

  수행의 여러 방법들—주문 염송, 심고, 관법, 경전 연구 등—은 한울님을 잊지 않으며, 지극히 섬기고 위할 수 있도록 도와준다. 주문(呪文)은 수심정기(守心正氣)를 위한 글이며, 염송함으로써 한울님의 마음과 기운에 일치하게 해준다.

  진정한 수행자는 한울님이 자기 삶의 주인이 된 영성적 인간을 말한다. 수행은 '과정'이다. 무궁한 한울님의 뜻과 덕이 일상의 현실 속에서 실현되도록 살아나가는 끝없는 과정이다. 수행의 과정에서 나타나는 종교적 체험과 깨달음은 수행의 끝이 아니라, 보다 성숙한 인격과 성화된 삶으로 나아가기 위한 계기일 뿐이다.

  수행은 생활 속에서 진리를 실현해나가고자 하는 '생활자세'이다. 자기 안의 무궁한 가능성을 믿으며, 일체의 생명을 공경하고, 한울님의 뜻에 일치하여 살기 위해 순일한 마음으로 쉬임없이 정진·실천하는 생활 자체가 수행의 본질이다.

(5) 한울님과의 진실한 교제 의식(儀式)

  의례의 목적은 한울님의 현존을 느끼며 체험하는 진정한 영적 교류의 시간을 갖기 위함이다.

  의례를 구성하는 심고(心告), 주문(呪文), 청수(淸水)의 세 요소는 모두 한울님과의 하나됨을 희구하는 진실한 마음의 반영이다. 중요한 의례는 매주 일요일마다 봉행하는 시일식(侍日式), 입교식, 매일 행하는 기도식과 7대 기념식—창도일인 천일(天日)기념, 해월신사 도통 전수일인 지일(地日)기념, 의암성사 도통전수일인 인일(人日)기념, 춘암상사 대도주 승통일인 도일(道日)기념, 천도교로 전환한 현도(顯道)기념,

삼일절 및 동학혁명기념— 이 있다.

'향아설위(向我設位)'의 제사법은 인류문화 양식의 대전환을 상징적으로 표현하는 의식이다. 지금까지 믿었던 저 앞에, 밖에 신이 있다는 믿음의 체계를 뒤엎고, 현재의 내 몸 안에서 신을 발견하고 제사상과 위패를 내 자신으로 향해 설치하도록 하는 제사법이다.

(6) 생명 윤리와 이상적 신인간·신문명

시천주(侍天主)의 자각과 수행은 모든 인간과 생명체에 대한 존중과 공경, 아낌의 생활로 변화시킨다. 삼경(三敬)—경천(敬天), 경인(敬人), 경물(敬物)—윤리에 근거하여 생명을 살리고, 섬기는 덕을 실현하는 생활은 죽임과 파괴·오염의 생활을 극복하여 자연계와의 평화로운 공생(共生)을 가능케 하며, 개인의 인간성 상실과 소외현상을 극복하여 자아 실현하는 영성적 인격체로 변화시켜주며, 또한 사회적 불신과 분열·타락을 극복하여 협동과 연대에 기초한 사회생활을 이끌어준다. 즉 개인과 사회, 자연 생태계의 현실을 성화하여 진리의 인간, 진리의 사회로 전환시킬 수 있는 중추적 가치이다.

새로운 영적 인격체로서의 신인간은 새로운 정신, 새로운 도덕으로 개벽된 인간이다. 정신 개벽의 핵심은 세계 안에 살아계신 한울님을 자각하고, 한울님에게로 마음을 향하며, 한울님에게 완전히 열려있음이다. 과거정신에 갇힌 나는 죽고, 한울님을 주인으로 모시는 영적 신생(新生)이다. 새롭게 거듭 태어난 신인간은 자기중심적 삶을 벗어나 한울님의 생명성을 모든 생활에서 구현한다. 그는 모두를 키우고, 살리며, 성화시켜나간다. 살림의 세계를 이 지상에 뿌리내리는 도덕적 모범이다.

또한 생명윤리는 죽임의 문화를 넘어서서 새로운 차원의 문화적 전환을 성취시키기 위한 새로운 사회적 정신의 토대이다. 도덕적으로 성숙한 신인간은 개벽의 과정을 통해서 살림의 세계를 창조하며 확산시켜간다.

물질과 경제가치에서 정신과 생명가치로, 권력과 부 중심에서 도덕 중심으로, 투쟁과 경쟁에서 연대와 공생·하나됨으로, 또한 다양성의 조화로 전환되어가는 개벽의 이상은 새로운 이상사회의 본질이다. 이 상사회의 실현은 일상의 현실에서 생명윤리가 뿌리박고 생활화·사회화되도록 하는 과정이다.

(7) 다시 개벽의 꿈을 펼쳐나간 창시자

동학의 창도는 선천문화의 총체적이며 근원적인 변혁을 의미하는 '다시 개벽'의 과제의식으로부터 비롯되었다.

수운은 새로운 정신과 도덕, 새로운 영성적 인간, 새로운 도덕적 문명을 이 지상에서 실현할 수 있다는 꿈을 꾸고, 마침내 그것을 실현하기 위한 해답체계로서의 새로운 도를 찾고, 이 절망의 현실에 희망의 씨앗을 뿌리다 간 영혼의 혁명가였다.

그가 한울님께 받은 도는 한울님과 세계·인간 전체가 하나의 거룩한 몸이라는 시천주의 정신과 생명 살림, 섬김의 도덕으로 인간의 정신과 생활을 새롭게 개벽하고, 인류문화체계를 한울님 생명의 보편가치가 실현되도록 개벽함으로써 인간과 문명을 보다 성숙한 도덕적 차원으로 승화시키며, 인류사의 새로운 차원으로의 출발을 가능케 하는 대진화의 길을 열어주는 도이다.

그의 일생은 '한울 사람'과 '한울 나라'가 이 지상에서 실현될 수 있다는 희망을 민중이 갖도록 교육하고, 각성시키며, 헌신과 희생의 모범을 살다간 생애였다.

(8) 개벽 역사의 창조적 주체인 공동체

교회 공동체는 무극대도에 그 조직생활의 뿌리를 두고, 구성원 각자는 자유로운 영적 존재로서 서로가 서로를 해방시키면서 동귀일체(同歸一體)라는 하나됨의 삶을 구현해나가는 후천문화 개벽운동의 선구자 집단이다.

공동체는 도덕적 수행을 일상화하여 스스로를 정화하고 쇄신하면서 친화와 협동·공생, 섬김과 화합의 생활을 실천하는 생명운동 조직이다. 공동체 조직은 구성원의 개성 발현과 조직의 공공성이 서로 조화를 이루면서 분산·확산되어가는 다중심의 자율적인 영성적 조직이다. 그들은 한울님의 뜻과 섭리를 이 땅에서 실현해가는 한울님의 협력자이며 동참자들이다.

'새 인간·새 천지'의 비전을 가지고 인류 문명사의 새 지평을 열어나가고자 하는 도덕적 주체들로서, 타종교 공동체의 전통을 존중하여 관용과 개방적 태도로 개벽역사 창조의 동반자가 되기를 바란다.

지금까지 언급한 대강의 교리는 그 지향점에 있어 인류가 동서양의 선천 문명질서를 넘어서서 새로운 차원의 보편문명을 창조적으로 열어가도록 가능케 하는 '개벽의 도'를 설명하고 있다. 그 단초는 수운이 열었고, 그의 도를 계승한 해월과 의암에 의해 완성된다.

수운은 동양 전통종교와 사상조류, 그리고 서양의 기독교를 두루 비판·수용하는 정신적 확충의 길에서 새로운 영혼으로 태어난다. 우주 생명 전체를 담아내는 거대한 영혼이 되어, 계시종교와 이법종교를 근원으로부터 통일하는 새로운 영적 구축물을 창조한다. 그것은 수운이 염원했던 새로운 영성인간의 출현과 인류의 평화로운 공존, 그리고 천지생명계의 하나됨을 지상에 실현가능케 하는 기초로서, 또한 인류 공유(共有)의 보편적인 '통일의 도'로서 드러난다.

동학은 우리 민족으로부터 태어난 독창적인 창조적 사고의 결실로서 성숙한, 인류 정신의 진화방향을 제시하는 생명사상의 귀일점이며 발원점으로서의 정체성을 갖고 이 땅에 생겨났다고 교리는 가르친다.

제 2 장
궁극적 실재

    이 장에서는 경전에 나타나는 궁극적 실재의 여러 속성과 표상들에 관한 구절들을 소개하고자 한다.

    동학·천도교의 교조들이 체험하고 이해한 궁극적 실재는 반대적 속성들이 동시에 드러나 보인다. 여기에서 소개되는 궁극적 실재는 우주생성의 초월적 원인자이면서 동시에 우주만물에 내재하여 무궁히 살아 활동하는 우주 생명이며, 또한 인간과 직접 교제하고 감응하는 인격적 신이면서 동시에 선악의 가치를 초월해 있는 비인격적 이법(理法)이기도 하다.

    그 분은 하나인 우주적 생명기운이면서 동시에 스스로 다양한 만물로 현현하여 살아가신다. 또한 절대적 영원 무궁의 실재이되 동시에 상대적 시간 속에서 목적과 의지를 가지고 섭리하는 창조적 생성·진화과정의 신이기도 하다.

    이와 같은 '반대의 일치'라는 역설적 인식은 유신론과 범신론의 양극적 신 관념을 극복, 통일시키고 있다. 이법으로서의 궁극적 실재관과 인격신적 실재관이 본래 하나임을 보여준다. 특히 생성변화하는 과정으로서의 신관은 궁극적 실재에 대한 새로운 이해의 지평을 열어주는 창조적 신관이라 할 수 있다. 한울님은 우주를 통일시켜가는 생명의 원리이자 질서 자체로서, 우주의 창조적 생성 · 진화과정 속에서 영원히 되어져 가는 새로운 신의 모습으로 알려진다.

경전에서 드러나는 한울님의 본성은 양극성(兩極性)의 일치 · 통일로서 나타난다. 동학 · 천도교의 궁극적 실재관은 한울님과 세계, 무한성과 유한성, 절대와 상대, 전체와 부분, 초월과 내재, 정신과 물질, 주체와 객체 등의 이분법적 실재관을 초극하여, 이원적이며 양극적인 분리구조를 일원적이며 유기적인 통일체로서 파악하게 해준다.

한울님, 즉 세계이며, 세계는 곧 한울님이다. 무궁한 절대의 한울님은 스스로 유한한 상대의 세계가 되어, 그 안에서 활동하시며 살아가신다. 우주의 전 생명계는 자기 안에 무궁히 살아 활동하시는 신령스런 한울님을 모시고 있는 거대한 하나의 몸이다. 이렇듯 한울님은 세계 안에 계시며, 세계 또한 한울님 안에 있다.

내재적 초월자로서, 또한 초월적 내재자로서의 한울님은 우리가 섬기고 경외해야 할 인격적 '님'이면서, 동시에 우주 삼라만상의 생성원리이자 그 근원적 힘으로서의 '지기(至氣)'이다. 한국 민족의 심성 속에서 수천 년간 형성 · 발전되어 온 신관은 동학 · 천도교에 와서 가장 포괄적이며 융합적인 신관으로 열매맺게 되어, 새로운 보편적 진리체계로서의 동학사상을 형성하는 인식의 기초가 되었다.

궁극적 실재는 왜 반대적 속성을 동시에 인간에게 보여주는가? 인류의 문화, 사상, 역사, 지역의 상대적 차이에 따른 궁극적 실재에 대한 인식의 차이는 하나의 실재를 인간이 다르게, 또는 모순으로 볼 수 있음을 보여준다. 하나인 궁극적 실재에 대한 서로 다른 제한된 인식과 표상들은 문화의 상대성에 따라 인간의 의지와 욕망이 투영된 집단주관이 만들어낸 결과다.

경전에서는 궁극적 실재가 마음의 거울이 비치는 관점에 따라 그의 신비를 보여준다고 가르친다.

1. 한울님의 표상들

이 항목은 한울님에 관한 여러 유형의 표상들을 알려주고 있다.

여기서 구별해본 여덟 가지 유형의 주제는 무궁한 우주생성의 원인자이며 원리, 하나의 통일적 우주기운으로서의 궁극적 실재, 스스로를 삼라만상으로 표현하는 한울님, 역동적인 생성·진화과정 자체인 한울님, 인간과 세계의 진화 속에서 목적을 향해 일하는 주재자, 인간과 직접적으로 감응하는 인격적 한울님, 가치를 초월한 비인격적 절대자로서의 궁극적 실재, 세계와 인간 안에 내재하는 우주적 생명으로서의 한울님이다.

이 항목 이외의 다른 장에서도 한울님의 본성을 엿볼 수 있는 구절들이 여러 곳에서 보일 것이다.

(1) 무형·무궁의 초월적 근원자

성품은 이치니 성리는 공공적적(空空寂寂)하여 가이없고 양도 없으며 움직임도 없고 고요함도 없는 원소일 뿐이요, 마음은 기운이니 심기는 원원충충(圓圓充充)하여 넓고넓어 흘러 물결치며 움직이고 고요하고 변하고 화하는 것이 때에 맞지 아니함이 없는 것이니라. 이러므로 이 두 가지에 하나가 없으면 성품도 아니요, 마음도 아니니라.

《의암성사법설》〈무체법경(無體法經)〉성심신삼단(性心身三端)

대답하시기를 "성품이란 것은 이름이니 이름은 만물이 있게 된 후에 처음으로 얻은 것이요, 처음이란 것은 태초 만물이 있던 때이니라. 능히 성품을 말하고 능히 처음을 말하는 것은 이는 영감으로 생각한 것이요, 영감이 나타나는 것은 유체성(有體性)이라, 이 성품과 이 마음은 죽고 사는 것을 면치 못하나 처음도 없는 성품은 바로 무체성이니 나고 죽는 것이 있지 아니하여 진진여여(眞眞如如)한 것이니라."

묻기를 "진성이 이미 처음이 있기 전에 있었으니, 처음이 있은 뒤의 사람이 어떻게 능히 성품이 있음을 알 수 있습니까."

대답하시기를 "없는 것으로서 없는 것을 보면 없는 것도 또한 있고, 없는 것으로서 있는 것을 보면 있는 것도 또한 없나니, 그 없고 있는 것을 정하여 비로소 무시유생(無始有生)이 있고 유시무멸(有始無滅)이 있나니, 진진여여하여 새는 것도 없고 더함도 없는 것이니라. 새는 것도 없고 더함도 없는 것은 성품과 마음의 처음이라. 그러므로 본성의 인연없이 생함이 있음을 알지니라."…

묻기를 "나는 또 어디서 났으며 성품은 어디서 왔겠습니까."

대답하시기를 "한울의 입장에서 보면 나도 없고 성품도 없고, 사람의 입장에서 보면 나도 있고 성품도 있느니라. 나도 없고 성품도 없다고 보면 그 수명이 한량이 없고, 나도 있고 성품도 있다고 보면 그 수명이 반드시 짧아서 죽고 사는 것을 떠나지 못하느니라. 큰 수명은 죽고 사는 것도 없고, 선하고 악한 것도 없고, 움직이는 것도 없고, 비고 고요함도 없고, 빛깔과 형상도 없고, 위도 아래도 없고, 예와 이제도 없고, 말과 글도 없는 것이니 형용하기도 어렵고 말하기도 어려운 것이니라." 《의암성사법설》〈후경(後經)〉

(2) 하나의 전일적 우주신령인 지기(至氣)

묻기를 "강령(降靈)의 글은 어찌하여 그렇게 됩니까."

대답하시기를 '지(至)'라는 것은 지극한 것이요, '기(氣)'라는 것은 허령(虛靈)이 창창(蒼蒼)하여 일마다 섭리하지 않음이 없고 일마다 관여하지 않음이 없으나, 그러나 모양이 있는 것 같으나 형상하기 어렵고 들리는 듯하나 보기는 어려우니, 이것은 또한 혼원(渾元)한 한 기운이요.…"

《동경대전(東經大全)》〈논학문(論學文)〉

우주는 한 기운의 나타남이요, 일신(一神)의 하는 일이라, 눈앞에 온갖 물건의 형상이 비록 그 모양이 각각 다르나 그 이치는 하나이니라. 하나는, 즉 한울님이니 한울님이 만물의 조직에 의하여 표현이 각각 다르니라. 같은 비와 이슬에 복숭아 나무에는 복숭아 열매를 맺고 오얏나무에는 오얏 열매가 익나니 이는 한울님이 다른 것이 아니요, 만물의 종류가 다름이로다.

《해월신사법설(海月神師法說)》〈기타〉

(3) 전체이면서 부분으로 현현·활동하는 영(靈)

크도다, 천도의 영묘(靈妙)함이여, 일에 간섭치 아니함이 없으며 만물에 있지 아니함이 없나니 모든 형상이 다 천도(天道)의 표현이니라. 지금에 어리석은 풍속이 산에 빌며 물에 빌어 복을 비는 자 또한 기이한 증험이 없지 아니 하나니, 이것은 천지의 영묘가 어느 곳에든지 비추지 아니한 바 없느니라.

《해월신사법설》〈기타〉

그러므로 성령(性靈)은 근본이 세상에 나타난 것이니라. 영을 떠나 따로 물건이 없고 물건을 떠나 따로 영이 없고 다시 세상이 없으니, 마침내 영은 세상을 마련하고 세상은 영을 얻은 것이니라. 물건마다 각각 그 성품을 이룬 것은 이 신묘한 성령의 활동이 만기만상(萬機萬相)에 응한 것이요, 기국대로 세상에 나타나 조섭하는데 응함이니, 비유하면 같은 비와 이슬에 복숭아는 복숭아 열매를 맺고 살구는 살구 열매를 맺나니, 이것은 천차만별의 식물에 좇아 천차만별의 열매를 맺음과 같으니라.

같은 성령에 헤아릴 수 없는 큰 덕의 묘한 법이 대천대지(大天大地)의 각개차별을 순히 화하여, 하늘에 솔개가 날고 못에 고기가 뛰는 것이니라.

《의암성사법설》〈성령출세설(性靈出世說)〉

(4) 창조적 생성·진화과정의 조화신(造化神)

  한울님 하신말씀
  "개벽후 오만년에
  네가또한 첨이로다
  나도또한 개벽이후
  노이무공(勞而無功) 하다가서
  너를만나 성공하니
  나도성공 너도득의(得意)
  너희 집안 운수로다"   《용담유사》〈용담가〉

(5) 목적을 가지고 섭리하는 주재자

  천생만민(天生萬民) 하였으니
  필수지직(必授之職) 할것이요
  명내재천(命乃在天) 하였으니
  죽을염려 왜있으며
  한울님이 사람낼때
  녹(祿)없이는 아니내네 (중략)
  아마도 이내일은
  잠자다가 얻었던가
  꿈꾸다가 받았던가
  측량치 못할러라
  사람을 가렸으면
  나만못한 사람이며
  재질을 가렸으면
  나만못한 재질이며
  만단의아(萬端疑訝) 두지마는
  한울님이 정하시니

무가내(無可奈)라 할길없네 (중략)

한울님께 아뢰오니

한울님 하신말씀

"…그런소리 말았어라

낙지이후(落地以後) 첨이로다

착한운수 둘러놓고

포태지수(胞胎之數) 정해내어

자아시(自兒時) 자라날때

어느일을 내모르며

적세만물 하는법과

백천만사 행하기를

조화중(造化中)에 시켰으니

출등인물(出等人物) 하는이는

비비유지(比比有之) 아닐런가 (중략)

이말저말 붕등(崩騰)해도

내가알지 네가알까

그런생각 두지말고

정심수도(正心修道) 하였어라…"   《용담유사》〈교훈가〉

현숙한 내집부녀

이글보고 안심하소

대저생령(生靈) 초목군생(草木群生)

사생재천(死生在天) 아닐런가

하물며 만물지간

유인(惟人)이 최령(最靈)일세

나도또한 한울님께

명복받아 출세하니

자아시(自兒時) 지낸일을

역력히 헤어보니

첩첩이 험한일을

당코나니 고생일네

이도역시 천정(天定)이라

무가내라 할길없다 (중략)

천불생무록지인(天不生無祿之人)이라

이말이 그 말인가

곰곰히 생각하니

이도역시 천정(天定)일네

한울님이 정하시니

반수기앙(反受其殃) 무섭더라

《용담유사》〈안심가〉

경신년(庚申年, 1860)에 이르러 전해듣건대 서양 사람들은 천주의 뜻이라 하여 부귀는 취하지 않는다 하면서 천하를 쳐서 빼앗아 저들의 교당을 세우고 그 도를 행한다고 하므로 내 또한 과연 그럴 수 있을까 어찌 그럴 수 있을까 하는 의심이 있었더니, 뜻밖에도 4월에 마음이 선뜩해지고 몸이 떨려서 무슨 병인지 증세를 알 수 없고 말로 형용하기도 어려울 즈음에, 어떤 신선의 말씀이 있어 홀연히 귀에 들리므로 깜짝 놀라 일어나 캐어 물은즉 대답하시기를 "두려워하지 말고 겁내지 말라. 세상 사람들이 나를 상제라 이르거늘 너는 상제를 알지 못하느냐."

그 까닭을 물으니 대답하시기를 "내 또한 공(功)이 없으므로 너를 세상에 내어 사람들에게 이 법을 가르치게 하니 의심하지 말고 의심하지 말라."

묻기를 "그러면 서도(西道)로써 사람을 가르치리이까."

대답하시기를 "그렇지 아니하다. 나에게 영부(靈符: 한울님 마음과 기운의 무궁히 생동하는 모양을 상징으로 표현한 것) 있으니 그 이름은 선약(仙藥)이요, 그 형상은 태극이요, 또 형상은 궁궁(弓弓)이니, 나의 영부를 받아

사람들을 질병에서 건지고 나의 주문(呪文: 한울님을 지극히 위하는 동학의 21자 글)을 받아 사람들을 가르쳐서 나를 위하도록 하면 너도 또한 장생하여 덕을 천하에 펴리라." 《동경대전》〈포덕문〉

(6) 인간과 감응·대화하는 인격성

   그럭저럭 할길없어
   없는정신 가다듬어
   한울님께 아뢰오니
   한울님 하신말씀
   "너도역시 사람이라
   무엇을 알았으며
   억조창생 많은사람
   동귀일체(同歸一體) 하는줄을
   사십평생 알았더냐
   우습다 자네사람
   백천만사(百千萬事) 행할때는
   무슨뜻을 그러하며
   입산한 그달부터
   자호(字號)이름 고칠때는
   무슨뜻을 그러한고 (중략)
   지상신선(地上神仙) 네아니냐"
   이말씀 들은후에
   심독희(心獨喜) 자부(自負)로다 《용담유사》〈교훈가〉

한울님이 간섭하지 않으면 고요한 한 물건 덩어리니 이것을 죽었다고 하는 것이요, 한울님이 항상 간섭하면 지혜로운 한 영물(靈物)이니 이것을 살았다고 말하는 것이라. 사람의 일동일정이 어찌 한울님의 시키는 바가 아니겠는가. 부지런하고 부지런하여 힘써 행하면 한울님이 감동하고 땅이 응하여 감히 통하게 되는 것은 한울님이 아니고 무엇이리오. 잘 생각하고 자세히 살필지어다.
《해월신사법설》〈도결(道訣)〉

(7) 초가치의 절대허(虛)

근보가성(僅保家聲) 사십평생
포의한사(布衣寒士) 뿐이라도
천리(天理)야 모를소냐
사람의 수족동정(手足動靜)
이는역시 귀신이요
선악간(善惡間) 마음용사(用事)
이는역시 기운이요
말하고 웃는 것은
이는역시 조화(造化)로세
그러나 한울님은
지공무사(至公無私) 하신마음
불택선악(不擇善惡) 하시나니
효박한 이세상을
동귀일체(同歸一體) 하단말가
《용담유사》〈도덕가〉

나에게 한 물건이 있으니 물건이란 것은 나의 본래의 나니라. 이 물건은 보려 해도 볼 수 없고, 들으려 해도 들을 수 없고, 물으려 해도 물을 곳이 없고, 잡으려 해도 잡을 곳이 없는지라, 항상 머무는 곳이 없어 능히 움직이고 고요함을 볼 수 없으며, 법으로써 능히 법하지 아니하나 만법이 스스로 몸에 갖추어지며, 정(情)으로써 능히 기르지 아니하나 만물이 자연히 생겨나는 것이니라.

변함이 없으나 스스로 화해 나며, 움직임이 없으나 스스로 나타나서 천지를 이루어내고 다시 천지의 본체에서 살며, 만물을 생성하고 편안히 만물 자체에서 사니, 다만 천체(天體)를 인과로 하여 무선무악(無善無惡)하고 불생불멸(不生不滅)하나니 이것이 이른바 본래의 나니라.

《의암성사법설》〈무체법경〉 삼성과(三性科)

(8) 초월자이며 동시에 만물에 내재하는 우주생명

한울님은 만물을 지으시고 만물 안에 계시나니, 그러므로 만물의 정기는 한울님이니라. 만물 중 가장 신령한 것은 사람이니 그러므로 사람은 만물의 주인이니라.   《해월신사법설》〈기타〉

한울님은 만물을 화생하고 뜻을 형체에 부쳐 임의로 활용하는 것이요, 사람은 아들 딸을 낳아서 사랑하여 기르다가 나중에는 뜻을 자손에게 주고 집을 기리 전하느니라. (중략)
한울이 뜻을 형체에 부쳐서 임의로 활용하는 것이 명백함이여, 모실 시(侍)자에 어찌 믿음이 없으며 공경이 없겠는가.

《의암성사법설》〈수수명실록(授受明實錄)〉

2. 조화(造化) 원리와 참모습

이 항목에서는 다섯 개의 제목 아래 한울님의 조화 원리와 참모습에 대한 주제를 다룬다.
첫째 주제는 우주와 인간사를 관통하는 무궁한 창조적 활동 자체인 한울님의 조화를 다룬다.
둘째는 한울님이 가진 본연의 조화의 원리는 양극성의 일치와 통일로써 전 우주에 걸쳐 작용함을 보여준다.

셋째 주제에서는 인간은 어떻게 우주에 편만한 진리의 존재인, 보이지 않는 한울님을 인식할 수 있을까? 우주는 근본적으로 자연법의 근원인 한울님의 창조적 활동의 표현이나. 따라서 한울님은 보이지 않지만, 그 흔적과 자취는 자연계의 질서를 통해서 그 존재증거를 확인할 수 있음을 보여준다.

넷째 주제에서는 한울님은 결코 그 자체의 모습으로 인간에게 인식되는 것이 아니라, 마음의 거울에 투영되어 인식되는 것임을 보여준다.

마지막 주제는 참되고, 불생불멸한 우주적 실상을 다룬다.

(1) 우주생명의 무궁한 창조적 활동

만물이 나고 자람이여, 어떻게 그러하고 어떻게 그러한가.

조화옹(造化翁)의 거두고 저장함이여, 스스로 때가 있고 스스로 때가 있도다.

물의 근원이 깊음이여, 가물어도 끊어지지 아니하고, 나무의 뿌리가 굳건함이여, 추워도 죽지 아니하도다. (중략)

만물의 조화(造化)여, 무극(無極)하고 무궁(無窮)하도다.

놀라워라, 이 세상에 우리 도의 되어나감이여, 어두울 때도 있고 밝을 때도 있도다. 《해월신사법설》〈강서(降書)〉

이런고로 한울님은 화생하는 직분을 지키므로 잠깐도 쉬고 떠나지 못하는 것이라. 만일 한울님이 일분일각이라도 쉬게 되면 화생변화하는 도가 없을 것이요, 사람이 또한 일용(日用)의 도를 잠시라도 떠나게 되면 허령창창(虛靈蒼蒼)한 영대가 가난하고 축날 것이라. 이러므로 수고롭고 괴롭고 부지런하고 힘쓰는 도는 금수라도 스스로 지키어 떠나지 않거든 하물며 사람이야 이것을 저버리며 떠날 바리오. 《의암성사법설》〈 권도문〉

(2) 양극성의 일치와 통일

어떤 이가 묻기를 "이치[理]와 기운[氣] 두 글자에 어느 것이 먼저입니까?"

대답하시기를 "천지, 음양, 일월, 천만물의 화생한 이치가 한 이치 기운의 조화(造化) 아님이 없는 것이니라. 나누어 말하면 기란 것은 천지, 귀신, 조화, 현묘(玄妙)를 총칭한 이름이니 모두가 한 기운이니라."

또 말씀하시기를 "화해 낳는 것은 한울님 이치요, 움직이는 것은 한울님 기운이니, 이치로 화생하고 기운으로 동정(動靜)하는 것인즉, 먼저 이치요 뒤에 기운이라고 해도 당연하나, 합하여 말하면 귀신, 기운, 조화가 도시 한 기운이요, 나누어 말하면 귀신은 형상하기도 어렵고 헤아리기도 어려운 것이요, 기운은 굳세고 건실하여 쉬지 않는 것이요, 조화는 현묘하여 함이 없이 되는 것이니, 그 근본을 상고하면 한 기운뿐이니라. 밝게 분별하여 말하면 처음에 기운을 편 것은 이치요, 형상을 이룬 뒤에 움직이는 것은 기운이니, 기운은 곧 이치라 어찌 반드시 나누어서 둘이라 하겠는가. 기란 것은 조화의 원체(元體) 근본이요, 이치란 것은 조화의 현묘니, 기운이 이치를 낳고 이치가 기운을 낳아 천지의 수(數)를 이루고 만물의 이치가 되어 천지대정수(天地大定數)를 세운 것이니라." 《해월신사법설》〈천지이기(天地理氣)〉

사람의 동하고 정하는 것이 마음이 시키는 것인가, 기운이 시키는 것인가. 기운은 주(主)가 되고 마음은 체(體)가 되고 귀신은 용사(用事)하는 것이니, 조화(造化)란 것은 귀신의 타고난 재능이니라.

귀신(鬼神)이란 것은 무엇인가. 음양(陰陽)으로 말하면 음은 귀, 양은 신이요, 성심(性心)으로 말하면 성은 귀, 심은 신이요, 굴신(屈伸)으로 말하면 굴은 귀, 신은 신이요, 동정(動靜)으로 말하면 정은 귀, 동은 신이니라. (중략)

움직이는 것은 기운이요, 움직이고자 하는 것은 마음이요, 능히 구부리고 펴고 변하고 화하는 것은 귀신이니라. 귀신이란 것은 천지의 음과 양이요 이치와 기운의 변동이요 차고 더움의 정기니, 나누면 한 이치가 만 가지로 다르게 나타나고, 합하면 한 기운일 따름이니라. 그 근본을 연구하면 귀신, 성심, 조화가 도무지 한 기운의 시키는 바니라.

《해월신사법설》〈천지인 · 귀신 · 음양〉

(3) 한울님의 자취인 자연계의 질서

저 아득한 옛날부터 지금까지 봄과 가을이 번갈아들고 사시(四時)의 성하고 쇠함이 옮기지도 바뀌지도 아니하니 이 또한 한울님 조화(造化)의 자취가 천하에 뚜렷한 것이로되, 어리석은 사람들은 비와 이슬의 혜택을 알지 못하고 그저 저절로 그렇게 되어가는 줄로 알더니….

또 이 근래에 오면서 온 세상 사람들이 저마다 제 마음대로 하여 천리(天理)를 순종치 아니하고 천명(天命)을 돌아보지 아니하므로 마음이 항상 두려워 어찌할 바를 알지 못하였더라.   《동경대전》〈포덕문〉

수(數)가 정해진 지 몇 해런고, 운(運)이 스스로 와서 회복되도다.
예와 이제가 변치 않음이여, 어찌 운이라 하며 어찌 회복이라 하는가.
만물의 불연(不然)이여, 헤어서 밝히고 기록하여 밝히리라.
사시의 차례가 있음이여, 어찌하여 그리되었으며 어찌하여 그리되었는고.
산 위에 물이 있음이여, 그것이 그럴 수 있으며 그것이 그럴 수 있는가.
갓난아기의 어리고 어림이여, 말은 못 해도 부모를 아는데 어찌하여 앎이 없는고. 어찌하여 앎이 없는고. 이 세상 사람이여, 어찌하여 앎이 없는고.
성인의 나심이여, 황하수가 천 년에 한 번씩 맑아진다니 운이 스스로 와서 회복되는 것인가, 물이 스스로 알고 변하는 것인가.
밭가는 소가 사람의 말을 들음이여, 마음이 있는 듯하며 앎이 있는 듯하도다.
힘으로써 족히 할 수 있음이여, 왜 고생을 하며 왜 죽는가.
가마귀 새끼가 도로 먹임이여, 저것도 또한 효도와 공경을 알고, 제비가 주인을 앓이여, 가난해도 또 돌아오고 가난해도 또 돌아오도다.

이러므로 단정하기 어려운 것은 불연(不然)이요, 판단하기 쉬운 것은 기연(其然)이라.

근원을 캐어 견주어 생각하면 그렇지 않고 그렇지 않고 또 그렇지 않은 일이요, 조물자(造物者)에 부쳐보면 그렇고 그렇고 또 그러한 이치인저.

《동경대전》〈불연기연〉

(4) 인간 마음의 투영으로서의 한울님

성품과 마음은 현묘하고 현묘해서 물건에 응하여도 자취가 없으나, 있는 듯 생하는 듯하느니라. 성품은 본래 없는 것도 없고, 있는 것도 없고, 나타난 것도 없고, 의지한 것도 없고, 서있는 것도 없고, 선한 것도 없고, 악한 것도 없고, 처음도 없고, 나중도 없는 것이요, 마음은 본래 빈 것이라.

모든 생각과 모든 헤아림과 억만 년 예와 지금이 형상도 없고 자취도 없으나, 천만 가지 모든 일이 생각하는 가운데에서 얻어지느니라. 그러므로 마음이 성품 속에 있으면 변화가 무쌍하여 조화를 헤아릴 수 없으니, 성품과 마음 둘 사이에 변화가 자연히 이루어지느니라. 나누어 말하면 마음이 흰 것을 구하고자 하면 흰 것으로 보이고, 붉은 것을 구하면 붉은 것으로 보이고, 푸른 것을 구하면 푸른 것으로 보이고, 노란 것을 구하면 노란 것으로 보이고, 검은 것을 구하면 검은 것으로 보이느니라.

이로써 미루어 생각하면 도를 구하는 사람이 또한 삼가지 않을 수 없으니, 구하는 사람이 구하기를 바르게 하면 보이는 것도 또한 바르고, 구하기를 그릇되게 하면 보이는 것도 그릇되게 보이느니라.

지나간 옛 현철이 스스로 구하고 스스로 보이는 것으로 서로 다투었으나, 우리 도에 이르러서는 사람이 스스로 구하여 도를 이루는 것이 아니라 한울님이 반드시 바르게 보이고 바르게 들으니, 만에 하나도 의심이 없느니라.

《의암성사법설》〈무체법경〉신통고(神通考)

(5) 우주적 진실과 무실체성

빈 것이 능히 기운을 낳고, 없는 것이 능히 이치를 낳고, 부드러운 것이 능히 기운을 일으키고, 굳센 것이 능히 기운을 기르나니, 이 네 가지는 없어서는 안 되느니라. 이 비고 없는 기운을 체(體)로 하여 비고 없는 이치를 쓰면, 비고 신령한 것이 참된데 이르러 망령됨이 없어지느니라.

참이란 것은 빈 가운데에서 실상을 낳은 것이니 천지의 지극히 공변된 것이요, 망령이란 것은 허한 가운데서 생긴 거짓이니 천지의 공(功)이 없어지는 것이니라. 참을 지키면 한울님이 사랑하고 망령되면 한울님이 미워하느니라. 그러므로 진실이란 것은 천지의 생명체요, 거짓과 망령이란 것은 사람의 몸을 깨쳐 없애는 쇠뭉치이니라. 비어서 고요하며, 움직이면서 전일(專一)하며, 형상은 없으나 형상을 나타내는 것이 이 혼원(渾元)한 한 기운의 참된 것이니라.   《해월신사법설》〈허(虛)와 실(實)〉

어떤 사람이 묻기를 "성품은 본래 처음이 없거니 성품이 있고 마음이 있는 것은 어찌된 것입니까."

대답하시기를 "성품이란 것은 이름이니 이름은 만물이 있게 된 후에 처음으로 얻은 것이요, 처음이란 것은 태초 만물이 있던 때이니라. 능히 성품을 말하고 능히 처음을 말하는 것은 이는 영감(靈感)으로 생각한 것이요, 영감이 나타나는 것은 유체성(有體性)이라, 이 성품과 이 마음은 죽고 사는 것을 면치 못하나 처음도 없는 성품은 바로 무체성(無體性)이니 나고 죽는 것이 있지 아니하여 진진여여(眞眞如如)한 것이니라."

《의암성사법설》〈후경〉

제 3 장
세계, 조화(造化), 개벽

  이 장에서는 한울님의 역동적 표현체인 우주와 자연계에 관련된 가르침들을 소개한다.

  여기에 소개되는 우주와 자연물은 인간의 지배와 이용 대상인 단순한 물질적 환경이나 피조물로서 묘사되지 않는다. 또한 거대하고 정교한 기계적 존재로서도 설명되지 않는다. 동학에서 인식하는 우주는 유기체적이며 전일적인, 살아있는 생명체인 우주로서 한울님의 적극적 현현체이며, 신령스런 지기(至氣)의 무궁한 창조적 활동의 자기표현 과정이다. 곧 한울님은 스스로 우주가 되시고 우주 안에서 살아 계시며, 우주는 한울님 안에서 신령한 생명활동을 이어간다.

  우주 안의 만물은 하나하나가 한울님의 화신(化身)이며, 전일적 생명우주 속의 분신(分身)이다. 무기물, 유기물을 포함한 만물은 상호 연관·의존하는 공생의 관계성을 바탕으로 무궁히 진화해간다. 일체만유의 생성·성쇠·소멸의 과정은 한울님의 무궁한 조화(造化) 활동의 경험이다.

  살아있는 통일적 생명체인 이 세계는 한울님의 영성과 조화원리를 그대로 자신 안에 지니면서 목적과 의미를 가지고, 스스로 새로운 차원을 열어가면서 무궁한 질적 진화의 과정을 이어가는 영성적 생명이며, 동시에 만물을 은혜롭게 양육해가는 진정한 부모의 격을 갖는다.

이러한 지기일원론(至氣一元論)에서 비롯된 경건한 생명의 세계관은 궁극적 실재와 세계의 분리, 인간과 세계의 갈등, 관념론과 유물론의 대립 등의 오랜 문제들을 극복하여 새로운 차원에서 통일시키는 관점을 열어준다.

생명의 세계관은 자연 만물이 한울님의 신성을 지닌 존엄한 생명임을 일깨워, 개발과 착취의 대상으로 인식해왔던 서구 근대적 자연관을 극복하게 해준다. 자연계가 오염되고 더럽혀지면 그 안에서 살아가시는 한울님의 고통스러움을 직접 느끼며, 그 파괴와 오염의 삶을 가슴 아파하는 참된 인간은 자연만물을 존엄한 생명으로 공경하고 존중함으로써 자연계와 평화로운 공생의 삶을 이루어간다.

또한 이 장에서는 천지자연계뿐만 아니라 인류문명이 전혀 새로운 차원으로 진입해가는 우주적 대전환의 시기에 있음을 예고해준다. 이러한 대전환의 시기에 살아가는 사람들에게 인류의 정신과 도덕·문화 전반에 걸친 총체적이고도 창조적인 개벽의 역사를 열어가야 할 사명을 권고함으로써 새로운 천지, 새로운 인간, 새로운 문화의 전개를 일깨워준다.

경전에서 가르치는 개벽의 이상은 선천의 종교에서 가르친 역사의 종말 또는 최후의 심판 후의 천년왕국이나 하나님 나라의 실현 이상과는 거리가 멀다. 그에 대한 가르침은 7장에서 다룰 것이다.

1. 영성적(靈性的) 생명우주

이 항목은 살아있는 생명체인 우주의 본질적 속성들을 다루고 있다.

세계는 인간을 위해 희생하고 봉사해야 하는 종속적 환경이 아니다. 세계는 우주의 궁극적 실재인 지기(至氣)의 무궁한 창조적 활동과정으로서, 한울님의 본성을 소유하는 신령스런 유기적 생명체이다. 한울님은 스스로 세계가 되시고, 그 안에서 살아가시면서 그 생명활동을 통일하신다. '세계는 한울님의 적극적 표현체'라는 생명의 세계관을 보여준다.

이 항목에서는 일곱 개의 주제 아래 우주의 영성을 설명한다.

한울님의 신령성이 활동하는 우주, 하나의 근원적 기운과 원리에 의해 통일된 전일적 우주, 상호 연관·의존의 관계 속에서 공생해 가는 자연계, 우주에 편만한 지기의 무궁한 조화(造化)과정상의 우주, 드러나지 않는 한울님의 질서와 드러난 현상계의 통일체로서의 세계, 한울님의 적극적 현현으로서의 우주, 은혜로운 부모로서의 우주가 설명된다.

(1) 신령스런 우주

마음이란 것은 내게 있는 본연의 한울님이니 천지만물이 본래 한마음이니라. 마음은 선천(先天) 후천(後天)의 마음이 있고, 기운도 또한 선천 후천의 기운이 있느니라. 천지의 마음은 신신영령(神神靈靈)하고 천지의 기운은 호호창창(浩浩蒼蒼)하여 천지에 가득 차고 우주에 뻗쳐 있느니라. (중략) 우리 사람이 태어난 것은 한울님의 영기(靈氣)를 모시고 태어난 것이요, 우리 사람이 사는 것도 또한 한울님의 영기를 모시고 사는 것이니, 어찌 반드시 사람만이 홀로 한울님을 모셨다 이르리오. 천지만물이 다 한울님을 모시지 않은 것이 없느니라. 저 새소리도 또한 시천주(侍天主)의 소리니라.

《해월신사법설》〈영부·주문(靈符·呪文)〉

우주는 원래 영(靈)의 표현인 것이니라. 영의 적극적 표현은 이것이 형상 있는 것이요, 영의 소극적 섭리는 이것이 형상 없는 것이니, 그러므로 형상이 없고 형상이 있는 것은 곧 영의 나타난 세력과 잠겨 있는 세력의 두 바퀴가 도는 것 같으니라.

여기에 한 물건이 있어 문득 영성(靈性)의 활동이 시작되었나니, 이것은 영의 결정(結晶)으로써 만물의 조직을 낳은 것이요, 만물의 조직으로써 다시 영의 표현이 생긴 것이니라. 그러므로 영과 세상은 같은 이치의 두 측면일 따름이니라. 《의암성사법설》〈성령출세설(性靈出世說)〉

(2) 하나의 생명체

    한(漢)나라 무고사(巫蠱事)가
    아동방(我東方) 전해와서
    집집이 위한것이
    명색(名色)마다 귀신일세
    이런지각(知覺) 구경하소
    천지역시 귀신이요
    귀신역시 음양인줄
    이같이 몰랐으니
    경전살펴 무엇하며
    도와덕을 몰랐으니
    현인군자 어찌알리 《용담유사》〈도덕가〉

천지는 한 기운 덩어리니라. 천·지·인은 모두 한 이치 기운뿐이니라. 사람은 바로 한울 덩어리요, 한울은 바로 만물의 정기이니라. 푸르고 푸르게 위에 있어 일월성신이 걸려 있는 곳을 사람이 다 한울이라 하지마는, 나는 홀로 한울이라고 하지 않노라. 알지 못하는 사람은 나의 이 말을 깨닫지 못할 것이니라. 《해월신사법설》〈천지인·귀신·음양(天地人·鬼神·陰陽)〉

묻기를 "그러면 높은 것이 한울이 아니요, 두터운 것이 땅이 아니란 것입니까?"

대답하시기를 "높은 것은 두터운 것에 의지하고 두터운 것은 높은 것에 의지하였으니, 비천한 것은 그 사이에 있어 위로는 높고 밝은 덕을 입었고 아래로는 넓고 두터운 은혜를 실은 것이니라. 이러하므로 천·지·인 삼재란 것은 도무지 한 기운뿐이니라." 《의암성사법설》〈각세진경(覺世眞經)〉

(3) 상호 연관·의존하는 공생체

내 항상 말할 때에 물건마다 한울[物物天]이요, 일마다 한울[事事天]이라 하였나니, 만약 이 이치를 옳다고 인정한다면 모든 물건이 다 한울로써 한울을 먹여 기르는 것 아님이 없을지니, 한울로써 한울을 먹여 기르는 것이 어찌 생각하면 이치에 서로 맞지 않는 것 같으나, 그러나 이것은 사람의 마음이 한쪽으로 치우쳐서 보는 말이요, 만일 한울 전체로 본다면 한울이 한울 전체를 키우기 위하여 같은 바탕이 된 자는 서로 도와줌으로써 서로 기운이 화함을 이루게 하고, 다른 바탕이 된 자는 한울로써 한울을 먹여 기르는 것으로써 서로 기운이 화함을 통하게 하는 것이니, 그러므로 한울은 한쪽편에서 동질적 기화(同質的 氣化)로 종속을 기르게 하고 한쪽편에서 이질적 기화(異質的 氣化)로써 종속과 종속의 연대적 성장 발전을 도모하는 것이니, 합하여 말하면 한울로써 한울을 먹여 기르는 것은 곧 한울의 기화 작용으로 볼 수 있는데, 대신사(大神師: 동학 창시자인 수운 최제우)께서 모실 시(侍)자의 뜻을 풀어 밝히실 때에 안에 신령(神靈)이 있다 함은 한울을 이름이요, 밖에 기화(氣化)가 있다 함은 한울로써 한울을 먹여 기르는 것을 말씀한 것이니, 지극히 묘한 천지의 묘법이 도무지 기운이 화하는 데 있느니라. 《해월신사법설》〈이천식천(以天食天)〉

(4) 우주에 가득찬 지기(至氣)의 무궁한 변화활동

움직이는 것은 기운이요, 움직이고자 하는 것은 마음이요, 능히 구부리고 펴고 변하고 화하는 것은 귀신이니라. 귀신이란 것은 천지의 음과 양이요, 이치와 기운의 변동이요, 차고 더움의 정기니, 나누면 한 이치가 만 가지로 다르게 나타나고, 합하면 한 기운일 따름이니라. 그 근본을 연구하면 귀신, 성심, 조화가 도무지 한 기운의 시키는 바이니라.

《해월신사법설》〈천지인 · 귀신 · 음양〉

만물은 별다른 이치가 없고
한 조화로 이루어진 곳곳의 한울이라
나도 없고 몸도 없고
마음 또한 없는 것이니
한 물이 처음으로
음과 양의 한울을 나누었어라.
크게 한울 땅을 보니
한 기운의 한울이요,
형형색색 조화의 한울이요
굴신동정 마음대로의 한울이요,
만사를 다스리는 한 가지 한울이라.
능히 만사를 알 수 있는
자연히 되는 한울이요,
한 번 입을 열면
뜻과 같이 되는 한울이요,
물건과 같이 덕에 합하여
사이가 없는 한울이요,
도를 천지에 세워도
의심 없는 한울이라.

《의암성사법설》〈시문〉

(5) 양극성 · 상보성 · 통일성

　노래하여 말하노라. 천고의 만물이여, 각각 이룸[成]이 있고 각각 형상이 있도다. 보는 바로 말하면 그렇고 그런 듯하나, 그부터 온 바를 헤아리면 그 근원이 멀고도 심히 멀도다. 이 또한 아득한 일이요, 헤아리기 어려운 말이로다. 내가 나 된 것을 생각하면 부모가 이에 계시고, 뒤의 후대를 생각하면 자손이 저기 있도다. 오는 세상에 견주면 이치가 내가 나 된 것을 생각함에 다름이 없고, 지난 세상에서 찾으면 사람으로서 사람된 것을 분간키 어렵도다.

　아! 이같이 미루어 헤아림이여. 역시 그렇다고 보면 그러하고[其然] 그러한 것 같으나, 그렇지 않음을 찾아서 생각하면 그렇지 아니하고[不然] 또 그렇지 아니하도다. 왜 그런가.

　태고에 천황씨는 어떻게 사람이 되었으며 어떻게 임금이 되었는가.

　이 사람의 근본이 없음이여, 어찌 불연(不然)이라고 이르지 않겠는가.

　세상에 누가 부모 없는 사람이 있겠는가. 그 선조를 상고하면 그렇고 그렇고 또 그런 까닭이니라….

　무릇 이와 같은즉 불연은 알지 못하므로 불연을 말하지 못하고, 기연(其然)은 알 수 있으므로 이에 기연을 믿는 것이라. 이에 그 끝을 헤아리고 그 근본을 캐어본즉 만물이 만물되고 이치가 이치된 큰 일이 얼마나 먼 것이냐. 하물며 또한 이 세상 사람이여, 어찌하여 앎이 없으며, 어찌하여 앎이 없는고….

　이러므로 단정하기 어려운 것은 불연이요, 판단하기 쉬운 것은 기연이라.

　근원을 캐어 견주어 생각하면 그렇지 않고 그렇지 않고 또 그렇지 않은 일이요, 조물자(造物者)에 부쳐보면 그렇고 그렇고 또 그러한 이치인저.

《동경대전》〈불연기연〉

　여기에 한 물건이 있어 문득 영성(靈性)의 활동이 시작되었나니, 이것은 영의 결정(結晶)으로써 만물의 조직을 낳은 것이요, 만물의 조직으로써 다시 영의 표현이 생긴 것이니라. 그러므로 영과 세상은 같은 이치의 두 측면일 따름이니라.…

그러므로 성령(性靈)은 근본이 세상에 나타난 것이니라. 영을 떠나 따로 물건이 없고 물건을 떠나 따로 영이 없고 다시 세상이 없으니, 마침내 영은 세상을 마련하고 세상은 영을 얻은 것이니라.

《의암성사법설》〈성령출세설(性靈出世說)〉

(6) 한울님의 역동적 현현체

우주는 한 기운의 나타남이요, 일신(一神)의 하는 일이라, 눈앞에 온갖 물건의 형상이 비록 그 모양이 각각 다르나 그 이치는 하나이니라. 하나는, 즉 한울님이니 한울님이 만물의 조직에 의하여 표현이 각각 다르니라.

같은 비와 이슬에 복숭아 나무에는 복숭아 열매를 맺고 오얏나무에는 오얏 열매가 익나니, 이는 한울님이 다른 것이 아니요, 만물의 종류가 다름이로다.

사람이 공기를 마시고 만물을 먹는 것은 이는 한울님으로써 한울님을 기르는 까닭이니라.

무엇이든지 도 아님이 없으며 한울님 아님이 없는지라, 각각 순응이 있고 서로 화합함이 있어 우주의 이치가 이에 순히 행하나니, 사람이 이를 따르는 것이 곧 바른 것이요, 이를 거스리는 것이 곧 악이니라.

《해월신사법설》〈기타〉

(7) 은혜로운 참 부모

사람은 오행의 빼어난 기운이요, 곡식은 오행의 으뜸가는 기운이니, 젖이란 것은 사람의 몸에서 나는 곡식이요, 곡식이란 것은 천지의 젖이니라.

부모의 포태가 곧 천지의 포태니, 사람이 어렸을 때에 그 어머니 젖을 빠는 것은 곧 천지의 젖이요, 자라서 오곡을 먹는 것은 또한 천지의 젖이니라. 어려서 먹는 것이 어머님의 젖이 아니고 무엇이며, 자라서 먹는 것이 천지의 곡식이 아니고 무엇인가. 젖과 곡식은 다 이것이 천지의 녹(祿)이니라.

사람이 천지의 녹인 줄을 알면 반드시 식고(食告)하는 이치를 알 것이요, 어머님의 젖으로 자란 줄을 알면 반드시 효도로 봉양할 마음이 생길 것이니라. 식고는 반포(反哺)의 이치요 은덕을 갚는 도리이니, 음식을 대하면 반드시 천지에 고(告)하여 그 은덕을 잊지 않는 것이 근본이 되느니라.

《해월신사법설》〈천지부모(天地父母)〉

천지부모(天地父母) 네 글자는, 글자는 비록 각각 다르나 그 실은 도무지 한울 천(天) 한 자니라. 그러면 천지는 곧 부모요, 부모는 곧 천지니, 천지부모는 처음부터 사이가 없느니라. 목숨이 한울에 있음과 한울이 만민을 냄은 선성(先聖)의 이른 바요, 건칭부 곤칭모(乾稱父坤稱母)는 선현의 말한 바라.

천지섬김을 부모섬김과 같이 하되, 출입에 반드시 고(告)하고 혼정 신성의 예의를 한결같이 하는 것은, 개벽 오만 년 이후에 선생(동학 창시자인 수운 최제우)께서 시창한 것이라. 반드시 그런 이치가 있으므로 이에 그러한 도를 시창하여, 사람으로 하여금 이 덕을 알게 하여 이 도를 닦게 하는 것이니라.

《해월신사법설》〈도결〉

2. 세계의 전개와 개벽

살아있는 역동적 생명체로서의 세계는 단순한 피조물이 아니라 무궁히 생성·변화·성쇠·순환하는 역동성을 보여준다. 경전에서는 천지만물이 새로운 차원을 향해, 인류가 지금껏 경험해보지 못한 새로운 대전환의 시기를 열어가고 있음을 알려준다. 이러한 우주적 대전환의 시기에 인류사회는 문화 전반에 걸친 총체적이며 창조적인 변혁의 역사를 열어가야 할 사명을 안고 있음을 알려주고 있다.

이 항목에서는 먼저 끊임없이 순환·변화해가는 세계를 다루고, 두 번째 주제에서는 새로운 천지, 새로운 만물, 새로운 인간으로 다시 개벽할 운을 맞이한 세계를 다루며, 세번째 주제에서는 후천의 운수 회복에 따른 새로운 도와 세계의 전개를 설명한다.

(1) 무궁히 창조·변화·순환하는 세계

성한 것이 오래면 쇠하고 쇠한 것이 오래면 성하고, 밝은 것이 오래면 어둡고 어두운 것이 오래면 밝나니 성쇠명암은 천도(天道)의 운이요, 흥한 뒤에는 망하고 망한 뒤에는 흥하고, 길한 뒤에는 흉하고 흉한 뒤에는 길하나니 흥망길흉은 인도(人道)의 운이니라.

경에 말씀하시기를 "그 사람의 귀천의 다름을 명하고 그 사람의 고락의 이치를 정했으나, 그러나 군자의 덕은 기운이 바르고 마음이 정해져 있으므로 천지와 더불어 그 덕에 합일하고 소인의 덕은 기운이 바르지 못하고 마음이 옮기므로 천지와 더불어 그 명에 어기나니, 이것이 성쇠의 이치가 아니겠는가."《동경대전》〈논학문〉하셨으니, 이것은 천리와 인사가 부합한 수이니라.

봄이 가고 봄이 옴에 꽃이 피고 꽃이 지는 것은 변하는 운이요, 추위가 오고 더위가 감에 만물이 나고 이루는 것은 동하는 운이요, 황하수가 천년에 한번 맑음에 성인이 다시 나는 것은 천도와 인도의 무궁한 운이니라.

세상 만물이 나타나는 때가 있고 쓰는 때가 있으니, 달밤 삼경에는 만물이 다 고요하고, 해가 동쪽에 솟으면 모든 생령이 다 움직이고, 새 것과 낡은 것이 변천함에 천하가 다 움직이는 것이니라. 동풍에 화생하여도 금풍(金風)이 아니면 이루지 못하나니 금풍이 불 때에 만물이 결실하느니라. 운을 따라 덕에 달하고 시기를 살피어 움직이면 일마다 공을 이루리라. 변하여 화하고, 화하여 나고, 나서 성하고, 성하였다가 다시 근원으로 돌아가나니, 움직이면 사는 것이요, 고요하면 죽는 것이니라.

낮이 밝고 밤이 어두운 것은 하루의 변함이요, 보름에 차고 그믐에 이지러지는 것은 한 달의 변함이요, 춥고 덥고 따스하고 서늘한 것은 한 해의 변함이니라. 변하나 변치 아니하고, 움직이나 다시 고요하고, 고요하나 다시 움직이는 것은 이기의 변동이요, 때로 변하고 때로 움직이고 때로 고요한 것은 자연의 도이니라. 《해월신사법설》〈개벽운수〉

(2) 다시 개벽을 맞이한 세계

이 세상 운수는 천지가 개벽하던 처음의 큰 운수를 회복한 것이니, 세계 만물이 다시 포태의 수를 정치 않은 것이 없느니라. 경에 말씀하시기를 "산하의 큰 운수가 다 이 도에 돌아오니 그 근원이 가장 깊고 그 이치가 심히 멀도다"(《동경대전》〈탄도유심급(歎道儒心急)〉)하셨으니, 이것은 바로 개벽의 운이요, 개벽의 이치이기 때문이니라. 새 하늘, 새 땅에 사람과 만물이 또한 새로워질 것이니라.

만 년에 대일변(大一變), 천년에 중일변, 백 년에 소일변은 이것이 천운(天運)이요, 천 년에 대일변, 백 년에 중일변, 십 년에 소일변은 이것이 인사(人事)이니라….

이 세상의 운수는 개벽의 운수라. 따라서 천지도 편안치 못하고, 산천초목도 편안치 못하고, 강물의 고기도 편안치 못하고, 나는 새와 기는 짐승도 다 편안치 못하리니, 유독 사람만이 따스하게 입고 배부르게 먹으며 편안하게 도를 구하겠는가. 선천과 후천의 운이 서로 엇갈리어 이치와 기운이 서로 싸우는지라, 만물이 다 싸우니 어찌 사람의 싸움이 없겠는가.

천지일월은 예와 이제의 변함이 없으나 운수는 크게 변하나니, 새 것과 낡은 것이 같지 아니한지라, 새 것과 낡은 것이 서로 갈아드는 때에 낡은 정치는 이미 물러가고 새 정치는 아직 펴지 못하여 이치와 기운이 고르지 못할 즈음에 천하가 혼란하리라. 이때를 당하여 윤리, 도덕이 자연히 무너지고 사람은 다 금수의 무리에 가까우리니, 어찌 난리가 아니겠는가.

《해월신사법설》〈개벽운수(開闢運數)〉

대신사(大神師)께서 늘 말씀하시기를 "이 세상은 요순공맹의 덕이라도 부족언(不足言)이라" 하셨으니 이는 지금 이때가 후천개벽(後天開闢)임을 이름이라.

선천은 물질개벽이요, 후천은 인심개벽(人心開闢)이니, 장래 물질발명이 그 극에 달하고 여러가지 하는 일이 전례없이 발달을 이룰 것이니, 이때에 있어서 도심(道心)은 더욱 쇠약하고 인심은 더욱 위태할 것이며, 더구나 인심을 인도하는 선천도덕이 때에 순응치 못할지라. 그러므로 한울님의 신령한 변화 중에 일대 개벽의 운이 회복되었으니, 그러므로 우리 도의 포덕천하(布德天下), 광제창생(廣濟蒼生)은 한울님의 명하신 바니라.

《해월신사법설》〈기타〉

천지의 기수(氣數)로 보면 지금은 일 년의 가을이요, 하루의 저녁 때와 같은 세계라. 물질의 복잡한 것과 공기의 부패한 것이 그 극도에 이르렀으니, 이 사이에 있는 우리 사람인들 어찌 홀로 편안히 살 수 있겠는가. 큰 시기가 한 번 바뀔 때가 눈앞에 닥쳤도다.

무섭게 죽이는 가을 바람이 쌀쌀하고 쓸쓸하게 서쪽으로부터 동쪽에 불어오니, 우거졌던 푸른 초목이 아무리 현재의 모양을 아직 보존하고 있지마는 하룻밤 지나면 산에 가득차 누렇게 떨어지는 가련한 서리맞은 잎뿐이리니, 이제 이 유형의 개벽을 당하여 정신상으로 무형의 개벽을 하지 않으면, 천하로 옷을 입고 우주로 집을 삼고 사해로 밭을 가는 그 사람이라도 '한 번 가지에서 떨어지면 문득 적막한 서리맞은 잎' 과 같이 될 것이니, 이것이 사람과 물건이 개벽하는 때이니라.

《의암성사법설》〈인여물개벽설(人與物開闢說)〉

(3) 신생(新生)의 개벽, 새로운 세계의 전개

불우시지(不遇時之) 한탄말고
세상구경 하였어라

송송가가(松松家家) 알았으되
이재궁궁(利在弓弓) 어찌 알꼬
천운이 둘렀으니
근심말고 돌아가서
윤회시운(輪廻時運) 구경하소
십이제국(十二諸國) 괴질운수(怪疾運數)
다시개벽 아닐런가
태평성세 다시정해
국태민안 할것이니
개탄지심 두지말고
차차차차 지냈어라
하원갑(下元甲) 지내거든
상원갑(上元甲) 호시절에
만고없는 무극대도(無極大道)
이세상에 날것이니
너는또한 연천(年淺)해서
억조창생 많은 백성
태평곡(太平曲) 격양가(擊壤歌)를
불구(不久)에 볼것이니
이세상 무극대도
전지무궁(傳之無窮) 아닐런가
천의인심(天意人心) 네가알까
한울님이 뜻을두면
금수같은 세상사람
얼풋이 알아내네   《용담유사》〈몽중노소문답가〉

선천이 후천을 낳았으니 선천운이 후천운을 낳은 것이라, 운의 변천과 도의 변천은 같은 때에 나타나는 것이니라. 그러므로 운인즉 천황씨가 새로 시작되는 운이요, 도인즉 천지가 개벽하여 일월이 처음으로 밝는 도요, 일인즉 금불문 고불문(今不聞 古不聞)의 일이요, 법인즉 금불비 고불비(今不比古不比)의 법이니라.

우리 도의 운수에 요순공맹의 성스러운 인물이 많이 나리라. 우리 도는 천황씨의 근본 큰 운수를 회복한 것이니라. 천황씨 무위화기(無爲化氣)의 근본을 누가 능히 알 수 있겠는가. 아는 이가 적으니라.

사람은 한울사람이요, 도는 대선생님(동학 창시자인 수운 최제우)의 무극대도(無極大道)니라. 《해월신사법설》〈개벽운수(開闢運數)〉

3. 세계의 신성(神性)과 참 세계

이 항목은 먼저 생명의 근원이며 위대한 양육자인 천지세계를 부모님과 같이 섬기고 봉양해야 한다는 가르침으로 시작된다. 두번째 주제는 세계는 인간이 착취하고 정복해야 할 대상이 아니며 공생해야 할 생명계로 대해야 할 인간의 도리를 알려준다. 세번째 주제에서는 인간정신을 깨끗하고 새롭게 개벽함으로써 천지만물의 청정한 개벽에 일치할 수 있음을 가르친다.

(1) 부모로서 섬기고 봉양해야 할 천지(天地)

천지는 곧 부모요, 부모는 곧 천지니, 천지부모는 일체(一體)니라. 부모의 포태가 곧 천지의 포태니, 지금 사람들은 다만 부모포태의 이치만 알고 천지포태의 이치와 기운을 알지 못하느니라….

천지는 만물의 아버지요 어머니이니라. 그러므로 경에 이르기를 "님이란 것은 존칭하여 부모와 더불어 같이 섬기는 것이라" 하시고, 또 말씀하시기를 "예와 이제를 살펴보면 인사(人事)의 할 바니라" 하셨으니, "존칭하여 부모와 더불어 같이 섬긴다"는 것은 옛 성인이 밝히지 못한 일이요, 수운(水雲) 대선생님께서 비로소 창명하신 큰 도이니라. 지극한 덕이 아니면 누가 능히 알겠는가. 천지가 그 부모인 이치를 알지 못한 것이 오만 년이 지나도록 오래되었으니, 다 천지가 부모임을 알지 못하면 억조창생이 누가 능히 부모에게 효도하고 봉양하는 도로써 공경스럽게 천지를 받들 것인가.

천지부모를 길이 모셔 잊지 않는 것을 깊은 물가에 이르듯이 하며 엷은 얼음을 밟는 듯이 하여, 지성으로 효도를 다하고 극진히 공경을 다하는 것은 사람의 자식된 도리이니라. 《해월신사법설》〈천지부모(天地父母)〉

천지는 이미 부모의 이름자가 있고 또한 부모의 은덕이 있은즉, 부모에게 효도하는 도로써 받들어서 부모같이 섬기고 공경하여 부모같이 봉양함이 또한 마땅하지 않으며 또한 옳지 않겠는가. 선성(先聖)이 다만 신체발부를 부모에게서 받은 은혜만 말하고, 천지에게서 받은 근본을 명확히 말하지 않은 까닭을 선성이 어찌 알지 못한다 하리오. 때에는 그 때가 있고 운에는 그 운이 있어서, 먼저 미래의 도를 발설하지 못하여 그러한 것이니라.

한울님은 음양오행으로써 만민을 화생하고 오곡을 장양한즉, 사람은 오행의 가장 빼어난 기운이요, 곡식도 또한 오행의 원기라. 오행의 원기로써 오행의 빼어난 기운을 기르나니, 화해서 나고 자라서 이루는 것은 이것이 한울님이 아니고 누구이며 은혜가 아니고 무엇이라 말하리오. 그렇기 때문에 우리 스승님(동학 창시자인 수운 최제우)께서 오만 년 무극대도(無極大道)을 받아 덕을 천하에 펴서 이 사람들로 하여금 이 도를 행하여 이 덕을 알게 하는 것은 다만 이 한 가지뿐이라. 《해월신사법설》〈도결(道訣)〉

(2) 공생(共生)의 성취

젖과 곡식은 다 이것이 천지의 녹(祿)이니라.

사람이 천지의 녹인 줄을 알면 반드시 식고(食告)하는 이치를 알 것이요, 어머님의 젖으로 자란 줄을 알면 반드시 효도로 봉양할 마음이 생길 것이니

라. 식고는 반포(反哺)의 이치요, 은덕을 갚는 도리이니, 음식을 대하면 반드시 천지에 고하여 그 은덕을 잊지 않는 것이 근본이 되느니라.

어찌 홀로 사람만이 입고 사람만이 먹겠는가. 해도 역시 입고 입고 달도 역시 먹고 먹느니라.

사람은 한울님을 떠날 수 없고 한울님은 사람을 떠날 수 없나니, 그러므로 사람의 한 호흡, 한 동정(動靜), 한 의식(衣食)도 이는 서로 화하는 기틀이니라.

한울님은 사람에 의지하고 사람은 먹는 데 의지하나니, 만사를 안다는 것은 밥 한그릇을 먹는 이치를 아는 데 있느니라.

사람은 밥에 의지하여 그 생성을 돕고 한울님은 사람에 의지하여 그 조화를 나타내는 것이니라. 사람의 호흡과 동정과 굴신과 의식은 다 한울님 조화의 힘이니, 한울님과 사람이 서로 화하는 기틀은 잠깐이라도 떨어지지 못할 것이니라. 《해월신사법설》〈천지부모〉

(3) 청정한 세계 실현

개벽(開闢)이란 하늘이 떨어지고 땅이 꺼져서 혼돈한 한 덩어리로 모였다가 자·축(子丑) 두 조각으로 나뉨을 의미함인가. 아니다. 개벽이란 부패한 것을 맑고 새롭게, 복잡한 것을 간단하고 깨끗하게 함을 말함이니, 천지 만물의 개벽은 공기(空氣)로써 하고 인생만사의 개벽은 정신(精神)으로써 하나니, 너의 정신이 곧 천지의 공기이니라. 지금 그대들은 가히 하지 못할 일을 생각지 말고 먼저 각자가 본래 있는 정신을 개벽하면, 만사의 개벽은 그 다음 차례의 일이니라. 《의암성사법설》〈인여물개벽설〉

제 4 장

인간과 종교적 체험

이 장에서는 인간의 본성과 참 모습, 세계 속에서의 인간의 위상, 선악과 삶의 정황, 죽음과 영혼, 인간의 승화와 인생의 목적 등과 관련한 구절들을 다룬다.

인간은 한울님의 신령한 본성이 그대로 내재된 존엄하고도 성스런 존재로서 인식된다. 모든 인간은 태어나면서부터 인종 · 계급 · 신분 · 성 · 종교 · 민족 등의 차이에도 불구하고 한울님을 자기 몸 안에 모시고 있다는 시천주(侍天主)의 신 관념에는 사람의 존엄함이 곧 한울님의 존엄성과 같다는 인내천(人乃天)의 인간관을 포함하며, 또한 사람 섬기기를 한울님처럼 섬겨야 한다는 사인여천(事人如天)의 섬김의 윤리가 포함되어 있다.

인간은 단순한 신의 피조물이 아니라, 한울님의 신성을 실현할 가능성이 있는 한울님의 현현이다. 또한 우주만물과의 관계에서 볼 때 인간은 우주 자연의 일부로서 생명체 가운데 하나의 종이지만, 지상 자연계에서 가장 높은 영성을 가진 만물의 영장으로서 한울님의 본성을 알고, 그 분의 뜻을 성취할 수 있는 능력과 자질을 갖춘 주체이다.

그러나 인간의 주체성은 우주 자연계의 질서와 본질적으로 조화되어 있다. 따라서 자연계를 지배 · 착취하는 주관자가 될 수 없다. 한울님 가족의 일원으로서, 또한 우주의 자녀로서 자연계의 조화와 협동·공생의 질서에 동참해야 할 지위에 있다.

더 나아가 인간 존재의 근원인 우주에 대한 공경심은 부모에 대한 공경심과 같아야 함을 강조하는 구절들은 현대의 생태계 파괴와 오염의 문제에 대해 인류가 어떻게 대처해야 하는지에 대해 근본적인 지혜를 던져주고 있다. 인간은 전 생명계를 공경하고 위하면서 살아야 우주 만물에 의해서 온전한 삶을 보장받는다.

또한 인간은 신에 종속된 피동적 존재로서가 아니라, 한울님 뜻에 합일하여 역사를 주체적으로 만들어가는 창조적 존재로 이해되고 있다. 앞 장에서 다룬, 후천개벽의 대전환의 시기를 맞이한 세계와 역사의 전개·진행 가운데, 인간은 스스로의 의지에 따라 인류의 문화체제를 재편성하는 창조적 주체로서의 지위를 갖는다고 경전을 알려주고 있다.

한울님의 본성을 보유한 인간이 자신의 신적 자아에 대해 무지할 때, 인생에서 고통·화·악을 낳는다. 따라서 한울님과 진리에 일치하는 삶이 인생의 궁극적 가치를 실현하는 것으로 이해된다. 진리, 성(聖), 도덕의 완성과 같은 최고의 가치들을 현세에서, 자기 안에서 실현하는 완성된 인격체에 대해 경전에서는 '한울사람' '지상신선' '성인'으로 묘사하고 있다.

경전에서 묘사된 거룩한 인격체의 삶은 이기적이며 자기중심적인 굴레를 벗어나 온 우주생명과의 합일된 삶으로 나아가는 경천순리(敬天順理)의 그것이며, 일상 속에서 진리를 생활화함으로써 자기 안에서 한울님을 실현하며, 가정에서부터 사회, 자연계에 이르기까지 생명에 대한 섬김과 화합·평화의 덕을 실현하는 성숙한 영혼을 지닌 지상의 한울사람의 삶을 가르치고 있다. 그러한 영성적 인격체는 현세에 구현되어야 할, 또한 구현할 수 있는 이상이다.

우주만물의 정신과 일체로서 존재하며, 영원히 세상과 함께 살아가는 불멸의 성령(性靈)의 화신인 인간은 한울님과의 일치·합일을 향해 끊임없이 성화되는 삶을 살도록 권유하는 구절들을 통해 인생의 목적이 드러난다. 인생의 목적은 자아완성과 사회완성, 또는 개인과 사회의 성화가 동시에 함께 성취되어야 할 것으로 제시된다.

1. 인간의 본성

이 항목에서는 한울님의 신령성이 내재된 인간의 본성을 다룬다. 인간의 순수한 본성은 모든 개념과 지식, 욕망으로 도달할 수 없다. 한울님의 신령한 본성 그 자체이기 때문이다.

첫번째 주제에서는 모든 인간은 내면에 한울님의 영성이 보유된 한울 사람으로서 인식되고 있으며, 이하의 네 주제는 인간 고유의 본성을 묘사하는 구절들을 포함하고 있다. 인간의 참된 자아는 불멸하며, 무엇으로도 규정되지 않는 신령함이고, 선악을 초월해 있으며, 무한한 창조의 잠재근원으로 특징지워진다.

(1) 한울님이 모셔져 있는 우주적 영성

운수야 좋거니와
닦아야 도덕이라
너희라 무슨팔자
불로자득(不勞自得) 되단말가
해음없는 이것들아

날로믿고 그러하냐
나는도시 믿지말고
한울님을 믿었어라
네몸에 모셨으니
사근취원(捨近取遠) 하단말가
내역시 바라기는
한울님만 전혀믿고
해몽(解夢)못한 너희들은
서책(書冊)은 아주폐코
수도하기 힘쓰기는
그도또한 도덕이라
문장이고 도덕이고
귀어허사(歸於虛事) 될까보다 《용담유사》〈교훈가〉

묻기를 "높은 것은 한울보다 더 높은 것이 없고, 두터운 것은 땅보다 더 두터운 것이 없고, 비천한 것은 사람보다 더 비천한 것이 없거늘, 사람이 한울을 모셨다 하는 것은 어찌된 것입니까."

대답하시기를 "만물은 다 성품이 있고 마음이 있으니 이 성품과 이 마음은 한울에서 나온 것이라, 그러므로 한울을 모셨다고 말하는 것이니라."

《의암성사법설》〈각세진경(覺世眞經)〉

(2) 영원불멸의 무궁성

이글보고 저글보고
무궁한 그이치를
불연기연(不然其然) 살펴내어
부야흥야(賦也興也) 비해보면
글도역시 무궁하고

말도역시　무궁이라
무궁히　살펴내어
무궁히　알았으면
무궁한　이울속에
무궁한　내아닌가　　　　　　　　　　　　　《용담유사》〈흥비가〉

운용의 맨 처음 기점을 나라고 말하는 것이니 나의 기점은 성천(性天)의 기인한 바요, 성천의 근본은 천지가 갈리기 전에 시작하여 이때에 억억만년이 나로부터 시작되었고, 나로부터 천지가 없어질 때까지 이때에 억억만년이 또한 나에게 이르러 끝나는 것이니라.

《의암성사법설》〈무체법경〉성심변(性心辨)

몸을 성령(性靈)으로 바꾸라는 것은 대신사(大神師: 동학 창시자 水雲 崔濟愚)의 본뜻이니라.

육신은 백 년 사는 한 물체요, 성령은 천지가 시판하기 전에도 본래부터 있는 것이니라. 성령의 본체는 원원충충(圓圓充充)하여 나지도 아니하며, 멸하지도 아니하며, 더하지도 않고, 덜하지도 않는 것이니라. 성령은 곧 사람의 영원한 주체요, 육신은 곧 사람의 한때의 객체니라. 만약 주체로서 주장을 삼으면 영원히 복록을 받을 것이요, 객체로서 주장을 삼으면 모든 일이 재화에 가까우니라.　　《의암성사법설》〈이신환성설(以身換性說)〉

(3) 비실체의 신령성

없은 뒤에는 있는 것이요, 있은 뒤에 없어지는 것이니, 무는 유를 낳고 유는 무를 낳느니라. 없는 데서 생기어 빈 데서 형상을 갖추나니, 없는 듯 비인 듯 한지라, 보려 하나 보이지 아니하고 들으려 하나 들리지 아니하느니라.

빈 것이 능히 기운을 낳고, 없는 것이 능히 이치를 낳고, 부드러운 것이 능히 기운을 일으키고, 굳센 것이 능히 기운을 기르나니, 이 네 가지는 없어서는 안되느니라. 이 비고 없는 기운을 체(體)로 하여 비고 없는 이치를 쓰면, 비고 신령한 것이 참된 데 이르러 망령됨이 없어지느니라.

《해월신사법설》〈허(虛)와 실(實)〉

묻기를 "형용하기도 어렵고 말하기도 어렵다는 것은 무엇입니까."
대답하시기를 "너의 물음이 다만 색상(色相)에서 나온 것이요, 너의 묻지 아니하고 듣지 못하는 것이 바로 형용하기 어렵고 말하기도 어려운 것이니라. 성품은 비고 고요함도 없으며 빛깔도 형상도 없으며 움직임도 고요함도 없으나, 그러나 기운이 엉기어 혈맥이 서로 통하면 때가 있고 움직임이 있나니, 이것을 한울이 있다, 사람이 있다, 정(情)이 있다, 신(神)이 있다 말하는 것이니라. 보통 사람의 눈은 다만 자신의 감각영식(感覺靈識)으로써 광내(光內)에서 대조할 뿐이요, 광외에 한량없이 넓고 큰 본성은 알지 못하느니라."

《의암성사법설》〈후경〉

(4) 무선무악의 초월성

나에게 한 물건이 있으니 물건이란 것은 나의 본래의 나니라. 이 물건은 보려 해도 볼 수 없고, 들으려 해도 들을 수 없고, 물으려 해도 물을 곳이 없고, 잡으려 해도 잡을 곳이 없는지라, 항상 머무는 곳이 없어 능히 움직이고 고요함을 볼 수 없으며, 법으로써 능히 법하지 아니하나 만법이 스스로 몸에 갖추어지며, 정으로써 능히 기르지 아니하나 만물이 자연히 생겨나는 것이니라.

변함이 없으나 스스로 화해 나며, 움직임이 없으나 스스로 나타나서 천지를 이루어내고 다시 천지의 본체에서 살며, 만물을 생성하고 편안히 만물 자체에서 사니, 다만 천체(天體)를 인과로 하여 무선무악(無善無惡)하고 불생불멸하나니 이것이 이른바 본래의 나니라.

《의암성사법설》〈무체법경〉삼성과(三性科)

(5) 창조적 자유

내 본체에 비밀히 간직한 것이 영묘(靈妙)와 영적(靈迹)이요, 영 속에서 나타는 것이 나의 생각과 나의 헤아림이니, 나의 생각과 나의 헤아림은 영묘에서 나타나는 것이니라.

깨달은 왼쪽은 성품한울과 이치한울이요, 깨달은 바른쪽은 마음한울과 몸한울이니라. 영이 나타난 근본은 내 성품과 내 몸이라, 성품도 없고 몸도 없으면 이치도 없고 한울도 없나니, 이치도 내 한울 다음에 이치요, 옛적도 내 마음 다음에 옛적이니라.

나는 성품과 이치의 거울이요, 한울과 땅의 거울이요, 예와 이제의 거울이요, 세계의 거울이요, 나는 성품과 이치의 한울이요, 한울과 땅의 한울이요, 예와 이제의 한울이요, 세계의 한울이니, 내 마음은 곧 천지만물 고금 세계를 스스로 주재하는 한 조화옹(造化翁)이니라. 이러므로 마음 밖에 한울이 없고, 마음 밖에 이치가 없고, 마음 밖에 물건이 없고, 마음 밖에 조화가 없느니라.

성품과 이치를 보고자 할지라도 내 마음에 구할 것이요, 조화를 쓰고자 할지라도 내 마음에 있는 것이요, 천지만물 세계를 운반코자 할지라도 내 마음 한쪽에 있는 것이니라. 《의암성사법설》〈무체법경〉견성해

만물이 생겨나지 못한 것은 인연도 없고 나타남도 없었던 시대요, 만물이 생겨난 것은 형상도 있고 나타남도 있는 시대니, 나도 또한 생물이라, 선천억억과 후천억억이 다 내가 태어남으로 말미암아 시작되어 천천물물(天天物物)이 나를 체(體)로 하고 나를 용(用)으로 하는 것이니라.

《의암성사법설》〈무체법경〉삼성과

2. 세계 속의 인간

이 항목은 세계와 관계를 맺는 인간의 위치와 특성, 그리고 세계와 조화를 이루는 공생의 삶을 소재로 하는 구절들을 포함한다.

인간은 세계의 전 생명권의 순환체계 속에 연결된 한 부분의 위치를 차지한다는 주제로 시작한다. 두번째 주제는 우주만물의 자녀로서의 인간의 위상을 설명하며, 세번째 주제에서는 인류가 역사의 현단계에서 맞이하고 있는 우울한 위기현상들을 설명하고 있다. 네번째 주제에서는 신에 종속된 피동적 존재로서가 아니라 한울님의 참된 뜻에 합일하여 역사를 주체적으로 변혁시켜가는 존재로서의 인간을 다루며, 다섯번째 주제에서는 우주만물 모두가 고귀한 생명들로서, 한울님의 한 가족으로서 조화와 질서 속에서 함께 살아가야 할 삶의 의미를 드러낸다.

(1) 세계와 한 몸인 인간, 우주적 가족의 일원

사람은 한울님을 공경함으로써 자기의 영원한 생명을 알게 될 것이요, 한울님을 공경함으로써 모든 사람과 만물이 다 나의 동포라는 전체의 진리를 깨달을 것이요, 한울님을 공경함으로써 남을 위하여 희생하는 마음과 세상을 위하여 의무를 다할 마음이 생길 수 있나니, 그러므로 한울님을 공경함은 모든 진리의 중심이 되는 부분을 움켜잡는 것이니라.

《해월신사법설》〈삼경(三敬)〉

(2) 천지의 자녀

천지는 만물의 아버지요, 어머니이니라. 그러므로 경에 이르기를 "님이란 것은 존칭하여 부모와 더불어 같이 섬기는 것이라" 하시고, 또 말씀하시기를 "예와 이제를 살펴 보면 인사(人事)의 할 바니라" 하셨으니, "존칭하여 부모와 더불어 같이 섬긴다"는 것은 옛 성인이 밝히지 못한 일이요 수운(水雲) 대선생님께서 비로소 창명하신 큰 도이니라. 지극한 덕이 아니면 누가 능히 알겠는가. 천지가 그 부모인 이치를 알지 못한 것이 오만 년이 지나도록 오래되었으니, 다 천지가 부모임을 알지 못하면 억조창생이 누가 능히 부모에게 효도하고 봉양하는 도로써 공경스럽게 천지를 받들 것인가.

천지부모를 길이 모셔 잊지 않는 것을 깊은 물가에 이르듯이 하며 엷은 얼음을 밟는 듯이 하여, 지성으로 효도를 다하고 극진히 공경을 다하는 것은 사람의 자식된 도리이니라. 그 아들과 딸된 자가 부모를 공경치 아니하면 부모가 크게 노하여 가장 사랑하는 아들 딸에게 벌을 내리나니, 경계하고 삼가라.

《해월신사법설》〈천지부모(天地父母)〉

무릇 이 몸은 모두 이것이 천지부모의 주신 바요, 나의 사물(私物)이 아니니, 어찌 소홀히 하리오.

지금 세상 사람은 다만 부모의 기혈포태의 이치만 말하고, 천지조화(天地造化) 기성이부(氣成理賦)의 근본을 알지 못하며, 혹은 이기포태의 수를 말하되 낙지(落地) 이후에 천포지태(天胞地胎) 자연이기의 가운데서 자라나고 있음을 전연 알지 못하니 가히 탄식할 일이로다.

행주좌와(行住坐臥)와 어묵동정(語默動靜)이 어느 것이나 천지·귀신·조화의 자취 아님이 없건마는, 혹 천리를 말하고 혹 천덕을 말하나 그러나 전혀 효경함이 없고 하나도 받들어 섬기지 아니하니, 실로 마음이 상쾌한 이치를 알지 못하는 까닭이니라. 부모가 나를 낳고 나를 기르나 자연히 성장하는 것은 천지의 조화요, 천지가 나를 화생하고 나를 성장하게 하나 천명을 받아서 가르치고 기르는 것은 부모의 은덕이니 그런즉 천지가 아니면 나를 화생함이 없고 부모가 아니면 나를 양육함이 없을 것이니, 천지부모가 복육하는 은혜가 어찌 조금인들 사이가 있겠는가.

《해월신사법설》〈도결(道訣)〉

(3) 인간의 위기적 현실 정황

　또 이 근래에 오면서 온 세상 사람들이 저마다 제 마음대로 하여 천리를 순종치 아니하고 천명을 돌아보지 아니하므로, 마음이 항상 두려워 어찌할 바를 알지 못하였더라.

　경신년(庚申年, 1860)에 이르러 전해듣건대 서양 사람들은 천주의 뜻이라 하여 부귀는 취하지 않는다 하면서 천하를 쳐서 빼앗아 저들의 교당을 세우고 그 도를 행한다고 하므로, 내 또한 과연 그럴 수 있을까 어찌 그럴 수 있을까 하는 의심이 있었더니(중략)

　이러므로 우리나라는 악질이 세상에 가득 차서 민중들이 언제나 편안할 때가 없으니 이 또한 상해(傷害)의 운수요, 서양은 싸우면 이기고 치면 빼앗아 이루지 못하는 일이 없으니 중국 천하가 다 멸망하면 우리 또한 순망지탄(脣亡之歎)이 없지 않을 것이라. 보국안민(輔國安民: 바른 나라가 되도록 돕고 민중을 평안하게 함)의 계책이 장차 어디서 나올 것인가.

　애석하도다. 지금 세상 사람들은 시운(時運)을 알지 못하여 나의 이 말을 듣고서 들어가서는 마음으로 그르게 여기고, 나와서는 모여서 수군거리며 헐뜯고 도덕을 순종치 아니하니 심히 두려운 일이로다. 어진 사람도 이를 듣고 어떤 이는 그렇지 않다고 여기니 내 못내 개탄하거니와 세상은 어찌할 수 없는지라.

《동경대전》〈포덕문〉

효박(淸薄)한　이세상에
군불군(君不君)　신불신(臣不臣)과
부불부(父不父)　자부자(子不子)를
주소간(晝宵間)　탄식하니
울울한　그회포는
흉중에　가득하되
아는사람　전혀없어
처자산업(妻子産業)　다버리고

팔도강산 다밟아서
인심풍속 살펴보니
무가내라 할길없네
우습다 세상사람
불고천명(不顧天命) 아닐런가(중략)
풍편(風便)에 뜨인자도
혹은궁궁촌 찾아가고
혹은만첩산중 들어가고
혹은서학에 입도해서
각자위심(各自爲心) 하는말이
내옳고 네그르지
시비분분 하는말이
일일시시(日日時時) 그뿐일네(중략)
아서라 이세상은
요순지치(堯舜之治)라도 부족시(不足施)요
공맹지덕(孔孟之德)이라도 부족언(不足言)이라

《용담유사》〈몽중노소문답가〉

  이 세상의 운수는 개벽의 운수라. 천지도 편안치 못하고, 산천초목도 편안치 못하고, 강물의 고기도 편안치 못하고, 나는 새와 기는 짐승도 다 편안치 못하리니, 유독 사람만이 따스하게 입고 배부르게 먹으며 편안하게 도를 구하겠는가. 선천과 후천의 운이 서로 엇갈리어 이치와 기운이 서로 싸우는지라, 만물이 다 싸우니 어찌 사람의 싸움이 없겠는가.
  천지일월은 예와 이제의 변함이 없으나 운수는 크게 변하나니, 새것과 낡은것이 같지 아니한지라, 새것과 낡은것이 서로 갈아드는 때에 낡은 정치는 이미 물러가고 새 정치는 아직 펴지 못하여 이치와 기운이 고르지 못할 즈음에 천하가 혼란하리라. 이때를 당하여 윤리·도덕이 자연히 무너지고 사람은 다 금수의 무리에 가까우리니, 어찌 난리가 아니겠는가.

《해월신사법설》〈개벽운수〉

(4) 역사와 삶의 창조적 주체

대답하기를 "그 사람의 귀천의 다름을 명(命)하고 그 사람의 고락의 이치를 정(定)했으나, 그러나 군자의 덕은 기운이 바르고 마음이 정해져 있으므로 천지와 더불어 그 덕에 합일(合一)하고, 소인의 덕은 기운이 바르지 못하고 마음이 옮기므로 천지와 더불어 그 명에 어기나니, 이것이 성쇠(盛衰)의 이치가 아니겠는가."

《동경대전》〈논학문〉

나는 성품과 이치의 거울이요, 하늘과 땅의 거울이요, 예와 이제의 거울이요, 세계의 거울이요, 나는 성품과 이치의 한울이요, 하늘과 땅의 한울이요, 예와 이제의 한울이요, 세계의 한울이니, 내 마음은 곧 천지만물 고금 세계를 스스로 주재하는 한 조화옹이니라. 이러므로 마음 밖에 한울이 없고, 마음 밖에 이치가 없고, 마음 밖에 물건이 없고, 마음 밖에 조화가 없느니라.

성품과 이치를 보고자 할지라도 내 마음에 구할 것이요, 조화를 쓰고자 할지라도 내 마음에 있는 것이요, 천지만물 세계를 운반코자 할지라도 내 마음 한쪽에 있는 것이니라.

《의암성사법설》〈무체법경〉견성해(見性解)

(5) 다양성의 조화, 공생의 삶

내 항상 말할 때에 물건마다 한울[物物天]이요, 일마다 한울[事事天]이라 하였나니, 만약 이 이치를 옳다고 인정한다면 모든 물건이 다 한울로써 한울을 먹여 기르는 것 아님이 없을지니, 한울로써 한울을 먹여 기르는 것이 어찌 생각하면 이치에 서로 맞지 않는 것 같으나, 그러나 이것은 사람의 마음이 한쪽으로 치우쳐서 보는 말이요, 만일 한울 전체로 본다면 한울이 한울 전체를 키우기 위하여 같은 바탕이 된 자는 서로 도와줌으로써 서로 기운이 화함을 이루게 하고, 다른 바탕이 된 자는 한울로써 한울을 먹여 기르는 것으로써 서로 기운이 화함을 통하게 하는 것이니, 그러므로 한울은 한쪽편에서 동질적 기화(同質的 氣化)로 종속을 기르게 하고 한쪽편에서 이질적 기화(異質的 氣化)로써 종속과 종속의 연대적 성장 발전을 도모하는 것이니, 합하여 말하면 한울로써 한울을 먹여 기르는 것은 곧 한울의 기화작용으로 볼 수 있는데, 대신사(大神師)께서 모실 시(侍)자의 뜻을 풀어 밝히실 때에 안에 신령이 있다 함은 한울을 이름이요, 밖에 기화가 있다 함은 한울로써 한울을 먹여 기르는 것을 말씀한 것이니 지극히 묘한 천지의 묘법이 도무지 기운이 화하는 데 있느니라. 《해월신사법설》〈이천식천(以天食天)〉

3. 인간의 보편가치와 참 모습

이 항목에서는 한울님의 현재적 현현이며 영적인 몸인 인간의 모습을 강조하는 구절로부터 시작한다. 이어 마땅히 섬김받아야 할 성스런 존재로서의 인간의 가치를 드러내는 구절과 동학·천도교의 종지(宗旨)인 '인내천(人乃天)'을 설명하는 여러 구절들을 모았다.

세번째 주제에서는 성에 기초해서 여성을 차별해오던 전통적 관습 속에서도 불구하고 생활 속에서 남성과 마찬가지로 평등한 주인으로서의 여성의 지위를 지지하는 구절을 소개하고, 네번째 주제에서는 계급과 신분의 차별을 넘어서 모든 인간이 한울님을 자기 안에 모시고 있다는 절대 평등성을 다루며, 마지막으로 한울님과 인간의 일치와 완전한 교류의 모습을 인간의 참모습으로 제시하고 있다.

(1) 한울님의 화신(化身)이며 분신(分身)

그러나 사람은 만물 가운데 가장 신령한 자로 만기만상의 이치를 모두

한 몸에 갖추었으니, 사람의 성령은 이 대우주의 영성을 순연히 타고난 것임과 동시에 만고억조의 영성은 오직 하나의 계통으로서 이 세상의 사회적 정신이 된 것이니라.

신사(神師: 동학 천도교의 2세 교조인 해월 최시형)께서 사람이 곧 한울님인 심법을 받으시고 향아설위(向我設位)의 제사법을 정하시니, 이것은 우주의 정신이 곧 억조(億兆)의 정신인 것을 표명하심과 아울러 다시 억조의 정신이 곧 내 한 개체의 정신인 것을 밝게 정하신 것이니라.

《의암성사법설》〈성령출세설(性靈出世說)〉

너는 반드시 한울이 한울된 것이니, 어찌 영성이 없겠느냐.
영은 반드시 영이 영된 것이니, 한울은 어디 있으며 너는 어디 있는가.
구하면 이것이요 생각하면 이것이니, 항상 있어 둘이 아니니라.

《의암성사법설》〈법문(法文)〉

(2) 섬김받아야 할 성스런 존재, 사람이 곧 한울님

사람이 바로 한울님이니 사람 섬기기를 한울님같이 하라. 내 제군들을 보니 스스로 잘난체 하는 자가 많으니 한심한 일이요, 도에서 이탈되는 사람도 이래서 생기니 슬픈 일이로다. 나도 또한 이런 마음이 있느니라. 이런 마음이 생기면 생길 수 있으나, 이런 마음을 감히 내지 않는 것은 한울님을 내 마음에 양(養)하지 못할까 두려워함이로다.

《해월신사법설》〈대인접물(待人接物)〉

도인집에 사람이 오거든 사람이 왔다 이르지 말고 한울님이 강림하셨다 이르라 하셨으니, 사람을 공경치 아니 하고 귀신을 공경하여 무슨 실효가 있겠느냐. 어리석은 풍속에 귀신을 공경할 줄은 알되 사람은 천대하나니, 이것은 죽은 부모의 혼은 공경하되 산 부모는 천대함과 같으니라. 한울님이 사람을 떠나 따로 있지 않는지라, 사람을 버리고 한울님을 공경한다는

것은 물을 버리고 해갈을 구하는 자와 같으니라. 《해월신사법설》〈삼경〉

  내가 청주를 지나다가 서택순의 집에서 그 며느리의 베짜는 소리를 듣고 서군에게 묻기를 "저 누가 베를 짜는 소리인가" 하니, 서군이 대답하기를 "제 며느리가 베를 짭니다" 하는지라, 내가 또 묻기를 "그대의 며느리가 베 짜는 것이 참으로 그대의 며느리가 베 짜는 것인가" 하니, 서군이 나의 말을 분간치 못하더라. 어찌 서군뿐이랴.
  도인의 집에 사람이 오거든 사람이 왔다 이르지 말고 한울님이 강림하셨다 말하라.
  도인집 부인은 경솔히 아이를 때리지 말라. 아이를 때리는 것은 곧 한울님을 때리는 것이니 한울님이 싫어하고 기운이 상하느니라.

《해월신사법설》〈대인접물〉

(3) 여성은 생활의 주인

  묻기를 "우리 도 안에서 부인 수도를 장려하는 것은 무슨 연고입니까."
  신사(神師: 동학・천도교의 2세 교조 해월 최시형) 대답하시기를 "부인은 한 집안의 주인이니라. 음식을 만들고, 의복을 짓고, 아이를 기르고, 손님을 대접하고, 제사를 받드는 일을 부인이 감당하니, 주부가 만일 정성 없이 음식을 갖추면 한울님이 반드시 감응치 아니하는 것이요, 정성없이 아이를 기르면 아이가 반드시 충실치 못하나니, 부인 수도는 우리 도의 근본이니라. 이제로부터 부인 도통이 많이 나리라. 이것은 일남구녀(一男九女)를 비한 운이니, 지난 때에는 부인을 압박하였으나 지금 이 운을 당하여서는 부인 도통으로 사람 살리는 이가 많으리니, 이것은 사람이 다 어머니의 포태 속에서 나서 자라는 것과 같으니라." 《해월신사법설》〈부인수도(婦人修道)〉

(4) 영성적 평등

  같은 성령에 헤아릴 수 없는 큰 덕의 묘한 법이 대천대지(大天大地)의 각개차별을 순히 화하여, 하늘에 솔개가 날고 못에 고기가 뛰는 것이니라. 그러나 사람은 만물 가운데 가장 신령한 자로 만기만상(萬機萬相)의 이치를 모두 한 몸에 갖추었으니, 사람의 성령은 이 대우주의 영성을 순연히 타고난 것임과 동시에 만고억조의 영성은 오직 하나의 계통으로서 이 세상의 사회적 정신이 된 것이니라. 《의암성사법설》〈성령출세설(性靈出世說)〉

사람이 묻기를 "성인(聖人)과 범인(凡人)이 특히 차별이 있습니까."
대답하시기를 "한 나무에 꽃이 피니 꽃도 같은 색깔이요, 한 꼭지에 열매가 맺혔으니 열매 또한 같은 맛이라. 성품은 본래 한 근원이요, 마음은 본래 한 한울이요, 법은 본래 한 체이니 어찌 성인과 범인이 있으리오."
《의암성사법설》〈무체법경〉성범설(聖凡說)

(5) 한울님 안의 인간, 인간 안의 한울님

사람은 한울님을 떠날 수 없고 한울님은 사람을 떠날 수 없나니, 그러므로 사람의 한 호흡, 한 동정, 한 의식(衣食)도 이는 서로 화하는 기틀이니라.
한울님은 사람에 의지하고 사람은 먹는 데 의지하나니, 만사를 안다는 것은 밥 한 그릇을 먹는 이치를 아는 데 있느니라.
사람은 밥에 의지하여 그 생성을 돕고 한울님은 사람에 의지하여 그 조화(造化)를 나타내는 것이니라. 사람의 호흡과 동정과 굴신과 의식은 다 한울님 조화의 힘이니, 한울님과 사람이 서로 화하는 기틀은 잠깐이라도 떨어지지 못할 것이니라. 《해월신사법설》〈천지부모(天地父母)〉

사람이 바로 한울님이요, 한울님이 바로 사람이니, 사람 밖에 한울님이 없고 한울님 밖에 사람이 없느니라.
마음은 어느 곳에 있는가? 한울님에 있고, 한울님은 어느 곳에 있는가? 마음에 있느니라. 그러므로 마음이 곧 한울님이요, 한울님이 곧 마음이니, 마음 밖에 한울님이 없고 한울님 밖에 마음이 없느니라. 한울님과 마음은 본래 둘이 아닌 것이니 마음과 한울님이 서로 화합해야 바로 시·정·지(侍定知)라 이를 수 있으니, 마음과 한울님이 서로 어기면 사람이 다 시천주(侍天主)라고 말할지라도 나는 시천주라고 이르지 않으리라.

《해월신사법설》〈천지인·귀신·음양〉

4. 삶·선악·운명

이 항목은 한울님과 인생의 목적에 관한 진리에 무지하여 집착·미움·악으로 현실을 그릇되게 살아감으로써 한울님으로부터 이탈, 단절되는 인생을 주제로 하여 시작한다.

두번째 주제는 한울님의 현현체로서 한울님과 일치하여 살아감으로써 선과 자유를 누리며, 악과 이기성·탐욕으로부터 벗어난 삶을 소개한다. 세번째 주제에서는 인생에서 겪는 화(禍)와 복은 스스로의 마음이 짓게 되는 결과로써, 이기적이며 무지한 욕망과 감정으로부터 벗어나 한울님의 본성에 따르면 화도 복으로 전환된다는 구절을 담고 있다.

네번째 주제에서는 인간 자아 안에서 늘 싸우는 선과 악의 두 상반된 의지의 갈등에 대해, 인간은 한울님의 본성과 진리를 추구하고 따르는 삶의 지향을 통해 악을 다스리는 인간으로 전환되기를 권유하고 있으며, 나머지 주제들은 인생의 성쇠와 화복은 고정된 현상이 아니라 순환하고 있는 것과, 당대에 그치는 육체적 삶의 제약을 넘어서 영원히 살아가는 인생의 본 모습을 알려주고 있다.

(1) 본성에 위배되는 죽임의 삶

범인(凡人)은 내 성품을 내가 알지 못하고, 내 마음을 내가 알지 못하고,

내 도를 내가 알지 못하여, 마음을 쓰고 세상을 쓰는 데 스스로 외도(外道)를 쓰며 악을 행하고 패도를 행하며 정의가 아닌 것을 행치 않는 바 없느니라. (중략)

고금의 현철이 다만 이 한 마음으로 항시 쉬지 아니하고 오래오래 끊기지 아니하며 천지만물을 다 위위심(爲爲心) 위에 실었으나, 범인은 위위심이 없어 다만 오늘 보는 것으로서 오늘 마음을 삼고, 또 내일 보는 것으로서 내일 마음을 삼아 방향을 알지 못하고, 자기 천성의 소관 아님이 없으나 본성의 본래를 알지 못하고, 모든 일이 자기 마음의 소관 아님이 없으나 자기 마음의 용도를 알지 못하니, 이것이 이른바 범인의 마탈심(魔奪心)이니라. 성품은 본래 어질고 어리석음이 없으나, 그러나 마음을 쓰는데 반드시 어질고 어리석음이 있느니라. (중략)

범인이 마탈심을 한 번 내면 한 몸이 반드시 망하고, 한 나라가 반드시 망하고, 한 세상이 반드시 망하고, 천지가 반드시 망하나니, 사람은 마탈심을 두지 말 것이요, 위위심을 잃지 말 것이니라.

《의암성사법설》〈무체법경〉성범설

(2) 본성에 일치하는 삶

사사로운 욕심을 끊고 사사로운 물건을 버리고 사사로운 영화를 잊은 뒤에라야, 기운이 모이고 신(神)이 모이어 환하게 깨달음이 있으리니, 길을 가면 발끝이 평탄한 곳을 가리키고 집에 있으면 신이 조용한데 엉기고 자리에 앉으면 숨결이 고르고 편안하며, 누우면 신이, 그윽한 곳에 들어 하루종일 어리석은 듯하며 기운이 평정하고 심신(心神)이 청명하니라.

《해월신사법설》〈독공(篤工)〉

성품은 어질고 어리석음이 없고, 마음도 어질고 어리석음이 없고, 몸도 어질고 어리석음이 없으나, 그러나 다만 이 마음을 쓰는 데 작은 차별이 있으니 성인은 내 성품을 물들이지 아니하고, 내 마음을 변치 아니하고, 내

도를 게으르게 하지 않는지라, 마음을 쓰고 세상을 쓰는 데 하나라도 거리낌이 없으며, 마음을 지켜서 도를 쓰는 데 선이 아니면 행치 아니하며, 바른 것이 아니면 쓰지 아니하며, 옳은 것이 아니면 행치 아니하며, 밝은 것이 아니면 하지 아니하느니라. (중략)

성인의 위위심은 곧 자리심(自利心: 저절로 이롭게 하는 마음)이니 자리심이 생기면 이타심이 저절로 생기고, 이타심이 생기면 공화심(共和心)이 저절로 생기고, 공화심이 생기면 자유심이 저절로 생기고, 자유심이 생기면 극락심이 저절로 생기느니라. 《의암성사법설》〈무체법경〉성범설

(3) 화(禍)와 복

비유하건대 같은 불이로되 그 씀에 의하여 선악이 되고, 같은 물이로되 그 씀에 의하여 이해(利害)가 다름과 같이, 같은 마음이로되 마음이 이치에 합하여 마음이 화(和)하고 기운이 화하게 되면 한울님 마음을 거느리게 되고, 마음이 감정에 흐르면 마음이 너그럽지 못하고 좁아 몹시 여유가 없어 모든 악한 행위가 여기서 생기는 것이니라. 그러므로 도 닦는 자 한울님 마음으로써 항상 사람의 마음을 억제하여, 마차 부리는 사람이 용마를 잘 거느림과 같이 그 씀이 옳으면 화(禍)가 바뀌어 복이 되고 재앙이 변하여 경사롭고 길하게 될 수 있느니라. 《해월신사법설》〈이심치심(以心治心)〉

지금에 어리석은 풍속이 산에 빌며 물에 빌어 복을 비는 자 또한 기이한 증험이 없지 아니하나니, 이것은 천지의 영묘가 어느 곳에든지 비추지 아니한 바 없느니라. 그러나 저 잡신을 위하는 자가 화를 면하고 복을 받고자 함은 잘못 아는 것이니, 화와 복은 결코 저기에서 오는 것이 아니요, 전혀 자기 마음의 짓는 바니라. 화와 복이 마음으로부터 생기고 마음으로부터 멸하나니 이는 한울님의 권능이니라. 《해월신사법설》〈기타〉

(4) 선과 악, 그리고 운명

묻기를 "한울님 마음이 곧 사람의 마음이라면 어찌하여 선악이 있습니까."

대답하기를 "그 사람의 귀천의 다름을 명(命)하고 그 사람의 고락의 이치를 정했으나, 그러나 군자의 덕은 기운이 바르고 마음이 정해져 있으므로 천지와 더불어 그 덕에 합일하고 소인의 덕은 기운이 바르지 못하고 마음이 옮기므로 천지와 더불어 그 명에 어기나니, 이것이 성쇠의 이치가 아니겠는가."

《동경대전》〈논학문〉

사람이 공기를 마시고 만물을 먹는 것은 이는 한울님으로써 한울님을 기르는 까닭이니라.

무엇이든지 도 아님이 없으며 한울님 아님이 없는지라, 각각 순응이 있고 서로 화합함이 있어 우주의 이치가 이에 순히 행하나니, 사람이 이를 따르는 것이 곧 바른 것이요, 이를 거스리는 것이 곧 악이니라.

《해월신사법설》〈기타〉

(5) 순환하는 운명

부하고 귀한사람
이전시절 빈천이요
빈하고 천한사람
오는시절 부귀로세
천운이 순환하사
무왕불복(無往不復) 하시나니
그러나 이내집은
적선적덕(積善積德) 하는공은
자전자시(自前自是) 고연(固然)이라
여경(餘慶)인들 없을소냐(중략)
꿈일런가 잠일런가

무극대도(無極大道) 받아내어
정심수신(正心修身) 하온후에
다시앉아 생각하니
우리집안 여경인가
순환지리(循環之理) 회복인가
어찌이리 망극한고
전만고후만고(前萬古後萬古)를
역력히 생각해도
글도없고 말도없네
대저생령 많은사람
사람없어 이러한가
유도(儒道)불도(佛道) 누천년(累千年)에
운이역시 다했던가
윤회같이 둘린운수
내가어찌 받았으며
억조창생 많은사람
내가어찌 높았으며
일세상 없는사람
내가어찌 있었던고   《용담유사》〈교훈가〉

(6) 영원한 우주적 삶

임규호 묻기를 "나를 향하여 위(位)를 베푸는 이치는 어떤 연고입니까."

신사(神師) 대답하시기를 "나의 부모는 첫 조상으로부터 몇 만대에 이르도록 혈기를 계승하여 나에게 이른 것이요, 또 부모의 심령은 한울님으로부터 몇 만대를 이어 나에게 이른 것이니 부모가 죽은 뒤에도 혈기는 나에게 남아있는 것이요, 심령과 정신도 나에게 남아있는 것이니라.…"

《해월신사법설》〈향아설위(向我設位)〉

신사(神師)께서 사람이 곧 한울님인 심법을 받으시고 향아설위(向我設位)의 제사법을 정하시니 이것은 우주의 정신이 곧 억조(億兆)의 정신인 것을 표명하심과 아울러, 다시 억조의 정신이 곧 내 한 개체의 정신인 것을 밝게 정하신 것이니라.

　이를 한층 뜻을 좁히어 말하면 전대(前代) 억조의 정령은 후대 억조의 정령이 된다는 점에서, 조상의 정령은 자손의 정령과 같이 융합하여 표현되고, 선사(先師)의 정령은 후학의 정령과 같이 융합하여 영원히 세상에 나타나서 활동함이 있는 것이니라.

　또 하물며 대인의 덕은 천지와 더불어 같이 성령이 활용하는 것이라, 그러므로 한울님과 우리 신사는 다만 형상이 있고 형상이 없는 구별이 있을 뿐이요, 그 영성의 계기로 보면 전혀 같은 범위에서 같은 활동이 같이 표현되는 것이니, 이것은 한울님이 곧 사람이요, 사람이 곧 한울님인 관계이니라. 천지만물은 한가지로 순응하여 시대억조와 같이 진화하므로, 그 심법은 결코 인간을 떠난 것이 아니요, 전부 세간과 합치된 것이요, 세간에 나타난 것이니라. 《의암성사법설》〈성령출세설(性靈出世說)〉

5. 죽음과 성령(性靈)

　육체적 삶이 끝난 후에 또 다른 인간의 양태인 영혼으로 존재하는 사후의 삶을 인정하는 것은 육체보다 영혼이 더욱 인간의 정체에 본질적이라는 점을 긍정하는 것이다. 경전에서는 개인의 성령은 한울님 성령의 한 개체적 작용으로 묘사한다. 세계와 인간은 한울님 영기(靈氣) 활동의 표현일 뿐이다.

　이 항목에서는 삶과 죽음의 차이를 한울님 영기가 몸에서 작용하느냐의 여부로, 설명함으로써 죽음은 끝이 아니라 자기 본래의 근원으로 돌아가는 환원의 삶인 것을 깨우치는 것으로부터 시작한다. 죽음은 영적인 삶이다.

다음에 우리는 영생의 원리를 알아본다. 어떻게 육체는 죽는데 성령은 살아가는가? 한울님의 성령을 순연히 타고난 인간의 성령은 우주만물의 정신과 일체로서, 영원히 세상과 함께 활동하며 불멸한다는 구절이 두번째 주제이다.

세번째 주제에서는 천지 만물이 본래 하나의 성령임을 가르치는 구절을 포함한다.

(1) 삶과 죽음

한울님이 간섭하지 않으면 고요한 한 물건 덩어리니 이것을 죽었다고 하는 것이요, 한울님이 항상 간섭하면 지혜로운 한 영물(靈物)이니 이것을 살았다고 말하는 것이라. 사람의 일동일정이 어찌 한울님의 시키는 바가 아니겠는가. 부지런하고 부지런하여 힘써 행하면 한울님이 감동하고 땅이 응하여 감히 통하게 되는 것은 한울님이 아니고 무엇이리오. 《해월신사법설》〈도결(道訣)〉

사람이 모신 한울님의 영기가 있으면 산 것이요, 그렇지 아니하면 죽은 것이니라. 죽은 사람 입에 한 숟갈 밥을 드리고 기다려도 능히 한알 밥이라도 먹지 못하는 것이니 이는 한울님이 이미 사람의 몸 안에서 떠난 것이니라. 그러므로 능히 먹을 생각과 먹을 기운을 내지 못하는 것이니, 이것은 한울님이 능히 감응하시지 않는 이치니라. 《해월신사법설》〈향아설위〉

(2) 성령의 불멸성

이를 한층 뜻을 좁히어 말하면 전대억조(前代億兆)의 정령(精靈)은 후대억조의 정령이 된다는 점에서, 조상의 정령은 자손의 정령과 같이 융합하여 표현되고, 선사(先師)의 정령은 후학의 정령과 같이 융합하여 영원히 세

상에 나타나서 활동함이 있는 것이니라. (중략)

천지만물은 한 가지로 순응하여 시대억조와 같이 진화하므로, 그 심법은 결코 인간을 떠난 것이 아니요, 전부 세간과 합치된 것이요 세간에 나타난 것이니라.

내가 일찌기 양산 통도사에서 수련할 때에 활연히 "옛적에 이곳을 보았더니 오늘 또 보는구나" 하는 시 한 구를 불렀으니, 이것은 대신사(大神師)의 옛적과 나의 오늘이 성령상 같은 심법임을 말한 것이니라. 대신사는 이미 성령으로 출세하셨으니 일체의 물건마다 마음마다 모두 이 성령의 출세한 표현이 아님이 없는 것이니라.

그러나 우리 사람이 이를 깨닫고 깨닫지 못하는 바는 전혀 성령을 수련하고 수련치 않는 데 관계한 것이니, 만약 우리가 각각 대신사의 심법을 받아 성령수련한 결과가 하루 아침에 환한 경지에 이르면, 이에 대신사의 심법이 일체 우주의 심법임을 깨닫고, 따라서 자기의 성령이 곧 대신사의 성령임을 깨달을 것이니, 불생불멸하고 무루무증(無漏無增)한 것은 이것이 큰 성령의 근본적 출세이니라. 《의암성사법설》〈성령출세설〉

(3) 성령과 세계

천지의 마음은 신신영령(神神靈靈)하고 천지의 기운은 호호창창(浩浩蒼蒼)하여 천지에 가득 차고 우주에 뻗쳐 있느니라. (중략)

우리 사람이 태어난 것은 한울님의 영기(靈氣)를 모시고 태어난 것이요, 우리 사람이 사는 것도 또한 한울님의 영기를 모시고 사는 것이니, 어찌 반드시 사람만이 홀로 한울님을 모셨다 이르리오. 천지만물이 다 한울님을 모시지 않은 것이 없느니라. 저 새소리도 또한 시천주(侍天主)의 소리니라.

우리 도의 뜻은 한울로써 한울을 먹고, 한울로써 한울을 화할 뿐이니라. 만물이 생겨 나는 것은 이 마음과 이 기운을 받은 뒤에라야 그 생성을 얻나니, 우주만물이 모두 한 기운과 한 마음으로 꿰뚫어졌느니라.

《해월신사법설》〈영부·주문(靈符呪文)〉

6. 종교적 체험과 우주적 성화

이 항목은 한울님과의 합일, 또는 자아 초월과 실현과정을 통하여 얻는 종교적 체험을 다루는 구절을 모았다. 이는 제7항목에서 언급할 인생의 목적을 완성하기 위한 선결조건이기도 하다.

한울님의 본성에서부터 이탈된 삶을 살아가는 인간들은 육적·정신적으로 질병과 불안에 휩싸여 있다. 먼저 한울님과의 일치를 이룬 마음상태에서 약을 쓰지 않고도 자연히 병을 다스리는 종교적 체험으로부터 시작한다. 육신의 건강은 마음의 건강과 밀접한 인과관계에 있음을 이해할 수 있다.

둘째 주제는 인간 본심에 자리잡고 있는, 진리의 원천인 한울님의 깨달음에 관한 구절들이다. 깨달음은 마음 속의 어둠과 무지를 추방하는 비약적 이해이며 빛이다.

세번째로 한울님과의 신비적 합일상태를 묘사하고 있다. 합일의 경지는 일반적으로 동양 종교에서 구원의 최종목표로 인식되고 있다.

넷째 주제는 자아의 관념과 욕망, 집착으로부터 완전히 벗어난 인간이 경험하는 자기 초탈의 대자유상태를 묘사한다. 그 자유는 한울님의 도를 벗어난 자유로 해석되어서는 안 된다.

(1) 심화기화(心和氣和)와 치병

마음이 화(和)하고 기운이 화하면 한울님과 더불어 같이 화하리라. 궁은 바로 천궁(天弓)이요, 을은 바로 천을(天乙)이니 궁을은 우리 도의 부도(符圖)요 천지의 형체이니라. 그러므로 성인이 받으시어 천도를 행하시고 창생을 건지시니라.

태극은 현묘한 이치니 환하게 깨치면 이것이 만병통치의 영약(靈藥)

이 되는 것이니라. 지금 사람들은 다만 약을 써서 병이 낫는 줄만 알고 마음을 다스리어 병이 낫는 것은 알지 못하니, 마음을 다스리지 아니하고 약을 쓰는 것이 어찌 병을 낫게 하는 이치이랴. 마음을 다스리지 아니하고 약을 먹는 것은 이는 한울님을 믿지 아니하고 약만 믿는 것이니라.

마음으로써 마음을 상하게 하면 마음으로써 병을 생기게 하는 것이요, 마음으로써 마음을 다스리면 마음으로써 병을 낫게 하는 것이니라. 이 이치를 만약 밝게 분별치 못하면 후학들이 깨닫기 어렵겠으므로, 논하여 말하니 만약 마음을 다스리어 심화기화(心和氣和)가 되면 냉수라도 약으로써 복용하지 않느니라. 《해월신사법설》〈영부·주문(靈符·呪文)〉

우리 도에 영부(靈符)를 시험하여 병을 고침은 이는, 즉 영의 하는 일이니, 한울님이 능히 병을 생기게 하는 이치는 있고 어찌 병을 낫게 하는 이치가 없으리오. 온전하고 한결같은 정성과 믿음으로써 먼저 마음을 화하게 하고 또한 기운을 화하게 하면 자연의 감화로 온몸이 순히 화하나니, 모든 병이 약을 쓰지 않고도 저절로 낫는 것이 무엇이 신기하고 이상할 바리오. 그 실지를 구하면 한울님의 조화(造化)가 오직 자기 마음에 있느니라.

《해월신사법설》〈기타〉

(2) 우주정신의 깨달음, 자천자각(自天自覺)

사람은 다 모셔져 있는 한울님이 있으니 그 성품을 보고 마음을 깨달음에 이르는 하나이니라. 신사(神師)께서는 현묘하고 참된 두 사이에 계시어 성품의 한쪽은 불생불멸이요, 마음의 한쪽은 만세극락이니라.

사람의 성품을 깨닫는 것은 다만 자기 마음과 자기 정성에 있는 것이요, 한울님과 스승님의 권능에 있는 것이 아니니, 자기 마음을 자기가 깨달으면 몸이 바로 한울님이요, 마음이 바로 한울님이나, 깨닫지 못하면 세상은 세상대로 사람은 사람대로이니라. 그러므로 성품 깨달은 사람을 천황씨(天皇氏)

라 이르고, 깨닫지 못한 사람을 범인(凡人)이라 이르느니라.

《의암성사법설》〈무체법경〉신통고(神通考)

 네가 자기 성품과 마음을 깨닫지 못하면, 비록 몸을 깨뜨려 티끌같이 할지라도 끝내 크게 이루지 못할 것이요, 네가 자기의 성품이 스스로 크며 자기의 마음에 도가 있음을 알지 못하면, 비록 천 가지 경전을 만 번 읽어서 설득하더라도 반드시 분별치 못하리라.
 도를 자기의 성품에서 구하고, 법을 자기 마음에서 구하라. 성품과 마음이 있는 곳은 저기도 아니요, 여기도 아니요, 위도 아니요, 아래도 아니요, 다만 내가 내게 있는 것이니라. 내 한울을 내 도로 하면 천도의 한량없는 것이 또한 내게 매었으니, 내가 높고 높음이 위도 없고 위도 없어 세 한울의 위에 높이 있느니라.

《의암성사법설》〈후경〉

(3) 천인합일의 신비

 아이가 난 그 처음에 누가 성인(聖人)이 아니며, 누가 대인이 아니리오마는 뭇 사람은 어리석고 어리석어 마음을 잊고 잃음이 많으나, 성인은 밝고 밝아 한울님 성품을 잃지 아니하고, 언제나 성품을 거느리며 한울님과 더불어 덕을 같이하고, 한울님과 더불어 같이 크고, 한울님과 더불어 같이 화하나니, 천지가 하는 바를 성인도 할 수 있느니라.

《해월신사법설》〈성인의 덕화〉

 묻기를 "어떤 것을 큰 도라 합니까."
 대답하시기를 "큰 도는 한울도 아니요, 땅도 아니요, 산도 아니요, 물도 아니요, 사람도 아니요, 귀신도 아니니, 생각하나 생각하는 것 같지 아니하고, 보나 보는 것 같지 아니하고, 말하나 말하는 것 같지 아니하고, 들으나 듣는 것 같지 아니하고, 앉으나 앉은 것 같지 아니하고, 서나 선 것 같지 아니하여 변하지 않는 사이에 황연한 본래의 맑고 깨끗한 것이니라."

묻기를 "큰 도가 여기서 그치나이까?"

대답하시기를 "그 성품을 닦아 그 도를 얻은 사람은 진실로 지극히 다 할 것이나, 그러나 성품에서 마음이 생기면 몸은 청풍명월에 있고 집은 우주강산에 있느니라. 천지를 나에게서 보면 나도 있고 세상도 있어 나와 나, 만물과 만물이 각각 그 천성을 이루며 각각 그 도를 지키며 각각 그 직분을 얻나니, 기쁜 나와 기쁜 만물이 어찌 극락세계가 아니겠는가.

《의암성사법설》〈후경〉

그 셋째는 도의 본체를 확실히 인식하여, 신비한 한울의 계시문은 어떤 인격으로 인하여 얻은 것이며, 신의 사랑과 신의 은혜는 어떤 인격을 좇아 베풀어진다는 참된 근본을 문득 깨달아, 이로써 내면의 정신을 함축하며 외면의 계기를 계시하여 천연적인 이상한 빛이 스스로 나타나면 이것은 높은 덕이라.

한울님의 계시문도 그 사람의 입에 의하여 나타나며, 신의 사랑과 신의 은혜도 그 사람의 손에 의하여 베풀어지므로 천인합덕(天人合德)이라 말하느니라.

《의암성사법설》〈천도태원경〉도(道)

(4) 자아 초월과 대자유의 길

그러므로 자기의 성품과 자기의 마음으로 하여금 한 번 뛰어서 자유로워라. 마음이 옥(玉)이 되고자 하면 옥도 또한 장애요, 마음이 물같이 되고자 하면 물도 또한 장애요, 마음이 비고 고요하게 되고자 하면 비고 고요한 것도 또한 장애요, 마음이 밝고자 하면 밝은 것도 또한 장애요, 나로서 나를 없애려 하면 나도 또한 장애요, 마음으로 마음을 없애고자 하여도 마음도 또한 큰 장애니, 어떤 묘법으로 그 큰 장애를 벗어날꼬.

다시 한 층계를 더하여 반드시 자유를 쓰라. 성품과 마음이 자유로우면 도가 반드시 끝이 없을 것이요, 세상이 반드시 자유로우면 세상이 또한 없어지지 않을 것이요, 사람이 반드시 자유로우면 억만 사람이 마침내 이 자유를 깨달을 것이니, 살려고도 하지 아니하고 죽으려고도 하지 아니하며, 없으려고도 하지 아니하고 있으려고도 하지 아니하며, 착하려고도 하지 아니하고 악하려고도 하지 아니하며, 기쁘려고도 하지 아니하고 노하려고도 하지 아니하여, 일동일정과 일용행사를 내가 반드시 자유롭게 하나니 좋으면 좋고, 착하면 착하고, 노하면 노하고, 살면 살고, 죽으면 죽고, 모든 일과 모든 쓰임을 마음없이 행하고 거리낌없이 행하니 이것을 천체의 공도공행(公道公行)이라 하느니라. 《의암성사법설》〈무체법경〉삼심관

내 마음을 내가 지키어 잃지 아니하고 굳게하여 흐르게 아니하면 내 마음이 자연히 해탈이 되나니, 만법만상이 일체 마음에 갖추어져서 일과 이치가 엇갈리지 아니하면 나와 한울님이 둘이 아니요, 성품과 마음이 둘이 아니요, 성인과 범인이 둘이 아니요, 나와 세상이 둘이 아니요, 삶과 죽음이 둘이 아니니라. 그러므로 참된 마음은 둘도 아니요 물들지도 아니 하나니, 천체(天體)를 스스로 쓰며 자신의 마음바탕을 스스로 쓰며 나를 자유로 쓰느니라. 《의암성사법설》〈무체법경〉진심불염

7. 인생의 목적과 구원

인간은 한울님의 본성을 소유하므로 인생의 목적은 인간 본성의 실현 속에 있다. 인생의 목적은 세속적 목표를 초월하여 한울님과의 관계에서 이루어져야 할 하나의 이상이다.

인간의 최고의 가치들—진리, 자기초월, 성(聖), 행복, 섬김, 도덕의 완성—은 다름아닌 인간 본성에 근거한 고귀한 열망이다. 따라서 삶의 목적은 가장 인간적인 본질을 실현하는 것으로 이해될 수 있다. 즉, 참된 인간은 인생을 통해 스스로 성화됨으로써 숨겨진 한울님의 본성

을 꽃피운다. 인간의 완성은 곧 인간의 성화이다.

성화된 인간은 이기적인 자아의식을 초월하여 자신의 본질인 우주적 자아로 확장되어 육체에 속박된 자아를 해방시킴으로써 한울님과의 일치 속에 머문다. 경전에서는 한울님의 뜻과 진리를 섬기고 따르며, 일상 속에서 진리를 실현한 한울사람으로 생활해나가는 상태를 '거룩함에 도달한[至聖]' 자기성화 상태로 표현한다. 따라서 인간의 구원은 밖에서 내려주는 것이라기보다는 인간 스스로의 노력에서부터 시작된다.

인생의 목적은 개인의 완성과 더불어 가정과 사회, 인류 대가족, 천지자연에서 우리가 떠맡아야 할 역할과 사명으로 확장된다. 경전은 사회적 도덕과 규범의 한계를 넘어서서 생명의 가치가 온 세상에 실현되도록 함으로써 가정과 사회, 그리고 자연계에 걸쳐 한울님과의 일치와 평화가 실현된 '지상의 한울나라'로 표현되는 최고의 이상을 인생의 목적으로 가져야 함을 가르치고 있다.

여기서는 먼저 개인의 최고의 목표며 이상인 '지상의 한울사람' 즉 현세에서의 성화와 완성을 다루며, 두번째 주제에서는 이기적이며 현재의 자기중심적인 삶을 벗어나 온 우주의 생명과의 합일된 삶으로 나아가는 경천순리(敬天順理)의 삶을 다루며, 세번째 주제에서는 일상 속에서 진리를 생활화함으로써 생활 속에서 한울님의 뜻을 실현하는 것으로 인생의 목적을 묘사한다. 네번째 주제는 가정에서의 건강한 삶과 화합의 소중함을 소개하고 있으며, 다섯번째 주제에서는 사회에서 자연계에 이르기까지 생명에 대한 공경과 평화의 이상을 가르치는 내용을 포함한다.

(1) 지상의 한울사람

그러므로 그 덕(나의 본성을 이루는 한울님의 덕)을 밝고 밝게 하여 늘 생각하며 잊지 아니하면, 지극히 지기(至氣)에 화(化)하여 지극한 성인에 이르느니라. 《동경대전》〈논학문〉

시킨대로　시행해서
차차차차　가르치면
무궁조화(無窮造化)　다던지고
포덕천하(布德天下)　할것이니
차제도법(次第道法)　그뿐일세
법을정(定)코　글을지어
입도(入道)한　세상사람
그날부터　군자되어
무위이화　될것이니
지상신선　네아니냐　　　　　　《용담유사》〈교훈가〉

한울님은 편벽됨이 없으시어 천성을 거느리는 사람과 오직 친하심이라. 한울님을 모시고 한울님대로 행함으로 이를 체천(體天)이라 말하고, 나를 미루어 생각하여 남에게 미치므로 이를 도덕이라 말하느니라.

빛이 사방에 덮히니 만사에 맞게 흩어지고, 때를 따라 마땅함을 취하니 무릇 때에 맞는다 함이요, 때를 쓰는 데 잘 처변하여 중도를 잡아 잃지 아니함이요, 처음과 나중이 있으니 한 이치에 합하는 것이로다. 이를 좇아보면 한울님과 도에 어찌 사이가 있으며 도와 사람이 어찌 멀다고 하겠는가. 잠시도 떠나지 못할 것이라는 것은 이를 말한 것이니라.

《의암성사법설》〈삼전론〉서론

(2) 자기 초월의 참 삶, 경천순리(敬天順理)

    대저인간 초목군생(草木群生)
    사생재천(死生在天) 아닐런가
    불시풍우(不時風雨) 원망해도
    임사호천(臨死號天) 아닐런가
    삼황오제 성현들도
    경천순천(敬天順天) 아닐런가
    효박(淆薄)한 이세상에
    불고천명(不顧天命) 하단말가
    장평갱졸 많은사람
    한울님을 우러러서
    조화중(造化中)에 생겼으니
    은덕은 고사하고
    근본조차 잊을소냐
    가련한 세상사람
    각자위심(各自爲心) 하단말가
    경천순천 하였어라
    효박한 이세상에
    불망기본(不忘其本) 하였어라 《용담유사》〈권학가〉

(3) 진리의 생활화와 자아실현

  그러므로 생각을 거듭하여 천박함을 무릅쓰고 타일러 말하여 손잡아 깨우쳐주노니, 진심으로 행하여 그 근본을 찾아 그 근본을 통달하고 그 근원을 밝히어 황연히 갓난아이의 마음을 회복하고 확실히 천지의 이치를 분별하면, 성철(聖哲)의 경지에 이르지 못함을 근심하지 않으리라.

《해월신사법설》〈도결(道訣)〉

도는 높고 멀어 행하기 어려운 곳에 있는 것이 아니라 일용행사(日用行事)가 다 도 아님이 없나니, 천지신명이 만물과 더불어 차차 옮겨 나가는지라, 그러므로 정성이 지극하면 한울님이 감동하니 여러분은 남이 알지 못함을 근심하지 말고 오직 일에 처하는 도를 통하지 못함을 근심하라.

《해월신사법설》〈기타〉

(4) 가정의 구원, 건강과 화합

일일시시(日日時時)　먹는음식
성경(誠敬)이자(二字)　지켜내어
한울님을　공경하면
자아시(自兒時)　있던신병
물약자효(勿藥自效)　아닐런가
가중차제(家中次第)　우환없이
일년삼백　육십일을
일조(一朝)같이　지내가니
천우신조(天佑神助)　아닐런가
차차차차　증험하니
윤회시운(輪廻時運)　분명하다
어화세상　사람들아
이내경계　하는말씀
세세명찰(細細明察)　하온후에
잊지말고　지켜내어
성지우성(誠之又誠)　공경해서
한울님만　생각하소
처자불러　효유하고
영세불망(永世不忘)　하였어라

《용담유사》〈권학가〉

부화부순(夫和婦順)은 우리 도의 제일 종지(宗旨)니라.

도를 통하고 통하지 못하는 것이 도무지 내외가 화순하고 화순치 못하는 데 있느니라. 내외가 화순하면 천지가 안락하고 부모도 기뻐하며, 내외가 불화하면 한울님이 크게 싫어하고 부모가 노하나니, 부모의 진노는 곧 천지의 진노이니라.

천지가 편안하고 즐거워하는 미묘한 것은 보기 어려우나, 진노하는 형상은 당장에 보기 쉬우니, 크게 두렵고 두렵도다. 부부가 화순하면 한울님이 반드시 감응하여 일 년 삼백육십 일을 하루아침같이 지내리라.

《해월신사법설》〈부화부순(夫和婦順)〉

(5) 세계의 성화(聖化), 지상의 한울나라

만물이 시천주(侍天主) 아님이 없으니 능히 이 이치를 알면 살생은 금치 아니해도 자연히 금해지리라. 제비의 알을 깨치지 아니한 뒤에라야 봉황이 와서 거동하고, 초목의 싹을 꺾지 아니한 뒤에라야 산림이 무성하리라. 손수 꽃가지를 꺾으면 그 열매를 따지 못할 것이요, 폐물이라고 다 버리면 부자가 될 수 없느니라. 날짐승 삼천도 각각 그 종류가 있고 털벌레 삼천도 각각 그 목숨이 있으니, 물건을 공경하면 덕이 만방에 미치리라.

《해월신사법설》〈대인접물〉

말이 반드시 바르면 한울도 또한 바를 것이요, 말이 반드시 바르면 세상도 또한 바를 것이요, 말이 반드시 바르면 나라도 또한 바를 것이요, 말이 반드시 바르면 사람마다 반드시 바를 것이니라.

천지가 바르면 만물이 자라고, 세계가 바르면 전쟁이 반드시 그치고, 국가가 바르면 인민이 복을 누리고, 사람 사람이 반드시 바르면 천하가 극락이 되리니, 어찌 오늘의 잠잠한 것이 후일에 많은 말이 될 줄을 알겠는가.

나는 천체공법(天體公法)을 써서 아름답고 거룩한 한울님 마음에 맞게 하노라.

《의암성사법설》〈무체법경〉극락설

제 5 장
수 행

    이 장에서는 경전에 나타나는 수행과 관련한 구체적 가르침, 수행자의 자세와 실천적 요구, 수행의 목표와 단계 등을 설명하는 구절들을 다룬다.

    경전에서는 현대 인류가 총체적인 문화·문명 전환의 임계점을 지나고 있다고 알려준다. 그 가르침은 온 인류와 천지만물이 함께 새롭게 개벽되어 영적 인간, 영적 문명으로 대진화할 것을 요구한다.

    여기서 다루는 수행의 가르침은 궁극적으로 새로운 인간, 새로운 세계로 성숙·승화되기 위한 목표를 가진다. 그것이 진정한 인간다운 삶과 행복하고자 하려는 욕구를 충족시킬 수 있기 때문이다.

    행복을 실현시키기 위한 수행의 첫걸음은 새로운 인식으로부터 시작된다. 자기 안에 신령한 우주생명이신 한울님이 내재해 있다는 자각과 나와 세계만물은 한울님의 거룩한 현현체로서, 거대한 하나의 통일된 몸이라는 인식을 받아들이는 믿음이 바른 수행의 첫 단계이다. 그로부터 수행자는 한울님의 마음과 기운, 의지에 일치하여 살고자 하는 방법을 찾아 나서고, 자아실현을 위한 효과적 노력을 다하게 된다. 그것이 수행의 핵심이며, 본질이다.

    진정한 수행이 한울님의 마음과 뜻에 일치하여 살아가는 과정이라면, 한울님과 진리를 자기화하는 자아실현의 삶은 어떤 모습으로 드러날까? 경전에서는 다음의 세 가지 이상적 삶의 모습을 알려준다.

자기의 주인공인 성령이 항상 밝게 깨어 있어, 한울님이 자기를 통해 살아가시도록 한울님에게 열려 있는 삶, 인간뿐 아니라 천지 생명체를 대함에 부모에게 효도하고 봉양하듯 생명을 섬기는 삶, 또한 자기는 사라지고 오직 한울님, 천지만물과 하나되어가는 삶이 그것이다.

또한 경전에서는 한울님의 본성과 뜻에 일치하기 위한 바른 길을 가르치는데, 그것은 믿음과 공경, 정성의 세 가지 길이다.

그러면 어떤 효율적 방법을 통해서 한울님께 다가갈 것인가? 내적 생명력의 충만함, 그리고 무의식적 습관을 떨쳐 버리는 깨어있는 영혼을 위해 주문 염송(念誦), 심고(心告), 관법 그리고 경전 연구의 방법을 소개하고 있다. 경전에서는 수행을 말할 때, 일상성과 현실성을 떼어 놓고 얘기하지 않는다. 한울님은 일상 현실의 삶 속에서 스스로를 표현하고 계시기 때문이다. 매일매일 반복되는 일상적 삶 속에서, 지금 이 자리에서 진리는 실천되어야 한다. 그렇지 않으면 위선적인 수행이 되고 만다. '수도의 생활화' '수도의 일상화'를 통해 현실을 성화시켜 나갈 것을 가르친다.

수행자의 공부는 과연 어떤 단계에 있는지를 어떻게 알 수 있는가? 경전에서는 즉각적이며 주관적인 깨달음의 전통과는 달리 단계적이며 구체적인 수행단계를 제시하고 있어 객관적 검증을 가능케 하는 수행과정을 설명하고 있다.

강령의 체험에서 시작하여, 초감각 세계와의 교류·대화, 적정의 상태에서 마음의 빛이 우주에 비추어 알지 못함이 없는 경지, 더 이상 인식의 주체와 대상이 없어지는 절대합일의 경지, 한울님 마음 자체로 살아가는 대자유의 삶으로 구체화하여 설명하고 있다.

마지막 항목에서는 시천주(侍天主)의 자각으로부터 양천주(養天主)의 생명살림으로, 더 나아가 체천주(體天主)로의 영적 성장과 사회적 성화로 승화하는 수행의 목표를 설명한다.

경전을 통해 우리는 인간의 삶을 보다 인간답고 행복하게 하기 위한 여러 다양한 수행방법과 길이 있음을 배운다.

수행에 있어 완전함과 완성된 끝은 없다. 무궁한 한울님의 본성과 뜻을 내 삶 안에서 실현해가는 끝없는 '과정'이 수행이다. 이러한 자기실현 과정에서 나타나는 종교적 체험과 깨달음은 수행의 끝이 아니라 보다 원만한 인격과 성숙된 영혼으로 나아가는 계기일 뿐이다.

따라서 수행에서 강조되어야 할 것은 방법론보다는 일상 속에서의 삶의 자세이다. 항상 참되고 진실한 마음으로 깨어있어, 모든 이웃, 만물과 더불어 화해하고, 성·경·신의 자세를 생활화하는 정진의 태도가 그것이다.

1. 삶의 성화, 진리의 삶

이 항목에서는 수행자의 이상적 삶, 즉 성화된 삶의 모습을 소개하고 있다.

삶의 참 모습을 바르게 이해하는 사람은 이 세계가 한울님의 현현체로서, 거룩한 하나의 몸인 것을 알아, 더불어 사는 성화된 삶을 살아간다. 그는 한울님, 세계, 인간의 분리의식을 넘어서서 통일적인 삶을 살아간다. 삶의 바다는 거룩하고 광활하며, 무한히 깊다. 일시적으로 드러나는 현상세계의 겉모습을 보고 판단하지 않고, 거기에 사로잡히지 않는다.

어떻게 사는 것이 한울님의 마음에 일치하여 살아가는 진정한 수행자의 삶인가? 여기서는 먼저 자기 안에 지니고 있는 한울님의 덕을 매일의 생활 속에서 밝히고 키워 나가는 수행자의 자세를 묘사하는 구절을 소개하고 있다. 이어서 인간과 전 생명계를 살리는, 한울님의 덕을 실천하는 성화된 삶의 모습을 세 가지 주제로 설명한다.

진정한 수행자는 한울님의 뜻과 생명의 원리를 자신의 삶 안에서 실현한다. 매사에 육체적 욕망을 넘어서서 자신의 진정한 주인공인 성령(性靈)이 항상 밝게 깨어있는 삶을 산다. 한울님이 자신을 통해 살아가시도록 자기를 열어놓는 삶의 모습을 보여준다. 또한 성화된 삶의 두 번째 모습은 생명 공경의 삶으로 묘사되고 있다. 수도의 최고 경지이며, 또한 무극대도의 실천윤리의 핵심은 경천(敬天), 경인(敬人)과 더불어 경물(敬物)에 있다. 천지생명체를 살아계신 부모에게 효도하고 봉양하듯 '섬기는' 삶의 실천이야말로 수행의 이상이며 극치이다.

마지막으로 소개하는 이상적 수행자의 삶은 나와 너, 나와 천지만물, 생과 사가 오직 하나인 것을 알아, 나는 사라지고 한울님에게 온전히 맡기는, 한울님과 하나됨의 삶이다.

(1) 생활 속의 수행과 영적 성숙

마음은 본래 비어서 물건에 응하여도 자취가 없는 것이니라.

마음을 닦아야 덕을 알고, 덕을 오직 밝히는 것이 도니라. 덕에 있고 사람에게 있는 것이 아니요, 믿음에 있고 공부에 있는 것이 아니요, 가까운데 있고 멀리 있는 것이 아니요, 정성에 있고 구하는데 있는 것이 아니니 그렇지 않은 듯하나 그러하고 먼 듯하나 멀지 아니하니라.

《동경대전》〈탄도유심급〉

도란 것은 사람이 한갓 지켜서 사업만 할 뿐 아니라 진리를 온전히 체득하여 어김이 없게 함이니, 어찌 삼가지 아니하리오.

사람이 세상에 태어남에 한울 성품으로 말미암지 아니함이 없건마는 능히 그 성품을 거느리는 이가 적고, 누구나 집에서 살지 않는 이가 없건마는 그 집을 잘 다스리는 이가 적으니, 어찌 민망치 아니하리오

성품을 거느리니 한울님이 있고 집을 다스리니 도가 있는지라. 어찌 한울님과 도가 멀다 하리오.

그러므로 한울님은 만물을 낳고 도는 일을 낳나니, 어찌 물(物)과 일이 또한 멀다 하리오. 물은 일을 낳고 일은 먹는 것을 낳는지라, 어찌 일과 다만 밥을 또한 멀다 하여 어길 바리오. 이러므로 한울님이 없으면 생함이 없고, 생함이 없으면 먹는 바 없고, 먹는 바 없으면 일이 없고, 일이 없으면 도가 없을지니라.

이런고로 한울님은 화생하는 직분을 시키므로 잠깐도 쉬고 떠나지 못하는 것이라. 만일 한울님이 일분 일각이라도 쉬게 되면 화생변화하는 도가 없을 것이요, 사람이 또한 일용(日用)의 도를 잠시라도 떠나게 되면 허령창창한 영대가 가난하고 축날 것이라. 이러므로 수고롭고 괴롭고 부지런하고 힘쓰는 도는 금수라도 스스로 지키어 떠나지 않거든 하물며 사람이야 이것을 저버리며 떠날 바리오.

두려워하고 삼가함은 더욱 군자의 절중함이라. 군자는 능히 이 사단을 지키어 천도를 순히 함이니, 어찌 삼가지 아니하리오.

《의암성사법설》〈권도문〉

(2) 성령주체의 삶

몸은 심령(心靈)의 집이요, 심령은 몸의 주인이니, 심령의 있음은 일신(一身)의 안정이 되는 것이요, 욕념의 있음은 일신의 요란이 되는 것이니라.

심령은 오직 한울님이니, 높아서 위가 없고 커서 끝이 없으며, 신령하고 호탕하며 일에 임하여 밝게 알고 물건을 대함에 공손하니라. 생각을 하면

한울 이치를 얻을 것이요, 생각을 하지 않으면 많은 이치를 얻지 못할 것이니, 심령이 생각하는 것이요, 육관(눈·귀·코·혀·몸·뜻으로 대상을 감각·인식하는 기관)으로 생각하는 것이 아니니라. 심령으로 그 심령을 밝히면 현묘한 이치와 무궁한 조화를 가히 얻어쓸 수 있으니, 쓰면 우주 사이에 차고 폐(廢)하면 한 쌀알 가운데도 감추어지느니라.

거울이 티끌에 가리우지 않으면 밝고, 저울에 물건을 더하지 않으면 평하고, 구슬이 진흙에 섞이지 않으면 빛나느니라. 사람의 성령(性靈)은 하늘의 일월과 같으니, 해가 중천에 이르면 만국이 자연히 밝고, 달이 중천에 이르면 천강이 자연히 빛나고, 성품이 중심에 이르면 백체(百體)가 자연히 편안하고, 영기(靈氣)가 중심에 이르면 만사가 자연히 신통한 것이니라.

넓고 큰 집이 천간이라도 주인이 잘 보호치 않으면 그 기둥과 들보가 비바람에 무너지나니 어찌 두렵지 않으랴. 《해월신사법설》〈수심정기(守心正氣)〉

육신은 백 년 사는 한 물체요, 성령은 천지가 시판하기 전에도 본래부터 있는 것이니라. 성령의 본체는 원원충충(圓圓充充)하여 나지도 아니하며, 멸하지도 아니하며, 더하지도 않고, 덜하지도 않는 것이니라. 성령은 곧 사람의 영원한 주체요, 육신은 곧 사람의 한때의 객체니라. 만약 주체로서 주장을 삼으면 영원히 복록을 받을 것이요, 객체로서 주장을 삼으면 모든 일이 재화에 가까우니라. 《의암성사법설》〈이신환성설(以身換性說)〉

(3) 섬김의 삶

그말저말 다던지고
한울님을 공경하면
아동방(我東方) 삼년괴질
죽을염려 있을소냐 (중략)
만고(萬古)없는 무극대도(無極大道)
이세상에 창건하니

이도역시　시운이라
일일시시　먹는음식
성경(誠敬)이자(二字)　지켜내어
한울님을　공경하면
자아시(自兒時)　있던신병
물약자효(勿藥自效)　아닐런가
가중차제(家中次第)　우환없이
일년삼백　육십일을
일조(一朝)같이　지내가니
천우신조　아닐런가
차차차차　중험하니
윤회시운　분명하다
어화세상　사람들아
이내경계　하는말씀
세세명찰(細細明察)　하온후에
잊지말고　지켜내어
성지우성(誠之又誠)　공경해서
한울님만　생각하소
처자불러　효유하고
영세불망(永世不忘)　하였어라

《용담유사》〈권학가〉

우리 스승님의 대도종지(大道宗旨)는 첫째는 천지 섬기기를 부모 섬기는 것과 같이 하는 도요, 둘째 식고(食告)는 살아계신 부모를 효양(孝養)하는 이치와 같은 것이니 내수도(內修道)를 가히 힘쓰지 않겠는가. 식고의 이치를 잘 알면 도통이 그 가운데 있다는 것이 이것이니라.

지금은 그렇지 아니하여 스승님의 도를 배반하고 한울님의 마음을 어기고 한울님의 이치를 업신여기면서 말하기를 도를 닦는다고 하니, 천우신조는 오히려 말할 것도 없고 한울님이 내리는 꾸지람을 받을 것이 명약관화한지라, 이제 우리 도인은 이미 천지부모를 길이 모시는 도를 받았으나, 처음에 부모의 도로써 효경하다가 나중에 보통 길가는 사람으로서 대접하면 그 부모의 마음이 어찌 편안할 수 있으며, 그 자식이 어버이를 배반하고 어버이를 잊어버리고 어디로 가겠는가. 《해월신사법설》〈도결(道訣)〉

(4) 하나됨의 삶

사람이 바로 한울님이요, 한울님이 바로 사람이니, 사람 밖에 한울님이 없고 한울님 밖에 사람이 없느니라.

마음은 어느 곳에 있는가? 한울님에 있고, 한울님은 어느 곳에 있는가? 마음에 있느니라. 그러므로 마음이 곧 한울님이요, 한울님이 곧 마음이니, 마음 밖에 한울님이 없고 한울님 밖에 마음이 없느니라. 한울님과 마음은 본래 둘이 아닌 것이니 마음과 한울님이 서로 화합해야 바로 시·정·지(侍定知)라 이를 수 있으니, 마음과 한울님이 서로 어기면 사람이 다 시천주(侍天主)라고 말할지라도 나는 시천주라고 이르지 않으리라.

천지는 한 기운 울타리니라. 기운은 혼원(渾元)이요, 마음은 허령(虛靈)이니, 조화(造化)가 무궁한 것이니라. 《해월신사법설》〈천지인·귀신·음양〉

왜 그런가. 무릇 사람은 천명을 순히 하고 천리를 보존해야 하느니라. 그러므로 한울법에 응하여 사람의 일을 만드는 것이니, 오직 큰 지혜는 품부한 것이 완전하므로 확실히 내게 맡겨진 명(命)을 알아 능히 한울법을 지키는 것이요, 그 다음은 배워서 아는 것이니 비록 먼저 깨닫고 뒤에 깨닫는 차별은 있다 할지라도 그 이르는 데 미쳐서는 가히 그 뜻을 투득할 것이요, 그 다음은 비록 혹 고심하여 얻는다 할지라도 배우고 익히며 힘써 행하면 성품을 거느리는 경지에 이르나니, 사람마다 각기 한울법을 알아 어기지 말 것이니라. 《의암성사법설》〈명리전〉명언천법장(明言天法章)

2. 수행의 길과 자아완성

이 항목은 자아완성을 위한 수행의 세 가지 길을 소개하고 있다.

한울님은 밝은 지혜로, 만 생명을 살리는 덕과 사랑으로, 또한 그 분의 의지와 섭리의 세 가지 측면으로 스스로를 우리에게 드러내신다. 수행은 바로 이러한 한울님의 본성과 뜻에 일치하기 위한 바른 길을 찾고, 익히고, 실천하는 노력의 총체이다. 자신 안에 밝혀져 있는 빛과 지혜, 덕을 회복하기 위한 수행은 자기 스스로의 책임 아래 이루어져야 한다. 여기서는 수행의 세 가지 길을 다룬다.

첫째, 한울님의 참모습을 찾는 바른 태도의 출발점이자 바른 수행의 기초로써 믿음의 중요성을 가르친다. 자기 안에 무궁한 우주생명이신 한울님이 이미 모셔져 있음을 믿는 것은 모든 윤리와 신앙의 근거가 된다. 지혜로운 믿음이란 자신이 한울님과 본래 하나임을 믿는 것, 그리하여 자기 안의 무궁한 가능성을 믿는 것이다.

둘째, 인간성 회복과 이기심의 극복을 성취해야 할 수행자는 일체의 생명을 공경하는, 경건한 삶을 실현해나가야 한다. 공경은 일체 만물에 대한 감사와 헌신·사랑의 마음으로, 한울님이 주시는 큰 덕을 생활 속에서 익히는 첩경이다.

셋째, 한울님은 우리가 한울 사람으로, 또한 한울 나라를 이 땅에 실현하며 살아가기를 원하신다. 정성스런 실천의 삶은 한울님의 뜻과 섭리를 실현하는 길이요, 도덕의 열매다. 정성의 길은 순일한 마음으로, 쉬임 없이 정진하는 실천의 길이다.

마지막 주제는 한울님의 성품과 뜻에 일치하여 나아가려는, 자아완성을 위한 수행자는 위의 세 가지 길을 통일적으로 닦아 나가야 함을 가르친다. 위에 소개한 세 가지 길은 자아완성의 정점인 지극히 성스러운 상태에 이를 수 있는 수행의 원동력이라 할 수 있다.

(1) 지혜로운 믿음의 길

비록 그러하나 도성덕립(道成德立)이 되는 것은 정성에 있고 사람에 달렸느니라. 혹은 떠도는 말을 듣고 닦으며 혹은 떠도는 주문을 듣고 외우니, 어찌 그릇된 일이 아니며 어찌 민망한 일이 아니겠는가.

안타까운 나의 심정은 날로 간절치 않은 날이 없고, 빛나는 거룩한 덕에 혹 그르침이 있을까 두려워하노라. 이것은 또한 직접 만나지 못한 탓이요, 사람이 많은 까닭이라. 먼곳에서도 서로 마음과 마음은 비치어 응하지만 또한 그리운 회포를 이기지 못하겠고, 가까이 만나서 정회를 펴고자 하나 반드시 지목받을 혐의가 없지 아니하므로 이 글을 지어 펴서 보이니, 어진 그대들은 삼가 나의 말을 들을지어다.

대저 이 도는 마음으로 믿고 정성을 다해야 되느니라. 믿을 신(信)자를 풀어보면 사람의 말이라는 뜻이니 사람의 말 가운데는 옳고 그름이 있는데, 그중에서 옳은 말은 취하고 그른 말은 버리어 거듭 생각하여 마음을 정하라. 한번 작정한 뒤에는 다른 말을 믿지 않는 것이 믿음이니 이와 같이 닦아야 마침내 그 정성을 이루느니라. 정성과 믿음이여, 그 이치가 멀지 아니하니라. 사람의 말로 이루었으니 먼저 믿고 뒤에 정성하라. 내 지금 밝게 가르치니 어찌 미더운 말이 아니겠는가. 경건하고 성실하게 훈계의 말을 어기지 말지어다.
《동경대전》〈수덕문(修德文)〉

인의예지도 믿음이 아니면 행하지 못하고 금목수화도 토가 아니면 이루지 못하나니, 사람의 믿음 있는 것이 오행의 토가 있음과 같으니라. 억천만사가 도시 믿을 신(信) 한 자뿐이니라.

사람의 믿음이 없음은 수레의 바퀴 없음과 같으니라. 믿을 신(信) 한 자는 비록 부모형제라도 변통하기 어려운 것이니라. 경에 말씀하시기를 "대장부 의기범절 신 없으면 어디 나며" 하신 것이 이것이니라. 마음을 믿는 것은 곧 한울님을 믿는 것이요, 한울님을 믿는 것은 곧 마음을 믿는 것이니, 사람이 믿는 마음이 없으면 한 등신이요, 한 밥주머니일 뿐이니라.

사람이 혹 정성은 있으나 믿음이 없고, 믿음은 있으나 정성이 없으니 가히 탄식할 일이로다. 사람의 닦고 행할 것은 먼저 믿고 그 다음에 정성드리는 것이니, 만약 실지의 믿음이 없으면 헛된 정성을 면치 못하는 것이니라. 마음으로 믿으면 정성 공경은 자연히 그 가운데 있느니라.

《해월신사법설》〈성·경·신(誠·敬·信)〉

(2) 공경의 길

일일시시 먹는음식
성경(誠敬)이자(二字) 지켜내어
한울님을 공경하면
자아시(自兒時) 있던신병
물약자효(勿藥自效) 아닐런가
가중차제(家中次第) 우환없이
일년삼백 육십일을
일조(一朝)같이 지내가니
천우신조 아닐런가 (중략)
이내경계 하는말씀
세세명찰(細細明察) 하온후에
잊지말고 지켜내어
성지우성(誠之又誠) 공경해서
한울님만 생각하소
　　　　　　　　　　　　　《용담유사》〈권학가〉

내 마음을 공경치 않는 것은 천지를 공경치 않는 것이요, 내 마음이 편안치 않은 것은 천지가 편안치 않은 것이니라. 내 마음을 공경치 아니하고 내 마음을 편안치 못하게 하는 것은 천지부모(天地父母)에게 오래도록 순종치 않는 것이니, 이는 불효한 일과 다름이 없느니라. 천지부모의 뜻을 거슬리는 것은 불효가 이에서 더 큰 것이 없으니 경계하고 삼가라.

《해월신사법설》〈수심정기〉

사람마다 마음을 공경하면 기혈(氣血)이 크게 화하고, 사람마다 사람을 공경하면 많은 사람이 와서 모이고, 사람마다 만물을 공경하면 만상이 거동하여 오니, 거룩하다 공경하고 공경함이여!

우주에 가득찬 것은 모두가 혼원(渾元)한 한 기운이니, 한 걸음이라도 감히 경솔하게 걷지 못할 것이니라. 내가 한가히 있을 때에 한 어린이가 나막신을 신고 빠르게 앞을 지나니, 그 소리에 땅이 울리어 놀라서 일어나 가슴을 어루만지며, "그 어린이의 나막신 소리에 내 가슴이 아프더라"고 말했었노라. 땅을 소중히 여기기를 어머니의 살같이 하라. 어머니의 살이 중한가 버선이 중한가. 이 이치를 바로 알고 공경하고 두려워하는 마음으로 체행하면, 아무리 큰 비가 내려도 신발이 조금도 젖지 아니할 것이니라.

《해월신사법설》〈성 · 경 · 신〉

(3) 실천적인 정성의 길

우리 도는 다만 성 · 경 · 신(誠敬信) 세 글자에 있느니라. 만일 큰 덕이 아니면 실로 실천하고 행하기 어려운 것이요, 과연 성 · 경 · 신에 능하면 성인되기가 손바닥 뒤집기 같으니라.

사계절의 차례가 있음에 만물이 생성하고, 밤과 낮이 바뀜에 일월이 분명하고, 예와 지금이 길고 멀음에 이치와 기운이 변하지 아니하니, 이는 천지의 지극한 정성이 쉬지 않는 도인 것이니라. 나라 임금이 법을 지음에 모든 백성이 화락하고, 벼슬하는 사람이 법으로 다스림에 정부가 바르며 엄숙하고, 뭇 백성이 집을 다스림에 가도가 화순하고, 선비가 학업을 부지런히 함에 국운이 홍성하고, 농부가 힘써 일함에 의식이 풍족하고, 장사하는 사람이 부지런히 노고함에 재물이 다하지 않고, 공업하는 사람이 부지런이 일함에 기계가 고루 갖추어지니, 이는 인민이 지극한 정성을 잃지 않는 도이니라.

순일(純一)한 것을 정성이라 이르고 쉬지 않는 것을 정성이라 이르나니, 이 순일하고 쉬지 않는 정성으로 천지와 더불어 법도를 같이하고 운을 같이하면 가히 대성·대인(大聖大人)이라고 이를 수 있느니라.

《해월신사법설》〈성·경·신〉

(4) 성·경·신(誠敬信)의 일치와 자아완성

어질고 어진벗은
매몰한 이내사람
부디부디 갈지말고
성경이자(誠敬二字) 지켜내어
차차차차 닦아내면
무극대도(無極大道) 아닐런가
시호시호(時乎時乎) 그때오면
도성입덕(道成立德) 아닐런가   《용담유사》〈도수사〉

우리 수운 대선생께서는 정성에 능하고 공경에 능하고 믿음에 능하신 큰 성인이셨다. 정성이 한울님에 이르러 천명을 계승하시었고, 공경이 한울님에 이르러 조용히 천어(天語)를 들으시었고, 믿음이 한울님에 이르러 묵계가 한울님과 합하셨으니, 이에 큰 성인이 되신 것이니라.

《해월신사법설》〈성·경·신(誠敬信)〉

3. 수행의 방법

이 항목에서는 동학·천도교의 독특한 수행방법들을 설명한다. 여기에 소개된 방법들은 일상생활 속에서 자아실현·자아완성을 성취하기 위한 효율적이며, 다양하고 독창적인 방법들이다. 우리는 효과적인 수행방법을 통해서 끊임없는 자아실현의 욕구를 충족시키며, 진리를 깨닫고, 진리를 현실 속에서 구현하는 능력과 힘을 얻는다.

먼저 한울님을 지극히 섬기고 위하는 글인 주문 염송법을 소개한다. 주문 염송법은 마음에 일어나는 여러 장애물들을 깨끗이 제거해주며, 내 마음의 본래 성품인 한울님을 향하여 정신을 집중하게 하여, 영적 상승효과를 일으켜 한울님과의 일치와 합일을 성취시키는 명상법이다.

두번째로 한울님과의 영적 교제와 직접적 감응을 실현하는 심고법을 소개한다. 심고는 일상의 매매사사에 있어 한울님께 고하는 기도로써, 한울님의 현존을 잊지 않도록 하며, 한울님의 마음과 일치하도록 하는 경험의 시간을 갖게 한다.

세번째로는 자기에게 일어나는 모든 관념들에 집중하여 관찰하는 관법을 소개한다. 나와 한울님, 성품과 마음, 중생과 세계 등을 연상하면서 진행시키는 13관법을 인용한다.

네번째로는 경전을 공부할 것을 권고하는 구절이다. 모든 종교의 경전이 그렇듯이 무궁한 진리 전체를 담을 수 없지만, 경전 안에는 한울님에 대한 바른 이해와 삶의 지혜, 진리를 담은 지식의 정수들이 담겨져 있다. 경전 연구를 기초로 하여, 만사의 도를 깨우치기 위한 이치 공부는 지혜로운 믿음의 토대가 된다.

(1) 한울님을 지극히 섬기고 위하는 주문(呪文) 염송(念誦)

이를 일일이 들어 말할 수 없으므로, 내 또한 두렵게 여겨 다만 늦게 태어난 것을 한탄할 즈음에, 몸이 몹시 떨리면서 밖으로 접령(接靈)하는 기운이 있고 안으로 강화(降話)의 가르침이 있으되, 보였는데 보려 하면 보이지 아니하고 들렸는데 들으려 하면 들리지 아니하므로 마음이 더욱 이상해져서 수심정기(修心正氣)하고 묻기를 "어찌하여 이렇습니까."

대답하시기를 "내 마음이 곧 네 마음이니라. 사람이 어찌 이를 알리오. 천지는 알아도 귀신은 모르니 귀신이라는 것도 나니라. 너는 무궁무궁한 도에 이르렀으니 닦고 단련하여 글을 지어 사람을 가르치고, 법을 바르게 정하여 덕을 펴면 너로 하여금 영생토록 하여 천하에 빛나게 하리라."*

내 또한 거의 한 해를 닦고 헤아려 본즉, 또한 자연한 이치가 없지 아니하므로 일단 주문을 지었으며, 한편으로 강령의 법을 만들고, 한편은 한울님을 잊지 않는 글을 지으니, 절차와 도법이 오직 이십일 자(동학의 주문 21자인 '至氣今至 願爲大降 侍天主 造化定 永世不忘 萬事知'를 말함)로 될 따름이니라.

《동경대전》〈논학문(論學文)〉

문장이고 도덕이고
귀어허사(歸於虛事) 될까보다
열세자 지극하면
만권시서 무엇하며
심학(心學)이라 하였으니
불망기의(不忘其意) 하였어라
현인군자 될것이니
도성입덕(道成立德) 못미칠까

---

* 이 대화는 수운 최제우선생이 1860년에 가졌던 종교체험의 과정 중, 한울님과의 문답 가운데 이루어졌던 내용의 일부이다.

이같이 쉬운도를
자포자기 하단말가 《용담유사》〈교훈가〉

주문 삼칠자(三七字)는 대우주·대정신·대생명을 그려낸 천서(天書)이니 '시천주 조화정(侍天主 造化定)'은 만물 화생의 근본이요, '영세불망 만사지(永世不忘 萬事知)'는 사람이 먹고 사는 녹의 원천이니라.

《해월신사법설》〈영부·주문〉

(2) 한울님과의 직접적 감응을 위한 심고(心告)

잘 때에 "잡니다" 고(告)하고, 일어날 때에 "일어납니다" 고하고, 물 길러 갈 때에 "물 길러 갑니다" 고하고, 방아 찧으러 갈 때에 "방아 찧으러 갑니다" 고하고, 정하게 다 찧은 후에 "몇 말 몇 되 찧었더니 쌀 몇 말 몇 되 났습니다" 고하고, 쌀 그릇에 넣을 때에 "쌀 몇 말 몇 되 넣습니다" 고하옵소서.

먹던 밥 새 밥에 섞지 말고, 먹던 국 새 국에 섞지 말고, 먹던 침채(沈菜: 김치) 새 침채에 섞지 말고, 먹던 반찬 새 반찬에 섞지 말고, 먹던 밥과 국과 침채와 장과 반찬 등절은 따로 두었다가 시장하거든 먹되, 고하지 말고 그저 "먹습니다" 하옵소서.

조석할 때에 새 물에다 쌀 다섯 번 씻어 안치고, 밥해서 풀 때에 국이나 장이나 침채나 한 그릇 놓고 고하옵소서.

금난 그릇에 먹지 말고, 이 빠진 그릇에 먹지 말고, 살생하지 말고, 삼시를 부모님 제사와 같이 받드옵소서.

일가집이나 남의 집이나 무슨 볼 일 있어 가거든 "무슨 볼일 있어 갑니다" 고하고, 볼일 보고 집에 올 때에 "무슨 볼일 보고 집에 갑니다" 고하고, 일가나 남이나 무엇이든지 줄 때에 "아무 것 줍니다" 고하고, 일가나 남이나 무엇이든지 주거든 "아무 것 받습니다" 고하옵소서.

이 칠조목을 하나도 잊지 말고 매매사사를 다 한울님께 고하오면, 병과

윤감(輪感)을 아니하고, 악질과 장학(瘴瘧)을 아니하오며, 별복(鼈腹)과 초학(初瘧)을 아니하오며, 간질(癎疾)과 풍병(風病)이라도 다 나으리니, 부디 정성하고 공경하고 믿어 하옵소서. 병도 나으려니와 위선 대도를 속히 통할 것이니, 그리 알고 진심 봉행하옵소서. 《해월신사법설》〈내수도문〉

사람은 태어나는 것으로만 사람이 되지 못하고 오곡백과의 영양을 받아서 사는 것이니라. 오곡은 천지의 젖이니 사람이 이 천지의 젖을 먹고 영력(靈力)을 발휘케 하는 것이라. 그러므로 한울님은 사람에 의지하고 사람은 먹는 데 의지하니, 이 한울님으로써 한울님을 먹는 원리에 따라 사는 우리 사람은 심고(心告)로써 천지만물의 서로 화합하고 통함을 얻는 것이 어찌 옳지 아니하랴. 《해월신사법설》〈기타〉

(3) 관법(觀法)

묻기를 "나는 또 어디서 났으며 성품은 어디서 왔겠습니까."

대답하시기를 "한울의 입장에서 보면 나도 없고 성품도 없고, 사람의 입장에서 보면 나도 있고 성품도 있느니라. 나도 없고 성품도 없다고 보면 그 수명이 한량이 없고, 나도 있고 성품도 있다고 보면 그 수명이 반드시 짧아서 죽고 사는 것을 떠나지 못하느니라. 큰 수명은 죽고 사는 것도 없고, 선하고 악한 것도 없고, 움직이는 것도 없고, 비고 고요함도 없고, 빛깔과 형상도 없고, 위도 아래도 없고, 예와 이제도 없고, 말과 글도 없는 것이니 형용하기도 어렵고 말하기도 어려운 것이니라." 《의암성사법설》〈후경〉

주문을 생각하여 보는 것과 감화함을 보는 것
나를 없다고 보고 한울을 있다고 보는 것
나를 있다고 보고 한울을 없다고 보는 것
성품을 없다고 보고 마음을 있다고 보는 것
마음을 없다고 보고 성품을 있다고 보는 것

성품도 없다고 보고 마음도 없다고 보는 것
성품도 있다고 보고 마음도 있다고 보는 것
나를 먼저 보고 한울을 뒤에 보는 것
나도 있다고 보고 한울도 있다고 보는 것
나도 있다고 보고 세계도 있다고 보는 것
자유를 보고 자용을 보는 것
중생을 보고 복록을 보는 것
세계를 보고 극락을 보는 것 《의암성사법설》〈십삼관법(十三觀法)〉

(4) 경전연구와 궁리(窮理)

강작(强作)히 지은문자(文字)
귀귀자자(句句字字) 살펴내어
방탕지심(放蕩之心) 두지말고
이내경계(警戒) 받아내어
서로만날 그시절에
괄목상대(刮目相對) 되게되면
즐겁기는 고사하고
이내집안 큰운수라
이글보고 개과(改過)하여
날본듯이 수도하라
부디부디 이글보고
남과같이 하였어라 《용담유사》〈교훈가〉

심령(心靈)은 오직 한울님이니, 높아서 위가 없고 커서 끝이 없으며, 신령하고 호탕하며 일에 임하여 밝게 알고 물건을 대함에 공손하니라. 생각을 하면 한울 이치를 얻을 것이요, 생각을 하지 않으면 많은 이치를 얻지 못할 것이니, 심령이 생각하는 것이요, 육관으로 생각하는 것이 아니니라.

심령으로 그 심령을 밝히면 현묘한 이치와 무궁한 조화를 가히 얻어쓸 수 있으니, 쓰면 우주 사이에 차고 폐(廢)하면 한 쌀알 가운데도 감추어지느니라.
《해월신사법설》〈수심정기〉

주문(呪文)만 외우고 이치를 생각지 않아도 옳지 않고, 다만 이치를 연구하고자 하여 한 번도 주문을 외우지 않아도 또한 옳지 아니하니, 두 가지를 겸전(兼全)하여 잠깐이라도 모앙(慕仰)하는 마음을 늦추지 않는 것이 어떠할꼬.
《해월신사법설》〈수도법〉

4. 수행의 원리와 요체

이 항목에서는 수행자가 잊지 말아야 할 수행의 근본 원리에 관한 구절을 소개한다. 종교 수행의 핵심은 나의 진정한 자아의 본질을 확연히 알고 실현하는 것이다. 수많은 수행법들은 단지 자기의 주인공을 찾아가기 위한 수단일 뿐, 그 수행법 자체가 목적은 아니다.

첫째 주제에서는 자아의 본질인 무궁한 영원성과 전체성으로서의 한울님 마음을 회복하여 늘 깨어있는 정신을 지켜나가며, 육체적 감각·감정·욕망 등을 지혜롭게 통제하여 천지만물의 정신과 하나되는 상태를 유지하는 수심정기(守心正氣)는 수행의 본질이며 핵심임을 설명한다.

두번째 주제는 진리의 근원은 밖에 있지 않고 내 마음에 이미 갖추어져 있으니 스스로의 마음을 법으로 삼고, 등불로 삼는 자심자법(自心自法)의 원리를 다룬다.

마지막으로 중도적 수행의 추구는 성품과 마음, 육신의 통일적 수행으로 나타나야 함을 알려준다.

인생과 우주 본질의 깨달음, 마음의 능력, 세상을 살리는 실천력은 수행과정에서 자연스럽게 나타나는 한울님의 능력이니, 어느 하나도 무시하거나 간과해서는 안 된다.

(1) 수심정기(守心正氣)

수심정기(守心正氣) 네 글자는 천지가 막히고 끊어진 기운을 다시 보충하는 것이니라. 경에 말씀하시기를 "인의예지는 옛 성인의 가르친 바요, 수심정기는 오직 내가 다시 정한 것이라" 하셨으니, 만일 수심정기가 아니면 인의예지의 도를 실천하기 어려운 것이니라. 내 눈을 붙이기 전에 어찌 감히 수운 대선생님의 가르치심을 잊으리오. 삼가서 조심하기를 밤낮이 없게 하느니라.

그대들은 수심정기를 아는가. 능히 수심정기하는 법을 알면 성인(聖人) 되기가 무엇이 어려울 것인가. 수심정기는 모든 어려운 가운데 제일 어려운 것이니라. 비록 잠잘 때라도 능히 다른 사람이 나고 드는 것을 알고, 능히 다른 사람이 말하고 웃는 것을 들을 수 있어야 가히 수심정기라고 말할 수 있는 것이니라. 수심정기하는 법은 효·제·온·공(孝悌溫恭)이니 이 마음 보호하기를 갓난아이 보호하는 것같이 하며, 늘 조용하여 성내는 마음이 일어나지 않게 하고, 늘 깨어 혼미한 마음이 없게 함이 옳으니라.

마음이 기쁘고 즐겁지 않으면 한울님이 감응치 아니하고, 마음이 언제나 기쁘고 즐거워야 한울님이 언제나 감응하느니라. 내 마음을 내가 공경하면 한울님이 또한 즐거워 하느니라. 수심정기는 바로 천지를 내 마음에 가까이 하는 것이니, 참된 마음은 한울님이 반드시 좋아하고 한울님이 반드시 즐거워하느니라. 《해월신사법설》〈수심정기(守心正氣)〉

첫째 수심(守心)이니, 사람이 마음을 잠시라도 정맥(精脈)에서 떠나지 않게 할 것이라. 떠나지 않게 하는 방법은 일용행사간에 생각하고 생각하여

잊지 말고 세가지를 서로 어김이 없게 할 것이며,

둘째 정기(正氣)니, 기쁘고 성나고 슬프고 즐거운 것을 과도하게 말 것이라. 성나는 것이 과하면 경맥(驚脈)이 통하지 못하고, 슬픈 것이 과하면 정맥이 화하지 못하고, 기쁘고 즐거운 것이 과하면 산맥(散脈)이 고르지 못하나니, 이는 반드시 큰 해가 되는 것이라 삼가고 삼가라.

《의암성사법설》〈위생보호장〉

(2) 자심자법(自心自法)

성품을 보고 마음을 깨달으면 내 마음이 극락이요, 내 마음이 천지요, 내 마음이 풍운조화이니라. 마음 밖에 빈 것도 없고, 고요함도 없고, 불생도 없고, 불멸도 없고, 극락도 없고, 애락도 없으니, 오직 우리 도인은 자심(自心)을 자성(自誠)하고 자심을 자경(自敬)하여 털끝만치라도 어김이 없으면 가는 것도 없고 오는 것도 없으며, 위도 없고 아래도 없으며, 구할 것도 바랄 것도 없어 스스로 천황씨가 되는 것이니라.

경에 말씀하시기를 "내가 나를 위함이요, 다른 것이 아니다", "멀리 구하지 말고 나를 닦으라", "가까운 데 있고 먼 곳에 있지 아니하다" 하였으니 깊이 생각하라.

시천주의 모실 시(侍)자는 한울님을 깨달았다는 뜻이요, 천주의 님 주(主)자는 내 마음의 님이라는 뜻이니라. 내 마음을 깨달으면 상제가 곧 내 마음이요, 천지도 내 마음이요, 삼라만상이 다 내 마음의 한 물건이니라. (중략)

내 마음을 멀리 보내도 갈 곳이 없고, 저 한울이 내게 와도 들어 올 곳이 없느니라. 도를 어느 곳에서 구할 것인가, 반드시 내 마음에서 구할 것이니 살필지어다.

《의암성사법설》〈무체법경〉신통고

묻기를 "사람이 제가 능히 움직이고 쓸 수 있다면 어찌하여 한울을 믿습니까."

대답하시기를 "자기 마음을 자기가 믿으며, 자기 한울을 자기 마음으로 하며, 스스로 아는 것을 스스로 움직이며, 자기 한울을 스스로 법으로 삼나니, 그러므로 옛부터 많은 경전과 많은 법설이 자기 마음을 자기가 법으로 하는 것이요, 밖으로부터 오는 것이 아니니라. 경전을 배워서 만 번 외우고 한울을 보고 천 번 절하라는 것은 다만 어리석은 사람들의 마음을 경계하느라고 만든 법이요, 이로써 성품을 보고 마음을 깨닫는 것은 얻지 못하느니라. 성품과 마음을 닦는 데는 반드시 묘한 방법이 있으니 늘 깨어있어 어둡지 말 것이니라. 마음이 성품 속에 들면 공공적적(空空寂寂)하고, 성품이 마음 속에 들면 활활발발(活活發發)해지니라. 비고 고요하고 활발한 것은 자기 성품과 자기 마음에서 일어나고, 자기 성품과 자기 마음은 내 마음의 본 바탕이니, 도를 어느 곳에서 구할 것인가. 반드시 내 마음에서 구할지니라."
《의암성사법설》〈후경〉

네가 자기 성품과 마음을 깨닫지 못하면, 비록 몸을 깨뜨려 티끌같이 할지라도 끝내 크게 이루지 못할 것이요, 네가 자기의 성품이 스스로 크며 자기의 마음에 도가 있음을 알지 못하면, 비록 천 가지 경전을 만번 읽어서 설득하더라도 반드시 분별치 못하리라.

도를 자기의 성품에서 구하고, 법을 자기 마음에서 구하라. 성품과 마음이 있는 곳은 저기도 아니요, 여기도 아니요, 위도 아니요, 아래도 아니요, 다만 내가 내게 있는 것이니라. 내 한울을 내 도로 하면 천도의 한량 없는 것이 또한 내게 매었으니, 내가 높고 높음이 위도 없고 위도 없어 세 한울(성품, 마음, 육신의 세 한울)의 위에 높이 있느니라. 《의암성사법설》〈후경〉

(3) 성심신 통수(性心身 統修)

그러나 성품을 보는 사람은 기운을 보지 못하고, 기운을 보는 사람은 성품을 보지 못하여, 도에 어기어 마지 않으니 아까워라. 성품은 이치니 성리(性理)는 공공적적(空空寂寂)하여 가이 없고 양도 없으며 움직임도 없고 고요함도 없는 원소일 뿐이요, 마음은 기운이니 심기(心氣)는 원원충충(圓圓充充)하여 넓고넓어 흘러 물결치며 움직이고 고요하고 변하고 화하는 것이 때에 맞지 아니함이 없는 것이니라. 이러므로 이 두 가지에 하나가 없으면 성품도 아니요, 마음도 아니니라.

밝히어 말할 것 같으면 성리가 없으면 마음이 없는 나무사람(木人)과 같고, 심기가 없으면 물없는 곳의 고기와 같으니, 도닦는 사람은 밝게 살피고 밝게 깨달으라. 성품을 보는 것은 누구이며 마음을 보는 것은 누구인가. 만약 내 몸이 없으면 성품과 마음을 대조하는 것이 어느 곳에서 생길 것인가.

성품이 있고라야 몸이 있고, 몸이 있고라야 마음이 있으나 그러나 성품과 마음과 몸 세가지에서 어느 것을 먼저 할 것인가. 성품이 주체가 되면 성품의 권능이 몸의 권능을 이기고, 몸이 주체가 되면 몸의 권능이 성품의 권능을 이기느니라. 성품을 주체로 보고 닦는 사람은 성품의 권능으로써 비고 고요한 경시를 무궁히 하고, 그 원소를 확충하여 불생불멸(不生不滅)을 도라 말하고, 몸을 주체로 보고 닦는 사람은 몸의 권능으로써 활발하고 거리낌없이 현세계에서 모든 백성을 함양함을 도라고 말하느니라. 그러므로 성품과 몸의 두 방향에 대한 수련을 보이어 도 닦는 사람에게 밝혀서 말하려 하노라.

몸이 있을 때에는 불가불 몸을 주체로 알아야 할 것이니, 왜 그런가 하면 몸이 없으면 성품이 어디 의지해서 있고 없는 것을 말하며, 마음이 없으면 성품을 보려는 생각이 어디서 생길 것인가. 무릇 마음은 몸에 속한 것이니라. 마음은 바로 성품으로써 몸으로 나타날 때 생기어 형상이 없이 성품과 몸 둘 사이에 있어 만리만사(萬理萬事)를 소개(紹介)하는 요, 긴한 중추가 되느니라.

《의암성사법설》〈무체법경〉성심신삼단

지나간 옛 현철이 스스로 구하고 스스로 보이는 것으로 서로 다투었으나, 우리 도에 이르러서는 사람이 스스로 구하여 도를 이루는 것이 아니라 한울님이 반드시 바르게 보이고 바르게 들으니, 만에 하나도 의심이 없느니라. 바르게 보고 바르게 듣는 것은 성·심·신 삼단(性心身 三端)이 합하여 보이고 나누어 보임이니, 세가지에 하나가 없으면 도가 아니요 이치가 아니니라. 나도 또한 이 세 가지를 합하여 깨달아 홀로 황황상제의 자리에 앉았노라.

《의암성사법설》〈무체법경〉신통고

5. 일상 속의 수행과 도덕적 실천

자신의 영적 성장을 위한 수행은 매일의 일상 속에서 생활화될 때 그 진정한 가치와 능력을 얻는다. 또한 참된 도덕으로 실천되지 않으면 위선적인 것이 되고 만다. 여기에서는 여섯 가지의 주제로 수행자가 일상 속에서 실천해야 할 자아실현을 위한 마음의 태도를 다룬다.

(1) 마음의 참되고 진실한 실상을 지켜나가는 정심수도의 자세, (2) 내 본연의 한울님 마음을 잃지 않고, 항상 깨어있는 의식을 지켜 나가는 수심정기, (3) 천지만물과 더불어 항상 화합하는 마음의 유지, (4) 생명계의 원리, 자연의 질서에 일치하여 살아가는 성·경·신의 생활화, (5) 한울님·인간·세계만물의 은덕에 대한 감사와 공경의 삶, (6) 나의 생명을 부양케 해주는 전 우주 생명계의 은혜에 보답하는 행위로서 감사와 헌신의 마음으로 매끼의 식사를 한울님께 공양하는 제사처럼 정성 드리는 생활을 소개한다.

(1) 참회·반성과 정심(正心)

불사(不似)한 그른거동
남의이목 살펴내어
정심수신(正心修身) 하온후에
남과같이 수도하소 (중략)

이같이　아니말면
제신수(身數)　가련하고
이내도(道)　더럽히니
주소간(晝宵間)　하는걱정
이밖에　다시없다
작심(作心)으로　불변하면
내성군자(乃成君子)　아닐런가　　　　　　　　　《용담유사》〈도수사〉

이세상　인심으로
물욕제거(物慾除去)　하여내어
개과천선(改過遷善)　되었으니
성경이자(誠敬二字)　못지킬까
일일이　못본사람
상사지회(相思之懷)　없을소냐
두어귀　언문가사
들은듯이　외워내어
정심수도(正心修道)　하온후에
잊지말고　생각하소　　　　　　　　　　　　　《용담유사》〈도덕가〉

　대범 신(信)은 정성의 근본이라. 정성스러운 마음으로써 생각과 말과 일을 살피며, 다만 그뿐만 아니라 그 살피는 것으로 말미암아 생각과 말과 일이 확실히 효력이 있는가 없는가 하여 또 다시 살피느니, 살피면 사람의 일 동일정이 자연히 천리에 합당할 것이요, 천리에 합당하면 일신상 광채와 사회문명이 다 고등한 이치를 점령하리니, 사람의 정도는 살피는 범위 속에 진퇴한다 이름이 가하도다. 그런 고로 날마다 살피는 공부를 힘쓰는데, 밤 열시를 당하여 당일 살피던 마음과 살피던 것을 인연하여 옳은 생각을 둠과 옳은 말을 발함과 옳은 일을 행하던 조건을 낱낱이 조사하여 선악의 다소를 비교하며, 그 살피던 마음과 조사하는 성력(誠力)을 날마다 연속하여 날이 쌓여 달이 되고 달이 쌓여 해가 되도록 일만 분이라도 해타(懈惰)한 마음이 없으면 마침내 회계(會計)에 자연히 옳은 것이 많을 것이요, 그 마음으로 또 여러 해를 지내면 순연한 옳은 것뿐이 회계에 나타나리니, 살피는 것이 준적(準的)이 없으면 마음이 항상 현황(眩慌)하며 주저하여 방향을 정치 못하는 고로, 먼저 사람의 선악과 세상의 치란지사(治亂之事)를 증거하되, 시초에 무슨 생각과 무슨 말과 무슨 일에 근본하여 종말에 무슨 결과가 나타나는 것을 역사상 사적(事蹟)과 학문상 의견에 참고하여 살피는 공부에 큰 준적을 삼느니라. 준적을 비록 세우고자 하나 꺼리고 두려운 마음이 없으면 자행자지(自行自止)하여 근본이 완고(完固)하기 어려운 고로, 항상 천주를 모셔 엄숙하며 공경하는 마음으로 준적 근본을 삼느니라.

《의암성사법설》〈현기문답〉

(2) 완전한 깨어있음, 수심정기(守心正氣)

사람이 능히 그 마음의 근원을 맑게 하고 그 기운 바다를 깨끗이 하면 만진(萬塵)이 더럽히지 않고, 욕념이 생기지 아니하면 천지의 정신이 전부 한 몸 안에 돌아오는 것이니라. 마음이 맑고 밝지 못하면 그 사람이 우매하고, 마음에 티끌이 없으면 그 사람이 현철하느니라.

등불은 기름을 부은 뒤에라야 불빛이 환히 밝고, 거울은 수은을 칠한 뒤에라야 물건이 분명히 비치고, 그릇은 불에 녹아 단련된 뒤에라야 체질이 굳고 좋으며, 사람은 마음에 한울님의 가르침을 얻은 뒤에라야 뜻과 생각이 신령한 것이니라.

몸은 심령(心靈)의 집이요, 심령은 몸의 주인이니, 심령의 있음은 일신(一身)의 안정이 되는 것이요, 욕념의 있음은 일신의 요란이 되는 것이니라. (중략)

거울이 티끌에 가리우지 않으면 밝고, 저울에 물건을 더하지 않으면 평하고, 구슬이 진흙에 섞이지 않으면 빛나느니라. 사람의 성령은 하늘의 일월과 같으니, 해가 중천에 이르면 만국이 자연히 밝고, 달이 중천에 이르면 천강이 자연히 빛나고, 성품이 중심에 이르면 백체가 자연히 편안하고, 영기(靈氣)가 중심에 이르면 만사가 자연히 신통한 것이니라.

넓고 큰 집이 천간이라도 주인이 잘 보호치 않으면 그 기둥과 들보가 비바람에 무너지나니 어찌 두렵지 않으랴. 《해월신사법설》〈수심정기〉

'천하 일만 생각이 전혀 한 몸에 있으니, 앞의 물결이 겨우 쉬면 뒤의 물결이 일어난다'는 이 생각이 어느 때에 없어질 것이냐. 이것을 끊으려고 불가능의 심력을 공연히 허비치 말고, 다만 '내 속에 어떤 내가 있어 굴신동정하는 것을 가르치고 시키는가' 하는 생각을 일마다 생각하여 오래도록 습성을 지니면, 성품과 몸 두 가지에 어느 것이 주체요, 어느 것이 객체인 것과 어느 것이 중(重)하고 어느 것이 경(輕)한 것을 스스로 깨닫게 될 것이니, 이 깨달음이 곧 육신을 개벽하는 것이니라.

《의암성사법설》〈인여물개벽설(人與物開闢說)〉

(3) 심신의 평화, 심화기화(心和氣和)

기운이 마음을 부리는가, 마음이 기운을 부리는가. 기운이 마음에서 나왔는가, 마음이 기운에서 나왔는가. 화생(化生)하는 것은 기운이요, 작용하는 것은 마음이니, 마음이 화하지 못하면 기운이 그 도수를 잃고 기운이 바르지 못하면 마음이 그 궤도를 이탈하나니, 기운을 바르게 하여 마음을 편안히 하고, 마음을 편안히 하여 기운을 바르게 하라. 기운이 바르지 못하면 마음이 편안치 못하고, 마음이 편안치 못하면 기운이 바르지 못하나니, 그 실인즉 마음도 또한 기운에서 나는 것이니라.

《해월신사법설》〈천지인 · 귀신 · 음양〉

마음으로써 마음을 상하게 하면 마음으로써 병을 생기게 하는 것이요, 마음으로써 마음을 다스리면 마음으로써 병을 낫게 하는 것이니라. 이 이치를 만약 밝게 분별치 못하면 후학들이 깨닫기 어렵겠으므로, 논하여 말하니 만약 마음을 다스리어 심화기화(心和氣和)가 되면 냉수라도 약으로써 복용하지 않느니라. 《해월신사법설》〈영부·주문〉

(4) 성경신(誠敬信)의 생활화

우리 도는 넓고도 간략하니 많은 말을 할 것이 아니라 별로 다른 도리가 없고 성·경·신(誠敬信) 석 자이니라. 이 속에서 공부하여 터득한 뒤에라야 마침내 알 것이니, 잡념이 일어나는 것을 두려워하지 말고 오직 깨우쳐 지(知)에 이르도록 염려하라. 《동경대전》〈좌잠(座箴)〉

전팔절(前八節)
밝음이 있는 바를 알지 못하거든 멀리 구하지 말고 나를 닦으라.
덕이 있는 바를 알지 못하거든 내 몸의 화(化)해난 것을 헤아리라.
명(命)이 있는 바를 알지 못하거든 내 마음의 밝고 밝음을 돌아보라.
도가 있는 바를 알지 못하거든 내 믿음이 한결같은가 헤아리라.
정성이 이루어지는 바를 알지 못하거든 내 마음을 잃지 않았나 헤아리라.
공경이 되는 바를 알지 못하거든 잠깐이라도 모양함을 늦추지 말라.
두려움이 되는 바를 알지 못하거든 지극히 공변되게 하여 사사로움이 없는가 생각하라.
마음의 얻고 잃음을 알지 못하거든 마음 쓰는 곳의 공(公)과 사(私)를 살피라.

후팔절(後八節)
밝음이 있는 바를 알지 못하거든 내 마음을 그 땅에 보내라.
덕이 있는 바를 알지 못하거든 말하고자 하나 넓어서 말하기 어려우니라.
명(命)이 있는 바를 알지 못하거든 이치가 주고 받는 데 묘연하니라.
도가 있는 바를 알지 못하거든 내가 나를 위하는 것이요 다른 것이 아니니라.

정성이 이루어지는 바를 알지 못하거든 이에 스스로 자기 게으름을 알라.

공경이 되는 바를 알지 못하거든 내 마음의 거슬리고 어두움을 두려워하라.

두려움이 되는 바를 알지 못하거든 죄 없는 곳에서 죄 있는 것같이 하라.

마음의 얻고 잃음을 알지 못하거든 오늘에 있어 어제의 그름을 생각하라.

《동경대전》〈팔절〉

너희역시 사람이면
남의수도 하는법을
응당(應當)히 보지마는
어찌그리 매몰한고
지각(知覺)없는 이것들아
남의수도 본을받아
성지우성(誠之又誠) 공경해서
정심수신(正心修身) 하였어라 (중략)
대저세상 사람중에
정성있는 그 사람은
어진사람 분명하니
작심(作心)으로 본을보고
정성공경 없단말가

《용담유사》〈교훈가〉

정성(誠)이란 것은 마음의 주(主)요, 일의 체(體)가 되나니, 마음을 닦고 일을 행함에 정성이 아니면 이룰 수 없느니라.

공경(敬)이란 것은 도의 주체요 몸으로 행하는 것이니, 도를 닦고 몸으로 행함에 오직 공경으로 종사하라.

두려움(畏)이란 것은 사람이 경계하는 바니, 한울님의 위엄과 신의 눈이 이르지 않는 곳이 없도다.

마음(心)이란 것은 허령(虛靈)의 그릇이요, 화복(禍福)의 근원이니, 공(公)과 사(私) 사이에 득실(得失)의 도니라. 《해월신사법설》〈강서(降書)〉

(5) 삼경(三敬)과 생명공경

사람은 첫째로 한울님을 공경하지 아니치 못할지니, 이것이 돌아가신 스승님(동학 창시자인 수운 최제우)께서 처음 밝히신 도법이라. 한울님을 공경하는 원리를 모르는 사람은 진리를 사랑할 줄 모르는 사람이니, 왜 그러냐 하면 한울님 공경은 진리의 중심을 잡은 것이므로써이다.

그러나 한울님을 공경함은 결단코 빈 공중을 향하여 상제를 공경한다는 것이 아니요, 내 마음을 공경함이 곧 한울님을 공경하는 도를 바르게 아는 길이니, "내 마음을 공경치 않는 것이 곧 천지를 공경치 않는 것이라" 함은 이를 이름이었다. 사람은 한울님을 공경함으로써 자기의 영원한 생명을 알게 될 것이요, 한울님을 공경함으로써 모든 사람과 만물이 다 나의 동포라는 전체의 진리를 깨달을 것이요, 한울님을 공경함으로써 남을 위하여 희생하는 마음과 세상을 위하여 의무를 다할 마음이 생길 수 있나니, 그러므로 한울님을 공경함은 모든 진리의 중심이 되는 부분을 움켜잡는 것이니라.

둘째는 사람을 공경함이니 한울님을 공경함은 사람을 공경하는 행위에 의지하여 사실로 그 효과가 나타나는 것이다. 한울님만 공경하고 사람을 공경함이 없으면 이는 농사의 이치는 알되 실지로 종자를 땅에 뿌리지 않는 행위와 같으니, 도닦는 사람이 사람을 섬기되 한울님과 같이 한 후에야 처음으로 바르게 도를 실행하는 사람이니라.

도인집에 사람이 오거든 사람이 왔다 이르지 말고 한울님이 강림하셨다 이르라 하셨으니, 사람을 공경치 아니하고 귀신을 공경하여 무슨 실효가 있겠느냐. 어리석은 풍속에 귀신을 공경할 줄은 알되 사람은 천대하나니, 이것은 죽은 부모의 혼은 공경하되 산 부모는 천대함과 같으니라. 한울님이 사람을 떠나 따로 있지 않는지라, 사람을 버리고 한울님을 공경한다는 것은 물을 버리고 해갈을 구하는 자와 같으니라.

셋째는 물건을 공경함이니 사람은 사람을 공경함으로써 도덕의 최고경지가 되지 못하고, 나아가 물건을 공경함에까지 이르러야 천지기화(天地氣化)의 덕에 합일될 수 있느니라. 《해월신사법설》〈삼경〉

(6) 식사는 곧 제사

금난 그릇에 먹지 말고, 이 빠진 그릇에 먹지 말고, 살생하지 말고, 삼시(三時)를 부모님 제사와 같이 받드옵소서. 《해월신사법설》〈내수도문〉

그러므로 한울님은 사람에 의지하고 사람은 먹는데 의지하니, 이 한울님으로써 한울님을 먹는 원리에 따라 사는 우리 사람은 심고(心告)로써 천지만물의 서로 화합하고 통함을 얻는 것이 어찌 옳지 아니하랴.

《해월신사법설》〈기타〉

6. 수행자의 생활자세

여기에서는 한울님의 덕성을 소유하고 있는 사람으로서 자기계발과 자아실현을 위해 마땅히 실행해나가야 할 생활자세와 덕목을 알려준다. 때와 상황에 맞는 중도의 자세, 말과 행동의 일치, 자기 안의 참된 본성을 가리는 이기심의 극복, 진실한 마음의 유지와 독실하게 공부하는 자세, 항상 배우려는 태도, 자만심을 버리고 끊임없이 한울님의 성품에 따르는 겸손, 선한 마음이 바탕이 된 화합의 정신, 큰 일을 성취하기 위한 인내심, 부지런하게 힘쓰는 생활, 일심(一心)의 유지와 평안한 정신을 다룬다. 마지막 주제에서는 수운 최제우 선생 당시, 제자들의 문란한 수행기풍을 타일러 바로잡기 위한 최소한의 수행규범을 소개한다.

(1) 중도의 실천, 균형의 생활

원·형·이·정(元亨利貞)은 천도의 떳떳한 것이요, 오직 한결같이 중도(中道)를 잡는 것은 인사(人事)의 살핌이니라. 그러므로 나면서부터 아는 것은 공부자(孔夫子)의 성인 바탕이요, 배워서 아는 것은 옛 선비들의 서로 전한 것이니라. 《동경대전》〈수덕문(修德文)〉

마음의 자취가 나타나는 것은 유정공기(有情空氣)로써 변화하는 능력이 생기므로, 마음의 힘을 얻는 사람은 능히 유정천(有情天)의 능력과 변화를 행할 수 있느니라. 그러므로 제 몸에서 성품을 보는 사람도 또한 제가 능히 한울님의 능력을 스스로 쓰나니, 이것은 성품을 보는 마음이 또한 유정천에 의하여 스스로 생기는 것이니라. 성품을 보는 사람의 "나도 없고 마음도 없고 몸도 없고 도도 없다"는 주장으로 신통력을 비방하나니, 이는 신통력이 자연이 성품과 마음 수련하는 데서 생김을 알지 못하고, 다만 철학의 협견으로써 비방하는 것이니라. 그러므로 세상을 돌아보고 한울의 능력을 취하여 때를 따라 도를 쓰는 것은 수도하는 사람의 중도를 잡는 데 있느니라. 《의암성사법설》〈무체법경〉성심신삼단

빛이 사방에 덮히니 만사에 맞게 흩어지고, 때를 따라 마땅함을 취하니 무릇 때에 맞는다 함이요, 때를 쓰는데 잘 처변하여 중도를 잡아 잃지 아니함이요, 처음과 나중이 있으니 한 이치에 합하는 것이로다. 이를 좇아보면 한울님과 도에 어찌 사이가 있으며 도와 사람이 어찌 멀다고 하겠는가. 잠시도 떠나지 못할 것이라는 것은 이를 말한 것이니라.

《의암성사법설》〈삼전론〉서론

(2) 바른 말과 언행일치

일이 있으면 사리를 가리어 일에 응하고 일이 없으면 조용히 앉아서 마음 공부를 하라. 말을 많이 하고 생각을 많이 하는 것은 심술(心術)에 가장 해로우니라.… 말은 행할 것을 돌아보고 행동은 말한 것을 돌아보아 말과 행동을 한결같이 하라. 말과 행동이 서로 어기면 마음과 한울님이 서로 떨어지고, 마음과 한울님이 서로 떨어지면 비록 해가 다하고 세상이 꺼질지라도 성현의 지위에 들어가기가 어려우니라. 《해월신사법설》〈대인접물〉

(3) 이기심의 극복, 이타적 삶

남의 적은 허물을 내 마음에 논란하지 말고, 나의 적은 지혜를 사람에게 베풀라. 《동경대전》〈탄도유심급〉

사사로운 욕심을 끊고 사사로운 물건을 버리고 사사로운 영화를 잊은 뒤에라야, 기운이 모이고 신(神)이 모이어 환하게 깨달음이 있으리니, 길을 가면 발끝이 평탄한 곳을 가리키고 집에 있으면 신(神)이 조용한 데 엉기고 자리에 앉으면 숨결이 고르고 편안하며 누우면 신이 그윽한 곳에 들어, 하루종일 어리석은 듯하며 기운이 평정하고 심신(心神)이 청명하니라.

《해월신사법설》〈독공〉

(4) 진실과 독실함

다만 교만하고 사치한 마음을 길러 끝내 무엇을 하리오. 내가 본 사람이 많으나 학(學)을 좋아하는 사람을 아직 보지 못했노라. 겉으로 꾸며대는 사람은 도에 멀고 진실한 사람이 도에 가까우니, 사람을 대하여 거리낌이 없는 자라야 가히 도에 가깝다 이르리라.…

거짓으로써 사람을 사귀는 사람은 도를 어지럽게 하고 도를 사납게 하는 자요, 이치를 거역하는 자이니라. 《해월신사법설》〈대인접물〉

독실(篤實)하게 공부해서 이루지 못할 것이 없느니라. 내가 신유년(辛酉年, 1861) 여름에 도를 받은 뒤로부터 독실하게 공부할 뿐이더니, 얼음물에 목욕하여도 따스한 기운이 돌고 불을 켜도 기름이 졸지 아니하니 정성드려야 할 것은 도학이니라. 우물을 판 뒤에야 물을 마실 것이요, 밭을 간 뒤에라야 밥을 먹을 것이니, 사람의 마음 공부하는 것이 물 마시고 밥 먹는 일과 같지 아니한가. 곡식을 여러 창고에 저장하는 것도 반드시 밭 한 이랑으로부터 시작하는 것이요, 많은 재물을 모으는 것도 반드시 한 시장으로부터 되는 것이요, 덕이 백체를 윤택하게 하는 것도 반드시 한 마음으로부터 시작되는 것이니라.

도에 대한 한결같은 생각을 주릴 때 밥 생각하듯이, 추울 때 옷 생각하듯이, 목 마를 때 물 생각하듯이 하라. 부귀한 자만 도를 닦겠는가, 권력있는 자만 도를 닦겠는가, 유식한 자만 도를 닦겠는가, 비록 아무리 빈천한 사람이라도 정성만 있으면 도를 닦을 수 있느니라. 《해월신사법설》〈독공〉

(5) 배우는 삶

누가 나에게 어른이 아니며 누가 나에게 스승이 아니리오. 나는 비록 부인과 어린아이의 말이라도 배울만한 것은 배우고 스승으로 모실만한 것은 스승으로 모시노라.

남을 훼방하고 배척하여 삶을 상하게 하는 것은 군자가 이르기를 불효라 하였으니, 사람의 장단을 말하는 것은 도덕에 크게 해로우니라. 양공(良工)은 구부러진 재목을 거절하지 아니하고, 명의(名醫)는 병든 사람을 거절하지 아니하고, 성인의 도를 배우는 자리에는 어리석은 사람을 거절하지 아니하느니라. 《해월신사법설》〈대인접물〉

배우는 것은 반드시 넓게 하고 묻는 것은 반드시 자세히 하고 행하는 것은 반드시 독실하게 하라. 만일 삼년에 도안(道眼)이 밝지 못하고 마음 바탕이 신령치 못하면 이것은 정성이 없고 믿음이 없음이니라. 정성이 있고 믿음이 있으면 돌을 굴리어 산에 올리기도 쉬우려니와, 정성이 없고 믿음이 없으면 돌을 굴리어 산에서 내리기도 어려우니, 공부하는 것의 쉽고 어려움도 이와 같으니라.　　　　　　　　　　《해월신사법설》〈독공〉

(6) 스스로 낮춤

　사람이 바로 한울님이니 사람 섬기기를 한울님같이 하라. 내 제군들을 보니 스스로 잘난체 하는 자가 많으니 한심한 일이요, 도에서 이탈되는 사람도 이래서 생기니 슬픈 일이로다. 나도 또한 이런 마음이 있느니라. 이런 마음이 생기면 생길 수 있으나, 이런 마음을 감히 내지 않는 것은 한울님을 내 마음에 양(養)하지 못할까 두려워함이로다.　　　《해월신사법설》〈대인접물〉

　무릇 때와 일에 임하여 '우(愚: 어리석은 체 하는 것)·묵(默: 침착하게 하는 것)·눌(訥: 말조심 하는 것)' 세 자를 용(用)으로 삼으라. 만약 경솔하게 남의 말을 듣고 말하면 반드시 나쁜 사람의 속임에 빠지느니라. 이로써 실행해나아가면 공(功)은 반드시 닦는 데 돌아가고 일은 반드시 바른 데 돌아갈 것이니라.

　사람을 대할 때에 언제나 어린아이같이 하라. 항상 꽃이 피는 듯이 얼굴을 가지면 가히 사람을 융화하고 덕을 이루는 데 들어가리라.

　　　　　　　　　　　　　　　　　　　　　　　《해월신사법설》〈대인접물〉

(7) 인 내

　십년을　공부해서
　도성입덕(道成立德)　되게되면
　속성이라　하지마는
　무극(無極)한　이내도는
　삼년불성(三年不成)　되게되면
　그아니　헛말인가

급급(急急)한 제군들은
인사(人事)는 아니 닦고
천명(天命)을 바라오니
졸부귀(猝富貴) 불상(不祥)이라
만고유전(萬古遺傳) 아닐런가
수인사(修人事) 대천명(待天命)은
자세히도 알지마는
어찌그리 급급한고 《용담유사》〈도수사〉

한 번 어지러움에 십 년을 잃고, 모든 어려움을 참음에 만 가지 기회가 생기느니라.
말없이 고요함에 도심(道心)이 자라고 분심(忿心)을 참음에 모든 신(神)이 따르느니라.
분의(分義)가 정해짐을 알지 못하거든 매사를 당하는 대로 행하라.
《의암성사법설》〈명심장〉

(8) 성실한 노동

이런고로 한울은 화생하는 직분을 지키므로 잠깐도 쉬고 떠나지 못하는 것이라. 만일 한울이 일분일각이라도 쉬게 되면 화생변화하는 도가 없을 것이요, 사람이 또한 일용의 도를 잠시라도 떠나게 되면 허령창창한 영대가 가난하고 축날 것이라. 이러므로 수고롭고 괴롭고 부지런하고 힘쓰는 도는 금수라도 스스로 지키어 떠나지 않거든 하물며 사람이야 이것을 저버리며 떠날 바리오.
두려워하고 삼감은 더욱 군자의 절중함이라. 군자는 능히 이 사단을 지키어 천도를 순히 함이니, 어찌 삼가지 아니하리오. 대저 천도가 여기에 지날 바 없는지라, 삼가 지킬진저! 《의암성사법설》〈권도문〉

(9) 일심(一心)과 평정(平定)

　닦아서 필법(筆法)을 이루니 그 이치가 한 마음에 있도다.
　우리나라는 목국(木局)을 상징하니 삼절(三絶)의 수(數)를 잃지 말라.
　여기서 나서 여기서 얻었는 고로 동방부터 먼저 하느니라.
　사람의 마음이 같지 않음을 어여뻐 여겨 글을 쓰는 데 안팎이 없게 하라.
　마음을 편안히 하고 기운을 바르게 하여 획을 시작하니 모든 법이 한 점(點)에 있느니라.　《동경대전》〈필법(筆法)〉

　　어질다　제군들은
　　이런 말씀　본(本)을받아
　　아니잊자　맹세해서
　　일심(一心)으로　지켜내면
　　도성입덕(道成立德)　되려니와
　　번복지심(飜覆之心)　두게되면
　　이는역시　역리자(逆理者)요　《용담유사》〈도덕가〉

(10) 수행자의 수칙, 규범

　인의예지는 옛 성인의 가르친 바요, 수심정기(修心正氣)는 내가 다시 정한 것이니라. 한 번 입도식(入道式)을 지내는 것은 한울님을 길이 모시겠다는 중한 맹세요, 모든 의심을 깨쳐버리는 것은 정성을 지키는 까닭이니라. 의관(衣冠)을 바로 갖추는 것은 군자의 행실이요, 길에서 먹으며 뒷짐지는 것은 천한 사람의 버릇이니라. 도가(道家)에서 먹지 아니할 것은 한 가지 네 발 짐승의 나쁜 고기요, 몸에 해로운 것은 찬물에 갑자기 앉는 것이니라. 유부녀를 넘보지 못하게 함은 나라 법으로도 금하는 것이요, 누워서 큰소리로 주문 외우는 것은 정성드릴 나의 도를 태만히 함이니라. 이와 같이 펴니 이것을 수칙으로 삼으라.　《동경대전》〈수덕문〉

어질다 제군들은
이런말씀 본을받아
아니잊자 맹세해서
일심(一心)으로 지켜내면
도성입덕(道成立德) 되려니와
번복지심(飜覆之心) 두게되면
이는역시 역리자(逆理者)요
물욕교폐(物慾交蔽) 되게되면
이는역시 비루자(鄙陋者)요
헛말로 유인하면
이는역시 혹세자(惑世者)요
안으로 불량(不良)하고
겉으로 꾸며내면
이는역시 기천자(欺天者)라
뉘라서 분간하리

《용담유사》〈도덕가〉

7. 수행과정과 단계, 효험

  수행은 끊임없이 진리의 세계를 자기화시키는 과정이며, 자아완성을 향한 자기 극복·부정의 도정이다. 이 항목에서는 즉각적이며 돈오적인 수행전통과는 다른, 구체적이고 단계적인 수행과정을 묘사하는 구절을 다룬다.
  첫 단계는 일념(一念)의 주문염송을 지속함으로써 마음의 산란함과 요동을 그치고, 한울님의 기운과 통하는 체험의 단계를 묘사한다. 새롭게 다시 태어나는 신생을 위한 입문이다.

두번째는 기수련의 단계를 거쳐 초감각의 세계를 체험하는 마음수련의 입문단계로서, 참 자아와 대화하는 과정이다.

세번째는 선악·시비 등의 분별심을 끊어 지극히 적정(寂靜)한 경지에서 항상 밝게 깨어있는 상태를 묘사하는 구절을 소개한다. 마음의 광명이 우주에 비추어 알지 못함이 없는 경지의 단계이다.

네번째는 앎과 깨달음의 단계를 넘어서서 더 이상 구할 것이 없는 나와 일체 만물의 근본 자리에 들어가는 경지의 단계이다. 이 상태는 더 이상 주체와 대상이 없어지는, 완전 합일의 상태이다.

다섯번째는 자아실현의 궁극으로, 한울님과 만물과의 완전한 합일에 머무르지 않고, 모든 관념의 장애로부터 자유로워져서 한울님 마음 자체로 살아가는 대자유의 경지를 묘사한다.

마지막 주제는 수행과정 초기에 나타나는 이적과 효험들을 설명한다.

(1) 강령(降靈)과 영부(靈符)

그럭저럭 창황실색(愴惶失色)
정신수습 되었더라
그럭저럭 장등달야(張燈達夜)
백지(白紙)펴라 분부하네
창황실색 할길없어
백지펴고 붓을드니
생전(生前)못본 물형부(物形符)가
종이위에 완연터라
내역시 정신없어
처자(妻子)불러 묻는말이
"이웬일고 이웬일고

저런부(符) 더러본가" (중략)
모자(母子)가 마주앉아
수파통곡(手把痛哭) 한창할때
한울님 하신말씀
"지각(知覺)없는 인생들아
삼신산(三神山) 불사약(不死藥)을
사람마다 볼까보냐
미련한 이인생아
네가다시 그려내서
그릇안에 살라두고
냉수일배(冷水一盃) 떠다가서
일장탄복(呑服) 하였어라"
이말씀 들은후에
바삐한장 그려내어
물에타서 먹어보니
무성무취(無腥無臭) 다시없고
무자미지(無滋味之) 특심(特甚)이라
그럭저럭 먹은부(符)가
수백장이 되었더라
칠팔삭(七八朔) 지내나니
가는몸이 굵어지고
검던낯이 희어지네
어화세상 사람들아
선풍도골(仙風道骨) 내아닌가
좋을시고 좋을시고
이내신명 좋을시고
불로불사(不老不死) 하단말가
《용담유사》〈안심가〉

궁을(弓乙)은 우리 도의 부도(符圖)니 대선생(동학 창시자인 水雲 崔濟愚)께서 도를 깨달은 처음에 세상 사람이 다만 한울님만 알고 한울님이 곧 나의 마음인 것을 알지 못함을 근심하시어, 궁을을 부도로 그려내어 심령이 쉬지 않고 약동(躍動)하는 모양을 겉으로 나타내어 시천주(侍天主)의 뜻을 가르치셨도다.

《해월신사법설》〈기타〉

(2) 강화(降話)와 앎

이를 일일이 들어 말할 수 없으므로 내 또한 두렵게 여겨 다만 늦게 태어난 것을 한탄할 즈음에, 몸이 몹시 떨리면서 밖으로 접령(接靈)하는 기운이 있고 안으로 강화(降話)의 가르침이 있으되, 보였는데 보려 하면 보이지 아니하고 들렸는데 들으려 하면 들리지 아니하므로, 마음이 더욱 이상해져서 수심정기(修心正氣)하고 묻기를 "어찌하여 이렇습니까."

대답하시기를 "내 마음이 곧 네 마음이니라. 사람이 어찌 이를 알리오. 천지는 알아도 귀신은 모르니 귀신이라는 것도 나니라. 너는 무궁무궁한 도에 이르렀으니 닦고 단련하여 글을 지어 사람을 가르치고 법을 바르게 정하여 덕을 펴면 너로 하여금 영생토록 하여 천하에 빛나게 하리라."

《동경대전》〈논학문〉

나는 수도할 때에 한울님 말씀을 여러 번 들었으나 지금 생각컨대 이는 아직 도에 달하지 못한 초보이니라. 한울님 말씀과 사람의 말의 구별은 이는 바른 일과 바르지 않은 일 두 가지뿐이니, 바른 마음으로 바르지 않은 마음을 다스리게 되면 무엇이 한울님 말씀 아님이 있으리오.

경전에 말씀하시기를 "안으로 강화(降話)의 가르침이 있다" 하였으니, 강화는, 즉 심령(心靈)의 가르침이니라. 사람이 누가 강화의 가르침이 없으리오마는 오관(五官)의 욕심이 슬기구멍을 가리웠는지라, 마음이 하루 아침에 도를 환히 깨달으면 심령의 가르침을 분명하게 듣느니라. 그러나 강화도 아직 도에 달하지 못한 초보이니라.

《해월신사법설》〈기타〉

(3) 허광심(虛光心)과 깨달음

도에 세 가지 마음의 계단이 있으니, 마음을 닦고 성품을 보려는 사람은 만약 이 세 가지 계단의 묘법(妙法)이 아니면 좋은 성과를 얻기 어려울 것이니라.

첫째는 허광심(虛光心)이니 한울과 한울, 만물과 만물이 각기 성품과 마음이 있어, 자체가 스스로 움직이는 것이 다 법상(法相)과 색상(色相)에 말미암은 것이니라. 닦는 사람의 염두(念頭)에 반드시 양단이 있으리니, 부지런히 하고 부지런히 하여 쉬지 아니하며, 늘 깨어있어 어둡지 아니하고, 적적하여 혼미하지 아니하면, 빈 가운데서 빛이 날 것이라. 반드시 모든 이치가 갖추어 있어 형상 없는 법체(法體)가 깨닫는 곳에 나타나며, 형상있는 색체(色體)에 돌아오는 빛이 돌려 비치어 밝지 아니한 곳이 없고 알지 못할 곳이 없으니, 이것을 허광심력(虛光心力)이라 이르느니라. 여기에 멎어서 구하지 않으면 내 반드시 찬성하지 않을 것이니, 스스로 힘써 분발하여 또 한 단계를 나아가라.

《의암성사법설》〈무체법경〉삼심관

(4) 여여심(如如心)과 신비적 합일

둘째는 여여심(如如心)이니 한번 윗지경에 뛰어오르면 비고 비어 고요하고 고요하여 물을 것도 없고 들을 것도 없으며, 마음과 같고 참과 같아서 삼라만상이 본래 나와 일체라. 오직 하나요, 둘이 아니니 나와 너, 선과 악, 좋은 것과 나쁜 것, 나고 죽는 것이 모두 이 법체가 스스로 쓰는 것이니 사람이 어찌 지어서 이루리오. 또한 법 가운데 묘하게 쓰는 것이 다 내 성품과 마음이라. 성품과 마음의 본체는 비고 또 끊겼으니, 이밖에 무엇을 구하리오마는 쉬고 쉬어 숨을 돌려 다시 한 층계를 더 나아가라.

《의암성사법설》〈무체법경〉삼심관

(5) 자유심(自由心)과 무애(無碍)의 공도공행(公道公行)

셋째는 자유심이니 한울도 또한 비지 아니하고 만물도 또한 끊기지 아니하니, 도가 어찌 빈 데 멎으며 만물이 어찌 끊긴 데 멎으리오. 성품은 근본과 말단이 없고 이치는 처음과 나중이 없으니, 다만 내 마음 한 가닥에 기인하여 만법만상(萬法萬相)을 헤아려 생각할지니라. 마음이 오직 비고 끊기면 이치 또한 반드시 끊기리니, 만약 이와 같다면 어찌 가히 성품이라 말하며 어찌 가히 이치라 말하겠는가.

그러므로 자기의 성품과 자기의 마음으로 하여금 한번 뛰어서 자유로워라. 마음이 옥(玉)이 되고자 하면 옥도 또한 장애요, 마음이 물같이 되고자 하면 물도 또한 장애요, 마음이 비고 고요하게 되고자 하면 비고 고요한 것도 또한 장애요, 마음이 밝고자 하면 밝은 것도 또한 장애요, 나로서 나를 없애려 하면 나도 또한 장애요, 마음으로 마음을 없애고자 하여도 마음도 또한 큰 장애니, 어떤 묘법으로 그 큰 장애를 벗어날꼬. 다시 한 층계를 더하여 반드시 자유를 쓰라.

성품과 마음이 자유로우면 도가 반드시 끝이 없을 것이요, 세상이 반드시 자유로우면 세상이 또한 없어지지 않을 것이요, 사람이 반드시 자유로우면 억만 사람이 마침내 이 자유를 깨달을 것이니, 살려고도 하지 아니하고 죽으려고도 하지 아니하며, 없으려고도 하지 아니하고 있으려고도 하지 아니하며, 착하려고도 하지 아니하고 악하려고도 하지 아니하며, 기쁘려고도 하지 아니하고 노(怒)하려고도 하지 아니하여, 일동일정(一動一靜)과 일용행사(日用行事)를 내가 반드시 자유롭게 하나니 좋으면 좋고, 착하면 착하고, 노하면 노하고, 살면 살고, 죽으면 죽고, 모든 일과 모든 쓰임을 마음없이 행하고 거리낌없이 행하니 이것을 천체(天體)의 공도공행(公道公行)이라 하느니라.

성인도 또한 장애요 세상도 반드시 작은 장애니, 무엇으로써 장애를 물리치어 공도공용(公道公用)으로 천체(天體)를 스스로 쓰겠는가. 닦는 사람에 고하여 효유하니 일체 장애를 헌옷을 벗는 듯이 하고, 빠른 걸음으로 빨리 나아가면 좋고 좋은 자유극락이니라. 《의암성사법설》〈무체법경〉삼심관

(6) 효험과 이적

아름답도다, 우리 도의 행함이여. 붓을 들어 글을 쓰니 사람들이 왕희지(王羲之)의 필적인가 의심하고, 입을 열어 시가(詩歌)를 부르니 누가 나뭇꾼 앞에서 머리를 숙이지 않겠는가. 허물을 뉘우친 사람은 욕심이 석숭(石崇)의 재물도 탐내지 아니하고, 정성이 지극한 아이는 다시 사광(師曠)의 총명도 부러워 하지 않더라. 용모가 환태(幻態)되니 마치 선풍(仙風)이 불어온 듯하고, 오랜 병이 저절로 낫는 것은 편작(扁鵲)의 어진 이름도 잊어버릴만 하더라. 《동경대전》〈수덕문〉

내가 독실히 공부할 때에 억수같이 내리는 비 가운데서도 옷과 두건이 젖지 아니하였으며, 능히 구십 리 밖에 있는 사람을 보았으며 또 능히 바르지 못한 기운을 그치었으며 조화(造化)를 썼으나 지금은 조금도 돌아보지 않고 끊었노라. 원래 이것들은 다 작은 일이요, 결코 대도의 바른 도리가 아니니라. 그러므로 대신사께서 조화를 쓰지 아니하심도 또한 이에 원인한 바니라. 《해월신사법설》〈기타〉

8. 영성자각에서 사회적 성화로

동학·천도교의 수행상의 특징은 개인의 영적 성장과 더불어 사회적 성화를 목표로 한다. 수행의 목적이 인간의 삶을 행복하게 만들기 위한 것이라면, 개인의 완성만으로는 불충분하다. 그것은 사회 및 천지만물의 성화와 구원으로 이어져야만 한다. 나와 세계는 하나의 몸이기 때문이다.

수행의 첫걸음은 자기 안에 무궁히 살아 활동하는 신령스런 우주 생명이 모셔져 있음을 자각하는 것으로부터 시작한다. 시천주(侍天主)의 자각은 자기 마음 안에 확고한 믿음으로 자리잡아, 자기 안의 한울님을 실현하기 위한 끊임없는 정진으로 이어져야 한다. 알면서도 스스로 게으른 것은 수행자의 가장 큰 죄라 할 수 있다. 씨앗이 땅에 심어져 생명의 싹을 키우듯, 시천주의 자각은 정진수행을 통해 양천주(養天主)의 생명살림 실천으로 승화되어야 한다.

생명 살림의 실천은 궁극적으로 동학·천도교의 개인완성의 모습인 도성입덕(道成立德)의 상태를 지향하며, 그러한 수행력의 확산·심화는 수행자가 스스로 한울사람의 모범이 되어, 한울님의 덕을 체행한 체천주(體天主)의 상태에서 세계를 성화시키는 도덕의 힘을 갖게 된다.

(1) 시천주(侍天主)의 자각과 생명모심

사람이 바로 한울님이요 한울님이 바로 사람이니, 사람 밖에 한울님이 없고 한울님 밖에 사람이 없느니라.

마음은 어느 곳에 있는가? 한울님에 있고, 한울님은 어느 곳에 있는가? 마음에 있느니라. 그러므로 마음이 곧 한울님이요, 한울님이 곧 마음이니, 마음 밖에 한울님이 없고 한울님 밖에 마음이 없느니라. 한울님과 마음은 본래 둘이 아닌 것이니 마음과 한울님이 서로 화합해야 바로 시·정·지(侍定知)라 이를 수 있으니, 마음과 한울님이 서로 어기면 사람이 다 시천주(侍天主)라고 말할지라도 나는 시천주라고 이르지 않으리라.

《해월신사법설》〈천지인·귀신·음양〉

한울님이 뜻을 형체에 부쳐서 임의로 활용하는 것이 명백함이여, 모실 시(侍)자에 어찌 믿음이 없으며 공경이 없겠는가.

그러므로 생령(生靈)의 앞에 공경히 정성 드리는 사람은 사람과 더불어 만물도 각각 시천주(侍天主)의 근본이 있음을 파혹하고, 능히 천지 무궁변화의 적실한 것을 얻어서 빠르게 만사지(萬事知)에 달하여 한울님을 받들

고 한울님의 덕에 합하는 실상이라.　　　　《의암성사법설》〈수수명실록〉

(2) 믿음과 정진

　　아홉길　조산(造山)할때
　　그마음　오작할까
　　당초에　먹은생각
　　과불급(過不及)　될까해서
　　먹고먹고　다시먹고
　　오인육인(五仞六仞)　모을때는
　　보고나니　자미되고
　　하고나니　성공이라
　　어서하자　바삐하자
　　그러그러　다해갈때
　　이번이나　저번이나
　　차차차차　풀린마음
　　조조해서　자주보고
　　지질해서　그쳤더니
　　다른날　다시보니
　　한소쿠리　더했으면
　　여한없이　이룰공을
　　어찌이리　불급(不及)한고　　　　　　《용담유사》〈흥비가〉

나무의 뿌리가 굳건치 않으면 바람을 만나 넘어질 것이요, 물의 근원이 깊지 않으면 웅덩이를 가득채워 앞으로 나가지 못하나니 사람의 마음이 또한 이와 같도다.

마음이 정해지지 않으면 반신반의(半信半疑)하여 일을 이루지 못하며 공을 이루지 못하나니, 수도는 먼 길을 가는 사람과 같으니, 먼길을 가는 사람이 중도(中途)의 험하고 어려움을 꺼리어 되돌아가면 그것이 옳겠는가. 수도는 우물을 파는 것과 같으니, 우물을 파는 사람이 샘의 근원을 보지 못하고 포기하면 그것이 옳겠는가. 수도는 산을 만드는 것과 같으니, 산을 만드는 사람이 한 삼태기 흙을 덜하여 앞서 이룬 공을 포기하면 그것이 옳겠는가. 수도는 양을 치는 것과 같으니, 목장에서 일하는 사람이 이리떼가 오는 것을 보고 양떼를 그대로 버리어 돌아보지 아니하면 그것이 옳겠는가. 수도는 정원을 가꾸는 것과 같으니, 정원을 보살피는 사람이 바람과 비를 괴로워하여 어린 꽃을 잡초 속에 내버려두면 그것이 옳겠는가.

여러분은 오직 본래의 목적에 의하여 게으르지 말고 정력을 다하여 나아가라.
《해월신사법설》〈기타〉

(3) 양천주(養天主)와 생명살림

한울님을 양(養)할 줄 아는 사람이라야 한울님을 모실 줄 아느니라. 한울님이 내 마음 속에 있음이 마치 종자의 생명이 종자 속에 있음과 같으니, 종자를 땅에 심어 그 생명을 기르는 것과 같이 사람의 마음은 도(道)에 의하여 한울님을 양하게 되는 것이라.

같은 사람으로도 한울님이 있는 것을 알지 못하는 것은 이는 종자를 물 속에 던져 그 생명을 멸망케 함과 같아서, 그러한 사람에게는 한 평생을 마치도록 한울님을 모르고 살 수 있나니, 오직 한울님을 양한 사람에게 한울님이 있고 양치 않는 사람에게는 한울님이 없나니, 보지 않느냐. 종자를 심지 않은 자, 누가 곡식을 얻는다고 하더냐.
《해월신사법설》〈양천주(養天主)〉

(4) 생명 본성의 실현, 도성입덕(道成立德)과 지성(至聖)

지각(知覺)없는 이것들아
남의수도 본을받아
성지우성(誠之又誠) 공경해서
정심수신(正心修身) 하였어라

아무리 그러해도
이내몸이 이리되니
은덕이야 있지마는
도성입덕(道成立德) 하는법은
한가지는 정성이요
한가지는 사람이라 《용담유사》〈교훈가〉

내가 바로 한울님이요, 한울님이 바로 나니, 나와 한울님은 도시 일체(一體)이니라. 그러나 기운이 바르지 못하고 마음이 옮기므로 그 명(命)에 어기고, 기운이 바르고 마음이 정해져 있으므로 그 덕(德)에 합하나니, 도를 이루고 이루지 못하는 것이 전부 기운과 마음이 바르고 바르지 못한 데 있는 것이니라.

명덕명도(明德命道) 네 글자는 한울님과 사람이 형상을 이룬 근본이요, 성경외심(誠敬畏心) 네 글자는 몸을 이룬 뒤에 다시 갓난아이의 마음을 회복하는 노정 절차니, 자세히 팔절(八節)을 살피는 것이 어떠할꼬. (중략)

나 밖에 어찌 다른 한울님이 있겠는가. 그러므로 말씀하시기를 "사람이 바로 한울 사람이라" 하신 것이니라.

그러면 나와 한울님이 도시 한 기운, 한 몸이라, 물욕을 제거하고 도리를 환하게 깨달으면 지극히 큰 지극한 한울님이 지기(至氣)와 지극히 화하여 지극한 성인에 이르는 것이 도무지 나이니라.

성경외심으로 대인접물(對人接物)함은 모든 일의 한울님이니, 지기와 지극히 화하여 지극한 성인에 이르는 절차 노정이니라. 《해월신사법설》〈수도법〉

(5) 체천주(體天主)와 동귀일체(同歸一體)의 사회적 성화

맑고 밝음이 몸에 있으면 그 아는 것이 신(神)과 같으리니, 맑고 밝음이 몸에 있는 근본 마음은 곧 도를 지극히 다함에 있는 것이니라. 일용행사(日用行事)가 도 아님이 없느니라. 한 사람이 착해짐에 천하가 착해지고, 한

사람이 화해짐에 한 집안이 화해지고, 한 집안이 화해짐에 한 나라가 화해지고, 한 나라가 화해짐에 천하가 같이 화하리니, 비내리듯 하는 것을 누가 능히 막으리오 《해월신사법설》〈대인접물〉

　이제부터 우리 도 안에서는 일절 반상의 구별을 두지 말라. 우리나라 안에 두 가지 큰 폐풍(弊風)이 있으니 하나는 적서(嫡庶)의 구별이요, 다음은 반상의 구별이라. 적서의 구별은 집안을 망치는 근본이요, 반상의 구별은 나라를 망치는 근본이니, 이것이 우리나라의 고질(痼疾)이니라.
　우리 도는 두목 아래 반드시 백 배 나은 큰 두목이 있으니, 그대들은 삼가하라. 서로 공경을 주로하여 층절(層節)을 삼지 말라. 이 세상 사람은 다 한울님이 낳았으니, 한울 사람으로 공경한 뒤에라야 가히 태평하다 이르리라." 《해월신사법설》〈포덕〉

　한울님은 편벽됨이 없으시어 천성을 거느리는 사람과 오직 친하심이라. 한울님을 모시고 한울님대로 행함으로 이를 체천(體天)이라 말하고, 나를 미루어 생각하여 남에게 미치므로 이를 도덕이라 말하느니라.
　《의암성사법설》〈삼전론〉서론

제 6 장
의 례

이 장에서는 의례를 구성하는 몇 가지 중요 요소들—참회, 기도, 주문 염송, 청수—에 관한 구절과 제사의식의 원리인 향아설위(向我設位)를 소개한다.

교인들은 이러한 의식을 통해 자신 안에 내재한 한울님의 현존을 느끼고 체험한다. 종교의식은 그 자체가 목적이 될 수 없다. 한울님과의 진실한 교제가 없다면 진정한 의식이 될 수 없다. 모든 종교의식은 정성과 공경, 바른 믿음으로써 시행되어야 한다. 그렇지 않다면 의례과정은 진실과 헌신의 마음이 빠진 위선적인 거룩함만을 남길 것이다.

종교의식은 영적 성숙과 진리 실현의 장애물인 자아 집착과 이기심으로부터 벗어나 참 자아를 실현하고자 하는 평상시의 수행력이 밑바침 될 때 그 진정한 의미가 실현된다. 또한 올바른 신앙의 태도를 가질 때 한울님과의 진실한 영적 교류가 이루어지는 진정한 의식으로 수행될 수 있다.

동학·천도교의 모든 의식절차는 「천도교 의절(天道敎 儀節)」로 따로이 규정되어 있다. 따라서 경전에 한정된 이 장에서는 그것을 제대로 소개할 수 없다. 교인들은 매주 일요일에 소속 교구에 모여 집단기도를 바치는 정례 의식인 시일식(侍日式)에 참여한다. 각 교당 정면에는 궁을영부(弓乙靈符)의 형상적 상징을 통해 한울님을 기억하고 섬기도록 궁을원장(弓乙原章)이 배치되어 있다.

정기 시일식을 포함하여 입교식, 7대 기념식(天日·地日·人日·道日·顯道·삼일절·동학혁명기념식), 스승들의 탄신 및 환원 기념식, 사은(謝恩)기도, 위령식, 혼례,상례, 제례 등의 모든 의식에는 심고(心告)와 주문(呪文), 청수(淸水)의 세 가지가 반드시 포함된다. 이들 세 요소는 몸과 마음의 정화, 순결과 관계된다.

심고는 내 몸 안에 내재한 한울님을 살아계신 부모님 모시고 섬기듯 하는 지극한 마음으로 일상의 매매사사에 있어서나 일체 의식에 있어서 한울님께 아뢰는 행위로, 한울님을 잊지 않고자 하는 깨어있는 영혼의 정성스런 표현이다. 심고는 한울님과의 영적 교제를 간절히 희구하는 마음으로 시작하며, 일체의 의식에 있어 주문 염송에 앞서 드리는 기도이다.

주문은 자기 안에 내재한 한울님을 항상 잊지 않고 지극한 마음으로 위하려는 뜻을 담고 있다. 의식의 목적 중 하나는 스스로가 한울님의 화신임을 깨닫고, 언제나 한울사람의 본성을 잃지 않고 자아실현을 추구하는 힘을 얻는 성스런 시간이 되도록 하는 것이다.

주문을 통해 자신이 궁극적으로 복귀해야 할 근원의 세계인 한울님을 향하여 찾고 부르는 발원의 시간은 궁극적으로 한울님과 자신이 본래 하나임을 깨우치는 영원의 시간으로 통한다. 교인들에게 있어 주문은 단지 의식에 있어서뿐만이 아니라, 일상생활에서도 잊지 않고 명상해야 할 가장 중요한 글이다.

청수(淸水)는 모든 의식에 있어 각종 음식물을 대체하여 한울님께 바치는 신앙의 상징이다. 맑은 청수 한 그릇은 스승들의 거룩한 희생의 정신을 담고 있으며, 그것은 생명의 본성을 가장 잘 드러내는 상징으로, 영혼의 정화와 한울님과의 일치를 염원하는 순수한 마음을 의미한다.

향아설위(向我設位)의 혁명적 제사법은 인류 문화양식 전체에 대한 대전환의 선언을 의미한다. 저 밖에, 앞에 신이 있다는 믿음의 체계를 뒤엎고, 살아있는 현재의 내 안에서 신을 발견하고, 지금까지 저 벽을 향해 설치했던 제사상과 위패를 제사 지내는 나 자신을 향해서 설치하도록 가르친, 해월 최시형 선생 때부터 비롯된 의식이다.

향아설위의 정신은 무궁한 미래에도 바뀔 수 없는 의미를 가지고 있으며, 인류문화의 중대한 대전환을 상징적으로 표현하는, 후천개벽 역사의 핵심적 정신으로 인식되고 있다.

1. 참회와 기도

인생의 과정에서 생명의 본성으로부터 이탈하여 살아온 결과, 자신의 참 자아를 실현할 수 없었던 인간에게 있어 한울님을 향한 참회는 인생의 구원을 위한 기본 전제이다. 참회를 통해 과거의 허물과 죄악을 한울님으로부터 용서받아 참 삶을 새로이 일구어갈 수 있다. 여기서는 과거를 참회하고 선을 실현하는 사람이 되기 위해 정성스런 수련에 전심하겠다고 다짐하는 참회문을 소개한다.

일생을 통해 나 자신을 선한 인간으로 바꿀 수 있다면, 이미 그것으로 인생의 목표는 충분히 성취한 것이다. 기도는 자신 안에 모시고 있는 한울님과의 대화이다. 그것은 진실한 마음으로서만 가능하다. 그래서 심고라고 이른다.

우리들의 기도는 어떤 내용인가? 기도란 고통과 불행으로부터 벗어나게 해달라는 욕구, 돈·명예·안락함·힘·건강에 대한 욕망을 성취시켜 달라는 간구들이다. 자신을 위한 기도이다. 한울님은 우리에게 모든 욕망, 집착을 비우라고 가르친다. 자신의 욕망을 위한 그러한 기도는 근본적으로 한울님의 뜻과 반대된다. 우리의 기도는 이러한 부조리를 안고 있다.

여기에서 소개한 구절은 무엇을 위해서 기도할 것인가를 알려준다. 자신 안에 한울님을 모시고 있는 사람이라면 스스로 참 사람되기를 기원하는 것이 진정한 기도임을 알려준다.

(1) 참회

저는 이 나라에 태어나 살면서 감히 인륜(人倫)에 참여하여 천지의 덮고 실어주는 은혜를 느끼며 일월이 비추어 주는 덕을 입었으나, 아직 참에 돌아가는 길을 깨닫지 못하고 오랫동안 고해에 빠져서 마음에 잊고 잃음이 많더니, 이제 이 성세(聖世)에 도를 스승님께 깨달아 이전의 허물을 참회하고 일체의 선(善)에 따르기를 원하여, 길이 모셔 잊지 아니하고 도를 마음공부에 두어 거의 수련하는 데 이르렀습니다. 이제 좋은 날에 도장을 깨끗이 하고 지극한 정성과 지극한 소원으로 받들어 청하오니 감응(感應)하옵소서.
《동경대전》〈참회문〉

(2) 기도

문: 한울님을 모시는 절차는 무엇입니까?
답: 아침에 일어나면 먼저 한울님을 향하여 종일토록 선한 사람이 되기를 축원하며, 밥을 먹을 때에는 먼저 한울님께 향하여 육신을 자양하는 덕을 축하하며, 생각이 동하든지 말을 하고자 하든지 일을 행하고자 할 때에 먼저 한울님께 향하여 선한 사람이 되기를 축원하며, 인하여 자세히 기억

하였다가 저녁에 잠을 잘 때를 당하여 당일 일어났던 일들을 조사하여 선악의 부분을 정한 후에, 한울님을 받들어 선한 것은 한울님께 은덕을 축하하며 악한 것은 자기가 회개하기를 축원하되, 매일 한 모양으로 절차를 행하느니라.

《의암성사법설》〈현기문답(玄機問答)〉

2. 의례의 세 요소와 향아설위

이 항목에서는 동학·천도교 의례의 세 가지 요소인 심고(心告), 주문(呪文), 청수(淸水)와 후천개벽의 중대한 전환을 상징적으로 표현해주고 있는 향아설위(向我設位)에 관한 구절들을 소개한다.

먼저 심고는 모든 의식에 있어서 선행되어야 할 자리를 차지한다. 의식에 있어서뿐만 아니라 일상생활 속에서 매사에 한울님의 은덕을 잊지 않으려는, 깨어있는 정성스런 마음의 표현이다. 한울님과의 직접적 감응을 원하는 마음이 실제로 실현되는 시간이다. 심고는 주문을 통한 명상에 앞서 드리는 기도이다.

주문 염송은 한울님으로 향해 마음을 모으고, 영적 합일을 목표로 한다. 여기서는 주문의 뜻을 설명해주는 구절을 소개한다. 그것은 자기 안에 모시고 있는 한울님을 지극한 마음으로 위하고 섬기는 내용을 담고 있다.

이어 일체의 의식에 있어 각종 음식물을 폐하고 청수 한 그릇으로 대체하여 봉전하는 구절을 다룬다. 맑은 청수는 생명의 본성을 가장 잘 드러내주는 상징으로서, 영혼의 정화를 의미한다.

마지막으로 동학·천도교의 제사원리인 향아설위법을 소개한다.

(1) 심고(心告)

젖과 곡식은 다 이것이 천지의 녹(祿)이니라. 사람이 천지의 녹인 줄을 알면 반드시 식고(食告)하는 이치를 알 것이요, 어머님의 젖으로 자란 줄을 알면 반드시 효도로 봉양할 마음이 생길 것이니라. 식고는 반포(反哺)의 이치요 은덕을 갚는 도리이니, 음식을 대하면 반드시 천지에 고(告)하여 그 은덕을 잊지 않는 것이 근본이 되느니라. 《해월신사법설》〈천지부모〉

잘 때에 "잡니다" 고(告)하고, 일어날 때에 "일어납니다" 고하고, 물 길러 갈 때에 "물 길러 갑니다" 고하고, 방아 찧으러 갈 때에 "방아 찧으러 갑니다" 고하고, 정하게 다 찧은 후에 "몇 말 몇 되 찧었더니 쌀 몇 말 몇 되 났습니다" 고하고, 쌀 그릇에 넣을 때에 "쌀 몇 말 몇 되 넣습니다" 고 하옵소서. 《해월신사법설》〈내수도문〉

(2) 주문(呪文)

묻기를 "주문(呪文)의 뜻은 무엇입니까."

대답하기를 "지극히 한울님을 위하는 글이므로 주문이라 이르는 것이니, 지금 글에도 있고 옛 글에도 있느니라."

묻기를 "강령주문(降靈呪文)의 뜻은 어떠합니까."

대답하기를 "지(至)라는 것은 지극한 것이요, 기(氣)라는 것은 허령(虛靈)이 창창(蒼蒼)하여 일마다 섭리하지 않음이 없고 일마다 관여하지 않음이 없으나, 그러나 모양이 있는 것 같으나 형상하기 어렵고 들리는 듯하나 보기는 어려우니, 이것은 또한 혼원(渾元)한 한 기운이요, 금지(今至)라는 것은 입도하여 처음으로 지기에 접함을 안다는 것이요, 원위(願爲)라는 것은 청하여 비는 뜻이요, 대강(大降)이라는 것은 기화(氣化)를 원하는 것이니라.

시(侍)라는 것은 안에 신령이 있고 밖에 기화가 있어 온 세상 사람이 각각 알아서 옮기지 않는 것이요,

주(主)라는 것은 존칭이며 부모와 마찬가지로 받들어 섬긴다는 것이요,

조화(造化)라는 것은 무위이화요,

정(定)이라는 것은 그 덕과 합일하고 그 마음과 정합한다는 것이요,

영세(永世)라는 것은 사람의 평생이요,

불망(不忘)이라는 것은 항상 생각을 보존한다는 뜻이요,

만사(萬事)라는 것은 수가 많은 것이요,

지(知)라는 것은 그 도를 알아서 그 지혜를 받는 것이니라.

그러므로 그 덕을 밝고 밝게 하여 늘 생각하며 잊지 아니하면, 지극히 지기(至氣)에 화하여 지극한 성인에 이르느니라." 《동경대전》〈논학문〉

(3) 청수(淸水)

포덕 16년(1875) 8월에 신사(神師)께서 정선지방을 순접(巡接)하다가 무은담 유인상의 집에 이르니 도인들이 소를 잡고 특별 치성식(致誠式)을 거행하고자 하므로 신사께서 우상전폐(偶像全廢)의 뜻으로 다음과 같이 설법하셨다.

"대선생(동학의 창시자인 수운 최제우)께서 포덕하시던 처음에는 제수(祭需)에 소와 양과 돼지고기 등을 통용하였으므로 내 또한 과거 다년간에 걸쳐 각종 음식물로 의식(儀式)의 표준을 삼아왔는데 이것은 아직 시대의 환경과 인심의 관계로 부득이에서 나온 일이나 이제부터는 일체 의식에 청수(淸水) 한 그릇만을 사용하라. 물은 그 성질이 맑고 움직이는 것이며 또 어느 곳에나 있지 않은 곳이 없는지라, 참으로 만물의 근원이라 이를 것이니 내 이로써 의식의 표준물로 정하노라." 《천도교백년약사》 p.135

(4) 제사와 향아설위(向我設位)

신사(神師) 물으시기를 "제사 지낼 때에 벽(壁)을 향하여 위(位)를 베푸는 것이 옳으냐, 나를 향하여 위를 베푸는 것이 옳으냐."

손병희 대답하기를 "나를 향하여 위를 베푸는 것이 옳습니다."

신사 말씀하시기를 "그러하니라. 이제부터는 나를 향하여 위를 베푸는 것이 옳으니라. 그러면 제물을 차릴 때에 혹 급하게 집어먹었다면, 다시 차려서 제사를 지내는 것이 옳겠느냐 그대로 지내도 옳겠느냐."

손천민이 대답하기를 "그대로 제사를 지내는 것이 옳겠습니다."(중략)

임규호 묻기를 "나를 향하여 위를 베푸는 이치는 어떤 연고입니까."

신사 대답하시기를 "나의 부모는 첫 조상으로부터 몇 만대에 이르도록 혈기를 계승하여 나에게 이른 것이요, 또 부모의 심령은 한울님으로부터 몇 만대를 이어 나에게 이른 것이니 부모가 죽은 뒤에도 혈기는 나에게 남아있는 것이요, 심령과 정신도 나에게 남아있는 것이니라. 그러므로 제사를 받들고 위를 베푸는 것은 그 자손을 위하는 것이 본위이니, 평상시에 식사를 하듯이 위를 베푼 뒤에 지극한 정성을 다하여 심고하고, 부모가 살아계실 때의 교훈과 남기신 사업의 뜻을 생각하면서 맹세하는 것이 옳으니라."

방시학이 묻기를 "제사 지낼 때에 절하는 예는 어떻게 합니까."

신사 대답하시기를 "마음으로써 절하는 것이 옳으니라."

또 묻기를 "제물 차리는 것과 상복은 어떻게 하는 것이 옳습니까."

신사 대답하시기를 "만 가지를 차리어 벌여놓는 것이 정성이 되는 것이 아니요, 다만 청수(淸水) 한 그릇이라도 지극한 정성을 다하는 것이 옳으니라. 제물을 차릴 때에 값이 비싸고 싼 것을 말하지 말고, 물품이 많고 적은 것을 말하지 말라. 제사지낼 시기에 이르러 흉한 빛을 보지 말고, 음란한 소리를 듣지 말고, 나쁜 말을 하지 말고, 서로 다투고 물건 빼앗기를 하지 말라. 만일 그렇게 하면 제사를 지내지 않는 것이 옳으니라. 굴건(屈巾)과 제복(祭服)이 필요치 않고 평상시에 입던 옷을 입더라도 지극한 정성이 옳으니라. 부모가 돌아가신 뒤에 굴건을 쓰고 제복을 입고라도 그 부모의 뜻을 잊어버리고 주색(酒色)과 잡기판에 나들면 어찌 가히 정성을 다했다고 말하겠는가."

조재벽이 묻기를 "상기(喪期)는 어떻게 하는 것이 옳습니까."

신사 대답하시기를 "마음으로 백년상(百年喪)이 옳으니라. 천지부모(天

地父母)를 위하는 식고(食告)가 마음의 백년상이니, 사람이 살아있을 때에 부모의 생각을 잊지 않는 것이 영세불망(永世不忘)이요, 천지부모 네 글자를 지키는 것이 만고사적(萬古事蹟) 분명하다라고 말하는 것이니라."

《해월신사법설》〈향아설위(向我設位)〉

한울님이 뜻을 형체에 부쳐서 임의로 활용하는 것이 명백함이여, 모실 시(侍)자에 어찌 믿음이 없으며 공경이 없겠는가.

그러므로 생령(生靈)의 앞에 공경히 정성드리는 사람은 사람과 더불어 만물도 각각 시천주(侍天主)의 근본이 있음을 파혹하고, 능히 천지 무궁변화의 적실한 것을 얻어서 빠르게 만사지에 달하여 한울님을 받들고 한울님의 덕에 합하는 실상이라. 근본의 진실은 벽에 의하여 위(位)를 설하는 것이 옳겠는가, 나를 향하여 위를 설하는 것이 옳겠는가.

사람이 자식을 낳아 뜻을 주고 집을 전하는 것은 눈 앞에 황연한 것이요, 죽은 뒤에 제사를 받드는 것은 미혹의 나머지 정성이라. 그러나 전해오는 풍속이 죽은 뒤에 제사지내는 것을 살아있을 때보다 갑절이나 존경함을 더하니, 어찌된 것인가.

《의암성사법설》〈수수명실록〉

제 7 장
개인윤리와 이상적 삶

　이 장은 죽임의 문화를 극복하고 살림의 문화를 실현할 생명윤리와 새로운 정신과 도덕으로 개벽된 신인간의 이상적 삶과 관련된 주제들을 다루고 있다.
　동학·천도교의 생명윤리는 모든 개인과 만물 안에 한울님이 모셔져 있다는 자각으로부터 출발된다. 인종·문화·성·계급 등의 차별을 넘어서 모든 인간의 영성적 평등을 자각하고, 우주 만물이 한울님의 신령성이 창조적으로 표현되어 가는 살아있는 생명체임을 자각하게 되면 모든 인간과 전 생명계를 존중하고, 사랑하며, 아끼고, 섬기는 삶으로 자연스럽게 변화될 것이다.
　세속적 일상의 삶 안에서 생명을 섬기는 덕을 인간과 사회, 자연계에 두루 실현하게 될 때, 현재의 생명파괴와 죽임·오염의 삶을 극복하고 자연계와의 평화로운 공생을 이룰 수 있게 되며, 개인의 인간성 상실과 소외의 삶을 극복하고 풍요로운 영성적 인격체로 전환될 수 있으며, 온갖 사회적 불신과 타락·분열을 극복하고 연대와 조화·협력에 기초한 하나됨의 세상을 성취할 수 있게 될 것이다.
　한울님은 인간으로 또한 세계와 자연물로 스스로 전화되면서, 그 안에서 살아가시는 우주 생명 그 자체라는 시천주(侍天主)성을 올바르게 이해하고 믿게 됨으로부터 시작한 영성적 삶은 만생명에 대한 공경·자비·존중의 실천 속에서 그 이상을 실현하게 된다.

한울님과 하나됨을 이룬 사람에게는 온 생명체를 사랑하고, 아끼고, 존중하며, 섬기는 것이 그의 영혼으로부터 자연스럽게 넘쳐나오게 된다. 인간의 참된 본성을 자각하고 회복하여 마침내 자아 중심성을 이겨낸 그들 영적 인격체는 성령(性靈)이 삶의 주인이 되어 한울님의 뜻과 이치에 온통 스스로를 맡긴다. 그들은 사사로운 이기적 삶을 넘어서 온 생명과 화해하며, 더불어 사는 정신을 실현한다.

그들의 섬김 실천은 매일 이어지는 세속의 일상생활 속에서 이루어진다. 섬김이야말로 자비와 사랑의 극치이다. 섬김의 행위는 만 생명을 살리는 천덕(天德)의 본질이다. 그리하여 하루하루 그들의 영혼 내면에서는 한울님이 죽임당하지 않고 꾸준히 커가고 있다. 그들의 생명 공경은 인간에 국한되지 않는다. 궁극적 실재, 인간, 자연계와 모든 물건에 이르기까지 하나의 한울님임을 바르게 자각하여 만물에까지 미친다.

여기에 소개된 삼경(三敬)사상은 무형·유형의 전생명계에 걸친 섬김의 실천을 요구한다. 이러한 생명에 대한 일관된 태도는 궁극적으로 현실을 성화하며, 세계를 진리의 세상으로 변화시킬 것이다.

여기에서는 생명의 존엄성을 구현하고, 만물과 더불어 살아감을 가능케 하는 생활 속에서의 규준인 십무천(十毋天)을 소개하고 있다.

그것은 (1) 생명에 대한 거짓과 기만을 버림, (2) 오만, 자만심, 멸시, 우월감, 자기 중심주의의 극복, (3) 일체의 폭력의 거부와 종식, (4) 분란, 분열의 거부, (5) 생명의 파괴, 착취, 남획, 도살 등의 반대, (6) 생명의 정화, (7) 생명이 주리게 하지 말 것, (8) 생명 파괴, 분열 등 하나됨을 부수는 일을 하지 말 것, (9) 생명이 싫어하는 일의 금지, (10) 생명의 거룩함을 짓밟지 말 것 등의 내용으로서, 생명의 고귀함과 존엄성을 키우고 살리도록 하기 위한 생명계 전체의 실천원리를 담고 있다.

1. 정신개벽과 생명살림

이 항목에서는 현실의 일상적 삶 속에서 구현해야 할 이상적 삶의 비전을 세 가지 주제로 다룬다. 그것은 인간성 상실을 극복하기 위한 새로운 정신개벽의 지향점이자 출발점이기도 하다.

첫번째 주제는 인간 안에 빛나고 있는 우주적 영성의 자각과 회복이 정신개벽의 요체이며 구원의 길임을 설명하고 있다. 인간 안의 참된 본성을 발견하고 실현하기 위해서는 자기의 육신적 삶에 사로잡히지 않는 자기 초월과 통찰이 필요하다. 진정한 한울 사람은 자신의 성령(性靈)을 영원한 주인으로 모시고 살아가는, 항상 깨어있는 마음의 소유자이다.

두번째 주제에서는 우주 안의 모든 생명을 공경하고, 사랑하며, 아끼고, 존중하는 '생명섬김'의 실천이 새로운 도덕의 완성이며 출발점이라는 가르침을 준다. 진정한 섬김의 행위는 모든 생명에 대해 차별없이 이루어지고, 더 나아가 부모에게 효도하고 봉양하는 마음처럼 우러날 때 도덕의 극치로 이어짐을 깨우치고 있다.

세번째 주제에서는 인간의 모든 윤리적 행위는 궁극적으로 한울님과의 일치·합일에 이르러야 할 것을 보여주는 구절을 소개한다.

(1) 영성자각(靈性自覺)과 회복

거울이 티끌에 가리우지 않으면 밝고, 저울에 물건을 더하지 않으면 평하고, 구슬이 진흙에 섞이지 않으면 빛나느니라. 사람의 성령(性靈)은 하늘의 일월과 같으니, 해가 중천에 이르면 만국이 자연히 밝고, 달이 중천에 이르면 천강이 자연히 빛나고, 성품이 중심에 이르면 백체가 자연히 편안하고, 영기(靈氣)가 중심에 이르면 만사가 자연히 신통한 것이니라.

넓고 큰 집이 천간이라도 주인이 잘 보호치 않으면 그 기둥과 들보가 비바람에 무너지나니 어찌 두렵지 않으랴. 《해월신사법설》〈수심정기〉

너는 반드시 한울이 한울된 것이니, 어찌 영성(靈性)이 없겠느냐.
영은 반드시 영이 영된 것이니, 한울은 어디 있으며 너는 어디 있는가.
구하면 이것이요 생각하면 이것이니, 항상 있어 둘이 아니니라.

《의암성사법설》〈법문(法文)〉

(2) 생명섬김

나도 또한 그 말씀에 감동하여 그 영부(靈符)를 받아 그려서 물에 타서 마셔본즉 몸이 윤택해지고 병이 낫는지라, 비로소 선약(仙藥)인 줄 알았더라. 이것을 병에 써보았더니 혹은 낫기도 하고 혹은 낫지 않기도 하므로 그 까닭을 알 수 없어 그러한 이유를 살펴보니 정성드리고 또 정성을 드리어 지극히 한울님을 위하는 사람은 매번 들어맞고, 도덕을 순종치 않는 사람은 하나도 효험이 없었으니, 이것은 영부를 받는 사람의 정성과 공경에 달린 것이 아니겠는가. 《동경대전》〈포덕문〉

천지는 만물의 아버지요 어머니이니라. 그러므로 경에 이르기를 "님이란 것은 존칭하여 부모와 더불어 같이 섬기는 것이라" 하시고, 또 말씀하시기를 "예와 이제를 살펴보면 인사의 할 바니라" 하셨으니, "존칭하여 부모와 더불어 같이 섬긴다"는 것은 옛 성인이 밝히지 못한 일이요 수운 대선생님께서 비로소 창명하신 큰 도이니라. 지극한 덕이 아니면 누가 능히 알겠는가. 천지가 그 부모인 이치를 알지 못한 것이 오만 년이 지나도록 오래 되었으니, 다 천지가 부모임을 알지 못하면 억조창생이 누가 능히 부모에게 효도하고 봉양하는 도로써 공경스럽게 천지를 받들 것인가.

천지부모를 길이 모셔 잊지 않는 것을 깊은 물가에 이르듯이 하며 엷은 얼음을 밟는 듯이 하여, 지성으로 효도를 다하고 극진히 공경을 다하는 것은 사람의 자식된 도리이니라. 그 아들과 딸된 자가 부모를 공경치 아니하면, 부모가 크게 노하여 가장 사랑하는 아들 딸에게 벌을 내리나니, 경계하고 삼가하라. 《해월신사법설》〈천지부모〉

(3) 한울님 안에서의 일치·합일

사람이 바로 한울님이요, 한울님이 바로 사람이니, 사람 밖에 한울님이 없고 한울님 밖에 사람이 없느니라.

마음은 어느 곳에 있는가? 한울님에 있고, 한울님은 어느 곳에 있는가? 마음에 있느니라. 그러므로 마음이 곧 한울님이요, 한울님이 곧 마음이니, 마음 밖에 한울님이 없고 한울님 밖에 마음이 없느니라.

《해월신사법설》〈천지인·귀신·음양〉

2. 영적 인격체, 신인간의 삶

이 항목에서는 새로운 정신, 새로운 도덕으로 개벽된 신인간의 이상적 삶의 모습들을 보여주는 구절들을 소개한다.

먼저 정신의 개벽을 통해 과거의 내 마음이 본래의 한울님 마음으로 바뀌어 육신의 욕망에 갇힌 나는 죽고 성령(性靈)의 나로 다시 태어난, 영적 신생(新生)의 삶을 제시한다. 그리하여 삶과 세계를 보는 눈이 새롭게 바뀐 신인간은 궁극적으로 한울님의 뜻에 스스로를 맡긴다.

다음으로 새롭게 거듭 태어난 인간은 사사로운 이기적 삶을 떠나 온 생명과 더불어 살며, 한울님의 진리에 따르는 삶을 실현한다. 종교적 실천의 가장 높은 형태로서 자기중심성을 벗어난 무사(無私)의 정신을 소개한다.

세번째로는 일상생활 속에서, 가정 속에서, 세속적 삶 속에서 살면서 마음 속에 한울님을 기르고 키우는 삶을 권고하고 있다. 세상 속에 살되 항상 한울님과 함께 사는 삶을 제시한다.

네번째 주제는 인간 중심의 삶을 넘어서 만물의 보편적 우주생명을 공경하는 생명 중심의 삶을 권고한다.

마지막으로 세속 속에서의 영적인 삶을 통해 현실을 성화시키고, 세계를 진리화하는 신인간의 삶의 목표를 설명하는 구절을 소개한다.

(1) 정신개벽과 성령(性靈)주체

큰 바다가 번복하면 어족이 다 죽듯이, 대기(大氣)가 번복하면 인류가 어떻게 살기를 도모하겠느냐. 일후에 반드시 이러한 시기를 한 번 지나고서야 우리의 목적을 달성할 것이니, 이신환성(以身換性: 육신관념을 본래의 성령으로 바꾸어 놓음)은 이러한 시기에 살기를 도모하는 오직 하나의 큰 방법이니라.

성심(誠心) 수련으로써 본래의 성품으로 바꾸라. 후천개벽의 시기의 처한 우리는 먼저 각자의 성령과 육신부터 개벽해야 하느니라. 만일 자기의 성령·육신을 자기가 개벽하지 못하면 포덕광제(布德廣濟)의 목적을 어떻게 달성하겠느냐. 대신사 말씀하시기를 "한울님께 복록 정해 수명을랑 내게 비네" 하셨으니 이것은 몸을 성령으로 바꾸어야 한다는 말씀이니라.

《의암성사법설》〈이신환성설〉

그러나 정신을 개벽코자 하면 먼저 스스로 높은 체하는 마음을 모실 시(侍)자로 개벽하고, 스스로 높은 체하는 마음을 개벽코자 하면 의심스럽고 두려운 마음을 정할 정(定)자로 개벽하고, 의심스럽고 두려운 마음을 개벽코자 하면 아득하고 망녕된 생각을 알 지(知)자로 개벽하고, 아득하고 망녕된 생각을 개벽코자 하면 먼저 육신관념을 성령(性靈)으로 개벽하라.

'천하 일만 생각이 모두 한 몸에 있으니, 앞의 물결이 겨우 쉬면 뒤의 물결이 일어난다'는 이 생각이 어느 때에 없어질 것이냐. 이것을 끊으려고 불가능의 심력을 공연히 허비치 말고, 다만 '내 속에 어떤 내가 있어 굴신 동정하는 것을 가르치고 시키는가' 하는 생각을 일마다 생각하여 오래도록 습성을 지니면, 성품과 몸 두 가지에 어느 것이 주체요, 어느 것이 객체인 것과 어느 것이 중(重)하고 어느 것이 경(輕)한 것을 스스로 깨닫게 될 것이니, 이 깨달음이 곧 육신을 개벽하는 것이니라.

《의암성사법설》〈인여물개벽설(人與物開闢說)〉

(2) 무사(無私)와 더불어 삶

두려움이 되는 바를 알지 못하거든 지극히 공변되게 하여 사사로움이 없는가 생각하라.

마음의 얻고 잃음을 알지 못하거든 마음쓰는 곳의 공(公)과 사(私)를 살피라.

《동경대전》〈전팔절(前八節)〉

내 항상 말할 때에 한울님 말씀을 이야기하였으나 한울님 말씀이 어찌 따로 있으리오. 사람의 말이 곧 한울님 말씀이며 새소리도 역시 시천주(侍天主)의 소리이니라. 그러면 한울님 말씀과 사람의 말의 구별은 어디서 분별되는 것이냐 하면, 한울님 말씀은 대개 강화(降話)로 나오는 말을 이름인데 강화는 사람의 사사로운 욕심과 감정으로 생기는 것이 아니요, 공변된 진리와 한울님 마음에서 나오는 것을 가리킴이니, 말이 이치에 합하고 도에 통한다하면 어느 것이 한울님 말씀이 아니겠느냐. 《해월신사법설》〈천어(天語)〉

(3) 생활 속의 양천주(養天主)

내 핏덩어리만이 아니어니 어찌 시비(是非)하는 마음이 없으리오마는, 만일 혈기를 내면 도를 상하므로 내 이를 하지 아니하노라. 나도 오장(五臟)이 있거니 어찌 탐욕하는 마음이 없으리오마는, 내 이를 하지 않는 것은 한울님을 봉양하는 까닭이니라. 이는 다 대선생님의 명교(命敎)를 잊지 아니하는 것이라. 그러므로 내 이같이 하노라. 《해월신사법설》〈대인접물〉

내 항상 한울님 말씀과 사람의 말의 구별을 말하였거니와, 마음으로써 마음을 다스림도 또한 이 이치에서 생긴 것이라. 사람의 마음에 어찌 두 가지 뿌리가 있으리오. 다만 마음은 하나이지마는 그 씀에 있어 하나는 주인된 마음이 되고 하나는 다스려질 마음이 되나니, 주인된 마음은 한울님 마음이요, 다스려질 마음은 사람의 마음이니라.

비유하건대 같은 불이로되 그 씀에 의하여 선악이 되고, 같은 물이로되 그 씀에 의하여 이해(利害)가 다름과 같이, 같은 마음이로되 마음이 이치에 합하여 마음이 화(和)하고 기운이 화하게 되면 한울님 마음을 거느리게 되고, 마음이 감정에 흐르면 마음이 너그럽지 못하고 좁아 몹시 여유가 없어 모든 악한 행위가 여기서 생기는 것이니라. 그러므로 도닦는 자 한울님 마음으로써 항상 사람의 마음을 억제하여, 마차 부리는 사람이 용마(勇馬)를 잘 거느림과 같이 그 씀이 옳으면 화(禍)가 바뀌어 복이 되고 재앙이 변하여 경사롭고 길하게 될 수 있느니라 《해월신사법설》〈이심치심(以心治心)〉

(4) 영성적 인격의 실현과 생명존중

묻기를 "한울님 마음이 곧 사람의 마음이라면 어찌하여 선악이 있습니까."

대답하기를 "그 사람의 귀천(貴賤)의 다름을 명하고 그 사람의 고락(苦樂)의 이치를 정했으나, 그러나 군자의 덕은 기운이 바르고 마음이 정해져 있으므로 천지와 더불어 그 덕에 합일하고 소인의 덕은 기운이 바르지 못하고 마음이 옮기므로 천지와 더불어 그 명(命)에 어기나니, 이것이 성쇠(盛衰)의 이치가 아니겠는가." 《동경대전》〈논학문〉

사람은 한울님을 공경함으로써 자기의 영원한 생명을 알게 될 것이요, 한울님을 공경함으로써 모든 사람과 만물이 다 나의 동포라는 전체의 진리를 깨달을 것이요, 한울님을 공경함으로써 남을 위하여 희생하는 마음과 세상을 위하여 의무를 다할 마음이 생길 수 있나니, 그러므로 한울님을 공경함은 모든 진리의 중심이 되는 부분을 움켜잡는 것이니라. (중략)
도인집에 사람이 오거든 사람이 왔다 이르지 말고 한울님이 강림하셨다 이르라 하셨으니, 사람을 공경치 하니하고 귀신을 공경하여 무슨 실효가 있겠느냐. 어리석은 풍속에 귀신을 공경할 줄은 알되 사람은 천대하나니, 이것은 죽은 부모의 혼은 공경하되 산 부모는 천대함과 같으니라. 한울님이 사람을 떠나 따로 있지 않는지라, 사람을 버리고 한울님을 공경한다는 것은 물을 버리고 해갈을 구하는 자와 같으니라.
셋째는 물건을 공경함이니 사람은 사람을 공경함으로써 도덕의 최고경지가 되지 못하고, 나아가 물건을 공경함에까지 이르러야 천지기화(天地氣化)의 덕에 합일될 수 있느니라. 《해월신사법설》〈삼경〉

(5) 생활의 성화, 진리의 생활화

도란 것은 사람이 한갓 지켜서 사업만 할 뿐 아니라 진리를 온전히 체득하여 어김이 없게 함이니, 어찌 삼가지 아니하리오.
사람이 세상에 태어남에 한울 성품으로 말미암지 아니함이 없건마는 능히 그 성품을 거느리는 이가 적고, 누구나 집에서 살지 않는 이가 없건마는 그 집을 잘 다스리는 이가 적으니, 어찌 민망치 아니하리오. (중략)
이런고로 한울님은 화생하는 직분을 지키므로 잠간도 쉬고 떠나지 못하는 것이라. 만일 한울님이 일분 일각이라도 쉬게 되면 화생변화하는 도가 없을 것이요, 사람이 또한 일용(日用)의 도를 잠시라도 떠나게 되면 허령창창(虛靈蒼蒼)한 영대가 가난하고 축날 것이라. 이러므로 수고롭고 괴롭고 부지런하고 힘쓰는 도는 금수라도 스스로 지키어 떠나지 않거든 하물며 사람이야 이것을 저버리며 떠날 바리오.

두려워하고 삼가함은 더욱 군자의 절중함이라. 군자는 능히 이 사단을 지키어 천도를 순히 함이니, 어찌 삼가지 아니하리오. 대저 천도가 여기에 지날 바 없는지라, 삼가 지킬진저! (중략)

군자는 이것을 능히 알고 순히 지켜서 잠시라도 떠남이 없으므로, 영대가 한울님같이 신령하고 그 밝음이 일월 같고 그 앎이 귀신 같아서, 천지로 더불어 그 덕을 합하고 일월로 더불어 그 밝음을 합하고 귀신으로 더불어 그 길흉을 합할지라.　　　　　　　　　　　《의암성사법설》〈권도문〉

3. 생명윤리와 삼경(三敬)

이 항목에서는 생명의 존엄성을 구현하고, 만물을 살리고, 더불어 살아갈 근거인 생명윤리에 관한 구절을 모았다.

먼저 일상생활에서 한울님의 도를 실현하는 기준으로서 '십무천(十毋天)'을 제시한다. 나와 한울님이 본래부터 하나의 기운, 한 몸인 진리의 가르침을 실현하고자 하면 일상적 삶 속에서 모든 생명을 살리고, 섬기며, 진실하게 관계맺는 과정에서 이루어져야 한다.

경전에서 밝히는 이상적 삶이란 나의 정신·몸·생활을 한울님의 본성에 일치하도록 변혁시키는 것이다. 현대문명 속에 살면서 온 생명을 공경하는 삶의 실천은 혁명적 자기변화를 요구한다.

이어서 공경의 대상은 무형의 한울님, 모든 사람, 모든 사물에까지 이르러야 함을 가르치는 구절들이 소개된다. 궁극적 실재와 세계, 인간은 하나의 몸이라는 인식에서 삼경(三敬)의 윤리의식은 자연스럽게

도출된다. 내 마음의 한울님 공경, 아동과 여성의 존중에 대한 교훈, 관용과 화해, 온유한 마음, 부부간의 화합과 순종, 겸양의 덕목을 실천할 것을 요구하는 구절이 소개되고, 마지막으로 천지만물의 생명에 대한 공경심에 이르러서야 공경의 극치이며 도덕의 마지막 실현임을 깨우치는 구절이 소개된다.

(1) 십무천(十毋天)과 살림의 도
   1. 한울님을 속이지 말라.
   2. 한울님을 거만하게 대하지 말라.
   3. 한울님을 상하게 하지 말라.
   4. 한울님을 어지럽게 하지 말라.
   5. 한울님을 일찍 죽게 하지 말라.
   6. 한울님을 더럽히지 말라.
   7. 한울님을 주리게 하지 말라.
   8. 한울님을 허물어지게 하지 말라.
   9. 한울님을 싫어하게 하지 말라.
   10. 한울님을 굴하게 하지 말라.   《해월신사법설》〈십무천〉

천지섬김을 부모섬김과 같이 하되, 출입에 반드시 고(告)하고 혼정신성(昏定晨省)의 예의를 한결같이 하는 것은 개벽 오만년 이후에 선생께서 시창한 것이라. 반드시 그런 이치가 있으므로 이에 그러한 도를 시창하여, 사람으로 하여금 이 덕을 알게 하여 이 도를 닦게 하는 것이니라.

《해월신사법설》〈도결〉

(2) 경천(敬天)
사람은 첫째로 한울님을 공경하지 아니치 못할지니, 이것이 돌아가신 스승님께서 처음 밝히신 도법이라. 한울님을 공경하는 원리를 모르는 사람은 진리를 사랑할 줄 모르는 사람이니, 왜 그러냐 하면 한울님 공경은 진리의 중심을 잡은 것이므로써이다.

그러나 한울님을 공경함은 결단코 빈 공중을 향하여 상제를 공경한다는 것이 아니요, 내 마음을 공경함이 곧 한울님을 공경하는 도를 바르게 아는 길이니, "내 마음을 공경치 않는 것이 곧 천지를 공경치 않는 것이라" 함은 이를 이름이었다. 사람은 한울님을 공경함으로써 자기의 영원한 생명을 알게 될 것이요, 한울님을 공경함으로써 모든 사람과 만물이 다 나의 동포라는 전체의 진리를 깨달을 것이요, 한울님을 공경함으로써 남을 위하여 희생하는 마음과 세상을 위하여 의무를 다할 마음이 생길 수 있나니, 그러므로 한울님을 공경함은 모든 진리의 중심이 되는 부분을 움켜잡는 것이니라.

《해월신사법설》〈삼경〉

(3) 경인(敬人)

둘째는 사람을 공경함이니 한울님을 공경함은 사람을 공경하는 행위에 의지하여 사실로 그 효과가 나타나는 것이니라. 한울님만 공경하고 사람을 공경함이 없으면 이는 농사의 이치는 알되 실지로 종자를 땅에 뿌리지 않는 행위와 같으니, 도 닦는 사람이 사람을 섬기되 한울님과 같이 한 후에야 처음으로 바르게 도를 실행하는 사람이니라.

도인집에 사람이 오거든 사람이 왔다 이르지 말고 한울님이 강림하셨다 이르라 하셨으니, 사람을 공경치 하니하고 귀신을 공경하여 무슨 실효가 있겠느냐. 어리석은 풍속에 귀신을 공경할 줄은 알되 사람은 천대하나니, 이것은 죽은 부모의 혼은 공경하되 산 부모는 천대함과 같으니라. 한울님이 사람을 떠나 따로 있지 않는지라, 사람을 버리고 한울님을 공경한다는 것은 물을 버리고 해갈을 구하는 자와 같으니라. 《해월신사법설》〈삼경〉

① 어린이와 여성의 존중

내가 청주를 지나다가 서택순의 집에서 그 며느리의 베 짜는 소리를 듣고 서군에게 묻기를 "저 누가 베를 짜는 소리인가"하니, 서군이 대답하기를 "제 며느리가 베를 짭니다" 하는지라, 내가 또 묻기를 "그대의 며느리가 베 짜는 것이 참으로 그대의 며느리가 베 짜는 것인가" 하니, 서군이 나의 말을 분간치 못하더라. 어찌 서군뿐이랴. 도인의 집에 사람이 오거든 사람이 왔다 이르지 말고 한울님이 강림하셨다 말하라.

도인집 부인은 경솔히 아이를 때리지 말라. 아이를 때리는 것은 곧 한울님을 때리는 것이니 한울님이 싫어하고 기운이 상하느니라. 도인집 부인이 한울님이 싫어하고 기운이 상함을 두려워하지 아니하고 경솔히 아이를 때리면, 그 아이가 반드시 죽으리니 일체 아이를 때리지 말라.

《해월신사법설》〈대인접물〉

② 관용과 화합

사람을 대하고 물건을 접함에 반드시 악을 숨기고 선을 찬양하는 것으로 주(主)를 삼으라. 저 사람이 포악(暴惡)으로써 나를 대하면 나는 어질고 용서하는 마음으로써 대하고, 저 사람이 교활하고 교사하게 말을 꾸미거든 나는 정직하게 순히 받아들이면 자연히 돌아와 화하리라. 이 말은 비록 쉬우나 몸소 행하기는 지극히 어려우니 이런 때에 이르러 가히 도력을 볼 수 있느니라. 혹 도력이 차지 못하여 경솔하고 급작스러워 인내가 어려워지고 경솔하여 상충되는 일이 많으니, 이런 때를 당하여 마음을 쓰고 힘을 쓰는 데 나를 순히 하여 나를 처신하면 쉽고, 나를 거슬려 나를 처신하면 어려우니라. 이러므로 사람을 대할 때에 욕(辱)을 참고 너그럽게 용서하여, 스스로 자기 잘못을 책하면서 나 자신을 살피는 것을 주로 하고, 사람의 잘못을 그대로 말하지 말라.

《해월신사법설》〈대인접물〉

남을 훼방하고 배척하여 삶을 상하게 하는 것은 군자가 이르기를 불효라 하였으니, 사람의 장단(長短)을 말하는 것은 도덕에 크게 해로우니라. 양공(良工)은 구부러진 재목을 거절하지 아니하고, 명의(名醫)는 병든 사람을 거절하지 아니하고, 성인의 도를 배우는 자리에는 어리석은 사람을 거절하지 아니 하느니라. 《해월신사법설》〈대인접물〉

③ 사랑과 온유함
한 사람이 착해짐에 천하가 착해지고, 한 사람이 화해짐에 한 집안이 화해지고, 한 집안이 화해짐에 한 나라가 화해지고, 한 나라가 화해짐에 천하가 같이 화하리니, 비 내리듯 하는 것을 누가 능히 막으리오….
사람을 대할 때에 언제나 어린아이같이 하라. 항상 꽃이 피는 듯이 얼굴을 가지면 가히 사람을 융화하고 덕을 이루는 데 들어가리라.
《해월신사법설》〈대인접물〉

사람이 반드시 서로 사랑해야 큰 도를 반드시 얻으리니, 항상 생각하고 생각하라. 내가 뭇 사람을 사랑하면 뭇 사람이 한울 길에 가서 영의 다리를 반드시 이룰 것이요, 뭇 사람이 나를 사랑하면 내가 한울 길에 가서 영의 다리를 반드시 이룰 것이니, 돌보고 돌보아 서로 사랑하면 반드시 성과를 얻을 수 있느니라. 성·심·신(性心身) 삼단(三端)으로 서로 돕고 서로 사랑하면 대도의 큰 근본이 되느니라. 《의암성사법설》〈무체법경〉 신통고

④ 효와 부화부순(夫和婦順)
부부는 곧 천지라. 천지가 화하지 못하면 이는 한울님이 싫어하나니, 싫어하면 화를 주고 기뻐하면 복을 내릴 것이니 가내가 화순(和順)한 곳이 되도록 더욱 힘쓰는 것이 어떠하리오. 《해월신사법설》〈도결〉

부화부순(夫和婦順)은 우리 도의 제일 종지(宗旨)니라.
도를 통하고 통하지 못하는 것이 도무지 내외가 화순하고 화순치 못하

는 데 있느니라. 내외가 화순하면 천지가 안락하고 부모도 기뻐하며, 내외가 불화하면 한울님이 크게 싫어하고 부모가 노하나니, 부모의 진노는 곧 천지의 진노이니라.

천지가 편안하고 즐거워하는 미묘한 것은 보기 어려우나, 진노하는 형상은 당장에 보기 쉬우니, 크게 두렵고 두렵도다. 부부가 화순하면 한울님이 반드시 감응하여 일 년 삼백육십 일을 하루아침같이 지내리라.

부인은 한 집안의 주인이니라. 한울님을 공경하는 것과 제사를 받드는 것과 손님을 접대하는 것과 옷을 만드는 것과 음식을 만드는 것과 아이를 낳아서 기르는 것과 베를 짜는 것이 다 반드시 부인의 손이 닿지 않는 것이 없느니라.

남자는 하늘이요, 여자는 땅이니, 남녀가 화합치 못하면 천지가 막히고, 남녀가 화합하면 천지가 크게 화하리니, 부부가 곧 천지란 이를 말한 것이니라.

부인이 불민(不敏)하면 아무리 날마다 세 가지 짐승(소·양·돼지)으로 봉양할지라도 한울님이 반드시 감응치 아니하리라. 부부가 화합치 못하면 자손이 보잘것없이 되느니라. 《해월신사법설》〈부화부순〉

⑤ 겸양

악한 사람은 선하게 대하는 것만 같지 못하니라. 나의 도가 바르면 저 사람이 반드시 스스로 바르게 되리니, 어느 겨를에 그 곡직(曲直)을 가리고 장단을 비교하겠는가. 겸양(謙讓)은 덕을 세우는 근본이니라. 어진 것은 대인의 어진 것과 소인의 어진 것이 있나니 먼저 나를 바르게 하고 사람들과 융화하는 것은 대인의 어진 마음이니라. 《해월신사법설》〈대인접물〉

(4) 경물(敬物)

천지는 이미 부모의 이름자가 있고 또한 부모의 은덕이 있은즉, 부모에게 효도하는 도로써 받들어서 부모같이 섬기고, 공경하여 부모같이 봉양함이 또한 마땅하지 않으며 또한 옳지 않겠는가. 선성(先聖)이 다만 신체발부를 부모에게서 받은 은혜만 말하고, 천지에게서 받은 근본을 명확히 말하지 않은 까닭을 선성이 어찌 알지 못한다 하리오. 때에는 그 때가 있고 운에는 그 운이 있어서, 먼저 미래의 도를 발설하지 못하여 그러한 것이니라.

《해월신사법설》〈도결〉

만물이 시천주(侍天主) 아님이 없으니 능히 이 이치를 알면 살생은 금치 아니해도 자연히 금해지리라. 제비의 알을 깨치지 아니한 뒤에라야 봉황이 와서 거동하고, 초목의 싹을 꺾지 아니한 뒤에라야 산림이 무성하리라. 손수 꽃가지를 꺾으면 그 열매를 따지 못할 것이요, 폐물이라고 다 버리면 부자가 될 수 없느니라. 날짐승 삼천도 각각 그 종류가 있고 털벌레 삼천도 각각 그 목숨이 있으니, 물건을 공경하면 덕이 만방에 미치리라.

《해월신사법설》〈대인접물〉

셋째는 물건을 공경함이니 사람은 사람을 공경함으로써 도덕의 최고경지가 되지 못하고, 나아가 물건을 공경함에까지 이르러야 천지기화(天地氣化)의 덕에 합일될 수 있느니라.

《해월신사법설》〈삼경〉

제 8 장
사회윤리와 이상적 사회

이 장에서는 사회공동체와 자연 생태계의 파괴가 일상화된 죽임의 세계를 극복하고 살림의 세계로 나아가기 위한 사회적 실천의 길과 동학·천도교가 가르치는 이상적 사회를 실현하기 위한 인식과 가치의 전환에 대해서, 또한 새로운 이상적 문명의 토대와 지향에 관한 주제들을 다룬다.

무극대도는 선천의 암울한 인류문명에 대한 응전으로서의 '다시 개벽'을 위한 해답체계이다. 인간을 포함한 세계 만물이 한울님의 적극적 현현체로서, 살아있는 하나의 거룩한 내 몸이라는 자각을 바탕으로 한 생명의 세계관·가치관으로 정신을 개벽하여 개인의 생활양식뿐만 아니라, 사회의 집합표상을 변혁하고, 인류의 공통적 비전인 새로운 영성문명으로 나아가기 위해 사회체제를 개벽하고자 하는 총체적 문화·문명전환 설계도로서, 온 생명이 생명답게 살 수 있는 생명의 낙원을 이루고자 하는 희망을 고취시킨다.

'다시 개벽'의 웅장한 새 역사를 실현하는 단초는 바로 인간의 근원인 한울님에게로 우리의 정신과 생활을 다시 향하는 일로부터 열린다. 지금 낡은 선천의 문화체계는 붕괴하고 있다. 새로운 차원의 문화체계가 창조되어야 할 때다.

진정한 종교인의 삶은 세상과 역사로부터 벗어난 삶이 아니라, 한울님의 뜻과 의지를 현실에서 구현하고, 새로운 사회질서를 이루기 위해 헌신하는 삶을 사는 것이다. 가장 높은 형태의 종교적 삶은 인간과 세상을 새로운 차원으로 개벽하는 일이다.

현재까지의 인류는 개인과 사회, 자연 생태계의 전 차원에서 인간성 상실과 사회와 생태계의 붕괴와 파괴라는 총체적 위기 속에서 죽임의 세계를 만들어 왔다. 선천의 문명은 더 이상 인류에게 비전을 주지 못하고 해체되어가고 있다. 우리는 나의 삶을 바쳐 추구할 만한 건전한 가치를 상실한 시대에 살고 있다. 새로운 가치, 새로운 시대정신, 새로운 문명에로의 전환을 요구받고 있다.

경전에서 밝히는 후천개벽의 차원적 교체와 전환의 소식은 지금까지의 세계관·가치관과는 다른 차원의 인식세계의 도래를 전제로 새로운 인간, 새로운 세계를 낙관하고 있다. 성숙한 도덕적 인간들에 의해 창조되는, 생명의 가치가 존중되고 실현되는 살림의 세계는 생명섬김의 보편윤리와 덕이 일상 속에서 실천되어지는 과정으로부터 구현된다.

선천의 역사는, 특히 근대사는 '투쟁을 통해서' 진보해왔다. 물질과 경제주의 가치관에 기초한 욕망의 추구, 경쟁과 차별·불평등의 구조화, 남성과 강력한 권력중심, 자연생태계를 착취하는 인간 중심의 논리가 지배해왔다.

경전에서는 과거의 선천 시대정신을 넘어서기 위해 '개벽을 통해서' 창조하고 해방하는 길을 제시한다. 생명가치가 구현되는 새로운 도덕사회는 물질적 풍요와 권력이 그 자체로 목표가 되지 못하고, 수단이나 도구로서 인식되는 가치관이 통용된다. 그 사회는 물질로부터 해방되어 정신과 도덕이 주도해간다. 투쟁과 경쟁의 시장논리에서 벗어나 공경과 관용, 연대와 일치의 정신이 새로운 삶의 논리로서 자리잡는다. 권력과 부의 가치가 도덕적 가치로 대체된다.

생명의 가치를 훼손하고 경시하며 파괴하는 죽임의 문화는 생명살림의 문화로 바뀐다. 생명의 다양성이 한울님의 질서 안에서 조화롭게 통일되어가는 공동체를 지향한다.

새로운 세계·문명의 본질은 새로운 정신·도덕이다. 후천개벽의 이상은 근대를 포함한 선천의 정신세계와는 전혀 다른 차원의 정신으로 바뀌어 한울님의 본성과 질서가 일상 현실에서 생활화·사회화되도록 하는 것이다.

인류의 보편적 이상사회는 어디에 있는가? 이상적 미래사회는 인류의 마음 속에 있다. 선천의 사고와 가치관에서 벗어나는 그곳에 있다. 이상적 사회는 우리의 눈이 한울님을 향할 때 비로소 드러난다고 경전은 가르치고 있다.

경전에서 나타나는 이상사회의 비전은 선천의 종교적 천년왕국과 같은 제한된 역사적 상상력의 범위를 뛰어넘는다. 지금까지 인류가 생각할 수 없었던 사회를 미래의 관점에서 생각하고 있으며, 역사적 상상력의 범위가 무한대로 확장된, 그리하여 무궁히 진화해가는 도정에 있는 이상적 신사회를 알려주고 있다.

1. 영성적 사회와 살림의 길

이 항목에서는 사회와 생태계의 파괴를 기초로 유지되는 현실의 삶을 극복하여 생명의 가치가 존중되는 사회를 실현하기 위한 생명 살림의 길을 제시하는 구절들을 소개한다.

먼저 인간사회와 자연만물을 포괄하는, 나의 우주적 몸으로서의 우주 공동체의 평화구현이라는 도덕적 이상을 실현하기 위해선 천지를 부모처럼 섬기는 새로운 보편윤리가 실천되어 나아갈 때 비로소 사회의 평화와 살림의 길이 열릴 수 있음을 깨우치는 구절로 시작한다.

생명 섬김으로 요약되는 사회적 덕성은 개인과 가정, 사회, 전 생명계가 성화되고 번영할 수 있는 보편적 희망의 도덕적 원천이 될 수 있다. 상호 섬김의 관계 유지는 한울님을 궁극적 부모로 인식하는 공통 믿음의 토대에서부터 가능하다. 우리는 생명의 존엄을 실천하는 섬김의 도덕 안에서 인류가족, 더 나아가 천지가족의 공통적 희망을 발견할 수 있다.

여기에 소개한 구절들은 세속 속에 살면서, 평화로운 세상을 이루기 위해 걸어가야 할 참된 길을 여성, 가정, 사회, 나라와 지구촌의 범주로 나누어 제시하고 있다.

(1) 생명섬김과 평화

천지섬김을 부모섬김과 같이 하되, 출입에 반드시 고(告)하고 혼정신성(昏定晨省)의 예의를 한결같이 하는 것은, 개벽 오만 년 이후에 선생(동학 창시자인 수운 최제우)께서 시창한 것이라. 반드시 그런 이치가 있으므로 이에 그러한 도를 시창하여, 사람으로 하여금 이 덕을 알게 하여 이 도를 닦게 하는 것이니라.

근래에 와서 사람의 윤리가 업신여기게 되어 정녕 부모가 나를 낳아 길러주신 것을 알면서도 등한히하고 소홀히하여 효도하는 자가 매우 적거늘, 하물며 미묘난측한 무형유적(無形有跡)의 천지부모의 이치를 누가 능히 경외하여 효성으로 봉양하겠는가. 《해월신사법설》〈도결(道訣)〉

손병희 묻기를 "전란을 당하면 각국이 서로 병기를 가지고 승부를 결할 것이니, 이때를 당하여 우리 도인은 두 나라가 서로 싸우는 사이에서 어떤 좋은 생각으로 이길 수 있습니까."

신사(神師) 대답하시기를 "전쟁은 다만 병기(兵器)만 가지고 이기는 것은 없느니라. 병전을 능가하는 것은 책전(策戰)이니, 계책이 지극히 큰 것이니라. 서양의 무기는 세상 사람이 견주어 대적할 자 없다고 하나, 무기는 사람 죽이는 기계를 말하는 것이요 도덕은 사람 살리는 기틀을 말하는 것이니, 그대들은 이때를 당하여 수도를 지극한 정성으로 함이 옳으니라. 큰 전쟁 뒤에는 반드시 큰 평화가 있는 것이니, 전쟁이란 평화의 근본이니라. 사상은 동방에 있고 기계는 서방에 있느니라. 구름이 서산에 걸히면 이튿날이 맑고 밝으니라…."

《해월신사법설》〈오도지운(吾道之運)〉

(2) 여성의 길

묻기를 "우리 도 안에서 부인 수도를 장려하는 것은 무슨 연고입니까."

신사(神師) 대답하시기를 "부인은 한 집안의 주인이니라. 음식을 만들고, 의복을 짓고, 아이를 기르고, 손님을 대접하고, 제사를 받드는 일을 부인이 감당하니, 주부가 만일 정성없이 음식을 갖추면 한울님이 반드시 감응치 아니하는 것이요, 정성없이 아이를 기르면 아이가 반드시 충실치 못하나니, 부인 수도는 우리 도의 근본이니라. 이제로부터 부인 도통이 많이 나리라. 이것은 일남구녀(一男九女)를 비한 운이니, 지난 때에는 부인을 압박하였으나 지금 이 운을 당하여서는 부인 도통으로 사람 살리는 이가 많으리니, 이것은 사람이 다 어머니의 포태 속에서 나서 자라는 것과 같으니라."

《해월신사법설》〈부인수도〉

부모님께 효를 극진히 하오며, 남편을 극진히 공경하오며, 내 자식과 며느리를 극진히 사랑하오며, 하인을 내 자식과 같이 여기며, 육축(六畜)이라도 다 아끼며, 나무라도 생순을 꺾지 말며, 부모님 분노하시거든 성품을 거슬리지 말며 웃고, 어린 자식 치지 말고 울리지 마옵소서. 어린아이도 한울님을 모셨으니 아이 치는 것이 곧 한울님을 치는 것이오니, 천리를 모르고 일행 아이를 치면 그 아이가 곧 죽을 것이니 부디 집안에 큰 소리를 내지 말고 화순하기만 힘쓰옵소서. 이같이 한울님을 공경하고 효성하오면 한울님이 좋아하시고 복을 주시나니, 부디 한울님을 극진히 공경하옵소서.

가신 물이나 아무 물이나 땅에 부을 때에 멀리 뿌리지 말며, 가래침을 멀리 뱉지 말며, 코를 멀리 풀지 말며, 침과 코가 땅에 떨어지거든 닦아 없이 하고, 또한 침을 멀리 뱉고, 코를 멀리 풀고, 물을 멀리 뿌리면 곧 천지부모님 얼굴에 뱉는 것이니 부디 그리 아시고 조심하옵소서.

잘 때에 "잡니다" 고(告)하고, 일어날 때에 "일어납니다" 고하고, 물 길러 갈 때에 "물 길러 갑니다" 고하고, 방아 찧으러 갈 때에 "방아 찧으러 갑니다" 고하고, 정하게 다 찧은 후에 "몇 말 몇 되 찧었더니 쌀 몇 말 몇 되 났습니다" 고하고, 쌀 그릇에 넣을 때에 "쌀 몇 말 몇 되 넣습니다" 고하옵소서.

먹던 밥 새 밥에 섞지 말고, 먹던 국 새 국에 섞지 말고, 먹던 침채(沈菜: 김치) 새 침채에 섞지 말고, 먹던 반찬 새 반찬에 섞지 말고, 먹던 밥과 국과 침채와 장과 반찬 등절은 따로 두었다가 시장하거든 먹되, 고하지 말고 그저 "먹습니다" 하옵소서.

조석할 때에 새 물에다 쌀 다섯 번 씻어 안치고, 밥해서 풀 때에 국이나 장이나 침채나 한 그릇 놓고 고하옵소서.

금난 그릇에 먹지 말고, 이 빠진 그릇에 먹지 말고, 살생하지 말고, 삼시를 부모님 제사와 같이 받드옵소서.

일가 집이나 남의 집이나 무슨 볼 일 있어 가거든 "무슨 볼 일 있어 갑니다" 고하고, 볼 일 보고 집에 올 때에 "무슨 볼 일 보고 집에 갑니다" 고하고, 일가나 남이나 무엇이든지 줄 때에 "아무 것 줍니다" 고하고, 일가나 남이나 무엇이든지 주거든 "아무 것 받습니다" 고하옵소서.

이 칠조목을 하나도 잊지 말고 매매사사를 다 한울님께 고하오면, 병과

윤감(輪感)을 아니하고, 악질과 장학(瘴瘧)을 아니하오며, 별복(鱉腹)과 초학(初瘧)을 아니하오며, 간질(癎疾)과 풍병(風病)이라도 다 나으리니, 부디 정성하고 공경하고 믿어 하옵소서. 병도 나으려니와 위선 대도를 속히 통할 것이니, 그리 알고 진심 봉행하옵소서. 《해월신사법설》〈내수도문〉

 포태하거든 육종(肉種)을 먹지 말며, 해어(海魚)도 먹지 말며, 논의 우렁도 먹지말며, 거렁의 가재도 먹지 말며, 고기 냄새도 맡지 말며, 무론 아무 고기라도 먹으면 그 고기 기운을 따라 사람이 나면 모질고 탁하니, 일삭이 되거든 기운 자리에 앉지 말며, 잘 때에 반듯이 자고, 모로 눕지 말며, 침채와 채소와 떡이라도 기울게 썰어 먹지 말며, 울새 터논 데로 다니지 말며, 남의 말 하지 말며, 담 무너진 데로 다니지 말며, 지름길로 다니지 말며, 성내지 말며, 무거운 것 들지 말며, 무거운 것 이지 말며, 가벼운 것이라도 무거운 듯이 들며, 방아찧을 때에 너무 되게도 찧지 말며, 급하게도 먹지 말며, 너무 찬 음식도 먹지 말며, 너무 뜨거운 음식도 먹지 말며, 기대앉지 말며, 비껴서지 말며, 남의 눈을 속이지 말라.
 이같이 아니 말면 사람이 나서 요사(夭死)도 하고, 횡사(橫死)도 하고, 조사(早死)도 하고, 병신도 되나니, 이 여러가지 경계하신 말씀을 잊지 말고 이같이 십삭을 공경하고 믿어하고 조심하오면 사람이 나서 체도도 바르고 총명도 하고 지국과 재기(才技)가 옳게 날 것이니, 부디 그리 알고 각별 조심하옵소서.
 이대로만 시행하시면 문왕같은 성인과 공자 같은 성인을 낳을 것이니, 그리 알고 수도를 지성으로 하옵소서.
 이 내칙과 내수도하는 법문을 첨상가에 던져두지 말고, 조용하고 한가한 때를 타서 수도하시는 부인에게 외워 드려, 뼈에 새기고 마음에 지니게 하옵소서.
 천지조화가 다 이 내칙과 내수도 두 편에 들었으니, 부디 범연히 보지 말고 이대로만 밟아 봉행하옵소서. 《해월신사법설》〈내칙〉

(3) 부부와 가정의 길

부부는 곧 천지라. 천지가 화하지 못하면 이는 한울님이 싫어하나니, 싫어하면 화를 주고 기뻐하면 복을 내릴 것이니 가내가 화순한 곳이 되도록 더욱 힘쓰는 것이 어떠하리오. 말을 지어 이에 미치니 크게 두렵고 크게 두려움이라, 경계하고 삼가하여 함께 대운의 터전을 이루도록 복축하고 복축하나이다. 《해월신사법설》〈도결〉

부인은 한 집안의 주인이니라. 한울님을 공경하는 것과 제사를 받드는 것과 손님을 접대하는 것과 옷을 만드는 것과 음식을 만드는 것과 아이를 낳아서 기르는 것과 베를 짜는 것이 다 반드시 부인의 손이 닿지 않는 것이 없느니라.

남자는 하늘이요, 여자는 땅이니, 남녀가 화합치 못하면 천지가 막히고, 남녀가 화합하면 천지가 크게 화하리니, 부부가 곧 천지란 이를 말한 것이니라.

부인이 불민(不敏)하면 아무리 날마다 세 가지 짐승(소·양·돼지)으로 봉양할지라도 한울님이 반드시 감응치 아니하리라. 부부가 화합치 못하면 자손이 보잘것없이 되느니라.

여자는 편성(偏性)이라, 혹 성을 내더라도 그 남편된 이가 마음과 정성을 다하여 절을 하라. 한 번 절하고 두 번 절하며 온순한 말로 성내지 않으면, 비록 도척(盜跖)의 악이라도 반드시 화할 것이니, 이렇게 절하고 이렇게 절하라. 《해월신사법설》〈부화부순〉

(4) 사회의 길

삼황오제　성현들도
경천순천(敬天順天)　아닐런가
효박한　이세상에
불고천명(不顧天命)　하단말가(중략)

가련한 세상사람
각자위심(各自爲心) 하단말가
경천순천 하였어라
효박한 이세상에
불망기본(不忘其本) 하였어라 《용담유사》〈권학가〉

사계절의 차례가 있음에 만물이 생성하고, 밤과 낮이 바뀜에 일월이 분명하고, 예와 지금이 길고 멀음에 이치와 기운이 변하지 아니하니, 이는 천지의 지극한 정성이 쉬지 않는 도인 것이니라. 나라 임금이 법을 지음에 모든 민중이 화락하고, 관리들이 법으로 다스림에 정부가 바르며 엄숙하고, 서민이 집을 다스림에 가도가 화순하고, 선비가 학업을 부지런히 함에 국운이 홍성하고, 농부가 힘써 일함에 의식이 풍족하고, 장사하는 사람이 부지런히 노고함에 재물이 다하지 않고, 공업하는 사람이 부지런이 일함에 기계가 고루 갖추어지니, 이는 인민이 지극한 정성을 잃지 않는 도이니라.

《해월신사법설》〈성 · 경 · 신〉

(5) 나라의 길

이러므로 나라에 도가 있으면 집과 사람이 충족되고 물건이 다 넉넉하며, 나라에 도가 없으면 백성이 궁하고 재물이 다하여 밭과 들이 거칠어지나니, 이것을 미루어 생각해보건대 백성이 일정한 생업이 없고 일정한 생각이 없으면 나라를 장차 안보하기 어려울 것은 손바닥을 보는 듯하니라.

왜 그런가. 나라라는 것은 양육하는 백성과 토지를 총칭한 이름이요, 임금이란 것은 백성을 다스리고 교화하는 어른이니, 어진 임금이 위에 계시어 교화와 법령으로써 뭇 백성을 거느리면 백성이 자연히 부강하여 그 나라가 편안할 것이나, 가혹한 정치가 미치는 곳엔 백성이 자연히 쇠잔하여 강토가 위태로운 것이니라.

《의암성사법설》〈명리전〉치국평천하지정책장(治國平天下之政策章)

이러므로 세계 각국이 각각 문명의 도를 지키어 그 민중을 안보하고, 그 직업을 가르쳐서 그 나라로 하여금 태산같이 안전하게 하니, 이것은 별 수 없이 도 앞에는 대적할 자 없다는 것이니라. 병력으로 치는 곳에는 아무리 억만 대중이 있다 할지라도 억만심(億萬心)이 각각이요, 도덕이 미치는 곳에는 비록 열 집의 충성이 있다 할지라도 같은 마음 같은 덕이라, 보국의 계책이 무엇이 어려울 것인가. 그러면 천시(天時) 지리(地利)가 쓸 곳이 없지 아니한가.

옛 사람이 말하기를 '지극히 잘 다스리는 시대에는 논밭이 넉넉하고, 비와 바람이 순하여 산천초목이 다 생기가 넘쳐 활발함이 있다' 하니 천시지리가 다름이 아니라 인화(人和)중에서 되는 것이 아니냐. 이러므로 나는 반드시 말하기를 "싸울 만한 것은 도전(道戰)이라" 하노라.

《의암성사법설》〈삼전론〉도전(道戰)

(6) 지구촌의 길

1. 한울님을 속이지 말라.
2. 한울님을 거만하게 대하지 말라.
3. 한울님을 상하게 하지 말라.
4. 한울님을 어지럽게 하지 말라.
5. 한울님을 일찍 죽게 하지 말라.
6. 한울님을 더럽히지 말라.
7. 한울님을 주리게 하지 말라.
8. 한울님을 허물어지게 하지 말라.
9. 한울님을 싫어하게 하지 말라.
10. 한울님을 굴하게 하지 말라.

《해월신사법설》〈십무천(十毋天)〉

2. 사회개벽과 영성적 문화

이 항목에서는 새로운 사회질서가 지향하는 삶의 가치와 문화를 소개한다.

새로운 영성적 사회와 문명으로 대전환하기 위한 사회개벽의 방향성은 한울님의 본성과 목적에 일치할 때 비로소 선천사회와 문화를 넘어설 수 있다. 여기에서 다룬 개벽의 방향은 궁극적으로 사회적 집합표상과 체제의 근본적 전환을 목표로 한다. 경전에서 가르치는 후천개벽은 인류 문명사상 한 번도 경험해보지 못한 새로운 영성문명으로 나아가는 거대한 질적 대전환을 의미한다. 후천의 새로운 문명은 가치관과 문화에 있어서 경쟁과 분열보다는 공존과 상생의 덕을 중시하며, 물질과 욕구보다는 정신과 도덕·절제의 가치를 중시한다. 문명의 전환은 정치가나 소수의 지식인의 노력에 의해 성취되는 것이 아니라, 그 동안 역사의 그림자로서 존재해 왔던 여성과 민중의 각성에 의해 이루어지는 과정이 될 것이다.

여기서는 생명의 가치, 정신문화와 도덕, 평등과 하나됨, 더불어 삶을 지향하는 구절들을 6개 주제로 다루었다.

(1) 물질에서 정신으로

대신사(大神師)께서 늘 말씀하시기를 "이 세상은 요순공맹(堯舜孔孟)의 덕이라도 부족언(不足言)이라" 하셨으니 이는 지금 이때가 후천개벽임을 이름이라.

선천은 물질개벽이요, 후천은 인심개벽이니, 장래 물질발명이 그 극에 달하고 여러 가지 하는 일이 전례 없이 발달을 이룰 것이니, 이때에 있어서 도심(道心)은 더욱 쇠약하고 인심은 더욱 위태할 것이며 더구나 인심을 인도하는 선천도덕이 때에 순응치 못할지라.

그러므로 한울님의 신령한 변화 중에 일대 개벽의 운이 회복되었으니, 그러므로 우리 도의 포덕천하(布德天下) 광제창생(廣濟蒼生)은 한울님의 명하신 바니라. 《해월신사법설》〈기타〉

(2) 신분차별에서 만민평등과 섬김으로

김낙삼이 묻기를 "전라도에는 포덕(布德)이 많이 될 수 있는 정세이나 남계천이 본래 본토 양반이 아니었는데 입도한 뒤에 남계천에게 편의장(便義長)이란 중책으로 도중(道衆)을 통솔케 하니 도중에 낙심하는 이가 많습니다. 원컨대 남계천의 편의장 첩지(帖紙)를 도로 거두시기 바랍니다."

신사 대답하시기를 "소위 반상(班常)의 구별은 사람의 정한 바요, 도의 직임(職任)은 한울님이 시키신 바니, 사람이 어찌 능히 한울님께서 정하신 직임을 도로 걸 수 있겠는가. 한울님은 반상의 구별이 없이 그 기운과 복을 주신 것이요, 우리 도는 새 운수에 둘러서 새 사람으로 하여금 다시 새 제도의 반상을 정한 것이니라.

이제부터 우리 도 안에서는 일절 반상의 구별을 두지 말라. 우리나라 안에 두 가지 큰 폐풍이 있으니 하나는 적서(嫡庶)의 구별이요, 다음은 반상의 구별이라. 적서의 구별은 집안을 망치는 근본이요, 반상의 구별은 나라를 망치는 근본이니, 이것이 우리나라의 고질이니라.

우리 도는 두목 아래 반드시 백 배 나은 큰 두목이 있으니, 그대들은 삼가라. 서로 공경을 주로하여 층절(層節)을 삼지 말라. 이 세상 사람은 다 한울님이 낳았으니, 한울 사람으로 공경한 뒤에라야 가히 태평하다 이르리라." 《해월신사법설》〈포덕〉

비록 가시나무라 이를지라도 / 핀 꽃은 아름답고,
더러운 못에 연꽃이라도 / 향기는 더욱 좋더라.
예와 지금 양반과 상놈이 / 무엇이 다름이 있으랴.

초정에 마음을 씻으니 / 사람은 평등이더라.

《의암성사법설》〈시문〉초정약수음(椒井藥水吟)

(3) 부·권력·지식에서 도덕으로

약간어찌 수신(修身)하면
지벌(地閥)보고 가세(家勢)보아
추세(趨勢)해서 하는말이
아무는지벌도 좋거니와
문필(文筆)이 유여(裕餘)하니
도덕군자(道德君子) 분명타고
모몰염치(冒沒廉恥) 추존(推尊)하니
우습다 저사람은
지벌이 무엇이게
군자를 비유(比喩)하며
문필이 무엇이게
도덕을 의논(議論)하노
　　　　　　　　　　　　　　　　《용담유사》〈도덕가〉

도에 대한 한결같은 생각을 주릴 때 밥 생각하듯이, 추울 때 옷 생각하듯이, 목 마를 때 물 생각하듯이 하라. 부귀한 자만 도를 닦겠는가, 권력있는 자만 도를 닦겠는가, 유식한 자만 도를 닦겠는가? 비록 아무리 빈천한 사람이라도 정성만 있으면 도를 닦을 수 있느니라.　《해월신사법설》〈독공〉

나용환이 묻기를 "우리 도는 용담연원(龍潭淵源)으로부터 각파 두목(頭目) 별로 분포가 되었으니, 두목이 먼저 도를 통한 뒤에라야 아래 있는 자가 도통할 수 있습니까."

신사(神師) 대답하시기를 "지극한 정성을 드리는 이라야 도를 통할 것이니, 설사 두목이라고 말할지라도 지극한 정성을 드리지 아니하면 어떻게 도통하기를 바랄 수 있겠느냐. 사람이 다 도 닦는 법을 서로 전하면서 포덕을 하지마는, 혹 도를 전한 이가 배반하더라도 그 아래에서 포덕을 받은 이는 그 가운데 독신자(篤信者)가 없지도 아니하니, 이런 사람은 반드시 자기의 정성으로 인하여 도를 통할 것이니라. 진실한 이라야 도를 통하는 것이니, 재주 있고 꾀 있는 사람은 심주(心柱)를 정하기 어려우므로, 마음이 옮기고 번복되어 실로 도통하기 어려우니라."
《해월신사법설》〈수도〉

(4) 투쟁과 분열에서 하나됨으로

만일 한울 전체로 본다면 한울이 한울 전체를 키우기 위하여 같은 바탕이 된 자는 서로 도와줌으로써 서로 기운이 화함을 이루게 하고, 다른 바탕이 된 자는 한울로써 한울을 먹여기르는 것으로써 서로 기운이 화함을 통하게 하는 것이니, 그러므로 한울은 한쪽편에서 동질적 기화(同質的 氣化)로 종속을 기르게 하고 한쪽편에서 이질적 기화(異質的 氣化)로써 종속과 종속의 연대적 성장 발전을 도모하는 것이니, 합하여 말하면 한울로써 한울을 먹여기르는 것은 곧 한울의 기화작용으로 볼 수 있는데, 대신사께서 모실 시(侍)자의 뜻을 풀어 밝히실 때에 안에 신령이 있다 함은 한울을 이름이요, 밖에 기화가 있다 함은 한울로써 한울을 먹여 기르는 것을 말씀한 것이니, 지극히 묘한 천지의 묘법이 도무지 기운이 화하는 데 있느니라.
《해월신사법설》〈이천식천(以天食天)〉

(5) 남성 중심 가정에서 공동 중심의 화합가정으로

부화부순(夫和婦順)은 우리 도의 제일 종지(宗旨)니라.

도를 통하고 통하지 못하는 것이 도무지 내외가 화순하고 화순치 못하는 데 있느니라. 내외가 화순하면 천지가 안락하고 부모도 기뻐하며, 내외가 불화하면 한울님이 크게 싫어하고 부모가 노하나니, 부모의 진노는 곧 천지의 진노이니라.

천지가 편안하고 즐거워하는 미묘한 것은 보기 어려우나, 진노하는 형상은 당장에 보기 쉬우니, 크게 두렵고 두렵도다. 부부가 화순하면 한울님이 반드시 감응하여 일 년 삼백육십 일을 하루 아침같이 지내리라.

　부인은 한 집안의 주인이니라. 한울님을 공경하는 것과 제사를 받드는 것과 손님을 접대하는 것과 옷을 만드는 것과 음식을 만드는 것과 아이를 낳아서 기르는 것과 베를 짜는 것이 다 반드시 부인의 손이 닿지 않는 것이 없느니라.

　남자는 하늘이요, 여자는 땅이니, 남녀가 화합치 못하면 천지가 막히고, 남녀가 화합하면 천지가 크게 화하니, 부부가 곧 천지란 이를 말한 것이니라.

　부인이 불민(不敏)하면 아무리 날마다 세 가지 짐승(소·양·돼지)으로 봉양할지라도 한울님이 반드시 감응치 아니하리라. 부부가 화합치 못하면 자손이 보잘것 없이 되느니라.

　여자는 편성(偏性)이라, 혹 성을 내더라도 그 남편된 이가 마음과 정성을 다하여 절을 하라. 한번 절하고 두번 절하며 온순한 말로 성내지 않으면 비록 도척(盜跖)의 악이라도 반드시 화할 것이니, 이렇게 절하고 이렇게 절하라.
《해월신사법설》〈부화부순〉

(6) 인간중심에서 생명중심으로

　만물이 시천주(侍天主) 아님이 없으니 능히 이 이치를 알면 살생은 금치 아니해도 자연히 금해지리라.(중략)

　날짐승 삼천도 각각 그 종류가 있고 털벌레 삼천도 각각 그 목숨이 있으니, 물건을 공경하면 덕이 만방에 미치리라. 《해월신사법설》〈대인접물〉

　우리 사람이 태어난 것은 한울님의 영기(靈氣)를 모시고 태어난 것이요, 우리 사람이 사는 것도 또한 한울님의 영기를 모시고 사는 것이니, 어찌 반드시 사람만이 홀로 한울님을 모셨다 이르리오. 천지만물이 다 한울님을 모시지 않은 것이 없느니라. 저 새소리도 또한 시천주(侍天主)의 소리니라.

우리 도의 뜻은 한울로써 한울을 먹고, 한울로써 한울을 화할 뿐이니라. 만물이 낳고 사는 것은 이 마음과 이 기운을 받은 뒤에라야 그 생성을 얻나니, 우주만물이 모두 한 기운과 한 마음으로 꿰뚫어졌느니라.

《해월신사법설》〈영부·주문〉

3. 영성적 신문명(新文明)의 토대와 지향

이 항목은 인간 사회뿐만 아니라, 자연만물을 포함하는 넓은 의미의 사회가 이상적 사회로 나아가기 위해서 어떤 정신을 바탕에 두고, 무엇을 지향해야 할지에 대한 가르침을 소개하고 있다.

모든 생명체 안에 무궁히 살아있는 신령스런 우주생명을 모시고 있다는 자각을 바탕으로 모든 인간과 만물을 공경하고 존중함으로써 개인, 사회, 생태계를 본래의 건강한 모습으로 회복시키고자 하는 동학·천도교의 생명사상은 그 사회적 실현을 위해 토대가 되는 몇 가지 삶의 양식을 경전을 통해 제시하고 있다.

여기에서는 먼저 생명의 세계관·가치관을 실천하는 성숙한 신인간에 의해 열어갈 도덕과 평화에 근거한 이상적 사회의 성격을 소개하고, 이어서 자연만물과의 친화, 만민이 하나의 진리로 귀일되는 동귀일체의 삶을 가르치는 구절을 다루며, 마지막으로 만인이 성인의 경지로 나아가는 이상 사회의 모습을 제시하고 있다.

(1) 도덕과 평화의 생명공동체

천지의 도를 밝히고 음양의 이치를 통달하여 억조창생으로 하여금 각각 그 직업을 얻게 하면 어찌 도덕문명의 세계가 아니겠는가. (중략)

성인의 덕화는 자기를 버리어 사람에게 덕이 되게 하고, 세상 사람의 사사로운 마음은 자기만 이롭게 하고 사람을 해롭게 하느니라. 요순의 세상에 백성이 다 요순이 되었다하나, 백성이 어찌 다 요순이 되었겠는가. 이것은 요순의 덕화 속에 훈육되었기 때문이니라. 《해월신사법설》〈성인의 덕화〉

신사(神師) 대답하시기를 "전쟁은 다만 병기(兵器)만 가지고 이기는 것은 없느니라. 병전을 능가하는 것은 책전(策戰)이니, 계책이 지극히 큰 것이니라. 서양의 무기는 세상 사람이 견주어 대적할 자 없다고 하나, 무기는 사람 죽이는 기계를 말하는 것이요, 도덕은 사람 살리는 기틀을 말하는 것이니, 그대들은 이때를 당하여 수도를 지극한 정성으로 함이 옳으니라.
큰 전쟁 뒤에는 반드시 큰 평화가 있는 것이니, 전쟁이란 평화의 근본이니라. 사상은 동방에 있고 기계는 서방에 있느니라. 구름이 서산에 걷히면 이튿날이 맑고 밝으니라.
사람은 한 사람이라도 썩었다고 버릴 것이 없나니, 한 사람을 한 번 버리면 큰 일에 해로우니라. 일을 하는 데 있어 사람은 다 특별한 기술과 전문적 능력이 있으니, 적재적소를 가려 정하면 공을 이루지 못할 것이 없느니라." 《해월신사법설》〈오도지운〉

(2) 자연과의 친화

만물이 시천주(侍天主) 아님이 없으니 능히 이 이치를 알면 살생은 금치아니해도 자연히 금해지리라. 제비의 알을 깨치지 아니한 뒤에라야 봉황이 와서 거동하고, 초목의 싹을 꺾지 아니한 뒤에라야 산림이 무성하리라. 손수 꽃가지를 꺾으면 그 열매를 따지 못할 것이요, 폐물이라고 다 버리면 부자가 될 수 없느니라. 날짐승 삼천도 각각 그 종류가 있고 털벌레 삼천도 각각 그 목숨이 있으니, 물건을 공경하면 덕이 만방에 미치리라.

《해월신사법설》〈대인접물〉

(3) 일치와 연대

시운(時運)을 의논해도
일성일쇠(一盛一衰) 아닐런가
쇠운이 지극하면
성운이 오지마는
현숙한 모든군자
동귀일체(同歸一體) 하였던가　　　　　　　　《용담유사》〈권학가〉

원처근처 어진친구
구름모듯 하였더라
그중에 현인군자
의기남자(義氣男子) 몇몇인고
심지상통(心志相通) 그가운데
여차여차(如此如此) 지휘하니
무궁조화(無窮造化) 그이치가
임의용지 분명하다
불과수삭 못하여서
각자위심(各自爲心) 그사람이
동귀일체(同歸一體) 되었으니
차차차차 시험하면
일천지하 그 가운데
만화귀일(萬化歸一) 아닐런가　　　　　　　　《의암성사법설》〈무하사〉

(4) 보통 사람의 성인화

　내가 젊었을 때에 스스로 생각하기를 옛날 성현은 뜻이 특별히 남다른 표준이 있었으리라 하였더니, 한번 대선생님을 뵈옵고 마음공부를 한 뒤부터는, 비로소 별다른 사람이 아니요, 다만 마음을 정하고 정하지 못하는데 있는 것인 줄 알았노라. 요순의 일을 행하고 공맹의 마음을 쓰면 누가 요순이 아니며 누가 공맹이 아니겠느냐. 여러분은 내 이 말을 터득하여 스스로 굳세게 하여 쉬지 않는 것이 옳으니라. 《해월신사법설》〈독공〉

사람의 지혜롭고 어리석음이 같지 아니하고 성범(聖凡)이 비록 다르나, 작심하여 쉬지 않으면 어리석음이 가히 지혜롭게 되고 범인이 성인으로 될 수 있으니, 모름지기 마음을 밝히고 덕을 닦는 것을 힘써서 늙은 사람의 말이라도 버리지 말고 더욱 함양하는 마음을 힘쓰도록 하라.

《해월신사법설》〈명심수덕〉

제 9 장

창시자

이 장에서는 동학·천도교의 창시자의 생애와 종교적 소명, 그리고 한울님의 대행자로서의 역할들에 관한 구절들을 소개한다.

동학·천도교는 창시자인 수운(水雲) 최제우(崔濟愚) 선생의 득도 체험으로부터 시작된다. 수운 당대의 시대적 상황은 조선과 동아시아 전체가 봉건체제의 말기 현상으로 인한 위기와 파국 속으로 빠져들었고, 서구의 무력적 침탈은 총체적 위기를 가속화시켰다.

수운 선생은 그러한 위기의 근원적 원인을, 인류의 전 역사적 과정에서 축적되어온 반(反) 생명적 문화체계에서 찾았다. 즉, 지금까지의 인류문명이 우주의 생명적 질서와 원리로부터 이탈되어 전개되어온 결과, '다시 개벽'이라는 근원적이며 총체적인 문화적 변혁을 요청하지 않을 수 없는 인류문명의 총체적 위기 상황에 이르게 되었다고 진단하였다.

수운은 당대의 질병상태의 문명을 당시의 사상가나 지식인의 관점에서 바라본 것이 아니라, 기존의 낡은 사상과 세계관을 벗어버리고 아직 경험하지 못한 미래인의 관점에서 자신의 시대를 반성하였다. 기존의 종교가나 사상적 대가들의 가르침을 따라가지 않고, 아무도 밟지 않았던 새로운 길을 외로이 개척하는 고난의 구도를 시작하였다.

절망과 해체의 전면적 질병상태에 빠진 나라와 인류를 구원할 길을 찾기 위해 고뇌하면서, 새로운 도덕에 기초한 평화로운 신문명과 새로운 영성적 신인간을 이 지상의 현실에서 실현하고자 하는 공의로운 뜻을 세우고, 장구한 5만 년 문화의 기반이며 씨앗인 무극대도를 결정적 종교체험을 통해 한울님으로부터 얻어낸다. '한울님 마음이 곧 내 마음'이라는 종교적 득도체험으로부터 동학의 핵심인 시천주(侍天主)의 가르침을 펴게 된다.

수운은 인류가 삶의 원천인 한울님을 다시 자기 영혼과 삶 속에 회복시킴으로써 이 지상의 세계가 도덕과 평화의 문명으로 전환될 수 있음을 가르쳤다. 그는 체제의 개혁, 종교적 권능 등의 길을 택하지 않았다. 인간 영혼의 근원적 변모를 통해서만 인간과 사회·문명의 구원이 가능하다고 결론지었다.

동학의 '다시 개벽' 사상은 한울님과 세계, 그리고 인간은 하나의 몸이라는 시천주의 새로운 정신과 생명섬김의 새로운 도덕으로 인간 영혼과 생활을 개벽하고, 인류 문화체계를 생명의 가치가 실현되도록 개벽함으로써 인간과 문명을 보다 성숙한 차원으로 승화시키며, 인류사의 새로운 출발을 가능케 하는, 인류정신의 대진화의 길을 열어주는 사상이다.

그러나 당시의 전통사상과 가치관에 물들어있던 대부분의 지식인과 민중들은 그의 가르침을 바르게 이해하려고 하기는커녕, 음해·모략함으로써 결국 득도 후 4년도 못 채우고 참수형에 처해져 생애를 마감한다.

동학의 '한울나라'는 사후(死後)에 전개되고 만나는 세상이 아니다. 그것은 내일 일어나야 할 꿈이 아니다. 지금 이 현실에서 실현되어야 할 꿈이다. 실현될 수 있는 꿈으로서의 '지상의 한울나라'가 현실이 되기 위해 동학의 스승들은 현재의 이 땅을 저버리지 않고 일생을 깨어있는 의식으로 인간들을 교육하고, 각성시키고, 그 꿈의 실현 가능성을 보여 주었다. 진리를 향해 항상 깨어있는 '지상의 한울사람'들에 의해 이 땅, 이 현실이 새로운 가능성의 천국이 될 수 있도록 그 분들은 헌신과 희생의 모범을 살다간 영혼의 혁명가들이었다.

1. 한울님의 대행자

동학 · 천도교의 창시자와 스승들은 그들의 특별한 사명을 인류의 정신 안에 실현하기 위해 이 땅에 보내졌다.

수운은 동서양 문명의 충돌로 인한 정신적 · 사회적 위기와 파국의 병든 현실을 대면하면서, 동 · 서양 인류가 평화롭게 공존할 수 있는 보편적 신문명 질서를 이 땅에서부터 시작해보려는 고뇌를 통해, 인류가 공유할 수 있는 지구적 차원의 새로운 진리를 한울님으로부터 받아냈다.

이 항목에서는 네 개의 주제 아래 한울님의 대행자로서의 동학 · 천도교의 창시자의 위상과 인류사적 의미를 발견할 수 있는 구절들을 소개한다.

첫번째 주제에서는 인류 문명의 총체적 질병상태로부터 이 나라와 인류를 구원할 희망의 길, 생명의 도인 무극대도를 한울님으로부터 얻어낸 소명자로서의 과제의식과 무극대도의 의미를 보여준다.

두번째 주제에서는 인류 역사에 있어 새로운 문화 차원으로의 전개와 출발을 가능케 하는 영적 · 정신적 변혁의 시창자로서의 모습을 소

개하며,

세번째 주제에서는 인간의 가치를 절대적으로 격상시켜, 온 인류가 영성적 한울사람으로서 살아갈 수 있도록 새로운 영성적 문화의 씨앗을 이 지상에 뿌려준 창시자를 계승하여 무극대도를 미래로 전개시킨 스승들의 역할을 소개한다.

마지막으로 한울님의 뜻과 능력을 체행한 유형한 한울님으로서의 스승님들은 한울님과 일체로서 영원히 살아있는 영성적 인간의 전형임을 드러낸다.

(1) 우주적 생명의 도, 무극대도(無極大道)의 창명

신유년(辛酉年, 1861)에 이르러 사방에서 어진 선비들이 나에게 찾아와 묻기를 "지금 천령(天靈)이 선생님께 강림하였다 하니 어찌된 일입니까."

대답하기를 "가고 돌아오지 아니함이 없는 이치에 따른 것이니라."

묻기를 "그러면 무슨 도라고 이름 합니까."

대답하기를 "천도(天道)이니라."

묻기를 "서양의 도와 다른 것이 없습니까."

대답하기를 "양학은 우리 도와 같은 듯하나 다름이 있고 한울님을 위하는 것 같으나 실지가 없느니라. 그러나 운인즉 하나요 도인즉 같으나 이치인즉 아니니라."

묻기를 "어찌하여 그렇게 됩니까."

대답하기를 "우리 도는 무위이화라. 한울님 마음을 지키고 한울님 기운을 바르게 하고 한울님 성품에 따르고 한울님의 가르침을 받으면, 자연한 가운데 화해나는 것이요…." 《동경대전》〈논학문〉

묻기를 "도를 훼방하는 자는 어째서입니까."

대답하기를 "혹 그럴 수도 있느니라."

묻기를 "어찌하여 그렇습니까."

대답하기를 "우리 도는 지금에도 듣지 못하고 옛적에도 듣지 못하던 일이요, 지금에도 비교할 데가 없으며 옛적에도 비교할 데 없는 법이라. 닦는 사람은 헛된 것 같지만 실지가 있고, 듣기만 하는 사람은 실지가 있는 것 같지만 헛된 것이니라." 《동경대전》〈논학문〉

그런비위 어디두고
만고(萬古)없는 무극대도(無極大道)
받아놓고 자랑하니
그아니 개자한가
세상사람 돌아보고
많고많은 그사람에
인지재질(人之才質) 가려내어
총명노둔(聰明魯鈍) 무엇이며
세상사람 저러하여
의아탄식(疑訝歎息) 무엇인고
남만못한 사람인줄
네가어찌 알았으며
남만못한 재질인줄
네가어찌 알잔말고
그런소리 말았어라
낙지이후(落地以後) 첨이로다 《용담유사》〈교훈가〉

우리 도는 무극(無極)에 근원하여 태극에 나타났으니 뿌리는 천상지하에 뻗었고, 이치는 혼원일기(渾元一氣)에 잠기었고, 현묘한 조화는 천지일월과 더불어 한 몸으로 무궁하니라. 우리 도의 진리는 얕은 것 같으나 깊고, 속된 것 같으나 고상하고, 가까운 것 같으나 멀고, 어두운 것 같으나 밝은 것이니라.

우리 도는 유(儒)와도 같고 불(佛)과도 같고 선(仙)과도 같으나, 실인,즉 유도 아니요, 불도 아니요, 선도 아니니라. 그러므로 '만고없는 무극대도(無極大道)'라 이르나니, 옛 성인은 다만 지엽만 말하고 근본은 말하지 못했으나, 우리 수운 대선생님께서는 천지·음양·일월·귀신·기운·조화의 근본을 처음으로 밝히셨느니라. 진실로 총명달덕한 이가 아니면 누가 능히 알리오. 아는 이가 적으니 가히 탄식할 일이로다.

《해월신사법설》〈천도와 유·불·선〉

우리 스승님께서 천지우주의 절대원기(絶對元氣)와 절대성령을 체응(體應)하여 모든 일과 모든 이치의 근본을 처음으로 밝히시니, 이것이 곧 천도(天道)이며 천도는 유·불·선의 본원이니라.

내가 잠자고 꿈꾸는 사이인들 어찌 스승님이 남기신 가르침을 잊으리오. 선생님께서 인내천(人乃天)의 참뜻을 말씀하시되 사람을 한울님같이 섬기라 하셨느니라.

《해월신사법설》〈기타〉

(2) 영성적 후천개벽의 시조

천은(天恩)이 망극(罔極)하여
경신(庚申)사월 초오일에
글로어찌 기록하며
말로어찌 성언할까
만고없는 무극대도(無極大道)
여몽여각(如夢如覺) 득도로다
기장하다 기장하다
이내운수 기장하다
한울님 하신말씀
"개벽후(開闢後) 오만년에

네가또한 첨이로다
나도또한 개벽이후
노이무공(勞而無功) 하다가서
너를만나 성공하니
나도성공 너도득의(得意)
너희집안 운수로다" 《용담유사》〈용담가〉

말씀하시되 태고의 천황씨는 우리 스승께서 스스로 비교한 뜻이요, 산 위에 물이 있는 것은 우리 교(敎) 도통의 연원이라. 이러한 현기와 진리를 안 연후에 개벽의 운과 무극의 도를 알 것이라.
슬프다. 나무는 뿌리가 없는 나무가 없고 물은 근원이 없는 물이 없으니, 만물도 오히려 이와 같거든 하물며 이 고금에 없는 오만 년 내려갈 초창의 도운이랴. 《해월신사법설》〈명심수덕(明心修德)〉

천황씨(天皇氏)는 원래 한울님과 사람이 합일한 명사라, 그러므로 천황씨는 선천개벽으로 사람을 있게 한 시조신의 기능으로 사람의 원리를 포함한 뜻이 있으니, 만물이 모두 천황씨의 한 기운이니라.
오늘 대신사(大神師)께서 천황씨로써 자처하심은 대신사 역시 신(神)이신 사람이시니 후천 오만 년에 이 이치를 전케 함이니라.
《해월신사법설》〈기타〉

(3) 영적 혁명가, 후천삼황(後天三皇)의 출현

성인이 처음 나시어 덕이 만방에 화하고, 덕이 만방에 화하니 뭇 백성이 이에 화하도다. 이것이 누구의 덕인가, 한울님의 은혜로다.
하늘이 밝은 것이 아니라 큰 성인이 밝은 것이니, 넓고넓은 한울님의 덕을 큰 성인이 밝히셨도다. 넓고넓은 그 덕을 한울님이 아니면 누가 내리시며, 밝고밝은 그 덕을 성인이 아니면 누가 밝히겠는가. 넓고 큰 그 덕을 성인이 밝히셨도다.

 높고높은 천도를 큰 성인이 처음 밝히셨으니, 밝고밝은 천지도 일월이 아니면 밝지 못하고, 밝고밝은 큰 성인도 다음 성인이 아니면 밝히지 못하느니라.

 천지가 밝은 것이 아니라 일월이 밝고밝은 것이요, 일월이 밝은 것이 아니라 천황(天皇)이 밝은 것이요, 천황이 밝은 것이 아니라 지황(地皇)이 더욱 밝은 것이로다. 천황의 도와 지황의 덕을 인황(人皇)이 밝히나니, 천황·지황이 세상에 난 뒤에 인황이 세상에 나는 것은 이치가 본래 그러한 것이니라.
《해월신사법설》〈오도지삼황(吾道之三皇)〉

 한울님의 영적(靈迹)은 무극한 것이요, 사람의 지혜는 유한에 범위한 것이므로, 유한으로써 무극을 대조함에 안광(眼光)이 늘 미치지 못하여 의심을 낳고 비방을 일으키느니라.

 한울님과 스승님은 일체이위(一體二位)로서 다만 유형과 무형의 구별이 있는 것이라. (중략)

 대신사는 한울님의 직책을 체행하신 연한이 4개 년에 그치어 교의 기초가 한울님의 뜻에 흡족치 못하므로, 해월신사(동학 천도교의 2세 교조 해월 최시형의 존칭)를 계강하시어 교체(敎體)의 완전치 못한 것을 보충케하시니, 그러므로 해월신사의 종년에 이르러서는 만번 흔들어도 빼어지지 않는 교의 큰 기초가 처음 정하여졌느니라.
《의암성사법설》〈대종정의〉오교(吾敎)의 신인시대(神人時代)

(4) 한울사람의 모범

 한울님과 스승님은 일체이위(一體二位)로서 다만 유형과 무형의 구별이 있는 것이라.

 비와 병은 무형한 한울님의 능력이요, 비 속에 그냥 가도 젖지 않는 것과 병에 약을 아니 써도 낫게 하는 것은 유형한 한울님의 능력이니, 먼저의 능력과 뒤의 능력이 전부 한 기틀 속에서 짜내는 것이니라.

　대신사(大神師)는 사람의 덕성과 재주의 본원을 무형에 둘뿐이요, 세계를 꾸미는 데 관한 면목과 제도는 사람의 스스로 집행하는데 맡기었느니라.　　　　　《의암성사법설》〈대종정의〉오교(吾敎)의 신인시대(神人時代)

　또 하물며 대인의 덕은 천지와 더불어 그 영성을 활용하는 것이라, 그러므로 한울님과 우리 신사(神師)는 다만 형상이 있고 형상이 없는 구별이 있을 뿐이요, 그 영성의 계기로 보면 전혀 같은 범위에서 같은 활동이 같이 표현되는 것이니, 이것은 한울님이 곧 사람이요, 사람이 곧 한울님인 관계이니라. 천지만물은 한가지로 순응하여 시대억조와 같이 진화하므로, 그 심법은 결코 인간을 떠난 것이 아니요, 전부 세간과 합치된 것이요 세간에 나타난 것이니라.　　　　　《의암성사법설》〈성령출세설〉

2. 수운 최제우의 일생과 구도과정

　이 항목은 창시자의 탄생에서부터 참수형으로 일생을 마칠 때까지의 일생에 관련된 구절들을 다루었다.

　먼저 수운의 덕 높은 가문과 고향산천에 대한 긍지, 그리고 재기와 총명이 꽃핀 어린 시절의 불우한 성장과정을 다루고, 두번째 주제에서는 수운의 청년 시절에 봉건체제 말기의 사회 붕괴현상과 국제질서의 혼돈과 불안정한 정국을 체험하면서 보국안민(輔國安民)의 평화로운 세계를 창조할 실천적 도를 찾아보려는 그의 과제 상황과 소명의식을 다루었고, 세번째 주제에서는 고난과 시련 속에서도 도를 구하고자 하는 열정을 소개하며, 네번째 주제에서는 그의 나이 37세 되던 1860년 4월(음), 결정적인 종교체험을 통해 한울님으로부터 무극대도를 얻은 내용과 과정, 그리고 초기의 포덕(布德)상황을 소개하고, 다섯번째 주제에서는 동학의 영향력이 확대되어가자 그의 문중과 유림들, 기존의 지배층으로부터 온갖 음해와 탄압을 받으며 고난을 겪는 상황을 설명한다.

마지막으로 핍박으로 인해 약 2년 반 동안의 짧은 포덕활동을 마치고 맞이하는 거룩한 순도의 장면을 소개한다.

여기에 소개된 유시는 수운 선생의 마지막 시로서, 자신은 혹세무민의 혐의를 쓰고 형장으로 가지만, 동학의 도는 광명정대하여 혐의할 틈새가 없으며, 그 가르침은 영원히 이어지리라는 내용을 담고 있다.

(1) 탄생과 성장

나는 동방에 태어나 부질없이 세월을 보냈으니, 겨우 가문의 명예를 보존했을 뿐이요, 빈한한 선비의 신세를 면치 못하였노라. 선조(先祖: 수운의 7대 조부인 최진립 장군)가 남긴 충의(忠義)의 절개는 용산(龍山: 용산서원을 말함)에 남아있고, 우리 임금의 성덕으로 임진왜란과 병자호란에 세운 공적을 해마다 되새기게 하도다.

이같이 선조의 음덕(蔭德)이 그치지 아니하고 물 흐르듯 하여 아버님이 세상에 나타나심에, 이름이 온 도내에 떨쳤으니 선비들 사이에 모르는 이가 없었고, 육대(六代)에 걸쳐 음덕이 계승되었으니 어찌 자손들이 누리게 되는 경사가 아니겠는가.

슬프다. 학사(學士: 수운의 부친인 근암 최옥 선생)의 평생은 세월이 봄 꿈과 같이 흘러가서 나이 사십에 이름에, 공부한 것은 울타리 가에 버린 물건으로 아시고 마음에는 벼슬할 뜻이 없었노라. 한편으로는 귀거래사(歸去來之辭)를 지으시고 한편으로는 각비시(覺非是: 覺今是而昨非의 뜻)의 글귀를 읊으시니라. 지팡이를 짚고 짚신을 신은 것은 마치 처사(處士)의 행색 같고, 산이 높고 물이 긴 것같은 고결한 인품은 선생의 풍도와 다름이 없더

라. 구미산(龜尾山)의 기이한 봉우리와 괴이한 돌은 월성 금오산 북쪽이요, 용추의 맑은 못과 보배로운 시내는 옛 도읍 마룡의 서쪽이라.

　동산 가운데 복숭아꽃은 고기잡이 배가 알까 두려워 함이요, 집 앞의 푸른 물은 뜻이 강태공의 낚시에 있었더라. 난간이 못가에 다다름은 주렴계의 뜻과 다름이 없고, 정자 이름을 용담(龍潭)이라 함은 제갈량을 사모하는 마음이 아니겠는가.

　세월이 유수같이 흐름은 막을 길이 없었으며 애석하게도 어느 하루에 부친이 세상을 뜨시니 외로이 남은 한 목숨은 나이 이팔(二八)이라 무엇을 알리오. 어린 아이와 다름이 없었더라. 부친께서 평생에 남긴 업적은 불 속에 사라져 흔적도 없어졌으니 자손된 도리를 못다한 여한으로 세상사에 마음이 풀어지도다. 어찌 가슴이 아프지 않으며 어찌 애석치 아니하랴.

《동경대전》〈수덕문〉

　　기장(奇壯)하다　기장하다
　　구미산기(龜尾山氣)　기장하다
　　거룩한　가암최씨(佳岩崔氏)
　　복덕산　아닐런가
　　구미산　생긴후에
　　우리선조　나셨구나
　　산음(山蔭)인가　수음(水蔭)인가
　　위국충신(爲國忠臣)　기장하다
　　가련하다　가련하다
　　우리부친　가련하다
　　구미용담　좋은승지(勝地)
　　도덕문장　닦아내어
　　산음수음　알지마는
　　입신양명(立身揚名)　못하시고

구미산하 일정각(一亭閣)을
용담(龍潭)이라 이름하고
산림처사(山林處士) 일포의(一布衣)로
후세에 전(傳)탄말가
가련하다 가련하다
이내가운 가련하다
나도또한 출세후로
득죄부모(得罪父母) 아닐런가
불효(不孝)불효 못면(免)하니
적세원울(積世怨鬱) 아닐런가
불우시지(不遇時之) 남아(男兒)로서
허송세월 하였구나 《용담유사》〈용담가〉

홀연히 산기(産氣)있어
아들아기 탄생하니
기남자(奇男子) 아닐런가
얼굴은 관옥(冠玉)이요
풍채는 두목지(杜牧之)라
그러그러 지내나니
오륙세 되었더라
팔세에 입학해서
허다한 만권시서
무불통지(無不通知) 하여내니
생이지지(生而知之) 방불하다
십세를 지내나니
총명은 사광(師曠)이요
지국(智局)이 비범하고

재기(才器) 과인(過人)하니⋯ 《용담유사》〈몽중노소문답가〉

(2) 수운의 과제상황과 현실인식

또 이 근래에 오면서 온 세상 사람들이 저마다 제 마음대로 하여 천리를 순종치 아니하고 천명을 돌아보지 아니하므로 마음이 항상 두려워 어찌할 바를 알지 못하였더라.

경신년(庚申年, 1860)에 이르러 전해듣건대 서양 사람들은 천주의 뜻이라 하여 부귀는 취하지 않는다 하면서 천하를 쳐서 빼앗아 저들의 교당을 세우고 그 도를 행한다고 하므로 내 또한 과연 그럴 수 있을까 어찌 그럴 수 있을까 하는 의심이 있었더니⋯.

이러므로 우리나라는 악질이 세상에 가득 차서 민중들이 언제나 편안할 때가 없으니 이 또한 상해(傷害)의 운수요, 서양은 싸우면 이기고 치면 빼앗아 이루지 못하는 일이 없으니 중국 천하가 다 멸망하면 우리 또한 순망지탄(脣亡之歎)이 없지 않을 것이라. 보국안민(輔國安民: 바른 나라가 되도록 돕고 민중을 평안하게 함)의 계책이 장차 어디서 나올 것인가.

애석하도다. 지금 세상 사람들은 시운(時運)을 알지 못하여 나의 이 말을 듣고서 들어가서는 마음으로 그르게 여기고, 나와서는 모여서 수군거리며 헐뜯고 도덕을 순종치 아니하니 심히 두려운 일이로다. 어진 사람도 이를 듣고 어떤 이는 그렇지 않다고 여기니 내 못내 개탄하거니와 세상은 어찌 할 수 없는지라. 《동경대전》〈포덕문〉

평생에 하는근심
효박(淆薄)한 이세상에
군불군(君不君) 신불신(臣不臣)과
부불부(父不父) 자부자(子不子)를
주소간(晝宵間) 탄식하니
울울한 그회포는

흉중에 가득하되
아는사람 전혀없어
처자산업(妻子産業) 다버리고
팔도강산 다밟아서
인심풍속 살펴보니
무가내라 할길없네
우습다 세상사람
불고천명(不顧天命) 아닐런가 (중략)
매관매작(賣官賣爵) 세도자(勢道者)도
일심(一心)은 궁궁(弓弓)이요
전곡(錢穀)쌓인 부첨지(富僉知)도
일심은 궁궁이요
유리걸식(流離乞食) 패가자(敗家者)도
일심은 궁궁이라
풍편(風便)에 뜨인자도
혹은 궁궁촌 찾아가고
혹은만첩산중(萬疊山中) 들어가고
혹은서학(西學)에 입도해서
각자위심(各自爲心) 하는말이
내옳고 네그르지
시비분분(是非紛紛) 하는말이
일일시시(日日時時) 그뿐일네
아사서라 아사서라
팔도구경 다던지고
고향에나 돌아가서
백가시서(百家詩書) 외워보세
내나이 십사세라

전정(前程)이 만리로다
아서라 이세상은
요순지치(堯舜之治)라도 부족시(不足施)요
공맹지덕(孔孟之德)이라도 부족언(不足言)이라

《용담유사》〈몽중노소문답가〉

(3) 시련과 좌절 속의 구도

마음으로는 가정을 돌볼 생각이 있지마는 어찌 심고 거두는 일을 알며, 글공부도 독실히 하지 못하였으니 벼슬할 생각이 없어졌노라. 살림이 점점 어려워지니 나중에 어떻게 될는지 알 수 없고, 나이 차차 많아가니 신세가 장차 궁졸해질 것을 걱정하였노라. 팔자를 헤아려보니 춥고 굶주릴 염려가 있고, 나이 사십이 된 것을 생각하니 어찌 아무런 일도 해놓은 것이 없음을 탄식하지 않으랴. 몸 담을 곳을 정하지 못하였으니 누가 천지가 넓고 크다고 말했는가. 하는 일마다 서로 어긋나니 스스로 한 몸 간직하기가 어려움을 가엾게 여겼노라.

이로부터 서로 얽힌 세상사를 떨쳐버리고 가슴 속에 맺혔던 것을 풀어버리었노라.

《동경대전》〈수덕문〉

나도또한 출세후(出世後)로
득죄부모(得罪父母) 아닐런가
불효(不孝)불효 못면(免)하니
적세원울(積世怨鬱) 아닐런가
불우시지(不遇時之) 남아로서
허송세월 하였구나
인간만사 행하다가
거연(遽然)사십(四十) 되었더라
사십평생 이뿐인가

무가내라 할길없네
구미용담 찾아오니
흐르나니 물소리요
높으나니 산이로세
좌우산천 둘러보니
산수(山水)는 의구(依舊)하고
초목(草木)은 함정(含情)하니
불효한 이내마음
그아니 슬플소냐
오작(烏鵲)은 날아들어
조롱을 하는듯고
송백(松栢)은 울울하여
청절을 지켜내니
불효한 이내마음
비감회심(悲感悔心) 절로난다
가련하다 이내부친(父親)
여경(餘慶)인들 없을소냐   《용담유사》〈용담가〉

(4) 득도와 포덕 준비

뜻밖에도 사월(1860년 음력 4월 5일)에 마음이 선뜩해지고 몸이 떨려서 무슨 병인지 증세를 알 수 없고 말로 형용하기도 어려울 즈음에, 어떤 신선의 말씀이 있어 홀연히 귀에 들리므로 깜짝 놀라 일어나 캐어 물은즉 대답하시기를 "두려워하지 말고 겁내지 말라. 세상 사람들이 나를 상제라 이르거늘 너는 상제를 알지 못하느냐."

그 까닭을 물으니 대답하시기를 "내 또한 공이 없으므로 너를 세상에 내어 사람들에게 이 법을 가르치게 하니 의심하지 말고 의심하지 말라."

묻기를 "그러면 서도(西道)로써 사람을 가르치리이까."

대답하시기를 "그렇지 아니하다. 나에게 영부(靈符)있으니 그 이름은 선약(仙藥)이요, 그 형상은 태극이요, 또 형상은 궁궁(弓弓)이니, 나의 영부를 받아 사람들을 질병에서 건지고 나의 주문(呪文)을 받아 사람들을 가르쳐서 나를 위하도록 하면 너도 또한 장생하여 덕을 천하에 펴리라."

《동경대전》〈포덕문〉

용담의 옛집은 부친께서 가르치던 곳이요, 동도 신부(東都 新府: 경상북도 경주)는 내 고향이니라. 처자를 거느리고 용담으로 돌아온 날은 기미년 시월이요, 그 운수를 타고 도를 받은 시절은 경신년(庚申年, 1860) 사월이러라. 이 또한 꿈같은 일이요 형상하여 말하기 어려우니라. (중략)

공부자(孔夫子)의 도를 깨닫고 보니 한 이치로 된 것이요, 우리 도와 논해 보면 대체는 같으나 약간 다른 것이니라. 의심을 버리면 사리의 떳떳함을 알 것이요, 예와 지금을 살피면 인사의 할 바이니라.

포덕(布德)할 마음은 두지 않고 지극히 치성할 일만 생각하였노라. 그렇게 미루어 다시 신유년(1861)을 맞으니, 때는 유월이요 절기는 여름이었더라. 좋은 벗들이 자리에 가득함에 먼저 도 닦는 법을 정하고, 어진 선비들이 나에게 도를 물으며 또한 포덕을 권하니라.

가슴에 불사약을 지녔으니 그 형상은 궁을(弓乙)이요, 입으로 장생하는 주문을 외우니 그 글자는 스물한 자라. 문을 열고 손님을 맞으니 그 수효가 그럴듯하며, 자리를 펴고 법을 베푸니 그 재미가 그럴듯하도다.

《동경대전》〈수덕문〉

처자불러 효유하고
이러그러 지내나니
천은(天恩)이 망극(罔極)하여
경신(庚申)사월 초오일에
글로어찌 기록하며

말로어찌 성언할까
만고없는 무극대도(無極大道)
여몽여각(如夢如覺) 득도로다
기장하다 기장하다
이내운수 기장하다 《용담유사》〈용담가〉

(5) 비방·탄압 속의 포덕

그럭저럭 지내다가
통개중문(洞開重門) 하여두고
오는사람 가르치니
불승감당(不勝堪當) 되었더라
현인군자 모여들어
명명기덕(明明其德) 하여내어
성운성덕(盛運盛德) 분명하다
그모르는 세상사람
승기자(勝己者) 싫어할줄
무근설화(無根說話) 지어내어
듣지못한 그말이며
보지못한 그소리를
어찌그리 자아내서
향안설화 분분한고
슬프다 세상사람
내운수 좋자하니
네운수 가련할 줄
네가어찌 알잔말고
가련하다 경주향중(慶州鄕中)
무인지경(無人之境) 분명하다

어진사람 있게되면
이런말이 왜있으며
향중풍속 다던지고
이내문운(門運) 가련하다
알도못한 흉언괴설(凶言怪說)
남보다가 배(倍)나하며
육친(六親)이 무삼일로
원수같이 대접하며
살부지수(殺父之讐) 있었던가
어찌그리 원수런고
은원(恩怨)없이 지낸사람
그중에 싸잡혀서
또역시 원수되니
조걸위학(助桀爲虐) 이아닌가
아무리 그리해도
죄없으면 그뿐일세
아무리 그리하나
나도세상 사람으로
무단(無端)히 사죄(死罪)없이
모함중에 들단말가

《용담유사》〈교훈가〉

그모르는 세상사람
한장다고 두장다고
비틀비틀 하는 말이
저리되면 신선인가
칙칙한 세상사람
승기자(勝己者) 싫어할줄

어찌그리 알았던고
답답해도 할길없다 (중략)
요악한 고인물이
할말이 바이없어
서학이라 이름하고
온동네 외는말이
사망년 저인물이
서학에나 싸잡힐까
그모르는 세상사람
그거로사 말이라고
취켜들고 하는말이
용담에는 명인(名人)나서
범도되고 용도되고
서학에는 용터라고
종종걸음 치는 말을
역력히 못할러라 《용담유사》〈안심가〉

(6) 순도와 최후의 말씀

등불이 물 위에 밝았으니 혐극이 없고,
기둥이 마른 것 같으나 힘은 남아 있도다.

燈明水上無嫌隙
柱似枯形力有餘 《동경대전》〈영소(詠宵)〉

대신사(大神師)께서는 드디어 포덕 5년(1864) 2월 29일 조정으로부터 좌도난정률(左道亂正律;東學魁首 崔濟愚 以邪術 濟人疾病 以呪文 國家民族欺瞞 以劒歌 國政謀叛 以邪道亂正律 宜當處刑)로 다스리라는 명령에 의하여

3월 10일 대구 장대(將臺; 남문 밖 아미산 아래 관덕당 앞)에서 참형을 받게 되었다. 이때 형졸이 여러 번 칼을 내리쳤으나 목에 검흔(劒痕)조차 나지 않았으므로 감사 이하 모두가 크게 놀래어 어찌할 줄 몰라 당황하였다. 이때 대신사께서 형졸에게 "네 청수(淸水) 일기(一器)를 내 앞에 놓으라"고 하니 감사 곧 이를 허락하였다. 이에 대신사께서 청수 앞에서 마지막 묵도(默禱)를 한 후 형졸에게 "안심하고 베라" 하고 조용히 도에 순(殉)하였다. 이때 청명하던 일기가 갑자기 변하여 광풍이 일고 폭우가 내리어 천지마저도 신인(神人)의 죽음을 조(弔)하는 듯하였으니, 당시 대신사의 나이 41세였다.

《천도교백년약사》, p.115

3. 종교체험과 소명

수운 최제우는 그의 일생을 통해 인류에게 새로운 문화적 비전과 그 실현의 희망을 제시하고, 그 실현을 위한 소명 속에서 살아갔다.

여기서는 우선 창시자의 한울님과 합일되는 종교체험과 동학의 주문·영부의 유래를 소개하고, 두번째 주제에서는 시천주 생명의 세계관과 모든 생명에 대한 섬김의 윤리를 소개하며, 마지막으로 선천의 문명을 넘어서기 위해 인류의 정신을 새롭게 개벽할 때, 무궁한 평화의 미래가 꽃필 것임을 확신시켜주는 구절들을 모았다.

(1) 종교체험

이를 일일이 들어 말할 수 없으므로 내 또한 두렵게 여겨 다만 늦게 태어난 것을 한탄할 즈음에, 몸이 몹시 떨리면서 밖으로 접령(接靈)하는 기운이 있고 안으로 강화(降話)의 가르침이 있으되, 보였는데 보려 하면 보이지 아니하고 들렸는데 들으려 하면 들리지 아니하므로, 마음이 더욱 이상해져서 수심정기(修心正氣)하고 묻기를 "어찌하여 이렇습니까."

대답하시기를 "내 마음이 곧 네 마음이니라. 사람이 어찌 이를 알리오. 천지는 알아도 귀신은 모르니 귀신이라는 것도 나니라. 너는 무궁 무궁한 도에 이르렀으니 닦고 단련하여 글을 지어 사람을 가르치고, 법을 바르게 정하여 덕을 펴면 너로 하여금 영생토록 하여 천하에 빛나게 하리라."

내 또한 거의 한 해를 닦고 헤아려 본즉, 또한 자연한 이치가 없지 아니하므로 일단 주문을 지었으며, 한편으로 강령의 법을 만들고, 한편은 한울님을 잊지 않는 글을 지으니, 절차와 도법이 오직 이십일 자로 될 따름이니라.

《동경대전》〈논학문〉

무정세월 여류파(如流波)라
칠팔삭(七八朔) 지내나니
사월이라 초오일에
꿈일런가 잠일런가
천지가 아득해서
정신수습 못할러라
공중에서 외는소리
천지가 진동할때
집안사람 거동보소
경황실색(驚惶失色) 하는말이
"애고애고 내팔자야
무슨일로 이러한고
애고애고 사람들아
약도사 못해볼까
침침칠야(沈沈漆夜) 저문밤에
눌로대해 이말할꼬"
경황실색 우는자식
구석마다 끼어있고

댁의거동　볼작시면
자방머리　행주치마
엎어지며　자빠지며
종종걸음　한창할때
공중에서　외는소리
"물구물공(勿懼勿恐)　하였어라
호천금궐(昊天金闕)　상제님을
네가어찌　알까보냐"
초야(草野)에　묻힌인생
이리될줄　알았던가
개벽시(開闢時)　국초(國初)일을
만지장서(滿紙長書)　나리시고
십이제국(十二諸國)　다버리고
아국운수(我國運數)　먼저하네
그럭저럭　창황실색(愴惶失色)
정신수습　되었더라
그럭저럭　장등달야(張燈達夜)
백지(白紙)펴라　분부하네
창황실색　할길없어
백지펴고　붓을드니
생전못본　물형부(物形符)가
종이위에　완연터라
내역시　정신없어
처자불러　묻는말이
"이웬일고　이웬일고
저런부(符)　더러본가"
자식의　하는말이

"아버님 이웬일고
정신수습 하옵소서
백지펴고 붓을드니
물형부 있단말씀
그도또한 혼미(昏迷)로다
애고애고 어머님아
우리신명(身命) 이웬일고
아버님 거동보소
저런말씀 어디있노"
모자(母子)가 마주앉아
수파통곡(手把痛哭) 한창할때
한울님 하신말씀
"지각없는 인생들아
삼신산(三神山) 불사약(不死藥)을
사람마다 볼까보냐
미련한 이인생아
네가다시 그려내서
그릇안에 살라두고
냉수일배(冷水一盃) 떠다가서
일장탄복(呑服) 하였어라"
이말씀 들은후에
바삐한장 그려내어
물에타서 먹어보니
무성무취(無腥無臭) 다시없고
무자미지(無滋味之) 특심(特甚)이라   《용담유사》〈안심가〉

대신사는 신의 기능이 철학으로서 추구할 수 없는 영적(靈迹)이 있었는지라, 깊은 물과 소나기 속에 그냥 가시어도 의복과 두건이 젖지 않았으며, 손으로 만지고 마음으로 생각하시어 사람의 병을 고치셨느니라.

생각건대 영적은 사람의 지혜와 능력으로 뽑아내기 어려운 것이라, 한울님의 대표로 한울님의 능력을 행하는 자연의 활기(活機)이니, 이 영적의 거쳐온 근본적 신기(神機)는 말과 글로 표상할 수 없는 것이라.

사람이 이것을 캐어물으면 다만 잠잠할 수밖에 없으며, 돌이켜 살피어도 그 추상력이 능히 그 영적이 나타난 곳에 미치기 어려우니, 이것은 의식계에 근인한 것이라 말하지 못할 것이요, 한울님의 영적과 영적을 받은 사람 사이의 소개자라고 말하는 것이 옳으니라.

한울님의 영적은 무극한 것이요, 사람의 지혜는 유한에 범위한 것이므로, 유한으로써 무극을 대조함에 안광이 늘 미치지 못하여 의심을 낳고 비방을 일으키느니라. 《의암성사법설》〈대종정의〉오교의 신인시대

(2) 교 훈

너희역시 사람이면
남의수도 하는법을
응당히 보지마는
어찌그리 매몰한고
지각없는 이것들아
남의수도 본을받아
성지우성(誠之又誠) 공경해서
정심수신(正心修身) 하였어라
아무리 그러해도
이내몸이 이리되니
은덕이야 있지마는
도성입덕(道成立德) 하는법은
한가지는 정성이요

한가지는 사람이라 (중략)
운수야 좋거니와
닦아야 도덕이라
너희라 무슨 팔자
불로자득(不勞自得) 되단말가
해음없는 이것들아
날로믿고 그러하냐
나는도시 믿지말고
한울님을 믿었어라
네몸에 모셨으니
사근취원(捨近取遠) 하단말가
내역시 바라기는
한울님만 전혀믿고
해몽(解夢)못한 너희들은
서책은 아주폐코
수도하기 힘쓰기는
그도또한 도덕이라
문장이고 도덕이고
귀어허사(歸於虛事) 될까보다
열세자 지극하면
만권시서 무엇하며
심학(心學)이라 하였으니
불망기의(不忘其意) 하였어라
현인군자 될것이니
도성입덕(道成立德) 못미칠까
이같이 쉬운도를
자포자기 하단말가 (중략)

강작(强作)히 지은문자
귀귀자자(句句字字) 살펴내어
방탕지심(放蕩之心) 두지말고
이내경계 받아내어
서로만날 그시절에
괄목상대(刮目相對) 되게되면
즐겁기는 고사하고
이내집안 큰운수라
이글보고 개과(改過)하여
날본듯이 수도하라
부디부디 이글보고
남과같이 하였어라 《용담유사》〈교훈가〉

(3) 선천을 넘어선 후천개벽의 소명

안타까이 봄 소식을 기다려도 / 봄빛은 마침내 오지를 않네.
봄 빛을 좋아하지 않음이 아니나 / 오지 아니하면 때가 아닌 탓이지.
비로소 올 만한 절기가 이르고 보면 / 기다리지 아니해도 자연히 오네.
봄 바람이 불어 간 밤에 / 일만 나무 일시에 알아차리네.
하루에 한 송이 꽃이 피고 / 이틀에 두 송이 꽃이 피네.
삼백 예순 날이 되면 / 삼백 예순 송이가 피네.
한 몸이 다 바로 꽃이요, / 온 세상이 화창한 봄일세. 《동경대전》〈시문〉

바람 지나고 비 지난 가지에
바람 비 서리 눈이 다시 몰아쳐
바람 비 서리 눈이 다 지난 뒤
한 나무에 꽃이 피어 영원한 봄이 오리라. 《동경대전》〈우음(偶吟)〉

천운이 둘렀으니
근심말고 돌아가서
윤회시운(輪廻時運) 구경하소
십이제국(十二諸國) 괴질운수(怪疾運數)
다시개벽 아닐런가
태평성세(太平聖世) 다시정해
국태민안(國泰民安) 할것이니
개탄지심(慨歎之心) 두지말고
차차차차 지냈어라
하원갑(下元甲) 지내거든
상원갑(上元甲) 호시절에
만고없는 무극대도(無極大道)
이세상에 날 이니
너는또한 연천(年淺)해서
억조창생 많은백성
태평곡(太平曲) 격양가(擊壤歌)를
불구(不久)에 볼것이니
이세상 무극대도
전지무궁(傳之無窮) 아닐런가 《용담유사》〈몽중노소문답가〉

이 세상 운수는 천지가 개벽하던 처음의 큰 운수를 회복한 것이니, 세계 만물이 다시 포태의 수를 정치 않은 것이 없느니라. 경에 말씀하시기를 "산하의 큰 운수가 다 이 도에 돌아오니 그 근원이 가장 깊고 그 이치가 심히 멀도다" 하셨으니, 이것은 바로 개벽의 운이요, 개벽의 이치이기 때문이니라. 새 하늘, 새 땅에 사람과 만물이 또한 새로워질 것이니라.

만 년에 대일변(大一變), 천 년에 중일변, 백 년에 소일변은 이것이 천운(天運)이요, 천 년에 대일변, 백 년에 중일변, 십 년에 소일변은 이것이 인

사(人事)이니라　　　　　　　　　　《해월신사법설》〈개벽운수〉

　정성으로 마음을 지키되 혹 게으르면 / 사람의 변하는 것이 뽕밭이로다.
　공경으로 마음을 지키되 태연히 하면 / 산하가 실로 푸른 바다로다.
　구악에 봄이 돌아오니 / 뽕밭이 푸른 바다로다.
　용이 태양주(太陽珠)를 정하니 / 궁을(弓乙)이 문명을 돌이키도다.
　운이 열리니 천지가 하나요 / 도가 있으니 물이 하나를 낳았도다.
　물은 네 바다의 하늘에 흐르고 / 꽃은 만인의 마음에 피었도다.
　　　　　　　　　　　　　　　　　　《해월신사법설》〈강시〉

　개벽(開闢)이란 하늘이 떨어지고 땅이 꺼져서 혼돈한 한덩어리로 모였다가 자・축(子丑)두 조각으로 나뉘임을 의미함인가. 아니다.
　개벽이란 부패한 것을 맑고 새롭게, 복잡한 것을 간단하고 깨끗하게 함을 말함이니, 천지만물의 개벽은 공기(空氣)로써 하고 인생만사의 개벽은 정신(精神)으로써 하나니, 너의 정신이 곧 천지의 공기이니라.
　지금 그대들은 가히 하지 못할 일을 생각지 말고 먼저 각자가 본래 있는 정신을 개벽하면, 만사의 개벽은 그 다음 차례의 일이니라. (중략)
　천지의 기수(氣數)로 보면 지금은 일 년의 가을이요, 하루의 저녁 때와 같은 세계라. 물질의 복잡한 것과 공기의 부패한 것이 그 극도에 이르렀으니, 이 사이에 있는 우리 사람인들 어찌 홀로 편안히 살 수 있겠는가. 큰 시기가 한번 바뀔 때가 눈 앞에 닥쳤도다.
　　　　　　　　　　　　　　　　　　《의암성사법설》〈인여물개벽설〉

제 10 장

공 동 체

　이 장에서는 동학·천도교단의 종교적 성격과 목표, 그리고 교인들의 생활 덕목, 교회의 사회적 역할 등에 관한 주제들을 다룬다.

　경전에서 가르치는 개벽사상의 비전은 보다 성숙한 인간을 지향하는 정신의 개혁과 보다 영성적 사회를 지향하는 문화의 총체적 변혁의 희망을 알려주는 인류 대진화에 관한 소식이다.

　수운 최제우에 의해 드러난 무극대도의 세계관·가치관을 공유하고 실천해나가는 교회 공동체는 새로운 차원에서 인류의 정신과 문화의 총체적이고도 근원적인 개벽을 성취시키며, 진리와 진실의 삶을 추구해나가는 구도자들의 유기적 조직이다. 구성원 각자는 공동체의 원천인 무극대도에 그 사상과 삶의 뿌리를 두고, 각자는 자유로운 영적 존재로서 서로가 서로를 해방시키면서, 전 인류와 전 생명계를 하나의 거대한 통일된 몸으로 인식하면서, 동귀일체를 삶의 원리로 실천해나가는 후천 문화개벽운동의 선구자들이다.

　이들 공동체는 전 생명계와의 친화, 협동과 공생, 섬김과 화합의 삶을 지향하기 때문에 영적이며 도덕적 수행을 토대로 스스로 정화하고 쇄신하면서, 전 생명계와 사회를 하나의 통일적인 살아있는 건강한 몸으로 탈바꿈시켜 나가는 생명운동 조직이다.

개벽운동은 한울님의 본성을 이 지상 현실에서 구현하고자 고뇌하는 영혼들의 산물이다. 전 인류와 생명계가 모두 하나의 거룩한 유기체로서 통일되는 꿈, 온 생명계가 서로 섬기는 문화로 변화되는 비전을 각자 자기의 자리에서, 때의 변화에 순응하면서, 때를 활용하면서, 지혜롭게 전개해 나가는 '통일과 개벽'의 생활실천운동이다.

공동체의 조직은 공고한 수직적 조직체와는 거리가 멀다. 구성원의 개성 발현과 공동체의 공공성이 서로 조화를 이루면서 분산·확산되어 가는 다중심의 자율적이며 분권적인 영성적 그물망 조직이다.

이들은 '새 천지 새 인간'의 비전을 가지고 인류문명사의 새 지평을 열어나가고자 하는 주체들로서 지금 이땅이 한울나라임을 자각하고, 지금 여기서 이상적 한울나라를 만들어가는 한울사람을 지향한다. 그리하여 한울님의 뜻을 이루어가는 한울님의 협력자이며 동참자라는 명예를 함께 가진다.

이들의 한울나라의 비전은 기존 종교의 천년왕국의 그것과는 다르다. 그 나라는 무궁한 개벽의 과정 속에서 현실로 되어가는, 거대한 통일세계를 향하는 과정이다.

공동체는 구성원들이 자진해서 무릎 꿇고 짐 실을 준비를 갖춘 낙타 되는 것을 경계한다. 스스로 한울님과 하나의 몸인 자로서 자각하여, 긍지와 존엄성을 갖춘 한울사람이기를 원한다. 이들은 타종교 공동체의 전통을 존중하며, 관용과 개방적 태도로 신세계 건설의 동반자가 되기를 바란다.

교인의 사명과 임무는 생활 속에서의 진리 실천으로 도덕의 힘을 기르고, 그 진리와 도덕의 힘을 확산시켜 새로운 도덕문명 사회의 창조로 이어지도록 하여, 인류 문명의 신기원을 여는 창조적 삶을 적극적으로 구현하는 데 있다.

인류 문명의 총체적 암울함을 벗어나는 길은 역사를 관조하고 해석하는 데 있지 않다. 꿈을 갖고 개벽하는 데 있다. 공동체의 운명은 스승님들의 삶에 동화되어 고난을 함께 나누며, 그분들이 꿈꾸며 실현하다 가신 개벽의 신세계 창조에 주인공으로 함께 동참해야 하는 운명이다.

1. 공동체의 기초와 성격

이 항목에서는 동학·천도교단의 영적 구심과 그 성격에 관한 구절들을 다룬다. 첫번째 주제는 후천세계의 통합의 원천인 하나의 진리, 무극대도에 그 공동체의 뿌리를 두고 있음을 알려준다. 이어서 동학 공동체의 세 가지 성격을 설명하는 구절들을 소개한다.

(1) 먼저 교인들의 영적 완성을 위한 독실한 수행은 공동체의 기초가 된다. 진실하고 정성스런 마음으로 한울님 뜻에 일치하여 살아가려는 수행의 힘이야말로 건강한 공동체의 원동력이다.

(2) 공동체 구성원들은 자신 안에 내재하는 한울님의 본성과 뜻을 매일의 일상 생활 속에서 구현해야 하는 생활 속의 수행자가 되어야 한다.

(3) 또한 공동체는 사회의 도덕적 모범으로서, 세계의 살림과 평화를 위한 비전을 실현하고 보다 더 진리화된 세계로 변화시키기 위한 진리의 실현체이다.

(1) 영적 구심점, 용담연원(龍潭淵源)

황하수 맑아지고 봉황새 우는 것을 누가 능히 알 것인가.

운수가 어느 곳으로부터 오는지를 내 알지 못하노라.
평생에 받은 천명은 천년 운수요,
성덕의 우리 집은 백세의 업을 계승하였네.
용담의 물이 흘러 네 바다의 근원이요,
구미산에 봄이 오니 온 세상이 꽃이로다. 《동경대전》〈절구(絶句)〉

용담 성운(聖運)은 한울과 같이 무궁하여 길이 살아 죽지 않는 지라,
해월신사께 전하여 주시고 해를 타고 한울에 이르러 아득하게 선대로 향하였으나
일에 간섭치 아니함이 없고 일에 명령하지 아니함이 없이 길이 내 마음에 모시었도다.
검악성세(劍岳聖世)에 전하는 것이 무궁하여 죽지도 아니하고 멸하지도 아니하여,
바릿대를 전한 도주(道主)는 때로 명하지 아니함이 없고 때로 가르치지 아니함이 없어,
길이 온전하여 마음에 새겼도다.
이렇듯이 깨달음이 없는 몸이 대도를 거느려 일으키지 못하다가
날을 가리어 설법하니 황연히 가르침이 내리어,
기강을 밝게 세우고 광제창생의 대원을 세우노라.
훈도(薰陶)하심을 입은 것은 일월의 광명이요,
전발(傳鉢)하신 스승님의 은혜는 도통의 서로 주심이라.
선천 용도(先天用道)는 호탕한 넓은 정사(政事)요,
금일 설법은 기강을 세우는 절의(節義)로다.
참을 지키고 뜻을 원만히 하여 맑은 덕을 버리지 말라.

《의암성사법설》〈강서〉

(2) 수행공동체

역력히 기록해서

거울같이 전해주니
자세보고 안심해서
불사(不似)한 그른거동
남의이목 살펴내어
정심수신(正心修身) 하온후에
남과같이 수도하소(중략)
작심으로 불변하면
내성군자(乃成君子) 아닐런가
귀귀자자(句句字字) 살펴내어
정심수도(正心修道) 하여두면
춘삼월 호시절에
또다시 만나볼까 《용담유사》〈도수사〉

슬프다. 나무는 뿌리가 없는 나무가 없고 물은 근원이 없는 물이 없으니, 만물도 오히려 이와 같거든 하물며 이 고금에 없는 오만 년 내려갈 초창의 도운이랴. 내가 불민한데도 훈도전발(薰陶傳鉢)의 은혜를 힘입어, 삼십여 년까지에 온갖 어려움을 맛보고 거듭 곤란과 재액을 겪어서 우리 교문의 정맥(正脈)이 거의 흐린 물이 맑아 깨끗함에 돌아오고 섞인 것을 버리고 순수함에 이르렀으나, 호해풍상(湖海風霜)의 형상과 그림자가 멀고 막혀서 혹은 중도(中途)에 그만두는 일도 있고 또 한 소쿠리가 부족된 것도 많으니, 진심으로 슬프도다. 대개 우리 도가 진행하는 성부(成否)는 오직 내수도(內修道)의 잘하고 못하는 데 있느니라. 현전에 이르기를 '오직 한울님은 친함이 없는데 극진히 공경하면 친하게 되는 것이니라.' 또 이르기를 '부인을 경계하여 집안과 나라를 다스린다'고 하였으니, 그런즉 내수도를 지극히 공경하고 지극히 정성을 드리는 것이 어찌 우리 도의 큰 관건이 아니겠는가. 《해월신사법설》〈명심수덕(明心修德)〉

(3) 생활공동체

복합(伏閤)의 거(擧)는 바야흐로 고쳐 도모할 것을 의논하니 마땅히 하회(下回)를 기다릴 것이요, 지휘에 좇아 먼저 대의에 나아가 가산을 경탕(傾蕩)한 사람은 이미 불쌍하게 되었으니, 집에 있으면서 관망이나 하고 포식온처(飽食溫處)한 자, 어찌 가히 마음을 편안히 하리오. 유무(有無)를 상자(相資)하여 그들로 하여금 유리(流離)치 않게 하고, 원근(遠近)이 합심하여 이론(異論)이 없게 하므로써, 나의 이 바라는 바를 맞게 되면 진소간(盡宵間) 우려하는 마음을 풀게 되리니 병도 가히 나으리라. 《천도교백년약사》 p.183

(4) 개벽운동공동체

선천이 후천을 낳았으니 선천운이 후천운을 낳은 것이라, 운의 변천과 도의 변천은 같은 때에 나타나는 것이니라. 그러므로 운인즉 천황씨가 새로 시작되는 운이요, 도인즉 천지가 개벽하여 일월이 처음으로 밝는 도요, 일인즉 금불문 고불문(今不聞 古不聞)의 일이요, 법인즉 금불비 고불비(今不比 古不比)의 법이니라.

우리 도의 운수에 요순공맹의 성스러운 인물이 많이 나리라.

우리 도는 천황씨의 근본 큰 운수를 회복한 것이니라. (중략)

우리 도는 삼절운(三絶運)에 창립하였으므로 나라와 백성이 다 이 삼절운을 면치 못하리라. 우리 도는 우리나라에서 나서 장차 우리나라 운수를 좋게 할 것이라. 우리 도의 운수로 인하여 우리나라 안에 영웅호걸이 많이 날 것이니, 세계 각국에 파송하여 활동하면 형상 있는 한울님이요, 사람 살리는 부처라는 칭송을 얻을 것이니라. (중략)

우리나라의 영웅호걸은 인종의 종자니, 모두가 만국 포덕사로 나간 뒤에 제일 못난 이가 본국에 남아 있으리니, 지열자(至劣者)가 상재요 도통한 사람이니라.

우리 도는 중국에 가서 포덕할 때가 되어야 포덕천하를 달성하리라.

《해월신사법설》〈개벽운수〉

2. 공동체의 조직 원리와 목표

진리의 공동체는 한울님과 하나된 삶을 구현하는 모범을 보여준다. 진리를 일상생활 속에서 실천함으로써 스스로 인내천(人乃天)의 존엄성을 꽃피우는 교인들은 신앙과 삶 속에서 지고의 도덕원리를 성취해야 할 의무가 있다고 인식한다. 그렇게 할 때 진리의 세계, 도덕과 평화의 세계인 지상의 한울나라 실현을 달성할 수 있을 것이다.

여기서는 먼저 수행자로서의 교인은 자기의 정신이 한울님과 일치되도록 하며, 교회 공동체의 화합과 동귀일체를 제1의 삶의 원리로 지켜야 할 것을 제시하는 구절이 소개된다.

두번째 주제에서는 교회공동체는 새로운 세상을 열어가는 한울사람들의 영성적 결합체로서, 기존 사회의 계급적 차별의식과 제도가 인정되지 않으며, 평등한 이념 위에 상호간 공경으로 화합하는 공동체 운영방식의 일단이 제시된다.

세번째 주제에서는 교인들이 한 평생 스승님의 가르침에 따라 오로지 정성스런 마음으로 한울님을 공경하고 한울님의 참 뜻을 지켜나가, 한울님의 도를 개인의 삶 가운데 실현하도록 해야 할 목표를 다루었다.

마지막으로 전쟁이 없는 세계, 도덕적인 세계, 한울님의 마음이 실현된 이상세계를 이 지상에서 실현해야 될 주체로서, 교인들은 한울님이 이 지상에서 활동하시며, 세계를 통일하고 계시다는 영적 깨달음을 바탕으로 이 땅에서 지상천국을 실현해야 할 본래의 목적이 제시되고 있다.

(1) 화합과 동귀일체(同歸一體)

시운(時運)을 의논해도
일성일쇠(一盛一衰) 아닐런가
쇠운이 지극하면
성운이 오지마는
현숙한 모든 군자
동귀일체(同歸一體) 하였던가 《용담유사》〈권학가〉

그러나 한울님은
지공무사(至公無私) 하신마음
불택선악(不擇善惡) 하시나니
효박한 이세상을
동귀일체(同歸一體) 하단말가
요순지세(堯舜之世)에도
도척(盜跖)이 있었거든
하물며 이세상에
악인음해(惡人陰害) 없단말가 《용담유사》〈도덕가〉

남쪽별이 둥글게 차고 겁회(劫灰)를 벗어나니
동해가 깊고 깊어 만리에 맑았어라.
천산만봉은 한 기둥처럼 푸르고
천강만수는 한 하수처럼 맑으리라.
마음이 화하고 기운이 화하니 온 몸이 화하고
봄이 돌아오고 꽃이 피니 만년의 봄이로다.
푸른 하늘 맑은 날에 기운과 마음을 바르게 하니
사해의 벗들이 모두 한 몸이로다. 《해월신사법설》〈강시〉

각자가 자기의 습관천(習慣天)을 믿지 말고, 오직 자아 본래의 한울님을 믿는 것으로서 신앙을 통일하라.

교회의 전체 행복은 교인의 신앙통일과 규모 일치가 되는 데 있느니라.

신앙통일은 먼저 정신통일에서 시작되는 것이니, 경전의 문구만을 따져서 연구하지 말고 오로지 대도의 진리를 직각하는 데 노력하여, 조용히 천지가 생기기 이전의 소식을 들으라.

다음은 규모일치니 규모일치는 곧 행동통일이니라.

각자 자기가 아는 지식의 힘으로 판단하여 제 마음대로 했다 말았다 하지 말고 오직 사회(교회)의 결의에 의하여 제정된 규범을 절대 엄수하라.

가족에는 가족사회, 국가에는 국가사회, 교회에는 교회사회, 인류에는 인류사회가 있으니, 우리 교회의 인내천(人乃天)의 일대목적과 성신환신(性身換信)·규모일치(規模一致)·지인공애(至仁公愛)의 삼대강령과 성경신법(誠敬信法) 사과(四科)와 주문(呪文)·청수(淸水)·성미(誠米)·시일(侍日)·기도의 오관(五款)실행은 교회로서 제정한 유일한 규모니라.

세계는 넓은 바다와 같고 우리 교는 기선과 같으니, 교인이 교회생활하는 것은 기선 위에서 해상생활을 하는 것과 같으니라. 기선은 구십구분을 물의 힘으로 움직이는 것과 같이 우리 교인은 구십구분을 한울의 힘으로 살아가는 사람이니라.

교인으로서 교회의 덕화를 알지 못함은 요순 때에 요순의 덕화를 알지 못함과 같으니라.

나의 목적한 바와 여러분의 목적한 바가 이미 같고, 여러분의 목적한 바와 대신사(大神師)의 목적한 바가 또한 같은 것이니, 같은 목적을 달성하려면 정신이 일치해야 하느니라.

우리의 본래 정신이 꼭 일치하고 보면 천하가 달려들어 움직이고자 해도 감히 움직이지 못하느니라.

교인으로서 만일 이러한 진리를 믿지 않는다면 우리의 목적을 어떻게 달성하겠는가.

목적달성에 희망이 있는 사람은 먼저 진실하고 일치한 정신으로 과거의 정신을 쇄신해야 하느니라. 《의암성사법설》〈신앙통일과 규모일치〉

(2) 영성적 평등과 소통

도를 묻는 오늘에 무엇을 알 것인가.
뜻이 신원(新元) 계해년(癸亥年)에 있더라.
공 이룬 얼마만에 또 때를 만드나니
늦다고 한하지 말라, 그렇게 되는 것을.
때는 그때가 있으니 한한들 무엇하리.
새 아침에 운을 불러 좋은 바람 기다리라.
지난해 서북에서 영우(靈友)가 찾더니
뒤에야 알았노라 우리집 이날 기약을
봄 오는 소식을 응당히 알 수 있나니
지상신선의 소식이 가까워오네.
이날 이때 영우들이 모였으니
대도(大道) 그 가운데 마음을 알지 못하더라. 《동경대전》〈결(訣)〉

신사 대답하시기를 "소위 반상(班常)의 구별은 사람의 정한 바요, 도의 직임은 한울님이 시키신 바니, 사람이 어찌 능히 한울님께서 정하신 직임을 도로 걷을 수 있겠는가.

한울님은 반상의 구별이 없이 그 기운과 복을 주신 것이요, 우리 도는 새 운수에 둘러서 새 사람으로 하여금 다시 새 제도의 반상을 정한 것이니라.

이제부터 우리 도 안에서는 일절 반상의 구별을 두지 말라.

우리나라 안에 두 가지 큰 폐풍이 있으니 하나는 적서(嫡庶)의 구별이요, 다음은 반상의 구별이라. 적서의 구별은 집안을 망치는 근본이요 반상의 구별은 나라를 망치는 근본이니, 이것이 우리나라의 고질이니라.

우리 도는 두목 아래 반드시 백 배 나은 큰 두목이 있으니, 그대들은 삼가하라. 서로 공경을 주로하여 층절(層節)을 삼지 말라.

이 세상 사람은 다 한울님이 낳았으니, 한울 사람으로 공경한 뒤에라야 가히 태평하다 이르리라." 《해월신사법설》〈포덕(布德)〉

(3) 인간성과 생명가치의 실현

몸을 성령(性靈)으로 바꾸라는 것은 대신사(大神師)의 본뜻이니라.

육신은 백 년 사는 한 물체요, 성령은 천지가 시판하기 전에도 본래부터 있는 것이니라. 성령의 본체는 원원충충(圓圓充充)하여 나지도 아니하며, 멸하지도 아니하며, 더하지도 않고, 덜하지도 않는 것이니라. 성령은 곧 사람의 영원한 주체요, 육신은 곧 사람의 한때의 객체니라. 만약 주체로서 주장을 삼으면 영원히 복록을 받을 것이요, 객체로서 주장을 삼으면 모든 일이 재화에 가까우니라.

그런데 주체가 영생하고자 하면 객체, 즉 육체가 험하고 괴로움이 많고, 객체가 안락하고자 하면 주체 즉 성령의 앞길이 들떠 있으리니 그대들은 무엇을 취하겠는가. 그러므로 모든 교인을 대하여 험고를 많이 말하고, 안락을 말하지 아니하노라. 《의암성사법설》〈이신환성설〉

참을 지키고 뜻을 원만히 하여 맑은 덕을 버리지 말라.
날이 가고 달이 옴에 음양이 덕을 합하고,
봄에 나고 가을에 결실하니 조화의 성공이라.
가는 것도 없고 오는 것도 없는 내 마음을 길이 지키어
옮기지도 아니하고 바뀌지도 아니하는 큰 도를 창명하라.
무엇을 알랴, 무궁하고 무궁한 것을.
한울님은 반드시 정성스러운 마음 한 조각에 감응하느니라.
일이관지(一以貫之)는 공부자의 성덕이요,
공계송심(空界送心)은 석씨(釋氏)의 도통이요,
무형유적(無形有跡)은 우리 도의 조화(造化)니라.

한울님을 모시고 한울님을 받들고 평생동안 참뜻을 지키라.

《의암성사법설》〈강서〉

(4) 도덕과 평화의 세계

말이 반드시 바르면 한울도 또한 바를 것이요, 말이 반드시 바르면 세상도 또한 바를 것이요, 말이 반드시 바르면 나라도 또한 바를 것이요, 말이 반드시 바르면 사람마다 반드시 바를 것이니라.

천지가 바르면 만물이 자라고, 세계가 바르면 전쟁이 반드시 그치고, 국가가 바르면 인민이 복을 누리고, 사람사람이 반드시 바르면 천하가 극락이 되니니, 어찌 오늘의 잠잠한 것이 후일에 많은 말이 될 줄을 알겠는가.

나는 천체공법(天體公法)을 써서 아름답고 거룩한 한울님 마음에 맞게 하노라.

《의암성사법설》〈무체법경〉극락설

3. 생활윤리와 덕목

이 항목에서는 공동체 안의 화합과 동귀일체를 위해 지켜져야 할 생활덕목과 지향할 가치들을 6가지 주제로 소개하고 있다.

(1) 먼저 지도자와 제자들 간의 관계는 상호 공경과 믿음으로 정법을 수행하여 연원도통을 지킬 것을 가르치며,

(2) 오만 년의 미래를 지켜나갈 대도를 실천해 나감에 있어 중요한 것은 때와 상황의 변화에 적절하게 순응하며, 때를 활용할 줄 아는 지혜로운 방책을 지닐 것을 권고하며,

(3) 인류 공유의 보편적인 도인 무극대도를 실천하는 교인들은 타종교에 대해 개방적이며 관용하는 자세를 가져야 할 것이며,

(4) 스승으로부터 전해받은 가르침의 전통을 잘 지키고, 더욱 더 갈고 닦아 무극대도의 연원을 영구히 전할 것이며,

(5) 수도자는 도성입덕(道成立德)을 이루기 위해 어려운 고비들을 극복하면서, 조급히 성취하려는 마음을 조심하여 인내와 신중한 언행으로 꾸준히 노력해야 한다고 권고한다.

(6) 마지막으로 해월 선생님 당시 반포된, 교인들의 일상생활에서 지켜야 할 생활 기준 10개항을 소개한다.

(1) 사제간의 윤리, 상호공경과 믿음

성경현전(聖經賢傳) 살폈으니
연원도통(淵源道統) 알지마는
사장사장(師丈師丈) 서로전해
받는것이 연원(淵源)이요 (중략)
어질다 모든벗은
자세보고 안심하소
위가미덥지 못하면
아래가 의심하며
위가공경치 못하면
아래가 거만하니
이런일을 본다해도
책재원수(責在元帥) 아닐런가 (중략)
남의사장(師丈) 되는법은
내자불거(來者不拒) 아닐런가
가르치기 위주하니
그밖에 무엇이며
남의제자 되는법은

백년결의(百年結義) 하온후에
공경히 받은문자
호말(豪末)인들 변할소냐
출등(出等)한 제군자는
비비유지(比比有之) 한다해도
작지사(作之師) 작지제(作之弟)라
사문성덕(斯門聖德) 아닐런가　　　　　　　　　　　《용담유사》〈도수사〉

(2) 시대에 일치하는 도의 중도적 활용

　세상만물이 나타나는 때가 있고 쓰는 때가 있으니, 달밤 삼경(三更)에는 만물이 다 고요하고, 해가 동쪽에 솟으면 모든 생령이 다 움직이고, 새 것과 낡은 것이 변천함에 천하가 다 움직이는 것이니라. 동풍(東風)에 화생하여도 금풍(金風)이 아니면 이루지 못하나니 금풍이 불 때에 만물이 결실하느니라. 운을 따라 덕에 달하고 시기를 살피어 움직이면 일마다 공을 이루리라. 변하여 화하고, 화하여 나고, 나서 성하고, 성하였다가 다시 근원으로 돌아가나니, 움직이면 사는 것이요 고요하면 죽는 것이니라.
《해월신사법설》〈개벽운수〉

　대저 도는 때를 쓰고 활용하는 데 있나니 때와 짝하여 나아가지 못하면 이는 죽은 물건과 다름이 없으리라.
　하물며 우리 도는 오만 년의 미래를 표준함에 있어, 앞서 때를 짓고 때를 쓰지 아니하면 안 될 것은 돌아가신 스승님께서 가르치신 바라. 그러므로 내 이 뜻을 후세만대에 보이기 위하여 특별히 내 이름을 고쳐 맹세코자 하노라.
《해월신사법설》〈용시용활(用時用活)〉

　천운이 순환하여 오만 년의 대도가 창명된지라, 세상악마의 항복은 삼칠자(至氣今至 願爲大降 侍天主 造化定 永世不忘 萬事知의 21자 주문)의 신령한 주문(呪文)을 믿는 데 있으려니와, 때를 따라 숨고 운을 응하여 나타나는 것은 이것이 대도의 활용이니라….

군자가 환난에 처하면 환난대로 함이 그 도요, 곤궁에 처하면 곤궁대로 함이 그 도니, 우리들이 큰 환난을 지내고 큰 화를 겪은 오늘이라, 마땅히 다시 새로운 도로써 천리의 변화에 순응할 따름이니라.

《해월신사법설》〈기타〉

(3) 타종교에 대한 관용과 개방성

천도교는 천도교인의 사유물이 아니요 세계 인류의 공유물이니라.

천도교는 문호적(門戶的) 종교가 아니요 개방적 종교이니라.

천도교는 계급적 종교가 아니요 평등적 종교이며, 구역적 종교가 아니요 세계적 종교이며, 편파적 종교가 아니요 광박적(廣博的) 종교이며, 인위적 종교가 아니요 천연적 종교로서, 지금에도 듣지 못하고 옛적에도 듣지 못하였으며, 지금에도 비할 수 없고 옛적에도 비할 수 없는 새로운 종교이니라.

《의암성사법설》〈천도교와 신종교〉

(4) 연원존중

어질다 이내벗은

자고급금(自古及今) 본을받아

순리순수(順理順受) 하였어라 (중략)

자고(自古)성현 문도들은

백가시서 외어내어

연원도통 지켜내서

공부자(孔夫子) 어진도덕

가장더욱 밝혀내어

천추에 전해오니

그아니 기쁠소냐

내역시　이세상에
　　무극대도(無極大道)　닦아내어
　　오는사람　효유해서
　　삼칠자(三七字)　전해주니
　　무위이화(無爲而化)　아닐런가　　　　　　　　《용담유사》〈도수사〉

(5) 인내와 신중함

　이와 같이 큰 도를 적은 일에 정성드리지 말라. 큰 일을 당하여 헤아림을 다하면 자연히 도움이 있으리라. 풍운대수(風雲大手)는 그 기국에 따르느니라. 현묘한 기틀은 나타나지 않나니 마음을 조급히 하지 말라. 훗날 공을 이루어 좋게 신선의 연분을 지어보자.　　《동경대전》〈탄도유심급〉

　　겨우 한 가닥 길을 얻어
　　걸음 걸음 험한 길 걸어가노라.
　　산 밖에 다시 산이 보이고
　　물 밖에 또 물을 만나도다.
　　다행히 물 밖에 물을 건너고
　　간신히 산 밖에 산을 넘어왔노라.
　　바야흐로 들 넓은 곳에 이르니
　　비로소 대도가 있음을 깨달았노라.
　　안타까이 봄 소식을 기다려도
　　봄 빛은 마침내 오지를 않네.
　　봄 빛을 좋아하지 않음이 아니나
　　오지 아니함은 때가 아닌 탓이지.
　　비로소 올 만한 절기가 이르고 보면
　　기다리지 아니해도 자연히 오네.
　　봄바람이 불어 간 밤에

일만 나무 일시에 알아차리네.
하루에 한 송이 꽃이 피고
이틀에 두 송이 꽃이 피네.
삼백예순 날이 되면
삼백예순 송이가 피네.
한 몸이 온통 꽃이요,
온 세상이 화창한 봄일세. 《동경대전》〈시문〉

병 속에 신선 술이 있으니
백만 사람을 살릴 만하도다.
빚어내긴 천 년 전인데
쓸 곳이 있어 간직하노라.
부질없이 한 번 봉한 것 열면
냄새도 흩어지고 맛도 엷어지네.
지금 우리 도를 하는 사람은
입 지키기를 이 병같이 하라. 《동경대전》〈시문〉

(6) 임사실천십개조

1. 윤리를 밝히라.
2. 신의(信義)를 지키라.
3. 업무에 부지런하라.
4. 일에 임하여 지극히 공정하라.
5. 빈궁한 사람을 서로 생각하라.
6. 남녀를 엄하게 분별하라.
7. 예법을 중히 여기라.
8. 연원을 바르게 하라.
9. 진리를 익히고 연구하라.

10. 어지럽고 복잡한 것을 금하라.

《해월신사법설》〈임사실천십개조(臨事實踐十個條)〉

4. 사명과 사회적 역할

이 항목은 동학·천도교의 사회적 사명과 역할에 관한 구절들을 소개하고 있다.

종교의 본래적 역할은 개인의 구원에 그치지 않고 사회의 평화적 통합과 구원에 있다. 그러므로써 인간과 사회가 우주의 궁극적 질서에 합일될 수 있도록 하는 것이다. 인간성 상실, 이웃과 사회의 분열·분쟁, 온갖 종류의 이기심과 폭력, 생명 파괴의 삶으로부터 벗어나 새로운 차원의 평화세계를 열어 나가기 위해서는 새로운 정신·도덕의 교화와 생명가치 실현을 위한 사회적 차원의 변혁운동이 전개되어야 한다.

후천 오만 년의 새 역사를 만들어 갈 대운을 받은 새로운 영적 공동체로서의 교단은 새로운 문화의 씨앗을 인류정신에 뿌려나갈 사명을 가지고 있다는 구절로부터 시작한다.

이어서 교회 공동체는 한울님과 하나되며, 이웃과 화해하고, 만 생명과 조화·일치하는 도의 실현체로서, 사회가 평화롭게 번영할 수 있는 일치와 통일의 정신을 가져야 할 것을 묘사하고 있다.

세번째 주제는 정신개벽의 역할을 강조하고 있다. 기존 종교의 본래 이상이 그 빛을 잃어버리고, 그 경직된 가르침의 전통은 새롭게 개벽하는 한울님의 신령한 후천 변화 섭리를 따라가지 못하는 인류정신의 혼란기에 있어, 무극대도의 새로운 정신과 도덕을 세계에 포덕하는 사명은 한울님의 새로운 명령임을 인식해야 할 것을 가르치는 구절이 인용된다.

네번째 주제는 사회개벽에 관한 구절을 모았다. 국가의 공공 정의를 바로 잡고 민중을 평안하게 하며 세계를 평화롭게 번영시키기 위한 교회의 사회적 역할과 관련하여 새로운 도, 새로운 경제, 새로운 국제질서 등의 방책이 필요함을 제시하고 있다.

마지막 주제는 천지가 개벽하던 처음의 운수를 회복하는, 세계 대전환의 후천개벽 시기에 있어 새로운 정신과 도덕, 새로운 문명과 사회를 창조적으로 열어가는 노력이 교회의 본분임을 가르치는 구절로 본 장을 맺는다.

(1) 개벽 역사의 창조적 주체

　시호(時乎)시호　이내시호
　부재래지(不再來之) 시호로다
　만세일지(萬世一之)　장부(丈夫)로서
　오만년지 시호로다
　용천검(龍泉劍)　드는칼을
　아니쓰고　무엇하리
　무수장삼(舞袖長衫)　떨쳐입고
　이칼저칼　넌줏들어
　호호망망　넓은천지
　일신(一身)으로　비껴서서
　칼노래　한곡조를
　시호시호　불러내니
　용천검　날랜칼은
　일월을　희롱하고
　게으른　무수장삼

우주에　덮여있네
만고명장(萬古名將)　어디있나
장부당전(丈夫當前)　무장사(無壯士)라
좋을시고　좋을시고
이내신명　좋을시고　　　　　　　　　《용담유사》〈검결(劍訣)〉

천지일월은 예와 이제의 변함이 없으나 운수는 크게 변하나니, 새 것과 낡은 것이 같지 아니한지라, 새 것과 낡은 것이 서로 갈아드는 때에 낡은 정치는 이미 물러가고 새 정치는 아직 펴지 못하여 이치와 기운이 고르지 못할 즈음에 천하가 혼란하리라. 이때를 당하여 윤리·도덕이 자연히 무너지고 사람은 다 금수의 무리에 가까우리니, 어찌 난리가 아니겠는가.

우리 도는 삼절운(三絶運)에 창립하였으므로 나라와 백성이 다 이 삼절운을 면치 못하리라. 우리 도는 우리나라에서 나서 장차 우리나라 운수를 좋게 할 것이라. 우리 도의 운수로 인하여 우리나라 안에 영웅호걸이 많이 날 것이니, 세계 각국에 파송하여 활동하면 형상있는 한울님이요, 사람 살리는 부처라는 칭송을 얻을 것이니라.

《해월신사법설》〈개벽운수〉

(2) 일치와 화해의 중심

이러므로 예나 지금에 대인과 지사(智士)가 이어 나서 각각 그 나라에 주교(主敎)를 세우니, 이것이 민중을 화하고 풍속을 이루는 정책이니라.

대저 교를 세우는 것은 풀을 눕게 하는 바람 같으니 그 생령으로 하여금 마음을 주로 하여 의(義)를 믿게 하며 다 유일한 덕을 믿게 하는 덕이니라. 일이 만약 그렇지 아니하면 민중이 각자위심(各自爲心)하여 예의는 비록 아름다우나 어느 곳에 시용하랴.　　《의암성사법설》〈명리전〉척언허무장

저기에 한 나무가 있는데 나무에 세 가지 꽃이 피었도다. 저 나무의 저

꽃이여, 눈으로 빛난 꽃을 보는 사람은 이 누구의 공덕인가. 봄이 낳은 덕이요, 사람이 만든 공이로다.

한 나무에 세 가지 꽃이란 무엇을 말함인가. 비유로 직언하면 한울에서 나기는 한 가지나 각각 그 이름이 각 교로 된 것이니, 유·불·선 삼교는 한울에 근본하였으나, 각각 문호를 달리한 것이 이것이니라.

이와 같이 말하면 어찌 반드시 나무와 꽃만일까. 사람의 한 몸에도 마음에 세 가지 생각이 있으나 백년 사이에 모든 일을 함께 이루느니라. 나무와 꽃의 봄 영화도 내가 내 한울을 즐거워하는 것만 같지 못하니라.

그렇게 세상이 되었으니 세 꽃의 기운은 한 봄의 공이요, 백년의 일은 한 몸의 역사요, 한 나무의 한 꽃은 봄마음이 합함이요, 한 몸의 한 교는 한울님과 사람이 합한 것이라. 합하면 하나요 헤어지면 둘이니 오직 우리 천도는 유불선 셋이 합일된 것이요, 다시 이것은 한 나무 위에 세 빛깔의 꽃과 같은 것이니라. 《의암성사법설》〈삼화일목(三花一木)〉

(3) 정신개벽과 새로운 정신의 포덕·교화

이를 일일이 들어 말할 수 없으므로 내 또한 두렵게 여겨 다만 늦게 태어난 것을 한탄할 즈음에, 몸이 몹시 떨리면서 밖으로 접령(接靈)하는 기운이 있고 안으로 강화(降話)의 가르침이 있으되, 보였는데 보려 하면 보이지 아니하고 들렸는데 들으려 하면 들리지 아니하므로, 마음이 더욱 이상해져서 수심정기(修心正氣)하고 묻기를 "어찌하여 이렇습니까."

대답하시기를 "내 마음이 곧 네 마음이니라. 사람이 어찌 이를 알리오. 천지는 알아도 귀신은 모르니 귀신이라는 것도 나니라. 너는 무궁무궁한 도에 이르렀으니 닦고 단련하여 글을 지어 사람을 가르치고, 법을 바르게 정하여 덕을 펴면 너로 하여금 영생토록 하여 천하에 빛나게 하리라."

내 또한 거의 한 해를 닦고 헤아려본즉, 또한 자연한 이치가 없지 아니하므로 일단 주문을 지었으며, 한편으로 강령의 법을 만들고, 한편은 한울님을 잊지 않는 글을 지으니, 절차와 도법이 오직 이십일 자(동학의 주문

21자인 '至氣今至 願爲大降 侍天主 造化定 永世不忘 萬事知'를 말함)로 될 따름이니라. 《동경대전》〈논학문〉

　대신사(大神師)께서 늘 말씀하시기를 "이 세상은 요순공맹의 덕이라도 부족언(不足言)이라" 하셨으니 이는 지금 이때가 후천개벽임을 이름이라.
　선천은 물질개벽이요, 후천은 인심개벽이니, 장래 물질발명이 그 극에 달하고 여러 가지 하는 일이 전례없이 발달을 이룰 것이니, 이때에 있어서 도심(道心)은 더욱 쇠약하고 인심은 더욱 위태할 것이며 더구나 인심을 인도하는 선천도덕이 때에 순응치 못할지라.
　그러므로 한울님의 신령한 변화 중에 일대 개벽의 운이 회복되었으니, 그러므로 우리 도의 포덕천하(布德天下) 광제창생(廣濟蒼生)은 한울님의 명하신 바니라. 《해월신사법설》〈기타〉

　사람은 유년·장년의 구별이 있으니 교의 오늘은 사람의 장년시대라. 그 체는 한울님같이 크고, 그 빛은 해와 같이 솟았거늘 그 사상이 옛것을 그대로 가지면 어찌 옳다고 하겠는가.
　우리 교의 본소(本素)는 가득히 차서 반푼의 더할 것을 요구치 아니하나 이것을 발표하기는 사상문명으로 현대문명의 선구를 지어야 하느니라.
　혹 이르기를 머리는 어떻고, 다리는 어떻고 하는 것은 아직 큰 장애를 면치 못하는 것이니, 다만 내심의 진실을 힘써서 한울의 조용한 기쁨을 얻는 것이 가하다 하나니, 이는 알지 못함이 심하도다.
　작은 한 촛불이 암실 중에 있어 그 창벽이 모두 검으면 어두운 거리의 방황인을 어떻게 가까이 인도할꼬. 대덕을 펴고 베푸는 것은 우리 교의 먼저 착수할 것이니라. 《의암성사법설》〈대종정의〉오교(吾敎)의 신사상시대

(4) 사회개벽과 보국안민(輔國安民)·광제창생(廣濟蒼生)

　어렵도다　어렵도다

만나기도 어렵도다
방방곡곡 찾아들어
만나기만 만날진댄
흉중에 품은회포
다른할말 바이없고
수문수답(隨問隨答) 하온후에
당당정리(堂堂正理) 밝혀내어
일세상(一世上) 저인물이
도탄중(塗炭中) 아닐런가
함지사지(陷之死地) 출생(出生)들아
보국안민(輔國安民) 어찌할꼬　　　　　《용담유사》〈권학가〉

　이러므로 나라에 도가 있으면 집과 사람이 충족되고 물건이 다 넉넉하며, 나라에 도가 없으면 백성이 궁하고 재물이 다하여 밭과 들이 거칠어지나니, 이것을 미루어 생각해보건대 백성이 일정한 생업이 없고 일정한 생각이 없으면 나라를 장차 안보하기 어려울 것은 손바닥을 보는 듯하니라.(중략)
　지금 우리 동양은 방금 상해(傷害)의 운에 있는지라, 조야(朝野)가 솥에 물끓듯 하고 민생이 물 마른 못에 고기 날뛰는 것 같으니, 만일 강적이 침략하여온다 할지라도 정부에서는 막을 만한 계책이 없고, 가난과 추위가 뼈에 사무쳐 백성이 물리칠 힘이 없으니 실로 통곡할 일이로다. 전혀 다른 까닭이 아니라, 이것이 시대의 운수니 이를 장차 어찌할 것인가.
　그러나 오직 우리 동포가 만약 보국안민할 계책을 잃으면 동양대세를 반드시 안보하기 어려울 것이니 어찌 통탄하지 아니하랴. 그러면 그 정책이 진실로 어디 있는가. 오직 우리 생령은 그 강개(慷慨)의 의리를 밝히어 결연히 금석 같은 마음을 지키고 중력을 합하여 하나로 꿰면, 지·인·용(智仁勇) 삼단이 그 속에서 화해 나오리니, 그것을 참으로 실시할 계책이

장차 어디 있는가.　　　　《의암성사법설》〈명리전〉치국평천하지정책장

(5) 새로운 인류문명의 창조

어화세상　사람들아
무극지운(無極之運)　닥친줄을
너희어찌　알까보냐
기장하다　기장하다
이내운수　기장하다
구미산수(龜尾山水)　좋은승지(勝地)
무극대도　닦아내니
오만년지　운수로다　　　　　　　　　　　　《용담유사》〈용담가〉

천운(天運)이　둘렀으니
근심말고　돌아가서
윤회시운(輪廻時運)　구경하소
십이제국(十二諸國)　괴질운수(怪疾運數)
다시개벽　아닐런가
태평성세(太平聖世)　다시정해
국태민안　할것이니
개탄지심(慨歎之心)　두지말고
차차차차　지냈어라
하원갑(下元甲)　지내거든
상원갑(上元甲)　호시절(好時節)에
만고없는　무극대도(無極大道)
이세상에　날것이니
너는또한　연천(年淺)해서
억조창생　많은백성

태평곡(太平曲) 격양가(擊壤歌)를
불구(不久)에 볼것이니
이세상 무극대도
전지무궁(傳之無窮) 아닐런가 《용담유사》〈몽중노소문답가〉

이 세상 운수는 천지가 개벽하던 처음의 큰 운수를 회복한 것이니, 세계 만물이 다시 포태의 수를 정치 않은 것이 없느니라. 경에 말씀하시기를 "산하의 큰 운수가 다 이 도에 돌아오니 그 근원이 가장 깊고 그 이치가 심히 멀도다" 하셨으니, 이것은 바로 개벽의 운이요, 개벽의 이치이기 때문이니라. 새 하늘, 새 땅에 사람과 만물이 또한 새로워질 것이니라.

만 년에 대일변(大一變), 천 년에 중일변, 백 년에 소일변은 이것이 천운(天運)이요, 천 년에 대일변, 백 년에 중일변, 십 년에 소일변은 이것이 인사(人事)이니라. (중략)

운을 따라 덕에 달하고 시기를 살피어 움직이면 일마다 공을 이루리라. 변하여 화하고, 화하여 나고, 나서 성하고, 성하였다가 다시 근원으로 돌아가나니, 움직이면 사는 것이요 고요하면 죽는 것이니라….

선천이 후천을 낳았으니 선천운이 후천운을 낳은 것이라, 운의 변천과 도의 변천은 같은 때에 나타나는 것이니라. 그러므로 운인즉 천황씨가 새로 시작되는 운이요, 도인즉 천지가 개벽하여 일월이 처음으로 밝는 도요, 일인즉 금불문 고불문(今不聞 古不聞)의 일이요, 법인즉 금불비 고불비(今不比 古不比)의 법이니라….

아무리 좋은 논밭이 있어도 종자를 뿌리지 않으면 나지 않을 것이요, 만일 김매지 아니하면 가을에 바랄 것이 없느니라. 《해월신사법설》〈개벽운수〉

 洪性燁 年譜

1953년 1월 6일	서울 종로구 가회동에서 출생하다.
1960년 3월	서울 혜화초등학교에 입학, 졸업하고, 1966년 보성중학교에 진학하다.
1972년 1월	보성고등학교를 졸업한 후, 1년간 대입 재수시절을 보내다.
1973년 3월	연세대학교 문과대학 사학과에 입학하고, 학내 서클 동굿회(한국문제연구회 후신)에 가입하다.
1974년 4월	민청학련 사건이 일어난 직후, 사학과 1년 후배인 조형식과 함께 학내에 민청학련사건 조작 규탄 벽보를 붙인 일로 구속돼 5년 징역형을 선고받고 서대문구치소에 수감되다. 이때 학교측에서는 9월에 가사휴학으로 처리해 주다.
1975년 2월 15일	형집행정지로 출옥하고, 4월 복교하고자 했으나 보류당하다. 9월 1일자로 제적처리당하다.
1977년	학원강사 생활을 하며, 대학 선후배들과 반독재 반유신 민주화투쟁의 선두에 서다.
1978년	여름 현 시국이 독재권력의 최후의 몸부림이라는 인식 하에 민주청년협의회(약칭 민청협, 회장 조성우)가 창립되면서 민청협 운영위원으로 활동하다.
1979년 11월 10일	민청협 세종로 사무실에서 조성우, 최열, 양관수, 이우회 등 8인운영위원회를 개최하다. 이 회의에서는 군정반대 대중집회의 한 방법으로 YWCA에서 위장결혼식을 계획하였던 바, 홍성엽은 신랑역을 자원하다.
11월 24일	예정시간보다 15분 가량 늦은 오후 5시 45분, 명동 YWCA 1층 강당에서 위장결혼식을 강행하다.(위장 주례 함석헌 선생) 결혼식은 '통대선거저지대회'로 전화되고, 대회 중 군인들이 난입하여 참석자 140여 명이 연행되었다. 민청협의 이우회, 양관수, 김경택 등은 현장에서 체포, 구속되고, 홍성엽은 일단 도피하다.
12월	도피생활 중 우연히 안국동에서 합승한 택시에 홍성엽의 담당 정보과 형사가 타고 있어, 바로 체포되고 구속되다.

1980년 1월		군법회의에서 5년 징역형을 선고받고 대전교도소에서 복역하다.
	7월 31일	감옥에서 복역하던 중 연세대에서 제적처분당하다.
1981년 3월		전두환의 대통령 취임 특사로 대전교도소에서 석방되다.
1983년 9월 30일		대학로 흥사단 건물에서 민주화운동청년연합(약칭 민청련, 의장 김근태)이 결성되고, 민청련 초대 총무로 활동하다.
1985년 5월		민주통일민중운동연합(약칭 민통련, 의장 문익환)이 결성되고, 이후 민통련 홍보부장으로 일하다.
	9월	신군부의 유화정책의 일환으로, 유신 이후 제적당한 학생들에 대한 전면 복학허용으로 연세대에서 재입학 허가가 나오다.
1986년 3월		연세대 사학과 2학년에 복학하다.
1987년		대통령 선거 당시 진보세력의 극심한 분열 양상에 실망하여 민중진영의 백기완 후보를 지원하다.
1988년 8월		15년만에 연세대 사학과를 졸업하다.
1989년 2월		민족종교인 천도교에 입문, 정신수련을 본격적으로 시작하다.
1990년 2월 1일		어머니 심순민 타계하다.
1991년		천도교 종학대학원 자료실에 근무하면서 세계평화와 조국통일을 바라는 정신수련을 계속하다.
1992년		천도교의 사무직을 사직하고 수련에만 정진하다.
1997년		정신수련을 위한 단식과 고행을 계속하던 즈음 백혈병을 얻다.
1999년 10월		골수이식 수술을 받다.
2001년		투병 중에도 수련을 계속하면서 『경전으로 본 세계종교』의 「동학」편을 저술하고 출간하다.
2005년 10월 5일		죽음을 초월한 정신수련을 마치고, 투병 8년만에 타계하다.
	10월 7일	경기도 마석 모란공원에 안장되다.

맑은영혼 _ 홍성엽

초 판 1쇄 발행 | 2006년 11월 10일
초 판 1쇄 발행 | 2006년 11월 14일

지은이 | 홍성엽
발행인 | 양해경
발행처 | 학민사

등록번호 | 제10-142호
등록일자 | 1978년 3월 22일

주소 | 서울시 마포구 대흥동 150-1번지(우편번호 121-809)
전화 | 02-716-2759, 702-3317
팩시밀리 | 02-703-1495

홈페이지 | http://www.hakminsa.co.kr
이메일 | hakminsa@hakminsa.co.kr

출판사의 허락없이 내용의 일부를 인용하거나
발췌하는 것을 금합니다.

ISBN 89-7193-177-9(03300), Printed in Korea
• 잘못 만들어진 책은 구입하신 서점에서 바꿔드립니다.
• 값은 표지 뒷면에 있습니다.